Confédération Générale du Travail

LE CONGRÈS DU HAVRE

(16-23 Septembre 1912)

LE HAVRE

IMPRIMERIE DE L'UNION (Société Coopérative)

105, Rue Hélène, 105

CONFÉDÉRATION GÉNÉRALE DU TRAVAIL

XVIIIe CONGRÈS NATIONAL CORPORATIF

(XIIe de la C. G. T.)

ET

5e CONFÉRENCE DES BOURSES DU TRAVAIL

ou Unions de Syndicats

Tenus au Havre du 16 au 23 Septembre 1912

COMPTE RENDU DES TRAVAUX

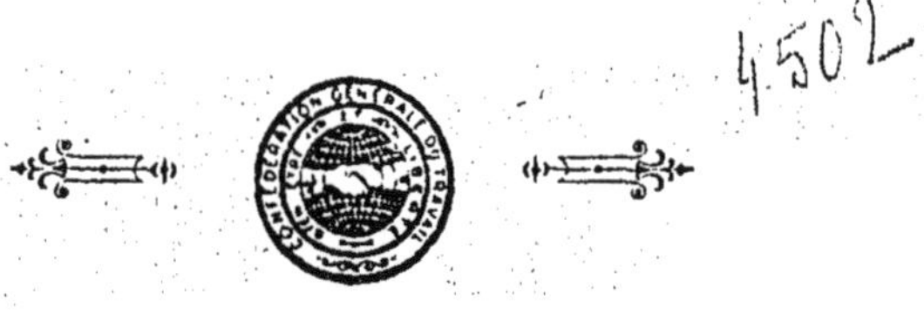

LE HAVRE
IMPRIMERIE DE L'UNION (Société Coopérative)
105, Rue Hélène, 105

AVANT-PROPOS

Le Congrès Confédéral, tenu à Toulouse en 1910, décida que celui de 1912 se tiendrait au Havre. En conséquence, l'Union des Syndicats du Havre fut chargée de l'organisation de ce Congrès et nomma, à cet effet, une commission. La présente publication du compte rendu des travaux du Congrès termine la tâche imposée à l'Union des Syndicats du Havre.

Ce livre est divisé en cinq parties, savoir :

La première partie contient l'ordre du jour du Congrès avec les propositions de modifications aux statuts ; la liste des organisations représentées, à laquelle est jointe le tableau des votes par mandats.

La deuxième partie : les rapports confédéraux des comités et des commmissions pour l'exercice 1910-1912.

La troisième partie : le compte rendu sténographique des travaux du Congrès.

La quatrième partie : le compte rendu de la Conférence des Bourses du Travail ou Unions de Syndicats.

La cinquième partie : les statuts de la Confédération Générale du Travail avec les modifications apportées au Congrès du Havre.

Enfin une table des matières détaillée, terminant le volume, facilitera les recherches dont les lecteurs pourraient avoir besoin.

Une feuille rouge sépare chaque partie du livre.

***

Les Camarades, qui ont besoin de consulter partiellement un compte rendu aussi important que celui-ci, éprouvent parfois des difficultés dans leurs recherches ; afin de leur venir en aide, nous avons cru qu'il n'était pas inutile de donner ci-dessous un aperçu succint des travaux du Congrès :

PREMIÈRE JOURNÉE

Lundi 16 Septembre

Séance du matin : Discours d'ouverture et discours des camarades Sassenbach, délégué des syndicats d'Allemagne, et Bergmans, des syndicats de Belgique.

Séance de l'après-midi : Vérification des mandats ; les cas des Chemins de Fer et du Textile. — Vote d'un ordre du jour en faveur des instituteurs ; discours du Camarade CHALOPIN, des Instituteurs de la Seine.

DEUXIÈME JOURNÉE

Mardi 17 Septembre

Les rapports confédéraux ; deux tendances en présence : discours de RENARD, YVETOT, JOUHAUX, etc. et vote. — Commencement de la discussion sur la Maison des Fédérations.

TROISIÈME JOURNÉE

Mercredi 18 Septembre

Fin de la discussion sur la Maison des Fédérations et vote d'une motion. — L'attitude confédérale envers les partis politiques : discours de DUMOULIN, KLEMCZINSKI, BROUTCHOUX, CLEUET, INGHELS, MERRHEIM, Gaston LÉVY, RENARD, GRIFFUELHES, FIANCETTE, JOUHAUX, etc... Vote d'une motion cloturant le débat.

QUATRIÈME JOURNÉE

Jeudi 19 Septembre

Discussion et vote d'une motion sur les retraites ouvrières. — Commencement de la discussion sur l'antimilitarisme, la loi Millerand-Berry, le sou du soldat et l'attitude des syndicats en temps de guerre.

CINQUIÈME JOURNÉE

Vendredi 20 Septembre

Fin de la discussion sur l'antimilitarisme, la loi Millerand-Berry et le sou du soldat : discours de MERRHEIM et vote d'une motion. — La semaine anglaise : rapport de la Commission, discussion et vote d'une motion. — La vie chère : rapport de la Commission, discussion et vote d'une motion.

SIXIÈME JOURNÉE

Samedi 21 Septembre

Modifications aux Statuts : rapport de la Commission ; la triple obligation ; l'Union départementale obligatoire ; augmentation de la cotisation confédérale, etc... : discussion et votes. — Délimitation des fédérations : rapport de la Commission, discussion et votes.

LA CONFÉRENCE DES BOURSES

Lundi 23 Septembre

L'application du Viaticum obligatoire : rapport de la Commission, discussion et vote. — La création des Unions départementales : rapport de la Commission, discussion et vote ; discours de Klemczinski et d'Yvetot. — Questions diverses.

*
* *

Afin de ne pas embrouiller le texte et de ne point diviser les discussions sur un même sujet, nous avons réuni, à la fin du compte rendu sténographique, tous les vœux et propositions divers, les adresses et télégrammes échangés pendant le Congrès.

Le lecteur devra avoir soin de consulter la table des matières, dans laquelle il trouvera toutes les indications nécessaires.

*
* *

Nous avons fait tout notre possible pour la bonne organisation de ce Congrès, qui marquera certainement une époque dans le syndicalisme français. Sa bonne tenue en est une preuve. Et nous terminerons en souhaitant que l'union soit de plus en plus intime entre toutes les organisations confédérées afin que de cette cohésion sorte une ère de prospérité nouvelle pour le syndicalisme, plus de bien-être et de liberté pour les travailleurs, en attendant que se réalise enfin la belle devise de l'Internationale : *Travailleurs de tous les pays unissez-vous, pour l'affranchissement complet de la classe ouvrière.*

Pour la Commission d'Organisation du Congrès :
Le Secrétaire de l'Union des Syndicats du Havre,
H. VALLIN.

Havre, Décembre 1912.

ORDRE DU JOUR DU CONGRÈS

1. Vérification des Mandats ;
2. Rapports des Comités et du Journal ;
3. Retraites Ouvrières ;
4. Propagande Antimilitariste ; Loi Millerand-Berry ; Sou du Soldat ; Attitude des Syndicats en cas de guerre ;
5. Diminution des heures de travail et Semaine Anglaise ;
6. Vie Chère et Hausse des Loyers ;
7. Modifications aux Statuts ;
8. Délimitation des Fédérations.

PROPOSITIONS DE MODIFICATIONS AUX STATUTS

Textile (Troyes). — Revision de l'article 3 : Tous syndicats devront avoir au moins un an d'existence pour avoir droit de se faire représenter dans les Congrès confédéraux.

Mineurs (Nord), Mineurs (Carmaux). — Qu'aucun vote ne soit valable s'il n'a pas réuni, à la fois, la majorité des syndicats confédérés et la majorité des membres confédérés. En cas de désaccord sur les deux votes émis, une commission, choisie mi-partie dans les deux différences de vue, devra se réunir immédiatement pour chercher un terrain transactionnel.

Syndicat national des chemins de fer. — Représentation proportionnelle.

Textile (Lannoy). — Représentation proportionnée et proportionnelle au sein de la C. G. T.

Mineurs (Pas-de-Calais). — Mode de votation par cotisation payée (système de la Fédération des travailleurs du sous-sol).

Confiseurs (Seine). — Obligation, pour toutes les corporations compétentes, d'appliquer la représentation unitaire et d'établir une administration fédéraliste.

B. du T. (La Guerche), B. du T. (La Rochelle). — Application de la triple obligation confédérale.

Camionneurs (Le Havre). — Principe de la carte confédérale ; Unification du droit d'adhésion.

Meuniers (Marseille). — Suppression du timbre confédéral, son remplacement par un tampon.

Scieurs-Mécaniques (Lyon). — Augmentation de la cotisation confédérale, pour éviter les appels de fonds, dans le courant de la gestion du Comité confédéral, d'un congrès à l'autre.

B. du T. (Rochefort-sur-Mer). — Etablissement d'une carte syndicale internationale pour le Viaticum.

Camionneurs (Limoges). — Le sou de grève fédéral.

B. du T. (Montpellier). — Sou du soldat confédéral.

B. du T. (Castres). — Rapports de la C. G. T. avec les assemblée élues.

Papier (Paris). — Rapports entre les syndicats et les coopératives, *a)* de consommation, *b)* de production.

Bijou (Paris). — Attitude des syndicats à l'égard des coopératives.

Bijou (Paris). — Les fonctionnaires syndicaux et la franc-maçonnerie.

Bijou (Paris). — Extension d'une marque syndicale à toutes les industries.

Chaussures (Seine). — Organisation de syndicats d'industries diverses dans les localités où le besoin s'en ferait sentir.

Bâtiment (Dunkerque). — Création de syndicat unique interindustriel, par ville, dans les centres qui pourraient être avantagés par ce genre d'organisation.

B. du T. (Tourcoing). — Suppression de la section des Bourses.

Fédération de l'Eclairage. — Séparation de la section des Bourses et Fédérations.

Fédération Lithographique. — Transformation de la section des Bourses en commission de Bourses avec secrétaire permanent :

Art. 2. — La C. G. T. est constituée par : 1° Les Fédérations nationales de métier, d'industrie et les syndicats nationaux dont tous les syndicats, sections ou groupes les constituant, sont adhérents à une Bourse du Travail ou Union de Syndicats confédérées. Elle admet les syndicats dont les professions ne sont pas constituées en Fédération d'industrie ou de métier, et jusqu'au moment où elle adhèrera, les syndicats dont la fédération n'est pas adhérente à la C. G. T. Les syndicats admis seront groupés par fédération de métier ou d'industrie lorsqu'ils seront au nombre de trois, s'ils ne se rattachent pas à une fédération existante ;

2° Les Bourses du Travail considérées comme unions locales, ou départementales, ou régionales de corporations diverses, sans qu'il y ait superfétation, et dont les syndicats, sections ou groupes les constituant, seront adhérents à la fédération confédérée de leur métier ou de leur industrie.

B. du T. (Fougères). — Bourses du Travail ou Unions de Syndicats, représentées par des délégués régionaux, au sein du Comité des Bourses. Les frais étant supportés en partie par la C. G. T. et les Bourses.

Alimentation (Lille). — Modification à l'article 21 : « Les Bourses du Travail pourront s'entendre pour se faire représenter aux réunions du Comité confédéral ; en ce cas, le délégué pourra représenter cinq mandats au maximum.

» Le Comité confédéral est formé par la réunion des deux sections.

» Il se réunit tous les six mois ; à cette réunion, les Fédérations nationales et Bourses du Travail sont tenues de se faire représenter effectivement, sous le bénéfice apporté par l'article subsidiaire énoncé au dit article.

» La réunion du Comité confédéral aura pour but :

» Permettre à chaque section de poser les observations qu'elle pourrait avoir à présenter et les modifications qu'elle pourrait proposer, dans l'intérêt supérieur du prolétariat organisé ;

» Trancher les conflits, soit par voie de délégation ou de rapport ;

» Organiser et généraliser les moyens d'action nécessaires à l'intensification de la propagande et de recrutement syndical ;

» Etant l'exécuteur des décisions des Congrès nationaux, le bureau confédéral garantira, dans l'intervalle des 6 mois, l'application des mesures prises tant au point de vue d'ordre général que particulier. Toutefois, si un événement susceptible de soulever l'opinion ouvrière se manifestait, avis serait immédiatement communiqué aux organisations ; s'il était spontané, le bureau prendrait les premières mesures et réunirait d'urgence. »

NOTA. — En prévision des frais que nécessiterait le déplacement, les délégués éloignés de plus de 50 kilomètres de Paris seraient indemnisés suivant un barême kilométrique établi et d'après les ressources provenant de l'excédent disponible des 25 °/₀ de cotisations supplémentaire, au service du viaticum.

Pour les Congrès et divers :

Article subsidiaire :

« A moins que pour des cas exceptionnels n'ayant pu être tranchés par le Comité confédéral et ayant trait à des conflits entre organisations, le Congrès ne devra discuter que les questions intéressant la vie syndicale et celles d'intérêt général intéressant le prolétariat.

» En ce qui concerne les rapports, ces derniers seront adressés aux organisations un mois avant le Congrès et ne seront admises à la discussion que les questions qui auront préalablement été posées, puis publiées dans *La Voix du Peuple.* »

Union des Syndicats (Seine-et-Oise). — Des rapports entre les Bourses du Travail, Unions régionales de Bourses ou de Syndicats et les Fédérations de métiers ou d'industries.

LISTE DES ORGANISATIONS REPRÉSENTÉES

et

NOMENCLATURE DES VOTES PAR MANDATS (1)

(rectifiés après pointage)

DÉLÉGUÉS	ORGANISATIONS		Rapports confédéraux	Maison des Fédérations	Attitude confédérale	Retraites ouvrières	Loi Millerand-Berry	Semaine anglaise	Augmentation des cotisations confédérales
	Fédération des Agricoles du Midi								
	Délégué fédéral : **ADER**								
ADER	Ouvriers de la Ferme	Arles-sur-Rhône							
JOUHAUX	» Agricoles	Aimargues	p	p	p	p	p	p	p
»	Cultivateurs	Armissan	p	p	p	p	p	p	p
»	»	Coursan	p	p	p	p	p	p	p
»	Agriculteurs	Cuxac-d'Aude	p	p	p	p	p	p	p
GRIFFUELHES	»	Mèze	p		p	p	p	p	p
	6 *mandats*								
	Fédération de l'Alimentation								
	Délégué fédéral : **SARDA**								
TENDERO	Cuisiniers	Alais	p	p	p	p	p	p	p
SARDIN	Limonadiers-Restaurat.	»	c	c	a	c	p	p	c
LÉVÊQUE	Boulangers	Albi	p	p	p	p	p	p	p
ESTELLÉ	Cuisiniers	Alger	a	c	p	p	a	p	c
»	Limonadiers	»	a	c	p	p	a	p	c
MOREL (G.)	Boulangers	Amiens	p	c	p	p	p	p	p
SAVOIE	»	Angoulême	p	p	p	p	p	p	p
LÉVÊQUE	»	Beauvais	p	p	p	p	p	p	p
BOUSQUET	»	Bordeaux	p	p	p	p	p	p	p
SARDIN	Cuisiniers	»	a	a	p	p	p	p	c
HERVIER	Alimentation	Bourges	p	p	p	p	p	p	p
DANIS	»	Cannes		p	p	p	p	p	p
MARTINIE	Boulangers	Chartres	p	p	p	p	p	p	p
ANTOURVILLE	»	Châtellerault	p	p	p	p	p	p	p
TENDERO	Meuniers Seine-et-Oise	Corbeil	p	p	p	p	p	p	p
PRÉVOST	Boulangers	Dijon	p	a	p	p	p	p	p
BOUSQUET	Alimentation	Dunkerque	p	p	p	p	p	p	p
»	Boulangers	Grenoble	p	p	p	p	p	p	p
»	»	Hyères	p	p	p	p	p	p	p
LARVARON	Marchands 4 saisons	Le Havre	p	p	p	p	p	p	p
RICHER	Alimentation	Le Mans	p	c	p	p	p	p	c

(1) *p* veut dire *pour* (voté pour la proposition).
c veut dire *contre* (voté contre la proposition).
a veut dire *abstention* (a voté déclarer s'abstenir).
Les places laissées en blanc indiquent ceux qui n'ont pas pris part au vote.

DÉLÉGUÉS	ORGANISATIONS		Rapports confédéraux	Maison des Fédérations	Attitude confédérale	Retraites ouvrières	Loi Millerand-Berry	Semaine anglaise	Augmentation des cotisations confédérales
Bousquet	Boulangers	Limoges	p	p	p	p	p	p	p
Saint-Venant	Alimentation	Lille	p	p	p	p	p	p	c
Tendero	Meuniers	Lorient	p	p	p	p	p	p	p
Royer	Boulangers	Lyon	p	p	p	p	p	p	p
Antourville	Cuisiniers	»	p	p	p	p	p	p	p
Royer	Limonadiers-Restaurat.	»	p	p	p	p	p	p	p
Sarda	Biscuit.-Pâtiss.-Confis.	»	p	p	p	p	p	p	p
Monclard	Boulangers	Marseille	p	p	p	p	p	p	
Tendero	Meuniers-Rizeurs	»	p	p	p	p	p	p	p
Barrière	Confiseurs	»	p	p	p	p	p	p	p
Jannet	Boulangers	Meaux	p	p	p	p	p	p	p
Bousquet	»	Montpellier	p	p	p	p	p	p	p
Sarda	»	Morlaix	p	p	p	p	p	p	p
Martinie	Alimentation	Nantes	p	p	p	p	p	p	p
Cury	Cuisiniers	»	p	p	p	p	p	p	p
Danis	Employés d'hôtels	Nice	p	p	p	p	p	p	p
Jannet	Chocolatiers	Noisiel	p	p	p	p	p	p	p
Cury	Cuisiniers	Oran	p	p	p	p	p	p	p
Bouission	Boulangers-Pâtissiers	Orléans		p	p				p
Feuilloley	Biscuit., Pains d'épices	Paris	p	p	p	a	p	p	p
Fayard	Boucherie	»	p	p	p	a	p	p	a
Bousquet	Boulangers	»	p	p	p	p	p	p	p
Fayard	Charcutiers-Salaison.	»	p	p	p	a	p	p	c
Sarda	Chocolatiers de la Seine.	»	p	p	p	p	p	p	p
Antourville	Confiseurs de la Seine.	»	p	p	p	p	p	p	p
Sardin	Cuisiniers	»	a	a	p	p	p	p	c
Bousquet	Dames Cafés-Restaur.	»	p	p	p	p	p	p	p
Laurent	Employés d'Epicerie	»	p	p	p	p	p	p	p
Savoie	» d'Hôtels	»	p	p	p	p	p	p	p
Antourville	Limonad.-Restaurat.	»	p	p	p	p	p	p	p
Tendero	Meuniers et Grainetiers.	»	p	p		p	p	p	p
Sardin	Pâtissiers de la Seine	»	c	c	a	c	p	p	c
Sarda	Brasseurs de la Seine	»	p	p	p	p	p	p	p
Pelletier	Garçons de Cuisine	»	a		p	p	p	p	c
Sardin	Cuisiniers-Pâtissiers	Pau	c	a	p	c	p	p	c
Sarda	Boulangers	Périgueux	p	p	p	p	p	p	p
Savoie	»	Pontoise	p	p	p	p	p	p	p
»	»	Reims	p		p	p	p	p	p
Noureau	»	Rochefort	p	p	p	p	p	p	a
Ribot	»	St-Germ.-en-Laye	p		p	p	p	p	p
Savoie	»	Saint-Nazaire	p	p	p	p	p	p	p
Sarda	»	Tarbes	p	p	p	p	p	p	p
Bousquet	»	Toulon	p	p	p	p	p	p	p
Bégué	»	Toulouse	p	p	p	p	p	p	p
»	Meuniers	»	p	p	p	p	p	p	p
»	Cuisiniers	»	p	p	p	p	p	p	p
Antourville	Boulangers et Meuniers	Troyes	p	p	p	p	p	p	p
Perrin	Thermaux	Vichy	p	p	p	p	p	p	p
Lévêque	Boulangers	Versailles	p	p	p	p	p	p	p
	70 *mandats*								

DÉLÉGUÉS	ORGANISATIONS		Rapports confédéraux	Maison des Fédérations	Attitude confédérale	Retraites ouvrières	Loi Millerand-Berry	Semaine anglaise	Augmentation des cotisations confédérales
Fédération des Allumettiers									
Délégué fédéral : **COUDERT**									
Coudert......	Allumettiers..........	Aix.............	p	p	p	p	p	p	p
»	» de Trélazé.	Angers..........	p	p	p	p	p	p	p
»	»	Bègles..........	p	p	p	p	p	p	p
»	»	Marseille........	p	p	p	p	p	p	p
»	»	Saintines........	p	p	p	p	p	p	p
»	»	Pantin-Aubervill..	p	p	p	p	p	p	p
6 *mandats*									
Fédération de l'Ameublement									
Délégué fédéral : **TOUSSAINT**									
Toussaint.....	Menuisiers-Ebénistes...	Bastia...........	p	p	p	p	p	p	c
»	Ouvriers en bois ouvrés.	Bayonne				p	p	p	c
Dumercq......	Ameublement..........	Bordeaux.........	p	p	p	p	p	p	p
Hervier	»	Bourges..........	p	p	p	p	p	p	p
Mirey.........	»	Caen............	p	c	p	p	p	p	c
Bigot	Ebénistes	Castres..........	p	p	p	a	p	p	a
»	Sculpteurs............	»	p	p	p	a	p	p	a
»	Tourneurs............	»	p	p	p	a	p	p	a
Feuvrier	Ebénistes.............	Fougères.........	p	a	p	p	p	p	p
Vandeputte...	Travailleurs sur bois ..	Halluin..........	a	a	c	c	p	p	c
Pengam	Ameublement..........	Lorient..........				p	p	p	p
Million.......	Ebénistes	Lyon............	p	p	p	p	p	p	p
Dreyer.......	Menuisiers en siège	»	p	p	p	p		p	c
»	Sculpteurs............	»	p	p	p	p		p	c
Toussaint.....	Ebénistes	Marseille........	p	p	p	p	p	p	c
Batave	Tapissiers............	»	p	p	p	p	p	p	c
Toussaint.....	Ameublement..........	Nancy	p	p	p	p	p	p	c
»	Ebénistes	Nantes..........				p	p	p	c
Savariau	Sculpteurs............	»	p	a	p	p	p	p	p
Klemczinski...	Ameublement..........	Nantua..........		a	p	c	p	p	p
Chiron	Fact. Pianos et Orgues.	Paris	p	p	p	p	p	p	p
Toussaint.....	Menuisiers en siège	»	p	p	p	p	p	p	c
Roche........	Sculpteurs	»	p	p	p	p	p	p	a
»	Tapissiers............	»	p	p	p	p	p	p	c
Loizel........	Ebénistes de la Seine ..	»	p	p	p	p	p	p	p
Chereau......	Ameublement	Rennes..........	p	p	p	p	p		p
Doria........	Menuisiers en siège	Toulouse........	p	p	p	p	p	p	p
Chasle.......	Ameublement..........	Tours...........	p	p	p	p	p	p	p
Roche........	»	Valence.........	p	p	p	p	p	p	a
Toussaint.....	»	Vierzon.........	p	p	p	p	p	p	c
30 *mandats*									

DÉLÉGUÉS	ORGANISATIONS		Rapports confédéraux	Maison des Fédérations	Attitude confédérale	Retraites ouvrières	Loi Millerand-Berry	Semaine anglaise	Augmentation des cotisations confédérales
	Fédération du Bâtiment								
	Délégués fédéraux : **PÉRICAT et NICOLET**								
Viau	Bâtiment	Alais	p	p	p	p	p	p	p
Estellé	Marbriers	Alger	a	c	p	p	p	p	c
»	Serruriers-Forgerons	»	a	c	p	p	p	p	c
Douchet	Bâtiment	Amiens	p	c	p			p	p
Lambert	»	Angers	p	p	p	p	p	p	p
Routier	»	Argenteuil	p	p	p	p	p	p	p
Bréjaud	»	Arpajon	p		p	p	p	p	p
Mourgues	»	Auch	p	c	p	p	p	p	p
Nicolet	»	Auxerre	p		p	p	p	p	p
Doria	»	Avignon	p	c	p	p	p	p	p
Trévennec	»	Bannalec				p	p	p	
Leroux	»	Beauvais	p	p	p	p	p	p	p
Bahonneau	Granitiers	Bécon	p	p	p	p	p	p	p
Bréjaud	Carriers-Chaufourniers	Belles	p		p	p	p	p	p
Werth	Bâtiment	Besançon	p	a	p	p	p	p	p
»	Maçons	»	p	a.	p	a	p	p	p
Lagarde	Bâtiment	Béziers	p	p	p	p	p		p
Rimont	Ferblantiers-Zingueurs	Bordeaux	p	c	p	p	p	p	p
»	Maçons	»	p	c	p	p	p	p	p
Mourgues	Menuisiers	»	p	c	p	p	p	p	p
»	Peintres	»	p	c	p	p	p	p	p
»	Plâtriers	»	p	c	p	p	p	p	p
»	Sculpteurs-orneman.	»	p	c		p	p	p	p
»	Serruriers	»	p	c	p	p	p	p	p
Hubert	Terrassiers	»	p	p	p	p	p	p	p
Péricat	Plâtriers	Boulogne-sur-Mer	p	c	p	p	p	p	p
Millet	Bâtiment	Bourg	p	a	p	p	p	p	p
Hervier	»	Bourges	p	p	p	p	p	p	p
Pengam	»	Brest	p	p	p	p	p	p	p
Mergier	Maçons	Brive	p	c	p	p	p	p	
Mirey	Bâtiment	Caen	p	c	p	p	p	p	c
Viterbo	»	Cannes	p	p	p	p	p	p	p
Pengam	»	Carhaix	p	p	p	p	p	p	p
Trévennec	»	Carnac	p	p	p	p	p	p	
Bigot	»	Castres	p	p	p	p	p	p	a
Péricat	Maçons-Mineurs	Chambéry	p	c	p	p	p	p	p
Leroux	Bâtiment	Chantilly	p	p	p	p	p	p	p
Bidamant	»	Chartres	p	p	p	p	p	p	p
Chaussy	Tailleurs de pierre	Château-Landon	p	p	p	p	p	p	p
Lochet	Bâtiment	Châteauroux	p	p	p	p	p	p	p
»	Menuisiers	»	p	p	p	p	p	p	p
Mavic	Bâtiment	Cherbourg	p	p	p	p	p	p	p
Roux-Michel	»	Clermont-Ferrand	p	c	p	p	p	p	p
Noureau	»	Cognac	p	p	p	p	p	p	a
Prévost	Carriers	Comblanchien	p	a	p	p	p	p	p
Leroux	Bâtiment	Compiègne	p	p	p	p	p	p	p
Ribot	»	Conflans-Ste-Hon.	p		p	p	p	p	p

DÉLÉGUÉS	ORGANISATIONS		Rapports confédéraux	Maison des Fédérations	Attitude confédérale	Retraites ouvrières	Loi Millerand-Berry	Semaine anglaise	Augmentation des cotisations confédérales
VITERBO	Mines de chaux	Contes-les-Puis	p	p	p	p	p	p	p
DUPONT	Bâtiment	Corbeil	p	p	p	p	p	p	p
NICOLET	»	Coursan	p		p	p	p	p	p
MILLET	Carriers	Crozet	p	a	p	a	p	p	p
PRÉVOST	Bâtiment	Dijon	p	a	p	p	p	p	p
»	Tailleurs de pierre	»	p	a	p	p	p	p	p
»	Bâtiment	Dôle	p	a	p	p	p	p	p
WILLAERT	»	Dunkerque	p	a	p	p	p	p	p
BIDAMANT	»	Dreux	p	p	p	p	p	p	p
MARTEL	Charpentiers	Elbeuf	p	p	p	p	p	p	p
»	Couvreurs-Plombiers	»	p	p	p	p	p	p	p
»	Maçons-Plâtriers	»	p	p	p	p	p	p	p
»	Menuisiers-Ebénistes	»	p	p	p	p	p	p	p
»	Peintres	»	p	p	p	p	p	p	p
MOULINIER	Bâtiment	Ernée	p	p	p	p	p	p	p
GRAND	»	Firminy	p	p	p	p	p	p	p
GAUTHIER (J.)	»	Fontainebleau	p	c	p	p		p	p
MOULINIER	»	Fougères	p	p	p	p	p	p	p
CHAMBON	»	Grenoble	p	a	p	p	p	p	p
VANDEPUTTE	»	Halluin	a	a	c	c	p	p	c
VOTTE	»	Le Havre	p		p	p	p	p	p
MIREY	»	Houlgate	p	c	p	p	p	p	c
HERVIER	Chaufourniers	Jussy-le-Chaudrier	p		p	p	p	p	p
BOUCHER	Bâtiment	Lagny	p	a	p	p	p	p	p
LEROUX	Carriers	Laigneville	p	p	p	p	p	p	p
BOUR	Bâtiment	Lille	a	p	p	p	p	p	c
BONNET	»	Limoges	p	c	p	c	p	p	p
TRÉVENNEC	Maçons	Lorient	p	p	p	p	p	p	
»	Couvreurs	»	p	p	p	p	p	p	
»	Bâtiment	»	p	p	p	p	p	p	
»	Menuisiers	»	p	p	p	p	p	p	
»	Terrassiers	»	p	p	p	p	p	p	
CHAMBOUX	Briquetiers-Fumistes	Lyon	p	a	p	p	p	p	p
AMIRAULT	Charpentiers	»	p	c	p	p	p	p	p
ROYER	Employés du Bâtiment	»	p	p	p	p	p	p	p
CHAMBOUX	Maçons	»	p	a	p	p	p	p	p
»	Marbriers	»	p	a	p	p	p	p	p
»	Menuisiers	»	p	a	p	p	p	p	p
MILLION	Plâtriers-Peintres	»	p	p	p	p	p	p	p
AMIRAULT	Plombiers-Zingueurs	»	p	c	p	p	p	p	p
DREYER	Tailleurs de pierre	»	p	p	p	p		p	a
AMIRAULT	Terrassiers	»	p	c	p	p	p	p	p
MOURGUES	Bâtiment	La Rochelle	p	c	p	p	p	p	p
MOULINIER	»	Le Mans	p	p	p	p	p	p	p
RICHER	Menuisiers	»	p	c	p	p	p	p	c
NICOLET	Cimentiers	Le Teil	p		p	p	p	p	p
RIBOT	Bâtiment	Maisons-Lafitte	p		p	p	p	p	p
ROUTIER	»	Mantes	p	p	p	p	p	p	p
PÉRICAT	»	Marseille	p	c	p	p	p	p	p
BOUCHER	»	Meaux	p	a	p	p	p	p	p
RIBOT	»	Meulan-Triel	p		p	p	p	p	p

DÉLÉGUÉS	ORGANISATIONS		Rapports confédéraux	Maison des Fédérations	Attitude confédérale	Retraite ouvrières	Loi Millerand-Berry	Semaine anglaise	Augmentation des cotisations confédérales
PÉRICAT	Bâtiment	Miramas-L'Estaq.	p	c	p	p	p	p	p
KLEMCZINSKI	Marbriers	Molinges	a	a	p	c	p	p	p
DÉMARET	Bâtiment	Maubeuge-Louvr.							
SAUVAGE	Carriers	Monthermé	p	p	p	p	p	p	p
DESCHERY	Menuisiers	Montluçon	p	a	p	p	p	p	c
ROUTIER	Bâtiment	Montmorency	p	p	p	p	p	p	p
TRÉVENNEC	»	Nantes-Chantenay		p	p	p	p	p	
PÉRICAT	Menuisiers	Nantes	p	c	p	p	p	p	p
ROUQUIÉ	Bâtiment	Narbonne	p	p	p	p	p	p	p
CHAUSSY	»	Nemours	p	p	p	p	p	a	p
BOUDOUX	»	Nevers	p	p	p	p	p	p	p
VITERBO	»	Nice	p	p	p	p	p	p	p
LESCALIÉ	»	Nimes	p	p	p	p	p	p	p
CHASLE	»	Orléans	p	p	p	p	p	p	p
BRÉJAUD	»	Orsay	p		p	p	p	p	p
MILLET	»	Oyonnax	p	a	p	p	p	p	p
MARTY-ROLLAN	»	Pamiers	p	p	p	p	p	p	p
BORDAS	Briqueteurs et Aides	Paris	p	p	p	p	p	p	p
GAUTIER (CH.)	Charpentiers	»	p	c	p	p	p	p	p
BRIGNON	» en fer	»	p	p	p	p	p	p	p
AUVITY	Bâtiment	»	p	p	p	p	p	p	p
COGNARD	Couvreurs-Plombiers	»	p	p	p	p	p	p	p
PÉRICAT	Dessinateurs-Commis	»	p	c	p	p	p	p	p
MILLER	Doreurs sur bois	»		p	p	p		p	p
PÉRICAT	Fumistes	»	p	c	p	p	p	p	p
VIAU	Maçonnerie-Pierre	»	p	p	p	p	p	p	p
MOULINIER	Menuisiers	»		c				p	p
BRIGNON	Monteurs-Electriciens	»	p	p	p	p	p	p	p
MILLER	Ornemanistes	»	p	p	p	p	a	p	p
NICOLET	Parqueteurs	»			p	p	p	p	a
BORDAS	Paveurs et Aides	»	p	p	p	p	p	p	p
MILLER	Peintres	»		p	p	p		p	p
VIAU	Plafonneurs-Calorifug.	»	p	p	p	p	p	p	p
LECHAPT	Scieurs de pierre tendre	»	p	p	p	p	p	p	p
COUTANT	Scieurs de pierre dure	»	p	p	p	p	p	p	p
MILLER	Sculpteurs	»		p	p	p	a	p	p
GAUTIER (CH.)	Serruriers	»	p	a	p	p	p	p	p
COUTANT	Tailleurs de pierre	»	p	p	p	p	p	p	p
HUBERT	Terrassiers	»	p	p	p	p	p	p	p
BORDAS	Maçons-Plâtriers	Pézenas	p	p	p		p	p	p
PIERQUET	Bâtiment	Pierrefitte	p	p	p	p	p	p	p
GAUDIN	»	Plouay							
RIBOT	»	Poissy	p		p	p	p	p	p
NICOLET	»	Pont-Aven	p		p	p	p	p	p
PENGAM	»	Pont-l'Abbé				p	p	p	p
ROUTIER	»	Pontoise	p	p	p	p	p	p	p
TRÉVENNEC	Maçons	Port-Louis			p	p	p	p	
»	Bâtiment	Quimperlé	p	p	p	p	p	p	
CLAIRET	»	Le Raincy	p		p	p	p	p	p
BRÉJAUD	»	Rambouillet	p		p	p	p	p	p
DÉMARET	»	Reims	p		p	p	p	p	p

DÉLÉGUÉS	ORGANISATIONS		Rapports confédéraux	Maison des Fédérations	Attitude confédérale	Retraites ouvrières	Loi Millerand-Berry	Semaine anglaise	Augmentation des cotisations confédérales
CHÉREAU	Bâtiment	Rennes	p	p	p	p	p		p
BLANC	»	Rive-de-Gier	p	a	p	p	p	p	p
CHASLE	»	Romorantin	p	p	p	p	p	p	p
VANLEYNSEELE	»	Roubaix	p	a	p	p	p	p	c
GIRON	»	Rouen	p	p	p	p	p	p	p
RIBOT	»	Rueil	p		p	p	p	p	p
»	»	Sèvres	p		p	p	p	p	p
CHAUSSY	»	Souppes	p	p	p	p	p	p	p
CHÉREAU	»	Saint-Brieuc	p	p	p	p			p
CHAMBOUX	»	Saint-Chamond	p	a	p	p	p	p	p
MASSA	Plâtriers-Peintres	»	p	a	p	p	p	p	p
DANREZ	Bâtiment	Saint-Claude	p	a	p	p	p	p	p
PRÉVOST	»	Saint-Dié	p	a	p	p	p	p	p
HERVIER	»	Saint-Florent	p	p	p	p	p	p	p
RIBOT	»	St-Germ.-en-Laye	p		p	p	p	p	p
CHÉREAU	»	St-Malo-Paramé	p	p	p	p	p		p
GAUTIER (H.)	»	Saint-Nazaire	p	p	p	p	p	p	p
DÉMARET	»	Saint-Quentin	p		p	p	p	p	p
DORIA	Maçons et Carriers	Saint - Raphaël et Dramant	a	a	p	p	p	p	c
BRÉJAUD	Carrières à grès de Seine-et-Oise	Savigny-sur-Orge	p		p	p	p	p	p
VINCENT	Terrassiers et Carriers	Seine-et-Oise	p	c	p	p	p	p	p
CHAFFRAIX	Maçons	Tarare	p	p	p	p	p	p	a
DORIA	Terrassiers	Toulon	p	a	p	p	p	p	c
HÉBRARD	Bâtiment	Toulouse	p	p	p	p	p	p	p
COURNAC	Maçons	»	p	p	p	p	p	p	p
JULIA	Peintres	»	p	p	p	p	p	p	p
CHASLE	Bâtiment	Tours	p	p	p	p	p	p	p
MIREY	»	Trouville-Deauv.	p	c	p	p	p	p	c
SCHNEIDER	»	Troyes	a	a	c	p	p	p	c
NICOLET	»	Valence	p	c	p		p	p	p
VANLEYNSEELE	»	Valenciennes	p	a	p	p	p	p	a
MOULINIER	»	Vannes	p	p	p	p	p	p	p
LAPIERRE	»	Versailles	p		p	p	p	p	p
»	Maçons	»	p		p	p	p	p	p
PERRIN	Cimentiers	Vichy	p	p	p	p	p	p	p
PERRETTE	Maçons	»	p	p	p	p	p	p	p
RENAUD	Menuisiers	»	p	p	p	p	p		p
PERRIN	Plombiers	»	p	p	p	p	p	p	p
»	Tailleurs de pierre	»	p	p	p	p	p	p	p
CHAMBOUX	Bâtiment	Vienne	p	a	p	p	p	p	p
DAVID	»	Vierzon	p		p	p	p	p	p
MILLION	»	Villefranche-sur-S.	p	p	p	p	p	p	p
DUPONT	»	Villeneuve-St-G.	p	p	p	p	p	p	p
BOUCHER	»	Villeparisis	p	a	p	p	p	p	p

193 *mandats*

Fédération de la Bijouterie

Délégué fédéral : **LEFÈVRE**

DÉLÉGUÉS	ORGANISATIONS		Rapports confédéraux	Maison des Fédérations	Attitude confédérale	Retraites ouvrières	Loi Millerand-Berry	Semaine anglaise	Augmentation des cotisations confédérales
Werth	Graveurs-Décorateurs	Besançon	p	a	p	p	p	p	p
Millet	Diamantaires	Divonne-les-Bains	p	a	p	a	a	p	c
Le Guéry	»	Felletin	p	p	p	p	p	p	p
Lefèvre	Bijoutiers	Guéret	p	p	p	p	p	p	p
Millet	Diamantaires	Gex	p	a	p	a	p	p	c
Merckel	Bijoutiers-Orfèvres	Lyon	p	p	p	a	p	p	c
Lefèvre	»	Marseille	p	p	p	p	p	p	p
»	»	Montargis	p	p	p	p	p	p	p
Danrez	Diamantaires	Nantua-la-Cluse	p	a	p	c	p	p	p
Le Guéry	»	Nemours	p	p	p	p	p	p	p
Pierquet	Bijoutiers-Orfèvres	Paris	p	p	p	p	p	p	c
Boucher	Diamantaires	»	p	p	p	p	p	p	p
Pierquet	Gaîniers	»	p	p	p	p	p	p	c
»	Lamineurs sur Métaux	»	p	p	p	p	p	p	c
Lefèvre	Potiers d'Etain	»	p	p	p	p	p	p	p
»	Lapidaires	»	p	p	p	p	p	p	p
»	Bijoutiers	Saint-Amand	p	p	p	p	p	p	p
Danrez	Diamantaires	Saint-Claude	p	a	p	c	p	p	p
Lefèvre	Chapeliers-Bijoutiers	Saumur	p	p	p	p	p	p	p
»	Bijoutiers	Valence	p	p	p	p	p	p	p

20 *mandats*

Fédération des Blanchisseurs

Délégué fédéral : **JOUHAUX**

DÉLÉGUÉS	ORGANISATIONS		Rapports confédéraux	Maison des Fédérations	Attitude confédérale	Retraites ouvrières	Loi Millerand-Berry	Semaine anglaise	Augmentation des cotisations confédérales
Savoie	Blanchisseurs	Paris	p	p	p	p	p	p	p

1 *mandat*

Fédération des Brossiers-Tabletiers

Délégué fédéral : **BOCAUX**

DÉLÉGUÉS	ORGANISATIONS		Rapports confédéraux	Maison des Fédérations	Attitude confédérale	Retraites ouvrières	Loi Millerand-Berry	Semaine anglaise	Augmentation des cotisations confédérales
Perrée	Ouvriers en Peignes	Ezy	p		p	p	p	p	p
Bocaux	Scieries mécaniques	Hermes	p		p	p	p	p	p
Danrez	Tourneurs	Lavans-lès-St-Cl.	p	a	p	c	p	p	p
Leroux	Tabletiers	Méru	p	p	p	p	p	p	p
Millet	Ouvriers en Peignes	Oyonnax	p	a	p	p	p	p	p
Danrez	Brossiers	Saint-Claude	p	a	p	p	p	p	c

6 *mandats*

Fédération des Bûcherons

Délégué fédéral : **BORNET**

DÉLÉGUÉS	ORGANISATIONS		Rapports confédéraux	Maison des Fédérations	Attitude confédérale	Retraites ouvrières	Loi Millerand-Berry	Semaine anglaise	Augmentation des cotisations confédérales
X	Bûcherons	Jussy-le-Chaudrier							
Bornet	»	La Guerche	p	p	p	p	p	p	p

2 *mandats*

Fédération de la Céramique

DÉLÉGUÉS	ORGANISATIONS		Rapports confédéraux	Maison des Fédérations	Attitude confédérale	Retraites ouvrières	Loi Millerand-Berry	Semaine anglaise	Augmentation des cotisations confédérales
Tillet	Céramistes	Bruère-Allichamps	p		p	p	p	p	p
»	»	Foecy	p		p	p	p	p	p
Bondues	Faïenciers de Fives-Lille	Lille	a	p	a	p	p	p	c
Bonnet	Céramistes	Limoges	p	c	p	c	p	p	p
Tillet	»	Lyon	p		p	p	p	p	p
Bonnet	»	Mehun-sur-Yèvre	p	c	p	c	p	p	p
Tillet	Faïenciers	Montereau	p		p	p	p	p	p
»	»	Onnaing	p		p	p	p	p	p
»	Céramistes de la Seine	Paris	p	p	p	p	p	p	p
Bonnet	Potiers	Roanne	p	c	p	c	p	p	p
Tillet	Faïenciers	Saint-Amand	p		p	p	p	p	p
»	Tuiliers-Céramistes	Saint-Henri	p		p	p	p	p	p
»	Céramistes	Saint-Zacharie	p		p	p	p	p	p
Bonnet	Faïenciers	Saint-Vallier	p	c	p	c	p	p	p
Danis	Potiers	Vallauris	p		p	p	p	p	p
Viterbo	Engobeuses de Poterie	»	p		p	p	p	p	p
»	Potiers artistiques	»	p		p	p	p	p	p
Tillet	Céramistes	Vierzon	p		p	p	p	p	p

18 *mandats*

Fédération de la Chapellerie

Délégué fédéral : **BLACHÈRE**

DÉLÉGUÉS	ORGANISATIONS		Rapports confédéraux	Maison des Fédérations	Attitude confédérale	Retraites ouvrières	Loi Millerand-Berry	Semaine anglaise	Augmentation des cotisations confédérales
Millet (L.)	Ouvriers en chapellerie.	Bellegarde							
Blachère	»	Chazelles-s.-Lyon	p	a	p	p	p	p	c
»	»	Esperaza	p	a	p	p	p	p	c
Saint-Venant	»	Lille	p	p	p	p	p	p	c
Blachère	»	Lyon	p			p	p	p	c
»	»	Nancy	p	a	p	p	p	p	c
Milan	»	Paris	p	p	p	p	p	p	c
Losowsky	Casquettiers	»	p	p	a	c	p	p	c
Pessinet	Chapeliers-Fouleurs	Romans	p	c	p	p	p	p	p

9 *mandats*

DÉLÉGUÉS	ORGANISATIONS	Rapports confédéraux	Maison des Fédérations	Attitude confédérale	Retraites ouvrières	Loi Millerand-Berry	Semaine anglaise	Augmentation des cotisations confédérales
Syndicat National des Chemins de Fer								
Délégués Fédéraux : **BIDEGARRAY et COUDUN**								
Renard	Section Alger	p	c	p	a	p	p	c
Morand	» Angoulême	p	c	p	a	p	p	c
Renard	» Beni-Mançour	p	c	p	a	p	p	c
»	» Bône	p	c	p	a	p	p	c
Bidegarray ...	» Bordeaux	p	c	p	a	p	p	c
Coudun	» Caen	p	c	p	a	p	p	c
»	» Cette	p	c	p	a	p	p	c
Bigot	» Castres	p	p	p	a	p	p	a
Lochet	» Châteauroux	p	p	p	p	p	p	p
Bidegarray ...	» Constantine	p	c	p	a	p	p	c
Morand	» Courtalain	p	c	p	a	p	p	c
Briard	» Dieppe	p	c	p		p	p	c
Alleaume	» Dôle	p	c	p	a	p	p	c
Bidegarray ...	» Elbeuf	p	c	p	a	p	p	c
» ...	» Epernay	p	c	p	a	p	p	c
» ...	» Gray	p	c	p	a	p	p	c
Coudun	» Laval	p	c	p	a	p	p	c
Hochedez	» Lens	p	c	p	a		p	c
»	» Lille	p	c	p	a		p	c
Bidegarray ...	» Le Mans	p	c	p	a	p	p	c
Lirard	» Mantes	a		p	a	p	p	c
Renard	» Menerville	p	c	p	a	p	p	c
Morand	» Nantes	p	c	p	a	p	p	c
Coudun	» Oran	p	c	p	a	p	p	c
»	» Orléans	p	c	p	a	p	p	c
Morand	» Paris	p	c	p	a	p	p	c
Bidegarray ...	» Périgueux	p	c	p	a	p	p	c
Coudun	» Provins	p	c	p	a	p	p	c
Bidegarray ...	» Rennes	p	c	p	a	p	p	c
Hochedez	» Romilly	p	c	p	a		p	c
Alleaume	» Rouen	p	c	p	a	p	p	c
Morand	» Saintes	p	c	p	a	p	p	c
Renard	» Saint-Amand	p	c	p	a	p	p	c
Coudun	» Saint-Etienne	p	c	p	a	p	p	c
»	» Saint-Malo	p	c	p	a	p	p	c
Alleaume	» Sotteville	p	c	p	a	p	p	c
»	» Thouars	p	c	p	a	p	p	c
»	» Tours	p	c	p	a	a	p	c
Masquère	» Toulouse	a	p	a	a	p	p	
Hochedez	» Valenciennes	p	c	p	a		p	c
Renard	» Villeneuve-Saint-Georges	p	c	p	a	p	p	c
Bidegarray ...	» Vierzon	p	c	p	a	p	p	c
Coudun	» Versailles	p	c	p	a	p	p	c

43 *mandats*

Fédération des Coiffeurs

Délégués fédéraux : **LUQUET et DESPLANQUES**

DÉLÉGUÉS	ORGANISATIONS		Rapports confédéraux	Maison des Fédérations	Attitude confédérale	Retraites ouvrières	Loi Millerand-Berry	Semaine anglaise	Augmentation des cotisations confédérales
DESPLANQUES..	Coiffeurs	Bordeaux	p	p	p	p	p	p	c
LUQUET	»	Grenoble	p	p	p	p	p	p	c
MAILLET	»	Lyon	p	p	p	p	p	p	p
PONS	»	Marseille	p	p	p	p	p	p	
LUQUET	»	Montpellier	p	p	p	p	p	p	c
»	»	Nancy	p	p	p	p	p	p	c
SAVARIAU	»	Nantes	p	a	p	p	p	p	p
DESPLANQUES..	»	Paris	p	p	p	p	p	p	c
CLAVEL	»	Toulon							
DESPLANQUES..	»	Tours	p	p	p	p	p	p	c
»	»	Troyes	p	p	p	p	p	p	c
»	»	Vierzon	p	p	p	p	p	p	c

12 *mandats*

Fédération de la Confection Militaire

Délégué fédéral : **SAVARIAU**

DÉLÉGUÉS	ORGANISATIONS		Rapports confédéraux	Maison des Fédérations	Attitude confédérale	Retraites ouvrières	Loi Millerand-Berry	Semaine anglaise	Augmentation des cotisations confédérales
ROUX Michel..	Ouv. de la Chauss. Milit.	Clermont-Ferrand.	p	c	p	a	p	p	p

1 *mandat*

Fédération des Cuirs et Peaux

Délégué fédéral : **VOIRIN**

DÉLÉGUÉS	ORGANISATIONS		Rapports confédéraux	Maison des Fédérations	Attitude confédérale	Retraites ouvrières	Loi Millerand-Berry	Semaine anglaise	Augmentation des cotisations confédérales
BLONDIAU	Ouvriers en Cuirs	Amboise							
MOREL	Cuirs et Peaux	Amiens	p	c	p	p	p	p	p
BRÉJAUD	Ouvriers en Chaussures	Arpajon	p		p	p	p	p	p
ROUX Marius..	Cuirs et Peaux	Auxerre	p	c	p	p	p	p	p
MOREL	Ouvriers en Chaussures	Avignon	p	c	p	p	p	p	p
VOIRIN	Cordonniers	Bargemon	p	c	p	p	p	p	p
GRIFFUELHES..	»	Biarritz	p		p	p	p	p	p
FEUVRIER	Chaussure	Blois	p	a	p	p	p	p	p
ROUX Marius..	Selliers, etc.	Bordeaux	p	c	p	p	p	p	p
DORIA	Cordonniers	Brignolles	a	a	p	p	p	p	c
MERGIER	Sabotiers-Galochiers	Brive	p	c	p	p	p	p	
CHASLE	Cuirs et Peaux	Chateaurenault	p	p	p	p	p	p	p
ROUX Marius..	Mégissiers	Chaumont	p	c	p	p	p	p	p
»	Chaussure	Dijon	p	c	p	p	p	p	p
FEUVRIER	»	Fougères	p	a	p	p	p	p	p
»	Moutonniers	Graulhet	p	a	p	p	p	p	p
CHAMBON	Cuirs et Peaux	Grenoble	p	a	p	p	p	p	p
LOCHET	»	Issoudun	p	p	p	p	p	p	p
RICHER	Chaussure	Le Mans	p	c	p	p	p	p	c

DÉLÉGUÉS	ORGANISATIONS		Rapports confédéraux	Maison des Fédérations	Attitude confédérale	Retraites ouvrières	Loi Millerand-Berry	Semaine anglaise	Augmentation des cotisations confédérales
Leroux	Cordonnerie	Liancourt	p	p	p	p	p	p	p
Morel	Cuirs et Peaux	Lillers	p	c	p	p	p	p	p
Bonnet	Chaussure	Limoges	p	c	p	c	p	p	p
Griffuelhes	»	Lorient	p		p	p	p	p	p
Bécirard	»	Lyon	p	c	p	p	p	p	p
Raggio	Cuirs et Peaux	»	p	c	p	p	p	p	p
Royer	Fourreurs	»	p	p	p	p	p	p	p
Voirin	Mégissiers	Mazamet	p	c	p	p	p	p	p
»	Peau de Mouton	»	p	c	p	p	p	p	p
»	Palissonneurs en coul.	Millau	p	c	p	p	p	p	p
»	Teinturiers en Peaux	»	p	c	p	p	p	p	p
»	Ouvriers en Ganterie	»	p	c	p	p	p	p	p
Leroux	Cuirs et Peaux	Mouy	p	p	p	p	p	p	p
Roux Marius	Chaussure	Nancy	p	c	p	p	p	p	p
Viterbo	Cordonniers	Nice		p	p	p	p	p	p
Raggio	Cuirs et Peaux	Niort	p	c	p	p	p	p	p
Huart	Travailleurs de la Peau	Paris	p	c	p	p	p	p	c
»	Ouvriers en Chaussures	»	p	c	p	p	p	p	p
»	Portefeuillistes-Maroq.	»	p	c	p	p	p	p	p
Roux Marius	Sellerie	»	p	c	p	p	p	p	p
»	Ouvriers du Siège Cuir	»	p	c	p	p	p	p	p
Huart	Spécialistes de la Peau	»	p	c	p	p	p	p	p
»	Apprêteurs, etc.	»	p	c	p	p	p	p	p
Morel	Cuirs et Peaux	Périgueux	p	c	p	p	p	p	p
»	Corps de Colliers	Poitiers	p	c	p	p	p	p	p
Feuvrier	Cuirs et Peaux	Rennes	p	a	p	p	p	p	p
Chereau	Chaussure Militaire	»	p	p	p	p	p		p
Chambon	Cuirs et Peaux	Roanne	p	a	p	p	p	p	p
Pessinet	»	Romans	p	c	p	p	p	p	p
»	Tanneurs	»	p	c	p	p	p	p	p
Perrier	Chaussure	Rouen	p	p	p	p	p	p	p
Chambon	»	Sillans	p	a	p	p	p	p	p
Schneider	»	Troyes	a	a	c	p	p	p	c
Pessinet	Cuirs et Peaux	Valence	p	c	p	p	p	p	p

53 *mandats*

Fédération des Dessinateurs

Délégué fédéral : **DOUMENCQ**

DÉLÉGUÉS	ORGANISATIONS		Rapports confédéraux	Maison des Fédérations	Attitude confédérale	Retraites ouvrières	Loi Millerand-Berry	Semaine anglaise	Augmentation des cotisations confédérales
Doumencq	Dessinateurs	Bordeaux	p	p	p	p	p	p	p
»	»	Nantes	p	p	p	p	p	p	p
»	» Métallurg.	Paris	p	p	p	p	p	p	p
»	Graveurs sur bois et Dessinateurs d'art industriel	»	p	p	p	p	p	p	p

4 *mandats*

DÉLÉGUÉS	ORGANISATIONS		Rapports confédéraux	Maison des Fédérations	Attitude confédérale	Retraites ouvrières	Loi Millerand-Berry	Semaine anglaise	Augmentation des cotisations confédérales

Fédération de l'Eclairage

Délégué fédéral : **MONTOUX**

DÉLÉGUÉS	ORGANISATIONS		Rapports confédéraux	Maison des Fédérations	Attitude confédérale	Retraites ouvrières	Loi Millerand-Berry	Semaine anglaise	Augmentation des cotisations confédérales
MAIGNAL	Travailleurs du Gaz	Angers	p	a		a	p	p	c
»	»	Belfort	p	a	p	a	p	p	c
»	Personnel de l'Eclairage	Bordeaux	p	a	p	a	p	p	c
»	Ouv. des sous-traitants.	»	p	a	p	a	p	p	c
»	Travailleurs du Gaz	Bourges	p	a	p	a	p	p	c
»	»	Calais	p	a	p	a	p	p	c
MONTOUX	»	Epernay	p	p	p	a	p	p	c
LAMBERT	»	Le Havre	p	a	p	p	p	p	c
MAIGNAL	Eclairage	Libourne	p	a	p	a	p	p	c
»	Travailleurs du Gaz	Limoges	p	a	p	a	p	p	c
»	»	Nantes	p	a	p	a	p	p	c
PARNOTTE	Eclairage	Paris	p	p	p	a	p	p	c
PATAUD	Secteurs Electriques	»			p		p	p	
MONTOUX	Travailleurs du Gaz	Périgueux	p	p	p	p	p	p	c
SCHNEIDER	»	Troyes	a	a	c	p	p	p	c
MAIGNAL	Eclairage	Valence-s.-Rhône	p	a	p	p	p	p	c

16 *mandats*

Fédération des Employés

Délégué fédéral : **CLEUET**

DÉLÉGUÉS	ORGANISATIONS		Rapports confédéraux	Maison des Fédérations	Attitude confédérale	Retraites ouvrières	Loi Millerand-Berry	Semaine anglaise	Augmentation des cotisations confédérales
CLEUET	Employés	Abbeville	a	c		c		p	a
»	»	Alençon	a	c		c		p	a
CATEL	»	Amiens	a	c		c		p	c
LEBOUCHER	»	Angers	p		p	p	p	p	p
BARRIÈRE	»	Béziers	p	p	p	p	p	p	p
HERVIER	»	Bourges	p	p	p	p	p	p	p
GIBAUD	Commis et Comptables.	Bordeaux	a	c	p	a	p	p	p
LEBOUCHER	Employés	Caen	p		p	p	p	p	p
VITERBO	Commis et Employés	Cannes	p	p	p	p	p	p	p
MANDOUL	Employés	Cette	p	c	p	p	p	p	p
LEROUX	» de l'Oise	Creil	p	p	p	p	p	p	p
PUYDT	»	Dunkerque	p	p	p	p	p	p	p
LEBOUCHER	»	Elbeuf	p		p	p	p	p	p
»	»	Le Havre	p		p	p	p	p	p
TAFFIN	Voyageurs et Représent.	Lille	p		a	p	p	p	
MILLION	Empl., Comm. et Indust.	Lyon	p	p	p	p	p	p	p
BARRIÈRE	» » et Admin.	Marseille	p	p	p	p	p	p	p
DANIS	Employés Commerce	Nice	p	p	p	p	p	p	p
»	» de Banque	»	p	p	p	p	p	p	p
ERBOVILLE	Compt. et Ten. de Livr.	Paris	p	a	p	p		p	p
LOISEAU	Voyageurs et Représent.	»	p		p	p	p	p	p
CLEUET	Clercs d'Huissiers	»	a	c		c		p	a
YVETOT	Sténo-Dactylographes	»				p	p	p	p

DÉLÉGUÉS	ORGANISATIONS		Rapports confédéraux	Maison des Fédérations	Attitude confédérale	Retraites ouvrières	Loi Millerand-Berry	Semaine anglaise	Augmentation des cotisations confédérales
FAURE	Employés de Banque	Paris	p	p	p	p	p	p	p
GUERNIER	»	Reims	p			c	p	p	c
PERRIER	»	Rouen	p	p	p	p	p	p	p
MAILLARD	Voyageurs et Représent.	»	p		p	p	p	p	
CLEUET	Employés	Saint-Brieuc	a	c		c		p	a
DANREZ	» (Ain-et-Jura)	Saint-Claude	p	a	p	c	p	p	p
DAYDIE	Comptables et Empl.	Saint-Nazaire				p	p	p	p
CLEUET	Empl., Voyag., Dessin.	Saint-Quentin	a	c		c		p	a
MASQUÈRE	»	Toulouse	a	p	c	c	p	p	
FAURE	»	Troyes	p	p	p	p	p	p	p
LAPIERRE	»	Versailles	p		p	p	p	p	p

34 *mandats*

Fédération des Magasins Administratifs de la Guerre

Délégué fédéral : **GALICE**

DÉLÉGUÉS	ORGANISATIONS		Rapports confédéraux	Maison des Fédérations	Attitude confédérale	Retraites ouvrières	Loi Millerand-Berry	Semaine anglaise	Augmentation des cotisations confédérales
GALICE	Magasin et Habillement	Alger	p	p	p	p	p	p	c
»	» et Campement	Amiens	p	p	p	p	p	p	c
»	» Central	Besançon	p	p	p	p	p	p	c
»	» et Habillement	Lille	p	p	p	p	p	p	c
»	» Administratif	Marseille	p	p	p	p	p	p	c
»	» et Habillement	Nantes	p	p	p	p	p	p	c
»	» Administratif	Paris	p	p	p	p	p	p	c
»	» et Habillement	Reims	p	p	p	p	p	p	c
»	» »	Rennes	p	p	p	p	p	p	c
»	» »	Toulouse	p	p	p	p	p	p	c

10 *mandats*

Fédération du Personnel civil de la Guerre

DÉLÉGUÉS	ORGANISATIONS		Rapports confédéraux	Maison des Fédérations	Attitude confédérale	Retraites ouvrières	Loi Millerand-Berry	Semaine anglaise	Augmentation des cotisations confédérales
BERLIER	Personnel Civil	Alger	p	p	p	p		p	c
LUCAIN	»	Bourges	p	p	p	p	a	p	c
BERLIER	»	Châtellerault	p	p	p	p		p	c
LUCAIN	»	Douai	p	p	p	p	a		c
BERLIER	»	Grenoble	p	p	p	p		p	c
»	»	Marseille	p	p	p	p		p	c
»	»	Nantes	p	p	p	p		p	c
LEPRÊTRE	»	Rennes	p	p	p	p	p	p	c
BERLIER	»	Saint-Etienne	p	p	p	p		p	c
»	»	Toulon	p	p	p	p		p	c
»	»	Toulouse	p	p	p	p		p	c
»	»	Tulle	p	p	p	p		p	c
BARTHELON	»	Valence	p	p	p	a	a	p	c

13 *mandats*

Fédération de l'Habillement

Délégué fédéral : **DUMAS**

DÉLÉGUÉS	ORGANISATIONS		Rapports confédéraux	Maison des Fédérations	Attitude confédérale	Retraites ouvrières	Loi Millerand-Berry	Semaine anglaise	Augmentation des cotisations confédérales
CATEL	Coupeurs et Tailleurs	Amiens	a	c		c		p	c
DELUCHEUX(A.)	Ouv. de l'Habillement	»	p	p	p	p	p	p	p
DUMAS	»	Avignon	p	p	p	p	p	p	p
BAUDOIN	Tailleurs d'Habits	Boulogne-sur-Mer	p	c	p	p	p	p	c
PRÉVOST	Habillement	Dijon	p	a	p	p	p	p	p
CHAMBON	Tailleurs et Couturières	Grenoble	p	a	p	p	p	p	p
LABESSE	»	Le Havre	p	p	p	p	p	p	p
RICHER	Tailleurs d'Habits	Le Mans	p	c	p	p	p	p	c
DELUCHEUX(A.)	Habillement	Limoges	p	p	p	p	p	p	p
DUMAS	Tailleurs et Couturières	Nantes	p	p	p	p	p	p	p
DANIS	Tailleurs d'Habits	Nice	p			p	p	p	p
DUMAS	Habillement de la Seine	Paris	p	p	p	p	p	p	p
»	Chemiserie-Lingerie	»	p	p	p	p	p	p	p
PERRIER	Tailleurs d'Habits	Rouen	p	p	p	p	p	p	p
KLEMCZINSKI	Habillement (Ain-Jura)	Saint-Claude	p	a	p	p	p	p	p
BÉGUÉ	Coupeurs-Chemisiers	Toulouse	p	p	p	p	p	p	p

16 *mandats*

Fédération Horticole

Délégué fédéral : **BLED**

DÉLÉGUÉS	ORGANISATIONS		Rapports confédéraux	Maison des Fédérations	Attitude confédérale	Retraites ouvrières	Loi Millerand-Berry	Semaine anglaise	Augmentation des cotisations confédérales
ARSAC	Champignonnistes	Conflans-Ste-Hon.	p	p	p	p	p	p	p
BLED	Jardiniers	Lyon	p	p	p	p	p	p	p
»	»	Nantes	p	p	p	p	p	p	p
»	»	Paris	p	p	p	p	p	p	p
»	Agricoles et Horticoles	Rueil	p	p	p	p	p	p	p
»	Travailleurs de la Terre	Vitry (Seine)	p	p	p	p	p	p	p

6 *mandats*

Fédération Lithographique

Délégué fédéral : **PICHON**

DÉLÉGUÉS	ORGANISATIONS		Rapports confédéraux	Maison des Fédérations	Attitude confédérale	Retraites ouvrières	Loi Millerand-Berry	Semaine anglaise	Augmentation des cotisations confédérales
PICHON	Syndic. Lithographique	Bordeaux	p	c	p	p	p	p	c
LANDAU	» »	Clermont-Ferrand		c	p	c	p	p	c
DANREZ	» »	Dôle	p	a	p	p	p	p	p
PICHON	» »	Epinal	p	c	p	p	p	p	p
DANIS	» »	Grasse	p	p	p	p	p	p	p
PICHON	» »	Limoges	a	c	p	p	p	p	c
»	» »	Lyon				p	p	p	c
»	» »	Lille	p	c	p	p	p	p	c
SAVARIAU	» de l'Imprimerie	Nantes	p	a	p	p	p	p	p

DÉLÉGUÉS	ORGANISATIONS		Rapports confédéraux	Maison des Fédérations	Attitude confédérale	Retraites ouvrières	Loi Millerand-Berry	Semaine anglaise	Augmentation des cotisations confédérales
SAVARIAU	Syndic. Lithographique	Nancy	p	a	p	p	p	p	p
PICHON	» »	Poitiers	a	c	p	a	p	p	c
GUERNIER	» »	Reims	p	a	p	c	p	p	
PICHON	» »	Saint-Etienne	a	c	p		p	p	c
SAVARIAU	» »	Toulouse	p	a	p	p	p	p	p
CHASLE	» »	Tours	p	p	p	p	p	p	p
	15 *mandats*								

Fédération des Travailleurs du Livre

Délégué fédéral : **MAMMALE**

DÉLÉGUÉS	ORGANISATIONS		Rapports confédéraux	Maison des Fédérations	Attitude confédérale	Retraites ouvrières	Loi Millerand-Berry	Semaine anglaise	Augmentation des cotisations confédérales
ESTELLÉ	Typographes	Alger	a	c	p	c	p	p	c
DOUCHET	»	Amiens	p	c	p	c		p	p
MAMMALE	»	Angers		a	p	c	p	p	c
HAMELIN	»	Aurillac		c	p	c	p	p	c
WERTH	»	Besançon	p	a	p	a	p	p	p
DUDILLIEUX	»	Bordeaux	p	p	p	p	p	p	p
KLEMCZINSKI	»	Bourg	a	a	p	c	a	p	c
SERGENT	»	Bourges	p	p	p	p	p	p	p
MERGIER	»	Brive	p	c	p	p	p	p	
MAMMALE	»	Caen		a	p	c	p	p	c
PINCHON	»	Cherbourg	p	p	p	p	p	p	p
LANDAU	»	Clermont-Ferrand		c	p	c		p	c
JANNET	»	Lagny	p	p	p	p	p	p	c
LEMONNIER	»	Le Havre	p	c	p	p	p	p	c
MASSON	»	Lille		c	p	c	p	p	c
HAMELIN	»	Limoges		c	p	p	p	p	c
COTTE	»	Lyon	a	a	p	p	p	p	c
MAMMALE	»	Marseille		a	p	c	p	p	c
JANNET	»	Meaux	p	p	p	p	p	p	p
MAMMALE	»	Montauban		a	p	c	p	p	c
»	»	Montpellier		a	p	c	p	p	c
HAMELIN	»	Nevers		c	p	c	p	p	c
DANIS	»	Nice	p	p	p	p	p	p	p
HAMELIN	»	Orléans		c	p	c	p	p	c
SERGENT	»	Paris	p	p	p	a	p	p	p
HAMELIN	Fondeurs	»		c	p	c	p	p	c
DUDILLIEUX	Impression	»	p	p	p	p	p	p	p
MAMMALE	Typographes	Poitiers		a	p	c	p	p	c
HAMELIN	»	Quimper		c	p	c	p	p	c
MAMMALE	»	Reims							
BERTOUMIEUX	»	Soissons		c	p	c	p	p	c
MAILLE	»	Toulon	c	a	p	p	p	p	c
BLONDIAU	»	Tours	p	p	p	p	p	p	p
BERTOUMIEUX	»	Valence		c	p	c	p	p	c
LAPIERRE	»	Versailles	p		p	p	p	p	p
MILLION	»	Villefranche	p	p	p	p	p	p	p
	36 *mandats*								

Syndicat national des Maréchaux

Délégué fédéral : **HARDY**

DÉLÉGUÉS	ORGANISATIONS		Rapports confédéraux	Maison des Fédérations	Attitude confédérale	Retraites ouvrières	Loi Millerand-Berry	Semaine anglaise	Augmentation des cotisations confédérales
Hardy	20e Section	Nantes	a		p	a	p	p	a
Lefèvre	1re »	Paris	p	p	p	p	p	p	p
Hardy	13e »	Reims	a		p	a	p	p	a

3 *mandats*

Fédération de la Marine de l'État

Délégué fédéral : **YVETOT**

DÉLÉGUÉS	ORGANISATIONS		Rapports confédéraux	Maison des Fédérations	Attitude confédérale	Retraites ouvrières	Loi Millerand-Berry	Semaine anglaise	Augmentation des cotisations confédérales
Yvetot	Travailleurs du Port	Brest	p	p	p	p	p	p	p
Pinchon	»	Cherbourg	p	p	p	p	p	p	p
Bondoux	Etabliss. Maritimes	Guérigny	p	p	p	p	p	p	p
Yvetot	»	Indret	p	p	p	p	p	p	p
»	Travailleurs du Port	Lorient	p	p	p	p	p	p	p
»	Etabliss. Maritimes	Paris	p	p	p	p	p	p	p
Noureau	Travailleurs du Port	Rochefort	p	p	p	p	p	p	a
Le Comte	Etabliss. Maritimes	Ruelle	p	p	p	p	a	p	c

8 *mandats*

Fédération des Métaux

Délég. fédér. : **BLANCHARD, LABE, LENOIR, MERRHEIM**

DÉLÉGUÉS	ORGANISATIONS		Rapports confédéraux	Maison des Fédérations	Attitude confédérale	Retraites ouvrières	Loi Millerand-Berry	Semaine anglaise	Augmentation des cotisations confédérales
Lenoir	Métallurgistes	Amboise	p	p	p	p	p	p	p
»	»	Alais	p	p	p	p	p	p	p
Barbet	»	Amiens	p		p	p	p	p	p
Lenoir	Mouleurs	»	p	p	p	p	p	p	p
Loyau	»	Angers	p	p	p	p	p	p	p
Merrheim	Métallurgistes	Anzin	p	p	p	p	p	p	p
Lapierre	»	Argenteuil	p		p	p	p	p	p
Durand	»	Auxerre	p	p	p	p	p	p	p
Morel	»	Albert	p	c	p	p	p	p	p
Bouyé	»	Audincourt	p	p	p	p	p	p	p
Boisson	»	Avignon	p	p	p	p	p	p	p
Merrheim	»	Basse-Indre	p	p	p	p	p	p	p
Dumercq	Mécaniciens	Bordeaux	p	p	p	p	p	p	p
»	Polisseurs	»	p	p	p	p	p	p	p
Labe	Métallurgistes	Belfort	p	p	p	p	p	p	p
Sauvage	»	Braux							
Chauvin	»	Caen	p	p	p	p	p	p	p
Boisson	»	Cambrai	p	p	p	p	p	p	p
Mandoul	»	Cette	p	c	p	p	p	p	p
Boisson	»	Châlon-sur-Saône	p	p	p	p	p	p	p

DÉLÉGUÉS	ORGANISATIONS		Rapports confédéraux	Maison des Fédérations	Attitude confédérale	Retraites ouvrières	Loi Millerand-Berry	Semaine anglaise	Augmentation des cotisations confédérales
Blanchard	Métallurgistes	Chambéry	p	p	p	p	p	p	p
Bidamant	Mouleurs	Chartres	p	p	p	p	p	p	p
Loyau	Métallurgistes	Commentry	p	p	p	p	p	p	p
Merrheim	»	Connerré	p	p	p	p	p	p	p
Lapierre	»	Corbeil	p		p	p	p	p	p
Gautier (H.)	»	Couëron	p	p	p	p	p	p	p
Labe	»	Cousances-aux-F.	p	p	p	p	p	p	p
Leroux	»	Creil	p	p	p	p	p	p	p
Suchet	Instruments de musique	Château-Thierry	p		p	p		p	p
Galéa	Métallurgistes	Constantine	p	c	p	p	p	p	c
Gilbert	»	Château-Regnault	p	p	p	p	p	p	p
Klemczinski	Repousseurs sur Métaux	Cerdon	a			c	p	p	p
Merrheim	Métallurgistes	Châtellerault	p		p	p	p		p
Sauvage	»	Charleville	p	p	p	p	p	p	p
Pinchon	»	Cherbourg	p	p	p	p	p	p	p
Panissal	»	Decazeville	p	p	p	p	p	p	a
Chareille	»	Denain	p	p	p	p	p	p	p
Chauvin	»	Déville-les-Rouen				p	p	p	p
Danrez	»	Dôle	p	a	p	p	p	p	p
Lapierre	»	Douai	p		p	p	p	p	p
Chambon	»	Domène	p	a	p	p	p	p	p
Bidamant	Mouleurs	Dreux	p	p	p	p	p	p	p
Merrheim	Métallurgistes	Dunkerque	p	p	p	p	p	p	p
Martel	»	Elbeuf	p	p	p	p	p	p	c
Labe	»	Ernée	p	p	p	p	p	p	p
Lenoir	Mouleurs	Flers	p	p	p	p	p	p	p
Sauvage	Métallurgistes	Flize	p	p	p	p	p	p	p
Labe	»	Fourchambault	p	p	p	p	p	p	p
Blanchard	Mouleurs	Fréteval	p	p	p	p	p	p	p
Bouyé	Métallurgistes	Fumel	p	p	p	p	p	p	p
»	Boulonniers	»	p	p	p	p	p	p	p
Grand	Métallurgistes	Firminy	p	p	p	p	p	p	p
Chambon	Mouleurs	Grenoble	p	a	p	p	p	p	p
Loyau	»	Guise	p	p	p	a	p	p	p
Blanc	Métallurgistes	Grand-Croix	p	a	p	p	p	p	p
Chareille	Mouleurs	Hirson							
Blanchard	Cartouchiers de la Seine	Issy-les-Moulin.	p	p	p	p	p	p	p
Dupont	Métallurgistes	Juvisy	p	p	p	p	p	p	p
Dumercq	»	Le Boucau	p	p	p	p	p	p	p
Schupp	»	Le Chambon	p	p	p	p	p	p	p
Chauvin	»	Le Havre	p	p	p	p	p	p	p
Geeroms	Mouleurs	»	p		p	p			
Merrheim	Métallurgistes	Le Mans	p	p	p	p	p	p	p
Lebreton	»	Lille	p	p	p	p	p	p	p
Coolen	Mouleurs	»	p	p	p	p	p	p	c
Lenoir	Métallurgistes	Livry	p	p	p	p	p	p	p
Labe	Constructions navales	La Seyne-sur-Mer	p	p	p	p	p	p	p
Blanchard	Limes	La Charité	p	p	p		p	p	p
»	Travailleurs sur cuivre	Lyon	p	p	p	p	p	p	p
Masson	Polisseurs-Nickeleurs	»	p	p	p	p	p	p	p
Bouvatier	Bronziers	»	p	a	p	p	p	p	p

DÉLÉGUÉS	ORGANISATIONS		Rapports confédéraux	Maison des Fédérations	Attitude confédérale	Retraites ouvrières	Loi Millerand-Berry	Semaine anglaise	Augmentation des cotisations confédérales
Masson	Mouleurs en cuivre.....	Lyon.............	p	p	p	p	p	p	p
»	» en fer........	»	p	p	p	p	p	p	p
»	Métallurgistes.........	»	p	p	p	p	p	p	p
»	Ferblantiers-Lampistes	»	p	p	p	p	p	p	p
Chevrier	Serruriers............	»	p	p	p	p	p	p	p
Masson	Chauffeurs-Mécaniciens	»	p	p	p	p	p	p	p
»	Balanciers............	»	p	p	p	p	p	p	p
Lenoir	Métallurgistes	Lure	p	p	p	p	p	p	p
Cassin	»	Marseille........	p	p	p	p	p	p	p
Labe..........	»	Maubeuge........	p	p	p	p	p	p	p
Chareille ...	»	Mazières	p	p	p	p	p	p	p
Merrheim	»	Melun............	p	p	p	p	p		p
Sauvage	»	Monthermé.......	p	p	p	p	p	p	p
Deschéry	»	Montluçon........	p	a	p	p	p	p	c
Danrez	Lunettiers............	Morez............	p	a	p	c	p	p	p
Gilbert........	Estampeurs............	Mohon	p	p	p	p	p	p	p
Lenoir.........	Métallurgistes	Montceau-l.-Mines	p	p	p	p	p	p	p
Bouyé.........	»	Maing............	p	p	p	p	p	p	p
Dumoulin......	»	Nancy............	p	p	p	p	p	p	
Cassin	»	Nantes	p	p	p	p	p	p	p
»	Electriciens............	»							
Gilbert	Mouleurs..............	Neufmanil........	p	p	p	p	p	p	p
Bondoux......	Métallurgistes	Nevers	p	p	p	p	p	p	p
Gilbert	»	Nouzon...........	p	p	p	p	p	p	p
Durand	»	Nuits-sur-Armanç.	p	p	p	p	p	p	p
Loyau	»	Onnaing..........	p	p	p	p	p	p	p
Millet.........	»	Oyonnax..........	p	a	p	p	p	p	p
Blanchard....	Outilleurs, Découpeurs.	Paris............	p	p	p	p	p	p	p
Chevallier ...	Instruments de précis..	»	p	c	p	p	p	p	c
Chauvin	Ouvriers sur Métaux...	»	p	p	p	p	p	p	p
Bouyé	Monteurs, Tourneurs...	»	p	p	p	p	p	p	p
Jouvet.........	Ouvriers en Limes.....	»	p		p	p	p	p	p
Labe..........	» en Scies.......	»	p	p	p	p	p	p	p
Blanchard....	Tôliers................	»	p	p	p	p	p	p	p
Bouyé.........	Fondeurs en Fer.......	»	p	p	p	p	p	p	p
»	Mouleurs en Cuivre....	»	p	p	p	p	p	p	p
Merrheim	Ouv. en Coffres-Forts..	»	p	p	p	p	p	p	p
Labe..........	Instruments de Musique	»	p	p	p	p	p	p	p
Loyau	Ferblantiers...........	»	p	p	p	p	p	p	p
»	Literie et Meubles.....	»	p	p	p	p	p	p	p
Labe..........	Opticiens.............	»	p	p	p	p	p	p	p
Blanchard	Polisseurs-Nickeleurs..	»	p	p	p	p	p	p	p
Boisson	Monteurs-Etalagistes...	»	p	p	p	p	p	p	p
Loyau	Mécaniciens...........	»	p	p	p	p	p	p	p
Labe..........	Tourneurs en Optique..	»	p	p	p	p	p	p	p
Loyau	Tourneurs-Repousseurs	»	p	p	p	p		p	p
Rochoux.......	Chauffeurs-Conduct....	»	p	-p	p	p	p	p	p
Jouvet.........	Industries électriques..	»	p		p	p	p	p	p
Boisson.......	Tourneurs-Robinettiers.	»	p	p	p	p	p	p	p
Lapierre	Grillageurs............	»	p		p	p	p	p	p
Werth	Métallurgistes	Pontarlier	p	a	p	a	p	p	p

DÉLÉGUÉS	ORGANISATIONS		Rapports confédéraux	Maison des Fédérations	Attitude confédérale	Retraites ouvrières	Loi Millerand-Berry	Semaine anglaise	Augmentation des cotisations confédérales
CHAUVIN	Mouleurs	Pontchardon				p	p	p	p
LAPIERRE	Métallurgistes	Port-Marly	p		p	p	p	p	p
SUCHET	»	Reims	p		p	p		p	p
CHÉREAU	»	Rennes	p	p	p	p	p		p
LENOIR	Mouleurs	Roanne	p	p	p	p	p	p	p
SAUVAGE	Métallurgistes	Rocroi	p	p	p	p	p	p	p
LEBRETON	»	Roubaix	p	p	c	p	p	p	c
CHAUVIN	»	Rouen	p	p	p	a	p	p	p
BLANC	»	Rive-de-Gier	p	a	p	p	p	p	p
SAUVAGE	»	Revin	p	p	p	p	p	p	p
LENOIR	»	Saint-Amand	p	p	p	p	p	p	p
MASSA	»	Saint-Chamond	p	a	p	p	p	p	p
»	Mouleurs	»	p	a	p	p	p	p	p
LOYAU	Armuriers	Saint-Etienne	p	p	p	p	p	p	p
BLANC	Métallurgistes	»	p	a	p	p	p	p	p
SCHUPP	Mouleurs	»	p	p	p	p	p	p	a
CHAREILLE	Métallurgistes	Saint-Florent	p	p	p	p	p	p	p
BLANCHARD	»	Saint-Juéry	p	p	p	p	p	p	p
GAUTIER (H.)	»	Saint-Nazaire	p	p	p	p	p	p	p
SUCHET	Mouleurs	Saint-Quentin	p		p	p		p	p
»	Mécaniciens	»	p		p	p		p	p
»	Chaudronniers	»	p		p	p		p	p
BOUYÉ	Métallurgistes	Saint-Dizier	p	p	p	p	p	p	p
SAUVAGE	»	Sedan	p	p	p	p	p	p	p
DURAND	»	Sens	p	p	p	p	p	p	p
CASSIN	Mouleurs	Sérigné							
LENOIR	»	Soyons	p	p	p	p	p	p	p
DORIA	Métallurgistes	Toulouse	p	p	p	p	p	p	p
BLONDIAU	Serruriers-Mécaniciens	Tours	p	p	p	p	p	p	p
»	Mouleurs	»	p	p	p	p	p	p	p
GAUTIER (H.)	Métallurgistes	Trignac	p	p	p	p	p	p	p
LEBRETON	»	Trith-Saint-Léger	p	p	p	p	p	p	p
SCHNEIDER	»	Troyes	a	a	c	p	p	p	c
BLANCHARD	Mouleurs	Valence	p	p	p	p	p	p	p
MERRHEIM	Métallurgistes	Valenciennes	p	p	p	p	p	p	p
LEBRETON	»	Vierzon	p	p	p	p	p	p	c
MERRHEIM	»	Vieux-Condé	p	p	p	p	p	p	p
MOREL	»	Vimeu	p	c	p	p	p	p	p
BOUYÉ	Mouleurs	Voiron	p	p	p	p	p	p	p
ROYER	Métallurgistes	Villefranche-sur-S.	p	p	p	p	p	p	p

162 *mandats*

Fédération des Syndicats Maritimes

Délégué fédéral : **RIVELLI**

DÉLÉGUÉS	ORGANISATIONS		Rapports confédéraux	Maison des Fédérations	Attitude confédérale	Retraites ouvrières	Loi Millerand-Berry	Semaine anglaise	Augmentation des cotisations confédérales
ARRONDO	Inscrits Maritimes	Bordeaux	p				p		
PENGAM	»	Brest	p	p	p	p	p	p	p
DECOUTTER	»	Dunkerque	p	p	p	p	p		p

DÉLÉGUÉS	ORGANISATIONS		Rapports confédéraux	Maison des Fédérations	Attitude confédérale	Retraites ouvrières	Loi Millerand-Berry	Semaine anglaise	Augmentation des cotisations confédérales
DELILLE……	Inscrits Maritimes……	Le Havre………	p	p	p	p	p	p	p
RÉAUD……	» ……	Marseille………	p	p	p	p	p	p	p
GAUTIER (H.)..	Maîtres d'Hôtels et Garçons Navigateurs……	» ………	p	p	p	p	p	p	p
DAYDIE……	Marins du Commerce..	Saint-Nazaire……	p	p	p	p	p		p
	7 *mandats*								

Fédération des Mineurs

Délégué fédéral : **BARTUEL**.

DÉLÉGUÉS	ORGANISATIONS		Rapports confédéraux	Maison des Fédérations	Attitude confédérale	Retraites ouvrières	Loi Millerand-Berry	Semaine anglaise	Augmentation des cotisations confédérales
BROUTCHOUX..	Mineurs……	Alais………	p	p	p	p	p		p
» ..	Mineurs (Saint-Martin-de-Valgalgues)……	» ………	p	p	p	p	p		p
PANISSAL……	Mineurs……	Aubin………	p	p	p	p	p	p	c
BROUTCHOUX..	» ……	Bessèges………	p	p	p	p	p		p
BARTUEL……	» ……	Buxières-les-Mines	p	p	p	p	p	p	c
MAZARS……	» ……	Carmaux………	p	p	p	p	p	p	c
GEMIN……	Ardoisiers……	Cocsmes………	p	p	p	p	p	p	p
MAZARS……	Mineurs……	Decazeville……	p	p	p	p	p	p	c
BOULAN……	Ardoisiers……	Dourgnes………	p	p	p	p	p	p	a
MERZET……	Mineurs……	Epinac………	p	p	p	p	p	p	c
MAZARS……	» (Châtelet)……	Evaux………	p	p	p	p	p	p	c
BARTUEL……	» ……	Firminy………	p	p	p	p	p	p	c
» ……	Ardoisiers……	Fumay………	p	p	p	p	p	p	c
BAHONNEAU…	» ……	La Forêt-Bel-Air..	p	p	p	p	p	p	p
BARTUEL……	Mineurs……	La Mure………	p	p	p	p	p	p	c
MERZET……	» ……	Lavaveix………	p	p	p	p	p	p	c
CORDIER……	» (Pas-de-Calais)	Lens………	p	p	p	p	p	p	c
GEMIN……	Ardoisiers……	Misengrain……	p	p	p	p	p	p	p
MERZET……	Mineurs……	Montceau-l.-Mines.	p	p	p	p	p	p	c
» ……	» ……	Montchanin……	p	p	p	p	p	p	c
BROUTCHOUX..	» ……	Montvicq………	p	p	p	p	p		p
BARTUEL……	» ……	Noyant………							
GEMIN……	Ardoisiers……	Renazé………	p	p	p	p	p	p	p
BLANC……	Mineurs……	Rive-de-Gier……	p	a	p	p	p	p	p
BARTUEL……	» ……	Roche-la-Molière..	p	p	p	p	p	p	c
» ……	» ……	Saint-Eloi………	p	p	p	p	p	p	c
PANISSAL……	» ……	Sainte-Florine……	p	p	p	p	p	p	c
GEMIN……	» ……	Segré………	p	p	p	p	p	p	p
» ……	» ……	Saint-Laurs……	p	p	p	p	p	p	p
» ……	» ……	St-Pierre-Montlim.	p	p	p	p	p	p	p
BARTUEL……	» (Nord)……	Sin-le-Noble……	p	p	p	p	p	p	c
BOULAN……	Ardoisiers……	Trélazé………	p	p	p	p	p	p	p
BARTUEL……	Mineurs……	Trets………	p	p	p	p	p	p	c
	33 *mandats*								

DÉLÉGUÉS	ORGANISATIONS		Rapports confédéraux	Maison des Fédérations	Attitude confédérale	Retraites ouvrières	Loi Millerand-Berry	Semaine anglaise	Augmentation des cotisations confédérales

Fédération des Moyens de Transports

Délégué fédéral : **GUINCHARD**

DÉLÉGUÉS	ORGANISATIONS		Rapports confédéraux	Maison des Fédérations	Attitude confédérale	Retraites ouvrières	Loi Millerand-Berry	Semaine anglaise	Augmentation des cotisations confédérales
GUINCHARD....	Ch. de fer départem....	Aix	p	c	p	p	p	p	c
BAHONNEAU....	Tramways	Angers............	p	p	p	p	p	p	p
MAZAUD........	»	Avignon...........	p	c	p	p	p	p	c
MOURGUES	»	Bordeaux	p	c	p	p	p	p	p
HERVIER.......	»	Bourges	p	p	p	a	p	p	p
MOUSSARD	»	Cambrai	p	p	a	a	p		c
GUINCHARD....	»	Cette	p	c	p	p	p	p	c
»	Charretiers	Charleville	p	c	p	p	p	p	c
DELANNOY	Moyens de Transports.	Dunkerque	p	c	p	p			c
CHOTEAU	Batellerie	Douai	p	a	p	p			c
CHAMBON.......	Tramways	Grenoble..........	p	a	p	p	p	p	c
GUINCHARD....	»	Le Havre..........	p	c	p	p	p	p	c
GOIRAND	»	Lyon..............	p	c	p	p	p	p	c
BONNET	»	Limoges...........	p	c	p	c	p	p	p
VAQUIER	»	Marseille.........	p	c	p	p	p	p	c
GUINCHARD....	»	Nantes	p	c	p	p	p	p	c
»	»	Nice	p	c	p	p	p	p	c
FIANCETTE.....	Cochers et Chauffeurs..	Paris.............	p	p	p	a	p	p	c
GUINCHARD	Omnibus	»	p	c	p	p	p	p	c
LE GUENNIC...	Tramways Dép. de la S.	»	p		p	p	p		a
MAZAUD........	» Est Parisien..	»	p	c	p	p	p	p	c
GUINCHARD....	» Cie Parisienne	»	p	c	p	p	p	p	c
MOUSSARD.....	Métropolitain.........	»	p	p	a	a	p		c
MAZAUD........	Transports et Manut...	»	p	c	p	p	p	p	c
GUERNIER	Tramways.............	Reims.............	p	a	p	c	p	p	c
BRÉJAUD	Charretiers	Saint-Cheron......	p		p	p	p	p	p
SCHUPP	Ch. de fer à voie étroite	Saint-Étienne.....	p	p	p	p	p	p	a
PARODI........	Tramways	Toulon	p	c	p	p	p	p	c
CHASLE	»	Tours	p	p	p	p	p	p	p
GUINCHARD....	Ch. de fer Nogentais...	Vincennes.........	p	c	p	p	p	p	c

30 *mandats*

Fédération des Travailleurs Municipaux

Délégué fédéral : **PIED**

DÉLÉGUÉS	ORGANISATIONS		Rapports confédéraux	Maison des Fédérations	Attitude confédérale	Retraites ouvrières	Loi Millerand-Berry	Semaine anglaise	Augmentation des cotisations confédérales
CATEL.........	Travaill. municip	Amiens............	a	c		c		p	c
BAHONNEAU....	»	Angers............	p	p	p	p	p	p	p
HERVIER	»	Bourges	p			a	p	p	p
TURIN	»	Châteauroux	p	p	p	p	p	p	p
PINCHON.......	»	Cherbourg	p	p	p	p	p	p	p
DUJARDIN	»	Lille	p	p	a	p	p	p	c
CAILLOT.......	»	Lyon..............	p	c	a	p	p	p	c
JUVERNAT	»	Paris.............	p	p	a	p	p	p	
TENDERO	Egoutiers..............	»	p	p	p	p	p	p	p

DÉLÉGUÉS	ORGANISATIONS		Rapports confédéraux	Maison des Fédérations	Attitude confédérale	Retraites ouvrières	Loi Millerand-Berry	Semaine anglaise	Augmentation des cotisations confédérales
Boutet	Travaill. municip	Reims	p	a	a	p		p	
Chereau	»	Rennes		p	p	p	p	p	c
Caillot	»	Villeurbanne	p	c	a	p	p	p	c

12 *mandats*

Fédération du Papier

Délégué fédéral : **RAFFIN**

DÉLÉGUÉS	ORGANISATIONS		Rapports confédéraux	Maison des Fédérations	Attitude confédérale	Retraites ouvrières	Loi Millerand-Berry	Semaine anglaise	Augmentation des cotisations confédérales
Combet	Papetiers	Besançon	p	p	p	p	p	p	p
Raffin	»	Lille	p	p	p	p	p	p	p
»	»	Lyon	p	p	p	p	p	p	p
Savariau	»	Nantes	p	a	p	p	p	p	p
Combet	»	Paris	p	p	p	p	p	p	p
»	»	Roubaix-Tourc.	p	p	p	p	p	p	p

6 *mandats*

Fédération des Ports, Docks, etc.

Délégués fédéraux : **BOUR et GALLY**

DÉLÉGUÉS	ORGANISATIONS		Rapports confédéraux	Maison des Fédérations	Attitude confédérale	Retraites ouvrières	Loi Millerand-Berry	Semaine anglaise	Augmentation des cotisations confédérales
Monié	Charretiers	Béziers	p	p	p	p	p		p
Dumercq	Bois-Merrains	Bordeaux	p	p	p	p	p	p	p
Gally	Dockers	Bastia	p	p	p	p	p	p	p
Mandoul	Bois-Merrains	Cette	p	c	p	p	p	p	c
Gally	Débardeurs-Charretiers	Dijon	p	p	p	p	p	p	p
Bour	Ouvriers du Port	Calais	p		p	p			p
Coutou	»	Dunkerque	p	p	p	p	p	p	c
Martel	Débardeurs	Elbeuf	p	p	p	p	p	p	p
Bour	Plieurs-Emballeurs	Lille	p		p	p			p
»	Camionneurs	Limoges	p		p	p			p
Hervieu	Ouvriers du Port	Le Havre	p	p	p	p	p	p	c
Le Bosquain	Camionneurs	»	p	a	p	p	p		p
Lejamble	Voiliers	»	p	a		p	p		p
Vignaud	Dockers	La Pallice	p	p	p	p	p	p	p
Vivière	Charpentiers des Ports	Marseille	p	p	p	p	p	p	p
Viterbo	Ouvriers du Port	Nice	p	p	p	p	p	p	p
Royer	Manouvriers	Neuville-sur-Saône	p	p	p	p	p	p	p
Tabard	Transp. et Manutent.	Paris	p	p	p	p	p	p	p
Fontaine	Déménageurs	»	p	p	p	p	p	p	p
Tabard	Layetiers-Emballeurs	»	p	p	p	p	p	p	c
Silvestrini	Dockers	Philippeville	p		p	p	p		p
Bour	Ouvriers du Port	Rouen	p		p				p
Gally	Camionneurs	Roubaix	p	p	p	p	p	p	p
Vignaud	Manouvriers	Saint-Malo	p	p	p	p	p	p	p
Chereau	Charbonniers	St-Malo-St-Servan	p	p	p	p	p		p

DÉLÉGUÉS	ORGANISATIONS		Rapports confédéraux	Maison des Fédérations	Attitude confédérale	Retraites ouvrières	Loi Millerand-Berry	Semaine anglaise	Augmentation des cotisations confédérales
GAUTIER (H.)..	Ouvriers du Port......	Saint-Nazaire	p	p	p	p	p	p	p
CHAFFRAIX....	Camionneurs..........	Tarare..........	p	p	p	p	p	p	a
MILLION.......	»	Villefranche......	p	p	p	p	p	p	p

28 *mandats*

Syndicat National des Ouvriers des P. T. T.

Délégué fédéral : **ROGER**

DÉLÉGUÉS	ORGANISATIONS		Rapports confédéraux	Maison des Fédérations	Attitude confédérale	Retraites ouvrières	Loi Millerand-Berry	Semaine anglaise	Augmentation des cotisations confédérales
FONTAN........	Section................	Alençon..........	p	p	p	p	p	p	p
DUTAILLY.....	»	Amiens..........	p	p	p	p	p	p	a
FONTAN........	»	Angers..........	p	p	p	p	p	p	p
GODFERT......	»	Angoulême.......	p	a	p	p	p	p	a.
CAPERON......	»	Annecy..........	p	p	p	p	p	p	
ESCAICH.......	»	Auch..........	p	p	p	p	p	p	p
CAPERON......	»	Auxerre..........	p	p	p	p	p	p	
VENTROUX.....	»	Avignon..........	p	p	p	p	p	p	a
»	»	Bastia..........	p	p	p	p	p	p	a
ESCAICH.......	»	Bayonne..........	p	p	p	p	p	p	p
CAPERON......	»	Belfort..........	p	p	p	p	p	p	
»	»	Besançon..........	p	p	p	p	p	p	
DUTAILLY.....	»	Béziers..........	p	p	p	p	p	p	a
GODFERT......	»	Blois..........	p	a	p	p	p	p	a
ESCAICH.......	»	Bordeaux..........	p	p	p	p	p	p	p
DUTAILLY.....	»	Boulogne-sur-Mer.	p	p	p	p	p	p	a
CAPERON......	»	Bourg..........	p	p	p	p	p	p	
HERVIER.......	»	Bourges..........	p	p	p		p	p	p
MIREY........	»	Caen..........	p	c	p	p	p	p	c
VENTROUX.....	»	Cahors..........	p	p	p	p	p	p	a
FONTAN.......	»	Carcassonne......	p	p	p	p	p	p	p
GODFERT......	»	Chartres..........	p	a	p	p	p	p	a
ESCAICH.......	»	Châteauroux.....	p	p	p	p	p	p	p
CAPERON......	»	Chaumont..........	p	p	p	p	p	p	
FONTAN........	»	Creil-Compiègne..	p	p	p	p	p	p	p
»	»	Dijon..........	p	p	p	p	p	p	p
CAPERON......	»	Grenoble..........	p	p	p	p	p	p	
VENTROUX.....	»	La Roche-sur-Yon	p	p	p	p	p	p	a
GODFERT......	»	Laval..........	p	a	p	p	p	p	a
FONTAN........	»	Le Havre..........	p	p	p	p	p	p	p
DUTAILLY.....	»	Lille..........	p	p	p	p	p	p	a
GODFERT......	»	Limoges..........	p	a	p	p	p	p	a
CAPERON......	»	Lons-le-Saunier...	p	p	p	p	p	p	
»	»	Mâcon..........	p	p	p	p	p	p	
ESCAICH.......	»	Marseille..........	p	p	p	p	p	p	p
CAPERON......	»	Melun..........	p	p	p	p	p	p	
VENTROUX.....	»	Montpellier	p	p	p	p	p	p	a
DUTAILLY.....	»	Nancy..........	p	p	p	p	p	p	a

DÉLÉGUÉS	ORGANISATIONS		Rapports confédéraux	Maison des Fédérations	Attitude confédérale	Retraites ouvrières	Loi Millerand-Berry	Semaine anglaise	Augmentation des cotisations confédérales
Danis	Section	Nice	p	p	p	p	p	p	p
Godfert	»	Niort	p	a	p	p	p	p	a
Bondoux	»	Nevers	p	p	p	p	p	p	p
Godfert	»	Orléans	p	a	p	p	p	p	a
Dutailly	»	Paris	p	p	p	p	p	p	a
Fontan	»	Périgueux	p	p	p	p	p	p	p
Godfert	»	Poitiers	p	a	p	p	p	p	a
Fontan	»	Quimper	p	p	p	p	p	p	p
»	»	Reims	p	p	p	p	p	p	p
Ventroux	»	Rennes	p	p	p	p	p	p	a
»	»	Roanne	p	p	p	p	p	p	a
Dutailly	»	Rouen	p	p	p	p	p	p	a
Fontan	»	Saint-Brieuc	p	p	p	p	p	p	p
Dutailly	»	Saint-Etienne	p	p	p	p	p	p	a
»	»	Saintes	p	p	p	p	p	p	a
»	»	Saint-Quentin	p	p	p	p	p	p	a
Ventroux	»	Tarbes	p	p	p	p	p	p	a
Escaich	»	Toulouse	p	p	p	p	p	p	p
Godfert	»	Tours	p	a	p	p	p	p	a
Schneider	»	Troyes	a	a	c	p	p	p	c
Godfert	»	Tulle	p	a	p	p	p	p	a
Ventroux	»	Valence	p	p	p	p	p	p	a

60 *mandats*

Syndicat National des Sous-Agents des P. T. T.

Délégué fédéral : **BORDÈRES**

DÉLÉGUÉS	ORGANISATIONS		Rapports confédéraux	Maison des Fédérations	Attitude confédérale	Retraites ouvrières	Loi Millerand-Berry	Semaine anglaise	Augmentation des cotisations confédérales
Bordères	Section	Nord	p		p	p	p	p	a
»	»	Puy-de-Dôme	p		p	p	p	p	a
»	»	Rhône	p		p	p	p	p	a
»	»	Isère	p		p	p	p	p	a
»	»	Haute-Garonne	p		p	p	p	p	a
»	»	Seine	p		p	p	p	p	a
»	»	Bouches-du-Rhône	p		p	p	p	p	a
»	»	Gironde	p		p	p	p	p	a
»	»	Cher	p		p	p	p	p	a
»	»	Lot-et-Garonne	p		p	p	p	p	a
Bigot	»	Tarn	p	p	p	a	p	p	a
Dumoulin	»	Loire							
Chasles	»	Indre-et-Loire							
Savoie	»	Pas-de-Calais							

14 *mandats*

Fédération des Poudreries

Délégué fédéral : **DESSALES**

DÉLÉGUÉS	ORGANISATIONS		Rapports confédéraux	Maison des Fédérations	Attitude confédérale	Retraites ouvrières	Loi Millerand-Berry	Semaine anglaise	Augmentation des cotisations confédérales
DESSALES......	Poudr. du Moulin-Blanc	Brest............	p		p	a		p	c
»	Raffinerie.............	Lille........	p		p	a		p	c
»	Poudrerie	Ripault..........	p		p	a		p	c
»	»	Saint-Chamas.....	p		p	a		p	c
»	»	St-Médard-en-Jal.	p		p	a		p	c
»	»	Sevran-Livry	p		p	a		p	c
»	»	Toulouse	p		p	a		p	c
»	»	Vonges..........	p		p	a		p	c

8 *mandats*

Fédération des Préparateurs en Pharmacie

Délégué fédéral : **MARCK**

DÉLÉGUÉS	ORGANISATIONS		Rapports confédéraux	Maison des Fédérations	Attitude confédérale	Retraites ouvrières	Loi Millerand-Berry	Semaine anglaise	Augmentation des cotisations confédérales
LEGRIS	Préparateurs	Bordeaux				p	p	p	p
BONNET	»	Limoges..........	p	c	p	c	p	p	p
MILLION	»	Lyon............	p	p	p	p	p	p	p
LESCALIÉ	»	Nîmes...........	p	p	p	p	p	p	p
BOUSQUET	»	Paris............	p	p	p	p	p	p	p

5 *mandats*

Fédération des Produits Chimiques

Délégué fédéral : **BLED**

DÉLÉGUÉS	ORGANISATIONS		Rapports confédéraux	Maison des Fédérations	Attitude confédérale	Retraites ouvrières	Loi Millerand-Berry	Semaine anglaise	Augmentation des cotisations confédérales
ROUTIER	Caoutchoutiers.........	Argenteuil	p	p	p	p	p	p	p
PATAUD	Pétroliers.............	Balaruc-les-Bains.			p		p	p	
»	Caoutchoutiers	Clermont-Ferrand.			p		p	p	
PUYDT.........	Huiliers-Pétroliers	Dunkerque		p	p	p	p	p	p
RUEL..........	»	Le Havre.........	p	p	p	p	p	p	p
BLED	Caoutchoutiers	Paris............	p	p	p	p	p	p	p
SAVOIE	Timbre en caoutchouc .	»	p	p	p	p	p	p	p
PATAUD	Produits chimiques....	Premery-Demeurs			p		p	p	
PESSINET	Caoutchoutiers	Romans	p	c	p	p	p	p	p

9 *mandats*

Fédération des Sabotiers-Galochiérs

Délégué fédéral : **TILLET**

DÉLÉGUÉS	ORGANISATIONS		Rapports confédéraux	Maison des Fédérations	Attitude confédérale	Retraites ouvrières	Loi Millerand-Berry	Semaine anglaise	Augmentation des cotisations confédérales
Bonnet	Sabotiers-Galochiers...	Limoges..........	p	c	p	c	p	p	p
Pessinet	»	Romans..........	p	c	p	p	p	p	p

2 *mandats*

Fédération du Sciage Mécanique

Délégué fédéral : **E. ROUX**

DÉLÉGUÉS	ORGANISATIONS		Rapports confédéraux	Maison des Fédérations	Attitude confédérale	Retraites ouvrières	Loi Millerand-Berry	Semaine anglaise	Augmentation des cotisations confédérales
Royer	Scieurs mécaniques....	Lyon............	p	p	p	p	p	p	p
Roux (E.)	»	Nantes..........	p	p	p	p	p	p	p
»	Mouluriers-Finisseurs..	Paris............	p	p	p	p	p	p	p
»	Scieurs-Découpeurs....	»	p	p	p	p	p	p	p
»	Scieurs sur bois	Valence..........	p	p	p	p	p	p	p
»	Travailleurs du Bois...	Villers-Cotterets..	p	p	p	p	p	p	p

6 *mandats*

Fédération des Services de Santé

Délégué fédéral : **GAUBERT**

DÉLÉGUÉS	ORGANISATIONS		Rapports confédéraux	Maison des Fédérations	Attitude confédérale	Retraites ouvrières	Loi Millerand-Berry	Semaine anglaise	Augmentation des cotisations confédérales
Gaubert	Préparateurs	Marseille.........	p	a	p	p	p	p	a
Danis	Infirmiers..............	Nice..........	p	p	p	p	p	p	p
Tendero	Assistance Publique ...	Paris..............	p	p	p	p	p	p	p
Désormeaux ..	Médecine sociale.......	»	a	p	p	c	a	p	c
Savoie........	Masseurs aveugles.....	»	p	p	p	p	p	p	p
Gaubert	Infirmiers..............	Pierrefeu.........	p	a	p	p	p	p	a

6 *mandats*

Fédération du Spectacle

Délégué du Syndicat National des Machinistes : **LEGRIS**

DÉLÉGUÉS	ORGANISATIONS		Rapports confédéraux	Maison des Fédérations	Attitude confédérale	Retraites ouvrières	Loi Millerand-Berry	Semaine anglaise	Augmentation des cotisations confédérales
Legris	Machinistes-Accessoir..	Lyon............	p		p	p	p	p	p
»	» »	Marseille.........	p		p	p	p	p	p
»	» »	Paris.............	p		p	p	p	p	p

3 *mandats*

DÉLÉGUÉS	ORGANISATIONS		Rapports confédéraux	Maison des Fédérations	Attitude confédérale	Retraites ouvrières	Loi Millerand-Berry	Semaine anglaise	Augmentation des cotisations confédérales

Fédération des Tabacs

Délégué fédéral : **MALARDÉ**

DÉLÉGUÉS	ORGANISATIONS		Rapports confédéraux	Maison des Fédérations	Attitude confédérale	Retraites ouvrières	Loi Millerand-Berry	Semaine anglaise	Augmentation des cotisations confédérales
Moritz	Syndicat	Aiguillon	p	p	p	a	p	p	
»	»	Bordeaux	p	p	p	a	p	p	
Malardé	»	Cahors	p	p		a		p	
Turin	»	Châteauroux	p	p	p	a	p	p	p
Malardé	»	Dieppe	p	p		a		p	
»	»	Orléans	p	p		a		p	
»	»	Lille	p	p		a		p	
»	»	Limoges	p	p		a		p	
Moritz	»	Le Mans	p	p	p	a	p		
Malardé	»	Marmande	p	p		a		p	
»	»	Marseille	p	p		a		p	
Moritz	»	Morlaix	p	p	p	a	p	p	
»	»	Nice	p	p	p	a	p	p	
»	»	Pantin	p	p	p	a	p	p	
Malardé	»	Reuilly	p	p		a		p	
»	»	Riom	p	p		a	p	p	
»	»	Toulouse	p	p		a		p	

17 *mandats*

Fédération de la Teinture et Apprêts

Délégué fédéral : **LAFOND**

DÉLÉGUÉS	ORGANISATIONS		Rapports confédéraux	Maison des Fédérations	Attitude confédérale	Retraites ouvrières	Loi Millerand-Berry	Semaine anglaise	Augmentation des cotisations confédérales
Gaget	Apprêteurs	Lyon	p	p	p	p	p	p	p
Gras	Teinturiers	»	p	p	p	p	p	p	p
Lafond	Apprêteurs	Roanne	p	a	p	p	p	p	p
Massa	Teinturiers	Saint-Chamond	p	a	p	p	p	p	p
Lafond	»	Saint-Etienne	p	a	p	p	p	p	p
»	Apprêteurs	Thisy	p	a	p	p	p	p	p
»	Teinturiers	Troyes	p	a	p	p	p	p	p

7 *mandats*

Fédération du Textile

Délég. fédér. : **VANDEPUTTE, RENARD V., WATTREMEZ**

DÉLÉGUÉS	ORGANISATIONS		Rapports confédéraux	Maison des Fédérations	Attitude confédérale	Retraites ouvrières	Loi Millerand-Berry	Semaine anglaise	Augmentation des cotisations confédérales
Tavernier	Tisseurs et Fileurs	Amiens	a		c	c	p	p	c
Renard	Teinturiers-Apprêteurs	»	a	a	c	c	p		
Morel	Textile de la Somme	»	p	c	p	p	p	p	p
Bahonneau	Textile	Angers	p	p	p	p	p	p	p
Inghels	»	Armentières	a	a	c	c	p		
Wattremez	Tapis d'Art	Aubusson	a	a	c	a	p	p	c
Mirey	Cotonniers	Condé-sur-Noireau	p	c	p	p	p	p	c
Wattremez	Tisseurs	Cholet	a	a	c	a	p	p	c

DÉLÉGUÉS	ORGANISATIONS		Rapports confédéraux	Maison des Fédérations	Attitude confédérale	Retraites ouvrières	Loi Millerand-Berry	Semaine anglaise	Augmentation des cotisations confédérales
PUYDT	Textile	Dunkerque	p	p	p	p	p	p	p
MARTEL	»	Elbeuf	p	p	p	p	p	p	c
CAITI	»	Erquinghen-Lys	p	p	p	p	p	p	p
VANDEPUTTE	»	Frévent	a	a	c	c	p	p	c
YVETOT	»	Ganges	p	p	p	p	p	p	p
MONATTE	»	Gérardmer	p	p	p		p	p	
VANDEPUTTE	»	Halluin	a	a	c	c	p	p	c
»	Tisseurs	Haspres	a	a	c		p	p	c
WATTREMEZ	Textile	Houplines	a	a	c	a	p	p	c
RENARD	»	La Bastide	a	a	c	c	p		
CNUDDE	»	Lille	a	a	c	c	p		
OGIEZ	Filature	»	a	a	c	p	p	p	c
VANDEPUTTE	Tissage mécanique	Lyon	a	a	c	c	p	p	c
CAITI	Tullistes	»	p	p	p	p			p
INGHELS	Textile	Lys-lès-Lannoy	a	a	c	c	p		
CAITI	»	Maromme	p	p	p	p	p	p	p
TAVERNIER	Bonnetiers	Méharicourt	a		c	c	p	p	c
RENARD	Passementiers à la main	Paris	a	a	c	c	p		
PIERQUET	Tisseurs	»	p	p	p	p	p	p	p
RENARD	Imprimeurs sur Etoffe	Puteaux	a	a	c	c	p		
GUERNIER	Industrie Lainière	Reims	p	a	p	c	p	p	c
»	Trieurs de Laine	»	p	a	p	c	p	p	c
CAITI	Textile	Romilly	p	p	p	p	p	p	p
FLAMENT	Drapiers	Romorantin	a		c	c	p		c
INGHELS	Textile	Roncq	a	a	c	c	p		
LEFEBVRE	»	Roubaix	a	a	c	c	p	p	c
CAITI	»	Rouen	p	p	p	p	p	p	p
RENARD	»	Saint-Dié	a	a	c	c	p		
DÉMARET	Tisseurs	Saint-Quentin	p		p	p	p	p	p
»	Pareurs	»	p		p	p	p	p	p
CAITI	Apprêteurs	Sedan	p	p	p	p	p	p	p
RENARD	Tisseurs	»	a	a	c	c	p		
CHAFFRAIX	»	Tarare	p	p	p	p	p	p	a
»	Apprêteurs	»	p	p	p	p	p	p	a
FLAMENT	Textile	Tourcoing	a		c	c	p		c
»	Tapis-Moquette	»	a		c	c	p		c
SCHNEIDER	Textile	Troyes	a	a	c	p	p	p	c

45 *mandats*

Fédération du Tonneau

Délégué fédéral : **BOURDERON**

DÉLÉGUÉS	ORGANISATIONS		Rapports confédéraux	Maison des Fédérations	Attitude confédérale	Retraites ouvrières	Loi Millerand-Berry	Semaine anglaise	Augmentation des cotisations confédérales
LAGARDE	Chais et Entonneurs	Béziers	p	p	p	p	p		a
DUMERCQ	Tonneliers	Bordeaux	p	p	p	p	p	p	p
BOURDERON	»	Cognac	p	a	p	p	p	p	p
PPÉVOST	»	Dijon	p	a	p	p	p	p	p
PUYDT	»	Dunkerque	p	p	p	p	p	p	p
BOURDERON	Bouchonniers	Lavardac	p	a	p	p	p	p	p

DÉLÉGUÉS	ORGANISATIONS		Rapports confédéraux	Maison des Fédérations	Attitude confédérale	Retraites ouvrières	Loi Millerand-Berry	Semaine anglaise	Augmentation des cotisations confédérales
Bourderon....	Tonneliers............	Montpellier.......	p	a	p	p	p	p	p
»	»	Nantes..........	p	a	p	p	p	p	p
Viterbo.......	»	Nice............	p	p	p	p	p	p	p
Bourderon....	»	Perpignan........	p	a	p	p	p	p	p
Castellay....	»	Paris............	p	p	p	p	p	p	p
Bourderon....	Cavistes-Tonneliers....	Reims............	p	a	p	p	p	p	p

12 *mandats*

Fédération des Vanniers

DÉLÉGUÉS	ORGANISATIONS		Rapports confédéraux	Maison des Fédérations	Attitude confédérale	Retraites ouvrières	Loi Millerand-Berry	Semaine anglaise	Augmentation des cotisations confédérales
Millet........	Vanniers.............	Chatillon-s/Chal..	p	a	p	a	p	p	p
Pierquet......	»	Paris............				p	p	p	p
Millet........	»	Saint-Didier......	p	a	p	a	p	p	p
Danrez........	»	Saint-Trivier.....	p	a	p	a	p	p	p

4 *mandats*

Fédération du Verre

Délégué fédéral : **MONNIER**

DÉLÉGUÉS	ORGANISATIONS		Rapports confédéraux	Maison des Fédérations	Attitude confédérale	Retraites ouvrières	Loi Millerand-Berry	Semaine anglaise	Augmentation des cotisations confédérales
Rouvet........	Verre noir............	Albi.............	p	p	p	p	p	p	p
Monnier......	» blanc..........	Bordeaux........	p	p	p	p	p	p	p
Prévost......	» »	Dijon............	p	a	p	p	p	p	p
Dumercq......	» »	Mérignac.........	p	p	p	a	p	p	p
Blanc........	» vitres..........	Rive-de-Gier.....	p	a	p	p	p	p	p
»	» (Couzon).......	» »	p	a	p	p	p	p	p
»	» (Vernes).......	» »	p	a	p	p	p	p	p
Monnier......	» blanc..........	Romesnil.........	p	p	p	p	p	p	p
»	» »	Saint-Étienne.....		p	p	p	p	p	p
»	» »	Saint-Germer.....	p	p	p	p	p	p	p

10 *mandats*

Fédération de la Voiture

Délégué fédéral : **CALINAUD**

DÉLÉGUÉS	ORGANISATIONS		Rapports confédéraux	Maison des Fédérations	Attitude confédérale	Retraites ouvrières	Loi Millerand-Berry	Semaine anglaise	Augmentation des cotisations confédérales
Calinaud.....	Voiture..............	Bordeaux.........	p	p	p	p	p	p	p
»	Charrons............	Bougie..........	p	p	p	p	p	p	p
Hervier.......	L'Avenir............	Bourges..........	p	p	p	p	p	p	p
Calinaud.....	Voiture..............	Corbeil..........	p	p	p	p	p	p	p
»	Carrosserie.........	Lille............	p	p	p	p	p	p	p
»	Voiture	Limoges..........	p	p	p	p	p	p	p
»	»	Lyon............	p	p	p	p	p	p	p
»	»	Paris............	p	p	p	p	p	p	p

DÉLÉGUÉS	ORGANISATIONS		Rapports confédéraux	Maison des Fédérations	Attitude confédérale	Retraites ouvrières	Loi Millerand-Berry	Semaine anglaise	Augmentation des cotisations confédérales
CHEREAU	Voiture	Rennes	p	p	p	p	p	p	p
PERRIER	»	Rouen	p	p	p	p	p	p	p
CALINAUD	»	Sèvres	p	p	p	p	p	p	p
	11 *mandats*								

Syndicats Isolés

DÉLÉGUÉS	ORGANISATIONS		Rapports confédéraux	Maison des Fédérations	Attitude confédérale	Retraites ouvrières	Loi Millerand-Berry	Semaine anglaise	Augmentation des cotisations confédérales
Gaston LÉVY	Employés de la région parisienne	Paris	p	p	p	p	p	p	p
LE COMTE	Monnaies et Médailles	»	p	p	p	p	a	p	c
SAVARIAU	Ouvrières d'Imprimerie	Nantes	p	a	p	p	p	p	p
	3 *mandats*								

Total des Mandats de Syndicats : **1.131**

Total des Mandats de Fédérations : **46**

BOURSES DU TRAVAIL & UNIONS DE SYNDICATS

DÉLÉGUÉS	ORGANISATIONS REPRÉSENTÉES	VILLES
CLEUET..........	Bourse du Travail......................	Abbeville.
KLEMCZINSKI......	U. des S. de l'Ain et de Franche-Comté..	Saint-Claude.
BARRIÈRE........	Union des Syndicats...................	Aix.
DRET et ROUVET...	Bourse du Travail.....................	Albi.
ESTELLÉ.........	»	Alger.
DANIS...........	Fédér. des Synd. des Alpes-Maritimes...	Nice.
CLEUET..........	Bourse du Travail.....................	Amiens.
BAHONNEAU.......	»	Angers.
DESPLANQUES.....	Fédération des Syndicats...............	Annecy.
»	Union des Syndicats....................	Auch.
ADER (P.)........	» de l'Aude..........	Cuxac-d'Aude.
JAMMES..........	Bourse du Travail.....................	Carcassonne.
DAIDÉ...........	»	Narbonne.
YVETOT..........	»	Auxerre.
CHEVALLIER......	»	Belfort.
LAGARDE.........	Union des Syndicats....................	Béziers.
ESTELLÉ.........	Bourse du Travail.....................	Bône.
BARRIÈRE........	U. des S. des Bouches-du-Rhône.........	Marseille.
MOURGUES........	Union des Syndicats de la Gironde......	Bordeaux.
BAUDOIN.........	»	Boulogne-sur-Mer.
HERVIER.........	Bourse du Travail.....................	Bourges.
»	»	St-Amand-Mont-Rond.
MERGIER.........	»	Brive.
PATAUD..........	»	Cahors.
MIREY...........	Union des Syndicats du Calvados.......	Caen.
BIGOT...........	»	Castres.
MANDOUL.........	Bourse du Travail.....................	Cette.
VENTROUX........	Union des Syndicats de la Charente.....	Angoulême.
NOUREAU.........	Bourse du Travail.....................	Cognac.
GALÉA...........	»	Constantine.
PRÉVOST.........	Fédération des Syndicats de la Côte-d'Or	Dijon.
MARCK...........	Union des Syndicats des Côtes-du-Nord..	Saint-Brieuc.
FAY.............	Bourse du Travail.....................	Commentry.
BONNET..........	Union des Syndicats de la Creuse.......	Aubusson.
PESSINET........	» de la Drôme.......	Romans.
BARTHELON.......	Bourse du Travail.....................	Valence.
MAZARS..........	Union des Syndicats de l'Aveyron.......	Decazeville.
PUYDT et VILLAERT	Bourse du Travail.....................	Dunkerque.
JULIEN..........	»	Evreux.
MARTEL..........	»	Elbeuf.
BIDAMANT........	Union des Syndicats d'Eure-et-Loir.....	Chartres.
PENGAM..........	» du Finistère.......	Brest.
GRAND...........	Bourse du Travail.....................	Firminy.
FEUVRIER........	»	Fougères.
LESCALIÉ........	Union des Syndicats du Gard...........	Nîmes.
»	Bourse du Travail.....................	»
LENOIR..........	»	Alais.
VALLIN..........	Union des Syndicats....................	Le Havre.
VANDEPUTTE......	Bourse du Travail.....................	Halluin.
LOCHET et TURIN..	Union des Syndicats de l'Indre.........	Châteauroux.
CHASLE..........	» d'Indre-et-Loire....	Tours.
CHAMBON.........	» de l'Isère.........	Grenoble.

DÉLÉGUÉS	ORGANISATIONS REPRÉSENTÉES	VILLES
DESPLANQUES	Bourse du Travail	La Guerche.
VALLIN	»	La Rochelle.
LABE	Union des Syndicats	La Seyne.
BONNET	Bourse du Travail	Limoges.
CHASLE	Fédération des Syndicats du Loiret	Orléans.
TRÉVENNEC	Union des Syndicats	Lorient.
MARCK	»	Maubeuge.
LAURENS	» de la Manche	Cherbourg.
MERZET	Bourse du Travail	Mâcon.
HERVIER	»	Mehun-sur-Yèvre.
DESPLANQUES	U. des S. de Meurthe-et-Moselle	Nancy.
MARCK	Bourse du Travail	Mèze.
»	»	Montauban.
YVETOT	Fédération des Syndicats	Millau.
DESCHERY	Bourse du Travail	Montluçon.
MANDOUL	»	Montpellier.
SAVARIAU	»	Nantes.
BONDOUX	Fédération des Syndicats de la Nièvre	Nevers.
MARCK	Union des Syndicats	Niort.
LEROUX	» de l'Oise	Creil.
MARTY-ROLLAN	»	Perpignan.
»	U. des S. des Pyrénées-Orientales	»
ROUX	Union des Syndicats du Puy-de-Dôme	Clermont-Ferrand.
ARTIGUE	Bourse du Travail	Pantin-Aubervilliers.
CLEUET	»	Poitiers.
SARDA	»	Périgueux.
GUERNIER	»	Reims.
GHÉREAU	»	Rennes.
ROYER	Union des Syndicats du Rhône	Lyon.
LE GUENNIC	Bourse du Travail	Oullins.
NOUREAU	»	Rochefort.
CAITI	»	Romilly-sur-Seine.
YVETOT	Fédération des Syndicats	Romorantin.
VANLEYNSEELE	Bourse du Travail	Roubaix.
PERRIER	Union des Syndicats	Rouen.
YVETOT	Bourse du Travail	Rive-de-Gier.
LENOIR	»	Roanne.
MASSA	»	Saint-Chamond.
SCHUPP	»	Saint-Etienne.
BLANC	Union des Syndicats de la Loire	
CHEREAU	»	Saint-Malo.
GAUTIER	»	Saint-Nazaire.
DÉMARET	»	Saint-Quentin.
MERZET	» de Saône-et-Loire	Montceau-les-Mines.
RICHER	» de la Sarthe	Le Mans.
LEFÈVRE	»	Saumur.
PÉRICAT	» de la Savoie	Chambéry.
SAVOIE	» de la Seine	Paris.
BOUCHER	» de Seine-et-Marne	Melun.
LAPIERRE	» de Seine-et-Oise	Versailles.
MAMMALE	»	Soissons
LOISEAU	Bourse du Travail	Tarare.
MARTY-ROLLAN	Union des Syndicats	Toulouse.
SCHNEIDER	»	Troyes.
BARTHELON	Bourse du Travail	Tulle.
DORIA	Union des Syndicats du Var	Toulon.
»	»	Saint-Raphaël.

DÉLÉGUÉS	ORGANISATIONS REPRÉSENTÉES	VILLES
GRIFFUELHES	Union des Syndicats	Valenciennes.
YVETOT	» de Vaucluse	Avignon.
PERRIN	Fédération des Syndicats...............	Vichy.
FAY..............	»	Vienne.
DAVID............	Bourse du Travail.......................	Vierzon.
MONATTE	Fédération des Syndicats des Vosges....	Epinal.

115 mandats

Fédération des Transports par voie ferrée

(Syndicats acceptés à titre consultatif)

DEJONKÈRE.......	Transports par voie ferrée..............	Achères.
LE GUENNIC	»	Amiens.
»	»	Argentan.
DEJONKÈRE	»	Argenteuil.
»	»	Beauvais.
LAGARDE	»	Béziers.
DEJONKÈRE.......	»	Caen.
»	»	Cette
»	»	Evreux.
»	»	Mantes.
LE GUENNIC......	» (Arpajon)	Paris.
»	» (Etat).........	»
DEJONKÈRE.......	» (Etat R. G.) ...	»
LE GUENNIC	» (La Varenne)..	»
PROFIT	» (Nord)	»
DEJONKÈRE........	» (Saint-Lazare..	»
LE GUENNIC.......	»	Saintes.
DEJONKÈRE.......	»	Sotteville.
BIDAMANT	»	Saint-Ouen.
»	»	Tergnier.
»	»	Tours.
»	»	Villeneuve-St-Georges.

22 *mandats*

RÉCAPITULATION

Organisations représentées ayant voix délibérative :

Syndicats fédérés	1.128	1.131
» isolés	3	

Organisations représentées ayant voix consultative :

Fédérations	46	183
Bourses et Unions	115	
Syndicats de la Fédération des Transports par voie ferrée	22	
Total général		1.314

1.314 *organisations représentées par* **319** *délégués*

MANDATS REFUSÉS

Fédération des Cuirs et Peaux

Syndicat des Corps de Colliers de Paris (n'ayant pas le timbre de l'Union des Syndicats).

Fédération de l'Éclairage

Syndicat des Travailleurs du Gaz de Lyon (n'ayant pas le timbre de l'Union des Syndicats);

Syndicat des Travailleurs du Gaz de Nancy (n'ayant pas le timbre de l'Union des Syndicats).

Fédération du Textile

Syndicat du Textile de Saint-Menges (n'ayant pas le timbre de l'Union des Syndicats).

Total des Mandats refusés : **4.**

RÉCAPITULATION DES VOTES PAR MANDATS

(Chiffres rectifiés après pointage)

Rapports Confédéraux

Vote pour l'adoption des rapports moraux de la C. G. T.

Bulletins déposés		1.092
Nuls		24
Votants réguliers		1.068
Pour	998	
Contre	4	
Abstentions	66	

Maison des Fédérations

Ordre du jour, présenté par Bled, donnant mandat au Comité confédéral de s'entendre avec l'Union des Syndicats de la Seine pour ne faire qu'une seule institution de la Maison des Fédérations et de la Maison des Syndicats.

Bulletins déposés		1.004
Nuls		20
Votants réguliers		984
Pour	628	
Contre	185	
Abstentions	171	

Attitude Confédérale

Ordre du jour, présenté par Jouhaux, confirmant et fortifiant la résolution d'Amiens qui affirmait l'autonomie et l'indépendance du mouvement ouvrier.

Bulletins déposés		1.105
Nuls		31
Votants réguliers		1.074
Pour	1.028	
Contre	34	
Abstentions	12	

Retraites Ouvrières

Ordre du jour du Comité confédéral confirmant l'opposition à la loi des Retraites ouvrières tant que des modifications plus profondes n'y seront pas apportées, et se réservant d'apprécier, en temps opportun, le projet de loi annoncé concernant l'invalidité.

Bulletins déposés		1.138
Nuls		40
Votants réguliers		1.098
Pour	909	
Contre	76	
Abstentions	113	

Loi Millerand-Berry

Ordre du jour, proposé par Jouhaux, Merrheim et Desplanques, protestant contre la loi Millerand-Berry et donnant mandat au Comité confédéral d'organiser une vigoureuse action pour l'abrogation de ladite loi.

Bulletins déposés		1.078
Nuls		29
Votants réguliers		1.049
Pour	1.035	
Contre	0	
Abstentions	14	

Semaine Anglaise

Motion décidant que la C. G. T. et toutes les organisations ouvrières devront poursuivre avec énergie la campagne pour l'obtention de la semaine anglaise.

Bulletins déposés		1.091
Nuls		27
Votants réguliers		1.064
Pour	1.063	
Contre	0	
Abstention	1	

Augmentation des Cotisations Confédérales

Proposition de la Commission de revision des Statuts, pour l'augmentation des cotisations confédérales, portant le prix du timbre confédéral à 10 francs le mille pour les Fédérations et à 7 francs le mille pour les Unions.

Bulletins déposés		1.076
Nuls		31
Votants réguliers		1.045
Pour	706	
Contre	266	
Abstentions	73	

Deuxième Partie

RAPPORTS CONFÉDÉRAUX

RAPPORTS

DES

Comités & des Commissions

Pour l'Exercice 1910-1912

PRÉSENTÉS AU

XVIIIe CONGRÈS CORPORATIF

(XIIe de la C. G. T.)

Tenu au Havre, du 16 au 21 Septembre 1912

RAPPORT du Comité Confédéral

(Deux Sections réunies)

Camarades,

Que d'événements au cours de ces deux dernières années qui nécessitèrent l'intervention confédérale ! Pour remplir son rôle de défense ouvrière, la Confédération Générale du Travail eut à intervenir dans tous les cas. Qu'il s'agisse des droits ouvriers, comme ce fut le cas pour l'application des lois scélérates en matière syndicale ; que ce soit au contraire pour la défense du droit à la vie, dans la lutte contre la « cherté des vivres » ; que ce soit enfin, au nom des grands principes d'humanité et d'internationalisme, dans la protestation contre toute possibilité de guerre.

En toutes ces circonstances critiques, la C. G. T. fit son devoir, malgré les coups du pouvoir et les calomnies de ses ennemis.

Vigilant, toujours davantage, le Comité confédéral sut être à la hauteur des situations.

Sans abandonner aucun des membres de la grande famille ouvrière frappés par la vindicte bourgeoise, le Comité satisfit à toutes les exigences croissantes et complexes du mouvement ouvrier.

C'est cette somme de propagande et d'action tour à tour défensive et offensive, que nous exposons au cours de ce rapport.

Dans tous ses actes, dans toutes ses décisions, l'attitude et la ligne de conduite du Comité furent toujours dirigées par l'esprit des résolutions antérieures.

Nous avons conscience d'avoir, dans la limite des ressources dont nous disposions, fait tout le possible. Aussi est-ce avec confiance que nous soumettons notre rapport à l'appréciation des organisations et des militants ; avec nous, ils estimeront que nous avons rempli la tâche qui nous était assignée.

Elections du Trésorier et du Trésorier-adjoint.

Conformément aux statuts confédéraux, le Comité eut à élire le trésorier confédéral ; comme candidat à cette fonction, seul le camarade Marck se présentait ; il fut élu par 88 voix sur 88 votants.

Les exigences croissantes de l'administration confédérale amenèrent le Comité à envisager la nomination d'un quatrième permanent au bureau confédéral. Après avoir examiné les raisons invoquées et en avoir reconnu le bien fondé, le Comité décidait, ainsi que lui en avait donné le droit le Congrès confédéral de Toulouse, la création du poste de trésorier adjoint, prévu par les statuts confédéraux.

Quatre camarades firent valoir leur candidature à ce poste . Dumoulin, Togny, Robert, Capy. Ils obtinrent respectivement : Dumoulin, 76 voix ; Robert, 7 voix ; Capy, 3 voix ; Togny, 2 voix. Le camarade Dumoulin fut donc proclamé élu. Le rôle qui lui échouait était d'aider le trésorier dans sa besogne particulière de comptabilité, et le bureau confédéral dans son action de propagande générale et de recrutement syndical.

L'affaire Durand.

En juillet 1910, éclate au Havre la grève des charbonniers. Le motif : une demande de diminution de la tâche de travail, afin de pallier au chômage qui va survenir, du fait de l'introduction d'une nouvelle grue perfectionnée, *la Tancarville*, affectée au déchargement des charbons. La grève est en pleine force ; quelques jaunes travaillent : parmi eux, un nommé Dongé, noceur, alcoolique, dont le rôle fut prépondérant dans la déclaration de la grève. Un soir, Dongé tombe mortellement frappé au cours d'une rixe entre ivrognes. Les auteurs de ce drame de l'alcoolisme sont arrêtés sur le fait. Cependant, quelques jours après, Durand, secrétaire du Syndicat, est à son tour mis en état d'arrestation, et inculpé d'avoir, en réunion publique, provoqué au meurtre de Dongé. Cette criminelle dénonciation émane des agents supérieurs de la Compagnie Générale Transatlantique, dont les chantiers sont en grève ; elle ne s'appuie que sur quelques témoins qui, depuis, ont reconnu que leur triste besogne a été rétribuée. Malgré ses affirmations, malgré l'absence de preuves, Durand est renvoyé devant la Cour d'assises de Rouen, qui, pour « complicité morale », le condamne à la *peine de mort*.

Dès le début de cette affaire, la Confédération Générale du Travail prenait position et dénoncait à l'opinion publique cet abominable crime capitaliste.

Des meetings de protestation furent organisés dans tous les centres ; des tracts, des brochures, pour faire appel à l'opinion publique, furent rédigés ; des affiches furent apposées par tout le pays. Nous donnons ci-dessous le texte de l'affiche lancée par la C. G. T. au lendemain de l'atroce condamnation à mort.

POUR DURAND !

Nous voulons la Revision.

C'en est fait, le pourvoi formulé par Durand vient d'être rejeté par la Cour de cassation.

Il n'en pouvait être autrement, quand l'on constate que la criminelle sentence de Rouen n'est que le couronnement de l'œuvre d'étranglement syndical entreprise par le gouvernement du renégat.

Sans remonter aux crimes gouvernementaux qui ont eu lieu au François, à Limoges, Raon-l'Etape, Narbonne, Nantes, Draveil, Villeneuve-Saint-Georges, rappelons à titre documentaire que c'est par centaines d'années de prison que se chiffrent les condamnations des militants ouvriers. Pour la première fois, l'infamante peine de l'interdiction de séjour fut appliquée en matière de grève.

Où s'arrêtera cette vague de réaction anti-ouvrière ?

Avec la condamnation de Durand, nos gouvernants sont allés aussi loin qu'ils pouvaient aller dans la voie de la répression.

La mesure est comble !

La peine de mort pour *prétendue complicité morale,* voilà l'aboutissant de la politique gouvernementale à l'égard de la classe ouvrière.

C'en est assez !

Devant une telle situation, notre silence, notre indifférence sont des crimes.

Durand est innocent, il doit être rendu à la liberté.

La revision de cette monstrueuse iniquité judiciaire s'impose.

Pour l'obtenir, les prolétaires organisés ne doivent reculer devant aucun moyen.

Déjà en Allemagne, en Angleterre, en Belgique, en Hollande, les organisations ouvrières ont fait entendre leur cri d'indignation.

Forts de cet appui, qui ne se limitera pas à ce seul effort, les exploités français se doivent à eux-mêmes de poursuivre plus énergiquement l'œuvre de libération de l'innocent Durand, *fût-ce même par la grève générale.*

En présence du cynique arrêt de la Cour de cassation, le prolétariat doit déclarer qu'il est prêt à appliquer aux responsables la *peine du talion,* si le crime gouvernemental était consommé, si Durand était exécuté.

En cette période trouble de réaction sauvage, nous faisons appel à tous les hommes de cœur, à tous les esprits indépendants, épris de justice et d'humanité, pour qu'à côté de l'action spécifiquement ouvrière des syndicats, ils travaillent pour la revision, qui sera le triomphe de la vérité.

Que bourgeois et gouvernants choisissent la revision du scandaleux procès, la libération de Durand, ou la grève générale avec toutes ses conséquences.

Liberté pour Durand !

Tel doit être le cri de ralliement de tous les prolétaires, de tous les hommes libres et honnêtes.

Ce qui a été possible pour le capitaine Dreyfus doit l'être pour l'ouvrier Durand.

Les organisations ouvrières du Havre décidèrent de chômer vingt-quatre heures, en signe de protestation.

La campagne d'agitation se poursuivant, la clameur populaire d'indignation se faisant plus vigoureuse, le gouvernement dut, pour calmer les esprits, apporter une première mesure de clémence. Le 1er janvier 1911, le président de la République signait la commutation de la peine de mort de l'innocent Durand en celle de sept années de réclusion. Cette mesure fut, à bon droit, estimée insuffisante par le prolétariat. La C. G. T. voulait la libération de Durand et la revision de son monstrueux procès ; mais la justice, prompte à condamner les humbles, fut lente comme à l'ordinaire à reconnaître une de ses erreurs. Le 15 février seulement, grâce à l'agitation incessante de la classe ouvrière, Durand fut libre.

Pendant trois mois, Durand était resté au régime des condamnés à mort. Trois mois d'une attente angoissante ! Les nuits sont troublées d'hallucinations ; chaque bruit perçu semble annoncer pour lui l'approche de la mort. Aussi, lorsque Durand est enfin — après cinq mois de tortures morales — rendu à la liberté, il est marqué du stigmate de la folie. La vie est sauve, mais la raison l'a quitté. Les auteurs responsables de cet assassinat moral continuent à jouir de l'impunité, pendant que leur victime, dans une autre prison, l'asile des fous de Sainte-Anne, continue à expier leur crime.

La revision du procès est commencée, mais aucune solution nouvelle n'a encore été apportée. Les travailleurs doivent se souvenir de ce procès, et, au mois de septembre, si justice ne leur a pas été rendue, par la réhabilitation de leur camarade Durand, ils devront, dans cette ville du Havre, où se déroulèrent ces douloureux événements, faire comprendre aux gouvernants, qu'ils n'ont pas désarmé, et qu'ils entendent obtenir pleine et entière satisfaction. Il faut que les pourvoyeurs d'échafaud et ceux qui se sont faits leurs serviteurs soient démasqués.

Les Retraites Ouvrières

Le Comité, en conformité de la décision du Congrès de Toulouse, poursuivit la campagne contre la loi de bluff et d'escroquerie des retraites ouvrières.

De nouvelles affiches illustrées, dues au crayon de notre ami Grandjouan, furent éditées et envoyées dans tous les centres, pour édifier les travailleurs sur les beautés de la loi.

La Conférence des Bourses et Fédérations, tenue en juin à Paris, renforça le point de vue admis à Toulouse, en adoptant les résolutions suivantes :

La deuxième Conférence des Bourses et Fédérations constate les bons résultats de la campagne entreprise par la C. G. T. contre la loi du 5 avril 1910, qui ne donne pas à la classe ouvrière les retraites auxquelles elle a droit ;

La Conférence, tout en s'affirmant à nouveau sur le principe des retraites, décide de faire échec à cette loi basée sur les versements ouvriers ;

En conséquence, la Conférence invite les organisations, par tous les moyens en leur pouvoir, à s'opposer irréductiblement à ces versements ;

Donne mandat au Comité confédéral de soutenir les organisations dans leur action contre l'application de la loi actuelle ;

Demande aux travailleurs de ne pas être dupes des modifications promises par les parlementaires ;

Charge le Comité confédéral de poursuivre la campagne d'agitation en prenant toutes les mesures nécessaires selon les circonstances et la situation.

ADJONCTION

La Conférence constate que le Parlement n'ayant nullement tenu compte de la motion de Toulouse, il y a lieu de définir, au moment où la loi va entrer en application, les moyens à employer ;

Invite les travailleurs à se refuser à tout prélèvement de leur part et à détruire le livret au 3 juillet prochain.

CONFÉDÉRATION GÉNÉRALE DU TRAVAIL

Leurs Retraites et celles qu'ils nous offrent

Quelques Retraites de hauts dignitaires de la République bourgeoise

Amiral ou Général 7 000 à **10.500 francs**
Ambassadeur **10.000 fr.**
Ministre Plénipotentiaire **10.000 fr.**
Contrôleur de l'Administration de la Marine **8.000 francs**
Procureur Général **6.000 fr.**
Trésorier Payeur Général **6.000 fr.**
Inspecteur des Ponts et Chaussées **6.000 fr.**
Préfet **4.000 francs**
Capitaine **2.300 francs**

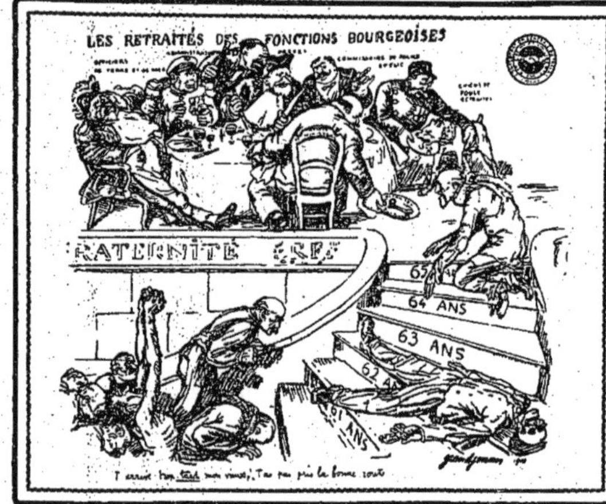

Quelques Retraites de gros fonctionnaires de la République bourgeoise

Directeur d'Enregistrement **8.000 fr.**
Chef de Bureau de Ministère **4.500 francs**
Commissaire Spécial (de Police) **4.500 francs**
Receveur Particulier des Finances **4.000 francs**
Percepteur **4.000 francs**
Conservateur des Hypothèques **4.000 fr.**
Gendarme **1.100 francs**
Agent de Police **1.800 fr.**
Gardien de Prison **1.000 fr.**

En somme, camarade, si tu n'est pas crevé avant les **65 ans,** d'ici l'année 1950, tu auras ***27 centimes et demi*** à manger par jour. Si tu vis après 1950 et si tu as versé pendant 30 ans, tu auras (peut-être), 350 fr. par an ! **pas même 20 sous par jour.** Quant aux femmes, compagnes des travailleurs, qui ont peiné toute leur vie pour ménager la maigre paye de leur homme, la **LOI,** la loi bourgeoise a « **oublié** » **de leur donner un morceau de pain.** Elle leur donne généreusement, à la mort de leur mari, 50 francs pendant trois mois, et après.. un TROU ***Quelle duperie et quelle ironie que ces Retraites pour les Morts !***

PLACEMENT GRATUIT au siège des Syndicats adhérents

Imprimerie de la C.G.T., 33, rue de la Grange-aux-Belles, PARIS

Avant le 1er juillet 1911, date fixée pour l'entrée en application de la loi, la C. G. T. organisait de multiples réunions publiques et contradictoires, dans lesquelles les partisans de la loi étaient appelés à venir exposer leur point de vue. Elle faisait également apposer dans tous les centres ouvriers l'affiche ci-dessous, qui résumait la volonté unanime de la classe ouvrière, et indiquait les moyens pratiques de faire échec à la loi :

CONFÉDÉRATION GÉNÉRALE DU TRAVAIL

Contre l'application de

L'ESCROQUERIE DES RETRAITES

AUX TRAVAILLEURS ! AUX PAYSANS !

Unanimement, le peuple ouvrier avait répondu à l'appel de la C. G. T. dénonçant l'escroquerie de la loi des retraites.

Malgré la formidable protestation des intéressés, gouvernants et politiciens ont passé outre. La loi fut votée ; elle sera applicable le 3 juillet prochain, sans aucune des modifications réclamées par les travailleurs. C'est là un défi que la classe ouvrière doit relever.

Dans cette question, les intérêts du Parlement ont été substitués à ceux du Prolétariat.

Devant cette négation complète de la volonté ouvrière, la deuxième Conférence des Bourses et Fédérations, tenue à Paris, les 22, 23 et 24 juin 1911, a confirmé et déterminé à nouveau l'attitude de la C. G. T. au 3 juillet prochain. Délégués des régions paysannes comme ceux des régions industrielles ont été unanimes à flétrir la loi actuelle.

Tout en se proclamant partisans résolus du principe des retraites, ils ont affirmé bien haut la volonté de leurs mandants de ne pas se plier aux contraintes patronales et aux exigences légales que leur imposera l'application de la fumisterie des retraites.

Matérialisant la pensée ouvrière de tout le pays, la C. G. T., conformément à la décision de la Conférence, *invite, au moment où la loi va entrer en application, les travailleurs à se refuser à tout versement et à détruire cartes et livrets à partir du 3 juillet prochain.*

PROLETAIRES DES VILLES ET DES CAMPAGNES

La loi des retraites ne fut, à son origine, qu'une nécessité électorale ; elle est devenue aujourd'hui une nécessité financière. Le commerce, l'industrie ont besoin de capitaux ; par le fonctionnement de la loi, ils les trouveront dans les poches des travailleurs.

Allons-nous bénévolement laisser se réaliser cette formidable escroquerie?

Contre elle, contre toutes les secrètes espérances des gouvernants, des politiciens et des financiers, la classe ouvrière doit se révolter.

L'heure des responsabilités est sonnée, chacun doit assumer les siennes.

Convaincue d'être l'interprète des sentiments unanimes du prolétariat, la C. G. T. prend fièrement et hautement position :

Contre le vol en préparation ;
Contre les retraites pour les morts ;
Pour le droit à la retraite sans obligation dangereuse.

Camarades, refusez-vous à fournir à l'Etat les moyens de constituer une arme qui, demain, se retournera contre vous.

Au moment de l'application :

Refusez tout versement ;
Brûlez les cartes et les livrets !

Les résultats de cette active campagne furent satisfaisants. Dans de nombreuses villes, les cartes et les livrets furent brûlés publiquement, aux yeux des autorités consternées.

Malgré l'emploi des procédés habituels d'intimidation et de corruption, malgré le zèle des policiers, mués en agents de recrutement, malgré l'appui obligatoire des instituteurs et institutrices, les statistiques officielles ne purent cacher le lamentable *fiasco* de la loi. A peine deux millions, sur onze millions d'assurés prévus, s'étaient fait inscrire sur les listes, et encore convient-il de tenir compte dans ce nombre des nombreux ouvriers que l'on avait inscrit d'office, quelquefois malgré leur protestation.

Cet échec provoqua l'étonnement dans le monde officiel ; les parlementaires ouvrirent leurs yeux à la réalité ; pour la première fois, ils comprirent la valeur des raisons invoquées par le prolétariat des villes et des campagnes contre la loi.

Les résultats négatifs de la pression gouvernementale furent pour eux le commencement de la sagesse ; ils parlèrent des réformes à apporter aux dispositions premières de la loi.

Sous la pression de la classe ouvrière, tenue en haleine par la C. G. T., ils votèrent les premières modifications.

« L'âge d'entrée en jouissance est désormais fixé à 60 ans au lieu de 65, et l'allocation de l'Etat reste fixée à 100 francs par an. »

Ces modifications, dues, ne l'oublions pas, à l'attitude du prolétariat, doivent jouer à partir du 1er juillet 1912. Dans le but de vaincre les dernières résistances, nos législateurs décidèrent que tous les travailleurs, hommes et femmes, âgés de 35 ans au plus, qui ne se seraient pas fait inscrire à la date du 1er juillet 1912, perdraient de ce fait le bénéfice de l'allocation de 100 francs de l'Etat !

Cette première victoire, d'une importance incontestable, doit-elle nous faire abdiquer notre premier point de vue ? La loi modifiée donne-t-elle satisfaction à nos légitimes revendications ? C'est ce que le prochain Congrès confédéral du Havre devra examiner.

Il faudra cependant que, avant le 1er juillet 1912, le Comité confédéral donne à la classe ouvrière, qui les attend, des indications nettes sur l'attitude à observer.

Les modifications apportées n'ont pas fait disparaître les versements ouvriers et le principe dangereux de la « capitalisation » ; l'abaissement de l'âge à 60 ans diminue sensiblement (96 fr. 43) le taux déjà dérisoire de la retraite.

Sans rien abdiquer des principes affirmés, les organisations ouvrières auront à déterminer leur tactique, afin de conquérir les réformes indispensables pour que la loi réponde réellement aux besoins du monde du travail.

Le Premier Mai 1911.

La journée du Premier Mai 1911 fut surtout une protestation de la classe ouvrière, contre tous les dénis de justice, contre tous les arbitraires du pouvoir.

Par les soins du Bureau confédéral, l'appel suivant fut lancé :

CONFÉDÉRATION GÉNÉRALE DU TRAVAIL

Le Premier Mai

Une fois de plus, voici venue, pour les travailleurs, l'occasion de clamer leur soif de bien-être, leur volonté d'en finir avec ce régime d'exploitation éhontée et de basses compromissions parlementaires.

Voici le Premier Mai, Prolétaires, ce jour-là, chômons et manifestons !

Chômons pour protester contre tous les crime sociaux.

Crimes des exploiteurs, qui, tous les jours, sabotent des milliers et des milliers d'existences humaines.

Crimes de la Magistrature, condamnant sur l'ordre des capitalistes, les militants ouvriers, à la prison, au bagne, et parfois à la mort.

Crimes de l'Armée qui, lorsqu'elle ne conquiert pas des lauriers dans le sang du peuple, oblige les fils de travailleurs en uniforme à se transformer en renégats, en jaunes, traîtres à leur classe.

Crimes des agioteurs et des spéculateurs qui, à la faveur bienveillante du pouvoir, par l'augmentation incessante et inexplicable des denrées de première nécessité et des loyers, réduisent tous les ans à la famine et à la mort des centaines de mille de familles ouvrières.

Crimes parlementaires, appliquant, malgré la volonté des exploités, des lois cachant, sous des apparences démocratiques, les plus formidables escroqueries (Retraites ouvrières).

Crimes des gouvernants, faisant, par leurs gendarmes et leurs flics, assommer les ouvriers en lutte pour l'amélioration de leurs conditions d'existence.

Manifestons, pour obtenir la revision de l'abominable procès de Rouen. Durand est fou, Mathieu est mort, Couillandre et Lefrançois iront au bagne. Le prolétariat ne peut pas oublier le verdict implacable qui les a frappés.

Manifestons pour nous opposer à l'application criminelle de complicité morale en matière syndicale.

Manifestons pour obliger les dirigeants à ne plus traiter en bandits nos militants, tombés au cours des batailles. Pour eux, nous voulons que cesse cette détention arbitraire et inhumaine qu'est le droit commun. Comme pour les financiers véreux et les escarpes de haut vol, nous exigeons ce qui leur est dû : le régime des détenus politiques.

Manifestons pour arracher la réintégration de nos frères, les cheminots, frappés au cours de leur admirable mouvement.

Manifestons en faveur de ceux restant sous le coup de condamnations toujours possibles.

Manifestons pour que le cadavre d'Aernoult, assassiné par les brutes galonnées des bagnes africains nous soit remis. Pour que finisse le supplice du courageux Rousset et que la liberté lui soit enfin rendue.

TRAVAILLEURS !

Qu'en ce jour de Premier Mai souffle un vent de révolte, annonciateur de jours meilleurs.

Que la Bourgeoisie et tous ses suppôts, gouvernants, parlementaires, magistrats, officiers, policiers, sentent monter vers eux, menaçantes et vengeresses, les clameurs de protestation des exploités organisés. Qu'ils comprennent que cette puissance ouvrière, aujourd'hui simple menace, deviendra demain une réalité.

OUVRIERS, le Premier Mai signifie : nous voulons des meilleurs salaires, des journées de travail moins longues, nous préparons la transformation sociale.

Pour que cette manifestation ait toute sa signification : que partout le chômage soit général, que partout des manifestations publiques soient organisées.

Prolétaires, ce jour-là, chômons et manifestons !

Le Comité confédéral.

Le nombre des meetings et manifestations tenus en ce jour fut considérable. Voici, pour la Province, la liste des délégations accomplies par les délégués confédéraux. A cette liste il conviendrait d'ajouter les réunions faites par les diverses Fédérations Nationales et Unions de Syndicats avec le concours de leurs propres éléments.

Angoulême et *Ruelle*, délégué : Dret, des Cuirs et Peaux. — *Amiens* : Paris, de la Voiture. — *Avignon* et *Arles* : Bourderon, du Tonneau. — *Aniche* et *Fresnes* : Marck, de la C. G. T. — *Aix-les-Bains*, *Chambéry* : Giolili, du Bâtiment. — *Alençon* : Dusseix, des Chemins de fer.

Bourges et *Saint-Florent* : Le Blavec, de la Voiture. — *Besançon* : Le Guéry, des Diamantaires. — *Belfort* : Testaud, du Bâtiment. — *Boulogne-sur-Mer* : Renard, du Bâtiment. — *Bourg* : Ranty, du Bâtiment.

Caudry : Bodéchon, des Employés. — *Caen* : Pichon, de la Lithographie. — *Chaumont*, le 29 avril : Thomsen, de l'Ameublement. — *Clermont-Ferrand* : Dumas, de l'Habillement. — *Chartres* : Hubert, du Bâtiment. — *Charleville*, *Mézières* : Leroux, des Chemins de fer. — *Charleville* : Labe.

Deville-les-Rouen : Couergon. — *Douai* : Niel, des Typographes. — *Dôle* 30 avril, *Dijon* 1er mai : Clément, du Bâtiment. — *Decazeville* : Loyau, des Mécaniciens. — *Denain* : Cauvin, des Coiffeurs. — *Dunkerque* : Merrheim, des Métaux.

Etampes : Dain, des Métaux.

Flize : Veber. — *Fontainebleau* : Lannezval, du Bâtiment. — *Fougères* : Rivelli, des Inscrits. — *Fumel* : Soffray, des Métaux.

Le Havre : Beausoleil, des Employés.— *La Guerche* : Roux, des scieurs mécaniques. — *Laval*, le 30 avril : Tendéro, de l'Alimentation. — *La Rochelle* : Gauthier, de St-Nazaire. — *Lens* : Montagne, des Voyageurs. — *Le Chambon* : Verliac, des Métaux. — *La Ciotat*, *Saint-Raphaël*, *Dramont* : Rousselot, du Bâtiment. — *Lyon*, 1er mai ; *Tarare*, 30 avril : Yvetot.

Maubeuge : Boisson. — *Millau* : David, du Bâtiment. — *Montceau-les-Mines* : Dumoulin, du Bâtiment. — *Montereau* : Péraire, du Bâtiment. — *Mohon* : Challeix, des Métaux. — *Montpellier* : Charbonnier, du Bâtiment.

Nantes et *Coueron* : Diem, des Préparateurs. — *Nouzon*, délégué : X...

Oullins-Fures : Blanchard, des Métaux.

Panissières : Le Guenic, des Chemins de fer. — *Perpignan :* Duchène, du Bâtiment. — *Poissy :* Le Du, du Bâtiment.

Romilly : Roux, des Scieurs mécaniques. — *Rive-de-Gier*, 30 avril ; *Roanne*, 1er mai : Luquet, des Coiffeurs. — *Roubaix* et *Tourcoing :* Lemoux, du Bâtiment. — *Rennes :* Tendéro, de l'Alimentation. — *Reims* (Bâtiment) : Grandidier, des Cuirs et peaux.

Saintines : Chanvin, du Bâtiment. — *Soissons :* Jacquemin, des Maréchaux. — *Gauthier*, des Métaux. — *St-Quentin :* Hagmann, du Livre. — *St-Amand*, 30 avril : Le Blavec, de la Voiture. — *St-Amand :* Lapierre, du Bâtiment. — *St-Claude :* Quillent, des Cannes-Fouets. — *St-Malo :* Moulinier, du Bâtiment. — *St-Etienne*, 1er mai ; *Givors*, 30 avril : Le Guénic, des Chemins de fer. — *Sotteville-les-Rouen :* Gogumus, des Employés.

Tours : Vauvrecy, du Bâtiment. — *Trélazé, Angers :* Delzant, des Verriers. — *Troyes :* Simonnet, des Sous-Agents. — *Toulouse :* X...

Vimeu : Morel, d'Amiens. — *Valence :* Roueste, du Bâtiment.

A Paris, la manifestation projetée par l'Union des Syndicats de la Seine fut interdite par le gouvernement, et sauvagement réprimée par la police.

De nombreux camarades furent arrêtés, dont bon nombre furent condamnés, entr'autres *Le Scornec*, qui, pour s'être défendu contre les brutalités des agents, stimulés par leurs officiers, se vit octroyer « deux années de prison ».

Le nombre des chômeurs dépassa pour Paris et la banlieue le chiffre de 100.000.

La Conférence des Bourses et des Fédérations.

La deuxième Conférence nationale des Bourses et Fédérations se tint à Paris, les 22, 23 et 24 juin 1911, salle de l'Egalitaire.

42 Fédérations Nationales, 2 Syndicats isolés et 103 Bourses du travail et Unions de Syndicats y prirent part.

A l'ordre du jour, figuraient les questions suivantes : Modifications aux statuts, Loi des retraites, Diminution des heures de travail, Viaticum confédéral.

Nous ne retracerons pas ici la besogne accomplie par cette conférence, le compte rendu de ses travaux étant paru dans une brochure, dont tous les militants des organisations ont dû prendre connaissance.

Disons simplement qu'elle fut ce que les syndiqués en attendaient. Sans avoir l'importance des Congrès nationaux, la deuxième Conférence des Bourses et Fédérations fut en tous points utile pour prendre les décisions que comportèrent les situations nouvelles créées depuis le Congrès confédéral de Toulouse.

Conférence Internationale.

Les 10, 11 et 12 août 1911 eut lieu, à Budapest, la septième Conférence internationale des centres syndicaux nationaux.

Conformément aux décisions antérieures, la C. G. T. y fut représentée par ses deux secrétaires.

Nous ne parlerons pas ici des questions qui y furent traitées, le compte rendu en étant paru et adressé à toutes les organisations confédérées, ainsi que le rapport international pour l'année 1910.

Disons simplement que les débats furent ternes, les questions d'idées, de principe et de méthode de lutte, qui donnent à des discussions de la couleur et de la chaleur, étant rigoureusement bannies de ces conférences. Les délégués représentant des organismes centraux de chaque pays ne sont appelés à émettre leurs votes que sur de simples questions administratives, qui ont certes leur utilité dans l'organisation ouvrière, mais ne sont cependant pas tout le mouvement.

Des Conférence internationales, représentant l'ensemble des forces ouvrières du monde, lorsque des périodes critiques se présentèrent — comme celles traversées cette année 1911 — devraient pouvoir prendre des résolutions qui décident d'une attitude commune, homogène, en face de la crise, pour tous les travailleurs.

Une fois de plus, la proposition de la C. G. T. française qui, tendant à transformer les conférences de secrétaires nationaux en véritables congrès ouvriers internationaux, avec représentation directe des délégués de Fédérations, permettrait d'atteindre le résultat cité plus haut, très désirable pour tous, fut renvoyée aux calendes grecques, sa discussion étant subordonnée à l'élaboration d'une proposition de l'American Federation of Labor d'Amérique, se rapportant aux Fédérations internationales de Syndicats.

Quel que soit cependant le dépit éprouvé, la Confédération générale du Travail doit, comme c'est son devoir, rester adhérente au secrétariat international. Sa mission est de travailler, au dedans de cet organisme, pour le transformer selon ses aspirations. Qui sait, les événements ouvriers internationaux qui se précipitent et s'accentuent de plus en plus dans le sens de la lutte des classes, nous feront peut-être parvenir plus vite que nous l'espérons au résultat désiré.

C'est dans cet esprit que le secrétariat confédéral a maintenu cordiales et fraternelles les relations avec le Secrétariat international.

Contre la Guerre.

L'aventure marocaine devait nous amener à deux doigts de la guerre... Par la vertu magique des traités secrets, conclus en dehors du pays et du Parlement, nos requins coloniaux pouvaient se croire tout permis. Considérant déjà le Maroc comme une colonie française, ils agissaient en conséquence. L'on n'avait oublié qu'une chose : l'Allemagne, qui s'inquiéta à la longue de nos agissements militaires au Maroc. Poussée par ses capitalistes, elle s'émut et, le 1er juillet, elle envoya croiser dans les eaux d'Agadir un de ses vaisseaux. Ce geste fut le point de départ des complications internationales. Nos coloniaux clamèrent à la trahison, ces forbans osèrent crier au voleur. L'on parla d'honneur national outragé, d'affront à venger, une campagne patriotique de presse s'organisa. De l'autre côté de la frontière les journaux pangermanistes rivalisèrent de zèle. La paix internationale chancela fortement. Dans les deux pays, des armements, des mobilisations furent préparés. Heureusement la classe ouvrière veillait. Prévoyant depuis longtemps les événements qui allaient se dérouler, la Confédération Générale du Travail avait demandé à la Commission générale des Syndicats allemands de bien vouloir, en raison de la situation, organiser, d'accord avec les organisations ouvrières anglaises, une démonstration en faveur de la paix. Le Comité Confédéral aurait désiré que les délégués des ouvriers des trois pays principalement intéressés dans le conflit marocain se rencontrent à Berlin. La Commission Syndicale allemande, arguant d'impossibilités matérielles, déclina cette offre et proposa, en accord avec l'invitation faite par son délégué Sassenbach au Congrès de Toulouse, un simple voyage d'étude des délégués français, qui se terminerait cependant par un grand meeting public de protestation contre la guerre. La C. G. T. accepta et le voyage fut décidé pour le 22 juillet.

Quarante-cinq délégués des Fédérations nationales, des Syndicats et des Unions de Syndicats prirent part à ce voyage. Pendant 6 jours, fraternisant avec les camarades allemands, les délégués visitèrent les bureaux et filiales des principales organisations ouvrières de Berlin.

Le meeting de protestation eut lieu le 28, aux salles du Nouveau-Monde. La veille de ce jour, des ordres de mobilisation avaient été lancés, un mouvement de troupes s'était fait sur les frontières de l'Est. Nous vivions des minutes historiques. Ce fut devant un auditoire enthousiaste de 20.000 personnes, que les délégués français demandèrent aux travailleurs berlinois de mettre en pratique, dans ces circonstances troublées, la vieille devise internationale : « Travailleurs de tous les pays, unissez-vous », et d'empêcher par tous les moyens la guerre d'éclater. Ces paroles soulevèrent des salves d'applaudissements. Les ouvriers allemands vibraient à l'unisson des prolétaires français. Ce fut une belle journée internationale.

A dater de ce moment, la protestation ouvrière allait s'intensifier et se précipiter. C'est, d'abord, le meeting de Paris, tenu salle Wagram, le 4 août. Dans cette manifestation de la volonté ouvrière, dressée contre les criminels desseins des gouvernants, les camarades Bauer et Molkenburg pour l'Allemagne, Vicente Barjo et Nègre pour l'Espagne, Tom Mann pour l'Angleterre Koltheck pour la Hollande, fraternisèrent au nom de leurs camarades ouvriers, dans une pensée commune de protestation contre la guerre.

Voici le texte de l'affiche que la Confédération Générale lança à cette occasion :

CONFÉDÉRATION GÉNÉRALE DU TRAVAIL

Contre la Guerre !

Pour protester contre les manœuvres dangereuses des bandits coloniaux du Maroc, la C. G. T. organise pour le vendredi 4 août un grand meeting de protestation *Contre la Guerre*.

Après les incidents d'Agadir avec l'Allemagne, après ceux d'El-Ksar avec l'Espagne, il est nécessaire que la volonté ouvrière se manifeste.

Ces incidents peuvent demain se renouveler avec des conséquences plus tragiques.

Devant cette situation trouble, devant l'imminence du danger menaçant la paix du monde, rester indifférent serait lâche et dangereux.

En face de la coupable apathie du Parlement et de la servilité gouvernementale, la classe ouvrière doit réagir.

Une guerre n'est possible qu'avec le consentement du peuple ; avec nous, avec les délégués, représentant les peuples frères, vous viendrez clamer votre volonté de vous opposer, par tous les moyens, à toutes les possibilités de guerre.

Pour faire cesser les agissements criminels des requins de la colonisation, vous assisterez nombreux à la

GRANDE MANIFESTATION OUVRIÈRE

qui aura lieu le vendredi 4 août, à huit heures du soir, salle Wagram, 39.

Prendront la parole pour la France : L. Jouhaux, G. Yvetot, secrétaires de la C. G. T. ; Merrheim, de la Métallurgie ; Savoie, de l'Union des Syndicats de la Seine ; Péricat, du Bâtiment.

Pour l'Allemagne : Robert Schmidt, député au Reischtag, de la General Kommission ; Bauer, des Employés de Berlin ; Silberschmidt, de la Fédération allemande du Bâtiment.

Pour l'Angleterre : Tom Mann, des Organisations syndicales anglaises.

Pour l'Espagne : Nègre, de la Confédéracion Nacional del Trabaja ; Vicente-Barrio, de l'Union générale des Trabajadores.

Pour la Hollande : Koltkeck, du Secrétariat du travail de Hollande.

Pendant ce temps, Dumoulin et Marie partaient, au nom de la C. G. T., s'associer à des manifestations identiques, organisées à Madrid et à Barcelone. C'est, ensuite, la grandiose démonstration de l'Aéro-Park, le 24 septembre. Plus de 50.000 Parisiens y assistaient. Paris redevenait le vieux Paris révolutionnaire, vibrant d'indignation et de colère contre ses oppresseurs de classe.

Enfin, pour couronner cette série de manifestations et préparer la besogne positive, la C. G. T. organisait, le 1er octobre, une Conférence extraordinaire des Bourses et Fédérations, qui se tint à Paris.

En cette circonstance, la souplesse de l'organisation confédérale s'affirma supérieurement. En huit jours, plus de 100 délégués se trouvèrent réunis à la « Maison des Fédérations ». A l'unanimité, après une discussion d'une journée, il fut décidé de prendre toutes mesures pour rendre applicable, si besoin était, la décision des Congrès confédéraux : « A la guerre, les travailleurs doivent répondre par la grève générale révolutionnaire. »

Aujourd'hui, la crise est terminée, financiers allemands et français se sont mis d'accord ; il paraîtrait même que toute cette mise en train tragique n'était qu'une comédie devant faciliter l'admission sur le marché français des valeurs allemandes. Quoi qu'il en soit, l'on peut dire, sans forfanterie, que l'action énergique, soutenue des travailleurs, contribua largement à écarter le péril de la guerre.

Rappelons que, déjà en 1901, au moment de la tension entre l'Angleterre et la France, des manifestations identiques avaient eu lieu à Paris et à Londres ; cette alliance fraternelle des deux prolétariats avait précédé et préparé l'Entente Cordiale des deux peuples. Puissent les manifestations de Berlin et de Paris aboutir à un pareil résultat.

Contre la Vie chère.

L'augmentation incessante du coût de la vie, provoquée par les spéculations malhonnêtes des accapareurs, détermina dans le pays un vaste mouvement d'agitation, qui débuta en 1910 contre l'augmentation du prix du pain, provoquée par la hausse des blés. La C. G. T. avait dénoncé, en leur heure, les opérations criminelles du trusteur brésilien Santa-Maria. Des résultats furent obtenus, mais qui ne devaient, hélas, qu'avoir une durée éphémère.

En 1911, ces mêmes phénomènes, inhérents au régime capitaliste, reparurent avec plus de force. Petits et grands, tous les accapareurs voulaient puiser à cette source des bénéfices considérables. Mais, dans leur insatiabilité, nos spéculateurs ne raisonnèrent plus. Non contents des plus-values réalisées sur les denrées de consommation générale, ils frappèrent d'augmentations exorbitantes les bases d'alimentation générale. Un déchaînement des colères populaires s'ensuivit. Partout, la protestation ouvrière surgit violente : dans le Nord, à Roubaix, Tourcoing, Lille, Fourmies, Denain, Ferrières, Maubeuge, Saint-Amand, Valenciennes, Fresnes, Le Cateau, Dunkerque, Guise, Saint-Quentin, Creil, Douai, Arras, Lens et tout le bassin minier ; dans l'Est, à Charleville-Mézières, la vallée de la Meuse, Sedan, Nancy, Troyes, Romilly ; dans l'Ouest, Le Havre, Rennes, Brest, Vannes, Lorient ; dans le Centre, Montceau-les-Mines, Blanzy, Saint-Etienne, Châteauroux, etc., etc. Un vent de révolte soufflait sur les foules. Plus ardentes que les travailleurs, les ménagères, plus directement intéressées, se mêlaient d'enthousiasme au mouvement. Comme leurs ancêtres de 1789, elles formaient la tête des colonnes protestataires, bouleversant les marchés, imposant aux marchands des prix raisonnables. Les anciennes jacqueries des paysans affamés devaient avoir pareilles allures. De longs cortèges d'hommes, de femmes, d'enfants, sillonnaient les routes, traversant les villages, portant des pancartes sur lesquelles étaient inscrits les prix fixés par le peuple pour la vente des denrées. Sur le passage de ces cortèges, les usines se fermaient, la vie industrielle était interrompue.

Devant ce mouvement, dont il comprenait le danger, le gouvernement apeuré, qui n'avait pas su prévenir, voulut réprimer. Soldats et policiers se répandirent dans les campagnes. Au peuple qui demandait du pain, nos gouvernants, au nom de l'ordre troublé, répondirent par du plomb et de la prison. Une bonne presse raconta que la crise de vie chère n'existait pas, que seule la C. G. T. était responsable de ces soulèvements. Pour un peu, on eût machiné contre les militants syndicalistes un nouveau complot.

C'est surtout dans les régions du Nord et de l'Est que le mouvement prit le plus d'ampleur. Dans le bassin métallurgique de Maubeuge, à Denain, à Saint-Quentin, à Creil, dans la vallée de la Meuse, les grèves protestataires furent générales. Dans toutes ces villes, les manifestants luttèrent avec les troupes, construisant de fragiles barricades, bientôt renversées par les soldats. Les fusils partirent, à Creil, à Saint-Quentin ; les crosses firent merveille à Denain ; les sabres des gendarmes et des dragons couchèrent des victimes à Maubeuge et à Charleville.

Dès le début de la crise, le Comité confédéral avait porté à la connaissance de tous, par voie d'affiches, les causes réelles du renchérissement des vivres :

Contre la Vie Chère !

Contre les Spéculateurs ! Sus aux Affameurs !

Ouvriers, employés, ménagères, tous les jours on vous affame !

Les requins du marché du Commerce ont pu, par des manœuvres criminelles, réaliser des bénéfices scandaleux, en spéculant sur la misère du peuple.

Pour marquer ces agissements frauduleux, des journalistes bien stylés ont crié, sur tous les tons, que cette hausse exorbitante était due à *l'application des lois sociales, à l'augmentation des salaires, aux grèves multiples entreprises et entretenues par les meneurs de la C. G. T.*

Ce sont là des idioties et des mensonges !

L'augmentation n'est pas le fait des revendications ouvrières.

Tout le démontre. En voici la preuve :

Le journal *Les Débats*, du 30 août 1910, déclare : « Qu'on ne saurait trouver dans les charges nouvelles incombant aux patrons, par suite des augmentations de salaires, une explication suffisante de la montée des cours depuis six ou sept ans. »

L'aveu ne peut pas être plus explicitement formulé.

Si l'on compare les prix des denrées avec les salaires des ouvriers employés à la production de ces denrées, le mensonge de ces affirmations intéressées apparaît évident :

PRIX MOYEN DES DENRÉES

1900. — *Pain :* 0 fr. 55 à 0 fr. 60 les 4 livres. — *Viande :* Bœuf, 1 fr. 16 le kilo ; mouton, 1 fr. 62 le kilo. — *Vin :* 0 fr. 20 à 0 fr. 26 le litre. — *Sucre :* En 1903, après la suppression des primes, 0 fr. 60 le kilo.

1910. — *Pain :* 0 fr. 85 les 4 livres à Paris. — *Viande :* 1 fr. 54 à 1 fr. 90 le kilo. — *Vin :* 0 fr. 40 à 0 fr. 45 le litre. — *Sucre :* 0 85 le kilo.

TAUX DES SALAIRES JOURNALIERS MOYENS EN FRANCE

1900. — *Boulangers :* 5 fr. 50. — *Bouchers* (à Paris) : 8 fr. — *Vignerons :* 2 francs. — *Raffineurs :* 3 fr. 75 à 4 fr. 25.

1910. — *Boulangers :* 5 fr. 50. — *Bouchers* (à Paris) : 8 fr. — *Vignerons :* 2 fr. 50. — *Raffineurs :* 3 fr. 75 à 4 fr. 25.

En Angleterre, les ouvriers gagnent plus, travaillent moins d'heures qu'en France, et le coût général de la vie y est très inférieur. Un ouvrier anglais paie 82 francs la même quantité de marchandises que nous payons, en temps normal, 100 francs.

L'accaparement et la spéculation sont les responsables du renchérissement.

Donc, contrairement à ce que disent les plumitifs de la Bourse du commerce, il y a accaparement et spéculation.

En voici la démonstration :

Pour les blés : M. Vassilière, directeur au ministère de l'agriculture, dans le *Temps* du 4 août 1910, très catégoriquement, dit :

« La spéculation a profité de la note pessimiste qui a prévalu pendant un grand mois sur les marchés français.

« La hausse extraordinairement brusque, qui a atteint trois francs en 10 jours, n'a pas d'exemple depuis ces cinquante dernières années : elle est complètement injustifiée. »

Les *Débats* du 3 septembre donnent, sur les stocks de blés, les chiffres suivants :

1909. — Avril : 308 millions de quintaux ; mai : 313 ; juin : 219 ; juillet : 114 millions de quintaux.

1910. — Avril : 250 millions de quintaux ; mai : 258 ; juin : 287 ; juillet : 248 millions de quintaux.

Ainsi, en juillet 1910, la réserve était de 134 millions de quintaux supérieure à celle de juillet 1909. — La production mondiale étant plus élevée que les années écoulées, comment alors justifier l'augmentation actuelle autrement que par une spéculation éhontée, établie par l'*Action* du 24 août 1910, qui dit :

« Avec 24 francs de blé et 35 francs de farine, le spéculateur a réalisé un jeu de bénéfice de 20 francs, en deux mois, et cela avec le même stock et entre les mêmes mains. »

Pour le sucre : M. Bougenot, du Syndicat des producteurs, dans le *Radical* du 9 avril 1910, affirme « qu'à la Havane, lieu des plantations de sucre du Syndicat, la production est normale.

« Il est vrai, dit-il, que tous les mardis, très régulièrement, arrive en Bourse une dépêche annonçant que la production est en baisse, de même que deux jours après en arrive une autre remettant les choses en l'état. »

Voilà des manœuvres qui établissent nettement la spéculation.

En ce qui touche les grèves, M. Doumergue, administrateur du Syndicat général des sucres, dit dans l'*Information* du 15 avril 1910 :

« Contrairement aux raisons invoquées au Palais-Bourbon, la prolongation de la grève des Raffineries de Marseille est un argument sans portée en ce qui concerne la hausse des sucres... »

La réalité est que le marché français des sucres est entre les mains d'un cartel, formé par les maisons Say, Lebaudy, Sommier.

Pour récupérer les sommes perdues depuis la suppression des primes, ces messieurs poussent à la hausse et veulent rétablir, comme prix des sucres, le taux de 1 franc à 1 fr. 20 le kilogramme.

Pour la viande : M. Albert Dulac, dans le *Musée social* de juillet 1909, déclarait :

« Les opérations, artificiellement concentrées à la Villette, où les animaux viennent pour être vendus une première fois, commandent, pour le mouvement des prix, tous les marchés de France. »

En ce qui concerne l'écart entre les prix d'achat et les prix demandés aux consommateurs, il dit : « L'on peut prouver, par des chiffres irrécusables, qu'il s'élève jusqu'à 56 pour 100 de la valeur du produit, laissant 15, 30 et même 35 pour 100 de bénéfice net à ceux qui préparent la viande pour être vendue. »

On a prétendu que l'augmentation des cours, pour cette année, était due à la rareté du bétail sur le marché. Or, les arrivages sont, pour cette année, supérieurs à ceux des années précédentes.

Pour le vin, malgré la récolte déficitaire de cette année, en certaines régions, les vins en réserve et les pronostics de la récolte ne justifient pas la hausse des cours qui, fin août, sont passés, pour le Midi, de 20 francs à 40 francs l'hectolitre, pris à la propriété.

Des vins achetés sur souches à 17 et 18 francs l'hectolitre se sont revendus, avant leur récolte, jusqu'à 35 francs l'hectolitre.

Le but est de faire monter les vins futurs à 50 francs l'hectolitre d'abord, et à 60 francs plus tard.

De cet ensemble, il se dégage la preuve que la spéculation est seule responsable.

Contre elle, il nous faut lutter ! Comment? En boycottant les produits.

Comme en Amérique, pour la viande ; comme en Bavière, pour la bière, le boycottage de certaines denrées, par la classe ouvrière, est la seule arme dont nous disposons pour faire reculer les forbans du commerce.

La Confédération, soucieuse de matérialiser le mécontentement soulevé parmi les travailleurs, par les manœuvres des agioteurs, a décidé d'inviter les Bourses du Travail, les Unions de Syndicats et toutes les organisations ouvrières à organiser dès maintenant des meetings de protestation.

De plus, afin de donner une conclusion pratique à sa campagne, elle demande aux consommateurs de porter immédiatement leur effort sur le boycottage d'un produit : nous avons choisi le *sucre*.

Que, dès aujourd'hui, les ménagères soucieuses de leur intérêt s'abstiennent pendant quelque temps d'acheter ce produit, et nous ferons rendre gorge aux affameurs.

LE COMITÉ CONFÉDÉRAL.

Au cours de cette agitation, la C. G. T. ne borna pas son rôle à pourvoir aux nombreuses demandes de délégations qui lui parvinrent de tous les coins du pays, la Conférence des Bourses et Fédérations, tenue le 1er octobre 1911, à la Maison des Fédérations, se préoccupa de la question et décida la publication d'une brochure. Par les soins du Bureau confédéral, cette brochure fut éditée, ainsi que des tracts, et mise à la disposition des militants et des syndiqués.

Aujourd'hui, pour les mêmes raisons d'accaparement, le pain recommence à augmenter. A Paris, la livre de pain vaut cinq sous, les quatre livres 0 fr. 90, et cela, pendant que certains gros agriculteurs ont en réserve des stocks considérables de blé.

Le gouvernement qui pourrait, par une suspension momentanée ou même par une simple diminution des droits de douane qui frappent les blés étrangers à leur entrée en France, faire sortir ces réserves, et par là rétablir le prix du pain à son cours normal, ne fait absolument rien.

Devant cette inertie intéressée, les organisations ouvrières et les militants syndicalistes ont le devoir d'agir à nouveau, la C. G. T. les secondera dans leur action.

Les Lois scélérates.

Leur application en matière syndicale.

Pour parfaire leur œuvre de répression ouvrière, pour continuer les traditions de liberté que le régime républicain est censé représenter, nos gouvernants ne trouvèrent rien de mieux que la mise en vigueur, contre les militants syndicalistes, des lois de 1893 et 1894. Ces hommes, dont la plupart sont les descendants des républicains de l'Empire, ont ainsi renié leurs origines et se sont désavoués.

Il faut remonter au régime de l'Ordre moral pour trouver une situation identique à ce régime des suspects, qu'après quarante années de républicanisme financier nos maîtres veulent instaurer.

Ces lois d'exception, votées dans un moment de panique (après l'attentat de Vaillant à la Chambre des députés), restent la honte de la République. « Une société qui, pour vivre, aurait besoin de telles mesures, aurait signé de ses propres mains son arrêt de déchéance et de mort », a dit de Pressensé.

Cependant, aujourd'hui, elles revivent, et elles ne soulèvent pas contre elles ces admirables mouvements de protestation de 1898. C'est que l'égoïsme et l'amour de la jouissance sont passés par là, faisant sombrer tous les sentiments d'honneur et de justice. Les protestataires d'hier sont les satisfaits d'aujourd'hui.

Contre cette cynique violation des droits et des libertés, la C. G. T. se dressa avec véhémence. Par voie de tracts, meetings, elle fit appel à la dignité ouvrière.

L'affiche suivante appela tous les travailleurs confédérés à se lever en masse pour protester :

CONFÉDÉRATION GÉNÉRALE DU TRAVAIL

A BAS LES LOIS SCÉLÉRATES !

Douze ans après l'Affaire Dreyfus et ses luttes de la justice contre l'iniquité, de la vérité contre le mensonge, la classe ouvrière se voit, dans sa partie la plus consciente, après avoir été frappée de la peine de l'Interdiction de séjour, menacée d'application des « lois scélérates ».

Votées dans un moment de panique, par la réaction conservatrice, ces lois abominables de 1893 et 1894 ont toujours soulevé contre elles l'unanimité des réprobations.

Si les engagements pris eussent été tenus, elles devraient être abrogées !

Elles constituent, dans un régime qui se prétend républicain, un anachronisme monstrueux.

Les lois scélérates, véritables lois de suspects, sont la négation absolue de toutes les libertés.

Les droits de la défense, scrupuleusement respectés dans tous les Etats civilisés, sont, sous ce régime d'exception, cyniquement supprimés.

En vertu des lois scélérates, les inculpés sont renvoyés devant les tribunaux correctionnels, qui peuvent prononcer la peine de relégation, qui équivaut à celle des travaux forcés à perpétuité !

Voilà le régime que l'on prétend appliquer aux militants ouvriers.

Nous revendiquons hautement nos responsabilités. Mais nous entendons ne pas être mis « hors le droit commun ». Contre cette monstruosité, nous nous révoltons !

Nous demandons à tous les honnêtes gens, à tous les esprits indépendants et droits, d'être avec les travailleurs contre l'iniquité judiciaire.

Dans ce pays où les traditions d'humanité et de justice sont encore vivaces, nous nous refusons à croire que les libertés civiques peuvent être impunément violées.

Au peuple qui travaille et qui pense !

« Pas de lois d'exception ! » Tel était, pendant l'affaire Dreyfus, le cri de ralliement de toutes les consciences.

Ce même cri doit résonner de nouveau, pour rallier autour du droit méconnu tous ceux qu'animent des sentiments d'équité.

Prolétaires de l'usine, des magasins et des campagnes, c'est votre avenir qui est menacé. Vous avez le devoir de le défendre.

Travailleurs intellectuels, c'est la Justice qui est violée ! Montrez votre indépendance à l'égard du pouvoir, en vous joignant à la protestation ouvrière.

LE COMITÉ CONFÉDÉRAL.

Malgré cette active protestation, malgré la grève générale protestataire de 24 heures faite par les organisations parisiennes du Bâtiment, les camarades Viau, Dumont et Baritaud, du Syndicat de la Maçonnerie et de la Pierre du département de la Seine, poursuivis à la requête des entrepreneurs de construction, sous le couvert de propagande antimilitariste, furent condamnés, en vertu des lois scélérates, à six mois de prison. Puis, ce fut le tour de Broutchoux, de Dumoulin, de Roulier, etc., etc.

Si les magistrats n'appliquèrent pas à nos camarades la peine terrible de la relégation, que le langage judiciaire appelle ironiquement « peine accessoire », c'est qu'ils n'osèrent pas braver aussi effrontément les colères populaires. D'ailleurs, le gouvernement était satisfait ; il avait obtenu ce qu'il désirait : créer le précédent qui, demain, lui permettra, lorsque la quiétude de la bourgeoisie l'exigera, de mettre à l'ombre, sous le prétexte le plus futile, les militants jugés par lui dangereux pour l'ordre public.

Constatons, pour notre édification, que seule la classe ouvrière s'est dressée, dans un même élan d'indignation et de révolte. Seule, elle a élevé une protestation quand on a appliqué ces lois négatrices de toute liberté de penser et d'écrire. Elle s'est refusée à admettre que des délits d'opinion soient déférés à des juges professionnels condamnant par ordre. Libertés et droits sont un patrimoine sacré qu'elle continuera à défendre, malgré la veulerie des uns, l'indifférence des autres et la férocité des puissants.

L'application des lois scélérates est le couronnement logique de ce régime d'oppression, commencé dans le sang ouvrier à Villeneuve-Saint-Georges, et continué par les condamnations de militants à « l'interdiction de séjour ».

Viaud, Dumont, Baritaud, condamnés pour la propagande du « Sou du Soldat » ; Broutchoux, Delzant, Roulier, condamnés ou poursuivis, pour avoir, en paroles, traduit la colère des foules devant les manœuvres des spéculateurs ; Dumoulin, incarcéré, pour « avoir entretenu des intelligences avec les agents étrangers », au cours d'une réunion publique contre la guerre : voilà les premières victimes !

D'autres suivront si nous n'y prenons garde. Déjà certains militants des syndicats du Bâtiment de Paris sont, à leur tour, poursuivis pour une circulaire identique à celle qui servit de prétexte à l'arrestation et à la condamnation de Viau, Dumont et Baritaud. Cependant, quoique poursuivis en vertu des lois de 1893 et 1894, ces camarades passeront devant les assises de la Seine. Cette légère dérogation à la lettre des lois scélérates ne doit pas nous faire désarmer, nous devons, au contraire, redoubler de vigilance.

Malgré ses meurtrissures présentes, de la lutte engagée contre les forces de coercition et d'oppression, le syndicalisme sortira vainqueur et grandi, car, dans ces heures douloureuses, il se sera révélé le seul défenseur des libertés vraies, sur lesquelles sera basée la société de demain.

La diminution des heures de travail

La conquête de la Semaine Anglaise

La Conférence des Bourses et Fédérations de juin 1911 avait décidé, par l'adoption de l'ordre du jour suivant, l'organisation d'une nouvelle campagne en faveur de la diminution des heures de travail :

ORDRE DU JOUR :

La deuxième Conférence des Bourses et Fédérations, tout en retenant intégralement le principe de la journée de huit heures ;

Laissant la plus grande autonomie d'action aux organisations syndicales pour déterminer leur propagande en faveur de la diminution des heures de travail, en tenant compte de leurs possibilités professionnelles ;

Décide de relier ces diverses manifestations corporatives par une campagne générale en faveur de l'obtention du repos de tout ou partie d'une journée de la semaine, en plus du repos hebdomadaire, sans que cette diminution puisse porter atteinte aux salaires.

Le Comité confédéral, pour mettre en application cette décision, décidait (séance du 15 mars) de demander aux organisations confédérées un supplément de 10 à 15 % des cotisations confédérales, afin de faire face aux dépenses énormes qui allaient être engagées ; cette cotisation supplémentaire n'est que temporaire, elle devra disparaître dès que les ressources de la C. G. T. seront suffisantes pour répondre aux nécessités de la lutte entreprise. Il choisissait, en même temps, le Premier Mai 1912 comme date de début de l'agitation.

A cet effet, l'appel suivant fut rédigé et adressé à tous les centres organisés :

CONFEDERATION GENERALE DU TRAVAIL

La diminution du Temps de Travail

L'application de la Semaine Anglaise

Les travailleurs ont souvenir du grand mouvement syndical qui, en 1906, agita les esprits, souleva les prolétaires de nombreuses corporations.

En conformité d'un Congrès des Syndicats, la classe ouvrière combattit ardemment, en vue de conquérir une réduction de la journée de travail.

La campagne de préparation dura plus de dix-huit mois ; la lutte se prolongea de nombreuses semaines. Elle s'était matérialisée par la formule :

Nous ne ferons plus que huit heures !

Pendant cette longue période, un vif désir de voir réduire la durée du travail s'affirma avec force parmi les salariés ; des corporations enregistrèrent des résultats ; d'autres, insuffisamment préparées ou simplement indifférentes, ne purent ou ne surent pas tirer de la situation des avantages pour leurs membres.

Depuis cette époque, nombreuses ont été les grèves partielles, engagées ici ou là, ayant le même objectif : réduire le temps de travail.

Ces grèves se déroulaient dans un ordre dispersé, selon la vigueur des organisations. C'est sans interruption que ces mouvements se sont produits à travers le pays.

Aujourd'hui, nous estimons qu'il y a lieu d'accentuer, de précipiter ces mouvements corporatifs. Nous estimons qu'il y a intérêt de créer entre ces mouvements corporatifs des liens matériels afin de les coordonner, de les intensifier et les fortifier.

Nous estimons, de plus, que la force présente des organisations, l'état des esprits, rendent possible une pareille besogne.

C'est dans ces conditions que la Confédération Générale du Travail a décidé d'entamer une nouvelle agitation.

La nouvelle formule choisie pour cette campagne sera :

La Semaine anglaise.

La Semaine anglaise consiste dans l'arrêt du travail le samedi à midi. Ce système existe depuis de nombreuses années en Angleterre ; de là son nom : Semaine anglaise.

Grâce à elle, les salariés ont à leur disposition l'après-midi du samedi. Ils peuvent, durant ces heures, réaliser les achats, jusqu'ici réservés au dimanche. Ils peuvent les consacrer à des distractions intellectuelles et physiques.

Les ménagères, contraintes d'aller à l'atelier et à l'usine, peuvent, grâce au repos de l'après-midi du samedi, se livrer aux occupations du ménage, délaissé durant la semaine. Ce n'est qu'ainsi que, pour les femmes salariées, le dimanche est un jour de repos.

Dans l'application de la Semaine anglaise, les ouvriers et ouvrières trouvent donc des avantages appréciables pour le repos de leur corps et dans l'intérêt de leur famille.

Détruit par l'industrialisation intensive, le foyer familial se reconstitue, grâce à la Semaine anglaise.

C'est pourquoi la Semaine anglaise constitue une réforme nécessaire, indispensable, au point de vue physique, au point de vue social.

De là, le devoir pour la classe ouvrière de s'agiter et de combattre, afin de conquérir la Semaine anglaise.

Disons-le : Comme pour toutes les réformes, la Semaine anglaise ne deviendra réalité que sous l'effort des intéressés, par l'action de la classe ouvrière.

En entamant cette campagne, la C. G. T. se donne pour objet — c'est bien sa fonction — de discipliner et d'organiser ces efforts et cette action. Elle s'emploiera, au cours des mois qui vont suivre, à donner à l'agitation et à la campagne les éléments de coordination et de cohésion qu'elles exigent.

Par des meetings, par des brochures, par des affiches, par l'image et autres moyens, la C. G. T. s'adressera à la classe ouvrière, avec le concours des Syndicats, des Bourses du Travail, des Fédérations corporatives.

C'est à ces divers groupements qu'il appartiendra, au cours de la campagne, de réaliser en détail l'œuvre formulée par la C. G. T.

Ces groupements, dans le choix de ce détail, s'inspireront des conditions qui président à la marche de leur corporation, des nécessités de ces corporations, des aspirations propres à leur profession, de la puissance des moyens d'action.

Le Premier Mai 1912 doit être, comme les précédents, une journée de chômage.

De plus, il doit être une journée de revendication, du fait qu'il sera le point de départ de l'agitation résolue.

Au Premier Mai 1912, chaque travailleur devra se donner comme unique préoccupation, comme seul souci, de participer d'une façon directe, active à cette agitation.

Ce jour-là, chacun de nous affirmera sa ferme volonté : d'obtenir, par la diminution des heures de travail, plus de mieux-être et plus de liberté.

Donc, travaileurs, préparons-nous ; répondons tous à l'appel de nos organisations ; ensemble, créons un vaste mouvement ; réveillons les indifférents, stimulons-les ; coordonnons nos efforts, nous augmenterons et fortifierons notre puissance de conquête, grâce à laquelle nous réaliserons une nouvelle réduction du temps de travail.

Agissons tous pour la diminution de la durée de notre présence dans l'atelier et dans l'usine !

Agissons tous pour la Semaine anglaise !

A Paris, malgré l'atmosphère trouble créée par les incidents Bonnot, Garnier, etc., le nombre des chômeurs fut aussi considérable que les années précédentes. Ce fut, pour les militants syndicalistes, un réconfort de constater qu'au milieu de la désagrégation de tous les partis, la classe ouvrière organisée restait fidèle à ses traditions et ne se laissait pas entamer par l'ignoble campagne de confusion menée par toute la presse bourgeoise en ces circonstances.

Voici la liste des meetings tenus en province ; elle témoigne de la vie toujours plus active du mouvement ouvrier :

Angoulême-Ruel : Mourgues, délégué. — *Angers-Trélazé* : Constant. — *Amiens* : Orateurs locaux. — *Auxerre* : Orateurs locaux. — *Alençon* : Victor. — *Arles* : Paul. — *Aix-en-Provence* : Orateurs locaux. — *Besançon* : Colin. — *Avignon-Toulon* : Orateurs locaux. — *Bourges-Saint-Florent* : Bourderon. — *Béziers* : Durand. — *Bastia* : Orateurs locaux. — *Cambrai* : Maucolin. — *Carcassonne* : Estor. — *Commentry-Montluçon* : Chanvin. — *Cette* : Orateurs locaux. — *Clermont-Ferrand* : Coudun. — *Creil* : Brisse. — *Dijon* : Roux, des Chapeliers. — *Dunkerque* : Guinchard. — *Douai* : Bartuel. — *Decazeville* : Boulignat. — *Denain* : Le Guénic. — *Epernay* : Tabard. — *Fourmies* : Cleuet. — *Fresnes* : Morel. — *Givors* : Orateurs locaux. — *Fougères* : Lefèvre. — *Grenoble* : Toti. — *Juvisy* : Montoux. — *Limoges-Saint-Junien* : Beausoleil. — *Lyon* : Boudet. — *Le Havre* : Marck. — *Lorient-Brest* : Yvetot. — *Lille* : Orateurs locaux. — *La Seyne* : Blanchard. — *Lens* : Orateurs locaux. — *La Rochelle-La Pallice* : Laval. — *Marseille* : Danis. — *Monthermé-les-Ardennes* : Cauvin. — *Montceau-les-Mines* : Togny. — *Montpellier* : Bousquet. — *Millau* : Dret. — *Montargis* : Arbogast. —

Nantes-La Montagne : Quillent. — *Nancy* : Pichon. — *Nevers-Fourchambault-Imphy* : Labbé. — *Orléans* : Montoux. — *Oullins* : Orateurs locaux. — *Perpignan* : Charbonnier. — *Pantin* : Jacquemin. — *Romans* : Chabert. — *Rochefort-sur-Mer* : Primault. — *Roanne* : Le Guéry. — *Rennes* : Moulinier. — *Romilly* : Bled. — *Renazé* : Griffuelhes. — *Reims* : Roux. — *Rouen-Sotteville* : Pillet. — *Saint-Quentin* : Sarda. — *Saint-Laurent-d'Aigouze* . Lescalié. — *Saint-Amand* : Marck. — *Saint-Nazaire* : Merrheim. — *Saintines* : Charlier. — *Soissons* : Mammale. — *Saint-Etienne-Rive-de-Gier* : Michalout. — *Saint-Claude* : Cathomen. — *Saint-Malo* : Hureau. — *Tarare* : Guéry. — *Tours* : Clément. — *Troyes* : Diem. — *Vienne-Valence* : Millton. — *Ivry* : Orateurs locaux. — *La Ciotat* : Roueste. — *Massangis* : Triouleyre. — *Arpajon* : Frago. — *Dreux* : Ranty. — *Versailles* : Lannezval. — *Moutiers*, le 30 avril : Péricat. — *Chambéry* : Péricat. — *Villeneuve-Saint-Georges* : Dupont. — *Argenteuil* : Lemaître. — *Rennes* : Moulinier. — *Mantes* : Fahler. — *Montceau-les-Mines* : Minot. — *Firminy* : Thuilier. — *Villebois* : Lemoux

Comme toute campagne de longue haleine, l'agitation pour la diminution des heures de travail et la conquête du repos du samedi après-midi se divise en deux phases principales.

La première est la période de diffusion de la revendication au sein des masses ouvrières.

Combien de camarades de bonne foi ne croient pas encore à la possibilité de diminuer leurs heures de travail sans, par répercussion, atteindre leurs salaires.

Pour beaucoup, à toute diminution des heures de travail doit correspondre une diminution du gain journalier ! Cette erreur doit disparaître pour que la campagne prenne de l'extension. Il faut que, dans chaque syndicat, les militants expliquent que ce que nous voulons, c'est diminuer notre temps de travail, sans aucunement baisser nos salaires. C'est donc en même temps, quoique le gain journalier ne doive pas s'élever, une augmentation de salaire qui résultera de la diminution des heures de travail.

Il serait stupide, par ces temps de vie chère, d'accepter comme conséquence de la conquête des neuf heures, des huit heures, de la semaine anglaise, une diminution quelconque de notre salaire.

A ce point de vue, chaque corporation, chaque profession doit établir une minimum de salaires équivalent au salaire actuel, applicable en même temps que la réduction des heures de travail. Ce minimum variera suivant les professions, les modes de travail et les genres de payement. Aussi est-il de toute nécessité que cette question soit étudiée avec soin, dans les réunions syndicales, par les militants vivant ces conditions particulières et, pour cette raison, aptes à adapter la réforme à ces particularités.

D'autre part, combien, parmi les travailleurs, savent ce qu'est la semaine anglaise et comment, pratiquement, elle est réalisable ?

Les difficultés d'application, par rapport aux exigences professionnelles, leur paraissent insurmontables. Les avantages découlant de la nouvelle pratique leur sont inconnus.

Possibilités d'application et avantages doivent donc leur être expliqués.

Cette tâche professionnelle et technique incombe aux Fédérations. Pour la mener à bien, pour rendre la réforme compréhensible à tous, l'édition d'une brochure spéciale à chaque Fédération s'impose.

Cette brochure expliquant la façon dont la semaine anglaise est applicable dans chaque corporation, en tenant compte des différences industrielles et techniques, fera disparaître les derniers doutes, s'évanouir les dernières hésitations.

Cette première partie de la campagne, dont le but est de rendre acceptable par tous la réduction des heures de travail, la conquête de la semaine anglaise, doit s'accomplir au sein des syndicats. Peu de grands meetings publics, pendant cette période, un travail intérieur intense est de beaucoup préférable.

Cette besogne de préparation incombe aux militants ; elle doit, logiquement, précéder, en la préparant, la seconde partie de la campagne, celle de l'enthousiasme et de la fièvre, dans laquelle les grands meetings publics auront leur large place.

Pour sa part, le Comité confédéral édita une première brochure, tirée à trente mille exemplaires. Cette brochure, d'ordre général, montre par l'application de plus en plus généralisée dans les pays étrangers de la diminution des heures de travail et du repos de l'après-midi du samedi, que ces réformes sont également praticables et réalisables dans notre pays.

Leur conquête dépend de la seule volonté ouvrière. Venant au moment où la Chambre des députés, mutilant le projet des dix heures, a rendu cette loi, en fait, inapplicable, la nouvelle campagne de la C. G. T. est l'affirmation de la supériorité de l'action du mouvement économique sur l'action des partis politiques.

Afin de vulgariser ces réformes et de les mieux diffuser au sein des masses ouvrières, le Comité demanda aux crayons des dessinateurs Poncet et Perrette des affiches illustrées dont nous donnons ci-dessous la reproduction.

De ces affiches, nous avons fait un premier tirage de cinq mille exemplaires pour chacune.

Réduisons nos heures de travail

Les longues journées amènent les bas salaires ; provoquent le chômage ; engendrent la tuberculose ; conduisent à la misère poussent à l'alcoolisme.

Elles rendent les familles malheureuses.

Les courtes journées amènent les hauts salaires ; diminuent le chômage ; sauvegardent la santé ; assurent le bien-être ; permettent de se constituer un foyer.

Elles rendent les familles heureuses.

CONFÉDÉRATION GÉNÉRALE DU TRAVAIL

LA SEMAINE ANGLAISE

A L'ATELIER

LE SAMEDI APRÈS-MIDI

LE DIMANCHE EN FAMILLE

Obligé de faire face à la fois sur tous les terrains (lutte pour la Vie chère, lutte contre la guerre, etc.), le Comité n'eut pas la possibilité de pouvoir faire porter toute son action offensive sur la seule conquête d'un maximum de réformes d'ordre général.

Si les résultats acquis, après ces deux années d'efforts, n'apparaissent pas aussi satisfaisants que nous l'eussions désiré, cela tient à la diversité et à la multiplicité des actions engagées.

Conclusion.

Certes, nous avons le droit d'être satisfaits de l'œuvre accomplie. La Confédération Générale du Travail, en répondant aux multiples nécessités des luttes ouvrières, a affirmé victorieusement la souplesse de son organisation, les militants syndicalistes ont donné la preuve, en ces diverses circonstances, de leur esprit de décision.

Certes, les grands conflits sociaux ont une portée éducative considérable ; précisant la situation des classes, ils grandissent et fortifient la conscience des travailleurs !

Mais cependant ils ne doivent, ni ne peuvent, nous faire oublier la besogne plus terre-à-terre, mais aussi urgente, que réclament les désirs et les aspirations des masses ouvrières. Le rôle de la C. G. T. est de synthétiser ces désirs dans un programme commun à toutes les organisations confédérées et de mener l'action pour sa réalisation.

C'est pourquoi nous voudrions voir le prochain Congrès du Havre prendre, sur la question de la diminution des heures de travail et du repos de l'après-midi du samedi, des résolutions identiques, sinon dans la forme, tout au moins dans l'esprit, à celles qui furent prises par le Congrès de Bourges (1904) sur la question des huit heures.

Il faut que des assises du Havre, les organisations ouvrières sortent étroitement unies dans un commun désir de conquête, de mieux-être et de plus de liberté. Il faut que toujours plus audacieusement les travailleurs, groupés dans leurs Syndicats, leurs Fédérations, leurs Bourses du Travail et Unions de Syndicats, marchent avec homogénéité et cohésion à la réalisation de la diminution des heures de travail et de la semaine anglaise.

Nous avons le ferme espoir que le Congrès du Havre accomplira cette tâche attendue de tous. Aussi est-ce sans crainte que nous nous en remettons à son jugement.

Pour le Comité confédéral :

Le secrétaire, L. JOUHAUX.

Maison des Fédérations

Le Congrès de Toulouse avait décidé la nomination d'une commission de douze membres, dont deux membres de l'Union des Syndicats de la Seine et le bureau confédéral, chargée de remettre l'immeuble et ses filiales sous le contrôle effectif des organisations confédérées.

Cette commission avait à statuer sur la situation dans un délai qui ne devait pas dépasser le 1er mars 1911.

Les événements qui se précipitèrent et les nécessités de la campagne contre la loi des retraites ouvrières empêchèrent le comité de s'occuper de cette question avant le 1er mars 1911.

Ce n'est que dans sa séance du 18 avril que le Comité put nommer sa Commission, dont la composition fut la suivante :

Pour le Comité des Fédérations Nationales : Clément, du Bâtiment ; Merrheim, des Métaux ; Tendéro, de l'Alimentation ; Luquet, des Coiffeurs ; Lefèvre, de la Bijouterie ; Bourderon, du Tonneau ; Gogumus, du Syndicat des Employés de la région parisienne ; Pied, des Travailleurs municipaux.

Pour l'Union des Syndicats de la Seine : Marie et Savoie.

Dès sa première réunion, la Commission, conformément au mandat du Congrès de Toulouse et des indications du Comité confédéral, se préoccupa de la nouvelle forme de Société à constituer, pour prendre effectivement possession de la Maison des Fédérations.

Les difficultés d'ordre pratique commençaient à surgir. Il s'agissait en effet de rechercher une forme de Société qui, tout en donnant un maximum de garanties aux organisations ouvrières, offrirait le moins de prise aux coups de nos adversaires : le patronat et l'Etat.

La C. G. T., légalement, ne peut posséder ; d'ailleurs admettre la thèse de la possession directe eût été accepter par avance la capacité civile et commerciale, contre laquelle, avec raison, tous nos Congrès confédéraux se sont élevés. Il fallait donc obvier à ce premier danger, c'est ce que fit la Commission en chargeant plusieurs de ses membres de s'enquérir auprès des personnes compétentes pour obtenir des renseignements précis sur la meilleure et la plus sûre voie à suivre.

Cependant, de nouveaux obstacles allaient se présenter. Dans l'idée première de la Commission et du Comité confédéral, il s'agissait d'une Société dans laquelle l'Union des Syndicats de la Seine entrerait pour une certaine part, et gérerait l'immeuble au même titre que les autres organisations. Le Comité général de l'Union des Syndicats de la Seine en décidait autrement. Saisi de la question, il votait dans sa séance du 27 septembre 1911 l'ordre du jour suivant :

Le Comité général de l'Union des Syndicats de la Seine, après l'adoption des statuts de la Société dite de la Maison des Syndicats, considérant que le premier travail maintenant est, en outre de celui qui consiste à faire rentrer les cotisations, de rechercher l'emplacement indispensable à l'édification de l'immeuble, décide que cette construction devra être exécutée sur un terrain qui sera la propriété exclusive de la Société ; cette dernière pourra l'acquérir avec des conditions de paiements à longue échéance ou sous forme de louage-vente.

Le Comité donne mandat à son délégué au Comité confédéral, pour faire des offres d'acquisition du terrain et de l'immeuble appartenant à la Maison des Fédérations, offres d'achat dans les conditions stipulées plus haut.

La Commission avait donc à discuter en raison de cette décision nouvelle. En effet, il était impossible de ne pas tenir compte de la situation particulière, à l'Union des Syndicats de la Seine.

Le rejet brutal de la décision des Syndicats parisiens eût été une maladresse. Trop de raisons militent en faveur de l'unité d'action créée entre la C. G. T. et l'Union des Syndicats de la Seine, par une cohabitation de plusieurs années, pour que la Commission les méconnût. Avec logique, la Commission estima qu'une Maison des Syndicats à Paris ne saurait exister en dehors de l'influence directe, immédiate de la C. G. T.

C'est dans cet esprit qu'elle chargea deux de ses membres, les camarades Jouhaux et Bourderon, de s'entendre avec les délégués du Comité général sur cette importante question.

La réunion fut fixée au 6 mars 1912. Cette première entrevue ne put, en raison de la grève des chauffeurs parisiens, qui sollicitait l'attention du Comité général, aboutir à aucune conclusion. Un deuxième rendez-vous fut pris pour le 3 avril 1912, à la fin duquel le Comité général renouvelait, en le précisant, son vote antérieur :

Le Comité général de l'Union des Syndicats de la Seine, réuni sur la demande de la Commission de la Maison des Fédérations, nommée à l'issue du Congrès de Toulouse ;

Après avoir entendu les camarades Jouhaux et Bourderon lui expliquer que cette Commission et le Comité confédéral se sont mis d'accord pour la constitution d'une Société nouvelle destinée à représenter la C. G. T., et pour solliciter la participation de l'Union des Syndicats dans cette Société, en raison de sa situation spéciale ;

Rappelle à la C. G. T. l'ordre du jour voté par le Comité général en date du 27 septembre 1911, lui demandant implicitement de faire connaître les conditions dans lesquelles, éventuellement, l'Union des Syndicats pourrait acquérir tout ou partie de la propriété actuellement dénommée MAISON DES FEDERATIONS *pour en faire la* MAISON DES SYNDICATS.

Le Comité général de l'Union des Syndicats ne croit pas devoir statuer sur la demande qui lui est faite aujourd'hui avant qu'il ait pu obtenir, soit du Comité confédéral, soit du Congrès du Havre, une réponse ferme à ses propositions d'achat, ou tout au moins une déclaration catégorique sur l'avenir que l'on réserve à la Maison des Fédérations.

Il rappelle enfin, de façon à ce qu'aucune équivoque ne subsiste à ce sujet, que les Syndicats de la Seine, consultés spécialement, ont seuls qualité pour, en dernier ressort, se prononcer sur les conditions qui pourront leur être faites concernant l'achat ou la location-vente d'une propriété quelconque.

La Commission se réunit à nouveau et, après examen, adoptait l'ordre jour suivant :

« La C. G. T. cède à l'Union des Syndicats de la Seine le terrain du 33 de la rue de la Grange-aux-Belles, pour la liquidation de la créance Louzon.

« La C. G. T. entre dans la nouvelle Société ayant pour apport le capital représentant les divers services de la Maison des Fédérations, capital lui donnant une part administrative proportionnée à cet apport, dans la gestion de la nouvelle Société.

« Dans la transformation probable de la Maison des Fédérations en Maison des Syndicats, la nouvelle Société devra réserver, en nombre suffisant, des locaux pour le logement des Fédérations nationales actuellement locataires et pour celles à venir.

« Les locaux devront être disposés de façon telle que s'établisse une vie fédérale et confédérale indépendante de la vie des Syndicats parisiens. »

Soumis à l'approbation du Comité confédéral, dans sa séance du 19 avril 1912, l'ordre du jour fut adopté à l'unanimité des organisations représentées, moins 4 voix.

Cette résolution est aujourd'hui entre les mains du bureau de l'Union des Syndicats de la Seine, qui doit la transmettre à tous les Syndicats, et, après avoir pris leur avis, donner une réponse définitive, qui mettra fin à la situation présente, en remettant la Maison des Fédérations et ses filiales sous le contrôle des organisations confédérées.

Dans cette question, la Commission a conscience d'avoir agi suivant l'esprit de la résolution du Congrès confédéral de Toulouse et au mieux de toutes les organisations confédérées.

Pour la Commission confédérale :

Le secrétaire,

L. Jouhaux.

Bilan de la Maison des Fédérations au 31 Décembre 1911

Actif

Immeubles		110.000. »
Service de chirurgie, Constructions, Installations		14.411.10
Caractères (Prix d'acquisition)		12.954.90
Machines et Matériel		
Behrens, 1 machine à imprimer (La machine dite Minerve a disparu de l'actif par amortissement)	16.000. »	
2 linotypes et accessoires	35.300. »	
Moteur (Janvier 1910)	508.75	
Fournitures diverses	4.120. »	
Derriey, Roto et accessoires (Janvier 1910)	9.603. »	
Nouvelet, 2 moteurs et accessoires (Janvier 1910)	8.100. »	
Alliott, Dynamo (Janvier 1910)	485. »	
Busser, Minerve (Octobre 1910)	1.713.35	
Plomb (valeur ramenée à 1.000 fr.)	1.000. »	
Boildieu et Foucher. Matériel d'Imprimerie	5.958.60	82.788.70
Installation, Frais de 1er Établt		
Droits de mutation sur l'immeuble	12.000. »	
Frais divers, travaux Immeuble	6.709.40	
Installations Imprimerie 1906	4.417.60	
d° d° 1909-10	4.780.70	27.907.70
Caisse Imprimerie	4.822.60	
Immeuble	2.155.50	6.978.10
Impie Ouvrière de Sens (reste dû sur moteur cédé)		150. »
Papier en magasin		Mémoire
Créances courantes		d°
Total de l'Actif		**255.190.50**

Passif

Capital (Chiffre rectifié)			109.000.50
Souscriptions			9.859.35
Tombola			21.598.30
Emprunts à divers			11.910. »
Dû aux Fournisseurs			
à Behrens :			
Pour les machines	3 mois à 279. » =	837. »	
» » »	1 » 288.90 =	288.90	
» » linos	8 » 669. » =	5.352. »	
» » »	1 » 673. » =	673. »	
» le matériel		2.014.85	9.165.75
à Derriey – Rotative			1.400

Emprunts à divers			
Dû aux Fournisseurs			
à Behrens :			
Pour les machines	3 mens. à 279. „ =	837. „	
„ „ „	1 „ 288.90 =	288.90	
„ „ linos	8 „ 669. „ =	5.352. „	
„ „ „	1 „ 673. „ =	673. „	
„ le matériel		2.014.85	9.165.75
à Derriey, Rotative			1.400. „
à Nouvelet Lacombe (2 Mot. Gardner)			337.50
Dettes courantes (Papier, etc.)			Mémoire
Amortissements			
Bénéfices au 31 Décembre 1908		11.262.05	
„ „ „ 1909		18.660.25	
Valeur du service de chirurgie		14.411.10	
Bénéfices au 31 Décembre 1910		23.961.60	
„ „ 31 Décembre 1911		33.527.85	
Total		101.822.85	
Retranché pour faire disparaître de l'actif les parties du matériel remplacées et pour ramener la valeur estimative du plomb (lino) à 1.000f. „		9.903.75	
Reste			91.919.10
Total du Passif			255.190.50

On aura fini de payer Behrens en Octobre 1912 ; Derriey est réglé, mais on a racheté à la même maison de nouveaux accessoires pour clicherie ; les 2 moteurs Gardner sont réglés aussi : Busser a été soldé définitivement le 15 Juin.

Tous les bénéfices ont constitué un fonds d'amortissements dont on a retranché les parties de matériel remplacées, etc.

Au 31 Décembre 1911, il restait un fonds de 91.919f,10, permettant d'amortir :

1° la totalité des Frais d'installation et de 1er établissement, soit 27.907f,70.

2° 14.411f,10 sur le service de chirurgie (en totalité).

3° 49.600f,30 sur le montant total du Matériel, des Machines et des Caractères, soit 95.743f,60.

Cet amortissement paraît suffisant pour couvrir la dépréciation et l'usure.

RAPPORT
de la Section des
Fédérations Nationales

Camarade,

Le rapport qui vous est présenté vous permettra de vous faire un jugement exact sur le travail d'organisation et de propagande accompli durant ces deux dernières années par le Comité des Fédérations.

En le faisant court, écartant toutes les minuties de détail, nous avons voulu lui donner plus de concision et plus de clarté.

Donner une image facilement saisissable, par tous, de l'activité et des efforts réalisés, tel a été notre but.

Désignation du Bureau et des Commissions.

En conformité avec les statuts confédéraux et les élections précédentes, le Comité constitua son bureau et les Commissions de la façon suivante :

Le camarade Jouhaux, secrétaire ; le camarade Dumas, secrétaire adjoint.

Furent désignés pour la Commission du journal les camarades Roux, des Chapeliers ; Dumas, de l'Habillement ; Rafin, du Papier ; Pichon, de la Lithographie ; Marlin, des Dessinateurs ; Bled, des Horticoles.

Pour la Commission des grèves et de la Grève générale : Jacquemin, des Maréchaux ; Bousquet, de l'Alimentation ; Péricat, du Bâtiment ; Cordier, du Sous-Sol ; Guinchard, des Transports ; Coudert, des Allumettiers.

Par suite de l'arrestation du camarade Dumoulin, lors des événements de la vie chère ; du départ du camarade Cordier, quittant les fonctions de secrétaire de la Fédération du sous-sol, la Commission de la Grève générale ne put fonctionner d'une façon normale et suivie.

Situation confédérale.

Voici, comparativement aux années 1908 et 1910, l'état des Fédérations nationales, d'industries ou de métiers, adhérentes à la section des Fédérations :

Emprunts à divers

Dû aux Fournisseurs

à Behrens:			
Pour les machines	3 mens. à 279. „ =	837. „	
„ „ „	1 „ 288.90 =	288.90	
„ „ linos	8 „ 669. „ =	5.352. „	
„ „ „	1 „ 673. „ =	673. „	
„ le matériel		2.014.85	9.165.75
à Derriey, Rotative			1.400. „
à Mouvelet Lacombe (2 Mot. Gardner)			337.50
Dettes courantes (Papier, etc.)			Mémoire

Amortissements

Bénéfices au 31 Décembre 1908	11.262.05	
„ „ „ 1909	18.660.25	
Valeur du service de chirurgie	14.411.10	
Bénéfices au 31 Décembre 1910	23.961.60	
„ „ 31 Décembre 1911	33.527.85	
Total	101.822.85	
Retranché pour faire disparaître de l'actif les parties du matériel remplacées et pour ramener la valeur estimative du plomb (lino) à 1.000f. „	9.903.75	
Reste		91.919.10
Total du Passif		255.190.50

On aura fini de payer Behrens en Octobre 1912; Derriey est réglé, mais on a racheté à la même maison de nouveaux accessoires pour clicherie; les 2 moteurs Gardner sont réglés aussi: Busser a été soldé définitivement le 15 Juin.

Tous les bénéfices ont constitué un fonds d'amortissements dont on a retranché les parties de matériel remplacées, etc.

Au 31 Décembre 1911, il restait un fonds de 91.919f,10, permettant d'amortir:

1° la totalité des Frais d'installation et de 1er établissement, soit 27.907f,70.

2° 14.411f.10 sur le service de chirurgie (en totalité).

3° 49.600f.30 sur le montant total du Matériel, des Machines et des Caractères, soit 95.743f,60.

Cet amortissement paraît suffisant pour couvrir la dépréciation et l'usure.

RAPPORT de la Section des Fédérations Nationales

Camarade,

Le rapport qui vous est présenté vous permettra de vous faire un jugement exact sur le travail d'organisation et de propagande accompli durant ces deux dernières années par le Comité des Fédérations.

En le faisant court, écartant toutes les minuties de détail, nous avons voulu lui donner plus de concision et plus de clarté.

Donner une image facilement saisissable, par tous, de l'activité et des efforts réalisés, tel a été notre but.

Désignation du Bureau et des Commissions.

En conformité avec les statuts confédéraux et les élections précédentes, le Comité constitua son bureau et les Commissions de la façon suivante :

Le camarade Jouhaux, secrétaire ; le camarade Dumas, secrétaire adjoint.

Furent désignés pour la Commission du journal les camarades Roux, des Chapeliers ; Dumas, de l'Habillement ; Rafin, du Papier ; Pichon, de la Lithographie ; Marlin, des Dessinateurs ; Bled, des Horticoles.

Pour la Commission des grèves et de la Grève générale : Jacquemin, des Maréchaux ; Bousquet, de l'Alimentation ; Péricat, du Bâtiment ; Cordier, du Sous-Sol ; Guinchard, des Transports ; Coudert, des Allumettiers.

Par suite de l'arrestation du camarade Dumoulin, lors des événements de la vie chère ; du départ du camarade Cordier, quittant les fonctions de secrétaire de la Fédération du sous-sol, la Commission de la Grève générale ne put fonctionner d'une façon normale et suivie.

Situation confédérale.

Voici, comparativement aux années 1908 et 1910, l'état des Fédérations nationales, d'industries ou de métiers, adhérentes à la section des Fédérations :

Organisations adhérentes

Septembre 1908

1. Féd. des Ouvriers Agricoles du Midi.
2. Féd. des Ouvriers Agricoles du Nord.
3. Féd. Nat. des Travailleurs de l'Alimentation.
4. Féd. Nat. des Ouvriers et Ouvrières des Manufactures d'Allumettes.
5. Féd. Nat. de l'Ameublement.
6. Féd. Nat. des Ardoisiers.
7. Féd. Nat. des Artistes Musiciens.
8. Féd. Nat. des Travailleurs du Bâtiment.
9. Féd. Nat. de la Bijouterie, Orfèvrerie, Horlogerie.
10. Internation. des Blanchisseurs.
11. Féd. Nat. des Brossiers-Tabletiers.
12. Féd. Nat. des Bûcherons.
13. Féd. Nat. des Carriers-Chaufourniers.
14. Féd. Nat. de la Céramique.
15. Féd. Nat. de la Chapellerie.
16. Synd. Nat. des Chemins de fer.
17. Féd. Nat. des Coiffeurs.
18. Féd. Nat. de la Confection Militaire.

Juillet 1910

1. Féd. des Ouvriers Agricoles du Midi.
2. Féd. des Ouvriers Agricoles du Nord.
3. Féd. Nat. des Travailleurs de l'Alimentation.
4. Féd. Nat. des Ouvriers et Ouvrières des Manufactures d'Allumettes.
5. Féd. Nat. de l'Ameublement.
6. Féd. Nat. des Travailleurs du Bâtiment.
7. Féd. Nat. de la Bijouterie-Orfèvrerie-Horlogerie.
8. Féd. Int. des Blanchisseurs.
9. Féd. Nat. des Brossiers-Tabletiers.
10. Féd. Nat. des Bûcherons.
11. Féd. Nat. de la Céramique.
12. Féd. Nat. de la Chapellerie.
13. Synd. Nat. des Chemins de fer.
14. Féd. Nat. des Coiffeurs.
15. Féd. Nat. de la Confection Militaire.
16. Féd. Nat. des Cuirs et Peaux.
17. Féd. Nat. des Chauffeurs, Conducteurs-Mécaniciens.
18. Féd. Nat. des Dessinateurs en Bâtiment.

Juin 1912

1. Féd. des Ouvriers Agricoles du Midi.
2. Féd. Nat. des Travailleurs de l'Alimentation.
3. Féd. Nat. des Ouvriers et Ouvrières des Manufactures d'Allumettes.
4. Féd. Nat. de l'Ameublement.
5. Féd. Nat. du Bâtiment.
6. Féd. Nat. de la Bijouterie-Orfèvrerie-Horlogerie.
7. Féd. Int. des Blanchisseurs.
8. Féd. Nat. des Brossiers-Tabletiers et parties similaires.
9. Féd. Nat. des Bûcherons.
10. Féd. Nat. de la Céramique.
11. Féd. Nat. de la Chapellerie.
12. Synd. Nat. des Chemins de fer.
13. Féd. Nat. des Coiffeurs.
14. Féd. Nat. de la Confection Militaire.
15. Féd. Nat. des Cuirs et Peaux.
16. Féd. Nat. des Dessinateurs de l'Industrie.
17. Féd. Nat. des Employés.
18. Féd. Nat. de l'Eclairage.
19. Féd. Nat. des Ferblantiers-Boîtiers.

19. Féd. Nat. des Cuirs et Peaux.
20. Féd. Nat. des Chauffeurs-Conducteurs-Mécaniciens.
21. Féd. Nat. des Dessinateurs en Bâtiment.
22. Féd. Nat. des Employés.
23. Féd. Nat. de l'Eclairage.
24. Féd. Nat. des Ferblantiers-Boîtiers.
25. Féd. Nat. des Ouv. des Magas. administratifs de la Guerre.
26. Féd. Nat. du Personnel Civil de la Guerre.
27. Féd. Nat. des Gantiers.
28. Féd. Nat. de l'Habillement.
29. Féd. Nat. de l'Horticulture.
30. Féd. Nat. des Huiliers-Pétroliers.
31. Féd. Nat. Lithographique.
32. Féd. Nat. du Livre.
33. Synd. Nat. de la Maréchalerie.
34. Féd. Nat. des Travailleurs de la Marine.
35. Féd. Nat. des Mécaniciens.
36. Féd. Nat. des Mineurs.
37. Un. Féd. de la Métallurgie.
38. Féd. Nat. des Modeleurs-Mécaniciens.
39. Féd. Nat. des Mouleurs.
40. Féd. Nat. des Métaux et Similaires.
41. Féd. Nat. des Syndicats Maritimes.
42. Féd. Nat. du Papier.
43. Féd. Nat. des Peintres.

19. Féd. Nat. des Employés.
20. Féd. Nat. de l'Eclairage.
21. Féd. Nat. des Ferblantiers-Boîtiers.
22. Féd. Nat. des Ouvriers des Magasins administratifs de la Guerre.
23. Féd. Nat. du Personnel Civil de la Guerre.
24. Féd. Nat. des Gantiers.
25. Féd. Nat. de l'Habillement.
26. Féd. Nat. de l'Horticulture.
27. Féd. Nat. des Syndicats d'Instituteurs.
28. Féd. Nat. Lithographique.
29. Féd. Nat. du Livre.
30. Féd. Nat. de la Maréchalerie.
31. Féd. Nat. des Travailleurs de la Marine.
32. Féd. Nat. des Mécaniciens.
33. Féd. Nat. des Mines, Minières, Carrières.
34. Féd. Nat. des Métaux et Similaires.
35. Féd. Nat. des Syndicats Maritimes.
36. Féd. Nat. du Papier.
37. Féd. Nat. des Ports, Docks, Transports.
38. Féd. Nat. des Pelletiers-Fourreurs.
39. Synd. Nat. des Ouvriers des P. T. T.
40. Féd. Nat. des Préparateurs en Pharmacie.

20. Féd. Nat. des Ouvriers des Magasins administratifs de la Guerre.
21. Féd. Nat. du Personnel Civil des Etablissements de la Guerre.
22. Féd. Nat. des Gantiers.
23. Féd. Nat. de l'Habillement.
24. Féd. Nat. des Horticoles.
25. Féd. Nat. des Syndicats d'Instituteurs et Institutrices.
26. Féd. Nat. de la Lithographie.
27. Féd. Nat. du Livre.
28. Syndicat Nat. des Maréchaux.
29. Féd. Nat. des Travailleurs réunis de la Marine.
30. Féd. Nat. des Syndicats Maritimes.
31. Féd. Nat. des Métaux et Similaires.
32. Féd. Nat. des Industries du Papier.
33. Synd. Nat. des Ouvriers des P. T. T.
34. Féd. Nat. des Préparateurs en Pharmacie.
35. Féd. Nat. des Poudreries-Raffineries.
36. Féd. Nat. des Ports, Docks, Transports et Manutentionnaires en marchandises.
37. Féd. Nat. des Produits Chimiques.
38. Synd. Nat. des Sous-Agents des P. T. T.

Organisations adhérentes

Septembre 1908	*Juillet 1910*	*Juin 1912*
44. Féd. Nation. des Ports-Docks-Transports. 45. Féd. Nat. des Pelletiers-Fourreurs. 46. Synd. Nat. des Ouvriers des P. T. T. 47. Féd. Nat. des Presses Typographiques. 48. Féd. Nat. des Préparateurs en Pharmacie. 49. Féd. Nat. des Poudreries-Raffineries. 50. Féd. Nat. des Ouvr. en Peigne. 51. Féd. Nat. des Sabotiers-Galochiers. 52. Féd. Nat. de la Sellerie-Bourrellerie. 53. Féd. Nat. des Services de Santé. 54. Féd. Nat. des Tabacs. 55. Féd. Nat. du Textile. 56. Féd. Nat. du Tonneau. 57. Féd. Int. des Teinturiers-Dégraisseurs. 58. Féd. Nat. des Transports. 59. Féd. Nat. des Transports et Manutentions. 60. Féd. Nat. des Travailleurs Municipaux. 61. Féd. Nat. de la Teinture et Apprêt. 62. Féd. Nat. des Verriers. 63. Féd. Nat. de la Voiture.	41. Féd. Nat. des Produits Chimiques. 42. Féd. Nat. des Poudreries-Raffineries. 43. Féd. Nat. des Sabotiers-Galochiers. 44. Féd. Nat. des Services de santé. 45. Féd. Gén. du Spectacle. 46. Synd. Nat. des Sous-Agents des P. T. T. 47. Féd. Nat. du Sciage, Façonnage du bois. 48. Féd. Nat. des Tabacs. 49. Féd. Nat. du Textile. 50. Féd. Nat. du Tonneau. 51. Féd. Int. des Teinturiers-Dégraisseurs. 52. Féd. Nat. des Transports. 53. Féd. Nat. des Travailleurs Municipaux. 54. Féd. Nat. de la Teinturerie et Apprêts. 55. Féd. Nat. des Verriers. 56. Féd. Nat. de la Voiture. 57. Féd. Nat. des Vanniers.	39. Féd. Nat. Hospitalière des Services de Santé. 40. Féd. Nat. des Sabotiers-Galochiers. 41. Féd. Nat. du Sciage et Façonnage mécanique du bois. 42. Féd. Nat. générale du Spectacle. 43. Féd. Nat. du Sous-Sol, Mines, Minières et Carrières. 44. Féd. Nat. du Personnel des Manufactures de Tabac. 45. Féd. Nat. de l'Industrie Textile. 46. Féd. Nat. des Travailleurs du Tonneau. 47. Féd. Nat. des Moyens de Transport. 48. Féd. Int. des Teinturiers-Dégraisseurs. 49. Féd. Nat. des Travailleurs Municipaux. 50. Féd. Nat. des Teintures et Apprêts. 51. Féd. Nat. des Verriers. 52. Féd. Nat. de la Voiture. 53. Féd. Nat. des Vanniers.

Outre ces Fédérations, le Comité compte encore, à titre de Syndicats isolés, c'est-à-dire non affiliés à une Fédération nationale, les Syndicats suivants :

Syndicat des Monnaies et Médailles ;
Syndicat des Voiliers et industries similaires de Dunkerque ;
Syndicat des Femmes de l'Imprimerie de Marseille ;
Syndicat des Femmes de l'Imprimerie de Nantes ;
Syndicat des Cannes, Fouets, Parapluies.

Le nombre des Fédérations en 1912 est inférieur de 4 unités à celui de 1910 ; cela provient des fusions qui avaient été décidées par le Congrès de Toulouse, ou de celles qui, librement, se sont réalisées depuis cette époque.

Une nouvelle Fédération, admise à la C. G. T., la Fédération des Travailleurs de la Publicité, groupant les Syndicats de vendeurs de journaux, antérieurement adhérents à titre de syndicats isolés, est disparue faute de militants véritablement empreints de l'esprit d'organisation et de lutte ouvrière.

Les Fédérations ayant fusionné sont les suivantes : Fédération des Agricoles du Nord, fondue à la date du 1er janvier 1911 dans celle des Horticoles ; Fédération des Chauffeurs-Conducteurs-Electriciens, rentrée aux Métaux, par décision de son Congrès de Caudry, septembre 1910 ; Fédération des Mécaniciens de France, incorporée aux Métaux, à la date du 1er janvier 1911, par suite de la décision du Congrès de Toulouse ; Fédération des Pelletiers-Fourreurs, fusionnée avec les Cuirs et Peaux (1911).

D'autre part, des demandes d'adhésions nouvelles ont été reçues au bureau confédéral, transmises au Comité ; a été admise celle du Syndicat des Femmes de l'Imprimerie de Nantes, situation identique à celle des femmes de l'imprimerie de Marselle : impossibilité par les Fédérations du Livre et de la Lithographie de les accepter. Cette admission n'est que temporaire, le Congrès confédéral du Havre devra se prononcer à ce sujet.

Ont été refusées, et les organisations renvoyées à leurs Fédérations d'industrie : les Syndicats des Constructions navales de La Ciotat, de Bordeaux et de Saint-Malo (Fédération des Métaux) ; ceux des Toiles cirées de Bourges et de Boudeville-les-Rouen (Fédération de l'Ameublement) ; Syndicat des Eaux minérales de Vichy (Fédération de l'Alimentation) ; Syndicat des Espadrilleurs des Pyrénées-Orientales (Fédération des Cuirs et Peaux) ; Syndicat des Constructions du matériel roulant de Bordeaux (Fédérations des Métaux ou de la Voiture) ; Syndicat des Faiseurs de pendants et boîtiers de montres de Besançon (Fédération de la Bijouterie-Orfèvrerie-Horlogerie) ; Syndicat des Pipiers de Saint-Claude (Fédération des Brossiers-Tabletiers) ; Syndicat des Employés du canal du Dracq (Gap) (Fédération des Employés) ; Syndicat des Ouvriers en bâches et en toiles de Lyon (admis à la Fédération des Teintures et Apprêts, sur refus de la Fédération du Textile) ; Fédération des Chauffeurs-Mécaniciens des chemins de fer (Syndicat national des Chemins de fer) ; Syndicat des Bouchonniers de Pierrefeu (Var) (Fédération du Tonneau) ; Syndicat des Travailleurs réunis du Port de Porto-Vecchio, Corse (Ports, Docks, Transports) ; Syndicat des Journalistes professionnels de Marseille, refusé en conformité de décisions confédérales antérieures.

Les négociations entre le Syndicat des Employés de la région parisienne, la Chambre syndicale des Employés et la Fédération Nationale des Employés, n'ayant pas abouti à l'accord espéré, la situation confédérale du Syndicat n'a donc pas changé.

Situation fédérale.

Nous donnons ci-dessous le tableau numérique des Syndicats adhérents à leurs Fédérations d'industries ou de métiers. Ce tableau porte sur 7 périodes, correspondant à la publication des répertoires généraux, contenant la nomenclature des organisations confédérées.

Les Fédérations fusionnées ou disparues n'y sont pas représentées.

	Nombre de Syndicats adhérents.						
	1902	1903	1904	1906	1908	1910	1912
1. F. des Agricoles du Midi....	»	»	96	106	72	70	83
2. F. de l'Alimentation	43	45	49	62	70	132	129
3. F. des Allumettiers	»	»	6	6	6	6	6
4. F. de l'Ameublement........	41	45	49	50	40	44	78
5. F. de la Bijouterie-Orfèvrerie.	8	10	6	15	15	20	24
6. F. du Bâtiment	»	8	34	94	336	485	474
7. F. des Blanchisseurs	»	4	4	4	4	4	4
8. F. des Brossiers-Tabletiers. ..	»	»	12	11	21	31	19
9. F. des Bûcherons	»	40	63	85	104	115	132
10. F. de la Céramique..........	19	20	20	24	26	24	26
11. F. de la Chapellerie..........	31	31	27	30	24	39	37
12. S. N. des Chemins de fer....	152	152	156	178	269	340	249
13. F. des Coiffeurs	8	20	40	35	30	33	33
14. F. de la Confection militaire.	»	»	9	10	17	16	16
15. F. des Cuirs et Peaux........	34	38	54	64	68	101	99
16. F. Dessinateurs de l'Industrie.	»	»	»	4	7	7	7
17. F. des Employés	28	29	36	85	85	82	82
18. F. de l'Eclairage	»	»	»	»	21	30	41
19. F. des Ferblantiers-Boîtiers ..	»	»	»	»	11	12	12
20. F. des Magasins administratifs de la Guerre..........	»	»	15	16	18	23	23
21. F. du Personnel civil de la Guerre	»	»	19	23	25	26	27
22. F. des Gantiers	»	»	»	6	5	5	5
23. F. de l'Habillement	»	»	»	45	41	50	50
24. F. des Horticoles	»	»	»	10	16	13	2
25. F. des Instituteurs	»	»	»	»	»	36	44
26. F. de la Lithographie	27	28	28	39	39	37	33
27. F. du Livre	161	159	159	180	167	167	170
28. S. N. des Maréchaux........	13	13	8	7	12	13	13
29. F. Travailleurs de la Marine..	»	»	9	9	10	10	10
30. F. des Syndicats maritimes..	»	»	»	48	16	27	27
31. F. des Métaux et similaires..	111	121	148	173	147	196	223
32. F. du Papier	12	13	22	24	21	20	20
33. S. N. des Ouvriers des P. T. T.	88	93	93	94	93	97	99
34. F. des Préparateurs en pharmacie	»	»	»	»	5	16	16
35. F. des Poudreries raffinées ..	»	»	»	»	13	13	13
36. F. des Ports-Docks-Transports	21	23	34	60	60	62	96
37. F. des Produits chimiques ..	»	»	»	»	3	9	14
38. S. N. Sous-Agents des P. T. T.	»	»	»	»	»	24	30

	Nombre de Syndicats adhérents.						
	1902	1903	1904	1906	1908	1910	1912
39. F. des Sabotiers-Galochiers ..	»	»	10	16	10	21	19
40. F. Hospitalière des Services de Santé	»	»	»	»	13	24	23
41. F. Sciage, Façonnage mécanique du bois.............	»	»	»	3	3	8	11
42. F. Générale du Spectacle.....	»	»	25	24	31	42	42
43. F. du Sous-Sol	»	»	»	»	47	88	99
44. F. des Manufactures de tabac.	»	»	23	25	25	33	33
45. F. Industrie du Textile......	16	48	93	114	126	125	116
46. F. Travailleurs du Tonneau..	»	»	12	47	21	30	30
47. F. Moyens de Transport......	»	»	»	33	19	29	59
48. F. Teinturiers-Dégraisseurs ..	»	»	6	6	5	6	6
49. F. Travailleurs municipaux ..	»	»	»	34	37	23	26
50. F. des Teintures et Apprêts ..	»	»	»	»	»	»	10
51. F. des Verriers	»	8	22	49	57	46	46
52. F. de la Voiture	19	23	30	33	23	31	31
53. F. des Vanniers	»	»	»	»	»	9	9
Totaux...........	1403	1220	1792	2399	2586	3012	2837

Le nombre des Syndicats confédérés est en croissance jusqu'en 1910, par là s'affirme l'activité des différentes fédérations et la puissance sans cesse grandissante de la C. G. T.

Si les chiffres de 1910-1912 restent sensiblement les mêmes, il ne faudrait pas en conclure que le mouvement syndical reste stationnaire ou est en décroissance. Les cartes et timbres confédéraux délivrés pendant cet exercice de deux années, en tenant compte des cotisations, non payées par suite de grèves, lock-out, etc., et du refus de certaines Fédérations de payer pour le nombre exact de leurs adhérents, permettent de déclarer que l'effectif réel de la Confédération Générale du Travail est au minimum de 600.000 membres. En 1904, la C. G. T. n'avait que 200.000 cotisants, et environ 300.000 confédérés ; aujourd'hui le nombre des cotisants dépasse 400.000, elle a donc doublé son effectif au cours de ces huit dernière années, cela malgré la répression gouvernementale.

La non-augmentation du nombre des Syndicats en 1912 est la résultante des nombreuses fusions syndicales qui se sont opérées dans certaines localités.

L'organisation par industrie n'est pas restée le fait des seules Fédérations nationales, les Syndicats sont, à leur tour, également entrés dans cette voie.

Organes corporatifs fédéraux.

Les Fédérations dont les noms suivent possèdent un organe corporatif : Agricoles, Bûcherons, Horticoles, organe commun (*Le Travailleur de la Terre*) ; Alimentation (*L'Alimentation Ouvrière*) ; Ameublement (*L'Ouvier en meubles*) ; Bâtiment (*Le Travailleur du Bâtiment*) ; Bijouterie (*Bulletin de la Fédération*) ; Céramique (*L'Ouvrier Céramiste*) ; Chapeliers (*L'Ouvrier Chapelier*) : Coiffeur (*L'Ouvrier coiffeur*) ; Chemins de fer (*La Tribune de la Voie ferrée*) ; Cuirs et Peaux (*L'Ouvrier des Cuirs et Peaux*) ; Employés (*Bulletin de la Fédération*) ; Eclairage (*Bulletin de la Fédération de l'Eclairage*) : Gantiers (*L'Ouvrier gantier*) : Personnel civil de la Guerre, Magasins administratifs, Poudrerie, Monnaies et Médailles, Allumettiers, organe commun (*Le Travailleur de l'Etat*) ; Habillement (*L'Ouvrier de l'Habillement*) : Instituteurs (*L'Emancipé*) ; Livre (*La Typographie Française*) : Lithographie (*La Fédération lithographique*) ; Marine (*L'Emancipateur*) ; Mineurs et Ardoisiers (*Le Travailleur du Sous-Sol*) ; Métaux (*L'Union des Métaux*) ; Travailleurs Municipaux (*Le Travailleur Municipal*) ; Maréchaux (*Le Droit de l'Ouvrier Maréchal*) ; Inscrits Maritimes (*Le Travailleur de la Mer*) ; Papier (*Le Travailleur du Papier*) ; Sous-Agents des P. T. T. (*Le Cri Postal*) ; Préparateurs en Pharmacie (*La Pharmacie Laborieuse*) ; Ouvriers des P. T. T. (*Le Travailleur des P. T. T.*) ; Services de Santé (*L'Ouvrier Sanitaire*) ; Ports-Docks-Transports (*L'Union fédérale*) : Moyens de transports (*Les Transports*) ; Sabotiers-Galochiers (*Le Réveil des Saboliers*) ; Spectacle (*Le Courrier de l'Orchestre*) ; Tabacs (*L'Echo des Tabacs*) ; Teinturiers-Dégraisseurs (*Le Bulletin des Teinturiers-Dégraisseurs*) ; Textile (*L'Ouvrier Textile*) ; Verriers (*La Voix des Verriers*) ; Voiture (*L'Ouvrier en Voiture*).

Conflits.

Le Comité dut à diverses reprises se préoccuper de solutionner les conflits entre organisations, soumis à son examen.

Ce fut toujours dans une pensée d'unité ouvrière, conformément aux usages et précédents établis et à l'interprétation des statuts confédéraux, qu'il apporta ses conclusions. Son souci fut toujour de résoudre ces litiges au mieux des intérêts des parties en cause, tout en tenant compte de l'intérêt général du mouvement.

Cependant, pour empêcher que les conflits ne se perpétuent, il décidait qu'en cette matière, il jugerait en dernier ressort, et que, conséquemment, aucune organisation n'aurait le droit d'enfreindre les décisions par lui prises. Adoptées, les décisions seront, dans le délai fixé, applicables sans restriction pour les deux parties.

Voici par ordre de date les conflits ayant reçu des solutions définitives. C'est d'abord : celui des Imprimeurs de la Région parisienne et de la Fédération du Livre. Une résolution du Comité confédéral en date du 26 décembre 1911 mit fin à ce différend, en faisant obligation au Syndicat des Imprimeurs de réintégrer la Fédération du Livre.

Celui des Produits chimiques se termina par le Congrès extraordinaire des Syndicats de produits chimiques, organisé à Paris au mois de février 1912, par la Confédération Générale du Travail. De ce Congrès, la Fédération sortit complètement réorganisée, sur des bases rationnelles. Celui du Syndicat des Cuisiniers de la Seine et de la Fédération de l'Alimentation trouva sa conclusion au cours des travaux de la commission, un accord entre lui et la Fédération de l'Alimentation étant intervenu.

Celui des Egoutiers de la Seine et de la Fédération des Travailleurs municipaux, qui nécessita plusieurs interventions confédérales. Après de nombreuses discussions, le Comité, dans sa séance du 15 mars 1912, mettait fin à ce conflit, en ordonnant la réintégration du Syndicat des Egoutiers dans le sein de la Fédération jusqu'au prochain Congrès national de cette organisation, qui pourra alors, par une procédure régulière, obliger ce syndicat à se plier aux statuts fédéraux.

Celui de l'Union Textile de Reims et du Syndicat Textile de la même ville fut, après de multiples tergiversations, définitivement admis à la Fédération du Textile, la fusion ayant été faite entre les deux organisations rémoises.

Sont en voie de solution, le conflit du Syndicat des Pointeurs-Margeurs de Lyon et du Syndicat « La Gutenberg » de la même ville. Au cours d'une réunion des adhérents des deux syndicats, présidée par le camarade Jouhaux, avec Bottinelli du Livre, les bases d'un accord furent jetées et une commission fut nommée pour réaliser la fusion.

Celui du Syndicat des Métallurgistes de Lille et de la Bourse du Travail de la même ville, à la suite d'une délégation spéciale faite par le camarade Jouhaux, sur décision du Comité des Fédérations en date du 19 avril 1912, des engagements furent pris de part et d'autre, qui permettent d'espérer une solution rapide.

Deux autres conflits restent sans solution, ce sont : celui de l'Union Textile de Roanne et de la Fédération du Textile. La cause en est, d'une part, le refus formulé par l'Union Textile de Roanne de se plier à des obligations qu'elle estime arbitraires ; d'autre part, le maintien des obligations par la Fédération du Textile.

Celui du Syndicat National des Chemins de fer et de la Fédération nationale des Transports par voie ferrée, organisation nouvellement créée en conformité, disent ses adhérents, des résolutions régulièrement prises par le Congrès national régulier des groupes syndicaux de Chemins de fer. Ces affirmations sont contestées par le Conseil d'administration du Syndicat National des Chemins de fer.

Nous ne pouvons que souhaiter et désirer ardemment voir toutes ces situations anormales disparaître pour le plus grand bien de l'organisation ouvrière.

Activité fédérale — Propagande.

L'activité syndicale fut particulièrement intense pendant le cours de ces deux dernières années, les luttes ouvrières furent nombreuses.

Le Comité des Fédérations fit face, autant que le lui permettaient ses ressources en militants et en numéraires, à ces multiples besoins.

Jamais, les organisations ne firent vainement appel à son concours. Même aux périodes les plus absorbantes, il fut toujours donné — dans la mesure du possible — satisfaction aux demandes faites, qu'il s'agisse de meetings, de conférences éducatives, ou de faits de grève.

Constatons en passant, une fois de plus, les difficultés de pouvoir trouver parmi les militants de province des camarades disposés à accepter et à remplir les délégations confédérales. L'on proteste souvent contre la centralisation de la propagande ; mais l'on se garde bien de faire quoi que ce soit pour améliorer cette situation. Chaque tentative logique, utile, de décentralisation de la propagande, rencontre des difficultés et des obstacles presque insurmontables, soit par inertie ou mauvaise volonté de la part des camarades de la province.

Dans d'autres cas, au contraire, la décentralisation suivant impulsion d'un esprit purement localiste ou régionaliste, est poussée à l'extrême, et ainsi devient un danger pour l'indispensable cohésion de notre mouvement.

Cette situation doit s'améliorer, il faut que dans toutes les organisations, l'on comprenne la nécessité d'aider la C. G. T. dans sa besogne d'organisation et d'éducation ouvrière. Ce résultat pourrait être atteint si Fédérations et Unions de Syndicats adressaient au bureau confédéral une liste de leurs adhérents possédant les qualités nécessaires pour œuvrer utilement, et susceptibles de prendre la parole publiquement. Il serait de ce fait constitué une réserve de militants, permettant de faire face à toutes les nécessités qui pourraient surgir.

Les Congrès fédéraux.

Ci-après, la liste des Fédérations nationales ayant tenu un ou plusieurs Congrès au cours des années 1910-1912. Certaines ont demandé et obtenu un délégué confédéral pour assister à leurs assises, nous le mentionnons :

Congrès des Travailleurs de la Marine, à Paris (juin 1910), délégué confédéral : Yvetot.

Congrès des Travailleurs du Tonneau, à Carcassonne (août 1910). — Délégué confédéral : Robert.

Congrès des Dessinateurs, à Nantes (juillet 1910).

Congrès de l'Habillement, à Paris (août 1910).

Congrès des Employés, à Reims (août 1910). — Délégué confédéral : Yvetot.

Congrès des Agricoles du Midi, à Montpellier (août 1910). — Délégué confédéral : Jouhaux.

Congrès des Brossiers-Tabletiers, à Paris (août 1910).

Congrès des Bûcherons à Nevers (septembre 1910). — Délégué confédéral : Griffuelhes.

Congrès de l'Alimentation, à Alger (septembre 1910). — Délégué confédéral : Péricat.

Congrès des Syndicats Maritimes, à Saint-Nazaire (octobre 1910).

Congrès des Travailleurs municipaux, à Toulouse (octobre 1910).

Congrès des Moyens de Transport, à Toulouse (octobre 1910).

Congrès de la Confection militaire à Paris (novembre 1910).

Congrès des Ports-Docks-Transports, à Paris (Novembre 1910). — Délégué confédéral : Jouhaux.

Congrès des Services de Santé, à Nice (mars 1911).

Congrès des Instituteurs et Institutrices, à Marseille (avril 1911).

Congrès des Travailleurs du Sous-Sol, à Commentry (avril 1911). — Délégué confédéral : Dumoulin.

Congrès des Travailleurs de la Marine, à Paris (juin 1911).

Congrès des Allumettiers, à Paris (juin 1911). — Délégué confédéral : Jouhaux.

Congrès du personnel civil de la guerre, à Paris (juin 1911).

Congrès de la Bijouterie-Orfèvrerie, à Lyon (juillet 1911).

Congrès de la Céramique, à Lyon (août 1911).

Congrès des Tabacs, à Paris (août 1910)

Congrès de l'Ameublement, à Paris (août 1910).

Congrès des Brossiers-Tabletiers, à Ezy (Eure), (août 1910) .

Congrès du Textile, à Roubaix (août 1910).

Congrès des Métaux, à Paris (août 1911).

Congrès du Papier, à Paris (août 1910). — Délégué confédéral : Marie.

Congrès des Coiffeurs, à Paris (septembre 1911).

Congrès des Cuirs et Peaux, à Graulhet (septembre 1911).

Congrès des Horticoles et Agricoles du Nord, à Conflans-Saint-Honorine (Seine-et-Oise), (septembre 1911).

Congrès des Travailleurs du Sous-Sol, à Angers (février 1912). — Délégué confédéral : Jouhaux.

Congrès des Syndicats Maritimes, à Saint-Malo (mars 1912).

Congrès régional des Marins et Dockers des Ports de l'Atlantique, à Saint-Nazaire (mars 1912). — Délégué confédéral : Marck.

Congrès des Verriers (mars 1912). — Délégué confédéral : Bourderon. (Ce Congrès qui devait se tenir à Fourmies, fut, par suite du refus du ministre Briand, d'accorder un sauf-couduit au secrétaire fédéral Delzant, exilé en Belgique pour éviter les poursuites intentées contre lui à l'occasion des manifestations contre la vie chère, obligé d'aller tenir ses assises dans une petite bourgade frontière.)

Congrès du Bâtiment à Bordeaux (avril 1912). — Délégué confédéral : Yvetot.

Les Grèves.

L'augmentation incessante du coût de la vie et les manœuvres d'hostilité patronale ont fait surgir de nombreux conflits.

Tantôt ce sont des grèves pour l'augmentation des salaires, tantôt pour la diminution des heures de travail, tantôt pour la réintégration d'ouvriers ou le renvoi de contremaîtres trop arbitraires dans l'exercice de leurs fonctions.

Fait à signaler, la proportion des grèves de solidarité et de défense de la dignité ouvrière est en croissance. Cela montre que la besogne d'éducation faite par les militants syndicalistes, dans les masses ouvrières, porte ses fruits. C'est un encouragement à persévérer et à accentuer en ce sens notre propagande. Plus les ouvriers seront éduqués, plus ils seront conscients, plus ils deviendront jaloux de leur dignité, exigeants dans la satisfaction de leurs besoins, mieux ils seront armés pour les luttes à venir.

Le nombre des grèves offensives ou défensives, soutenues par les organisations syndicales, s'élève, d'après les renseignements qui nous sont parvenus ou que nous avons pu obtenir :

Pour la période juin 1910 à janvier 1912, à 634 grèves, dont 117 ont abouti à des réussites totales, 247 à des réussites partielles et 270 à des échecs ;

Pour l'année 1911, à 1.443 grèves, dont 267 se terminèrent par une réussite complète, 563 par une réussite partielle et 613 par un échec ;

Pour la période janvier 1912 à avril 1912, à 263 grèves, dont 51 se terminaient par une victoire complète, 80 par une réussite partielle et 114 par un échec.

Parmi ces grèves, il en est qui, par leur importance, leur étendue ou l'état d'esprit nouveau qu'elles dénotent dans les masses syndiquées, méritent une mention spéciale. Citons :

La grève des cheminots, qui éclata en octobre 1910, pour l'obtention de la pièce de cent sous par jour. Mal préparée, elle fut générale seulement sur les réseaux du Nord, de l'Ouest-Etat, et, au dernier moment, sur celui du Midi ; sur tous les autres réseaux, il n'y eut que des arrêts partiels. Au cours de ce conflit, le gouvernement donna la mesure de ses sentiments de bienveillance à l'égard de la classe ouvrière, en emprisonnant les membres du premier Comité de grève, en militarisant les cheminots, en assurant un service de fortune avec les hommes des compagnies du génie militaire et les mécaniciens et chauffeurs des réseaux belges.

Cependant, limitée, ainsi que nous l'avons indiqué, aux deux seuls réseaux du Nord et de l'Ouest, la grève eut réussi. Malgré tout, cette bataille restera une première et superbe affirmation des sentiments de révolte des esclaves de la voie ferrée. Les cheminots voudront la recommencer. Il suffit pour cela de faire naître chez eux la confiance en soi et en l'organisation !

Préalablement à la grève, en accord avec le Comité de grève des cheminots, des circulaires-instructions avaient été adressées à toutes les Bourses du Travail et Unions de Syndicats. Elles devaient apporter tout leur concours, si ce concours était sollicité par les cheminots.

Dès le premier jour de la déclaration de grève, le secrétaire confédéral se mettait à la disposition du premier Comité de grève. Sur insistance de son secrétaire, il ne convoquait pas comme il en avait l'intention le Comité confédéral, afin d'examiner les mesures à prendre. Le troisième jour, après l'arrestation du premier Comité de grève, le secrétaire convoqua d'urgence le Comité confédéral. Ce même jour, il eut, en présence du secrétaire du Comité des Bourses, et cela en réponse à une lettre par lui adressée, une entrevue avec le deuxième Comité de grève des cheminots. Au cours de cette entrevue, la majorité des membres du Comité de grève, tout en réclamant certains concours, lui demandèrent de ne pas proposer de grève générale de solidarité à la réunion du soir. Ils voulaient, disaient-ils, conserver à la grève son caractère professionnel. C'est conformément à ces indications et prescriptions que le secrétaire confédéral a agi au cours de la grève des cheminots.

Des insinuations tendancieuses ayant été lancées, à la suite du conflit, le Comité confédéral, appelé à les examiner, en fit bonne et prompte justice.

Voici l'affiche que lançait la C. G. T. à l'occasion de la grève des cheminots.

Bravo, les Cheminots !

Après l'incontestable preuve de patience et de résignation qu'ils donnent depuis si longtemps, les cheminots se sont enfin mis en grève.

Avant de se lancer dans l'admirable mouvement que, seuls, les bourgeois, les gouvernants et leurs serviteurs ont intérêt à blâmer, les Cheminots ont loyalement posé leurs revendications et patiemment attendu qu'on y réponde.

Que demandaient-ils ?

Aux Compagnies qui réalisent un chiffre annuel de 38 millions de bénéfices (comme la Compagnie du Nord), ils demandaient un minimum de salaire de cinq francs par jour pour un travail quotidien, trop long, trop fatigant, trop périlleux. — Ils demandaient la rétroactivité de leurs retraites. — Ils demandaient le respect de leurs droits de travailleurs.

A de si modestes revendications, l'on a répondu, soit par des promesses, soit par des menaces.

Les promesses n'ont pas été tenues ; les menaces ont été exécutées.

Vexations, punitions, révocations ont tenu lieu de réponses. — Bafoués, bernés, les Cheminots de la Compagnie du Nord se sont révolté d'abord. Malheureux comme eux, las de souffrir et de se résigner, les Cheminots des autres réseaux ont suivi leur exemple.

Ils ont tous bien fait !

Le Prolétariat les approuve. Il veut les seconder. Il veut les aider.

Le gouvernement, aidé par une presse servile, veut tromper l'opinion publique.

Il n'y réussira pas !

Nous démasquerons ses infamies.

Le gouvernement aux abois veut rassurer la bourgeoisie... Elle en a besoin. — C'est pour cela qu'il conteste aux Cheminots le droit de grève. — C'est pour cela qu'il fait révoquer, emprisonner les militants. — C'est pour cela qu'il veut intimider, en les mobilisant, les esclaves de la voie ferrée.

MAIS LES CHEMINOTS NE SE LAISSERONT PAS INTIMIDER !

Leurs militants mettent au service de leur bonne cause leur plus grand bien : leur liberté !

Les Cheminots ne prennent pas au sérieux l'ordre de mobilisation. On ne mobilise pas des gens qui demandent un moins mauvais sort.

Le stratagème infâme de ce gouvernement de traîtres et de renégats, qui veut faire croire que le mouvement *purement corporatif* des Cheminots est un mouvement politique, ne trompera personne.

C'est CINQ FRANCS par jour la politique des Cheminots !

La Confédération Générale du Travail elle-même n'intervient que pour protester contre la violation du droit de grève, contre les arrestations odieuses et arbitraires d'un gouvernement affolé. Elle intervient encore pour inviter les organisations toujours prêtes à faire leur devoir de solidarité effective à ne pas y faillir en cette occasion.

Enfin, la Confédération Générale du Travail proclame que les enfants du Peuple mis — malgré eux — comme soldats au service du capital font œuvre de jaunes, de traîtres à leur classe en remplaçant les grévistes.

Tout le Prolétariat souhaite que le soldat ait un sursaut de raison et de conscience pour faire son devoir, tout son devoir.

BRAVO, LES CHEMINOTS !

LE COMITÉ CONFÉDÉRAL.

La grève des marins-terreneuvas de Cancale, pour l'obtention d'une augmentation de leurs salaires. Ce conflit, qui dura plus de deux mois, fut illustré tragiquement par la mort d'une brave femme, tuée au cours d'une charge de gendarmes. Les marins-terreneuvas obtinrent, grâce à leur énergie, certains avantages. C'est un premier réveil de bon augure parmi ces populations maritimes, si férocement exploitées.

La grève des dockers de Bayonne (mars 1911), pour un relèvement de salaires, déclancha par la suite un essai de grève générale dans les ports de l'Atlantique. Cet essai réussit assez bien : Bordeaux, Nantes, Saint-Malo, La Pallice répondirent à l'appel. Malheureusement, la *Shipping Federation*, organisation patronale des exploiteurs de la mer, dont le siège est à Londres, fit son apparition. A son instigation, le lock-out fut déclaré dans le port de La Pallice. Pendant deux mois, nos camarades luttèrent courageusement ; mais, vaincus, ils durent subir les conditions de leurs patrons. La Pallice, place syndicale des plus solides, se remettra facilement de cette défaite. Déjà la revanche se prépare.

La grève des agricoles des basses plaines du Gard (juin 1911), motivée par une demande d'augmentation de salaires. Cette grève engloba dix-huit communes. La lutte fut menée énergiquement. L'état de siège fut partout déclaré, le pays fut inondé de soldats. Grâce à leur vaillance, les ouvriers vignerons obtinrent satisfaction, les salaires furent unifiés pour toute la région, portés à o fr. 50 l'heure, la durée du travail variant entre six heures l'hiver et huit heures l'été. Résultat moral : des haines ancestrales de religion entre prolétaires faisant place à la haine commune de l'exploiteur.

Grève générale des corporations du Bâtiment, à Paris (juillet 1911), motivée pour l'obtention de la journée de neuf heures, elle mit debout plus de 50.000 travailleurs. Cette grève ne donna pas de résultats immédiats ; mais certaines corporations les ont enregistrés depuis, notamment les monteurs-levageurs et les fumistes industriels ont obtenu les neuf heures. Ce qu'il faut surtout noter, dans ce conflit, c'est l'ensemble avec lequel les syndiqués du Bâtiment ont marché. C'est par leur propre volonté, attestant une grande force consciente, que la cessation de la grève fut votée. Le même jour, à la même heure, tous reprenaient le travail, à l'exception des peintres qui continuaient la lutte.

De cette grève, un esprit nouveau est né chez les travailleurs du Bâtiment ; les différences de corporations se sont un peu effacées, la grève d'ensemble est apparue comme parfaitement réalisable. Ses conséquences ont été de vivifier plus encore, parmi le prolétariat de la bâtisse, le désir de diminuer les heures de travail. C'est ainsi que cette année 1911, le 1er mars, les tailleurs de pierre partaient en lutte pour la conquête de la journée de neuf heures.

La grève générale du Bâtiment parisien fut à son origine l'objet des attentions gouvernementales. Sous le fallacieux prétexte d'une circulaire adressée à des syndiqués soldats, le bureau du Syndicat de la Maçonnerie-Pierre fut arrêté et inculpé du crime « d'incitation à la désobéissance à des soldats » ; en réalité, le gouvernement obéissait aux ordres des gros entrepreneurs de maçonnerie, qui espéraient ainsi décapiter le mouvement. Des incidents tragiques illustrèrent ce conflit, entre autres des charges féroces de cavalerie à la sortie des réunions, et la mort d'un syndiqué, le camarade Paul Armand, assassiné par un jaune.

Pour protester contre les mesures arbitraires du gouvernement, le Comité fit apposer l'affiche suivante :

Servilité Gouvernementale !

Le patronat du Bâtiment vient d'obtenir de la domesticité gouvernementale l'arrestation de trois de nos camarades.

Le but de cette violation de la liberté individuelle, c'est de décapiter l'admirable mouvement de révolte des ouvriers de la bâtisse.

Pour voiler ce but, Caillaux, le fils du ministre du Seize-Mai, abrite sa servilité derrière un prétexte ridicule d'antimilitarisme.

Lépine possédait le dossier d'inculpation depuis le 3 mai ; il ne l'a produit qu'au lendemain de la déclaration de grève générale du Bâtiment.

Où Clemenceau et Briand n'avaient pas trouvé matière à poursuites,

Caillaux, l'homme de la finance et des grandes Compagnies, trouve matière à arbitraire gouvernemental.

DUMONT, VIAU et BARITAUD ont commis le crime de mettre à exécution les décisions des congrès ouvriers.

Comme les institutions catholiques, qui rappellent les leurs aux devoirs religieux, et qui les exhortèrent à refuser de marcher contre les Congrégations, nos camarades ont donné à l'institution du « Sou du Soldat » son caractère de classe.

Recommander aux nôtres de ne pas devenir des assassins de leurs frères, est besogne syndicale.

Si, sous Caillaux, le fougueux anticlérical, ce qui est permis aux catholiques devient un crime pour les travailleurs, *cette responsabilité, nous la revendiquons tous.*

La grande majorité des organisations confédérées appliquent le « Sou du Soldat ». Tous les secrétaires de Syndicats entretiennent des relations amicales avec les jeunes prolétaires syndiqués encasernés. Le Comité confédéral s'efforce d'accentuer cette œuvre de solidarité et d'humanité.

Si cela est un délit, sous notre gouvernement républicain, nous sommes donc tous poursuivables, au même titre que nos camarades Viau, Dumont et Baritaud.

En ne poursuivant pas la C. G. T. tout entière, Caillaux prouvera qu'il est à plat ventre devant les potentats du Bâtiment.

Une fois de plus, les travailleurs auront la preuve que les gouvernants sont les domestiques de ceux qui possèdent.

Voulant empêcher les travailleurs d'obtenir de meilleurs salaires pour manger, de plus courtes journées pour penser, nos ministres républicains n'hésitent pas à commettre un crime de plus.

Contre cette violation cynique des droits et des libertés ouvrières, le Comité fédéral proteste énergiquement.

Il fait appel à tous les gens de cœur, à tous les hommes honnêtes pour se dresser contre ce servilisme honteux des dirigeants.

Cette scélératesse gouvernementale, la classe ouvrière ne la laissera pas s'accomplir.

Que l'on rende la liberté à nos camarades, ou que l'on nous emprisonne tous.

A tous les travailleurs, à toutes les consciences droites, nous crions : Soyez avec nous pour protester contre l'arrestation jésuitique des camarades Viau, Dumont et Baritaud.

Contre leur maintien arbitraire au régime de droit commun !

Pour le libre exercice des revendications ouvrières !

(Suivent les signatures des membres du Comité confédéral.)

Grève des dockers de Calais (juillet 1911), pour un relèvement des salaires, qui dura plus de deux mois, dans un port nouvellement venu à l'organisation. Se solutionna, malgré l'appui des jaunes racolés un peu partout, par une transaction honorable pour les travailleurs.

Une certaine agitation se manifesta parmi le personnel des arsenaux de la marine. A Lorient, les ouvriers inaugurèrent la grève des « bras croisés sur le tas », et pendant une journée l'on eut ce spectacle du « drapeau rouge » flottant au haut du mât d'un grand cuirassé en construction.

Fin novembre 1911, éclate la grève des chauffeurs d'auto-taxis parisiens. Le motif : un relèvement du pourcentage sur les recettes. Ce conflit dura plus de quatre mois ; il ne prit fin qu'en avril 1912.

Avec une impudence sans précédent, l'armée et la police furent mises au service du capital. Pour complaire au « consortium » patronal, malgré un refus opposé à la proposition gouvernementale d'arbitrage, les règlements régissant la circulation des voitures à Paris ne furent plus appliqués. La préfecture de police les laissa violer, pour le plus grand danger des piétons parisiens. Les jaunes racolés dans la lie de la population ou expédiés à grands frais de la Corse, furent armés de revolvers, dont ils purent se servir à leur aise contre les grévistes, sous l'œil protecteur de dame police. Malgré toutes ces manœuvres, l'enthousiasme et l'énergie des grévistes ne fléchirent pas un seul instant. Ce n'est que lorsqu'ils constatèrent l'inutilité de la résistance, les besoins des consommateurs parisiens étant à peu près satisfaits par les deux cents voitures des jaunes, plus celles mises en circulation par les patrons ayant accédé aux revendications du Syndicat — 60 p. 100 l'avaient fait dès le début de la grève, qu'ils décidèrent la reprise du travail. Cette reprise se fit avec ensemble, affirmant ainsi, malgré l'absence de résultats immédiats, la puissance de l'organisation syndicale. Cette bataille ne fut pas une défaite ; les chauffeurs parisiens, en demeurant pendant plus de cent vingt jours fidèles aux engagements de la première heure, ont réalisé une victoire sur eux-mêmes. Ils se sont, au cours de cette longue résistance, aguerris pour les luttes de demain. Le Syndicat sort de la lutte grandi et prêt à de nouveaux combats.

Ajoutons que grâce à la solidarité corporative, plus d'un million de francs put être distribué aux familles des grévistes. C'est là un fait sans précédent dans l'histoire du mouvement ouvrier français. Souhaitons qu'il soit une émulation.

Pour terminer, disons que cette grève eut elle aussi son événement douloureux. Les provocations des jaunes, tolérées, suscitées même par la police, aboutirent à l'assassinat du chauffeur gréviste Bédhomme.

La C. G. T. marqua son intervention dans le conflit par l'appel à l'opinion publique et à la solidarité extra-corporative, dont le texte suit :

Le DROIT d'ÉCRASER !

Depuis plus de trois mois, les Chauffeurs-Automobilistes sont en grève, luttant courageusement contre le « Consortium » des Compagnies parisiennes.

Au cours de cette lutte, nous avons vu les règlements administratifs cyniquement violés par ceux dont le rôle est de les faire respecter !

Les jaunes, racolés à grands frais par le Consortium, parmi la lie de la population, ont conquis le droit d'écraser les piétons, de culbuter les voitures, d'éventrer les devantures des commerçants, sous la protection de dame police et de l'armée.

Cette situation, pleine de dangers pour la population parisienne, est une provocation continuelle à l'égard des grévistes.

Pourquoi gouvernement et préfecture de police, si durs aux humbles en temps normal, permettent-ils, encouragent-ils de semblables abus, d'aussi flagrantes violations des lois et des règlements ?

Ne se cache-t-il pas, sous l'apparence de protection de la liberté du travail, une perfide manœuvre financière, dont les dirigeants du « Consortium » et leurs alliés espèrent encaisser les bénéfices ?

Selon toutes probabilités, cela doit être !

Pour permettre la réalisation de certaines opérations inavouables de Bourse, les piétons sont menacés dans leur vie, la population parisienne est atteinte dans ses intérêts.

Un tel régime d'arbitraire, créé en faveur d'une minorité de jouisseurs et de renégats, ne peut être toléré plus longtemps.

La population parisienne doit vivement protester contre l'attitude inqualifiable du gouvernement et de son préfet de police, Lépine, responsable de multiples accidents journaliers.

Certains de ces accidents n'ont-ils pas occasionné des blessures mortelles ?

Les abjects renégats, auxiliaires du « Consortium » et responsables des troubles actuels, doivent sentir monter contre eux la colère populaire.

La libre disposition de la rue, pour leur besogne de trahison et de malheurs quotidiens, doit leur devenir impossible.

Parisiens, ne vous laissez pas bénévolement écraser par ces voitures, dont vous ne pouvez vous servir pour vos occupations journalières, des voitures dont la circulation n'a d'autre but que de provoquer aux troubles et aux bagarres.

Camarades syndiqués !

La grève des Chauffeurs parisiens est admirable de ténacité et d'énergie !

Comme aux premiers jours de la lutte, les grévistes sont décidés à résister jusqu'au bout, à obtenir satisfaction.

Pour hâter ce jour, le concours effectif de tous doit leur être acquis. La solidarité ouvrière l'exige.

En défendant les Chauffeurs, c'est le droit syndical, ce sont les libertés ouvrières que vous défendez.

Dès maintenant, répondant à l'appel de l'Union des Syndicats de la Seine, étudiez, dans vos Comités intersyndicaux, les voies et moyens de rendre votre appui fécond en résultats.

La Confédération Générale du Travail organisera, le 23 mars, un vaste meeting de protestation, auquel tous vous vous ferez un devoir d'assister.

Camarades, à l'action !

Que la solidarité ouvrière réponde à la solidarité du pouvoir et du capitalisme !

Le Comité confédéral.

Cette même année 1911 a vu éclore la première grande *Grève de femmes : les Ouvrières confectionneuses*, de la Maison Esders, quittèrent les ateliers, pour protester contre une diminution injustifiée des salaires, une transformation brutale dans les modes de travail, et pour obtenir le renvoi d'un directeur qui s'était montré grossier à l'égard du personnel. Cette première application des méthodes syndicalistes par des femmes était à mentionner, elle est d'un heureux présage ; elle marque un éveil de la conscience de lutte chez les ouvrières.

1912 voit se produire une *Grève des employés* de commerce, à Lyon, symptomatique réveil des travailleurs de cette corporation, si longtemps engourdis par leurs préjugés et leur fausse conception de leur véritable situation.

A noter également la grève générale de 24 heures des Travailleurs du Sous-Sol, mineurs de charbons, de fer et ardoisiers. Première affirmation de leur volonté, d'obtenir la journée de huit heures, un minimum de salaire et l'élévation du taux des retraites. Cette grève décidée par le Congrès d'Angers éclata le 11 mars, elle fut superbe de cohésion. Dans tous les centres miniers et ardoisiers, le chômage fut effectif. Se déroulant dans l'atmosphère de la grève générale des mineurs anglais, le désir de continuer l'effort si grandiosement ébauché devait germer dans l'esprit de certains de nos mineurs : c'est ce qui arriva pour le bassin d'Anzin.

Les mineurs de cette région ne voulurent pas réintégrer les mines le 12 au matin, ils estimaient que la grève devait continuer jusqu'à obtention de complète satisfaction.

Ils ne furent pas suivis, est-ce un bien, est-ce un mal ? Nous n'avons pas ici à émettre d'appréciations, toujours est-il qu'au bout d'une semaine ils durent reprendre le travail. Cependant leur effort n'avait pas été stérile ; dans la crainte de voir la grève se généraliser, sentant les esprits en fermentation, le Parlement vota en bloc le projet Durafour, portant réduction de la journée de travail à huit heures dans les mines, avec assimilation des ardoisiers.

Augmentation des cotisations fédérales.

Les Fédérations ayant augmenté leurs cotisations pendant le cours de ces deux années, sont les suivantes :

Fédération des Agricoles du Midi, Fédération de l'Ameublement, Fédération du Bâtiment, Fédération des Brossiers-Tabletiers, Fédération des Cuirs et peaux, Fédération des Métaux, Fédération du Papier, Fédération du Tonneau, Fédération du Textile.

Conclusion.

Par cet exposé rapide, succinct, nous avons voulu faire revivre devant vous la besogne d'agitation, de lutte et d'organisation, à laquelle le Comité des Fédérations a, pour sa large part, participé.

Ce rapport montre un mouvement en progression constante, et devenant de jour en jour plus homogène.

Il laisse cependant apercevoir bien des lacunes, bien des imperfections, que nous n'avons pas voulu passer sous silence, dans l'espérance que la connaissance de ces lacunes et de ces imperfections suscitera chez les militants la volonté de travailler à les faire disparaître.

Certaines grèves tiennent dans ce rapport une place un peu longue, c'est à dessein que nous l'avons fait, dans l'espoir qu'elles éveilleraient une louable émulation à mieux faire. Nous estimons que l'éducation des militants syndicalistes doit surtout être faite des réflexions que suscitent les divers aspects de la lutte ouvrière. Quand les syndiqués posséderont une connaissance très claire de la technique des diverses méthodes de lutte, que peut emprunter le mouvement syndicaliste, ils deviendront plus habiles dans le maniement de leur arme d'attaque et de défense : les grèves seront alors beaucoup plus victorieuses.

Tel quel, le rapport forme un tout, résumant notre action au cours de ces deux dernières années ; c'est cette action que nous soumettons au jugement et à l'appréciation des organisations desquelles nous relevons.

Le Congrès du Havre nous dira si nous avons rempli, en conscience, le mandat qui nous avait été donné. Avec confiance, nous attendons son jugement.

Pour la Section des Fédérations Nationales :

LE SECRÉTAIRE : L. JOUHAUX.

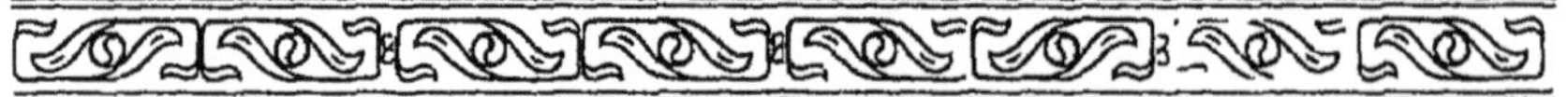

RAPPORT sur la délimitation des Fédérations

Le Congrès de Toulouse avait décidé la nomination par le Comité des Fédérations nationales, d'une Commission confédérale, chargée de délimiter les cadres de chaque Fédération.

Nommée, cette Commission vit surgir autour d'elle de nombreuses difficultés s'opposant à l'application de la décision de Toulouse. Les éléments précis d'interprétation faisaient défaut. Les règles générales rationnelles d'une organisation par industrie, telle que le veut la motion d'Amiens 1906, confirmée par celle de Marseille 1908, n'existent pas.

Continuer sa besogne sur le terrain des approximations dans les interprétations eût été pour la Commission dangereux ; ces décisions eussent pu être par certaines organisations taxées d'arbitraires, et rester de ce fait sans application. Ces conditions, jointes à la non-assiduité de certains membres aux séances de la Commission, firent que ladite Commission décida qu'un rapport sur la question de délimitation serait élaboré et soumis à l'approbation du Congrès confédéral du Havre. L'adoption de ce rapport par un congrès donnera à la prochaine Commission, pour en réaliser l'application, l'autorité qui faisait totalement défaut à la première.

Il est indiscutable que la fixation de règles générales d'organisation, en harmonie avec la forme d'action de nos Syndicats et les besoins des luttes ouvrières, est d'une impérieuse nécessité. Laisser plus longtemps les bases de l'organisation syndicale et fédérale au seul arbitre de la volonté des militants serait commettre une faute lourde et grave. En agissant de cette façon, nous risquerions de briser toute possibilité de cohésion et d'homogénéité dans notre mouvement. Si l'on tient compte que la cohésion est la condition essentielle qui doit présider à l'élaboration de tout grand mouvement national et international, chacun comprendra qu'il est temps d'en finir avec les décisions particulières se rapportant aux seules organisations intéressées et de prendre des résolutions d'ensemble, qui, s'incorporant dans les statuts confédéraux, feront pour l'avenir force de règlement. C'est dans cet esprit et pour réaliser ces fins que ce rapport vous est soumis.

Pour étudier la question des bases rationnelles de l'organisation par industrie, il faut l'envisager au point de vue général des idées et des principes ; il s'agit en même temps de rechercher quelles sont les conditions imposées à la classe ouvrière, de façon à bien discerner les moyens de lutte qui répondent le mieux aux conditions de travail.

Par le développement du machinisme, l'industrie se trouve être aujourd'hui la réunion de différents métiers, se subdivisant eux-mêmes en différentes spécialités. Ces diverses spécialités sont connexes, soit par l'emploi de la matière, soit par l'objet à confectionner.

Comme types de fédérations reposant sur la matière employée, citons les Métaux, les Cuirs et Peaux, etc. Comme types de fédérations reposant sur l'objet à confectionner, citons le Bâtiment, le Livre, etc.

La première forme fédérale est l'agglomération de professions manipulant des objets tirés de la même matière, ayant des destinations différentes ; exemple : les ouvriers fabriquant les compteurs à gaz, les ouvriers fabriquant les bicyclettes, les ouvriers puddleurs, les ouvriers lamineurs, etc.

La deuxième forme fédérale est le groupement de professions manipulant des objets de différentes matières, pour une même destination. Exemple : les maçons, les menuisiers, les peintres, les serruriers, dans le Bâtiment ; les typographes, les fondeurs, les imprimeurs, dans le Livre.

Avec la première forme fédérale, il n'y a pas liaison dans la production des différents métiers ; que la fabrication des compteurs à gaz s'arrête, celle des bicyclettes n'est pas atteinte. Avec la deuxième forme, au contraire, que les tailleurs de pierres arrêtent l'édification des murs, aussitôt, par répercussion directe, les autres catégories du Bâtiment sont touchées. Là réside la liaison dans la production, qui, à en juger par les grands conflits généralisés qui se sont produits, est une condition essentielle pour la lutte. Il est certain que la classification, si elle est simple dans le Bâtiment, est plus malaisée dans les Métaux. Aussi semble-t-il qu'une démarcation exacte, rationnelle, dans le recrutement des fédérations, est chose délicate.

Cependant, il convient de noter que la caractéristique du syndicalisme français est d'organiser les travailleurs en vue des conquêtes à réaliser et, par conséquent, des luttes à mener.

Sans rien vouloir modifier de ce qui existe présentement, il y aura lieu que le Congrès confédéral tienne compte de ce caractère du mouvement syndical français. Les décisions devront en être toutes entièrement imprégnées.

Certes, nous ne demandons pas au Congrès de décider des détails de l'organisation ; nous lui demandons simplement d'en fixer pour l'avenir, pour les fédérations à constituer ou pour les fusions futures les bases générales. Il est certain que les questions particulières relèveront toujours du jugement des Comités ou des Commissions qui les suppléeront.

L. Jouhaux.

RAPPORT MORAL
de la
Section des Bourses

Situation nette.

L'activité de la Section des Bourses, son développement normal, ses résultats n'ont qu'à être exposés pour que chacun puisse se rendre compte du travail accompli.

On conviendra, en constatant l'action faite, qu'il n'était guère possible de faire davantage avec les moyens et le personnel dont disposent actuellement la C. G. T. elle-même et le Comité de la Section des Bourses.

Pour cette fois encore, nous nous présentons heureusement au Congrès sans avoir eu à déplorer l'absence prolongée d'un membre du Bureau de la Section des Bourses.

Pourtant, l'emprisonnement de notre bon camarade Dumoulin, trésorier adjoint de la C. G. T., n'a pas été sans porter un rude coup aux moyens d'agitation, de propagande et d'action des membres du Bureau de la C. G. T. en général et de la Section des Bourses par répercussion

Ce fut une perte sensible que l'absence prolongée et qui dure encore, de ce fonctionnaire syndical nouveau, de ce militant précieux, qui fut adjoint directement à notre trésorier si chargé de besogne par l'institution et le fonctionnement des timbres confédéraux et des cartes. Et c'en fut une également pour les secrétaires qu'il aidait et suppléait si bien dans la besogne de propagande.

De plus, Dumoulin représentait au Comité des Bourses et au Comité confédéral deux Unions de Syndicats importantes.

Avec lui, et pour le même sujet, sous le même prétexte, la répression infâme des politiciens renégats, devenus ministres, atteignit aussi notre camarade Leroux, secrétaire de l'Union des Syndicats de l'Oise, et notre camarade Roullier, secrétaire de l'Union des Syndicats du Finistère. Ces trois camarades, ainsi que Broutchoux, n'avaient fait que seconder notre action de propagande contre la Vie chère.

Nous savons bien que nul militant n'est indispensable et, quand l'un disparaît, dix autres se présentent.

Mais ce serait nous illusionner à plaisir que de nier l'importance qu'il y a pour les organisations à conserver ceux qu'elles ont choisis, après avoir reconnu leurs capacités, leur courage, leur désintéressement, leur conviction syndicaliste. C'est le cas pour les amis dont nous parlons.

Mais, il faut en convenir, en ces temps de répression à outrance contre les ouvriers syndiqués ; en cette période de calomnie incessante d'une presse infâme contre nos militants, où s'ajoute encore une campagne inqualifiable de dénigrement aveugle ou systématique contre les fonctionnaires syndicaux, le découragement semble se mettre un peu partout.

C'est une besogne beaucoup plus difficile, beaucoup plus ingrate que jamais qui s'offre aujourd'hui aux militants et aux fonctionnaires du syndicalisme.

A cause de cela, les militants comme il en faut pour remonter un tel courant deviendront toujours plus rares. Il faut en tenir compte.

Le Comité des Bourses tient à le signifier au Congrès.

Sans plus de préambule, nous disons de suite que le Comité de la Section des Bourses se présente au Congrès sans aucune réticence, satisfait du travail accompli.

Notre journal *la Voix du Peuple* a, très exactement, donné des extraits de chacun des procès-verbaux des séances du Comité de la Section des Bourses.

Chaque organisation confédérée, pourvu qu'elle se soit conformée aux statuts confédéraux, en s'abonnant à *la Voix du Peuple*, a pu avoir connaissance de ces extraits de procès-verbaux et connaître, mois par mois, les discussions et les travaux du Comité de la Section des Bourses.

Si, comme c'est son devoir, chaque militant syndicaliste a tenu à suivre le mouvement d'action de la C. G. T. dans ses deux sections, il a pu se rendre compte, semaine par semaine, de l'agitation et de l'organisation faites.

C'est pourquoi le présent rapport ne peut-être, à ce point de vue, qu'une sorte de récapitulation.

Les Réunions du Comité.

Ainsi, en ce qui concerne les *présences*, les *excuses* et les *absences* des délégués à chacune de nos séances, les organisations intéressées ont pu elles-mêmes noter leurs observations et c'était à elles de se plaindre si elles trouvaient abusives les absences de leur délégué.

Donner ici le nombre de séances et indiquer en regard le nombre de délégués présents et le nombre d'organisations représentées nous semble donc suffisant. L'exposé en est facile et les chiffres ainsi donnés n'ont besoin d'aucun commentaire. Ils ont leur éloquence.

C'est donc du mois de juin 1910 au mois de juin 1912 qu'il nous faut donner ce tableau. Le voici :

DATES DES SÉANCES DU COMITÉ	NOMBRE DES DÉLÉGUÉS PRÉSENTS	NOMBRE DES ORGANISATIONS REPRÉSENTÉES
1910. — 22 juillet......	14 délégués.	20 organisations.
— 12 août	24 —	39 —
— 9 septembre..	22 —	31 —
— 11 novembre..	22 —	37 —
— 9 décembre..	50 —	78 —
1911. — 13 janvier	23 —	38 —
— 10 février.....	24 —	37 —
— 11 mars......	18 —	31 —
— 14 avril.......	3 —	4 —
— 12 mai.......	22 —	31 —
— 9 juin.......	5 —	6 —
— 21 juillet.....	28 —	42 —
— 8 septembre..	23 —	35 —
— 13 octobre....	20 —	20 —
— 10 novembre..	23 —	37 —
— 15 décembre..	26 —	43 —
1912. — 16 février.....	28 —	42 —
— 8 mars.......	24 —	31 —
— 10 mai........	13 —	22 —
— 14 juin.......	» —	» —

De cette nomenclature, il ressort des contrastes frappants dans le nombre des délégués représentant les Unions de Syndicats au Comité des Bourses.

Ainsi, la réunion du 22 juillet 1910 était composée de 14 délégués représentant 20 organisations. L'ordre du jour comportait cependant la lecture du rapport de la Section des Bourses pour le Congrès de Toulouse

Par une coïncidence étrange et incompréhensible, la réunion du 10 mai 1912 comportait également à son ordre du jour la question du rapport de la Section des Bourses pour le Congrès du Havre. Seulement 13 délégués composaient ce comité, y représentant 22 organisations.

Par contre, le 9 décembre 1910, le Comité se composait de 50 délégués, représentant 78 organisations. L'ordre du jour comportait la nomination du Bureau et des diverses commissions .

Le 14 avril 1911, le Comité ne put se tenir, avec 3 membres représentant 4 organisations. Mais, de cette réunion manquée, la responsabilité en incombe au secrétaire, qui ne fit pas insérer la convocation habituelle dans les journaux si rares qui veulent bien l'insérer. Il escompta trop que les délégués avaient dû prendre bonne note de la circulaire leur donnant la date des réunions ordinaires du Comité, qui se tiennent le second vendredi de chaque mois. Enfin, rien ne put souffrir de cette réunion manquée, l'ordre du jour ne comportant que la correspondance et les affaires courantes, auxquelles le secrétaire sut donner la suite qu'il convenait. Le 9 juin, pour les mêmes raisons, cinq délégués seulement furent présents. La réunion n'eut également pas lieu.

Le Comité de la Section des Bourses s'est réuni vingt fois.

Environ 25 à 30 délégués furent présents chaque fois, au lieu de 60 à 65 représentant 125 à 130 Unions qui auraient dû y être à chaque réunion.

Les délégués du Comité confédéral pouvant, statutairement, représenter jusqu'à trois organisations, c'est donc, parfois, du seul fait de l'absence d'un délégué, trois organisations qui sont absentes. Il est vrai qu'en compensation, trois délégués présents peuvent représenter près de dix organisations.

Les Unions de Syndicats comprendront que si, cette année, nous insistons sur l'exactitude de leurs délégués, c'est pour qu'elles veuillent bien, elles-mêmes, s'intéresser au travail du Comité, en correspondant régulièrement avec le militant qui les représente.

On pourra nous dire qu'il est un article des statuts qui stipule la radiation du délégué manquant trois fois consécutives sans excuses aux séances du Comité. Le Comité connaît cet article, mais s'il n'en fait point une rigoureuse application, c'est qu'il comprend que les délégués au Comité des Bourses sont presque tous des militants de leur organisation respective. Mais, nous le répétons, c'est aux Unions elles-mêmes à demander le remplacement de l'infidèle mandataire. Aussitôt, si elles ne peuvent y pourvoir elles-mêmes, une liste de candidats leur sera adressée, ainsi qu'il fut toujours fait, pour qu'elles choisissent un délégué nouveau et nous le désignent par son mandat régulier. Le Comité des Bourses reste donc ainsi ce que le font les Unions elles-mêmes.

Jusqu'à ce qu'un Congrès ait modifié le système de représentation au Comité des Bourses, nous aurons un grand nombre de délégués, parmi lesquels une faible moyenne auront à cœur d'être exacts aux réunions mensuelles.

Voici, en dehors des cas cités, les réunions qui n'eurent pas lieu et quels en furent les motifs :

En octobre 1910 : Congrès de Toulouse.

En août 1911 : Délégation du secrétaire à Budapest.

En janvier 1912 : Enquêtes en cours.

En avril 1912 : Délégation du secrétaire au Congrès du Bâtiment.

Nous croyons que la transformation heureuse qui s'opère d'elle-même, c'est-à-dire la formation multipliée d'Unions départementales, permettra bientôt à un Congrès prochain ou à une Conférence spéciale d'envisager la représentation directe de ces Unions départementales en des Conférences semestrielles d'abord, puis bientôt trimestrielles. Ce sera là, vraiment, un Comité de la Section des Bourses en rapport avec son importance fédérale, en harmonie avec son avenir confédéral.

Principales questions traitées au Comité.

Depuis le mois de juin 1910, nombreuses et diverses ont été les questions soumises par la correspondance elle-même des Unions de Syndicats au Comité de la Section des Bourses. Il serait fastidieux de les énumérer toutes. Relatons seulement les principales, en rappelant les décisions prises à leur sujet :

Avant le Congrès de Toulouse. — *Séance du 22 juillet 1912.* — Comme l'ont fait d'autres, avant et après lui, le camarade *Emile Dumas* nous fait part de sa démission de délégué de l'Union des Syndicats de *Commentry*, la motivant sur sa récente élection de député. — Nous sommes avisés de la disparition de la Bourse du Travail de *Levallois-Perret*, opérant sa logique fusion dans l'Union départementale des Syndicats de la *Seine*. — On nous confirme l'anéantissement de la B. du T.

de *Villeneuve-sur-Lot*. — La B. du T. d'*Orléans* devient l'Union départementale du *Loiret*. — La B. du T. d'*Aubusson* devient l'Union départementale de la *Creuse*, englobant ainsi les syndicats de *Bourganeuf* et *Guéret*. — Le représentant de l'Union départementale de l'*Oise* fait une proposition concernant la dotation de chaque B. du T. d'un Conseil judiciaire. Cette question, après discussion, est renvoyée au Congrès ou à la Conférence des Bourses.

Séance du 12 *août* 1910. — Le Comité envisage sérieusement la nécessité qui lui est démontrée, par une correspondance de *Bastia*, d'envoyer un délégué pour une tournée de propagande en *Corse*. — A propos de la formation d'une Union interdépartementale englobant *l'Ain*, le *Jura* et le *Doubs*, sous l'appellation d'Union interdépartementale *Ain-Franche-Comté*, le Comité constate qu'il y a un danger à cette extension exagérée et ne l'admet qu'à titre provisoire jusqu'à ce qu'il en soit discuté au prochain Congrès. — Discussion sur la tenue d'une Conférence des Bourses et ordre du jour possible de cette Conférence ; le Comité s'en réfère au lancement d'un référendum sur le sujet. — Décision est prise d'inviter la B. du T. de Reims à accepter le Syndicat des Métallurgistes, qui est fédéré et conforme aux décisions du dernier Congrès.

Séance du 9 *septembre* 1910. — L'Union départementale du *Finistère* donne au Comité des renseignements sur sa situation meilleure, si éprouvée de 1906 à 1908. — L'Union départementale de la *Gironde* prie qu'on ne la confonde pas avec la B. du T. de Bordeaux et informe de la campagne qu'elle entreprend sur la cherté des vivres. — De *Périgueux*, on donne espoir d'une Union départementale prochaine de la *Dordogne*. — Il est donné connaissance de la circulaire-référendum concernant la Conférence des Bourses et le résultat en est aussi communiqué. Le Comité s'en trouve satisfait et, conformément à ce résultat, la Conférence des Bourses est décidée pour l'issue du Congrès de Toulouse.

Après le Congrès de Toulouse

Séance du 11 *novembre*. — Il est surtout constaté de nombreux renouvellements de mandats des délégués au Comité des Bourses. — Le secrétaire informe le Comité que le rapport de la Section des Bourses n'a donné lieu à aucune discussion et que les rapports, en général, ont été adoptés, sauf quelques critiques particulières de deux personnalités : l'un s'est plaint de l'accueil qui lui fut fait au bureau de la C. G. T. : l'autre s'est plaint de ce que furent fidèlement exécutées les décisions prises à Marseille. Pour la Conférence des Bourses, le secrétaire apprit au Comité le travail consciencieux et méthodique qui y fut entrepris, quoique hâté subitement par la déclaration de la grève générale des Cheminots.

Séance du 9 *décembre* 1910. — Un grand nombre de délégués sont présents, car l'ordre du jour comporte les élections du Bureau et des Commissions. — Mais, avant de procéder à ces élections, le Comité apprend que le secrétaire a fait le nécessaire pour assurer la défense et le secours à donner au camarade Le Gall, de Brest, poursuivi pour un discours prononcé à *Lorient*, au nom de la C. G. T. — *Charleville* propose une grève de protestation en faveur du malheureux *Durand*. — Le Comité discute la proposition d'un de ses membres concernant les relations à établir entre *syndiqués et soldats*. Le Comité est d'avis d'étudier le moyen d'obvier à l'interdiction aux soldats de fréquenter les Bourses du Travail. — On vote par bulletins signés pour l'élection du *Bureau : Yvetot* est élu comme *secrétaire*, par 86 voix et 8 abstentions ;

Lenoir est élu comme *secrétaire adjoint*, par 83 voix et 11 abstentions. Ni l'un ni l'autre n'avaient de concurrents. — On vote pour la *Commission de la Grève générale*. Sont élus : *Charlier* (Lucien), *Dret* (Henri), *Lemoux* (Armand), *Thuilier*, *Dumoulin* et *Lapierre*. — On vote pour la *Commission de la « Voix du Peuple »*. Sont élus : *Beausoleil*, *Séné*, *Capy*, *Robert*, *Merrheim* et *Jouteau*.

Séance du 13 janvier 1911. — Le Comité est appelé à se prononcer sur la question de savoir si le secrétaire peut ou ne peut pas se rendre à une invitation qui lui est faite par un groupe de syndicalistes révolutionnaires de *Roubaix* et la protestation faite par l'Union des Syndicats de *Roubaix*, lui contestant ce droit. Le Comité laisse au secrétaire le soin de pourvoir au nécessaire selon les événements, pour arriver à une solution amiable.

Séance du 10 février 1911. — Le Comité envisage la possibilité d'un rapprochement entre les syndicats désunis de Toulon et le secrétaire estime possible une heureuse solution par la tenue d'un Congrès des Syndicats du Var, constitués en Union départementale. — Du fait que la B. du T. d'*Angoulême* vient de subir un brutal retrait de subvention et que, d'autre part, le Syndicat de l'Etablissement de *Ruelle* est isolé de toute Union, il résulterait une heureuse compensation si le Syndicat de Ruelle adhérait à l'Union des Syndicats d'*Angoulême*. Mais cela se peut faire de façon normale si les syndicats d'*Angoulême*, formés en Union départementale de la *Charente*, peuvent englober tous les syndicats du département. Le Comité encouragera cela par l'intermédiaire de son secrétaire. — *Calais* occupe longuement le Comité : un syndicat de tullistes est seulement adhérent à l'Union des Syndicats ; un autre syndicat semblable est seulement adhérent à sa fédération d'industrie. Le Bureau devra faire au mieux pour que cesse cette anomalie. — *Limoges*, conformément au vœu émis à la Conférence des Bourses, fait parvenir son état financier. — *Bayonne* devient Union départementale des *Basses-Pyrénées*. — Le cas *Roubaix* revient en discussion. Il est décidé que les fonctionnaires confédéraux sont à la disposition des organisations confédérées, après avis ou sous réserves d'approbation du Comité. Ils sont libres aussi d'aller à d'autres réunions, mais à titre personnel.

Séance du 10 mars 1911. — *Nevers* demande la reprise de l'agitation pour la *Cherté des vivres*. — Le délégué de *Constantine*, au nom de sa B. du T., insiste pour l'agitation à faire en faveur de l'*application des lois ouvrières à l'Algérie*. On s'en réfère à la décision du Comité, qui doit organiser une tournée en Algérie et en Tunisie, aussitôt que les fédérations auront répondu comment elles entendent participer aux frais de cette tournée. — De *Béziers*, on nous parle des difficultés surgissant entre les syndicats horticoles et les autres syndicats. De la discussion, il ressort que si, dans l'Hérault, se formait une Union départementale, ces difficultés disparaîtraient. — On décide une *circulaire aux Bourses concernant les soldats*.

Séance du 12 mai 1911. — Le secrétaire démontre l'impossibilité dans laquelle il se trouve de satisfaire à toutes les demandes de délégations qui lui sont faites. — Invitation du Syndicat des Chemins de fer à lancer une circulaire aux B. du T. en faveur des meetings du 6 mai. Le nécessaire a été fait. — Renseignements sur la possibilité de fonder une Union départementale du *Pas-de-Calais*. — Renseignements sur *Calais* et sur *Bayonne*. — De *Toulon*, bonnes nouvelles : *La Seyne est*, paraît-il, sur le point d'adhérer à l'Union départementale du *Var*. — *Bastia* se plaint du manque de propagande. — A *Mantes*, une Union locale se forme et des renseignements lui sont expédiés. Il est rappelé que l'Union des Syndicats de *Seine-et-Oise* englobera les syndicats de *Mantes*. C'est compris ainsi. — Il est décidé que le secrétaire ira à *Toulouse* pour la propagande et pour la confection de la brochure. — *Circulaires aux Bourses concernant les soldats*. Réponses faites.

Séance du 21 juillet 1911. — Le Comité se rend compte de l'inexactitude des délégués aux séances du Comité. — On reparle de la *Circulaire aux soldats*. — On envisage la nécessité d'une circulaire encourageant à l'agitation pour l'*application des lois ouvrières à l'Algérie*. — On envisage aussi le lancement d'un questionnaire sur le *Travail des femmes*.

Séance du 8 septembre 1911. — *Cholet* donne sa démission pour conserver une misérable subvention. — Il est décidé que *Pau* devra se rallier à l'Union départementale des *Basses-Pyrénées*. — Un ordre du jour des *P. T. T. de Vannes* est communiqué s'opposant au fameux ordre du jour des *P. T. T. de Lorient*. — Le cas de *Lille* occupe le Comité. — Il est longuement discuté sur le non fonctionnement du *Comité de la Grève générale*. Comme il est démontré que ce Comité ne peut fonctionner faute de permanent et que ce permanent ne peut exister faute d'argent, un délégué dit qu'il n'en serait pas de même si les Unions et surtout les Fédérations payaient exactement pour leur nombre d'adhérents. On renvoie cette question au Comité confédéral.

Séance du 13 octobre 1911. — Encore le cas de *Lille*. — Lecture des circulaires : 1° Sur le *Travail des femmes* : 2° Sur l'*Application des lois ouvrières aux colonies* ; 3° Pour le *Sou du Soldat*. Elles sont toutes trois approuvées.

Séance du 10 novembre 1911. — On revient sur les circulaires ; il est laissé au secrétaire le soin de les lancer au moment qui lui semblera le plus opportun pour qu'elles ne se nuisent pas l'une à l'autre et que les résultats en soient meilleurs par les réponses plus nombreuses. — Il est décidé une autre circulaire relative aux *Unions départementales*. — Le Comité est mis en présence du chiffre exact des timbres pris par les Unions pour leurs adhérents. Il est décidé de faire paraître cette énumération suggestive dans *la Voix du Peuple* et de demander au Comité des Fédérations de faire de même.

Séance du 15 décembre 1911. — Il est donné connaissance des réponses reçues, relatives à la circulaire du *Sou du Soldat*. Une discussion a lieu et se termine par la décision d'une circulaire nouvelle. — On précise la façon de travailler du Comité sur les réponses obtenues aux questionnaires divers lancés dans les Unions de Syndicats.

Séance du 16 février 1912. — Une discussion très sérieuse et très intéressante, sur les sections de syndicats, est close par le renvoi de la question au Comité confédéral, parce que les fédérations sont également intéressées. — Discussion sur la *Loi de dix heures* et la campagne de la C. G. T pour la *semaine anglaise*.

Séance du 8 mars 1912. — Longue discussion sur les *huit heures et la semaine anglaise*.

Séance du 10 mai 1912. — On réitère la demande d'un délégué en Algérie. C'est *Bône* et *Oran* qui font ressortir la nécessité d'une propagande de laquelle résulterait la création de syndicats et se renouvellerait la vitalité quasi-perdue de ceux qui existent.

Le secrétaire donne les grandes lignes de son *rapport fédéral* et quelques indications lui sont données concernant les Unions départementales.

Elle tendait à la suppression totale des Conférences des Bourses. Là-
On invite le secrétaire à tenir compte de la nécessité de mettre des permanents à la tête des Unions départementales.

Séance du 14 juin 1912. — La lecture du rapport du Comité fédéral des Bourses pour le Congrès du Havre est la principale question à l'ordre du jour.

***

Tel fut, *grosso modo*, l'emploi des séances de chacune des réunions tenues par le Comité de la Section des Bourses. On avouera qu'il n'y eut point de temps perdu et que si, chaque fois, les membres du Comité avaient pris à cœur de s'intéresser à ces questions, la vitalité de la Section des Bourses ne s'en fût pas trouvée plus mal et l'efficacité de son action ne s'en serait pas moins affirmée, au contraire. Mais la faute n'en est-elle pas, d'abord, aux Unions de Syndicats, qui n'ont pas assez de souci de se faire mieux représenter ou, tout au moins, avec plus d'exactitude ?

Application des décisions du Congrès et des Conférences.

A la Conférence des Bourses qui suivit immédiatement le Congrès de Toulouse et où 104 Unions étaient représentées par 90 délégués, on dut précipiter les travaux. Cependant, d'importantes décisions furent prises. Il appartenait au Comité de la Section des Bourses de les mettre en application autant qu'il était possible.

Rappelons donc très brièvement ce qui fut décidé à l'issue des discussions sur chacune des questions à l'ordre du jour :

L'Application des lois ouvrières à l'Algérie. — C'est d'abord un vœu émis au nom des Bourses du Travail ou Unions de Syndicats d'*Alger*, *Oran*, *Bône* et *Constantine*, concernant l'*Application des lois ouvrières à l'Algérie.* — C'est ensuite une question préjudicielle proposée par Niel, soutenue par Cleuet, et combattue par Géroms, Klemczynski et Yvetot. dessus, la Conférence des Bourses se mit d'accord pour se prononcer en faveur de Conférences extraordinaires des Bourses et des Fédérations plus fréquemment tenues.

Accidents du travail. — L'ordre du jour appelant la question des *Accidents du travail*, une commission fut désignée qui présenta un rapport qui concluait à l'installation de Conseils judiciaires à côté des cliniques, les deux institutions sous le contrôle rigoureux et sous la responsabilité morale des Bourses du Travail ou Unions de Syndicats.

Viaticum. — La question du viaticum fut renvoyée à la prochaine Conférence extraordinaire des Bourses et Fédérations décidée.

Unions départementales. — Pour l'importante question des *Unions départementales*, une commission fut nommée.

Cette Commission des Unions départementales fournit un rapport duquel nous parlons plus loin.

Il en fut de même pour les écoles syndicales.

Subventionnisme et Coopératisme. — Pour l'indépendance des Bourses ou Unions, le rapport fourni sur la question concluait à la formation de coopératives syndicales de consommation, dont une partie des dividendes seraient affectés à l'édification de Maisons du Peuple.

La résistance dans les grèves. — La Conférence adopte un projet de réglementation des secours à envoyer aux grèves.

Jeunesses syndicalistes. — La discussion se termina sur cette question par un encouragement aux Bourses ou Unions qui aident ces intéressants groupements d'avenir à continuer et à celles qui ne l'ont pas fait encore de l'entreprendre.

*
* *

Voyons maintenant comment furent appliquées par le Comité des Bourses les décisions prises à cette Conférence.

Application des Lois Ouvrières aux Colonies.

C'est le camarade Pochat, de la B. du. T. de Constantine, qui avait déposé, à la Conférence des Bourses de Toulouse l'ordre du jour suivant, qui fut adopté :

« La Conférence des Bourses, au début de sa première séance, proteste énergiquement contre la non application à l'Algérie des lois dites ouvrières, principalement celle du 9 avril 1898 sur les accidents du travail ;

« Engage toutes les Bourses ou Unions, enfin toutes les organisations syndicales adhérentes à la C. G. T., à réclamer avec insistance, dans un esprit de solidarité, que les travailleurs de la colonie algérienne soient traités de la même façon que ceux de la Métropole, et les engage à faire de l'agitation jusqu'à satisfaction. »

Cet ordre du jour fut présenté au nom des syndicats adhérents aux B. du T. d'Alger, Oran, Bône et Constantine.

Le Comité des Bourses, avant même que ne soit parue la brochure du Congrès et de la Conférence de Toulouse, discuta sérieusement sur l'urgence qu'il y avait de faire enfin aboutir le vœu si naturel de l'application des lois ouvrières à l'Algérie.

Mais le Comité ne borna pas la revendication si légitime des travailleurs de l'Algérie à leur colonie seulement : il l'étendit à toutes les colonies. A cet effet, il décida d'adresser une circulaire aux organisations existantes dans les colonies intéressées. Cela devait précéder la tournée de propagande en Algérie et Tunisie envisagée par le Comité confédéral. Puis, à toutes les Unions de Syndicats adhérentes à la Section des Bourses fut adressée la circulaire suivante :

CONFEDERATION GENERALE DU TRAVAIL

Pour l'application des Lois Ouvrières

Aux fonctionnaires syndicaux et aux militants des Unions de Syndicats,

Chers camarades,

A la suite de nos derniers Congrès confédéraux, les Conférences ordinaires ou extraordinaires des Bourses ou Unions de Syndicats émirent des vœux et prirent des décisions qui paraissent n'avoir été que platoniques. C'est surtout en ce qui concerne l'application des lois ouvrières à l'Algérie et aux colonies.

Il ne faut pas que ces vœux et ces décisions restent plus longtemps sans résultats.

Il faut que la législation ouvrière soit intégralement appliquée à tous les travailleurs qui sont astreints à observer les lois qui régissent le pays où s'exécutent leurs travaux et dont bénéficient les actionnaires et les entrepreneurs de ce pays.

Trop médiocre déjà est l'efficacité de chacune de ces lois « dites ouvrières » pour qu'il soit fait plus longtemps exception à leur application pour une certaine catégorie de travailleurs. C'est une odieuse anomalie qui doit cesser.

Nous ne doutons pas de la bonne volonté que vous manifesterez avec nous pour qu'aboutisse enfin notre vœu depuis si longtemps exprimé.

La loi de réduction des heures de travail, la loi de prud'homie, la loi sur les accidents du travail et surtout celle sur les syndicats professionnels et tant d'autres qui ne sont pas applicables aux travailleurs des colonies doivent leur être appliquées de façon intégrale comme aux travailleurs de la Métropole.

Nous devons donc commencer une campagne dans ce sens et la poursuivre avec ténacité jusqu'à satisfaction. C'est à cela que le Comité de la Section des Bourses convie les militants syndicalistes. Il dépend de notre volonté et de notre énergie pour que les exploités des colonies ne soient pas en dehors d'une législation nationale dont leurs exploiteurs profitent.

Nous comptons sur vous, chers camarades, pour nous dire ce que vous pourrez faire dans votre localité avec vos organisations et vos adhérents en vue de prompts résultats. Veuillez nous tenir au courant de vos efforts.

Bon courage et fraternels saluts.

Pour le Comité de la Section des Bourses :

Le secrétaire, G. Yvetot.

Par un rapport spécial, nous donnerons au Congrès ou, s'il y a lieu, à la Conférence des Bourses qui le suivra, les résultats obtenus. Nous montrerons ainsi que le Comité de la Section des Bourses, ayant à cœur de faire aboutir une aussi simple et aussi naturelle revendication, commune à tous les travailleurs des colonies, sut faire tout ce qu'il fallait pour y réussir. On constatera, de bonne foi, que si les résultats n'ont pas répondu aux légitimes espoirs, aucun reproche n'en peut être fait au Comité des Bourses.

La suppression des Conférences.

Si, par cette question, quelques délégués ont pu croire, à Toulouse, qu'il y aurait là un acheminement certain vers la possibilité prochaine de poser une autre question, comme celle — si étrange — de la suppression de la Section des Bourses, ils peuvent, aujourd'hui, s'apercevoir que c'est un résultat contraire à leurs espoirs qui s'est produit.

En effet, non seulement la Conférence des Bourses tenue à Toulouse fut un bel exemple par sa tenue, par sa brièveté, par le sérieux et la compétence des discussions aussi bien que par les résultats qui en découlèrent, mais encore elle fut une application immédiate de la bonne méthode à suivre.

L'année suivante, se tinrent, à Paris, deux Conférences extraordinaires, l'une en juin, l'autre en octobre 1911.

La Conférence Extraordinaire

DES 22, 23 et 24 JUIN 1911

Cette Conférence extraordinaire de juin 1911 fut la première qui concordait avec la résolution adoptée à notre Conférence des Bourses de Toulouse en 1910.

Pour la seconde fois, des délégués des Unions de Syndicats ou Bourses du Travail et des délégués de Fédérations nationales se réunissaient, discutaient, s'entendaient et aboutissaient à des résolutions, dont la mise en pratique s'imposait.

Toute la tâche assignée à cette Conférence extraordinaire par le Congrès de Toulouse fut faite et bien faite. Les Unions de Syndicats y furent en évidence. On ne put nier leur nécessité ; on ne put contester leur influence. Il faut bien le reconnaître ; elles sont aujourd'hui indispensables.

Sur la question des *retraites ouvrières*, sur la question du *viaticum*, on ne put faire autrement que de se reposer sur les Unions de Syndicats.

Aussi, quels que soient les secrets mauvais désirs de quelques militants, auxquels l'esprit fédéraliste est étranger, les Unions de Syndicats s'affirmeront toujours et partout, en toutes occasions, comme les organisations donnant au Syndicalisme français son originalité salutaire et lui assurant un avenir d'indépendance et de force jusqu'ici inconnu ailleurs qu'en France.

Il est inutile de nous étendre davantage sur les travaux de cette Conférence extraordinaire de juin 1911. Une brochure en a donné le compte rendu qui doit être entre les mains de chaque militant.

La Conférence Extraordinaire

D'OCTOBRE 1911

Quelques mois plus tard, le 1er octobre 1911, en présence des événements graves qui se produisaient en France, une Conférence extraordinaire des Unions de Syndicats et des Fédérations fut convoquée.

La situation était critique et la classe ouvrière allait peut-être avoir à s'affirmer. Aussi, très nombreuses furent les Unions représentées directement.

En effet, de toutes parts, des symptômes très graves préludaient à l'imminence d'une guerre européenne. Il fallait savoir ce que la C. G. T. tenterait pour empêcher une telle calamité.

D'un autre côté, les événements intérieurs et journaliers de la Vie chère exigeaient également que la C. G. T. prenne une attitude de défensive et de prévoyance.

Nous ne dirons pas les discussions, nous ne répéterons pas les résolutions prises. Une brochure compte rendu les a énumérées, le rapport du camarade Jouhaux les rappelle. Mais ce que nous dirons et répèterons encore ici, c'est que, pour s'affirmer en toutes circonstances, le Prolétariat ne peut le faire efficacement sans le concours précieux, indispensable, des Unions de Syndicats.

Il le sait, il le comprend de mieux en mieux, à mesure que se multiplient, se développent et se perfectionnent ces Unions de Syndicats divers, incomparables pépinières de militants, véritables couveuses de syndicats nouveaux.

Les Unions départementales.

S'il est une question d'organisation qui ait absorbé les séances et alimenté les discussions du Comité de la Section des Bourses, c'est bien cette question des Unions départementales. Elle est, d'ailleurs, assez importante pour que le Comité de la Section des Bourses ne regrette point ce qu'il a pu passer de temps à s'en occuper.

C'est à lui, en effet, qu'il appartenait d'envisager avec des éléments à l'appui, les avantages de cette forme nouvelle d'organisation qui s'impose d'elle-même, qui s'effectue dans ce qu'elle a de meilleur pour l'organisation syndicale, sans la moindre obligation, sous l'influence d'aucune menace de rigueur réglementaire quelconque, mais simplement par le besoin local, par la logique organique de la propagande et de l'action, et en pleine autonomie.

La Conférence de Toulouse, qui n'eut pas le temps nécessaire pour discuter en pleine séance une question aussi importante, avait désigné une Commission qui la discuta plus amplement.

Les camarades Klemczynski, pour l'Ain-Jura, Lapierre, pour Seine-et-Oise et Laurens, pour la Manche, furent les signataires avec le camarade Yvetot du rapport sur la question des Unions départementales.

Il n'est peut-être pas inutile de rappeler ici à quelles résolutions aboutissait ce rapport. Voici cette conclusion :

« La Conférence ne peut que constater l'existence d'un fait correspondant au développement de l'organisation et de l'action syndicales.

« A titre d'indication, elle demande, dans l'intérêt général :

« 1° Que les Unions locales ne soient point sacrifiées et puissent se mouvoir librement dans ces rouages nouveaux, dont la formation actuelle est transitoirement respectée

« 2° Que des Congrès régionaux fréquents, composés des Unions, Bourses et Syndicats isolés aient lieu, aux fins d'étudier les meilleures conditions de groupement et les limitations raisonnables des Unions régionales, en tenant compte, pour leur fonctionnement, des causes économiques, morales et pratiques dont les intéressés sont les meilleurs juges.

« 3° Que les militants de ces Unions, ainsi que les auteurs des projets, expliquent dans *la Voix du Peuple* les raisons justifiant leurs initiatives et les résultats qu'elles déterminent.

« 4° Ces données permettront une étude plus approfondie du problème de laquelle surgiront les solutions les plus en harmonie avec l'unité toujours plus souple et plus sûre de notre Confédération générale du Travail, ainsi utilement et normalement décentralisée suivant les principes qu'elle s'est constitués, formant un logique contre-poids au centralisme obligatoire de lutte des Fédérations Nationales d'industries.

« Elles favoriseront et maintiendront le principe fédéraliste du syndicalisme, surtout en sachant toujours plus et mieux, et de leurs propres moyens, rendre indépendantes les Unions de Syndicats. »

A cela, sur la proposition du camarade Constant, délégué de l'Union départementale du Loiret, il fut ajouté :

« Que le Comité des Bourses établisse une géographie confédérale, en s'inspirant des formations prises et de celles que peuvent guider la structure économique de la France et des Colonies. »

Eh bien ! le Comité s'est conformé, autant qu'il a pu, à ces vœux exprimés par la Conférence des Bourses de Toulouse.

Les Unions locales n'ont point été sacrifiées. Au contraire. Le Comité a toujours fait le possible pour que ce soient les Unions locales d'un même département qui, réunies en Congrès, décident elles-mêmes du principe et de la formation d'une Union départementale.

Nombreux ont été les Congrès départementaux qui se sont tenus en ces deux années écoulées depuis la Conférence de Toulouse. A Chacun de ces Congrès, le Comité s'est intéressé. Il n'est pas un de ces Congrès qui n'ait eu satisfaction à sa demande d'un délégué de la C. G. T. quand c'était possible. Pour sa part, le secrétaire de la Section des Bourses y sut employer une bonne partie de ses dimanches, et ses conseils furent partout les bienvenus pour la formation ou la prospérité des Unions départementales. On l'a pu constater en lisant les comptes rendus de ces Congrès départementaux dans la *Voix du Peuple*, où ils reçurent la plus large hospitalité.

C'est encore en s'inspirant de ces vœux de la Conférence de Toulouse et en se rendant compte de l'importance toujours plus grande des Unions départementales que le Comité, par l'intermédiaire de son secrétaire, fit circuler une petite *Notice*, donnant d'une façon assez claire, quoique sommaire, tous les renseignements et énumérant tous les avantages des Unions locales et des Unions départementales et en expliquant leur fonctionnement.

Et c'est dans le même esprit fédéraliste, dans la même intention d'organisation syndicale simple et décentralisatrice, que le Comité de la Section des Bourses approuva la confection et l'envoi de la circulaire suivante, dont un Rapport spécial dira les résultats :

CONFEDERATION GENERALE DU TRAVAIL

SECTION DES BOURSES

Aux Camarades Secrétaires et Militants de l'Union des Syndicats,

Camarades,

Vous n'avez pas été sans vous apercevoir avec quelle facilité, en pleine indépendance, sans obligation, sans heurts, se sont formées, un peu partout, les Unions départementales, se substituant aux si nombreuses Unions locales adhérentes à la Section des Bourses. Ces Unions départementales sont une forme nouvelle et élargie de l'organisation. Aujourd'hui, l'on connaît les résultats, les avantages ou les désavantages de ces Unions départementales qui se sont imposées et qui, juqu'à présent, ne se sont aucunement départies des principes fédéralistes jalousement conservés à la C. G. T. (Section des Bourses, comme ils le furent autrefois à la Fédération des Bourses.

Nous croyons donc pouvoir établir leur utilité. Pour cela, il est nécessaire que vous consentiez à nous répondre au plus tôt aux questions ci-contre.

Avec l'espoir que vous vous empresserez de nous faire parvenir au plus tôt ce questionnaire avec les réponses aux questions qui vous intéressent, agréez, chers camarades, mes remerciements et mes fraternels saluts.

Pour le Comité de la Section des Bourses :

Le Secrétaire : Georges YVETOT.

QUESTIONNAIRE

1. a) *Votre Bourse du Travail locale a-t-elle fait place à une Union locale de Syndicats divers?*
   b) *Depuis quand?*
   c) *Quels furent les avantages ou les inconvénients de cette transformation?*
2. *Votre Union locale est-elle fusionnée ou adhérente à une Union départementale?*
   a) *Sous quelle forme?*
   b) *Depuis quand?*
   c) *Quels sont les avantages ou inconvénients matériels et moraux qu'en a retiré la propagande syndicale?*
3. *Si votre Union locale ou Bourse du Travail est demeurée dans sa forme primitive, n'espérez-vous pas la transformer prochainement en Union départementale?*

   Pourquoi?

   Comment?

OBSERVATIONS :

Veuillez ajouter aux réponses bien claires et bien détaillées que nous attendons de vous toutes les observations et tous les renseignements que vous croirez utile d'y joindre.

L'enquête que nous faisons auprès de vous est importante et mérite toute votre attention.

Enfin, tout ce qui fut utile à la libre extension de cette forme salutaire d'organisation fit l'objet de l'attention la plus sérieuse du Comité de la Section des Bourses

Aussi, pouvons-nous enregistrer des résultats déjà satisfaisants.

Mais, il y a peut-être un danger?

Ce ne sont pas précisément les Unions départementales qui offrent un danger. Ce n'est pas même leur extension à quelques régions environnantes quand c'est absolument indispensable.

Ce qui offre un danger, c'est l'incompréhension qu'ont certains militants de ce que peut et de ce que doit être une Union départementale. C'est encore la dangereuse et néfaste manie qu'ils semblent avoir d'englober plusieurs départements dans une même Union. Nous savons bien que cela s'est produit, par exception, avec l'autorisation du Comité des Bourses. Mais une exception ou deux ne font que confirmer la règle. Encore n'était-ce qu'à titre provisoire que le Comité dut tolérer la formation d'une Union comme celle d'Ain-Franche-Comté. Ce fut avec l'espoir que l'Union départementale du Jura s'instituerait bientôt et, peut-être aussi, celles de l'Ain et du Doubs.

Aussi, est-ce le devoir du Comité, qui discuta souvent de tels cas, de demander au Congrès ou à la Conférence prochaine de vouloir bien indiquer dans les statuts confédéraux qu'aucune Union départementale ne pourra s'étendre au delà de son département sans en référer au Comité des Bourses, lequel examinera les motifs présentés pour cette extension anormale et ne l'autorisera jamais autrement qu'à titre provisoire et dans un but de propagande certaine et immédiate.

De même, il sera utile que le Congrès ou la Conférence indique l'utilité qu'il y a d'établir des relations étroites entre les militants et fonctionnaires des Unions locales et départementales avec les militants et fonctionnaires des Fédérations nationales.

Il faut que les militants des Fédérations, qui ont bien raison de ne penser qu'à l'extension, à l'organisation, à la perfection de leur Fédération, n'aillent pas jusqu'à vouloir méconnaître ou feindre d'ignorer les Unions locales ou départementales, qui leur seront toujours d'une si grande utilité pour le recrutement de leurs Syndicats, pour l'éducation des adhérents de ces Syndicats et pour leur maintien dans la voie si large du syndicalisme et non du corporatisme, du fédéralisme et non du centralisme.

C'est à cela que continuera de travailler avec persévérance le Comité de la Section des Bourses. C'est à cela que le Congrès et la Conférence l'encourageront, nous en sommes persuadés.

Nous laissons aux lecteurs de notre Rapport et à ceux qui le discuteront le soin de se reporter au tableau des Unions contenu dans le rapport financier du trésorier de la C. G. T. Ils y verront les progrès réalisés. Ils y constateront les résultats de l'organisation nouvelle des Unions départementales et nous sommes certains, au Comité des Bourses, qu'ils applaudiront à notre façon de penser et d'agir sur cette question.

Ceci dit, nous pourrons bientôt faire le tableau comparatif de nos Unions locales et départementales. On verrait mieux ainsi quels progrès se réalisent sans obligations et sans heurts par notre système fédéraliste de la Section des Bourses.

C'est au Congrès ou à la Conférence des Bourses de dire si le Comité eut raison d'agir dans un sens de liberté relative plutôt que dans un sens de rigoureuse réglementation.

Subventionnisme.

Pour la question des subventions, nous avons trop dit ce que nous en pensions, le Comité a trop souvent manifesté sa joie d'apprendre le retrait de subvention à une Bourse du Travail pour que nous ayons à nous étendre encore sur ce sujet. On connaît, à cet égard, les sentiments du Comité. D'ailleurs, c'est le danger des subventions qui aida beaucoup à l'éclosion des Unions de Syndicats. C'est au nom du Comité de la Fédération des Bourses, en 1901, que fut préconisée, au Congrès de Nice, l'institution des Unions locales à substituer aux Bourses du Travail, édifices municipaux, considérés dès lors comme de simples abris et non comme des Maisons du Peuple.

Depuis, toujours furent encouragées et soutenues par le Comité les Unions de Syndicats se rendant indépendantes de tous concours étrangers.

Coopératisme.

Bien que la question n'ait pas encore tenu la place qu'elle mérite dans l'organisation syndicale, nous savons qu'il faudra bien un jour ou l'autre aborder, discuter, solutionner cette importante question d'administration et d'éducation essentiellement économique. Il faudra bien que cette branche d'activité sociale devienne pour les travailleurs une branche de salut. C'est par le Coopératisme ramené à sa raison d'être, orienté dans une voie qu'il n'aurait jamais dû quitter, vers un but qu'il a oublié trop facilement, que les ouvriers syndiqués trouveront les ressources nécessaires à leur venir en aide dans l'action et à édifier graduellement les Maisons du Peuple de l'avenir.

Depuis trop longtemps, cette forme économique d'émancipation a été laissée aux mains de mauvais coopérateurs, manquant d'idéal. Il faut que la coopération ouvrière alimente l'action syndicale, soit le refuge de vrais militants ayant les qualités qui sont l'apanage des militants convaincus et non des commerçants.

Pourtant, si le Comité de la Section des Bourses semble ne s'être que très peu préoccupé des résolutions de la Conférence des Bourses de Toulouse concernant la coopération, nul ne peut dire qu'il y soit resté indifférent. Loin de se montrer adversaire du coopératisme, le Comité, ses militants, son secrétaire ont partout encouragé ce moyen et dit en toutes circonstances ce qu'on en pouvait attendre de bon.

Si le Congrès ou la Conférence du Havre décident davantage en faveur de cette question économique, le Comité de la Section des Bourses saura faire de son mieux pour rattraper le temps perdu.

Les Ecoles Syndicales.

Cette intéressante question en est restée là. Des rapports et des vœux : rien de plus. Le Comité attend que les Unions apportent quelque chose de mieux et il s'en réfère à elles pour la besogne à accomplir dans cette voie. Le Comité a suffisamment démontré quel intérêt il portait à cette question pour qu'on ne puisse douter qu'il s'attache avec plaisir à toute nouvelle solution qui pourra lui être proposée.

Les Jeunesses Syndicalistes.

Plus particulièrement encore, c'est là une question qui intéresse les Unions de Syndicats. Elles auront, par ces groupements de jeunes ouvriers, un noyau de militants futurs, une réserve de propagandistes. On ne peut dire, et d'ailleurs ce serait inutile, tout ce qu'il y a de bon à attendre des Jeunesses syndicalistes.

Aussi, la Conférence des Bourses de Toulouse, encourageant les Unions à accepter les Jeunesses dans leur sein et à en créer si elles n'en ont pas, fut bien avisée. Quant au Comité, par l'intermédiaire de son secrétaire, il ne négligea aucun conseil qui puisse aider à l'entretien ou à la création de Jeunesses syndicalistes.

Viaticum.

Pour cette fois, le viaticum ne figure pas au Rapport du Comité de la Section des Bourses.

En application de la décision prise par la Conférence de juin, le Comité n'eut plus à s'occuper de cette question.

C'est notre trésorier qui voulut bien assumer toute la tâche d'organisation du système nouveau — qui n'est qu'un essai. C'est donc au Rapport financier qu'il faut se reporter pour examiner quelle forme nouvelle pourra prendre le viaticum, en jugeant des résultats obtenus par le système provisoire.

*
* *

Ainsi furent suivis, résolus, mis en pratique, par le Comité des Bourses, tout ce que la Conférence des Bourses de Toulouse avait émis de vœux, de résolutions, de décisions.

Mais le Comité des Bourses ne limita pas là son action.

Le travail des femmes.

Le Comité de la Section des Bourses, en présence de la situation déplorable faite aux malheureuses exploitées par un patronat sans entrailles, résolut d'étudier la question si grave et si complexe du travail féminin. Avant toute chose, il voulut se documenter, et c'est dans ce but que son secrétaire lui fit approuver le texte ci-dessous d'une circulaire, à laquelle de nombreuses réponses ont été faites :

CONFEDERATION GENERALE DU TRAVAIL

Pour les Femmes

Contre le Travail de nuit — Contre le Travail à domicile

Pour le Groupement de l'Ouvrière

Paris, le 16 décembre 1911.

Aux Fonctionnaires et aux Militants syndicaux de l'Union des Syndicats.

Chers camarades,

S'il est une question qui doit tenir au cœur de tous les militants ouvriers, c'est l'étude de la participation de la femme dans l'industrie actuelle.

S'il est une campagne qui doit nous sembler digne des efforts les plus tenaces, c'est le sort malheureux qu'est celui des femmes exploitées le jour, exploitées la nuit, auxquelles, en échange d'un travail pénible, on donne un salaire si misérable qu'elles doivent de toutes façons trouver un moyen pour parfaire à son insuffisance scandaleuse. A cela, nous devons ajouter l'urgence qu'il y a pour nous et pour les malheureuses qui en sont victimes de combattre le travail à domicile.

Afin d'entreprendre dans ce sens une campagne qui soit sérieuse, énergique et efficace, veuillez, je vous prie, nous répondre au plus vite au questionnaire ci-joint.

Dans l'espoir que vous nous retournerez, scrupuleusement rempli, ce questionnaire, agréez, chers camarades, avec nos meilleurs encouragements, nos fraternels saluts.

Pour le Comité de la Section des Bourses :

Le Secrétaire : Georges YVETOT.

Questionnaire concernant le Travail des femmes

Dans votre localité ou aux environs :

Y a-t-il des ateliers mixtes? Lesquels? Quelles sont les industries qui emploient des femmes? Où? Environ combien?

Quels sont les salaires de ces femmes et quel est le nombre d'heures de travail? De jour ou de nuit?

Y a-t-il des usines, ou ateliers, ou magasins qui donnent de l'ouvrage à emporter par les ouvrières? Quelles en sont les conditions?

Y a-t-il eu, y a-t-il encore des Syndicats de femmes? Lesquels? Quel est le nombre d'adhérentes? Dans quelle proportion est ce nombre avec celui des ouvrières?

Quel est au juste le résultat acquis ou espéré par le Syndicat? Quelle est la cotisation? Comment fonctionne-t-il?

Au cas où il n'y aurait aucune organisation de femmes, est-il possible d'en créer?

Y a-t-il des maisons de confection ou de lingerie qui donnent du travail à faire dans les fermes? Quels en sont les prix et conditions?

Bourse du Travail ou Union des Syndicats de................

Sur cette question encore, nous nous réservons de donner un rapport documenté dont les réponses au questionnaire ci-dessus donneront les éléments.

Pour les soldats.

C'est une rubrique, celle-là, qui figure en tous nos rapports fédéraux. A chaque Congrès, à chaque Conférence, il y a discussion de cette question. C'est que le mal existe sans atténuation et que les remèdes que nous y voulons apporter, à force d'être les mêmes, semblent intéresser un peu moins. Cependant, le militarisme, un moment légèrement atteint, reprend vigueur avec les renégats au pouvoir.

Plusieurs fois, nous avons voulu, pour nous conformer aux décisions des Congrès et des Conférences, entreprendre une vaste besogne d'organisation méthodique et efficace, susceptible de rendre service aux ouvriers devenus soldats. De vive voix, nous dirons les résultats obtenus. Mais ce que d'ores et déjà nous pouvons affirmer, certains d'être compris et approuvés, c'est que nous avons fait tout le possible pour répondre aux vœux exprimés par nos Congrès et Conférences.

A l'une de ses premières séances, après le Congrès et la Conférence de Toulouse — le 9 décembre 1910 — le Comité s'occupa d'une proposition concernant les soldats. Cette proposition consistait surtout à obvier aux difficultés que soulevaient les gouvernants pour laisser aux soldats l'accès des Bourses du travail.

Le 10 mars 1911, le Comité des Bourses décida l'envoi d'une circulaire relative à cette proposition ; le 12 mai, les réponses parvenues furent soumises au Comité des Bourses.

Puis vinrent les poursuites contre le Sou du Soldat. Il fut décidé de suspendre pour un moment l'action entreprise afin de répondre aux difficultés du moment.

Enfin, au moment où la réaction républicaine s'acharnait davantage contre nos amis Viau, Dumont et Baritaud, le Comité de la Section des Bourses crut utile de réagir contre ces menées stupides.

Il décida l'envoi de la circulaire suivante :

POUR LE SOU DU SOLDAT

Aux fonctionnaires et militants syndicalistes de l'Union des Syndicats

Cher camarade,

Nous ne croyons pas que vous ayez pensé qu'un régime comme celui que nous subissons soit capable de nous arrêter dans notre marche vers l'amélioration du sort des travailleurs et vers leur émancipation.

Au contraire, les menaces, les provocations, les coups répétés des gouvernants, des juges, des policiers, contre les meilleurs de nos militants continuent d'être pour nous le stimulant salutaire, le coup de fouet qui fait agir plus fort, parler plus haut et avancer plus vite.

Donc, loin de nous décourager, les faits actuels nous doivent exciter à faire mieux que jamais.

En conséquence, s'il est une question qui doit nous tenir à cœur, c'est celle d'entretenir comme par le passé — et même mieux encore — les relations entre les ouvriers syndiqués devenus soldats et ceux qui vont l'être ou ne le sont plus. C'est aussi de perfectionner et d'étendre notre belle institution du « Sou du Soldat ».

Nulle force au monde ne doit pouvoir nous empêcher de continuer ce que nous avons commencé. La meilleure preuve que notre travail est bon, utile, fécond, c'est l'acharnement que mettent nos ennemis à vouloir l'empêcher.

Résistons avec courage. Redoublons d'efforts, redoublons d'audace !

Nos Bourses du travail et nos Maisons du Peuple doivent être fréquentées par les soldats. Il faut qu'ils y viennent nombreux. Ils y sont chez eux aussi bien que le sont dans les cercles catholiques et patronages les soldats que les curés y attirent. Ils y sont chez eux aussi bien que les soldats le sont dans les Foyers du soldat, dans les Loges maçonniques et autres groupements politiques ou philosophiques qu'on ne leur interdit point.

Ne craignons donc pas de proclamer que des liens nous unissent, syndiqués et soldats, que nulle autorité ne peut rompre.

Proclamons-le hautement. Agissons au grand jour pour le prouver.

C'est dans nos Bourses et nos Maisons du Peuple que nos amis soldats trouveront un accueil fraternel.

C'est dans nos Bourses et nos Maisons du Peuple que devra se toucher par nos camarades militaires le « Sou du Soldat ».

Le Sou du Soldat est une institution syndicaliste qui honore la classe ouvrière. Ce ne sont pas les menées arbitraires du gouvernement actuel qui doivent nous faire abandonner l'œuvre commencée. Elle est trop belle, trop efficace. Camarades, continuons-la !

Veuillez nous dire ce que vous avez déjà fait à votre Union et ce que vous pensez faire en ce qui concerne : 1° les relations à établir avec les soldats, et 2° pour le Sou du Soldat.

Avec nos meilleurs encouragements, recevez, cher camarade, nos fraternels saluts.

Pour le Comité de la Section des Bourses :

Le Secrétaire, G. Yvetot.

Sur cette question encore, nous sommes dans l'obligation de réserver à un rapport spécial tout ce que nous voudrions pouvoir dire ici-même si cela ne nous entraînait trop loin.

Les bonnes relations à entretenir toujours entre syndiqués et soldats feront l'objet d'une attention particulière des organisations syndicales, qui savent voir et prévoir quels obstacles on posera sur la route de l'affranchissement de la classe ouvrière.

Voilà comment le Comité des Bourses a su encore se souvenir des décisions prises dans les Congrès et dans les Conférences antérieurs, sans se soucier des mesures répressives qui, une fois de plus, pouvaient frapper ses militants.

Pour la campagne actuelle.

Au moment même où la C. G. T. entreprenait sa belle campagne pour la *Diminution des heures de travail* et pour la *Semaine anglaise*, le Comité de la Section des Bourses, tout en prenant part aux discussions et aux décisions de la Confédération générale du Travail, crut indispensable d'insister auprès des Unions de Syndicats. La circulaire suivante indique assez l'état d'esprit du Comité sur la question :

CONFEDERATION GENERALE DU TRAVAIL

SECTION DES BOURSES

Aux Camarades Secrétaires et Militants de l'Union des Syndicats,
A son Comité ou Conseil d'administration.

Camarades,

A sa réunion du 8 mars, le Comité de la Section des Bourses a décidé que chacun des délégués au Comité demanderait à son Union ce qu'elle entendait faire pour seconder dans son milieu, dans sa région, la belle campagne entreprise par la C. G. T. pour la *Diminution des Heures de Travail* et pour la *Semaine anglaise*. J'espère que votre Union n'aura pas manqué de répondre à son délégué et ne manquera pas de le tenir au courant de tout ce qui sera fait pour cette salutaire campagne. Il faut que chaque délégué au Comité des Bourses et à la C. G. T. reflète en cette occasion, comme en toute autre, la tendance et les aspirations dont il est le représentant, au nom de laquelle il discute et décide. A vous, camarades de l'Union des Syndicats de lui faciliter sa tâche.

Conformément à une autre décision prise en cette même séance et se rapportant au même sujet, j'ai le devoir de vous inciter à faire, au sein de votre Union, dans votre région, toute l'agitation possible.

Aussi, je vous incite à prendre hautement l'initiative d'une propagande intense pour tout ce qui peut tendre à une amélioration du sort des travailleurs dont vous avez le souci de soutenir et défendre les intérêts dans votre département ou dans votre région.

Mais je ne dois pas vous dissimuler que si votre tâche est belle et vaste, elle est également ingrate et délicate.

En effet, les militants des Unions locales, départementales ou régionales auront à traiter la question de la Diminution des Heures de travail et de la Semaine anglaise à un point de vue général, c'est-à-dire qu'ils auront à envisager, à développer le problème *de diminution des Heures de Travail* dans toute son ampleur. Ils auront à en évoquer les jolis résultats possibles au point de vue des avantages matériels et moraux de la classe ouvrière.

Mais ils auront aussi, pour chacune des corporations, à traiter la question à un point de vue plus étroit, plus positif, plus terre-à-terre. Ils devront savoir tenir compte des situations économiques et professionnelles de chacune des corporations auprès desquelles ils seront appelés à faire la propagande. Ils auront encore à ne pas oublier les circonstances, les possibilités de lutte de la localité, du département ou de la région où ils se trouvent.

En un mot, ils auront à faire œuvre intelligente du propagandiste et du militant dévoué, sincère et avisé.

Voilà votre tâche, camarades, l'acceptez-vous?

C'est sur vous tous que nous comptons pour mener à bonne fin une si noble entreprise.

Veuillez donc nous tenir au courant de tout ce qui sera fait, de tout ce que vous projetez, afin que l'organe de la C. G. T. puisse refléter exactement toute l'action confédérale.

Nous comptons sur vous pour la propagation et la mise en valeur de toutes les publications (journaux, affiches, tracts, brochures, illustrations) qui vont être mises en circulation pour cette campagne.

Nous comptons sur vous pour la réussite de nos meetings dans votre région.

Vous voyez, camarades, quel rôle important est celui de nos Unions locales, départementales ou régionales. Vous serez à la hauteur de la tâche qui vous est confiée.

D'avance, bon courage et merci !

Pour le Comité de la Section des Bourses :
Le Secrétaire : Georges YVETOT.

Propagande.

Si le rôle de la Section des Bourses est un rôle de propagande, on peut dire qu'elle n'y a pas failli.

En effet, nulle agitation n'a pu être faite sans l'appoint indispensable des Unions de Syndicats.

Il serait superflu d'énumérer encore toutes les campagnes de protestation. Disons simplement que rien de ce qui regarde l'éducation, l'organisation et l'action syndicales, rien de ce qui est du ressort de l'activité confédérale ne lui fut étranger. Elle y prit sa large part ; il serait insensé ou de mauvaise foi de le nier. Aussi, plutôt que d'insister, nous aimons mieux terminer ce Rapport en nous excusant de tout ce que nous avons pu involontairement omettre.

Conclusion.

Comme nous ne voulons pas reproduire ici, avec quelques changements un tableau qui se trouve déjà au Rapport financier de notre trésorier, nous croyons plus simple d'engager les Unions de Syndicats et tous ceux qui voudront avoir l'état exact des Unions de Syndicats confédérées à s'y reporter.

Comme nous le disions en commençant, nous n'avons aucune appréhension à présenter le travail du Comité des Bourses à l'appréciation, à la critique de tous.

Nous n'avons pas cependant la prétention d'avoir toujours parfaitement agi. A une organisation encore imparfaite, nous ne croyons pas avoir été un rouage parfait.

Mais, comme nous voulons aller toujours vers la perfection, nous incitons ceux qui ont à nous juger à ne point ménager leurs critiques et surtout les indications utiles susceptibles de nous donner la marche et les moyens de mieux faire.

Nous ne serions pas fâchés, au Comité des Bourses, qu'il nous soit donné le moyen de faire respecter par tous, organisations et individus, les décisions de nos Congrès. C'est le premier point.

Nous voudrions bien aussi, au Comité des Bourses, qu'il nous soit donné le moyen de faire comprendre à tous l'utilité d'une entente permanente et réelle entre tous les secrétaires de Fédérations et les secrétaires d'Unions de Syndicats, comme cela existe seulement par la bonne volonté de quelques-uns de part et d'autre.

Car, dussions-nous encore le répéter, les Fédérations n'auront de réelle vitalité qu'autant qu'elles auront compris la nécessité d'avoir partout des Unions de Syndicats divers, avec un secrétaire — permanent si possible — pour créer, entretenir et développer partout les Syndicats de toutes corporations.

Il n'est pas exagéré de dire que les Unions de Syndicats sont l'avenir du Syndicalisme, la sauvegarde du fédéralisme et la garantie de l'organisation future que nous pouvons entrevoir pour le lendemain du jour où les travailleurs, sûrs d'eux-mêmes, auront réalisé le geste libérateur d'affranchissement de leur classe !

C'est à cela qu'a cru travailler modestement le Comité des Bourses depuis le dernier Congrès. C'est à cela qu'il veut continuer de travailler après le prochain Congrès, si vous le décidez.

Pour le Comité de la Section des Bourses :

Le Secrétaire : Georges YVETOT.

RAPPORT de la *Voix du Peuple*

On verra par le rapport financier quelle est la situation matérielle très exacte du journal de la C. G. T.

Nous n'avons pas ici à montrer combien la classe ouvrière est loin de donner tout ce qu'elle devrait donner pour que la *Voix du Peuple* soit véritablement l'organe officiel du Prolétariat organisé de France. Nous n'avons qu'à exposer les travaux de la Commission du journal.

La Commission du journal a subi une transformation par suite du remplacement de certains de ses membres nommés par chacune des sections au lendemain du Congrès de Toulouse.

Définitivement constituée en janvier 1911, la Commission du journal se compose ainsi :

Pour la Section des Bourses : Beausoleil, Séné, Capy, Robert, Merrheim, Jouteau.

Pour la Section des Fédérations : Roux, Dumas, Rapin, Pichon, Marlin, Bled et le Bureau confédéral.

L'Administration du Journal reste tout entière aux soins du trésorier et la rédaction aux secrétaires, sous le contrôle de la Commission du Journal.

Cette Commission s'est réunie toutes les semaines, le lundi soir, afin d'examiner les articles adressés à la *Voix du Peuple* et de trancher les cas qui semblaient difficiles.

Bien rarement furent nombreux les membres de cette Commission ; cependant le Journal fut imprimé avec exactitude, et les camarades qui eurent le soin de le rédiger, de le publier, s'appliquèrent à éviter les réclamations.

Nous croyons que le Journal de la C. G. T. fut bien le fidèle reflet de l'action syndicale pendant ces deux années écoulées. Nous croyons qu'il s'est maintenu dans la voie qui est celle de la Confédération ellemême et que sa propagande fut efficace.

Certes, nous ne croyons pas avoir obtenu le maximum d'effet, mais nous pouvons assurer que le maximum de bonne volonté fut mis au service de la cause syndicale par tous ceux des militants qui s'occupèrent de donner à la *Voix du Peuple* un regain de vie et de prospérité.

On peut certainement contester le succès de l'organe de la C. G. T., mais nous demandons à ceux qui voudront lui apporter quelques critiques de bien vouloir se souvenir des appels répétés que nous avons publiés dans le Journal pour obtenir des renseignements sur les grèves, pour obtenir des articles intéressants sur les faits syndicaux par ceux qui les vivaient. Combien de militants ont pris la peine de nous annoncer et surtout de nous rendre compte de leurs Congrès spéciaux de corporations ? Et combien de militants ont répondu à nos appels ? On pourrait en dire le chiffre... Un trop grand nombre sont restés indifférents. Cependant, autant que nous l'avons pu, nous avons secondé les campagnes des corporations diverses dans leurs revendications. Nous avons signalé leurs succès.

La *Voix du Peuple* a publié, comme chaque année, des numéros illustrés qui ont donné l'idée à tous que les décisions prises par les trois derniers Congrès nationaux de la C.G.T. (Amiens, Marseille et Toulouse) ont été mises en pratique. Au point de vue antimilitariste, des numéros illustrés ont été tirés en grand nombre et répandus à profusion.

Le conseil de revision, le départ de la classe ont été des occasions merveilleuses de propagande antimilitariste que nous n'avons pas manquées. C'étaient, là encore, de bonnes occasions d'éducation syndicale par le Journal illustré.

Mais cela nous a valu trois condamnations et l'emprisonnement pour un an et six mois de notre gérant, le camarade Vignaud.

Enfin, la campagne menée contre Biribi, l'enfer du soldat, où souffrent et meurent atrocement les enfants du peuple, fut une nouvelle occasion de lancer partout le cri d'indignation et de colère du monde ouvrier contre ces lieux de tortures et contre les bourreaux galonnés formés au sein de notre belle armée de défense bourgeoise et de protection capitaliste.

La *Voix du Peuple* a sans cesse mené une campagne ardente contre les gros exploiteurs internationaux ; contre les potentats de l'industrie et de la finance, et contre les gouvernants domestiqués, toujours prêts à frapper par leur magistrature, à massacrer par leur police et leur armée tout ce qu'il y a de dignes militants parmi la classe ouvrière en œuvre d'affranchissement par sa force d'organisation, par sa conscience de classe, par son action de révolte collective.

La *Voix du Peuple* n'a pas négligé pour cela de dire ce qu'elle pensait des mouvements en cours, des mouvements passés, des mouvements en perspective. Elle n'a pas trop limité la liberté de ses collaborateurs. Si quelques-uns de ceux qui ne collaborent jamais à l'organe de tous ont su critiquer et ont semblé prendre à leur adresse personnelle certaines appréciations, nous n'y pouvons rien ; mais nous estimons qu'un camarade militant a le droit d'écrire ce qu'il pense des faits sociaux et d'apprécier le rôle des militants qui prennent part à ces faits, pourvu que leurs appréciations n'aient ni la forme d'injures personnelles, ni l'intention de troubler l'union des travailleurs entre eux.

Sous réserve de ces conditions, la Commission assume devant le Congrès toute la responsabilité de ce qu'a publié la *Voix du Peuple*.

Enfin, rappelons la continuation de la campagne menée par l'organe syndicaliste en faveur des retraites ouvrières, et contre les améliorations superficielles apportées aux projets de loi qui semblaient à la C. G. T. des projets de bluff, d'escroquerie et de réclame électorale, les numéros spéciaux édités à l'occasion de la grève des cheminots ; de la campagne en faveur du malheureux Durand ; contre la guerre ; pour la diminution des heures de travail et l'application du principe de la semaine anglaise.

Et, par notre Journal, parallèlement à l'action syndicale, la lutte continue.

Le Congrès donnera son opinion sur l'œuvre accomplie et les efforts dépensés.

A lui de critiquer, à lui de faire des propositions salutaires pour la *Voix du Peuple.*

Il dira s'il n'y a pas un moyen ou plusieurs d'améliorer la vie matérielle du Journal, de le rendre intéressant à tous et d'en faire non seulement un organe enregistreur de la vie syndicale de la C. G. T., mais encore un organe de combat du Syndicalisme français.

Pour la Commission :

G. Yvetot.

RAPPORT FINANCIER

du 1er Juillet 1910 au 30 Juin 1912

Bilan de la Caisse Centrale

du 1er Juillet 1910 au 30 Juin 1912

Recettes			Dépenses		
Cotisations	469	60	Correspondance	716	85
Timbres — Fédérations	48.434	90	Impressions	106.946	95
Timbres — Unions	26.556	80	Provisions. Frais de bureau	2.581	40
Cartes Confédérales	64.439	10	Délégations	16.003	05
Brochures diverses	5.923	30	Appointements	21.566	»
Labels Confédéraux	408	45	Cotisations	1.484	05
Souscriptions	8.573	80	Loyers	1.370	»
Divers	4.158	80	Divers	10.815	80
			Expéditions diverses	4.445	40
Total Fcs	158.964	75	Total Fcs	165.929	50
En Caisse au 30 Juin 1910	10.229	05	En Caisse au 30 Juin 1912	3.264	30
	169.193	80		169.193	80

Rapport Financier de la Caisse Centrale

Dépenses du 1er Juillet 1910 au 30 Juin 1912

Années	Mois	Correspondance		Impressions		Provisions Frais de bureau		Délégations		Appointements		Cotisations		Loyers		Divers		Expéditions		Totaux	
1910	Juillet	26	25	1.805	85	60	70	502	75	938	»	»	»	160	»	640	»	51	»	4.184	55
	Août	21	90	1.832	45	223	80	747	35	700	»	638	35	»	»	157	95	26	55	4.348	35
	Septembre	14	20	2.228	45	344	50	320	15	700	»	»	»	»	»	529	45	517	25	4.654	»
	Octobre	86	70	3.197	15	137	10	859	95	700	»	»	»	160	»	1.070	45	145	05	6.356	40
	Novembre	44	60	3.743	55	58	»	503	30	700	»	»	»	»	»	24	»	9	70	5.383	15
	Décembre	20	75	20.392	30	85	75	739	75	700	»	»	»	»	»	118	»	627	55	22.684	10
1911	Janvier	33	50	11.502	40	93	45	383	35	775	»	»	»	160	»	746	10	389	45	14.083	25
	Février	29	20	14.727	55	741	75	914	50	825	»	»	»	»	»	4	»	229	05	17.471	05
	Mars	10	90	3.012	60	60	60	1.078	85	825	»	»	»	»	»	367	»	25	85	5.380	80
	Avril	28	60	2.507	55	20	»	365	90	825	»	»	»	»	»	58	65	230	50	4.036	20
	Mai	24	40	2.160	25	54	30	1.256	65	825	»	638	45	»	»	55	50	83	35	5.097	90
	Juin	48	30	6.372	05	41	85	969	20	825	»	»	»	»	»	2	10	399	35	8.657	85
	Juillet	66	50	1.550	50	20	»	1.364	70	825	»	»	»	»	»	485	75	186	65	4.499	10
	Août	20	60	1.423	90	20	90	1.296	85	857	»	207	25	640	»	976	40	54	40	5.497	50
	Septembre	66	05	959	25	20	»	271	30	930	»	»	»	»	»	890	10	138	65	3.275	95
	Octobre	6	05	2.516	10	44	05	263	40	972	»	»	»	»	»	143	»	300	10	4.244	70
	Novembre	5	25	2.497	20	47	30	255	15	1.039	»	»	»	»	»	34	60	95	15	3.973	65
	Décembre	5	»	5.454	»	169	60	110	20	1.143	»	»	»	»	»	59	20	217	50	7.158	50
1912	Janvier	32	50	3.979	60	65	»	1.321	75	1.007	»	»	»	»	»	377	»	80	55	6.863	40
	Février	17	35	4.968	»	18	85	279	85	1.071	»	»	»	»	»	250	45	18	85	6.624	35
	Mars	2	25	1.779	»	69	»	117	30	1.090	»	»	»	»	»	1.813	25	137	»	5.007	80
	Avril	15	10	3.162	50	111	90	422	20	1.089	»	»	»	250	»	629	60	279	30	5.959	60
	Mai	21	20	1.285	25	45	»	»	»	1.008	»	»	»	»	»	1.371	25	51	50	5.782	20
	Juin	68	90	1.389	50	28	»	1.358	65	1.197	»	»	»	»	»	12	»	151	10	4.705	15
	Totaux	716	85	10[illegible]46	95	2.581	40	16.003	05	21.566	»	1.484	05	1.370	»	10.815	80	4.445	40	165.929	50

Rapport Financier de la Caisse Centrale

Recettes du 1er Juillet 1910 au 30 Juin 1912

Années	Mois	Cotisations 1909		Timbres				Cartes Confédérales		Brochures		Labels		Souscriptions		Divers		Totaux	
				Fédérations		Unions de Syndicats													
1910	Juillet	36	"	1.792	60	961	10	566	40	137	95	19	70	23	70	75	70	3.613	15
	Août	401	"	2.528	70	1.109	50	426	"	54	05	43	05	14	80	43	50	4.620	60
	Septembre	24	20	1.878	25	1.065	20	163	"	59	30	23	10	"	"	14	70	3.227	75
	Octobre	8	40	1.302	"	784	45	9	60	38	"	15	55	60	"	725	"	2.943	"
	Novembre	"	"	675	30	449	50	2.312	"	33	"	12	25	113	05	14	"	3.609	10
	Décembre	"	"	3.409	50	982	60	13.801	"	28	"	14	75	711	55	26	70	18.974	10
1911	Janvier	"	"	2.765	10	2.030	45	12.053	80	33	75	14	30	1.997	05	30	60	18.925	05
	Février	"	"	1.765	20	1.413	85	9.500	"	38	50	31	95	440	75	508	"	13.698	25
	Mars	"	"	3.206	30	1.272	70	4.291	50	79	35	25	80	283	"	"	"	9.158	65
	Avril	"	"	1.486	"	966	90	1.090	"	"	"	21	25	18	"	22	55	3.604	70
	Mai	"	"	1.789	60	1.025	05	600	"	1.801	60	20	45	727	70	88	05	6.052	45
	Juin	"	"	1.654	40	1.198	85	915	"	1.089	95	25	10	1.435	45	5	"	6.323	75
	Juillet	"	"	1.935	20	271	20	876	"	387	50	13	70	63	90	2.438	"	5.985	50
	Août	"	"	1.966	80	786	95	862	"	297	55	8	95	"	"	17	"	3.939	25
	Septembre	"	"	947	80	1.069	80	1.650	"	15	60	11	50	435	"	"	"	4.129	70
	Octobre	"	"	1.816	20	782	10	2.463	50	144	"	9	25	50	"	"	"	5.265	05
	Novembre	"	"	1.902	50	1.284	25	2.015	85	284	"	23	85	75	"	"	"	5.585	45
	Décembre	"	"	3.550	30	2.050	85	1.083	40	197	20	8	60	739	"	8	"	7.637	35
1912	Janvier	"	"	2.837	90	2.011	"	1.672	45	254	20	18	20	388	"	"	"	7.181	75
	Février	"	"	960	20	1.239	15	1.715	15	40	40	12	25	100	"	"	"	4.067	15
	Mars	"	"	2.399	40	1.086	90	1.842	50	51	"	12	25	35	"	"	"	5.427	05
	Avril	"	"	1.448	25	581	05	663	15	143	75	9	55	130	"	27	"	3.002	75
	Mai	"	"	2.039	80	1.122	75	660	15	498	75	4	60	180	35	96	75	4.603	15
	Juin	"	"	2.377	60	1.010	65	3.206	65	215	90	8	50	552	50	18	25	7.390	05
	Totaux	469	60	48.434	90	26.556	80	64.439	10	5.923	30	408	45	8.573	80	4.158	80	158.964	75

Situation des Fédérations du 1er Juillet 1910 au 30 Juin 1912.

	Timbres pris par les fédérations et les syndicats isolés.	Juil. à Déc.bre 1910	1911	Janv. à Juin 1912	Totaux	Sommes reçues	
1	Agricoles du Midi	15.000	48.000	14.750	77.750	466	50
	Agricoles du Nord	200	"	"	200	1	20
2	Alimentation	28.000	42.500	30.200	100.700	604	20
3	Allumettiers	12.600	21.600	"	34.200	206	20
4	Ameublement	18.000	62.000	20.000	100.000	600	"
5	Bâtiment	550.000	920.000	200.000	1.670.000	10.002	"
6	Bijouterie-Orfèvrerie	13.500	22.500	12.000	48.000	288	"
7	Blanchisseurs	750	1.770	"	2.520	15	10
8	Brossiers-Tabletiers	5.000	34.000	16.000	55.000	330	"
9	Bûcherons	33.000	80.000	40.000	153.000	918	"
10	Céramique	10.000	53.330	"	63.330	380	"
11	Chapellerie	48.000	48.000	27.000	123.000	738	"
	Chauff. Conduct. Mécanic.	10.000	"	"	10.000	60	"
12	Syndicats des Chemins de fer	"	268.000	105.000	373.000	2.338	"
13	Coiffeurs	5.000	10.500	4.000	19.500	117	"
14	Confection militaire	3.000	5.000	3.275	11.775	70	65
15	Cuirs et Peaux	35.000	109.000	53.000	197.000	1.182	"
16	Syndicat des Cannes, Parapluies, Fouets	"	400	50	450	22	50
17	Dessinateurs	"	3.200	3.260	6.460	38	70
18	Eclairage	48.000	93.000	48.000	189.000	1.134	"
19	Employés	52.000	61.000	60.000	173.000	1.038	"
20	Syndicat des Employés de la région parisienne	"	10.050	5.200	15.700	785	"

	Timbres pris par les fédérations et les Syndicats isolés	Juil. à Déc^bre 1911	1911	Janv. à Juin 1912	Totaux	Sommes reçues	
21	Ferblantiers-Boîtiers	4.100	7.100	2.500	13.700	84	60
	Fourrure	6.000	"	"	6.000	36	"
	Gantiers	1.500	4.500	5.440	10.440	65	40
22	Magasins Adm. de la Guerre	6.000	12.000	6.000	24.000	144	"
23	Pers. Civil des Etablissements de la Guerre	60.000	59.600	50.000	169.600	1.017	60
24	Habillement	15.000	20.500	15.800	51.300	307	80
25	Horticoles	2.000	11.400	4.000	17.400	107	40
26	Instituteurs-Institutrices	2.000	24.000	21.000	47.000	282	"
27	Lithographes	10.000	19.600	10.000	39.600	237	60
28	Livre	120.000	131.997	66.000	317.997	1.908	"
29	Maréchalerie	3.500	10.000	5.000	18.500	111	"
30	Trav. de la Marine et Etat	25.000	85.000	79.000	189.000	1.134	"
31	Syndicats Maritimes	25.000	42.500	19.170	86.670	520	"
	Mécaniciens	7.000	"	"	7.000	42	"
32	Métaux	130.000	371.000	147.000	648.000	3.888	"
33	Mines Minières et Carrière	130.000	255.000	150.000	535.500	3.213	"
34	Papier	9.500	19.000	11.000	39.500	237	"
35	Ports, Docks et Transports	48.500	183.000	75.000	306.500	1.839	"
36	Syndicat des Ouv. des P.T.T.	27.300	61.000	45.000	133.300	799	80
37	Syndicat des Sous-Agents des P.T.T.	6.000	38.200	15.000	59.250	355	50
38	Préparateurs en Pharmacie	2.000	9.000	5.000	16.000	96	"
39	Poudreries, Raffineries	5.000	42.000	24.900	71.900	431	40
40	Produits chimiques	5.000	21.000	13.000	39.000	234	"

	Timbres pris par les fédérations et les Syndicats isolés	Juil. à Décbre 1910	1911	Janv. à Juin 1912	Totaux	Sommes reçues	
41	Trav. de la Publicité	"	500	"	500	3	"
42	Saboliers-Galochiers	2.000	3.330	1.840	7.170	43	"
43	Services de Santé	10.500	80.500	45.000	136.000	816	"
44	Sciage à la mécanique	4.000	7.000	3.000	14.000	84	"
45	Spectacle	80.000	40.100	22.500	142.600	855	60
46	Tabacs	"	"	180.600	180.600	1.083	60
47	Teinturiers-Dégraisseurs	800	4.800	700	6.300	37	70
48	Teintures et apprêts	5.000	8.800	4.000	17.800	106	80
49	Textile	120.000	180.000	66.660	366.660	2.200	"
50	Tonneau	6.400	23.000	9.000	38.400	230	40
51	Transports	26.000	206.500	100.000	332.500	1.995	"
52	Trav. municipaux	90.000	83.000	64.000	237.000	1.422	"
53	Vanniers	4.000	3.000	4.000	11.000	66	"
54	Verriers	20.000	29.000	10.000	59.000	354	"
55	Voitures	7.500	15.000	7.000	29.500	177	"
56	Syndicat des Ouv. Voiliers de Dunkerque	365	600	467	1.432	71	60
57	Syndicat des Monnaies-Médailles	1.080	3.000	1.659	5.739	286	95
58	Syndicat des Ouvrières de l'Imprimerie de Marseille	150	400	167	717	35	85
59	Syndicat des Ouvrières de l'Imprimerie de Nantes	"	"	600	600	30	"
	Syndicat des crieurs de journaux de Marseille	90	"	"	90	4	50
	Syndicat des peintres de Levallois	100	"	"	100	5	"

Situation des Bourses du Travail du 1er Juillet 1910 au 30 Juin 1912

	Timbres pris par les Bourses	Juil. à Déc.bre 1910	1911	Janv. à Juin 1912	Totaux	Sommes reçues	
1	Abbeville	1.725	1.000	500	3.225	13	50
2	Agde	"	3.000	1.680	4.680	19	60
3	Agen	"	"	6.500	3.000	38	50
4	Aix Franche-Comté	14.000	53.000	25.000	92.000	383	50
5	Aix-en-Provence	"	3.350	4.800	8.160	33	05
6	Alais	2.400	4.800	"	7.200	30	"
7	Albi	5.400	14.067	6.910	26.377	109	80
	Alger	"	4.800	9.500	14.300	59	60
9	Alpes-Maritimes	12.000	14.400	18.120	44.520	185	65
10	Amiens	15.000	33.000	15.000	63.000	262	50
11	Angers	12.000	30.500	20.000	62.500	260	65
12	Annecy	500	2.400	2.000	4.900	20	55
13	Ardennes	"	24.500	18.000	42.500	187	45
14	Arles	4.000	2.000	2.000	8.000	33	40
15	Auch	"	1.800	950	2.750	11	50
16	Aude (Cuxac d'Aude)	6.000	8.750	4.500	19.250	80	30
17	Aurillac	"	1.000	1.200	2.200	9	10
18	Auxerre	4.000	13.500	12.000	29.500	123	05
19	Aveyron (Decazeville)	2.125	8.800	16.000	26.925	112	75
20	Bastia	1.290	800	2.000	4.090	17	30
21	Basses-Pyrénées	"	11.400	2.400	13.800	57	50
22	Bédarieux	1.000	3.400	3.000	7.400	30	85
23	Belfort	"	7.300	6.000	13.310	55	50
	Besançon	2.000	"	"	2.000	8	35
24	Béziers	2.000	15.375	12.000	29.375	122	95
25	Blois	150	1725	830	2.705	11	50
26	Bône	3.000	6.000	3.000	12.000	50	"
27	Boulogne-s-Mer	"	5.000	8.400	13.400	56	05
28	Bourges	22.000	32.570	"	54.570	227	35

	Timbres pris par les Bourses	Juil. à Décbre 1910	1911	Janv. à Juin 1912	Totaux	Sommes reçues	
29	Brives	"	1.000	1.840	2.840	11	90
30	Cahors	500	1.000	1.000	2.500	10	45
31	Calais	2.250	"	"	2250	9	35
32	Calvados	6.000	19.300	6.000	31.300	130	55
33	Cambrai (nouvelle)	7.220	9.000	7.500	23.720	98	90
34	Carcassonne	"	3.000	840	3.840	16	"
35	Carmaux (nouvelle)	"	3.500	3.000	6.500	27	10
36	Castres	3.600	6.000	3.000	12.600	52	50
37	Cette	7.400	34.850	14.340	56.590	235	80
	Chalon/s/Saône	1.000	"	"	1.000	4	20
38	Charente	5.060	13.900	15.000	33.960	141	65
39	Châtellerault (nouvelle)	"	5.800	1.600	7.400	30	70
40	Chaumont	2.400	2.400	1.950	6.750	28	"
	Cholet (Démissionn.)	7.800	"	"	7.800	32	75
41	Clermont-Ferrand	3.000	6.000	4.000	13.000	54	30
42	Cognac	500	3.000	1.000	4.500	18	85
43	Commentry	750	3.125	2.000	5.875	24	55
44	Constantine	"	"	"	"	"	
45	Côte-d'Or	6.000	12.000	6.000	24.000	100	"
46	Côtes-du-Nord (Dinan)	"	2.000	1.000	3.000	12	50
47	d° (St Brieuc)	1.200	2.200	"	3.200	14	15
48	Creuse	5.400	11.000	2.000	18.400	76	75
49	Dunkerque	25.000	88.000	49.000	162.000	678	95
50	Dun-s/Auron	"	2.000	4.000	6.000	24	90
51	Eure	"	"	3.000	3.000	12	50
52	Eure-et-Loir	2.400	5.800	2.000	10.200	42	50
53	Elbeuf	"	10.000	9.500	19.500	81	40
54	Epernay	2.000	5.800	3.000	10.800	45	05
55	Firminy	2.400	4.500	3.200	10.100	42	10
56	Finistère	7.000	17.100	12.000	36.100	150	55
57	Flers	"	3.576	2.000	5.576	23	95
58	Fougères	13.500	38.000	25.000	76.500	319	15
59	Fumel (Nouvelle)	"	6.450	6.500	12.950	54	"

	Timbres pris par les Bourses	Juil. à Décbre 1910	1911	Janv. à Juin 1912	Totaux	Sommes reçues	
60	Gard	1.925	12.600	20.500	35.025	146	"
61	Gironde (Réadmission)	"	61.500	15.000	76.500	319	25
62	Givors	3.600	1.300	3.000	7.900	33	"
63	Halluin (Nouvelle)	"	"	15.800	15.800	65	95
64	Indre	5.000	11.000	4.170	20.170	84	25
65	Indre-et-Loire	10.000	23.000	5.000	38.000	158	45
66	Isère	11.400	35.200	5.000	51.600	208	75
67	Issy-les-Moulineaux	"	4.500	4.500	9.000	37	60
68	Ivry	"	500	500	1.000	4	20
69	La Guerche	2.400	10.000	2.000	14.400	58	05
70	La Pallice	3.000	1.560	2.000	6.560	27	85
71	La Roche-s/-Yon (Réad.)	"	"	1.735	1.735	7	35
72	La Rochelle	2.300	2.400	2.650	7.350	30	50
73	La Seyne	"	7.000	"	7.000	29	20
74	Le Havre	39.000	107.000	48.000	194.000	808	90
75	Le Tréport	500	3.000	2.400	5.900	24	65
76	Lille	20.010	39.000	24.000	83.010	345	85
77	Limoges	12.500	32.000	10.000	54.500	227	30
	Loire	"	"	20.000	20.000	83	40
78	Lorient	5.000	37.500	12.000	54.500	227	20
79	Loiret	7.000	13.000	8.000	28.500	118	80
80	Mâcon	"	4.850	"	4.850	20	40
81	Manche	11.600	9.600	21.275	42.475	171	85
82	Marseille	35.000	80.100	30.000	145.100	605	15
83	Maubeuge (Nouvelle)	"	2.000	2.660	4.660	19	45
84	Mayenne	"	15.250	5.000	20.250	84	35
85	Mazamet	3.000	9.000	4.000	16.000	66	75
86	Mehun-s/-Yèvre	2.600	3.600	1.800	8.000	33	30
87	Mèze	2.150	4.975	2.500	9.625	40	15
88	Meurthe-et-Moselle	4.200	8.800	4.000	17.000	70	90
89	Millau	"	12.000	5.000	17.000	70	90
	Montargis	3.370	"	"	3.370	13	95
90	Montauban	"	"	"	"	"	"

	Timbres pris par les Bourses	Juil. à Déc. 1910	1911	Janv. à Juin 1912	Totaux	Sommes reçues	
91	Montluçon	3.600	2.000	"	5.600	23	35
92	Montpellier	"	11.600	10.000	21.600	90	05
93	Moulins	1.000	2.000	920	3.920	16	45
94	Nantes	20.000	67.800	47.000	134.800	562	"
95	Nièvre	27.000	25.000	3.000	55.000	229	35
96	Niort	"	5.215	2.000	7.215	30	30
97	Oise	9.400	28.000	5.000	42.400	176	80
98	Orne	"	2.400	1.500	3.900	16	45
99	Oullins	"	6.000	3.300	9.300	38	85
100	Pantin-Aubervilliers	10.900	14.700	7.600	33.200	138	50
101	Pas-de-Calais (Nouv.)	"	50.000	65.000	115.000	487	80
102	Périgueux	"	5.600	6.000	11.600	48	40
103	Perpignan	"	8.000	2.500	10.500	44	"
104	Pezenas	"	"	600	600	2	50
105	Poitiers	"	4.800	3.600	8.400	35	"
	Quimper	500	"	"	500	2	05
106	Rhône	78.000	90.500	74.000	242.500	1.011	65
107	Reims	3.600	17.800	"	21.400	89	20
108	Rennes	29.000	43.500	24.000	96.500	402	55
109	Rive-de-Gier	1.080	4.000	"	5.080	21	20
110	Roanne	"	8.800	1.000	9.800	40	40
111	Rochefort-s/-Mer	"	14.500	7.000	21.500	89	55
112	Romans	1.000	4.000	2.000	7.000	29	25
113	Romilly-s/Seine	4.000	7.200	6.000	17.200	71	55
114	Romorantin	1.200	3.400	"	4.600	19	15
115	Roubaix	5.000	28.000	10.000	43.000	179	35
116	Rouen	10.000	42.590	10.000	62.590	260	95
117	Saône-et-Loire	9.000	10.500	7.000	26.500	110	55
118	Sarthe	"	16.625	3.000	19.625	81	90
119	Savoie	1.200	4.100	1.400	6.700	27	95
120	Seine	500.000	1.200.000	500.000	2.200.000	9.167	35
121	Seine-et-Oise	66.000	137.800	42.000	245.800	1.024	20
122	Seine-et-Marne	13.000	29.200	8.000	50.200	211	"

	Timbres pris par les Bourses	Juil. à Décbre 1910	1911	Janv. à Juin 1912	Totaux	Sommes reçues	
123	Saint-Amand (Nord) (nouvelle)	1.000	4.000	2.200	7.200	30	10
124	Saint-Amand (Cher)	1.000	3.575	2.000	6.575	27	65
125	Saint-Dizier (nouvelle)	"	"	1.840	1.840	7	65
126	Saint-Chamond	"	680	"	680	2	85
127	Saint-Étienne	"	45.000	10.000	55.000	229	35
128	Saint-Malo	9.500	8.000	4.000	21.500	89	80
129	Saint-Nazaire	"	23.000	15.000	38.000	158	45
130	Saint-Quentin	5.000	23.000	15.000	43.000	179	30
	Saint-Raphaël	1.000	"	"	1.000	4	20
131	Saumur (nouvelle)	"	2.000	2.000	4.000	16	75
132	Sens	1.500	4.000	1.500	7.100	29	90
133	Soissons	1.575	400	1.000	2.975	12	50
134	Tarare	1.200	4.200	5.000	10.400	43	35
135	Tarbes	"	16.500	"	16.500	68	90
136	Thiers	550	"	"	550	2	25
137	Thouars (nouvelle)	"	970	2.000	2.970	12	35
138	Toulouse	19270	31.644	20.000	70.914	295	10
139	Tourcoing	"	13.000	5.000	18.000	75	05
140	Troyes	1.800	10.000	12.000	23.800	99	20
141	Tulle	6.000	9.000	7.000	22.000	91	75
142	Tunis	"	3.400	"	3.400	14	20
143	Valence	3.000	2.000	5.000	10.000	41	70
144	Valenciennes (nouvelle)	2.000	15.000	13.000	30.000	125	10
145	Vannes (nouvelle)	"	6.600	2.000	8.600	35	30
146	Var	7.500	22.500	20.000	50.000	207	15
147	Vaucluse	1.000	5.000	2.000	8.000	33	50
148	Vendôme (nouvelle)	"	900	"	900	3	75
149	Vichy	1.000	4.570	4.000	9.570	39	55
150	Vienne	1.500	3.000	5.000	9.500	39	55
151	Vierzon	2.000	14.350	9.000	25.350	105	95
152	Voiron	1.350	5.950	4.000	11.300	47	"
153	Vosges	"	8.380	5.000	13.380	55	85

ÉTAT DES FÉDÉRATIONS

adhérentes à la C. G. T.

Au 30 juin 1910, le nombre des Fédérations était de 57.

Ce nombre a été ramené à 52 au 30 juin 1912.

Les changements survenus au cours de ces deux dernières années sont :

RAYÉE DES CADRES CONFÉDÉRAUX. — La *Fédération des Mécaniciens* par suite de son refus de se soumettre à la décision prise au Congrès de Toulouse, c'est la fusion avec la *Fédération des Métaux*.

FUSIONNÉES. — La *Fédération des Chauffeurs, Conducteurs, Mécaniciens* avec la *Fédération des Métaux* ; la *Fédération des Gantiers* et la *Fédération des Fourreurs*, avec celle des *Cuirs et Peaux*.

CONSTITUÉE ET DISPARUE. — La *Fédération des Travailleurs de la Publicité*.

DISPARUE. — La *Fédération des Agricoles du Nord*.

SYNDICATS ISOLÉS. — Les Syndicats admis isolément sont au nombre de six. Deux ont été admis nouvellement, et deux sont disparus.

Restent adhérents : Le *Syndicat des Employés de la Région Parisienne* ; le *Syndicat des Monnaies et Médailles* ; le *Syndicat des Cannes, Fouets et Parapluies de Paris* ; le *Syndicat des Voiliers de Dunkerque* ; les *Syndicats des Ouvrières de l'Imprimerie de Marseille et de Nantes*.

DISPARUS. — Le *Syndicat des Ouvriers peintres de Levallois-Perret*, fusionné avec la *Fédération du Bâtiment*, et celui des *Crieurs de Journaux de Marseille*, sans nouvelles.

ÉTAT DES UNIONS DE SYNDICATS

adhérentes à la C. G. T.

154 organisations figuraient au rapport de cette section au 30 juin 1910.

Au 30 juin 1912, leur nombre est de 153.

Voici les changements survenus :

UNIONS DÉPARTEMENTALES NOUVELLEMENT CRÉÉES. — Aveyron (Decazeville) ; Charente (Angoulême) ; Côte-d'Or (Dijon) ; Creuse (Aubusson) ;

Eure (Evreux) ; Finistère (Brest) ; Gard (Nîmes) ; Indre (Châteauroux) ; Indre-et-Loire (Tours) ; Nièvre (Nevers) ; Pas-de-Calais (Lens) ; Pyrénées-Orientales (Perpignan) ; Sarthe (Le Mans) ; Savoie (Chambéry).

Unions locales nouvellement créées. — Cambrai ; Carmaux; Châtellerault ; Fumel ; Halluin; Maubeuge; Pézenas ; Saint-Dizier ; Saumur ; Thouars ; Valenciennes ; Vannes ; Vendôme.

Union locale réadmise. — La Roche-sur-Yon.

Bourses du travail ayant fusionné avec leur Union départementale. — Bayonne (Basses-Pyrénées) Besançon (Ain-Franche-Comté) ; Brest et Quimper (Finistère) ; Chalon-sur-Saône (Saône-et-Loire) ; Dreux (Eure-et-Loir) ; Issoudun et Châteauroux (Indre) ; Montargis (Loiret) ; Narbonne (Aude) ; Nîmes (Gard) ; Laval (Mayenne) ; Saint-Raphaël et Toulon (Var) ; Perpignan (Pyrénées-Orientales).

Bourse disparue. — Chauvigny.

Bourse démissionnaire. — Cholet.

Bourses ne donnant plus signe de vie. — Constantine, Montauban, Calais, Thiers.

PAIEMENT DES COTISATIONS

Il est très difficile d'établir d'une façon exacte si les organisations paient scrupuleusement pour la totalité de leurs cotisants.

Si l'on devait s'en référer strictement aux quantités de timbres qui figurent dans les rapports des deux sections, on serait tenté de faire cette constatation : que les adhérents de certaines Fédérations ou Unions de Syndicats sont vraiment peu nombreux.

Mais la vérité est autre. Pour des raisons qu'il conviendra d'examiner on est en mesure d'affirmer que les décisions de Congrès ne sont pa respectées, créant ainsi cette fausse situation.

La *Carte confédérale* n'est pas appliquée d'une façon régulière et, par suite, les syndiqués ne peuvent apposer les timbres qu'on devrait leur délivrer au moment où ils paient leurs cotisations.

La statistique, si elle pouvait se faire — même approximativement — montrerait qu'entre l'effectif des Syndicats et des syndiqués qui se réclament de la C. G. T. et celui, réel, de ceux qui remplissent strictement les trois obligations confédérales, il y a une différence énorme.

Des Fédérations, de ce fait, restent en dette envers la caisse confédérale, que les faibles cotisations imposées, alimentent si difficilement déjà. Il faut citer, entre autres, celle du *Spectacle* qui, au 30 juin, se trouve devoir une somme de 430 fr. 20 pour les 6,000 adhérents qu'elle accuse dans son Congrès dernier.

La Fédération du Textile, en août 1911, a fixé la moyenne de ses adhérents à 48.000 membres. Elle ne prend pourtant que 33.330 timbres par trimestre, soit : 11.110 timbres par mois ; c'est-à-dire une différence de 35.000 cotisations mensuelles en moins. Le nombre de cartes délivrées n'a d'ailleurs pas dépassé 10.100.

Il est à supposer que d'autres Fédérations, en ce qui concerne les cartes confédérales, se montrent aussi réfractaires. Aucun contrôle ne pouvant être exercé il est impossible de dire si elles sont en règle.

Du côté des Bourses du Travail et des Unions on se ressent fatalement de cet état de choses et sa répercussion se fait surtout sentir à propos de la délivrance des secours du viaticum, qui n'est versé qu'aux porteurs de la carte confédérale au pair, avec les deux timbres.

L'application du timbre confédéral par les Unions laisse également beaucoup à désirer. Pendant que certaines ne les délivrent pas lorsque leurs Syndicats leur versent leurs cotisations, il en est d'autres qui ne s'en munissent elles-mêmes, qu'à partir de mars, avril, mai ou même juin. On s'explique difficilement comment les syndiqués peuvent opérer pour les cotisations qu'ils paient en janvier ou février.

De ces Unions qui pratiquent ainsi sont : celles d'Abbeville, d'Aix, de Rive-de-Gier, d'Alais, d'Albi, de Bourges, de Cahors, de Clermont-Ferrand, d'Ivry, etc.

Il serait anormal que cela puisse continuer, la qualité de confédéré imposant des devoirs, librement consentis.

RECETTES

Les recettes proviennent :

Des cotisations de 1909 arriérées : 469 fr. 60.

Des timbres confédéraux Fédérations et Unions de Syndicats : 74.991 fr. 70.

Des cartes confédérales dont l'application est partie du 1er janvier 1911 : 59.682 fr. 75.

Des cartes intérieures pour 1910 : 1.211 fr. 80.

Des cartes intérieures pour 1912 : 3.490 fr. 35.

Des labels confédéraux, caoutchouc et galvano : 408 fr. 45.

Des brochures « Vie chère », 630 fr. 15 ; « Contre les Retraites ouvrières », 3.806 fr. 75 ; « Semaine anglaise », 689 fr. 75 ; « Manuels du Soldat », 157 fr. 50 ; « Statuts types », 339 fr. 80 ; « Petits Guides » et « Notices pour les Unions », 24 francs.

La différence provient de la vente de brochures diverses : « Les Royalistes et les Jaunes » ; Grève générale réformiste et grève générale révolutionnaire » ; livrets de viaticum, anciennement en usage ; conférences des Bourses et Fédérations, etc.

Vente de cartes postales et d'affiches illustrées « Contre les Retraites ouvrières », 345 fr. 30.

La *Voix du Peuple* a versé à la caisse centrale une somme de 2,500 francs sur l'excédent de son budget.

Souscriptions pour les meetings en faveur des cheminots, 5 *novembre* 1910

Fédération du Bâtiment, 385 francs ; Union des Syndicats de la Seine, 331 francs ; Bourse du Travail de Firminy, 10 francs ; Bourse du Travail de Rennes, 20 francs ; Bourse du Travail de Tulle, 10 francs ; Bourse du Travail de Troyes, 5 francs ; Bourse du Travail de Romans, 10 francs ; Bourse du Travail de Dunkerque, 25 francs ; Bourse du Travail de La Rochelle, 5 francs ; Bourse du Travail de Clermont-Ferrand, 32 francs.

Souscriptions pour les meetings en faveur de Durand

Fédération des Coiffeurs, 50 francs ; Bourse du Travail, Tarare, 10 francs ; Fédération Sciage à la Mécanique, 20 francs ; Fédération du

Bâtiment, 500 francs ; Bourse du Travail, Romorantin, 6 francs ; Bourse du Travail, Soissons, 5 francs ; Bourse du Travail, Dunkerque, 15 francs ; Bourse du Travail, Lorient, 200 francs ; Bourse du Travail, Givors, 10 francs ; Syndicat des Ouvriers en Métaux, Nouzon, 15 francs ; Bourse du Travail, Mèze, 5 francs ; Bourse du Travail, Vierzon, 20 francs ; Fédération, Sabotiers-Galochiers, 5 francs ; Bourse du Travail, Dun-sur-Auron, 5 francs ; Bourse du Travail, Issy-les-Moulineaux, 50 francs ; Bourse du Travail, Dijon, 50 francs ; Bourse du Travail, Tulle, 10 francs ; Bourse du Travail, Grenoble, 15 fr. 30 ; Syndicat des Travailleurs Réunis, Indret, 20 francs ; Fédération des Syndicats Maritimes, 20 francs ; Bourse du Travail, Nevers, 5 francs ; Syndicat du Bâtiment, Nice, 5 fr. 50 ; Syndicat des Ouvriers du Port, Saint-Louis-du-Rhône, 30 francs ; Fédération de la Chapellerie, 50 francs ; Bourse du Travail, Saint-Denis, 50 francs ; Union des Syndicats de la Seine, souscription, 25 fr. 25 ; Syndicat des Travailleurs Réunis de la Fonderie Ruelle, 25 francs ; Union des Syndicats, Aveyron, 40 francs ; Syndicat des Travailleurs de la Marine, Paris-Sevran, 10 francs ; Syndicat du Textile, Tourcoing, 10 francs ; Bourse du Travail, Tourcoing, 10 francs ; Bourse du Travail, Montluçon, 22 fr.80 ; Bourse du Travail, Laval, 5 francs ; Bourse du Travail, Romans, 20 francs ; Bourse du Travail, Cette, 33 francs ; Syndicat des Carriers, Monthermé, 10 francs; Société Coopérative, Fouquières-les-Lens, 15 fr. 90; Bourse du Travail, Saint-Malo, 10 francs ; Syndicat des Mineurs, Montceau-les-Mines, 20 francs ; Syndicat des Coloristes Enlumineurs, Paris, 20 francs ; Bourse du Travail, Romilly-sur-Seine, 19 francs ; Syndicat des Ferblantiers-Zingueurs, Bordeaux, 5 francs ; Bourse du Travail, Fougères, 10 francs ; Bourse du Travail, Saint-Denis, 14 fr. 20 ; Bourse du Travail, Lons-le-Saunier, 6 francs ; Fédération des Cuirs et Peaux, 200 francs ; Syndicat du Bâtiment, Dunkerque, 15 francs ; Bourse du Travail, Saint-Brieuc, 17 fr. 10 ; Syndicat Chaussure, Troyes, 5 francs ; Bourse du Travail, Cette, 14 fr. 60 ; Bourse du Travail, Rive-de-Gier, 8 fr. 25 ; Fédération des Bûcherons, 10 francs ; Bourse du Travail, Rennes, 20 francs ; Syndicat des Cimentiers, Saint-Etienne, 10 francs ; Fédération de l'Habillement, 50 francs ; Syndicat de l'Habillement, Alger, 5 francs ; Fédération du Papier, 50 francs ; Bourse du Travail, Roanne, 10 francs ; Bourse du Travail, Cette, 10 francs ; Fédération du Bâtiment, 50 francs ; Bourse du Travail, La Pallice, 10 francs ; Fédération des Vanniers, 10 francs ; Syndicat Monnaies et Médailles, 10 francs ; Bourse du Travail, Dunkerque, 10 francs ; Bourse du Travail, Voiron, 5 francs ; Bourse du Travail, Saint-Nazaire, 10 francs ; Bourse du Travail, Saint-Etienne, 10 francs ; Syndicat Métallurgie, Domène, 3 francs ; Bourse du Travail, Nantes, 10 francs ; Syndicat des Apprêteurs, Tarare, 5 francs ; Bourse du Travail, Belfort, 10 francs ; Syndicat de la Voiture, Roubaix, 5 francs ; Bourse du Travail, Marseille, 10 francs ; Bourse du Travail, Valence, 10 francs ; Bourse du Travail, Vierzon, 7 fr. 25 ; Fédération de l'Ameublement, 75 francs ; Union des Syndicats du Rhône, 121 francs ; Bourse du Travail, Abbeville, 2 francs ; Union des Syndicats des Basses-Pyrénées, 10 francs ; Bourse du Travail, Nice, 10 francs ; Bourse du Travail, Saint-Denis, 5 francs ; Bourse du Travail, Saint-Brieuc, 10 francs; Bourse du Travail, Alais, 10 francs ; Bourse du Travail, Agen, 10 francs ;

Bourse du Travail Saint-Quentin, 10 francs ; Union des Syndicats, Millau, 10 francs ; Bourse du Travail, Dijon, 10 francs ; Syndicat des Tailleurs de Pierre, Dijon 5 francs ; Bourse du Travail, Toulon, 10 fr.; Union des Syndicats, Vaucluse, 10 francs ; Bourse du Travail, Lille, 10 fr.; Bourse du Travail, Béziers, 10 fr.; Bourse du Travail, Toulouse, 10 fr.; Bourse du Travail, Nîmes, 10 francs ; Bourse du Travail, Arles, 10 fr.; Bourse du Travail, Perpignan, 10 francs ; Bourse du Travail, La Rochelle, 10 francs ; Bourse du Travail, Bourges, 10 francs ; Bourse du Travail, Le Tréport, 25 francs ; Bourse du Travail, Clermont-Ferrand, 10 francs ; Bourse du Travail, Blois, 10 francs ; Syndicat des Cuirs et Peaux, Saint-Junien, 10 francs ; Bourse du Travail, Albi, 10 francs ; Bourse du Travail, Nancy, 10 francs ; Bourse du Travail, Montpellier, 10 francs ; Bourse du Travail, Elbeuf, 10 francs ; Fédération des Travailleurs municipaux, 5 francs ; Bourse du Travail, Montluçon, 10 francs ; Bourse du Travail, Carcassonne, 10 francs ; Bourse du Travail, Le Mans, 10 francs ; Bourse du Travail, Mèze, 10 francs ; Bourse du Travail, Niort, 10 francs ; Bourse du Travail, Clermont-Ferrand, 10 francs ; Bourse du Travail, Oyonnax, 10 francs ; Bourse du Travail, Brive, 10 francs ; Bourse du Travail, Besançon, 20 francs ; Bourse du Travail, Châteauroux, 10 francs ; Bourse du Travail, Périgueux, 10 francs; Union des Syndicats, Nièvre, 10 francs ; Bourse du Travail, Constantine, 20 francs ; Syndicat des Ardoisiers, Malaquais, 10 francs ; Syndicat général de la Chaussure, Fougères, 25 francs ; Syndicat des Tabletiers, Lardières, 5 francs ; Bourse du Travail, Limoges, 10 francs ; Bourse du Travail, Aix-en-Provence, 10 francs ; Syndicat des Apprêteurs, Roanne-Le Coteau, 10 francs ; Bourse du Travail, Amiens, 10 francs ; Syndicat des Métallurgistes, Givors, 10 francs ; Bourse du Travail, Tourcoing, 20 francs ; Fédération des Industries, 20 francs ; Bourse du Travail, Cherbourg, 10 francs ; Bourse du Travail, Roanne, 33 fr. 75 ; Bourse du Travail, Lorient, 10 francs ; Union des Syndicats du Rhône, 70 francs ; Syndicat des Céramistes, Saint-Henri, 10 francs ; Diverses, 39 fr. 90.

Souscriptions pour les meetings contre les Retraites Ouvrières

Bourse du Travail, Tarare, 10 francs ; Comité intersyndical, Amiens, 10 francs ; Bourse du Travail, Nevers, 10 francs ; Syndicat des Travailleurs Réunis, Indret, 10 francs ; Bourse du Travail, Brive, 10 francs ; Bourse du Travail, Périgueux, 10 francs ; Bourse du Travail, Saint-Nazaire, 10 francs ; Bourse du Travail, Dun-sur-Auron, 10 francs ; Syndicat des Tabletiers de l'Oise, 10 francs ; Bourse du Travail, Lille, 10 francs; Bourse du Travail, La Rochelle, 10 francs ; Union des Syndicats du Finistère, 10 francs; Union des Syndicats du Vaucluse, 10 francs ; Bourse du Travail, Firminy, 10 francs ; Bourse du Travail, Elbeuf, 10 francs ; Bourse du Travail, Laval, 10 francs ; Bourse du Travail, Dunkerque, 10 francs ; Bourse du Travail, Perpignan, 10 francs ; Bourse du Travail, Nancy, 10 francs ; Bourse du Travail, Arles, 10 francs ; Bourse du Travail, Clermont-Ferrand, 10 francs ; Bourse du Travail, Rive-de-Gier, 10 francs ; Bourse du Travail, Saumur, 10 francs ; Bourse du Travail, Montpellier, 10 francs ; Bourse du Travail, Cannes, 10 francs ; Bourse du Travail, Marseille, 10 francs ; Fédération de la Céramique, 10 francs ; Bourse du Travail, Rochefort-sur-Mer, 10 francs ; Bourse du Travail, Grenoble, 10 francs ; Bourse du Travail, Toulouse, 10 francs ; Syndicat général de la Chaussure, Fougères, 10 francs; Union des Syndicats, Argenteuil. 10 francs ; Bourse du Travail, Albi, 10 francs ; Syndicat Lithographique, Epinal, 10 francs ; Syndicat des Sous-Agents des P. T. T., 10 francs ; Fédération des Brossiers-Tabletiers, 11 fr. 85 ; Bourse du Travail, Bône, 10 francs ; Bourse du Travail, Bourges, 10 francs ; Fédération Lithographique, 10 francs ; Syndicat des Boutonniers, Andeville, 10 francs ; Syndicat des Métallurgistes, Escarbotin, 10 francs.

Souscriptions pour les meetings contre la guerre et les poursuites contre les militants.

Fédération des Cuirs et Peaux, 20 francs ; Fédération de l'Ameublement, 20 francs ; Syndicat des Monnaies et Médailles, 10 francs ; Fédération du Sciage Mécanique, 10 francs ; Fédération de la Bijouterie, 20 francs ; Fédération des Métaux, 100 francs ; Fédération des Brossiers-Tabletiers, 15 francs ; Fédération de la Céramique, 10 francs ; Fédération du Bâtiment, 200 francs ; Fédération des Bûcherons, 20 francs ; Fédération de l'Habillement, 10 francs ; Théâtre social, Marseille, 50 francs.

Souscription pour l'agitation contre les lois scélérates

Fédération des Allumettiers, 25 francs ; Fédération des Mineurs, 50 francs ; Fédération de la Chapellerie, 25 francs ; Vignols, Fougères, 4 francs; Syndicat National des Maréchaux, 10 francs ; Bourse du Travail, Périgueux, 10 francs ; Syndicat des Sous-Agents des P. T. T., 5 francs ; Bourse du Travail, Grenoble, 10 francs ; Fédération de l'Ameublement, 25 francs ; Bourse du Travail, Mazamet, 10 francs ; Bourse du Travail, Arles, 10 francs ; Fédération du Bâtiment, 500 francs ; Bourse du Travail, Béziers, 10 francs ; Fédération du Tonneau, 15 francs ; Syndicat du Bâtiment, Reims, 10 francs ; Fédération des Cuirs et Peaux, 10 francs ; Comité intersyndical, Charenton, 5 francs ; Bourse du Travail, Le Havre, 10 francs ; Bourse du Travail, Valence, 10 francs ; Fédération Lithographique, 20 francs ; Bourse du Travail, Saint-Amand (Cher), 10 francs ; Bourse du Travail, Saint-Etienne, 10 francs ; Bourse du Travail, Romans, 10 francs ; Bourse du Travail, Saint-Claude, 10 francs ; Bourse du Travail, Brest, 10 francs ; Bourse du Travail, Firminy, 10 francs ; Bourse du Travail, Vierzon, 10 francs ; Bourse du Travail, Nevers, 10 francs ; Bourse du Travail, Lorient, 10 francs ; Bourse du Travail, Elbeuf, 10 francs ; Bourse du Travail, Besançon, 10 francs ; Bourse du Travail, Montpellier, 10 francs ; Bourse du Travail, Dijon, 10 francs ; Bourse du Travail, Rennes, 10 francs ; Union des Syndicats du Pas-de-Calais, 10 francs ; Union des Syndicats du Rhône, 10 francs ; Fédération des Teintures et Apprêts, 15 francs ; Bourse du Travail, Le Mans, 10 francs ; Bourse du Travail, Aix, 10 francs ; Fédération des Mines-Minières, 25 francs ; Bourse du Travail, Alais, 10 francs ; Bourse du Travail, Nice, 10 francs ; Bourse du Travail, Toulouse, 10 francs ; Fédération du Sciage

Mécanique, 5 francs ; Union des Syndicats des Basses-Pyrénées, 20 francs; Bourse du Travail, Roanne, 10 francs ; Bourse du Travail, Romilly-sur-Seine, 10 francs ; Bourse du Travail, Albi, 10 francs ; Bourse du Travail, Niort, 10 francs ; Syndicat des Maçons, Rivesaltes, 13 francs ; Bourse du Travail,Troyes, 10 francs; Bourse du Travail, Belfort, 10 francs ; Bourse du Travail, Montceau-les-Mines, 10 francs ; Fédération des Bûcherons, 50 francs ; Fédération de la Bijouterie-Orfèvrerie, 20 francs ; Fédération de l'Eclairage, 20 francs ; Bourse du Travail, Rochefort, 10 francs ; Bourse du Travail, Vannes, 10 francs ; Fédération des Ports et Docks, 50 francs ; Bourse du Travail, Montluçon, 10 francs.

Souscription pour l'agitation en faveur de la Semaine anglaise

Fédération des Ports et Docks, 100 francs; Bourse du Travail, Tarare, 20 francs; Syndicat des Monnaies et Médailles, 10 francs ; Bourse du Travail, Auch, 1 fr. 20 ; Union des Syndicats de la Nièvre, 20 francs ; Union des Syndicats de la Creuse, 1 fr. 20 ; Union des Syndicats de Saône-et-Loire, 10 francs ; Bourse du Travail de Clermont-Ferrand, 3 francs ; Syndicat des Carriers, Herbillon, 5 francs ; Bourse du Travail, Mehun-sur-Yèvre, 3 francs ; Bourse du Travail, Mèze, 1 fr. 85 ; Syndicat des Employés de la Région Parisienne, 7 fr. 20 ; Bourse du Travail, Albi, 4 fr. 30 : Syndicat des Cuirs et Peaux, Amiens, 10 francs; Un. des Syndicats de l'Ain (Franche-Comté), 2 fr. 50 ; Bourse du Travail, Alais, 10 francs ; A. Chalvet, 5 francs ; Union des Syndicats de Seine-et-Marne, 5 fr. 40 ; Bourse du Travail, Annecy, 10 francs ; Bourse du Travail, Rochefort, 10 francs ; Bourse du Travail, Rochefort-sur-Mer, 3 fr. 80. — Fédération des Cuirs et Peaux, 6 francs ; Union des Syndicats des Ardennes, 50 francs ; Bourse du Travail, Romans, 0 fr. 90 ; Bourse du Travail, Fougères, 10 francs ; Bourse du Travail, Angers, 2 francs ; Bourse du Travail, Lille, 10 francs ; Bourse du Travail, Rennes, 20 francs ; Syndicat des Bûcherons, Brouilhamnou-Plou, 5 francs ; Bourse du Travail de Nantes, 75 francs ; Bourse du Travail, Tarare, 15 francs ; Bourse du Travail, Le Mans, 15 francs ; Syndicat des Employés du Bâtiment, Lyon, 4 francs; Union des Syndicats, Grenoble, 12 francs ; Fédération du Tonneau, 25 francs ; Fédération des Cuirs et Peaux, 6 francs ; Bourse du Travail, Bône, 5 francs ; Union des Syndicats des Ardennes, 50 francs ; Bourse du Travail, Arles, 36 fr. 40 ; Bourse du Travail, Romans, 10 francs ; Bourse du Travail, Amiens, 10 francs ; Bourse du Travail, Laval, 15 francs ; Bourse du Travail, Brest, 20 francs ; Bourse du Travail, Vannes, 10 francs ; Syndicat du Textile Fourmies, 25 francs ; Bourse du Travail, La Guerche, 17 fr. 10 ; Bourse du Travail, Dôle, 50 francs ; Union des Syndicats, Chartres, 10 francs ; Bourse du Travail, Niort, 10 francs ; Bourse du Travail, La Rochelle, 10 francs ; Bourse du Travail, La Pallice, 10 francs ; Bourse du Travail, Rochefort-sur-Mer, 15 francs ; Bourse du Travail, Bordeaux, 15 francs ; Bourse du Travail, Poitiers, 30 francs ; Bourse du Travail, Vierzon, 15 francs.

Souscriptions diverses

Bourse du Travail,Arles,14 fr. 80,pour la propagande; Fédération des Métaux, 100 francs, part de la tournée de l'Isère ; Société Coopérative les

Persévérants, 35 francs pour la propagande ; Bourse du Travail de Fougères, 30 francs, pour la Vie chère.

DEPENSES

Frais de correspondance. — Lettres, reçus, circulaires, télégrammes : 716 fr. 85.

Provisions pour correspondance Jouhaux, 320 francs ; Yvetot, 150 francs.

Cartes de demi-tarif pour les différentes Compagnies de chemins de fer : Jouhaux, 1910-1911, 230 fr. 10 ; 1911-1912, 220 francs ; Yvetot, 1910-1911, 230 fr. 10 ; 1911-1912, 220 francs.

Frais de bureau, comprenant les dépenses pour le chauffage, l'éclairage, l'abonnement au téléphone, la ficelle et le papier d'emballage, et fournitures diverses, soit : pour le chauffage, 147 fr. 55 ; pour l'éclairage, 128 fr. 45 ; fournitures de bureau, papeterie, 365 fr. 90 ; ficelle et papier d'emballge, 132 fr. 75 ; abonnement au téléphone, 87 francs ; publications diverses (documents), 102 fr. 75 ; confection de labels, 160 francs.

Appointements. — Aux secrétaires : Jouhaux, 6.000 francs ; Yvetot, 6.000 francs.

Aux trésoriers : Marck, 4.800 francs ; Dumoulin, 3.200 francs.

(Les appointements des secrétaires et des trésoriers de la C.G.T. sont de 250 francs par mois).

Loyer. — 1.370 francs.

Depuis le 1er avril, le loyer a été porté de 640 à 1.000 francs pour payer la permanence du concierge de la Maison des Fédérations.

Cotisations du Secrétariat international. — 1.484 fr. 05.

PAYÉ POUR TRAVAUX SUPPLÉMENTAIRES

Travail pour expéditions d'affiches et de circulaires diverses et travail au bureau. — Vignaud, 640 francs ; Cornélissen, traduction, 200 francs ; Capy, 200 fr. 20 ; Robert (confection du répertoire confédéral 1910), 332 francs ; Savonnier, 58 francs ; Deuille, 24 francs ; Le Guennic, 88 francs ; Daveau, 127 francs.

Entretien des bureaux. — Mazeau et Billebaud.

DEPENSES DIVERSES

Sous cette rubrique figurent toutes les dépenses relatives à l'affichage de toutes les affiches éditées par la C. G. T. ; la location des salles de réunions, frais de procès.

Outre les sommes afférentes à ces objets, il a été dépensé une somme de 243 fr. 75 pour le nettoyage et la peinture des bureaux, et 300 francs qui ont été versés à la Fédération des Syndicats Maritimes pour l'aider dans sa propagande.

Le détail pour ces différentes dépenses est le suivant :

Pour l'Affichage des diverses affiches dans Paris. — 2.036 fr. 55.

Pour la location des salles de réunions.— Meeting « Contre la Répression », Manège Saint-Paul, 500 francs ; meeting « Pour les Cheminots », Salle des Sociétés Savantes, 125 francs ; meeting « Pour les Cheminots », à La Bellevilloise, 30 francs ; meeting « Contre la Guerre », salle Wagram, 250 francs ; 2° meeting « Contre la Guerre », salle Wagram, 250 francs ; conférence des Bourses et des Fédérations, salle de l'Egalitaire, 90 fr. 10 ; Participation du meeting « Contre la Guerre », à L'Aéro-Park, 688 francs ; meeting « Contre les Lois scélérates », 321 francs ; 2e meeting « Contre les Lois Scélérates », 216 fr. 75 ; meeting « Pour les Chauffeurs de Taxis », manège Saint-Paul, 332 fr. 75.

Impressions diverses. Affiches. — 2.000 affiches « Assassins », 117 francs ; 6.300 « Contre la Cherté de la Vie », 240 francs ; 3.700 « Contre la Cherté de la Vie », 160 francs ; 1.850 affiches et 80.000 circulaires « Appel à la Population », 582 francs ; 2.000 « Bravo les Cheminots », 130 francs ; 8.000 « Les Crimes du Pouvoir », 285 francs : 8.000 « L'Affaire Durand », 285 francs ; 8.000 2e affiche « L'Affaire Durand, 285 francs ; Bandes pour affiches meetings « Affaire Durand », 140 francs ; 6.000 « 7 ans de réclusion », 225 francs ; 500 « Au Japon », 50 francs ; 8.000 « Pourquoi n'est-il pas libéré ? », 285 francs ; 3.000 « Qu'on le libère », 145 francs ; 3.000 « Contre le travail de nuit », 135 francs ; 1.000, meeting « Contre la Guerre », 50 fr.; Bandes pour affiche « Contre les Retraites ouvrières », 20 francs ; 8.000 « Contre l'application des Retraites ouvrières », 285 francs ; 1.500 « Servilité Gouvernementale », 100 francs ; 1.000 « Contre la Guerre », 80 francs ; Bandes pour meeting « Contre la Guerre»,30 fr.; 5.000 «A la spéculation,opposons le boycottage », 195 francs; 6.000 « Contre les Lois scélérates », 275 fr.; 8.000, Meeting du 1er Mai 1911, 285 francs ; 1.000 meeting « Contre la Guerre », 70 francs ; 1.000 « Le Droit d'écraser », 90 francs ; 1.000 « Lépine, chef des assassins », 90 francs ; 10.000 « Diminution des heures de travail. Semaine anglaise», 360 francs ; 5.000, 1er mai 1912, meeting, 130 francs ; 4.000 Diminution des heures de travail, Vie chère, Loi Millerand, meetings, 165 francs ; 2.000 bandes pour affiches. Duminution des heures de travail, 32 francs ; 6.000 « Ordre du jour contre les Retraites ouvrières », 150 francs ; 6.000 « Ordre du jour contre la Loi Millerand », 150 francs.

Payé pour affichage de ces affiches à Paris, 2.036 fr. 55.

Circulaires et tracts. — 3,500 « Solidarité aux Cheminots », 27 fr.; 3.500 « Condamnations de Durand », 40 francs ; 100.000 « Condamnation Durand », 525 francs ; 3.500 circulaires « Contre les Retraites Ouvrières », 27 francs ; 6.000 circulaires pour les brochures « Contre les Retraites Ouvrières », 40 francs ; 50.000 tracts « Contre les Retraites Ouvrières », 350 francs ; 500 circulaires « Meetings contre les Retraites Ouvrières », 11 francs ; 500 circulaires pour la « Conférence des Bourses et Fédérations », 37 francs ; 3.500 questionnaires concernant les « Retraites Ouvrières », 35 francs ; 50.000 tracts « Contre les Retraites Ouvrières », 265 francs ; deuxième questionnaire pour les « Retraites

Ouvrières », 84 francs ; 50.000 tracts « Contre la Guerre », 175 francs ; 500 questionnaires « Conférence des Bourses et Fédérations », 12 francs ; 3.500 circulaires « Contre la Vie Chère », 27 francs ; 100.000 tracts « Contre les Lois Scélérates », 375 francs ; 100.000 tracts « Contre les Lois Scélérates », 300 francs ; 100.000 tracts « A bas les Lois Scélérates », 375 francs ; 3.500 circulaires pour la « Semaine Anglaise et la Diminution des Heures de Travail » (appel), 30 francs ; 10.000 tracts « Inhumation de Bedhomme » (appel), 95 francs ; 10.000 circulaires « Diminution des Heures de Travail et Semaine Anglaise », 60 francs.

Affiches illustrées. — 10.000 affiches « Contre les Retraites », 425 francs ; 5.300 « La Semaine Anglaise », 630 francs ; Dessins pour l'affiche « Contre les Retraites Ouvrières », 100 francs ; dessin et travail de lithographie pour l'affiche « Semaine Anglaise », 180 francs ; dessin et travail de lithographie pour l'affiche « Diminution des Heures de Travail », 350 francs ; lithographie pour composition affiche « Semaine Anglaise », 200 francs.

Impressions générales. — *Détail.* — *Brochures.* — Achat de brochures « *L'Affaire Durand* », 50 francs ; impression de la brochure « *Contre les Retraites Ouvrières* » pour 125.000 exemplaires, 3.630 francs ; de la brochure « *La Vie Chère* », pour 50.000 exemplaires, 2.200 francs ; de la brochure « *La Semaine Anglaise* », pour 30.000 exemplaires, 1.140 francs.

20.000 exemplaires des statuts types, 380 francs.

320 carnets à souches pour la délivrance du viaticum, 320 francs.

250 tableaux-règlements pour la délivrance du viaticum, 75 francs.

Cartes confédérales couvertures, 60.000 francs.

Feuilles intérieures pour ces cartes-couvertures, 2.161 fr. 75.

Cartes confédérales intérieures (bulles) 1910, 382 fr. 10.

Cartes confédérales intérieures (vertes) 1911, 3.520 fr. 10.

Cartes confédérales intérieures (violettes) 1912, 3.412 fr. 70.

Timbres confédéraux 1910 (solde), 375 fr. 35.

Timbres confédéraux 1911, 3.048 fr. 40.

Timbres confédéraux 1912, 2.014 fr. 10.

Le perforage des timbres pour 1911 et 1912 a coûté 2.457 francs. C'est donc une dépense totale pour les timbres de ces deux années de 7.519 fr. 50.

Affiches (dont la nomenclature figure d'autre part), 4,261 francs.

Affiches illustrées (dont la nomenclature figure d'autre part), 1.885 francs.

Dessins et travail lithographiques pour la confection des affiches illustrées dont le montant figure dans la colonne des dépenses diverses, 1,360 francs.

Tracts et circulaires (dont détail d'autre part), 2.890 francs.

Cartes postales illustrées « Contre les Retraites Ouvrières » (solde), 268 francs.

Impression du répertoire confédéral (1910), 2.050 francs.

Impression des rapports moral et financier de la C. G. T. (1910), 2,415 francs.

Impressions des rapports des conférences des Bourses et Fédérations, 690 francs.

La caisse confédérale a également payé une somme de 270 francs pour l'impression d'un journal en langue allemande, *Der Syndicalist*, dont les deux premiers numéros ont été réglés par elle.

Le montant des impressions diverses : enveloppes, papier à lettre et à en-tête, carnets à souches, circulaires, etc., a été de 508 fr. 45.

Expéditions diverses. — Expéditions des affiches et circulaires aux organisations, 3.417 fr. 70.

Expéditions de brochures diverses, 394 fr. 95.

Expéditions de cartes confédérales intérieures, 217 fr. 95.

Expéditions de labels confédéraux, 18 fr. 55.

Expéditions de timbres confédéraux, 188 fr. 90.

Expéditions de cartes confédérales couvertures, 46 fr. 20.

Expéditions diverses, 161 fr. 15.

Délégations propagande. — Marck, à Saint-Denis et Maisons-Laffitte, 8 fr. 20 ; Jouhaux, à Argenteuil, 1 franc ; Marck, à Argenteuil, 1 fr. 50 ; Jouhaux, à Lille, conférence avec les délégués belges pour immigrants, 34 francs ; Yvetot, diverses, 2 fr. 50 ; Jouhaux, à Grenoble, La Mure et Rioupéroux, 102 francs ; Jouhaux, à Choisy-le-Roi, 1 fr. 50 ; Marck, à Calais, 10 fr. 80 ; Lefebvre, en Corse, 183 fr. 45 ; Yvetot, à Boulogne-sur-Mer et à Calais, 30 francs ; Marck, à Ville-Evrard, 1 fr. 30 ; Blanchard, tournée dans l'Isère, 213 fr. 95 ; Métivier, à Chartres, 10 fr. 10 ; Dumoulin, à Alfortville, 1 fr. 50 ; Yvetot, à Marseille et Toulon (conflit), 65 fr. 10 ; Jouhaux, à Rennes, Fougères, Lorient, Nantes, La Pallice, Saint-Nazaire (grève), 122 fr. 65 ; Yvetot à Lens, 30 francs ; Dumoulin, à Villeneuve-Saint-Georges (anniversaire tuerie), 3 francs ; Bourderon, à Cette (conflit), 36 fr. 50 ; Yvetot à Blois, Tours et Indre, 18 fr. 40 ; Jouhaux, à Lens, 21 francs ; Jouhaux, à Troyes, 7 francs ; Malot et Million, à Tarare et Rive-de-Gier, 24 fr. 80 ; Jouhaux, à Maubeuge, 41 francs ; Jouhaux, à Marseille (allumettiers), 103 francs ; Jouhaux, à Lille (conflit), 21 francs.

Délégation en Allemagne contre la Guerre. — Jouhaux, 200 francs ; Yvetot, 200 francs ; Marck, 200 francs ; Cornélissen (traducteur), 200 francs.

Délégation à Madrid et Barcelone contre la Guerre. — Marie, 243 fr. 60 ; Dumoulin, 243 fr. 60.

Délégations aux meetings pour l'affaire Durand. — Jouhaux, à Rouen, à Sotteville et au Havre, 67 fr. 50 ; Péricat, à Rouen, à Sotteville et au Havre, 57 fr. 10 ; Lefebvre, à Rennes, 49 fr. 50 ; Bousquet, à Fougères et à Rennes 50 fr. 50 ; Clément, à Lyon, 62 fr. 65 ; Delpech, à Lyon, 54 fr. 35 ; Thuillier, à Marseille et Valence, 92 fr. 55 ; Marck, à Marseille, La Ciotat et Valence, 102 fr. 10 ; Marck, à Melun, 3 fr. 85 ; Robert, à Nevers, 30 fr. 85 ; Jouhaux, à Nantes, 10 fr. 50 ; Péricat, à Maubeuge, 33 francs ; Clément, à La Ferté-sous-Jouarre, 7 fr. 50 ; Thuillier, au Mans, 27 fr. 40 ; Lemoux, à Souppes et à Sens, 40 fr. 20 ; Sarda, à Noisiel et à Champs-sur-Marne, 8 fr. 80 ; Dumoulin, à Decazeville, 69 fr. 85 ; Bousquet, à Belfort, 48 fr. 95 ; Dumoulin, à Montceau-les-Mines (et Congrès Union des Syndicats), 55 fr. 20 ; Lemoux, à Dun-sur-Auron, 51 fr. 65 ; Jouha..., à Provins, 5 francs, frais 6 francs ; Guioms (Havre), à Paris, 35 francs ; Jouhaux, Rouen (sortie), 31 francs ; Marck, à Rouen et au Havre (sortie de Durand), 37 fr. 60 ; Marty-Rollan (dans le Midi, tournée), 129 fr. 75 ; Beausoleil, à Bourges, à Clermont-Ferrand et à Montluçon, 60 francs ; Lemoux, à Nancy, Epinal, Belfort, Dijon, 154 fr. 65 ; Marck, à Elbeuf, au Tréport et à Méru (inhumation Platel), 44 fr. 20 ; Victor, à Saint-Nazaire, à Lorient et à Vannes, 113 francs ; Constant, à Saint-Brieuc, Rennes, Fougères, Saint-Malo et Dinan, 104 francs ; Le Guéry, à Blois, Tours, Nantes, Le Mans, 58 francs ; Dret, à Amiens, Dunkerque, Lille, Tourcoing, Saint-Quentin, 85 fr. 30 ; Yvetot, à Caen et Cherbourg, 40 francs ; Dumoulin, à Valence, Avignon, Arles, Marseille, Aix, Toulon, Nice, 159 francs ; Marty-Rollan (supplément pour tournée du Midi), 11 fr. 55 ; Gauthier, à La Rochelle, La Pallice, Bayonne, Agen, Périgueux, Niort, 140 fr. 10 ; Bourderon, à Carcassonne, Perpignan, Narbonne, Béziers, Millau, 175 fr. 75 ; Merrheim, à Givors, Bourg, Lons-le-Saunier, Saint-Claude, Oyonnax et Lyon, 88 fr. 30 ; Bousquet, à Saint-Junien, Limoges, Tulle, Brive, Albi, Toulouse, 108 francs ; Yvetot, à Deville-les-Rouen, 20 francs ; Marck (meeting pour la revision, 15 juin 1912, compte avec délégation à Bordeaux grève des inscrits).

Délégations, meetings contre les lois scélérates. — Lefebvre, à Nice, Toulon, Arles, Aix, Port-Saint-Louis-du-Rhône, 119 fr.; Yvetot, à Niort, La Pallice, 50 fr. 40 ; Roux, à Béziers et Montpellier, 111 fr. 10 ; Lemoux, à Carcassonne et Mazamet, 126 fr. 10 ; Ferré, à Saint-Amand et Vierzon, 36 fr. 10; Clément, à Romilly-sur-Seine et Belfort, 47 fr. 05; Péricat, au Havre, 24 fr. 50; Charbonnier, à Elbeuf, 17 fr. 60 ; Pichon, à Dijon et Besançon, 49 fr. 70 ; Marck, à Saint-Nazaire, Lorient et Vannes, 90 fr. 40; Dumas, à Nancy, 41 fr. 85 ; Bouliguat, à Firminy et à Saint-Etienne, 89 fr. 60 ; Sarda, à Auxerre et Nevers, 49 fr.; Savoie, à Valence et Romans, 76 fr. 75 ; Le Guennic, à Rennes et à Brest, 68 fr.; Voiron, à Lyon et à Grenoble, 73 fr. 85 ; Victor, à Douai, 32 fr. 70 ; Dret, à Châteauroux et Périgueux, 61 fr. 25 ; Le Guerry, à Marseille et à L'Estaque, 96 fr. ; Quillent, à Lens, 19 fr. 80 ; Bled, à Reims, 19 fr. 60; Roux, à Roanne, à Montluçon et Commentry, 98 fr. 50; Merrheim, à Saint-Claude, 58 fr. 75 ; Loyau, au Mans, 24 fr.; Diem, à Bordeaux, 61 fr. 40.

Meetings pour la diminution des heures de travail, semaine anglaise, contre les retraites ouvrières et la loi scélérate Millerand. — Quillent, à Amiens, Lens, Boulogne-sur-Mer, Calais, Dunkerque et Creil, 77 fr.; Dret, au Mans, Laval, Fougères, Rennes, Saint-Malo, Brest, Lorient et Vannes, 142 fr. 10 ; Sarda, à Bourges, Commentry, Guéret, Tulle, Toulouse, Albi, Decazeville, 170 fr. 10 ; Savoie, à Cherbourg, Caen et Lisieux, 58 fr.; Charbonnier, à Nevers, 35 fr. 35 ; Voirin, à Périgueux, Agen, Brive, Saint-Florent, 94 fr. 70 ; Minot, à Moulins, Montluçon et La Guerche, 160 fr. 90 ; Lemoux, à Annecy, Lons-le-Saunier, Dôle, Belfort, Chaumont, Troyes, 236 fr.; Merrheim, à Tergniers Valenciennes, Anzin, Fresnes, Fourmies, Saint-Quentin, Hautmont, 90 fr. 60 ; Chabert, à Saint-Etienne, Le Chambon, Saint-Chamond, Tarare, 132 fr. 80.

Délégations aux meetings de protestations en faveur des cheminots. — Bousquet, à Saint-Nazaire, 51 fr.; Dret, à Bordeaux et Angoulême, 62 fr. 90 ; Grandidier, à Nancy, 57 fr. 85 ; Bodechon, à Marseille et Avignon, 112 fr. 95 ; Yvetot, à Dunkerque, 25 fr.; Savoie, à Reims, 20 fr. 30 ; Marck, à Charleville, 29 fr. 75 ; Ranty, à Romilly-sur-Seine, 17 fr. 25 ; Blanchard, à Chaumont, 27 fr. 65 ; Jouhaux, à Rennes, 44 fr.; ; Marie, à Amiens, 21 fr. 35 ; Lemoux, à Escarbotin, 20 fr., et à Bougival, 3 fr. 50 ; Luquet, à Limoges, 50 fr.; Jacquemin, à Firminy, 56 fr.40; Péricat, à Clermont-Ferrand, 47 fr.20 ; Le Guéry, à Rouen, 14 fr. 70 ; Griffuelhes, à Tours, 32 fr. 55 ; Bled, à Toulouse et Graulhet, 89 fr.; Lefebvre, à Dijon, 24 fr.; Marck, à Poissy, 2 fr. 35 ; Dumas, à Versailles, 3 fr.; Merrheim, à Lyon et Saint-Etienne, 64 fr. 85.

Meetings contre les retraites ouvrières. — Dumoulin, au Bourget, Saint-Denis et Clichy, 2 fr. 50 ; Grandidier, à Argenteuil, 8 fr. 35 ; Tendero, à Hermes, 11 fr. 85; Dumoulin, à Lyon, 47 fr. 45; Dumoulin, à Méru, 7 fr. 20 ; Sarda, à Dunkerque, 32 fr.; Tendero, à Nevers, 41 fr. 45; Dumas, à Nancy, 41 fr. 85 ; Dumoulin, à Reims, 15 fr. 30 ; Beausoleil, à Laval, 35 fr.; Yvetot, à Firminy (et grève métallurgie Le Chambon), 54 fr.; Quillent, à Orléans, 18 fr. 05 ; Marck, à Trignac, Couëron et Saint-Nazaire, 59 fr. 50 ; Roux, à Toulouse et Albi, 85 fr. 95 ; Marty-Rollan, à Brive et Perpignan, 64 fr. 45 ; Le Guéry, à Elbeuf, 17 fr. 80 ; Bourderon, à Saint-Etienne, 54 fr. 70 ; *id.*, à La Rochelle, 77 fr. 75 ; *id.*, au Havre, 36 fr. 85 ; Verliac à Amiens, 16 fr. 75 ; Jouhaux, à Bourges, 16 fr. 60 ; *id.*, à Argenteuil, 1 fr.; Merrheim, à Clermont-Ferrand, 49 fr. 55 ; Savoie, à Flers, 59 fr. 85 ; Marck, à Troyes, 20 fr. 15 ; Dret, à Bordeaux, 67 fr. 50 ; Gauthier, à Périgueux, 61 fr.; Jouhaux, au Tréport, 24 fr.; Réaud, à Cannes, 31 fr. 75 ; Dumoulin, à Sedan, 28 fr. 15.

Délégations aux meetings contre « la Vie Chère ». — Blanchard, à Maubeuge, 35 fr. 85 ; Yvetot, à Maubeuge, 31 fr. 20 ; Blanchard, à Denain, 33 fr. 10 ; Charlier, à Chartres, 29 fr. 45 ; Dumoulin, à Sedan, 30 fr.; Beausoleil, au Mans, 20 fr.; Jouhaux, à Bordeaux, Bayonne, Tarbes, Alais, 131 fr. 80; Sarda, à Roanne, 50 fr.; Jouhaux, Saumur et Angers, 14 fr.; Boulegnat (et contre la guerre), à Lyon, 61 fr. 45.

Délégations aux meetings contre les poursuites et procès. — Jouhaux, à Nouzon, 28 fr. 70 ; Jouhaux, à Nouzon, 33 fr.; Jouhaux, à Charleville, 32 fr. 50 ; Jouhaux, à Nancy, 19 fr.; Jouhaux, à Charleville, 40 fr.

Procès Dumoulin, Broutchoux, Vignaud, etc. — Payé aux avocats et huissiers, 972 fr. 50.

Délégations pour le 1er mai 1911. — Marck, à Aniche, 25 fr.; Yvetot, à Lyon et Tarare, 60 fr.; Bodechon, à Caudry, 30 fr. 05 ; Leroux, à Mézières et Charleville, 49 fr. 25 ; Bourderon, à Avignon, Arles et Marseille, 118 fr. 20; Dumas, à Clermont-Ferrand, 48 fr. 10 ; Le Guéry, à Besançon, 30 fr.; Montagne, à Lens et à Béthune, 35 fr.; Beausoleil, au Havre, 30 fr., Rivelli, à Fougères, 42 fr. 10 ; Chauvin, à Saintines, 10 fr.; Hagmann, à Saint-Quentin, 27 fr. 15 ; Charlier, à Romilly-sur-Seine, 10 fr.; Cauvin, à Denain, 32 fr. 35 ; Lemoux, à Tourcoing, 32 fr.; Vauvrecy, à Tours,

20 fr. 50 ; Dret, à Angoulême et Ruelle, 55 fr. 70 ; David, à Millau, 90 fr.; Tendero, à Laval et Rennes, 54 fr. 50 ; Delzant, à Angers, 60 fr.; Dumoulin, à Montceau-les-Mines, 35 fr. 75 ; Dussex, à Alençon, 46 fr. 50 ; Thomsen, à Chaumont, 34 fr. 30 ; Drein, à Couëron, 16 fr. 80.

Délégations pour le 1er mai 1912. — Maucolin, à Cambrai, 35 fr. ; Bourderon à Bourges et Saint-Florent, 36 fr.; Sarda, à Saint-Quentin, 28 fr. 15 ; Lefebvre, à Fougères, 30 fr.; Tabard, à Epernay, 11 fr. 30 ; Bousquet, à Montpellier, 96 fr. 25 ; Arbogast, à Montargis, 9 fr. 30 ; Chauvin, à Montluçon, 40 fr.; Laval, à La Rochelle et La Pallice, 77 fr.; Cauvin, à Monthermé, 40 fr.; Togny, à Montceau-les-Mines, 52 fr. 35; Victor, à Alençon, 39 fr. 60 ; Pichon, à Nancy, 35 fr. 35 ; Marck, au Havre, 20 fr.; Beausoleil, à Saint-Junien et à Limoges, 50 fr.

Délégations aux Congrès. — Bousquet, Congrès de l'Union des Syndicats, à Périgueux, 63 fr. 65 ; Yvetot, Congrès des Employés, à Reims, 21 fr.; Robert, Congrès de la Fédération du Tonneau, et de la Fédération Lithographique, à Bordeaux, 151 fr. 50 ; Jouhaux, Congrès des Agricoles du Midi, 160 fr.; Marck, Congrès des Gaziers, Nantes, 47 fr. 10 ; Griffuelhes, Congrès des Bûcherons, 41 fr. 15; Jouhaux, Congrès de Toulouse, 144 fr.; Yvetot, *id.*, 144 fr.; Marck, *id.*, 144 fr.; dépenses pour réception des étrangers au Congrès, 20 fr.; Péricat, Congrès Fédération de l'Alimentation, à Alger, 224 fr. 50 ; Jouhaux, délégué au Congrès de Bruxelles, 54 fr. 05 ; Dret, Congrès Fédération des Sabotiers, à Mesvres, 56 fr. 60 ; Jouhaux, Congrès des Trades-Unions anglaises, à Dundee, 200 fr.; Marck, Congrès de la Céramique, Lyon, 68 fr. 45 ; Jouhaux, Congrès des Centrales Internationales, à Buda-Pesth, 333 fr. 10 ; Yvetot, *id.*, 333 fr. 10 ; Lefebvre, Congrès des Organisations Suisses, 80 fr. 85 ; Yvetot, Congrès Union des Syndicats Basses-Pyrénées, 110 fr. 20 ; Marck, Congrès des Inscrits Maritimes et Dockers de l'Atlantique, Saint-Nazaire et Nantes (meeting), 59 fr. 80 ; Bourderon, Congrès des Verriers, Fourmies et Belgique, 96 fr. 70 ; Arbogast, Congrès du Sciage mécanique, à Lyon, 85 fr. 45 ; Yvetot, Congrès du Bâtiment et Union des Syndicats de la Gironde, 100 fr.; Marck, Congrès de l'Union des Syndicats du Calvados, à Vire, 39 fr.

Délégations, grèves.—Lemoux, céramique,Mehun-sur-Yèvre,115 fr. 75; Jouhaux, ardoisiers, Trélazé, 74 fr. 50 ; Lemoux, céramique, Mehun-sur-Yèvre, 267 fr. 80 ; Constant (Orléans), céramique, Mehun-sur-Yèvre, 52 fr. 75 ; Dret, céramique, à Mehun-sur-Yèvre, 67 fr. 55 ; Lemoux, céramique, à Mehun-sur-Yèvre, 62 fr. 35 ; Constant (Orléans), céramique, Mehun-sur-Yèvre, 64 fr. 05 ; Fonclare, grève de dockers, Philippeville, 101 fr. 10 ; Hervier, céramique, Mehun-sur-Yèvre, 30 fr.; Batas (Saint-Malo), Constructions navales, Paimpol, 88 fr. 50 ; Marck, Textile, Dunkerque, 40 fr. 80 ; Dumoulin, enquête à Epinay, 9 fr.; Jouhaux, inhumation Benoist, Asnières, 2 fr.; Bour, dockers, Bayonne, 150 fr. 80 ; Dumoulin, carriers, Saint-Chiron, 5 fr. 50 ; Lefebvre, dockers, Bayonne, 150 fr.; Dumoulin, boutonniers, Méru, 7 fr. 20 ; Leroux, Bâtiment, Charleville, 45 fr.; Rivelli, dockers, Saint-Nazaire, 101 fr. 70 ; Dumoulin, Agricoles du Midi, 167 fr. 35 ; Marck, dockers, Honfleur, 32 fr. 10 ; Dret, drapiers,

Romorantin, 50 fr. 50 ; Jouhaux, dockers, Calais, 30 fr.; Le Guéry, dockers, Calais, 23 fr. 25 ; Bousquet, dockers, Calais, 27 fr.; Hervier, drapiers, Romorantin, 20 fr.; Jouhaux, mineurs, Denain, 33 fr. 50 ; Marty-Rollan, tisseurs, Lavelanet, 38 fr. 65 ; Marck, grève des Inscrits (et meeting Durand), Le Havre et Bordeaux, 96 fr.; Marck, deuxième délégation, Le Havre, 25 fr. 10.

Toutes les délégations remplies par les délégués officiellement mandatés par la C. G. T. ne figurent pas dans la nomenclature précitée.

Il faut, en effet, tenir compte que de nnombreuses organisations ont versé directement le montant des frais de déplacement entre les mains des délégués.

P.-S. — Conformément aux décisions qui sont en application à la C. G. T., les indemnités journalières qui sont versées aux délégués qu'elle mandate sont comptées à raison de 15 francs pour ceux qui ne sont pas permanents rétribués par leurs organisations, et de 7 francs pour ceux qui occupent des fonctions pour lesquelles des appointements leur sont payés.

Les frais de voyage sont comptés en plus des frais de déplacement.

Bilan de la "Voix du Peuple"

du 1er Juillet 1910 au 30 Juin 1912

Recettes			Dépenses		
Abonnements	29.293	35	Frais de bureau	3.141	15
Vente au bureau	230	25	Appointements	7.353	50
— " — à Paris	135	10	Impressions	23.662	70
— " — en Province	2.818	95	Frais d'expéditions postales	3.769	90
— " — Hachette et Cie	3.311	45	— " — pr les nos exceptionnels	7.405	30
— " — de Nos Exceptionnels	11.984	45	Loyer	685	"
Divers	510	"	Divers	2.624	60
	48.283	55		48.642	15
En Caisse au 30 Juin 1910	1.990	35	En Caisse au 30 Juin 1912	1.631	75
	50.273	90		50.273	90

"La Voix du Peuple" Rapport Financier
Recettes du 1er Juillet 1910 au 30 Juin 1912

Années	Mois	Abonnements		Vente : au bureau		Vente : à Paris		Vente : Départements et Extérieur		Vente : Hachette		Vente : Nos Exceptionnels		Divers		Totaux	
1910	Juillet	1.080	»	7	75	»	»	15	25	219	40	658	25	10	»	1.990	65
	Août	1.062	40	»	»	»	»	120	75	197	65	28	10	»	»	1.408	90
	Septembre	1.288	65	»	»	»	»	173	10	»	»	862	50	»	»	2.324	25
	Octobre	835	90	»	»	»	»	124	75	345	95	213	25	»	»	1.519	85
	Novembre	1.282	20	»	»	»	»	107	75	191	45	199	»	»	»	1.780	40
	Décembre	1.375	55	»	»	»	»	245	15	290	75	619	50	»	»	2.530	95
1911	Janvier	1.598	80	49	10	4	95	97	05	183	65	139	»	500	»	2.572	55
	Février	1.815	30	6	»	»	»	98	35	»	»	473	15	»	»	2.392	80
	Mars	1.841	»	103	50	0	70	305	45	263	55	1.108	15	»	»	3.617	35
	Avril	1.325	95	6	30	»	»	52	80	261	95	1.747	90	»	»	3.394	90
	Mai	834	50	14	25	»	»	115	95	»	»	475	10	»	»	1.489	80
	Juin	1.246	35	6	25	1	50	111	90	414	20	94	50	»	»	1.874	70
	Juillet	753	20	17	50	»	»	155	25	»	»	72	»	»	»	997	95
	Août	1.104	50	1	30	22	65	21	65	251	05	539	»	»	»	1.940	15
	Septembre	838	50	»	»	»	»	346	15	62	»	686	65	»	»	1.933	30
	Octobre	1.062	20	3	80	»	»	58	60	»	»	179	50	»	»	1.304	10
	Novembre	1.127	25	»	»	»	»	41	15	237	05	137	70	»	»	1.543	15
	Décembre	1.677	40	2	10	»	»	55	85	»	»	280	50	»	»	2.015	85
1912	Janvier	1.207	90	5	»	»	»	20	55	»	»	37	»	»	»	1.270	45
	Février	1.560	30	»	»	»	»	47	95	»	»	560	80	»	»	2.169	05
	Mars	1.664	95	»	»	105	30	26	30	207	60	268	25	»	»	2.272	40
	Avril	874	45	5	25	»	»	75	65	»	»	1.679	95	»	»	2.635	30
	Mai	1.449	90	»	»	»	»	364	20	185	20	901	20	»	»	2.900	50
	Juin	386	20	2	15	»	»	37	40	»	»	28	50	»	»	454	25
	Totaux	29.293	35	230	25	135	10	2.818	95	3.311	45	11.984	45	510	»	48.283	55

La "Voix du Peuple" Rapport Financier

Dépenses du 1er Juillet 1910 au 30 Juin 1912

Années	Mois	Frais de bureau		Appointements		Impressions		Expéditions postales		Frais pour les nos exceptionnels		Loyer		Divers		Totaux	
1910	Juillet	106	25	320	»	898	25	135	70	601	90	80	»	»	»	2.142	10
	Août	55	»	533	»	897	60	172	95	3	40	»	»	»	»	1.661	95
	Septembre	108	»	236	»	1.128	40	140	15	761	25	»	»	26	»	2.399	80
	Octobre	60	20	317	»	1.017	90	170	85	562	30	80	»	»	»	2.208	25
	Novembre	208	20	188	»	907	80	145	85	89	65	»	»	»	»	1.539	50
	Décembre	47	25	294	»	1.157	50	183	75	6	05	»	»	»	»	1.688	55
1911	Janvier	38	15	224	»	918	»	183	»	»	»	80	»	500	»	1.943	15
	Février	31	75	315	»	918	»	149	20	114	70	»	»	»	»	1.528	65
	Mars	254	20	415	»	1.147	50	155	85	663	20	»	»	25	»	2.660	75
	Avril	395	25	419	50	918	»	120	»	1.318	60	»	»	»	»	3.171	35
	Mai	62	20	351	»	918	»	192	90	»	»	»	»	»	»	1.524	10
	Juin	215	55	424	»	1.147	50	189	35	100	»	»	»	16	50	2.092	90
	Juillet	57	25	392	»	918		184	65	»	»	»	»	2.000	»	3.551	90
	Août	252	60	360	»	1.164	50	110	25	»	»	320	»	6	60	2.213	95
	Septembre	100	05	303	»	907	80	211	70	627	90	»	»	»	»	2.150	45
	Octobre	26	65	303	»	899	10	139	90	188	80	»	»	»	»	1.557	45
	Novembre	47	15	178	»	1.105	»	174	30	»	»	»	»	»	»	1.504	45
	Décembre	184	95	210	»	889	»	136	90	»	»	»	»	»	»	1.420	85
1912	Janvier	88	95	194	»	912	35	169	60	»	»	»	»	»	»	1.364	90
	Février	41	50	242	»	897	»	135	20	706	05	»	»	»	»	2.021	75
	Mars	58	50	178	»	1.105	»	134	40	133	80	»	»	6	»	1.615	70
	Avril	467	35	286	»	884	»	135	40	1.295	90	125	»	»	»	3.193	65
	Mai	59	65	368	»	905	»	134	70	231	80	»	»	34	50	1.733	65
	Juin	174	55	303	»	1.101	50	163	35	»	»	»	»	10	»	1.752	40
	Totaux	3.141	15	7.353	50	23.662	70	3.769	90	7.406	30	685	»	2.624	60	48.642	15

RECETTES

Abonnements. — Une moyenne de 2,310 abonnés pour le deuxième semestre de 1910.

Une moyenne de 2,370 abonnés pour l'année 1911.

Une moyenne de 2,390 abonnés pour le premier semestre 1912.

La moyenne des abonnés pour la période du 30 juin 1910 au 30 juin 1912 est donc de 2,357 environ.

Vente à Paris et au bureau : 365 fr. 35.

Vente en province. — Une moyenne de 420 exemplaires par numéro.

Vente Hachette. — La moyenne de cette vente a baissée au point que certains numéros, au lieu de couvrir les frais, nous mettent en débit. On constate cette baisse depuis environ un an. On peut, d'ailleurs, s'en rendre compte par les chiffres suivants :

Du 30 juin 1908 au 30 juin 1910, la vente avait produit une somme de 5,141 fr. 65, ce qui faisait une moyenne de 765 exemplaires environ par semaine.

Pour cet exercice, la somme reçue a été de 3.311 fr. 45. La moyenne se trouve donc réduite à 490 exemplaires. Pour les douze premiers mois de cet exercice, la moyenne était encore de 705 exemplaires.

Pour un tirage de 6,000 exemplaires, abaissé à 5,800, la vente est donc de 3,330 environ par semaine.

Il a été tiré huit numéros spéciaux pour le « Départ de la Classe », pour le « Conseil de Revision », « Contre Biribi », « Bravo, les Cheminots », et le « 1er Mai ». La vente de ces numéros a produit la somme de 11,984 fr. 45.

DEPENSES

Frais de bureau. — Ils comprennent tous les frais de correspondance pour les recouvrements des abonnés, les envois de circulaires, les reçus pour les abonnements réglés, les achats de ficelle, papier d'emballage, etc.

Dans cette colonne des Dépenses figurent également les confections de formes de bandes, qui, dans cet exercice, se sont montées à 1,100 fr.

Il faut signaler les dépenses onéreuses que les abonnés provoquent en ne répondant pas, dès la réception de l'avis, les informant que leur abonnement est terminé. Ce chapitre figure pour 257 fr. 25 pour les recouvrements et 59 fr. 90 pour ceux de ces recouvrements qui sont refusés, soit, ensemble 317 fr. 15, sans compter la perte de temps qui serait employée plus utilement par ailleurs.

Téléphone. — L'installation a coûté 274 fr. 95.

Service des fiches. — Le service des fiches des abonnés a totalement été transformé. La dépense se chiffre à environ 312 francs pour le matériel et 220 francs pour le travail de reconstitution.

Appointements. — Aux trésoriers, au gérant et pour travaux divers : Marck, 24 mois à 50 fr., 1,200 fr.; Dumoulin, 1,175 fr.; Vignaud (en prison), 450 fr.; en service, 3,477 fr.; Capy (en remplacement de Vignaud), 533 fr.; Cornelissen, traduction, 200 fr.; Gabot, 48 fr.; Valet, 16 fr.; Pannetier, 2 fr. 50 ; Etchard, 29 fr.; Hammel (en remplacement de Vignaud, en prison), 207 francs.

Les frais d'expédition pour les numéros spéciaux ont été de 660 fr.75. Les dessins ont coûté 675 francs pour les dessinateurs et 759 fr. 95 pour les clichés.

La *Voix du Peuple* a également prélevé sur sa caisse une somme de 2,500 francs, qui a été versée à la Caisse Centrale.

Rapport Financier de la Caisse des Grèves

Recettes			Dépenses		
Souscriptions perçues	25.429	25	Versements aux Grèves	25.903	30
En Caisse au 30 Juin 1910	2.224	05	En Caisse au 30 Juin 1912	1.750	"
	27.653	30		27.653	30

La C. G. T. n'a pas à proprement parler de "Caisse de Grèves". Elle ne sert que d'intermédiaire entre les souscripteurs et les corporations qui sont en lutte. Les souscriptions ainsi reçues figurent toujours dans les colonnes de la "Voix du Peuple" sous la rubrique "Solidarité".

Les fonds provenant d'organisations, sans destination spéciale sont distribués aux syndicats selon la durée et l'importance de la lutte engagée.

Parmi les grèves soutenues au cours de cet exercice sont : celles des Agricoles du Midi ; Métallurgistes du Chambon-Feugerolles ; Confectionneuses de Paris ; Plombiers-Couvreurs de la Seine ; Céramique, Mehun-sur-Yèvre ; Métallurgistes de Basse-Indre ; Terrassiers de l'Ouest-État ; Chauffeurs de Taxi-autos, etc.... La plus importante fut celle des Cheminots pour laquelle une somme de 10.678f 40 fut encaissée et remise aux intéressés.

Les souscriptions versées par les coopératives ont été les suivantes :

Cercle de la famille du 11e : 10f "

Sté Coopérative "La Bellevilloise" : 1.500f "

L'Avenir de Plaisance : 200f "

L'Avenir du Haut-de-Montreuil : 100f "

Association Coopérative des Boutonniers de Fontgombault : 110f 75

La Lutte Sociale - Livreurs de Cafés : 15f 50

L'Alliance des Travailleurs Fougerais : 10f "

"La Liberté" Coopérative de Fouquières-lès-Lens : 12f 20

"Les Glaneuses" Paris : 5f "

Compte Rendu Financier de la Caisse du Viaticum obligatoire

Pour la première fois, nous publions des chiffres qui permettront de se prononcer sur le maintien ou la disparition du Service du Viaticum aux passagers.

Cette statistique, quoique incomplète, puisque certaines organisations n'ont pas encore daigné répondre, sera susceptible d'intéresser les organisations confédérées : fédérations, Unions de Syndicats ou Syndicats.

En effet, profitant de cette statistique, nous avons fait d'une pierre deux coups et en même temps que nous donnons la quantité de secours distribués par les Bourses du Travail et le total des sommes versées par ces mêmes Bourses à la Caisse du Viaticum obligatoire, décidée par la conférence de Juin 1911, nous avons pensé devoir donner le nombre de timbres pris par les organisations au cours des années 1910 et 1911. Ce sont ces chiffres qui figureront en premier sur les tableaux qu'on trouvera plus loin.

La comparaison sera, ainsi, facile à établir et chacun pourra constater que l'application de la Carte et du Timbre confédéraux, loin d'avoir amené une diminution dans nos effectifs syndicaux, a, au contraire, provoqué une augmentation assez sensible dans les 2 sections.

Pour la section des fédérations, l'augmentation des timbres, comparativement à 1910, a été de 110.582 timbres pour 1911.

Cela, malgré que le Syndicat National des Chemins de fer ait vu diminuer son chiffre de cotisation annuelle à la C. G. T. de 377.880 unités ; la fédération du spectacle, 71.900, et la fédération du Personnel Civil de la Guerre 31.000.

Du côté des Unions de Syndicats, l'augmentation des timbres pris a été plus grande puisque leur nombre est supérieur de 485.172 en 1911.

Pour le Viaticum, les fédérations ont versé à la C. G. T. une somme de 2072f.45 en 1911 (Juillet à Décembre) et 2332f.25 en 1912 (Janvier à Juin).

Pour les Bourses les sommes encaissées ont été de 1.171f.20 en 1911 (Juillet à Décembre) et de 1277f.75 en 1912 (Janvier à Juin).

Soit un total, pour les deux semestres, de 6.853f.65.

Les remboursements effectués seulement pour les dépenses des 2 premiers trimestres de 1912 ayant été de 5846f.50, l'encaisse au 30 Juin est donc de 1.007f.15.

Chaque trimestre entraînant un versement de secours de 2923f.25, il est aisé de se rendre compte que la fixation à 20 % de la cotisation supplémentaire est absolument insuffisante et qu'il faudra l'élever si on veut arriver à joindre les deux bouts.

Les organisations auront, en outre de ces tableaux, la nomenclature exacte des secours versés par corporations et par fédérations ainsi que les viaticum délivrés aux camarades étrangers.

L'étude de cette statistique générale permettra aux délégués au Congrès du Hâvre de se prononcer sur cette importante question du Viaticum.

		Timbres		Sommes perçues pour le viaticum			
		1910	1911	1911		1912	
1	Agricoles du Midi	30.500	42.400	19	20	11	70
	Agricoles du Nord	2.200	"	"	"	"	"
2	Alimentation	47.000	48.800	19	80	36	25
3	Allumettiers	21.600	21.600	13	"	"	"
4	Ameublement	36.100	51.665	39	60	24	"
5	Bâtiment	911.000	940.000	428	"	262	80
6	Bijouterie-Orfèvrerie	26.000	26.000	10	80	14	40
7	Blanchisseurs	1.300	1.770	1	"	"	"
8	Brossiers-Tablettiers	23.165	27.000	12	"	19	20
9	Bûcherons	64.000	80.500	30	"	48	"
10	Céramique	42.000	32.550	34	"	"	"
11	Chapellerie	48.000	48.000	28	80	32	40
	Chauffeurs, Conducteurs, Mécaniciens	34.700	"	"	"	"	"
12	Syndicat des Chemins de Fer	491.380	113.500	67	20	128	40
13	Coiffeurs	11.000	10.500	5	40	4	80
14	Confection militaire	7.555	6.220	1	20	3	95
15	Cuirs et Peaux	45.000	107.500	72	60	63	00
16	Syndicat Cannes, Fouets, Parapluies	500	400	1	"	"	"
17	Dessinateurs	1.800	3.200	"	"	3	90
18	Eclairage	103.000	80.500	40	80	81	60
19	Employés	80.000	51.500	28	80	60	"
20	Syndicat des Employés de la Région Parisienne	"	9.500	50	"	52	"
21	Ferblantiers-Boîtiers	8.800	6.400	3	80	3	"
	Fourrures	11.000	"	"	"	"	"
22	Magasins Adm. de la Guerre	12.000	12.000	7	20	7	20

		Timbres		Sommes perçues pour le viaticum			
		1910	1911	1911		1912	
23	Personnel Civil des Etablissements de la Guerre	90.000	59.000	27	60	60	»
24	Habillement	22.500	24.600	9	60	19	»
25	Horticoles	13.000	5.150	3	60	4	80
26	Instituteurs-Institutrices	13.000	24.000	14	40	25	20
27	Lithographes	21.500	20.100	8	40	12	»
28	Livre	120.000	161.997	79	20	79	20
29	Maréchalerie	9.500	10.000	6	»	6	»
30	Travailleurs de la Marine et État	86.250	67.750	60	»	64	80
31	Syndicats maritimes	31.000	38.852	12	»	23	»
	Mécaniciens	10.000	»	»	»	»	»
32	Métaux	193.000	344.000	208	80	176	40
33	Mines, Minières et Carrières	190.000	240.500	108	»	210	»
34	Papier	18.500	18.750	8	40	13	20
35	Ports, Docks et Transports	62.527	189.473	131	40	90	»
36	Syndicat des Ouvriers des P. T. T.	38.800	53.500	32	40	54	»
37	Syndicat des Sous-Agents des P. T. T.	6.000	28.250	20	10	18	»
38	Préparateurs en Pharmacie	5.000	9.000	5	40	6	»
39	Poudreries-Raffineries	17.000	33.400	29	40	47	90
40	Produits chimiques	5.000	21.000	5	70	15	60
41	Travailleurs de la Publicité	»	500	»	»	»	»
42	Sabotiers-Galochiers	5.000	4.330	1	20	2	20
43	Services de Santé	20.500	70.970	34	20	54	»
44	Sciage à la Mécanique	5.650	8.350	1	20	3	60
45	Spectacle	96.000	24.100	»	»	27	»

		Timbres		Sommes perçues pour le Viaticum			
		1910	1911	1911		1912	
46	Tabacs	96.000	96.000	"	"	115	20
47	Teinturiers-Dégraisseurs	4.800	4.800	3	30	0	80
48	Teintures et Apprêts	11.000	9.800	6	95	7	20
49	Textile	160.000	160.000	120	"	80	"
50	Tonneau	14.945	21.465	13	20	10	80
51	Transports	110.700	180.000	130	80	110	40
52	Travailleurs Municipaux	110.000	105.500	33	60	85	15
53	Vanniers	6.000	5.000	1	20	4	80
54	Verriers	28.800	24.000	16	80	12	"
55	Voiture	12.000	15.000	8	40	8	40
56	Syndicats des Ouv. Voiliers de Dunkerque	515	667	"	"	4	65
57	Syndicat des Monnaies-Médailles	2.400	3.000	15	"	16	70
58	Syndicat des Ouvrières de l'imprimerie de Marseille	150	400	2	"	1	65
59	Syndicat des Ouvrières de l'imprimerie de Nantes	"	"	"	"	6	"
60	Syndicat des crieurs de journaux de Marseille	150	"	"	"	"	"
	Syndicat des Peintres de Levallois	100	"	"	"	"	
	Totaux			2.072	45	2.332	25
	Syndicat des ardoisiers	7.700	"				
	Syndicat des gantiers	6.540	6.000				
		3.700.127	3.810.709				

	Unions des Syndicats	Timbres Confédéraux 1910	Timbres Confédéraux 1911	Sommes perçues pour le viaticum 20% 1911		1912		Secours de Viaticum versés — Non remboursés 1911 2e Semestre Nombre	Sommes		Remboursés 1912 1er Trimestre Nombre	Sommes		2e Trimestre Nombre	Sommes		Totaux (1er et 2e Trimestres) Nombre	Sommes	
1	Abbeville	3.725	1.000	0	40	0	40	7	14	"	4	8	"	3	6	"	7	14	"
2	Agde	3.800	3.000	"	"	1	40	"	"	"	"	"	"	"	"	"	"	"	"
3	Agen	6.250	3.250	"	"	2	50	15	19	50	4	8	"	5	10	"	9	18	"
4	Ain, Franche-Comté (Dôle)	33.552	45.448	22	20	20	80	65	95	"	5	10	"	10	20	"	15	30	"
	(St Claude)										6	12	"	"	"	"	8	16	"
	(Lons-le-Saulnier)										2	4	"	"	"	"			
5	Aix-en-Provence	3.950	3.960	"	"	4	"	42	42	"	11	22	"	13	26	"	24	48	"
6	Alais	4.800	4.800	"	"	"	"	16	32	"	8	16	"	5	10	"	13	26	"
7	Albi	10.400	14.067	5	85	5	75	15	30	"	8	16	"	8	16	"	16	32	"
8	Alger	"	7.800	"	"	7	90	"	"	"	"	"	"	"	"	"	"	"	"
9	Alpes-Maritimes (Nice, Cannes)	16.830	21.690	"	"	15	05	89	133	50	51	102	"	21	42	"	72	144	"
10	Amiens	30.000	33.000	12	50	12	40	37	74	"	25	50	"	14	28	"	39	78	"
11	Angers	15.000	37.500	8	75	16	60	79	158	"	34	68	"	28	56	"	62	124	"
12	Annecy	2.900	2.400	"	"	1	70	1	2	"	1	2	"	7	14	"	8	16	"
13	Ardennes	500	24000	19	50	10	"	"	"	"	"	"	"	"	"	"	"	"	"
14	Arles	3.400	3.000	"	"	3	30	35	70	"	15	30	"	10	20	"	25	50	"
15	Auch	1.200	1.800	"	"	1	55	2	4	"	"	"	"	2	4	"	2	4	"
16	Aude	5.015	5.885	4	15	3	75	"	"	"	"	"	"	"	"	"	"	"	"
17	Aurillac	500	500	"	"	1	"	"	"	"	3	6	"	2	4	"	5	10	"
18	Auxerre	8.000	13.600	3	85	10	"	38	76	"	19	38	"	15	30	"	34	68	"
19	Aveyron	2.125	8.800	3	30	13	30	42	84	"	"	"	"	"	"	"	"	"	"
20	Bastia	4.315	800	"	"	1	65	"	"	"	"	"	"	"	"	"	"	"	"
21	Bayonne	3.700	"	"	"	"	"	"	"	"	"	"	"	"	"	"	"	"	"
22	Basses-Pyrénées	"	11.400	"	"	2	"	"	"	"	"	"	"	1	2	"	1	2	"
23	Bédarieux	2.000	5.400	0	85	2	50	6	12	"	"	"	"	"	"	"	"	"	"
24	Belfort	4.400	10.000	"	"	5	"	16	32	"	2	4	"	11	22	"	13	26	"
25	Besançon	4.000	"	"	"	"	"	28	56	"	7	14	"	10	20	"	17	34	"
26	Béziers	8.000	15.375	2	80	10	15	"	"	"	14	28	"	18	36	"	32	64	"
27	Blois	1.650	1.500	0	40	0	70	32	16	"	"	"	"	"	"	"	"	"	"
28	Bône	6.000	6.000	2	50	2	50	"	"	"	1	2	"	"	"	"	1	2	"
29	Boulogne-s/-Mer	2.200	6.000	"	"	6	95	6	12	"	10	20	"	"	"	"	10	20	"
30	Bourges	23.570	32.570	25	10	"	"	54	95	50	18	36	"	8	16	"	26	52	"
31	Brives	2.000	1.000	"	"	0	70	3	6	"	"	"	"	2	4	"	2	4	"
32	Cahors	1.700	1.000	"	"	0	85	12	18	"	"	"	"	"	"	"	"	"	"
33	Calais	2250	"	"	"	"	"	"	"	"	"	"	"	"	"	"	"	"	"
34	Calvados (Caen)	12.300	19.000	8	30	5	"	12	24	"	60	120	"	58	116	"	118	236	"
35	Cambrai	7.220	9.000	2	45	6	25	10	20	"	6	12	"	"	"	"	6	12	"
36	Carcassonne	3.000	2.657	"	"	0	65	21	42	"	8	16	"	9	18	"	17	34	"
37	Carmaux	"	3.500	0	50	2	50	"	"	"	"	"	"	"	"	"	"	"	"
38	Castres	4.600	6.000	"	"	2	50	16	16	"	9	18	"	8	16	"	17	34	"
39	Cette	21.400	32.190	8	20	11	65	82	65	60	23	46	"	25	50	"	48	96	"
	à Reporter	266.252	398.892	131	60	182	95	779	1.249	10	354	708	"	293	586	"	647	1.294	"

N°	Unions des Syndicats	Timbres Confédéraux 1910	Timbres Confédéraux 1911	Sommes perçues pour le viaticum 20 % 1911		Sommes perçues pour le viaticum 20 % 1912		Secours de Viaticum versés — Non remboursés 1911 — 2e Semestre — Nombre	Sommes		Remboursés 1912 — 1er Trimestre — Nombre	Sommes		Remboursés 1912 — 2e Trimestre — Nombre	Sommes		Totaux (1er et 2e Trimestres) — Nombre	Sommes	
	Report	266.252	398.892	131	60	182	95	779	1.249	10	354	708	"	293	586	"	647	1.294	"
40	Charente (Angoulême)	10.060	18.900	"	"	12	45	23	23	"	2	4	"	15	30	"	17	34	"
41	Châlon-s/Saône	1.000	"	"	"	"	"	"	"	"	"	"	"	"	"	"	"	"	"
42	Chatellerault	"	3.800	5	05	1	40	"	"	"	"	"	"	"	"	"	"	"	"
43	Chaumont	4.800	2.400	"	"	1	50	7	17	"	3	6	"	"	"	"	3	6	"
44	Cholet	7.800	"	"	"	"	"	"	"	"	"	"	"	"	"	"	"	"	"
45	Clermont-Ferrand	6.000	6.000	5	"	3	30	47	70	50	24	48	"	22	44	"	46	92	"
46	Cognac	500	2.500	0	45	0	90	10	20	"	5	10	"	7	14	"	12	24	"
47	Commentry	2.250	3.125	1	30	1	70	3	6	"	2	4	"	5	10	"	7	14	"
48	Constantine	4.000	"	"	"	"	"	"	"	"	"	"	"	"	"	"	"	"	"
49	Côte d'Or (Dijon)	12.000	12.000	2	50	5	"	64	112	"	27	54	"	36	72	"	63	126	"
50	Côtes du Nord (Dinan)	5.200	2.000	"	"	"	"	"	"	"	"	"	"	"	"	"	"	"	"
51	" (St Brieuc)	2.400	2.200	2	50	0	85	10	20	"	"	"	"	"	"	"	"	"	"
52	Creuse (Aubusson)	6.065	8.650	9	20	1	65	2	4	"	"	"	"	"	"	"	"	"	"
53	Dunkerque	72.400	93.000	27	55	34	80	7	14	"	5	10	"	5	10	"	10	20	"
54	Dun-s/Auron	2.200	2.000	"	"	3	30	2	4	"	"	"	"	"	"	"	"	"	"
55	Eure	"	"	"	"	2	50	"	"	"	"	"	"	"	"	"	"	"	"
56	Eure-et-Loir (Chartres)	6.265	5.818	0	85	1	65	2	3	"	1	2	"	3	6	"	4	8	"
57	Elbeuf	6.700	11.500	"	"	6	70	21	21	"	5	10	"	11	22	"	16	32	"
58	Epernay	4.000	5.800	3	15	2	50	15	29	"	1	2	"	"	"	"	1	2	"
59	Firminy	4.800	6.900	3	75	2	65	9	9	"	3	6	"	5	10	"	8	16	"
60	Brest	3.111	"	4	15	10	"	9	22	"	"	"	"	"	"	"	"	"	"
61	Finistère	"	19.089	"	"	"	"	"	"	"	4	8	"	3	6	"	7	14	"
62	Flers	1.000	2.576	"	"	1	65	"	"	"	4	8	"	3	6	"	7	14	"
63	Fougères	21.500	30.000	17	55	20	75	8	16	"	10	20	"	"	"	"	10	20	"
64	Fumel	"	6.450	"	"	5	45	2	4	"	"	"	"	1	2	"	1	2	"
65	Nimes	13.925	"	0.	50	9	10	155	164	"	"	"	"	"	"	"	"	"	"
66	Gard	"	11.950	"	"	"	"	"	"	"	38	76	"	30	60	"	68	136	"
67	Bordeaux	27.500	"	23	50	16	60	40	61	"	11	22	"	25	50	"	36	72	"
68	Gironde	"	41.500	"	"	"	"	"	"	"	"	"	"	"	"	"	"	"	"
69	Givors	1.120	6.300	"	"	2	50	12	18	"	10	20	"	"	"	"	10	20	"
70	Halluin	"	"	"	"	13	25	"	"	"	"	"	"	"	"	"	"	"	"
71	Indre (Châteauroux)	11.000	10.000	4	55	3	45	13	19	50	1	2	"	2	4	"	3	6	"
72	Indre-et-Loire (Tours)	11.500	19.500	10	"	4	15	74	137	"	30	60	"	25	50	"	55	110	"
73	Isère (Grenoble)	21.300	27.200	13	40	4	15	18	36	"	13	26	"	8	16	"	21	42	"
74	Issy-les-Moulineaux	4.000	4.500	"	"	4	05	"	"	"	"	"	"	"	"	"	"	"	"
75	Ivry	250	500	"	"	0	40	"	"	"	"	"	"	"	"	"	"	"	"
76	La Guerche	10.600	8.000	3	35	3	35	6	8	"	3	6	"	1	2	"	4	8	"
77	La Pallice	3.000	4.000	1	40	1	65	"	"	"	3	6	"	4	8	"	7	14	"
78	La Roche-s/Yon	"	"	"	"	1	45	"	"	"	"	"	"	"	"	"	"	"	"
79	La Rochelle	3.900	3.000	"	"	2	20	14	28	"	6	12	"	6	12	"	12	24	"
	à Reporter	558.128	778.050	273	30	359	95	352	2.115	10	565	1.130	"	510	1.020	"	1.075	2.154	"

	Unions des Syndicats	Timbres Confédéraux		Sommes perçues pour le viaticum 20 %				Secours de Viaticum versés											
								Non remboursés 1911			Remboursés 1912						Totaux		
								2e Semestre			1er Trimestre			2e Trimestre			(1er et 2e Trimestres)		
		1910	1911	1911		1912		Nombre	Sommes		Nombre	Sommes		Nombre	Sommes		Nombre	Sommes	
	Reports	558.128	778.050	273	30	359	95	352	2.115	10	565	1.130	"	510	1.020	"	1.075	2.154	"
80	La Seyne	1.000	4.107	1	65	"	"	14	28	"	"	"	"	2	4	"	2	4	"
81	Le Hâvre	66.950	107.050	47	45	40	05	126	252	"	47	94	"	48	96	"	95	190	"
82	Le Tréport	4.360	2.580	"	"	1	65	5	19	"	"	"	"	"	"	"	"	"	"
83	Lille	38.010	36.000	15	"	20	"	9	18	"	3	6	"	6	12	"	9	18	"
84	Limoges	25.170	30.000	18	35	8	35	12	24	"	8	16	"	3	6	"	11	22	"
85	Loire (Saint-Etienne)	"	"	12	55	8	30	"	"	"	19	38	"	31	62	"	50	100	"
86	Lorient	17.000	37.500	8	30	10	"	13	26	"	9	18	"	19	38	"	28	56	"
87	Loiret (Orléans)	16.530	15.000	3	35	6	65	54	40	50	13	26	"	16	32	"	29	58	"
88	Mâcon	1.000	2.350	2	40	"	"	11	11	"	12	24	"	18	36	"	30	60	"
89	Manche	17.860	21.940	"	"	11	35	"	"	"	"	"	"	"	"	"	"	"	"
90	Marseille	60.000	75.100	29	25	26	70	81	162	"	45	90	"	42	84	"	87	174	"
91	Maubeuge	"	2.000	3	30	2	25	"	"	"	2	4	"	2	4	"	4	8	"
92	Laval	8.250	"	4	65	4	15	50	78	"	"	"	"	"	"	"	"	"	"
93	Mayenne	"	10.800	"	"	"	"	"	"	"	20	40	"	16	32	"	36	72	"
94	Mazamet	8.000	12.000	5	"	3	30	10	20	"	5	10	"	5	10	"	10	20	"
95	Mehun-s/Yèvre	7.500	3.065	"	"	1	55	1	2	"	8	16	"	"	"	"	8	16	"
96	Mèze	3.925	4.975	2	10	2	10	11	22	"	4	8	"	3	6	"	7	14	"
97	Meurthe-et-Moselle (Nancy)	10.200	8.800	3	30	3	30	20	40	"	11	22	"	14	28	"	25	50	"
98	Millau	12.000	12.000	"	"	4	15	"	"	"	"	"	"	"	"	"	"	"	"
99	Montauban	500	"	"	"	"	"	"	"	"	"	"	"	"	"	"	"	"	"
100	Montargis	3.370	"	"	"	"	"	"	"	"	1	2	"	4	8	"	5	10	"
101	Montluçon	6.200	750	"	"	0.	85	7	14	"	"	"	"	"	"	"	"	"	"
102	Montpellier	2.400	11.600	1	65	8	30	52	104	"	13	26	"	9	18	"	22	44	"
103	Moulins	2.500	2.000	"	"	0	75	8	8	"	"	"	"	"	"	"	"	"	"
104	Nantes	36.500	60.800	28	40	39	15	70	120	"	16	32	"	34	68	"	50	100	"
105	Nièvre (Nevers)	21.000	25.000	10	80	2	50	33	34	"	14	28	"	14	28	"	28	56	"
106	Narbonne	6.000	"	"	"	"	"	21	29	50	5	10	"	"	"	"	5	10	"
107	Niort	1.893	3.322	1	65	1	65	16	32	"	6	12	"	7	14	"	15	26	"
108	Oise (Creil, Nogent-s-Oise)	21.425	23.775	11	40	4	20	20	30	"	"	"	"	8	16	"	8	16	"
109	Orne (Alençon)	2.400	2.440	0	80	1	25	20	20	"	14	28	"	12	24	"	26	52	"
110	Oullins	5.000	6.000	"	"	2	75	"	"	"	"	"	"	"	"	"	"	"	"
111	Pantin-Aubervilliers	16.400	14.700	5	60	6	35	"	"	"	"	"	"	"	"	"	"	"	"
112	Pas-de-Calais	"	50.000	43	35	42	50	"	"	"	5	10	"	3	6	"	8	16	"
113	Périgueux	5.100	4.500	"	"	5	"	4	4	"	5	10	"	1	2	"	6	12	"
114	Perpignan	2.000	8.000	"	"	2	10	32	64	"	10	20	"	10	20	"	20	40	"
115	Pézenas	"	600	"	"	"	"	"	"	"	"	"	"	"	"	"	"	"	"
116	Poitiers	4.800	4.800	"	"	3	"	61	91	50	14	28	"	6	12	"	20	40	"
117	Quimper	1.000	"	"	"	"	"	"	"	"	"	"	"	"	"	"	"	"	"
118	Rhône (Lyon) Tarare	125.977	109.523	33	30	61	70	248	496	"	58	116	"	48	96	"	106	212	"
119	Reims	9.827	11.573	6	70	4	15	33	66	"	10	20	"	17	34	"	27	54	"
	à Reporter	1.130.175	1.502.700	571	60	700	"	2394	3.970	60	942	1.884	"	908	1.826	"	1.861	3.700	"

	Unions des Syndicats	Timbres Confédéraux 1910	Timbres Confédéraux 1911	Sommes perçues pour le viaticum 20 % 1911		Sommes perçues pour le viaticum 20 % 1912		Secours de Viaticum versés — Non remboursés 1911 2e Semestre Nombre	Sommes		Remboursés 1912 — 1er Trimestre Nombre	Sommes		2e Trimestre Nombre	Sommes		Totaux (1er et 2e Trimestres) Nombre	Sommes	
	Reports	1.130.175	1.502.700	570	60	700	»	2.394	3.970	60	942	1.884	»	908	1.826	»	1.861	3.700	»
120	Rennes	43.000	36.500	14	15	16	70	74	148	»	38	76	»	30	60	»	68	136	»
121	Rive-de-Gier	2.160	4.000	1	50	»	»	26	26	»	12	24	»	10	20	»	22	44	»
122	Roanne	6.300	6.000	5	90	0	85	46	101	50	11	22	»	21	42	»	32	64	»
123	Rochefort-s/-Mer	12.000	14.000	1	90	4	95	38	38	»	4	4	»	14	28	»	18	32	»
124	Romans	3.450	4.000	»	»	1	70	17	34	»	9	18	»	6	12	»	15	30	»
125	Romilly-s/Seine	10.000	7.200	»	»	5	»	9	18	»	12	24	»	2	4	»	14	28	»
126	Romorantin	2.200	2.400	0	85	»	»	2	4	»	1	2	»	3	6	»	4	8	»
127	Roubaix	15.500	16.000	14	15	8	35	»	»	»	3	6	»	3	6	»	6	12	»
128	Rouen	4.340	31.250	11	90	8	30	»	»	»	47	90	50	»	»	»	47	90	50
129	Saône-et-Loire (Mâcon-Montceau-l.-M.)	14.500	10.500	4	40	5	85	»	»	»	»	»	»	3	6	»	3	6	»
130	Sarthe (Le Mans)	4.125	13.500	6	60	2	50	75	112	50	29	58	»	30	60	»	59	118	»
131	Savoie (Chambéry)	3.200	4.500	1	65	1	75	16	32	»	2	4	»	12	24	»	14	28	»
132	Seine	1.085.800	1.084.200	416	90	429	55	306	765	»	119	297	50	159	397	50	278	695	»
133	Seine-et-Oise (Versailles)	145.800	148.500	50	80	35	»	»	»	»	40	80	»	48	96	»	88	176	»
	Seine-et-Marne — Meaux													5	10	»			
134	Seine-et-Marne — Melun	35.850	25.600	9	90	3	30	6	7	»	»	»	»	6	12	»	15	30	»
	Seine-et-Marne — Montereau													4	8	»			
135	Saint-Amand (Nord)	1.000	4.000	1	70	1	85	7	7	»	1	2	»	7	14	»	8	16	»

	Unions des Syndicats	Timbres 1910	Timbres 1911	Sommes perçues 1911		Sommes perçues 1912		Non remboursés 2e Sem. Nombre	Sommes		1er Trim. Nombre	Sommes		2e Trim. Nombre	Sommes		Totaux Nombre	Sommes	
136	Saint-Amand (Cher)	3.000	2.725	1	15	1	70	9	18	»	3	6	»	1	2	»	4	8	»
137	Saint-Chamond	830	680	»	»	»	»	30	32	»	13	23	»	7	14	»	20	37	»
138	Saint-Étienne	30.000	45.000	»	»	16	60	110	165	50	»	»	»	»	»	»	»	»	»
139	Saint-Malo	16.100	17.620	»	»	4	20	18	36	»	»	»	»	12	24	»	12	24	»
140	Saint-Nazaire	11.500	19.000	9	15	13	30	32	48	»	12	24	»	10	20	»	22	44	»
141	Saint-Quentin	23.000	23.000	6	65	12	45	35	70	»	10	20	»	8	16	»	18	36	»
142	Saint-Raphaël	1.000	»	»	»	»	»	50	100	»	»	»	»	»	»	»	»	»	»
143	Saumur	»	2.000	»	»	1	65	»	»	»	8	16	»	»	»	»	8	16	»
144	Sens	3.100	4.000	»	»	1	45	»	»	»	»	»	»	»	»	»	»	»	»
145	Soissons	2.000	1.600	0	25	0	85	5	10	»	3	6	»	1	2	»	4	8	»
146	Tarare	1.700	4.200	0	85	4	15	9	18	»	3	6	»	7	14	»	10	20	»
147	Tarbes	1.000	6.500	8	30	»	»	4	8	»	»	»	»	»	»	»	»	»	»
148	Thiers	1.300	250	»	»	»	»	»	»	»	»	»	»	»	»	»	»	»	»
149	Thouars	»	970	»	»	1	65	2	4	»	»	»	»	3	6	»	3	6	»
150	Toulouse	40.810	29.644	6	65	16	60	31	62	»	10	20	»	»	»	»	10	20	»
151	Tourcoing	10.000	13.000	»	»	4	15	3	6	»	4	8	»	»	»	»	4	8	»
152	Troyes	7.800	10.000	1	70	10	»	»	»	»	3	6	»	3	6	»	6	12	»
153	Tulle	7.000	9.000	3	75	5	80	»	»	»	2	4	»	»	»	»	2	4	»
154	Tunis	2.200	2.400	»	»	»	»	»	»	»	»	»	»	»	»	»	»	»	»
155	Valence	3.000	5.000	1	65	4	15	112	84	»	24	48	»	16	32	»	40	80	»
156	Valenciennes	11.170	15.830	»	»	10	85	14	28	»	6	12	»	7	14	»	13	26	»
157	Vannes	»	5.123	2	50	1	70	33	66	»	8	16	»	10	20	»	18	36	»
	à Reporter	2.731.910	3.102.392	1.161	50	1.236	90	3.513	6.019	10	1.379	2.807	»	1.356	2.791	50	2.735	5.598	50

	Unions des Syndicats	Timbres Confédéraux		Sommes perçues pour le viaticum 20%				Secours de Viaticum versés											
								Non remboursés 1911			Remboursés 1912						Totaux (1er et 2e Trimestres)		
								2e Semestre			1er Trimestre			2e Trimestre					
		1910	1911	1911		1912		Nombre	Sommes		Nombre	Sommes		Nombre	Sommes		Nombre	Sommes	
	Reports	2.731.910	3.102.392	1.161	50	1.236	90	3.513	6.019	10	1.379	2.807	″	1.356	2.791	50	2.735	5.598	50
158	Toulon	7.500	″	1	25	16	70	39	78	″	″	″	″	″	″	″	″	″	″
159	Var	″	22.500	″	″	″	″	″	″	″	17	34	″	4	8	″	21	42	″
160	Vaucluse	4.600	5.000	0	85	1	65	″	″	″	21	42	″	18	36	″	39	78	″
161	Vendôme	″	450	0	75	″	″	5	10	″	″	″	″	2	4	″	2	4	″
162	Vichy	2.000	4.570	2	50	3	35	25	25	″	10	20	″	7	14	″	17	34	″
163	Vienne	500	4.000	0	85	4	15	″	″	″	19	38	″	″	″	″	19	38	″
164	Vierzon	14.000	14.350	2	85	7	55	15	25	″	11	22	″	2	4	″	13	26	″
165	Voiron	5.830	5.270	″	″	3	30	6	12	″	8	16	″	″	″	″	8	16	″
166	Vosges (Épinal)	15.400	8.380	0	65	4	15	12	26	″	2	6	″	2	4	″	4	10	″
	Totaux	2.781.740	3.166.912	1.171	20	1.277	75	3.615	6.195	10	1.467	2.985	″	1.391	2.861	50	2.858	5.846	50
	Bourses Nouvelles																		
167	Saint-Dizier					2	55												
168	Pézenas					0	50												

Viaticum

Secours versés par professions

Professions		2e Semest. 1911	1er Trim. 1912	2e Trim. 1912
Mécaniciens, Ajusteurs, Tourneurs	Métaux	75	17	29
Chaudronniers cuivre et fer		12	11	8
Estampeurs, Outilleurs		1	"	"
Forgerons		3	2	9
Ouvriers en limes		1	1	2
Couteliers		1	"	"
Chauffeurs, Conducteurs, Mécaniciens		13	"	1
Ferblantiers		6	1	4
Métallurgistes divers		107	12	26
Electriciens		5	2	7
Mouleurs		92	59	69
Chapeliers		127	75	34
Bijoutiers		5	"	1
Verriers		43	2	22
Services de Santé Infirmiers		32	11	14
Voiture Charrons		15	2	2
Maréchaux-Ferrants		6	"	1
Jardiniers		3	1	"
Préparateurs en Pharmacie		1	1	"
Spectacle (Machinistes)		"	1	"
Sciage Mécanique		2	"	1
Boulangers (Alimentation)		35	27	18

Professions		2e Semest. 1911	1er Trim. 1912	2e Trim. 1912
Cuisiniers	Alimentation.	2	2	1
Bouchers		5	"	"
Meuniers		1	"	"
Employés d'hôtels		7	1	"
Limonadiers, Restaurateurs		8	"	"
Alimentation (Divers)		10	5	1
Tailleurs d'habits		18	7	7
Ebénistes		16	5	3
Céramistes		5	7	3
Mineurs		24	30	36
Agricoles-Cultivateurs		51	9	7
Employés		17	3	9
Dockers-Charbonniers		136	11	38
Textile		47	17	28
Lithographes		3	3	1
Brossiers-Tabletiers-Boutonniers		8	3	1
Coiffeurs		12	4	6
Bûcherons		2	1	1
Inscrits Maritimes		2	5	11
Teinturiers, Dégraisseurs		4	"	3
Vanniers		1	"	"
Tonneliers, Foudriers		3	16	9
Transports		1	1	8
Artistes-Musiciens		1	1	"
Diamantaires		1	"	"
Sabotiers		1	2	1
Travailleurs des Chemins de fer		2	"	"
Manœuvres divers		16	"	"

Professions		2e Semest. 1911	1er Trim. 1912	2e Trim. 1912
Terrassiers	Bâtiment	958	518	413
Maçons		182	115	99
Plâtriers		7	18	11
Couvreurs, Plombiers, Zingueurs		45	27	14
Peintres		36	45	13
Serruriers		48	23	31
Menuisiers		73	38	47
Carriers		12	9	8
Charpentiers bois		47	9	15
d° fer		26	13	8
Plâtriers-Peintres		14	15	"
Tôliers-Fumistes		4	1	"
Granitiers		4	5	5
Tailleurs de pierre		8	4	14
Briqueteurs		10	3	4
Carreleurs		1	"	1
Bâtiment (Divers)		110	7	6
Typographes	Livre	604	124	176
Conducteurs-Typographes		6	2	12
Papetiers, Relieurs		2	6	4
Cordonniers	Cuirs et Peaux	59	18	8
Mégissiers		23	"	1
Monteurs en chaussures		12	1	"
Tanneurs		7	1	"
Palissonniers		3	"	"
Selliers		1	"	"
Gantiers		1	2	"
Maroquiniers		15	2	"
Cuirs et Peaux (Divers)		5	"	4

Secours de Viaticum versés aux Etrangers

Professions	2e Sem. 1911	1er Trim. 1912	2e Trim. 1912
Maroquiniers	5	″	″
Typographes	28	3	12
Bouchers	1	″	″
Peintres	5	18	2
Marbriers	1	″	″
Menuisiers	6	2	3
Boulangers	4	″	8
Maçons	6	1	9
Tailleurs d'habits	13	4	2
Pelletiers-Fourreurs	2	″	″
Employés d'hôtels	6	″	2
Cordonniers	1	1	″
Selliers	2	″	″
Cultivateurs	2	2	″
Charpentiers bois	1	10	″
Plâtriers	2	″	″
Electriciens	1	″	1
Scieurs découpeurs	2	″	″
Métallurgistes	26	6	3
Terrassiers	3	″	3
Tapissiers	6	″	″
Employés	6	2	″
Ebénistes	17	6	7
Tourneurs sur bois	2	″	″
Passementiers	1	″	″
Fumistes	1	″	″
Cuisiniers	1	1	″
Serruriers	2	″	1

Professions	2e Sem. 1911	1er Trim. 1912	2e Trim. 1912
Dockers	3	″	″
Textile	2	1	″
Chapeliers	3	″	2
Mécaniciens	1	″	5
Maréchaux-Ferrants	1	″	″
Verriers	″	″	″
Jardiniers	″	2	″
Limonadiers-Restaurateurs	″	2	″
Lithographes	″	1	1
Brossiers, Tabletiers, Boutonniers	″	1	″
Papetiers	″	1	1
Briqueteurs	″	1	″
Carriers	″	″	2
Granitiers	″	″	2
Bâtiment (Divers)	″	″	4
Marins	″	″	2
Teinturiers-Dégraisseurs	″	″	3
Transports	″	″	1
Mineurs	″	″	1
Ferblantiers	″	″	1
Mouleurs	″	″	1
Bijoutiers	″	″	1

Paris, le 30 Juin 1912

Ch. Marck.

Trésorier.

RAPPORT de la Commission de Contrôle

Comme les rapports présentés aux Congrès de Marseille et de Toulouse, le nôtre doit exprimer des regrets pour le mauvais fonctionnement de la Commission de Contrôle, dont les membres sont loin d'être assidus aux séances.

Il serait désirable qu'à l'avenir les Fédérations désignent des camarades soucieux de remplir les fonctions de contrôleur avec la plus grande exactitude.

Espérons, pour la bonne administration de la C. G. T., que le prochain Congrès n'aura pas à enregistrer les mêmes regrets.

Les examens auxquels la Commission de Contrôle s'est livrée nous ont permis de constater la bonne tenue des livres.

Chaque mois, la vérification des espèces en caisse a été faite et les reçus de la comptabilité minutieusement contrôlés.

Nous avons constaté, qu'en dehors d'une somme due par la Société Griffuelhes et Cie, l'encaisse confédérale était conforme à celle signalée dans le rapport.

La Commission a constaté que le budget de la C. G. T. paraît difficile à boucler, des organisations ne payant pas pour la quantité de cotisations qu'elles reçoivent elles-mêmes.

Il est regrettable d'avoir à consigner pareille déclaration dans un rapport. N'est-ce pas le devoir strict de toutes les organisations de remplir leurs obligations envers la C. G. T.?

Nous renouvelons la demande de la Commission de Contrôle dont le rapport fut présenté au Congrès de Marseille, tendant à ce que les organisations soient obligées de fournir leur rapport financier annuel, ce qui permettrait à la Commission de vérifier le total des cotisations reçues par les Fédérations et les Unions de Syndicats.

En un mot, ces observations résumées, la Commission pense que les Fédérations auront à cœur à l'avenir de faciliter la tâche qui lui incombe, en engageant ses représentants à assister au contrôle, qui ne les retient qu'une seule soirée par mois, ce qui n'est pas excessif.

La bonne gestion de la C. G. T. ne peut qu'y gagner.

Ont signé, les Fédérations ci-dessous :

Papier (Blot) ; *Voiture* (Chauvreau) ; *Métaux* (Antoine, Arthur) ; *Cuirs et Peaux* (Vergnaud) ; *Ameublement* (Jachy) ; *Lithographie* (Perjean) ; *Travailleurs Municipaux* (Nilès) ; *Bâtiment* (L. Coussinet).

Troisième Partie

COMPTE RENDU STÉNOGRAPHIQUE

COMPTE RENDU STÉNOGRAPHIQUE des TRAVAUX

du XVIIIe Congrès National Corporatif

(XIIe Congrès Confédéral)

Tenu au HAVRE, Cercle Franklin, Cours de la République,
du Lundi 16 au Samedi 21 Septembre 1912

PREMIÈRE JOURNÉE

1re SÉANCE. — LUNDI 16 SEPTEMBRE (matin)

Discours d'ouverture et discours des camarades Sassenbach (Allemagne) et Bergmans (Belgique)

La séance est ouverte à dix heures sous la présidence de VALLIN, assisté de LE BOSQUAIN et FRANÇOIS (du Havre).

JOUHAUX invite les délégués qui ont encore des mandats à faire vérifier, à se rendre à la Bourse du Travail pour procéder à cette formalité, afin que la Commission de vérification puisse présenter son rapport le plus rapidement possible, ce qui permettra au Congrès de se mettre immédiatement au travail.

Discours d'Ouverture

LE PRÉSIDENT. — Au nom des organisations havraises, nous sommes heureux de vous adresser nos souhaits de fraternelle bienvenue.

Nous avons été très pris par l'organisation matérielle du Congrès ; s'il manque quelque chose, je vous prie de nous en excuser.

J'ai à vous présenter nos camarades SASSENBACH, délégué de la Commission générale des Syndicats libres d'Allemagne, et BERGMANS, de Belgique ; nous leur témoignons nos sincères sentiments de fraternelle solidarité auxquels tous les congressistes ne manqueront pas de s'associer.

En raison des nombreux mandats non encore déposés, nous ne pouvons pas tenir une séance effective ce matin ; je vous propose donc de nous réunir à deux heures cet après-midi.

Je vais donner la parole à nos camarades étrangers.

Discours de Sassenbach

SASSENBACH. — Camarades, c'est la deuxième fois que j'ai l'honneur d'assister à un congrès des syndicats français. Je suis heureux que ce soit moi encore qui, cette fois, sois chargé par la Commission générale de représenter chez nos amis français les Unions qui sont adhérentes à cette Commission.

Au congrès de Toulouse, je n'étais pas seulement chargé de vous apporter les compliments de vos camarades allemands, j'avais aussi le mandat de vous inviter à une visite à Berlin pour étudier nos institutions syndicales et pour vous rendre compte par vous-mêmes qu'il n'existe pas, chez les ouvriers allemands, un sentiment chauviniste, mais que nous sommes unis avec les ouvriers français pour maintenir la paix entre nos deux nations. Vous avez accepté notre invitation et nous vous en remercions vivement. L'année passée, nous avons eu la satisfaction de voir chez nous un grand nombre de vos camarades et je crois que tous ces visiteurs ont remporté de leur voyage la conviction que les ouvriers allemands n'éprouvent aucune antipathie contre les Français, que les frontières n'existent pas pour eux, et qu'ils sont prêts à travailler en toute occasion avec les ouvriers français.

Depuis ma visite à Toulouse, nous avons fait en Allemagne de beaux progrès. Le nombre des membres qui sont réunis dans nos 51 syndicats est maintenant de 2 millions 1/2, dont 200.000 femmes ; les recettes annuelles étaient, pour 1911, de 90 millions de francs, et le capital à la disposition de ces syndicats de 77 millions. Je tiens à ajouter que nous avons versé pour grèves 24 millions 1/2 en 1910 et, en 1911, 21 millions 1/2 ; cela est une preuve que nous n'évitons pas les grèves, et que nous ne refusons pas de combattre.

Il est douteux qu'il eût été possible pour nous de réaliser ces progrès sans nos relations amicales avec le parti politique de la Social-Démocratie. Chez nous, le mouvement politique et le mouvement syndical marchent ensemble dans un accord absolu ; ils s'assistent l'un l'autre et se dirigent en commun contre les ennemis de la classe ouvrière, c'est-à-dire contre le gouvernement et contre le patronat. De cette manière, nous avons avancé et nous avons pu remplir le devoir syndical, qui est d'améliorer la situation des travailleurs.

Camarades, les gouvernements et les classes réactionnaires essayent souvent de désunir les travailleurs des diverses nations ; c'est surtout le cas entre la France et l'Allemagne. Ces efforts seront inutiles, car les ouvriers savent bien que ce serait une folie de se regarder comme des ennemis ; que ce serait une folie d'aimer mieux les classes opprimantes de son propre pays que les frères de travail d'au-delà de la frontière ; ils savent bien aussi qu'ils ont des intérêts communs et qu'il faut se soutenir l'un l'autre.

Dans ce sens je vous apporte, camarades, le salut amical de la Commission générale des syndicats libres d'Allemagne et des travailleurs qui sont unis dans cette Commission. J'espère que les travailleurs de nos deux pays marcheront toujours ensemble dans un sentiment fraternel, qu'ils se soutiendront mutuellement aussi bien que possible dans l'intérêt de la classe ouvrière de la France et de l'Allemagne, et aussi dans l'intérêt général de ces deux nations. *(Applaudissements.)*

Réponse de Jouhaux

JOUHAUX. — Camarades, je crois être votre interprète à tous en assurant notre camarade Sassenbach que la solidarité manifestée par le prolétariat allemand à l'égard du prolétariat français est partagée par celui-ci. Comme lui et comme le prolétariat allemand, nous estimons que les travailleurs ne doivent pas connaître de frontières ; qu'ils doivent être unis dans une pensée commune et n'avoir qu'un objectif : l'émancipation du travail par la remise entre les mains des producteurs des instruments de production. C'est pourquoi j'adresse au camarade Sassenbach, représentant de la Commission générale des syndicats allemands, et au camarade Bergmans, représentant des syndicats belges, nos fraternels souhaits de bienvenue parmi nous.

Ceci dit, comme le disait Vallin tout à l'heure, la Commission de vérification des mandats n'a pas terminé son travail. Il nous serait donc impossible de faire, tout au moins ce matin, un travail effectif. Nous devrions donc nous borner ce matin, pour permettre aux délégués des fédérations qui n'ont pas encore eu le temps de se concerter, de composer le bureau de cet après-midi, afin qu'au commencement de la seconde séance du congrès la Commission de validation puisse immédiatement nous donner lecture de son rapport, ce qui nous permettra de procéder sans retard à un travail utile et efficace.

Discours de Bergmans

BERGMANS. — Chers amis, je vous apporte le salut de la démocratie socialiste et ouvrière de Belgique.

Vous n'ignorez pas qu'en Belgique les rapports entre le parti socialiste et la Commission syndicale sont encore plus étroits qu'en Allemagne. En effet, les trois quarts de nos organisations sont affiliées directement au parti de la démocratie socialiste ; notre Commission générale des syndicats se compose donc, d'une part, de ces groupements et, d'autre part, de tous les groupements indépendants qui ne payent pas de cotisation d'affiliation au parti socialiste, mais qui déclarent se rallier au principe de la lutte des classes. Depuis que notre Commission générale a été fondée, nous constatons que, grâce à ce système d'organisation, une harmonie parfaite règne entre les syndicats belges, tant ceux qui ne sont pas affiliés au parti socialiste que les autres.

Depuis que nous marchons ainsi, nous avons fait des progrès considérables. Nous sommes arrivés à sortir de la situation chaotique qui régnait jusque il y a quatre ans ; nos organisations localistes, à esprit très étroit, ont été transformées pour la plupart en organisations nationales sur les bases des organisations syndicales allemandes, c'est-à-dire de l'union nationale. Nous constatons que les relations des groupements locaux avec les bureaux centraux constituent, en réalité, des liens qui nous paraissent indissolubles.

Nous, en Belgique, nous pouvons déclarer que nous suivons de très près le mouvement syndical français ; nous ne laissons pas passer une occasion de nous y intéresser ; et alors nous constatons ceci, et nous le constatons avec plaisir : c'est que, depuis ces deux dernières années, les syndicats français commencent à comprendre qu'il faut verser des cotisations ; nous constatons également qu'à chaque congrès professionnel qui est tenu sur l'un ou l'autre point de votre pays, l'on décide de renforcer l'organisation au moyen de plus fortes cotisations. Enfin, on marche de plus en plus vers une centralisation plus caractérisée.

Nous espérons que de ce congrès sortira un plus fort sentiment de fraternité qui règnera dans le mouvement syndical français. Et nous pouvons vous assurer que, lorsque, dans vos luttes contre la réaction, nous pourrons vous être utiles — lorsqu'il s'agira, par exemple, de protester contre les lois iniques votées par votre Parlement — nous serons à votre service pour vous aider dans les difficultés que vous traverserez.

Ceci dit, camarades, nous vous demandons de faire du bon travail, c'est tout ce que nous désirons. *(Applaudissements.)*

LE PRÉSIDENT. — Voulez-vous, camarades, procéder à la désignation du bureau pour la séance de cet après-midi ?

PLUSIEURS VOIX. — Le même bureau !

LE PRÉSIDENT. — Cela m'est impossible.

JOUHAUX. — Il faut comprendre que les camarades de la Commission d'organisation sont très fatigués, car ils ont dû passer la nuit pour aménager la salle.

Plusieurs délégués proposent Chalopin.

Chalopin est élu président à l'unanimité.

Bordères et Rivelli sont nommés assesseurs à l'unanimité.

JOUHAUX. — Si vous acceptez la proposition, faite tout à l'heure, de nous réunir à deux heures pour entendre la lecture du rapport de la Commission de validation des mandats et commencer ensuite les travaux, nous allons nous séparer à présent, afin de permettre aux délégués des fédérations de prendre contact les uns avec les autres. (*Adopté.*)

Je rappelle aux secrétaires d'unions ou de bourses du travail qu'ils doivent aller immédiatement à la Bourse du Travail, Maison du Peuple, porter les mandats qu'ils peuvent avoir encore en leur possession.

La séance est levée à onze heures.

2e SÉANCE. — LUNDI 16 SEPTEMBRE (après-midi)

Vérification des Mandats ; Les cas des Chemins de Fer et du Textile. — Ordre du jour en faveur des Instituteurs. — Discours du camarade Chalopin, des Instituteurs de la Seine.

La séance est ouverte à deux heures, sous la présidence de CHALOPIN, secrétaire du Syndicat des Institutrices et Instituteurs de la Seine, assisté de BORDÈRES, secrétaire du Syndicat des Sous-Agents des P. T. T., et de RIVELLI, secrétaire de la Fédération des Inscrits maritimes.

Vérification des Mandats

LE PRÉSIDENT. — J'ouvre la séance et je donne la parole au rapporteur de la Commission de vérification des mandats, le camarade Raffin, du Papier (Paris).

RAFFIN (*donnant lecture du rapport*). — Camarades, malgré notre désir de ne pas commencer un congrès par des reproches, nous sommes forcés de constater et de regretter la négligence des organisations à faire parvenir leurs mandats à la date fixée. Cette négligence a fait perdre inutilement un temps précieux qui aurait pu être mieux employé. Ce fâcheux état de choses ne peut être imputable à la Commission d'organisation du Congrès qui, par la voix de son dévoué secrétaire, le camarade Vallin, avait demandé que les mandats soient parvenus au plus tard le 12 septembre au Havre. Le Comité confédéral a fait de son côté tout le nécessaire en demandant, en application des décisions du congrès de Toulouse, aux fédérations d'envoyer leurs délégués trois jours avant l'ouverture du Congrès pour composer notre Commission dès le 13.

Si quelques-uns ont eu à cœur de faciliter le travail et ont été à leur poste à l'heure convenue, nous devons regretter la désinvolture et le laisser-aller de certains autres. Nous ne jugeons pas, nous constatons.

Il y aura lieu, dans l'avenir, d'apporter certaines modifications. Il serait nécessaire d'envoyer directement à toutes les fédérations nationales intéressées les mandats pour qu'elles les expédient, elles-mêmes, à leurs organisations syndicales en exigeant de celles-ci le renvoi de ces mandats timbrés de leurs unions ou bourses pour la date fixée comme dernier délai à la vérification.

Cette manière d'opérer permettrait à la Commission de pouvoir présenter un travail complet et définitif dès l'ouverture des travaux du Congrès.

Nous n'avons pu le faire et nous sommes obligés de réserver un certain nombre de mandats non payés ou ne remplissant pas les obligations confédérales. Ces mandats seront soumis demain à votre validation.

Reste neuf syndicats dont l'admission est contestée, savoir :

1° Syndicat des Limonadiers d'Alger, parce qu'il ne porte pas le timbre de sa fédération.

LE DÉLÉGUÉ DE CE SYNDICAT. — C'est un oubli.

Le mandat est accepté.

LE RAPPORTEUR. — 2° Syndicat des Faïenciers d'Onnaing (Nord), parce qu'il ne porte pas le timbre de l'Union des Syndicats de Valenciennes.

UN DÉLÉGUÉ. — Il n'y a pas d'union.

JOUHAUX. — Il y a l'Union des Syndicats de Valenciennes, dont l'action s'étend jusqu'à Onnaing. Il n'y a pas, il est vrai, d'union départementale.

LE MÊME DÉLÉGUÉ. — C'est regrettable, c'est une organisation qui marche très bien.

JOUHAUX. — A la Commission de vérification, nous avons refusé certains mandats provenant de syndicats n'appartenant pas à leur bourse du travail ou union départementale. Or, nous avons validé ces mandats par la suite, lorsqu'il nous a été prouvé qu'il n'y avait pas d'union départementale et que le rayon d'action de la bourse du travail ne s'étendait pas jusqu'à la localité où siège le syndicat dont le mandat est contesté. Mais on nous a déclaré que la Bourse de Valenciennes étendait son action jusqu'à Onnaing; c'est pourquoi nous avons contesté le mandat.

LE DÉLÉGUÉ. — Je vous assure que nous étions ignorants de cela. Le Syndicat se soumettra à la décision du Congrès, c'est-à-dire qu'il adhérera à l'Union des syndicats, s'il y en a une.

LE RAPPORTEUR. — C'est bien ce que Jouhaux vient d'expliquer. Nous ne mettons plus d'opposition, puisque le Syndicat était ignorant de ce qui existe.

Le mandat est accepté.

LE RAPPORTEUR.— 3° Syndicat de la Céramique de Saint-Zacharie (Var), parce que le mandat ne porte pas le timbre de l'Union des Syndicats du Var.

LE DÉLÉGUÉ. — Je vous demande pardon, ils sont adhérents à l'Union des Syndicats du Var.

JOUHAUX. — Il y a le timbre de la Bourse de Zacharie.

LE DÉLÉGUÉ. — C'est pourquoi j'étais étonné de voir que la Céramique ne figure que pour seize syndicats, alors que nous sommes dix-huit.

JOUHAUX. — Le mandat ne porte pas le timbre, c'est pourquoi nous l'avons contesté. Le secrétaire de l'Union des Syndicats du Var est-il là? (*Non.*) Il n'y a qu'à réserver le mandat jusqu'à son arrivée.

LE RAPPORTEUR. — 4° Syndicat des Corps de colliers de Paris.

Le délégué se retire et le mandat n'est pas accepté.

LE RAPPORTEUR. — 5° Syndicat de l'Éclairage de Nancy, parce qu'il ne porte pas le timbre de l'Union des Syndicats.

LE DÉLÉGUÉ. — Nous ne contestons pas.

Le mandat n'est pas accepté.

LE RAPPORTEUR. — 6° Syndicat de l'Éclairage de Lyon.

LE DÉLÉGUÉ. — Nous ne contestons pas non plus.

Le mandat n'est pas accepté.

LE RAPPORTEUR. — 7° Syndicat des Ardoisiers de Cocsmes (Ille-et-Vilaine), parce qu'il ne porte pas le timbre de bourse du travail.

JOUHAUX. — Le secrétaire est-il là? (*Non.*) Réservons jusqu'à son arrivée.

LE RAPPORTEUR. — 8° Syndicat du Textile de Saint-Menges (Ardennes), parce qu'il n'adhère pas à l'Union des Syndicats.

JOUHAUX. — Demandons à Sauvage ce qu'il en est.

SAUVAGE. — Il n'adhère pas.

Le mandat n'est pas accepté.

LE RAPPORTEUR. — 9° Syndicat des Charrons-Forgerons de Bougie, parce qu'il ne porte pas de timbre de bourse du travail.

JOUHAUX. — Le délégué de la Bourse de Constantine est-il là?

UNE VOIX. — Il doit arriver à deux heures.

UN DÉLÉGUÉ. — Il n'y a pas de bourse du travail à Bougie.

JOUHAUX. — Mais il y a la Bourse du Travail de Constantine.

LE DÉLÉGUÉ D'ALGER. — Il y a l'Union des Travailleurs de Bougie.

JOUHAUX. — Elle n'adhère pas à la C. G. T.

LE DÉLÉGUÉ D'ALGER. — Je donne les renseignements que je possède sur Bougie, pour que le Syndicat soit éclairé. (*Rires.*)

JOUHAUX. — Il n'y a qu'à réserver le mandat jusqu'à l'arrivée du délégué de Constantine.

LE RAPPORTEUR. — De plus, le Syndicat des Ouvrières d'Imprimerie de Nantes, admis par la C. G. T., est accepté au Congrès, avec l'espoir qu'il adhérera à sa fédération dans le plus bref délai.

UN DÉLÉGUÉ. — Je crois que cette question pourrait être réservée jusqu'à la délimitation des fédérations. Le camarade Raffin fait une réserve en disant que ce syndicat ralliera sa fédération dans un délai de trois mois, c'est impossible. Il ne peut adhérer à la Fédération du Papier. Vous ne pouvez pas admettre que des ouvrières d'imprimerie, qui travaillent sur le fer-blanc, adhèrent au Papier !

LE RAPPORTEUR. — Faites-les adhérer aux Métaux, puisque vous n'en voulez pas !

LE MÊME DÉLÉGUÉ. — Mais si, on en veut. Mais on veut une fédération unique de l'Imprimerie.

JOUHAUX. — Le Comité confédéral a été amené à accepter le Syndicat des Ouvrières de l'Imprimerie de Nantes, parce qu'elles disaient faire un travail spécial : recevoir des feuilles de métal au lieu de feuilles de papier. D'autre part, la Fédération de la Lithographie et la Fédération du Livre refusaient d'admettre les femmes; seule, la Fédération du Papier voulait les accepter. Or, ces ouvrières disaient n'avoir aucune connexité avec le Papier.

La Commission déclare que cette organisation devra rallier sa fédération d'industrie sans désigner cette fédération; il restera donc au Comité confédéral à examiner si ce syndicat doit adhérer à la Lithographie, au Livre ou au Papier.

Le mandat est accepté.

Le Cas des Chemins de fer

LE RAPPORTEUR (continuant sa lecture). — D'autre part, la Commission ne croit pas devoir écarter complètement les vingt-deux mandats de la Fédération des Transports par voie ferrée, les résolutions du Comité national du Syndicat des Chemins de Fer, concernant l'application des conclusions de la Commission confédérale des conflits, étant par trop imprécises.

C'est-à-dire que la Commission est d'avis de les accepter avec voix consultative. Nous ne pouvons pas les évincer du Congrès sans un motif plus grave que celui qu'on a invoqué.

Un Délégué. — Je demande au camarade Jouhaux de bien vouloir donner le compte rendu de la Commission d'administration du Syndicat National qui s'est réunie hier.

Vous savez que le Syndicat National devait répondre à la Commission des conflits avant que le congrès du Havre ne se réunisse. Or, le Syndicat National a jugé bon de se réunir hier seulement, et nous nous trouvons, aujourd'hui, obligés de présenter des délégués de la Fédération des Transports par voie ferrée, le Syndicat National n'ayant pas fait connaître de quelle manière il voyait la possibilité d'arriver à une fusion.

A vous de juger aujourd'hui s'il est possible d'écarter les camarades de la Fédération des Transports par voie ferrée. Il est utile que vous disiez que si la Fédération a voix consultative, le Syndicat National doit avoir également voix consultative ; nous devons être, au Congrès, placés sur le même pied.

Le Rapporteur. — Je suis saisi de la proposition suivante :

Le Congrès demande que les délégués de la Fédération des Transports par voie ferrée soient admis au même titre que les délégués du Syndicat National : tous à titre consultatif, ou tous à titre délibératif ; et cela dans un but d'entente et d'harmonie.

Signé : Profit.

Un Délégué. — Il n'y a pas que les Chemins de fer. Que le camarade Raffin continue et nous dise tous les mandats contestés ; ceux-ci viendront les uns après les autres.

Le Rapporteur. — Les autres sont réglés.

Jouhaux. — Si nous voulons suivre le camarade qui vient de prendre la parole, nous allons lire le rapport tout entier et revenir ensuite sur les points en litige. Il me semble préférable, au contraire, de discuter sur les points en litige au fur et à mesure qu'ils se présentent ; cela ne pourra que donner de la clarté à nos débats.

Le Congrès en décide ainsi.

Lagarde engage le débat

Lagarde. — Je suis délégué de la Fédération des Transports par voie ferrée. J'appartenais, en 1910, et jusqu'au moment de la grève, au Syndicat National des Chemins de fer.

Jusqu'au moment de mon départ pour le Havre, j'attendais des instructions de la C. G. T. ou de la Fédération ; il nous avait été dit, en effet, qu'une réponse serait donnée concernant le mandat au Congrès et, à ce sujet, nous avons reçu une lettre.

(Le Président donne communication de cette lettre qui déclare : que la Commission des conflits a remis son rapport au comité qui l'a adopté et transmis au Syndicat National des Chemins de fer. La réponse devra être donnée dans le plus bref délai. Sitôt cette réponse connue, faites votre demande d'adhésion et vous pourrez ainsi participer au Congrès. Les demandes d'admission, repoussées par le Syndical National seraient examinées par le Congrès.)

Lagarde. — Ainsi que vous pouvez le voir dans la « Voix du Peuple » de cette semaine, la Commission a terminé son rapport sur les conflits : « La Commission est d'avis que le Syndicat National doit recevoir dans son sein tous les membres de la Fédération des Transports par voie ferrée. »

Ce sont ces raisons qui ont motivée ma délégation par la Fédération des Transports. C'est aujourd'hui seulement que le Syndicat National donne sa réponse. Voilà la situation dans laquelle se trouvent les délégués de la Fédération des Transports et les camarades du Syndicat frappés en 1910.

Jouhaux précise l'attitude de la Commission des conflits

JOUHAUX. — La lettre lue par notre camarade Lagarde est exacte. Lorsque nous avons eu à nous occuper du conflit des cheminots, nous avons laissé à une commission le soin d'examiner la situation et d'apporter des conclusions. Je n'ai pas cru devoir, pendant que duraient les délibérations de cette commission, répondre d'une façon précise aux demandes qui m'étaient formulées par les groupes de la Fédération des Transports par voie ferrée et par les bourses du travail auxquelles adhéraient ces organisations ; mais aussitôt que nous avons eu connaissance des conclusions du rapport de la Commission, j'ai écrit, non seulement à Béziers, mais à l'ensemble des groupes qui me demandaient des indications, la lettre que vous a lue tout à l'heure le camarade Lagarde. Cette lettre contient, d'une façon générale, l'indication des conclusions de la Commission des conflits.

Quand la Commission des conflits a rendu compte de son travail au Comité confédéral, nous avons demandé que le Syndicat National se réunisse dans le plus bref délai pour statuer sur l'application des résolutions de cette Commission. A ce moment, on nous disait qu'il n'était pas possible de réunir le Comité du Syndicat National avant la date du 14 septembre. Le Comité confédéral estimait que cette date était beaucoup trop rapprochée de celle du Congrès confédéral ; nous aurions voulu que dans la huitaine, dans la quinzaine au plus, *qui suivait le dépôt des conclusions de la Commission des* conflits, une réunion du Syndicat National eut lieu pour déclarer dans quelles conditions l'application desdites conclusions allait être faite. On n'a pas tenu compte de notre désir, et le Comité du Syndicat National ne s'est réuni que le 14 septembre, date indiquée par le camarade Coudun au Comité confédéral; nous n'avons donc eu connaissance des décisions du Comité du Syndicat National des Chemins de fer qu'hier après midi.

Je vais vous donner lecture de ces décisions, et vous comprendrez alors les raisons pour lesquelles la Commission des conflits a fait des réserves :

Le Conseil fédéral du Syndicat National, réuni le 14 septembre 1912, au siège social du Syndicat, après avoir pris connaissance du rapport de la Commission des conflits de la C. G. T., au sujet du dissentiment qui divise en ce moment les cheminots, soucieux avant tout de respecter la discipline syndicale, accepte les conclusions dudit rapport ; le Conseil fédéral engage vivement les groupes à faire preuve de la plus large impartialité et du meilleur esprit syndicaliste en réadmettant parmi eux les camarades dissidents, sans vouloir, toutefois, porter atteinte à leur autonomie, se conformant ainsi aux statuts et principes fédéraux.

Dès que la Commission de vérification des mandats a eu connaissance de cette résolution, elle l'a déclarée inacceptable. (*Applaudissements.*)

En effet, nous ne pouvons admettre que dans le premier aliéna d'une résolution, on déclare vouloir accepter, par discipline syndicale, les résolutions d'une commission confédérale et, qu'au deuxième alinéa, on se retranche, pour la solution des questions d'espèce, derrière l'autonomie des sections ou des groupes.

Dans le conflit actuel, il y a surtout des questions de personnalité. Nous savons que certaines personnalités sont visées. Or, si la Commission des conflits a travaillé dans un esprit de conciliation, si elle a voulu reconstituer l'unité par les cheminots, ce n'est pas avec le désir de laisser en dehors de l'organisation unitaire nouvelle ceux qui pourraient être visés plus particulièrement par les haines ou les rancunes qui se manifestent des deux côtés. Nous avons voulu — et Lenoir vous le dira sans doute tout à l'heure, puisqu'il est le rapporteur de la Commission des conflits — que dans le rapport et les conclusions de cette Commission figurât cette mention spéciale : qu'au cas où les groupes ou sections du Syndicat National se refuseraient à recevoir dans leur sein certaines personnalités, le Syndicat National aurait pour devoir de les admettre à titre individuel. Or, il semble que dans la résolution adoptée par le Comité du Syndicat National, on laisse aux sections la liberté de recevoir ou de ne pas recevoir telles ou telles personnalités. Cela n'a jamais été, ni dans l'esprit de la Commission des conflits, ni dans l'esprit du Comité confédéral, et c'est pourquoi hier nous avons déclaré que les résolutions du Syndicat National étaient inacceptables en ce qui concerne l'application des conclusions de la Commission des conflits.

Ceci explique les réserves mentionnées dans le rapport de la Commission de vérification des mandats. (*Applaudissements.*)

Péricat approuve le rapport

PÉRICAT. — Je suis complètement d'accord avec les camarades de la Commission. J'estime que le rapport fourni par la Commission des conflits devrait donner satisfaction au Congrès. Il a été conçu dans un esprit d'impartialité et avec le souci des intérêts de la Confédération ; je crois que nous devrions nous borner à entendre le camarade Lenoir nous fournir des explications et, si ces explications nous donnent satisfaction, nous rallier au rapport de la Commission.

D'un autre côté, je ne connais pas suffisamment les statuts du Syndicat National, mais je crois qu'il y a une faute de la part de la Commission des conflits quand elle dit que le Syndicat National admettrait à titre individuel les camarades de la Fédération qui ne seraient pas admis par les sections. Je crois qu'il aurait fallu dire : « Il y aura obligation pour chacune des sections de réintégrer les camarades qui appartenaient à ces sections. »

Mais la question au sujet de laquelle j'avais demandé la parole est celle des fédérations représentées. Il y a plusieurs fédérations qui, depuis de nombreuses années, viennent participer à nos travaux et se refusent à remplir les obligations confédérales. Cela devait peut-être venir tout à l'heure, mais je tenais à le signaler au début du Congrès. J'estime qu'il est de mon devoir de militant de poser la question. Cela se rattache un peu au cas des cheminots, car il ne suffit pas de déclarer qu'on appartient à la C. G. T. et, après, de se retrancher derrière des questions de principe pour venir nous dire : « Nous appliquerons intégralement les décisions confédérales quand la Confédération aura fait ce que nous voulons qu'elle fasse. » Les fédérations qui viennent ici doivent se soumettre à la discipline syndicale ; le mode actuel de représentation à la Confédération n'est pas la proportionnelle, et avant de vouloir faire triompher la proportionnelle dans un congrès...

UNE VOIX. — Je demande la parole pour une motion d'ordre.

PÉRICAT. — Il n'y a pas de désordre. La question à l'ordre du jour est la vérification des mandats. (*Interruptions.*) Laissez-moi parler, je n'en ai pas pour longtemps. Si vous décidez que la question va faire l'objet d'une autre discussion, cela m'est égal ; seulement, je ne veux pas laisser passer le rapport de la Commission sans protestations. Et, par avance, je déclare que la question de la représentation des syndicats viendra ici ; je me réserve de protester, afin que les fédérations qui n'appliquent pas intégralement la carte et les timbres confédéraux ne puissent pas participer aux travaux du Congrès. (*Applaudissements.*) Nous serons peut-être moins nombreux, mais nous serons tout au moins des camarades qui veulent le bien de la C. G. T.

UNE VOIX. — C'est simple, il n'y a qu'à les mettre à la porte.

PÉRICAT. — Camarades, les statuts sont souverains ; c'est derrière les statuts que je m'abrite. Ce n'est pas une question de parti-pris ; il s'agirait du Bâtiment que je parlerais de la même façon ; c'est une question de discipline confédérale.

Par conséquent, je me réserve de prendre la parole sur ce sujet. En ce qui concerne les cheminots, je me rallie au rapport de la Commission des conflits.

Le Syndicat National s'explique

COUDUN *(du Syndicat National des Chemins de fer)*. — Camarades, je m'étonne que la Commission de vérification des mandats n'ait pas compris la portée exacte de l'ordre du jour que nous lui avons adressé.

L'ordre du jour voté hier par notre organisation syndicale se rallie complètement aux conclusions du rapport du camarade Lenoir. Nous n'avons fait aucune réserve. Nous acceptons les conclusions telles qu'elles sont dans le rapport du camarade Lenoir. Si nous avons mis un deuxième alinéa, c'est pour ne pas que nos groupes puissent croire qu'à l'avenir nous empiéterons sur leur autonomie ; en effet, nos groupes pourraient nous dire : « Aujourd'hui vous empiétez sur l'autonomie que nous avons ; demain, si un autre cas se présente, vous recommencerez. » Ce deuxième alinéa a pour but de démontrer à nos groupes que c'est par exception que nous empiétons sur leur autonomie en les engageant fortement à reprendre les camarades.

UNE VOIX. — Les groupes qui se refuseront à accepter les camarades, qu'est-ce que vous leur ferez ?

COUDUN. – Le rapport dit que si les groupes refusent d'admettre des camarades, l'organisation les prendra isolément.

SAVOIE. — Camarade président, je demande la clôture de la discussion sur le cas des chemins de fer, après les déclarations de Coudun.

UN AUTRE DÉLÉGUÉ. — Il n'est pas possible qu'on escamote cette question-là ; vous voteriez la clôture que vous recommenceriez dans cinq minutes.

UNE VOIX. — L'avis de la Commission ?

L'Avis de la Commission de Vérification des Mandats

LE RAPPORTEUR. — Camarades, on demande l'avis de la Commission de vérification des mandats. Eh bien, la Commission dit que le deuxième alinéa aisse la porte ouverte à toutes les mesures qu'on peut vouloir prendre contre les personnalités, malgré les déclarations de Coudun.

Nous voulons quelque chose de plus tangible ; nous voulons que les camarades puissent adhérer à leurs sections respectives.

BOURDERON. — Pourquoi n'entendrait-on pas le rapporteur de la Commission des conflits ?

JOUHAUX. — Je voudrais que le camarade Lenoir, secrétaire de la Commission des conflits, nous déclare s'il peut accepter la déclaration officielle du Syndicat National faite à la suite de l'examen des conclusions du rapport de la Commission.

L'Avis de la Commission des Conflits

LENOIR. — Nous n'avons pas à défendre le rapport. La Fédération des Transports par voie ferrée accepte le rapport ; le Syndicat National des Chemins de fer accepte le rapport. Il s'agit simplement de déterminer dans quelles conditions, avec garanties réciproques, les conclusions seront appliquées.

Nous avons considéré ce matin, lorsque nous avons connu la résolution votée par le Syndicat National, que les garanties étaient insuffisantes ; nous avons considéré que le fait d'accepter théoriquement les camarades, en apportant, dans le deuxième alinéa, une restriction à cette acceptation, ne répondait pas aux conclusions ni aux intentions de la Commission des conflits.

Après les déclarations du camarade Coudun, disant que si les sections, usant de leur droit d'autonomie, se refusent à accepter dans leur sein les camarades dissidents, le Syndicat National appliquera strictement le deuxième paragraphe des conclusions qui dit que le Syndicat National devra, soit par contrainte, soit d'une façon isolée, soit par n'importe quel moyen, faire rentrer dans son sein tous les éléments, sans exception, appartenant à la Fédération des Transports par voie ferrée — après les explications de Coudun données officiellement en présence du Congrès, nous estimons que la décision du Comité confédéral est complètement respectée par cette déclaration. *(Applaudissements.)*

Le Guennic veut l'égalité

LE GUENNIC. — J'estime que le point qui nous préoccupe actuellement est celui de la représentation au Congrès. En outre, pour que les conclusions du rapport de la Commission des conflits deviennent une réalité, il aurait fallu que le Syndicat National prît l'initiative de réaliser un nouvel état de choses dans les chemins de fer. Nous constatons ici qu'il n'a rien fait.

Il y a donc deux points que le Congrès doit examiner : d'abord, celui de savoir comment il acceptera ici les délégués des deux organisations en présence ; ensuite, les décisions à prendre concernant l'avenir du syndicalisme dans les chemins de fer.

Il me semble que ce sont là deux questions bien distinctes, qu'il importe de ne pas mélanger.

Actuellement, nous demandons, nous délégués de la Fédération des Transports par voie ferrée, à être admis au Congrès sur le même pied que les délégués du Syndicat National.

Ensuite, et prenant acte de la situation actuelle, de l'inertie dont a fait preuve le Syndicat National lorsqu'il s'est agi de se conformer loyalement aux décisions de la Commission des conflits, nous demandons qu'on examine ce qui divise les cheminots, et qu'on cherche, d'un commun accord, de quel côté se trouvent les torts, afin d'essayer de faire l'accord entre les travailleurs des chemins de fer.

Péricat demande des précisions

PÉRICAT. — Le camarade Le Guennic vient de poser une deuxième question, qui est très grave pour le Congrès. Je crois que l'on doit s'en tenir à la réintégration des organisations confédérées et que, pour l'avenir, quand les camarades seront réintégrés dans le Syndicat National des Chemins de fer, ils auront la part de représentation qui leur revient.

A l'heure actuelle, il y a un fait dont nous devons tenir compte : le Syndicat National est, malgré tout, le syndicat confédéré ; on n'a pas à passer outre pour recevoir l'organisation des Transports par voie ferrée qui, en somme, malgré qu'elle soit plutôt de notre tendance, est en dehors de la Confédération, d'après les statuts confédéraux.

J'ai l'habitude, dans toutes les discussions, de rechercher la logique, de ne pas voir un parti en face d'un autre parti, une fraction en face d'une autre fraction. Je ne vois ici que la C. G. T. et les statuts qui la régissent ; et comme je veux que les fédérations qualifiées réformistes respectent les statuts confédéraux, je veux que nous, révolutionnaires, nous respections les statuts confédéraux. C'est pourquoi je dis : la Fédération des Transports par voie ferrée n'a pas force de représentation ici ; c'est le Syndicat National qui représente ici les travailleurs des chemins de fer.

En ce qui concerne le conflit actuel, tout à l'heure je déclarais me rallier à l'ordre du jour de la Commission des conflits dont Lenoir est le rapporteur ; mais en même temps, je crois — et ici je vais soutenir la thèse des camarades de la Fédération des Transports par voie ferrée — qu'il y a un danger. En effet si le Syndicat National a le droit de ne pas engager — question de tactique — ses sections, de ne pas les obliger à reprendre Le Guennic et les autres, eh bien, ces camarades, admis individuellement au sein du Syndicat National, n'auront plus le droit de discuter dans leurs propres sections. Où iront-ils discuter ? Où pourront-ils assister aux réunions ? Comment pourront-ils participer aux discussions ?

Je crois qu'il y a là une lacune, et c'est là que j'interviens. J'aurais voulu voir, pour chacune des sections, l'obligation de réintégrer ses anciens membres, de façon à ne pas en faire des individus isolés n'ayant pas le droit de discuter.

Donc, je me résume : Sur le premier point, la Fédération des Transports par voie ferrée n'a pas le droit de représentation au Congrès ; ce droit appartient au Syndicat National.

Deuxième point : Je voudrais que les représentants du Syndicat National nous disent quelle sera la garantie donnée aux camarades dissidents actuellement, en ce qui concerne leur future représentation au Syndicat National.

Le S. N. doit garantir les droits de chacun

LENOIR. — Le camarade Péricat soulève un cas que, dit-il, la Commission des conflits aurait dû résoudre, en contraignant toutes les sections appartenant au Syndicat National à prendre dans leur sein les camarades de la Fédération des Transports.

Il faut se souvenir que le conflit actuel a pris naissance au XXIIe congrès, dans lequel les camarades appartenant à la Fédération ont revendiqué l'autonomie absolue pour les sections et ont voulu constituer une Fédération avec des sections autonomes.

Par conséquent, nous nous trouvions dans l'impossibilité absolue, pour donner satisfaction à ces camarades, de violer en leur faveur l'autonomie des sections du Syndicat National. Mais il est certain que ces camarades ne doivent pas rentrer au Syndicat diminués. Nous avons bien dit, dans le rapport, que les camarades révoqués devaient rentrer au Syndicat National avec tous leurs droits. Par conséquent, si quelques camarades rentrent isolément, le Syndicat devra prendre des dispositions pour que chaque individu ait le droit de représentation.

S'il y a des difficultés, la Commission des conflits n'en est pas cause ; mais ce que nous avons voulu obtenir surtout, c'est qu'il y ait un Syndicat unique, où tous les cheminots, sans exception, auront des droits.

Intervention de Lihard

LIHARD (*du Syndicat National*). — Dans notre réunion du 31 août, nous avons décidé que tous les camarades dissidents de notre groupe, sans exception, seraient réintégrés. Donc, vous voyez que nous leur faisons une part très large, et on ne devrait pas avoir peur que, dans les sections, nous refusions un tel ou un tel. Mais si on fait une réclame au sujet de la « Bataille Syndicaliste »... (*Interruptions.*)

Notre ordre du jour, la « Bataille » ne l'a pas publié en entier ; elle l'a écourté, et le seul journal qui l'ait inséré en entier, c'est l' « Humanité ». (*Interruptions.*)

BLED. — Avez-vous des actions à la « Bataille » ?...

LIHARD. — Vous n'avez pas à savoir si j'ai des actions. (*Interruptions et protestations.*)

Dans notre section, où il y a des dissidents, tout le monde est unanime à accepter nos camarades de la Fédération. Donc je ne vois pas pourquoi, puisque nous nous sommes ralliés aux conclusions de la Commission des conflits, on accepterait dans ce Congrès des camarades qui ne sont pas confédérés.

La Clôture est demandée

LE PRÉSIDENT. — On demande la clôture. Je mets aux voix la clôture après les orateurs inscrits.

BLED. — Combien y en a-t-il ?

LE PRÉSIDENT. — Huit.

JOUHAUX. — Il y a à l'heure actuelle neuf ou dix demandes de paroles. J'estime que ce nombre est excessif et qu'il ne s'agit, en la circonstance, que de préciser, comme l'indiquait tout à l'heure Lenoir, les conditions dans lesquelles le Syndicat National des Chemins de fer devra appliquer les résolutions de la Commission des conflits. Il ne s'agit pas — et il ne peut pas s'agir — de revenir sur le texte du rapport de cette commission ; ce qui nous importe, à nous qui voulons avant tout que l'unité se reforme, non seulement pour le présent mais encore pour l'avenir, c'est que les droits et les garanties de chacun ne puissent être aucunement contestés. C'est pourquoi la Commission des conflits avait posé la question.

Dans ces conditions, je crois que le nombre des interventions pourrait être limité à une ou deux de part et d'autre, et que le Congrès serait ensuite complètement édifié pour prendre telles mesures qui conviendraient, mesures qui, je le répète, ne doivent pas empiéter sur les conclusions du rapport de la Commission confédérale, mais doivent simplement préciser les conditions dans lesquelles, après la réponse évasive du Syndicat National, les conclusions de la Commission des conflits doivent être appliquées.

LE PRÉSIDENT. — Après les explications de Jouhaux, quels sont ceux qui veulent retirer leur demande de parole ? (*Personne ne répond.*)

Le camarade Jouhaux vient de faire une proposition ; quels sont ceux qui se rallient à cette proposition ?

L'UN DES ASSESSEURS. — Je voudrais dire deux mots sur la proposition de Jouhaux. (*Interruptions et protestations.*)

PLUSIEURS VOIX. — La clôture ! La clôture immédiate !

Il faut une nouvelle déclaration du S. N.

BOURDERON. — Je désirerais que le Congrès se passionne moins et qu'il examine la question sous son vrai jour.

Comme membre de la Commission, je désirerais ici une autre déclaration d'un délégué autorisé du Syndicat National des Chemins de fer, qui viendrait dire que les sections « devront » admettre les membres de la Fédération. Si ce point était déterminé, la Commission des conflits ne pourrait vouloir empiéter sur l'avenir. Mais le Syndicat National doit dire à ses sections qu'elles doivent réadmettre les camarades de la Fédération, et ceux-ci, rentrant dans leurs sections respectives, jouiront des prérogatives des autres adhérents. Voilà la déclaration que je sollicite du délégué du Syndicat National.

Un autre point : Il y a ici des sections de travailleurs de chemins de fer représentées au Congrès comme adhérant à la Fédération des Transports par voie ferrée ; et s'ils ne sont pas rentrés dans le Syndicat National depuis huit ou quinze jours, la faute en est exclusivement à ce même Syndicat National.

Et, me plaçant sur le même terrain que le rapporteur de la Commission de vérification des mandats, nous disons : Est-ce que ces sections, qui, hier, avant-hier, il y a huit jours, devaient choisir leurs délégués, ont pu choisir ces délégués dans l'indépendance, nommer un représentant de la totalité de leurs membres? Non. C'est le Syndicat National qui, par sa décision tardive, ne l'a pas permis; et, aujourd'hui, nous nous trouvons dans une situation étrange. Réadmis au sein du Syndicat National, ces camarades ne sont pas représentés au Congrès.

Voilà la situation. Je voudrais qu'ils aient le droit d'être représentés ici, parce qu'aujourd'hui ils sont confédérés. (*Applaudissements.*)

Explications de Bidegarray

BIDEGARRAY. — On est en train de discuter un cas tout à fait particulier et je constate, non sans déplaisir, que vous avez l'air de prendre le Syndicat National pour un gosse qui ne sait pas se conduire. Tous vos griefs vont au Syndicat National, organisation fédérée, confédérée, qui a fait ses preuves. Vous nous adressez des mises en demeure, à nous, organisme confédéré, qui suivons toutes les décisions du Congrès. A nous, vous demandez des garanties et à côté, rien ; ceux-là sont des infaillibles.

Eh bien, il faudrait tout de même discuter avec sang-froid, et permettez-moi de vous faire remarquer que vous faites dévier la question.

Vous nous faites un grief, Bourderon, d'avoir répondu tardivement aux conclusions de la Commission des conflits. Je vous dirai que la Commission des conflits a répondu tardivement aux décisions du XXIIe congrès. Nous nous sommes réunis au mois de mai, vous nous répondez du 18 au 25 août ; le rapport officiel de la Commission des conflits a été reçu par nous à la date du 27 août ; nous répondons le 14 septembre. S'il y a eu retard chez nous, il y a eu également retard chez vous. Je ne dis pas que votre tâche n'ait pas été très rude, que votre besogne n'ait pas été très délicate...

Pourquoi nous sommes-nous réunis le 14 septembre ? Vous n'ignorez pas, Bourderon, que le Syndicat National, comme toute fédération, a son autonomie dans son sein ; nous sommes confédérés, mais nous avons notre autonomie de gestion, je suppose. Nous avions, avant le 25 août, arrêté la date de la réunion de notre Conseil fédéral ; cette date a été choisie le 19 mai, et je regrette que Jouhaux ne vous ait pas dit cela. C'est le 19 mai que la date du 14 septembre a été arrêtée, parce que, chez nous, la date d'une réunion de conseil est arrêtée au conseil précédent.

Voilà pour quel motif nous avons répondu à la date prévue par notre Conseil fédéral, date fixée depuis le 19 mai.

J'en arrive aux conclusions. Notre délégué au Comité confédéral vous l'a dit : Nous acceptons les conclusions de la Commission des conflits, adoptées par le Comité confédéral à l'unanimité moins une voix. Il me semble que, jusqu'aujourd'hui, nous avons fait preuve de conciliation, de bonne foi. Depuis le mois de janvier, aucune discussion, aucune animosité, aucune injure, aucune calomnie, dans notre journal officiel ; tandis que, quand on lit tous les numéros d'à-côté, on voit que les articles ne sont pas tous d'éducation corporative, d'éducation syndicale, d'émancipation sociale, mais des injures, des bordées de calomnies à l'égard de militants qui sont aussi honorables que les autres, qui ont donné la preuve de leur honorabilité ! (*Applaudissements.*)

Il y a une question que je pose à Bourderon : Vous nous demandez des déclarations précises. Le camarade Coudun n'est pas suspect, il vous les a faites. Il y a, de l'autre côté, une circulaire qui a paru le 1er septembre, lendemain de la décision de la Commission des conflits ; cette circulaire dit : « Nous ne nous soumettons pas aux décisions de la Commission des conflits ; nous ne nous soumettons pas à la décision approuvée par le Comité confédéral. » Donc, il arrive ceci de fantastique, que vous voulez imposer vos volontés, camarade Bourderon, à une organisation qui respecte les décisions confédérales, et que vous ne demandez rien à ceux qui, d'avance, refusent de se soumettre aux décisions du Comité confédéral.

Camarades, je vous laisse juges de cette question. Le Syndicat National — j'en appelle ici aux anciens — a été un de ceux qui ont formé cette Confédération Générale du Travail dont nous sommes aujourd'hui les représentants ; il est de cœur avec tous pour arriver à donner le plus d'impulsion possible aux revendications du prolétariat. Aujourd'hui, c'est à vous de décider si le Syndicat National doit avoir la parole ou si vous voulez nous affaiblir, nous, en acceptant, à côté de nous, des délégués qui ne sont ni fédérés, ni confédérés.

Interventions en faveur de la Fédération

DUMAS. — Lorsque la discussion du rapport de la Commission des conflits est venue devant le Comité confédéral, il y a des camarades qui ont émis un doute injurieux à l'égard de l'application, par le Syndicat National, des

résolutions de la Commission. Je suis un de ceux-là, et à cette époque j'ai demandé, pour mes camarades de la Fédération des Transports par voie ferrée, une garantie ; j'ai proposé, à ce moment-là, une violation des statuts. On me dit : « Seul, le Congrès a le droit de se prononcer sur cette question, et d'accepter la représentation des camarades de la Fédération ».

Si le Syndicat National, avant le Congrès, n'a pas fait le nécessaire, il doit en supporter les conséquences ; et je dis au camarade Bidegarray que s'ils ont, en ce moment, une situation spéciale dans la C. G. T., c'est qu'eux-mêmes ont créé cette situation spéciale. Nous n'avions jamais vu, jusqu'à ce jours, des administrateurs de syndicats ou de fédérations qui, de leur propre autorité, violent les décisions du Congrès de leur propre organisation. (*Interruptions et protestations.*)

Bidegarray. — Lisez le rapport officiel qui a paru dans la « Voix du Peuple » !

Dumas. — Ce rapport constate justement que vous n'avez pas fait tout votre devoir.

Mon opinion est que, lorsque vous seriez sortis de la salle, vous vous empresseriez de ne rien faire pour amener avec vous les camarades qui sont en dehors de votre organisation, et les faits me donnent pleinement raison.

Ceux qui n'ont pas été acceptés par le Comité confédéral peuvent l'être par le Congrès, et le camarade Bourderon a apporté ici la seule solution logique. Puisque vous n'avez pas retiré votre ordre du jour — si vous l'aviez retiré, personne n'aurait rien dit — nous avons le droit de vous demander des garanties, et d'offrir aux camarades de la Fédération une représentation effective au sein du Congrès. Je me rallie donc à la proposition de Bourderon, puisque le rapport a reconnu que leur départ du Syndicat National était justifié.

N'oubliez pas ce qui était dur pour vous dans le rapport confédéral. Ce rapport constate que vous n'avez pas fait votre devoir.

Donc, la seule façon que nous ayons d'agir logiquement, c'est d'accepter la représentation des camarades de la Voie ferrée, en attendant que vous les ayez admis loyalement et franchement.

On a parlé d'autonomie. J'estime qu'il n'y a pas d'autonomie absolue, ni pour les uns, ni pour les autres. Lorsqu'un ouvrier rentre dans un syndicat, on lui impose des obligations ; lorsqu'un syndicat rentre dans une fédération, on lui impose des obligations ; de même, on impose des obligations aux fédérations qui adhèrent à la Confédération. Sinon, il n'y a pas de mouvement ouvrier possible.

Dejonkère (*de la Fédération des Transports par voie ferrée*). — Je ne m'étendrai pas sur la question ; nous en sommes à la vérification des mandats et à la représentation des syndicats au Congrès confédéral. Je ne fais que répondre à l'allusion qui a été faite au sujet des sections de la Fédération des Transports par voie ferrée, représentées ici.

Le camarade Péricat dit que ces sections ne remplissent pas les trois obligations nécessaires pour prendre part au Congrès confédéral. Eh bien, je vous dirai que je représente deux organisations adhérentes à la Fédération Nationale des Transports par voie ferrée, adhérentes à leur Union de Syndicats et abonnées à la « Voix du Peuple ». Ces deux syndicats, avant même que le Syndicat National ne demande à ses sections d'adhérer aux unions de syndicats avaient donc fait leur devoir en adhérant aux unions de syndicats ou aux bourses du travail.

Aussi, je vous demande s'il y a lieu de nous exclure du Congrès, alors que depuis deux ans nous remplissons notre devoir vis-à-vis de la classe ouvrière.

Je demande qu'on nous admette ici au même titre que le Syndicat National parce qu'en toutes circonstances nous avons rempli nos obligations.

Alleaume affirme l'autonomie des sections

ALLEAUME (*du Syndicat National, section de Sotteville*). — On a fait allusion, non pas au rapport de la Commission de vérification des mandats mais au rapport de la Commission des conflits.

Je croyais tout d'abord qu'on se serait limité à la vérification des mandats, en se réservant au sujet du rapport de la Commission des conflits ; mais je me suis rendu compte que la question de conflit présentait un intérêt primordial pour l'admission des camarades dissidents du Syndicat National.

Le Syndicat National a pris l'engagement de réintégrer individuellement dans son sein les camarades dissidents qui ne seraient pas acceptés par les groupes. Certains camarades qui m'ont précédé ont critiqué cette décision. Eh bien, je demanderai aux camarades du Comité confédéral si, quand un syndicat adhère à la C. G. T., celle-ci accepte les statuts qui régissent ce syndicat.

Je crois que les camarades qui ont trouvé contre nous des griefs dans notre façon de réintégrer les dissidents, n'ont pas envisagé que le Syndicat National, nouvellement organisé, ou plutôt réorganisé d'après les décisions du XXIIe Congrès National, a adopté en partie les statuts élaborés par les camarades dissidents, et que, dans ces statuts, il est dit que les groupes du Syndicat National sont autonomes.

J'estime que la C. G. T., pas plus le Congrès que le Comité confédéral, ne voudra violer les statuts d'un syndicat ici représenté.

J'accepte les déclarations du Syndicat National en tant que délégué du groupe de Sotteville, et je dis que les camarades qui ont demandé au Congrès d'accepter la représentation des camarades de la Fédération nationale des Transports par voie ferrée, n'ont pas réfléchi à ce qu'ils demandaient au Congrès. (*Interruptions et protestations.*) Parfaitement, camarades; j'estime que le Syndicat National ne pouvait pas accepter la décision de la Commission des conflits sans que celle-ci se soit expliquée devant le Congrès, et que c'est à la suite de ces explications que les dissidents pourraient être réintégrés dans leurs organisations respectives.

Je viens donc vous demander si les congressistes peuvent dire que les camarades dissidents du Syndicat National ont le droit de siéger dans le congrès de la C. G. T. aujourd'hui réuni.

UN DÉLÉGUÉ. — Vous ne voulez donc pas les réadmettre ?

ALLEAUME. — J'ai dit, et je répète, que le Syndicat National s'est réorganisé en 1912 d'après les statuts rédigés par le XXIIe Congrès, et que les groupes ont le droit d'admettre ou de ne pas admettre (*Vives protestations.*) et que, seul, le Syndicat National avait le droit de les réadmettre individuellement. (*Tumulte.*)

Camarades, si c'est comme cela que vous respectez la liberté de parole !... Quand les dissidents parlent je les écoute, et je vous demande d'agir de même à mon égard.

UNE VOIX. — C'est de la correction de conscience que nous vous demandons !

ALLEAUME. — C'est possible.

BIDEGARRAY. — Permettez, camarades. Le camarade qui est à la tribune parle en son nom personnel. (*Interruptions.*)

ALLEAUME. — Je ne contredis pas le camarade Bidegarray. Je dis que les groupes sont autonomes, et que, pas plus que la C. G. T., le Syndicat National n'a le droit de violer l'autonomie des groupes. (*Interruptions. — Voilà! Voilà!*)

Oui, camarades, je connais votre tactique ; je sais que la meilleure tactique, c'est d'interrompre ceux qui ne sont pas de votre avis ; cela ne m'émeut pas.

Je dis que si le Congrès acceptait le mandat des camarades dissidents, il violerait les statuts, puisque vous n'avez pas désapprouvé la décision de la Commission des conflits, et que vous ne pouvez pas le faire.

L'UN DES ASSESSEURS. — Il y a contradiction entre ce que dit Alleaume et ce que vient de dire Bidegarray.

Nouvelle déclaration de Bidegarray

BIDEGARRAY. — On me demande de m'expliquer au sujet de certaines contradictions.

Comme je l'ai dit au cours d'une interruption, Alleaume est libre de développer sa pensée. Il représente un groupe adhérant à la Fédération du Syndicat National, il remplit son mandat. Le grief que vous lui faites est sensible, parce que ses déclarations sont contraires aux miennes. Je parle ici au nom du Conseil fédéral, dont Coudun et moi sommes les représentants officiels.

J'ai dit, et je vous répète encore une fois, que nous acceptons sans réserves les conclusions de la Commission des conflits que le Conseil fédéral a acceptées samedi dernier. Si des groupes ne veulent pas accepter — ceux auxquels fait allusion le camarade Alleaume — notre devoir est d'employer le moyen que nous indique le rapport de la Commission.

UNE VOIX. — Votre devoir serait d'exclure ces groupes.

BIDEGARRAY. — Non, camarades, on ne peut pas les exclure. C'est à vous d'accepter les conclusions de la Commission des conflits, conclusions acceptées par le Comité confédéral, ou de les rejeter.

Je vous dis, encore une fois, que nous acceptons les conclusions acceptées par le Comité confédéral, ne l'oubliez pas.

UN DÉLÉGUÉ. — Je vous demande à titre d'indication, ce point ayant besoin d'être précisé : le rapport de la Commission des conflits est-il accepté par la Fédération des Transports par voie ferrée ?

BIDEGARRAY. — Non, il n'est pas accepté par la Fédération.

DESPLANQUES. — Vous réclamez l'autonomie pour vos sections. Or, nous avons le droit de prévoir qu'une de vos sections refusera un membre de la Fédération des Transports. Nous ne vous demandons qu'une chose : c'est d'indiquer au Congrès quels droits seront acquis aux camarades que vous aurez acceptés individuellement ; quels seront, au point de vue syndical, leurs droits dans le Syndicat National. Il faut que ce ne soient pas des isolés. Dans quelles conditions seront-ils admis ?

BIDEGARRAY. — La question est simple. Les dissidents qui se sont volontairement séparés du Syndicat National étaient déjà adhérents à un groupe ; ce groupe existe, d'après eux, puisqu'ils sont très nombreux. La logique voudrait qu'ils entrent dans un groupe qui n'existe plus au Syndicat National : d'avance, ils sont la majorité.

Deuxième point : Quelle sera notre attitude s'ils rentrent isolément chez nous ? Vous n'ignorez pas ce que c'est que les statuts d'une organisation. Les statuts du Syndicat National prévoient une délégation par groupe ; chez nous, il y a un vote par tant de membres à jour de leurs cotisations. Je ne dis pas que ce ne soit pas un cas à étudier, mais dans l'espèce ce serait violer nos statuts — puisque notre Conseil est composé de trente-deux membres représentant des sections — de dire qu'un homme isolé viendra parler au nom d'une section qu'il ne représente pas. (*Interruptions. — Voilà !*) Seulement, nous imposerons à chaque section de réintégrer dans son cadre les dissidents.

MERGIER. — Nous avons à savoir si, au Havre, c'est le Syndicat National ou la Fédération que nous devons accepter. (*Interruptions.*) Il faut savoir si nous acceptons le Syndicat National ou la Fédération des Transports par voie ferrée, restons sur ce terrain ! Bidegarray disait qu'il acceptait le rapport de la Commission des conflits. (*Interruptions. — Nous sommes d'accord! Vous avez raison !*)

Bidamant intervient

BIDAMANT. — Je m'excuse auprès du Congrès d'être obligé de prendre la parole dans une question aussi délicate, mais il est absolument nécessaire que le conflit soit tranché d'une façon définitive par le congrès de la C. G. T. Dans quelle situation sommes-nous, en ce moment-ci, à la Fédération des Transports par voie ferrée? Tout à l'heure, Jouhaux, secrétaire de la C. G. T., a donné ici l'avis officiel du Conseil d'administration du Syndicat National ; c'est le seul qui, pour le moment nous intéresse. Les discussions qui ont suivi cette déclaration nous importent plus ou moins. Ici, des déclarations multiples se sont donné rendez-vous : les camarades Bidegarray, Alleaume, Coudun, ont fait des déclarations contradictoires ; les uns disent qu'on n'acceptera pas, dans les sections, les membres qui ne plaisent pas... Camarades, il faut dire la vérité : il y a des têtes de turcs à la Fédération des Transports par voie ferrée ; à tort ou à raison, on craint certaines personnalités ; on mène contre elles une lutte ardente et, aujourd'hui, on voudrait les laisser en dehors de l'organisation syndicale. Je ne dirai pas de noms.

Je voudrais qu'on laisse les camarades de la Fédération des Transports par voie ferrée rentrer d'une façon active au sein du Conseil d'administration du Syndicat.

Tout à l'heure, Bourderon et Péricat ont placé la question sur son véritable terrain — et je n'admets pas la déclaration après la lettre de Bidegarray.

Alleaume, en particulier, est secrétaire d'une section syndicale du Syndicat National des Chemins de fer, en concurrence avec une section de la Fédération des Transports par voie ferrée. A Sotteville, il y a des conflits; il y a par conséquent des militants qui, systématiquement, vont être exclus de la direction de la section de Sotteville. Il en sera partout ainsi. Vous nous dites que vous nous acceptez à titre individuel, — mais comment voulez-vous que, admis à titre individuel, nous ayons voix au chapitre? Pas de place au Conseil d'administration, impossibilité, par conséquent, de diriger l'organisation. (*Interruptions. — Ah! Ah! — Protestations*).

Je ne connais pour le moment, que la déclaration écrite à la suite d'une décision régulière du Conseil d'administration du Syndicat National, décision que Jouhaux a entre les mains ; cette décision dit que les sections sont absolument autonomes, par conséquent libres de nous accepter ou de ne pas nous accepter. On vise quelques camarades.

Il y a donc lieu pour le Congrès de décider si, après avoir été les têtes de turcs du gouvernement et du patronat, nous devons être les têtes de turcs du syndicalisme.

Tout à l'heure on nous disait : « Mais vous, Fédération, quelle réponse avez-vous donnée? » D'abord, nous n'avons pas de réponse à donner. Nous, nous étions dans la position d'une jeune fille à marier; il est vrai que nous n'avions peut-être pas la virginité. (*Rires*). Enfin, on nous demandait de fusionner — du moins la C. G. T nous demandait de renouer les relations avec le Syndicat National, et il nous fallait attendre les décisions de ce dernier. Il y a plus d'un mois que le camarade Lenoir a donné lecture de son rapport au Comité confédéral. Or, après un mois de réflexion, avant même le congrès du Havre, on vient dire ici : « Voilà les résolutions du Conseil d'administration ! » Il me semble que c'est un peu tard. Si ces résolutions avaient été connues plus tôt, on aurait pu, à la Fédération des Transports, envisager la possibilité de fusionner d'une façon peut-être un peu plus fraternelle. On ne l'a pas voulu, et maintenant on vient nous dire : « Et vous, Fédération, qu'avez-vous fait? »

Camarades, laissez-moi vous dire que par une lettre en date du 6 septembre adressée à Jouhaux, nous démontrions que la Fédération des Transports par voie ferrée ne s'insurgeait pas contre la décision de la Commission des conflits. Il s'agit maintenant de savoir dans quelles conditions la Commission des conflits a laissé au Syndicat National la possibilité de prolonger le différend.

Il y a ici des questions d'espèces. Ainsi, Lenoir a dit que le titre du Syndicat National était une déformation. Cela tient quelques colonnes. Les camarades ont dit : « Je ne crois pas que Lenoir, pendant trois colonnes et demie, aurait couvert la Fédération de fleurs pour mieux l'étouffer! » Je ne le crois pas; je crois que Lenoir a fait un rapport impartial. Mais cela n'empêche pas qu'il faut définir ici dans quelles conditions la Fédération des Transports par voie ferrée va aller au Syndicat National. Nous ne voulons rien abdiquer; nous ne sommes pas de ceux qui veulent bien dire qu'ils ont mal agi ; nous avons conscience d'avoir toujours agi dans l'intérêt du prolétariat.

Est-ce que c'est notre faute, à nous, si on ne nous a pas permis de batailler aux chemins de fer comme nous le faisions auparavant?

Camarades, réfléchissez bien. La question ne sera peut-être pas résolue dans le sens indiqué par la Commission des conflits. Il faut, avant tout, que le malaise cesse. Depuis trop longtemps, le gouvernement, les compagnies de chemins de fer, se gaussent de notre attitude vraiment extraordinaire... C'est entendu, je ne viens pas ici faire l'historique de l'affaire; mais il est nécessaire, devrions-nous, nous, les militants, disparaître du Syndicat des chemins de fer et aller prendre place dans d'autres organisations, il est nécessaire, dans l'intérêt du prolétariat des chemins de fer, qu'une solution intervienne.

Camarades, rappelez-vous l'effort fait par les 2.300 fédérés; rappelez-vous l'organisation naissante au 1er janvier, et réunissant aujourd'hui 23 sections agissantes; rappelez-vous que, parmi nous, il y a eu des victimes; jugez l'œuvre accomplie par la jeune Fédération des Transports par voie ferrée. Dans ces conditions, je suis certain que vous prendrez une décision équitable à notre égard.

Merrheim fait appel à l'union

MERRHEIM. — Il ne faut pas, pour juger la question que la Commission des conflits doit trancher, envisager uniquement la situation actuelle. Ce n'est pas la faute de la Confédération s'il y a eu un conflit ; ce n'est pas notre faute non plus si quelques camarades ont cru devoir quitter absolument le Syndicat National des Chemins de fer pour constituer une Fédération à côté. Aujourd'hui, Bidamant, tu viens, non pas te rallier à la résolution et aux conclusions de la Commission des conflits, mais apporter d'autres conditions qui n'ont pas été examinées et que nous n'avons pas à examiner, à savoir de quelle façon vous rentrerez au Syndicat National. Je dis non. Il y a, de la part de la Fédération des Transports par voie ferrée, à faire une déclaration nette, catégorique et loyale, et à oublier les questions de personnalités pour dire si elle accepte les conclusions de la Commission des conflits. Si elle les accepte, la Commission essayera de faire appliquer ces conclusions ; si le Syndicat National ne s'y prête pas, à ce moment-là nous aurons, nous, Comité confédéral, à prendre une décision définitive contre l'organisation qui n'aura pas voulu se soumettre...

BIDAMANT. — Je n'ai pas le droit de faire marcher dans mon sillon toute l'organisation fédérale ; je n'ai pas de mandat ; Bidegarray pas plus que moi n'a de mandat. Il y a une déclaration officielle du Syndicat National, celle-là seule nous préoccupe en ce moment.

MERRHEIM. — Bidamant, ne te place pas, je te prie, sur la déclaration officielle que nous-mêmes n'avons pu accepter à la Commission de vérification des mandats. Ce que nous pensons, nous, c'est que si, de la bouche de Bidamant, sort la déclaration nette et loyale qu'il y a possibilité de s'entendre sur les bases indiquées par la Commission des conflits ; que si, de la bouche de Bidegarray, sort une affirmation pareille, — nous pensons que les sections auront à cœur de marcher dans ce sens-là.

Vous semblez vous défiler les uns et les autres : au Syndicat National, on ne veut pas faire le premier pas ; à la Fédération non plus. Eh bien, faites-le ! Pensez un peu moins à vous et un peu plus aux cheminots. (*Applaudissements.*)

BIDAMANT. — Camarade Merrheim, je serais partisan, si je n'écoutais que mon propre cœur, de répondre « Oui », mais je n'ai pas reçu le mandat formel de mon organisation. (*Murmures divers.*)

LAGARDE. — Une proposition a été faite tout à l'heure : On demandait que la Fédération et le Syndicat National soient placés, au Congrès, sur un pied d'égalité. Voilà une question qu'il fallait trancher.

Personnellement, délégué de Béziers, secrétaire de la Bourse du Travail de cette ville, j'ai été chargé de présenter une motion que j'ai envoyé à Jouhaux ; cette motion tendait à la dissolution des deux organisations et leur remplacement par une nouvelle. (*Protestations et exclamations.*)

Une situation semblable ne peut se prolonger. Il y a des torts d'un côté, il y en a peut-être de l'autre. Le camarade Bidegarray sait pertinemment que je représente ici l'opinion de Béziers en particulier et de presque tout le Midi de la France. (*Rires.*) Si vous maintenez le titre de « Syndicat National »... (*Interruptions. — Cela ne nous regarde pas !*) Enfin, je vous propose de donner une sanction à la proposition faite tout à l'heure, tendant à admettre les deux organisations sur un pied d'égalité.

UN DÉLÉGUÉ. — Camarades, nous estimons, nous aussi, comme Péricat et comme Merrheim, que, dans l'examen de cette question, nous devons-nous placer au-dessus des questions de tendance et de tactique.

D'autre part, nous disons qu'il est impossible d'admettre les deux organisations à la fois et que c'est l'une ou l'autre qui doit être représentée à ce Congrès.

Nous n'aurions pas accepté la déclaration du Syndicat National des Chemins de fer ; mais après les déclarations précises de Bidegarray et de Coudun, qui nous donnent satisfaction, nous disons qu'il est nécessaire de mettre fin au conflit, et d'admettre les délégués du Syndicat National.

Nous n'admettons pas non plus que les droits des camarades de la Fédération des Transports par voie ferrée puissent être violés quand ces camarades rentreront dans les sections, et nous demandons à la Commission des conflits de continuer son appui à la Fédération des Transports. Ce sera le meilleur moyen de résoudre la question.

LE PRÉSIDENT. — Les camarades Dejonkère et Le Guennic demandent à faire une déclaration au nom de la Fédération. (*Protestations. — La clôture ! la clôture !*)

Le Guennic attaque le Syndicat National

LE GUENNIC. — Merrheim a demandé à Bidamant si la Fédération des Transports par voie ferrée acceptait sans restriction le rapport de la Commission des conflits.

Le Comité fédéral a été d'un commun accord pour s'entendre afin que le Congrès soit saisi du conflit qui nous divise dans toute son étendue ; (*Interruptions.*) qu'on fasse l'historique de ce conflit. (*Protestations. — Non ! Non !*) Je viens faire la déclaration qui m'est demandée.

Connaissant la façon dont nos adversaires du Syndicat National appliquent les décisions prises, nous n'avons aucun doute sur leur attitude dans l'avenir : les conclusions de la Commission des conflits seront violées. (*Protestations. — Ah !*)

Cette violation est déjà effective : Si le Syndicat National avait voulu qu'il y ait ici une représentation des travailleurs des chemins de fer, il n'avait qu'à lancer un appel dans chaque localité pour que les sections existant dans ces localités se réunissent afin d'envoyer, d'un commun accord, un délégué au Congrès. L'intransigeance du Syndicat National subsistera après le Congrès, telle qu'elle s'est manifestée avant.

Dans ces conditions, si nous venions vous dire ici : « Nous acceptons les conclusions de la Commission des conflits, » ce serait la désorganisation de la Fédération (*Protestations.*) ...sans aucune possibilité de poursuivre notre tâche. Nous ne le voulons pas ; confédérés ou non confédérés, nous resterons Fédération Nationale des Chemins de fer (*Protestations.*) et nous continuerons à lutter.

Si vous aviez voulu entendre l'historique du conflit qui nous divise, vous auriez été fixés sur la valeur qu'il convient d'ajouter à un pacte conclu avec les gens que nous avons en face de nous ! (*Protestations.— Tumulte dans la salle.*)

Merrheim. — Puisque la C. G. T. vous garantit !

Le Guennic. — La C. G. T. nous donne une déclaration toute verbale.

Dans le rapport de la Commission des conflits, il est dit que le camarade D..., délégué de Saint-Lazare-Batignolles, a été exclu par une décision du Comité fédéral du Syndicat National. Est-ce là le respect des décisions ? C'est cela qu'ils appellent l'autonomie de leurs sections ? Nous avons eu bien des démêlés dans les chemins de fer depuis dix ans, et ce n'est pas une question de mots qui nous divise aujourd'hui, c'est toute une question de tactique et de tendance qui nous sépare. Ce que nous demandions, c'est que le syndicat soit l'émanation de la masse ; or, cela n'existe pas, par leur faute ! Et demain, avec la décision prise ici de dissoudre la Fédération, ils se trouveront les mains libres pour continuer leur besogne d'asservissement ! (*Protestations. — La clôture !*)

Un Délégué. — Pour être admis au Congrès de la C. G. T., il faut appartenir à sa fédération, à son union de syndicats, avoir sa « Voix du Peuple ». Vous n'êtes pas fédérés, nous ne pouvons pas vous admettre ; et s'il y a un élément qui doit disparaître...

Le Guennic. — Dans l'esprit de beaucoup d'entre vous, ceux qui ont fondé la Fédération, ce sont les dissidents du Syndicat National ; or, cela n'est pas... (*Interruptions.*)

Une voix. — C'est la discussion du fond de la question !

Le Guennic. — Nous disons que le Syndicat National n'appliquera pas la décision (*Protestations.*) ...et nous constatons dès aujourd'hui qu'il ne veut pas le faire. La C. G. T. sera impuissante à faire respecter la décision ! (*Protestations violentes et générales. — La clôture, la clôture ! On est fixé !*)

Jouhaux dit : Il faut mettre fin au conflit !

Jouhaux. — Camarades, je comprends, sans la justifier, la chaleur mise dans la discussion de l'un et de l'autre côté, car je ne puis moi-même oublier les batailles qui se sont livrées au cours de circonstances difficiles et périlleuses pour certains. Cependant, je ne comprends pas Le Guennic lorsqu'il vient nous déclarer que la C. G. T. sera impuissante à faire appliquer les décisions de sa Commission des conflits.

Je dis que si nous avons fait des réserves, c'est parce que nous estimons que la décision du Comité national ne nous donnait pas satisfaction et qu'il fallait qu'ici même fussent pris des engagements permettant à la C. G. T. d'agir dans l'avenir. Et Le Guennic, pas plus que personne, n'a le droit de douter de la sincérité du Comité confédéral et du Bureau confédéral ! (*Applaudissements*).

J'estime pour ma part que nous devons accepter les conclusions du rapport avec les précisions apportées par Bidegarray, par Coudun, qui seuls, en l'occurrence, sont mandatés pour représenter le Syndicat National et son Comité fédéral. Je ne veux pas savoir si la section de Sotteville appliquera ou n'appliquera pas la décision prise; ce que je retiens, ce que le Congrès doit retenir, c'est que, si la section de Sotteville refusait d'admettre dans son sein certaines personnalités, le Syndicat National devrait les admettre en leur donnant les droits et prérogatives qui s'attachent au titre de syndiqué et qui sont, non pas d'avoir la direction d'une organisation, (*Approbations.*) mais de participer effectivement à la marche de cette organisation.

Le Guennic. — Un mot, Jouhaux. Le camarade Bidegarray a déclaré tout à l'heure qu'il mettrait les sections en demeure d'accepter?

Jouhaux. — Bidegarray a pu dire cela, je veux bien l'enregistrer. Mais ce que je veux retenir, ce que le Syndicat National doit retenir, ce que les congressistes doivent retenir, c'est l'engagement formel pris, devant le Congrès de la C. G. T., par le Comité du Syndicat National, d'accepter dans son sein tous ceux que les sections ne voudront pas admettre, en leur donnant, je le répète, les droits et prérogatives qui s'attachent au titre de syndiqué.

Les précisions demandées par Le Guennic ont leur valeur et doivent être enregistrées. Mais, je le répète une fois de plus, il y a à tenir compte de l'engagement formel pris par le Syndicat National, car cet engagement n'est que la conséquence — je m'adresse à toi, Le Guennic, et à tes amis — de la tactique adoptée par le Comité confédéral pour mettre fin au conflit présent.

En ce qui concerne la représentation des sections de la Fédération des Transports par voie ferrée au Congrès de la C. G. T., je demande, moi, aux congressistes, de les accepter parmi nous, à titre consultatif tout au moins, si nous ne pouvons les admettre à titre délibératif; et par là...

Une voix. — Au même titre! (*Protestations sur quelques bancs.*)

Jouhaux. — ...Et par là, nous aurons montré notre volonté de mettre fin au conflit, nous qu'en certaines circonstances on a appelés « les instigateurs des divisions présentes ». (*Applaudissements.*)

Le Guennic. — Une précision est nécessaire : Bidegarray a dit tout à l'heure que si les sections ne voulaient pas admettre les membres qui feraient une demande individuelle, le Comité national des chemins de fer mettrait les sections en demeure de les accepter...

Dernière déclaration de Bidegarray

Bidegarray. — Si elles ne les acceptaient pas... Je ne rétracte rien de mes déclarations, et je suis complètement d'accord avec le camarade Jouhaux qui dit qu'un syndiqué doit être membre actif dans son organisation et qu'on ne doit pas faire de distinction entre les syndiqués. Mes déclarations, il me semble, ont suffi à vous éclairer, et je ne rétracte rien.

Pour montrer notre esprit de conciliation, comme représentants officiels du Syndicat National des chemins de fer, nous ne nous opposons aucunement à ce que les camarades de la Fédération des Transports soient admis à titre consultatif. (*Applaudissements. — Très bien!*)

Fin du débat. — Le vote

Le Président. — Il s'agit de délibérer sur la question de savoir si nous allons les accepter à titre consultatif ou à titre délibératif.

Plusieurs voix. — Le vote! Le vote!

Un Délégué. — Je demande au camarade président de mettre les deux propositions aux voix.

Cleuet. — Je demande à Jouhaux si la représentation à titre consultatif est statutaire.

JOUHAUX. — Je demande à Cleuet de ne pas entamer de discussions chinoises.

CLEUET. — Nous sommes Français tous les deux, et internationalistes tous les deux!

JOUHAUX. — Nous avons, à différentes reprises et pour des situations spéciales, conclu dans le même sens. Ce sont des cas d'espèce, et je rappelle en passant que leurs solutions, en tant que cas d'espèce, n'entachent nullement la valeur des statuts confédéraux.

CLEUET. — C'est comme tu veux, mais je ne voterai jamais des choses anti-statutaires.

LE PRÉSIDENT. — Je vais vous donner lecture des ordres du jour.

LE RAPPORTEUR. — Il n'y a pas besoin de faire un ordre du jour pour cela ; nous acceptons la Fédération des Transports avec voix consultative, et nous demandons au Congrès de ratifier les décisions de la Commission.

BORDÈRES. — Je proteste. On doit donner connaissance des ordres du jour !

LE PRÉSIDENT. — Puisqu'ils concluent à la même chose !... Je mets aux voix les conclusions de la Commission.

Les conclusions sont adoptées à l'unanimité moins 4 voix.

Les mandats des organisations de la Fédération des Transports par voie ferrée sont donc acceptés avec voix consultative.

LE PRÉSIDENT. — Je suis saisi d'une communication :

Les délégués de la Fédération nationale des Transports par voie ferrée demandent le remboursement de l'argent versé par leurs sections, vu que leur présence au Congrès n'a aucune utilité, etc...

Il n'a pas été donné suite à cette proposition, les délégués ayant continué à siéger à titre consultatif.

Le Cas du Textile

LE RAPPORTEUR. — Camarades, en outre du cas des chemins de fer, la Commission croit devoir porter à la connaissance du Congrès les réserves faites par la Fédération des Métaux concernant les mandats de la Fédération du Textile.

Les critiques de Merrheim

MERRHEIM. — Camarades, en contestant, à la Commission des mandats, le mandat de la Fédération du Textile, il n'a pas été dans notre pensée de borner notre protestation à cette seule fédération.

Comme le disait tout à l'heure Péricat, nous estimons que l'organisation n'est possible que si chacun des participants respecte les décisions des congrès et les respecte pleinement. Or, la Fédération du Textile, comme d'autres, non seulement n'applique pas la carte confédérale, mais est loin de cotiser à la Confédération pour le nombre exact de ses membres. Si nous intervenons sur son cas, c'est parce qu'il y a, du côté de cette organisation, des déclarations officielles que nous ne pouvons pas accepter.

Nous les avons acceptées dans le temps — je tiens à le rappeler sans acrimonie aucune — de nos camarades mineurs. On opposait à ceux qui veulent faire de l'action et de l'organisation à la Confédération, les 90.000 ou 100.000 membres de la Fédération des Mineurs et, quand il s'est agi de payer, les 90.000 ou 100.000 membres ont fondu comme de la neige.

Eh bien, lors du dernier congrès de la Fédération du Textile, le camarade Renard, répondant à un délégué, a osé déclarer : « Nous versons à la Fédération Internationale 11 centimes par membre ; cela nous donne droit à des ristournes en cas de grève. Quant à la C. G. T., elle emploie la plus grande partie de l'argent provenant des cotisations à une propagande qui ne nous plaît pas. Voilà pourquoi nous versons à la C. G. T. une somme inférieure à celle que nous versons à la Fédération Internationale. »

Et cette observation est inscrite à la suite d'un ordre du jour qui a été voté dans une des séances du congrès, ordre du jour disant que la Fédération du Textile se refuse à se plier à la discipline confédérale, tant qu'un mode de vote analogue au vote proportionnel, ou le vote proportionnel lui-même, n'aura pas été institué par la C. G. T.

Mais il y a plus ; il y a une interview du camarade Renard parue dans le « Réveil du Nord ». Que dit Renard ?

« — On nous a reproché de ne payer des cotisations que pour vingt mille membres, alors que nous sommes quarante mille. Certes, nous n'entendons pas donner d'argent à une organisation dont la direction est contraire à nos tendances ; et si, au congrès du Havre, on veut nous contraindre à payer pour la totalité de nos membres...

» — Eh bien ?

» — Eh bien, nous consulterons, par un referendum spécial, nos adhérents, pour savoir si nous ne devons pas prendre une décision énergique et grave. » *(Exclamations.)*

Camarades, nous avons été émus, à la Fédération des Métaux, du ton de cette interview, qui venait confirmer la décision prise au Congrès, parce que si, demain par exemple — et je le suppose — le Congrès admet le vote par tête de syndiqué que préconise Renard, le Bâtiment, les Métaux, d'autres fédérations, pourront déclarer : « Eh bien, à notre tour, puisqu'on ne veut pas faire ce que nous voulons, nous ne payerons pas pour le nombre de nos adhérents. »

Et pour ne pas donner de renseignements suspects, j'ai pris le rapport confédéral et le rapport de la Fédération du Textile, et j'ai rapproché les chiffres. Voici les cotisations perçues par la Fédération du Textile :

Janvier, 28.052 ; Février, 29.483 ; Mars, 26.179 ; Avril, 25.438 ; Mai, 22.528 ; Juin, 37.213 ; soit une moyenne de 28.099 cotisations par mois.

Or, la Fédération du Textile a pris, pendant le même semestre, 66.600 timbres à la C. G. T., soit une moyenne de 11.110 timbres par mois.

Par conséquent, si on rapproche ce chiffre du nombre de cotisations — 28.099 — la Fédération du Textile a bien frustré la C. G. T. de 17.000 cotisations en moyenne par mois, pendant ce semestre.

Pour les autres années, en se basant sur ces données, le chiffre est un peu moindre.

Eh bien, camarades, je ne veux pas m'étendre, ni vous demander d'exclure les syndicats textiles, mais je veux vous demander de prendre une décision.

C'est à nous, qui versons les fortes cotisations, qu'on reproche d'être partisans des petites cotisations. Je dis que cela doit cesser, et que si nous avons pu accepter pour les Mineurs, par solidarité, d'avoir bluffé — et les véritables bluffeurs n'étaient pas de notre côté — nous ne pouvons pas accepter les déclarations officielles du Textile et les déclarations, plus graves encore, de son secrétaire général. Quand on appartient à une organisation, l'on respecte ses décisions — et tout à l'heure vous l'avez montré, nous l'avons montré à nos camarades des Transports. Et nous disions : « Quelles que soient vos tendances, quelles que soient vos prétentions, allez au Syndicat National ; c'est à vous de travailler et de modifier la forme d'organisation si elle ne vous plaît pas », nous ne pouvons donc pas admettre qu'à la C. G. T., on vienne nous mettre le marché en mains.

Voilà en présence de quelle situation nous sommes. Je laisse au Congrès le soin d'apprécier et de voter une résolution qui nous donne satisfaction.

Les explications de Renard

RENARD.— Camarades, les déclarations, contenues dans le compte rendu de notre Congrès, qui vous ont été lues par Merrheim, n'ont certainement pas été insérées dans le journal pour être mises dans un sac et cela ne nous étonne pas qu'on vienne ici s'élever contre notre façon de faire ; mais nous voulons, à notre tour, nous élever contre une autre façon de faire.

Nous n'avons pas dit — et, dans l'interview, je n'ai pas dit — que nous ne payerions plus du tout. J'ai dit que si on nous imposait de payer l'intégralité de nos cotisations, alors, nous verrions ce que nous aurions à faire. Voilà la déclaration que j'ai faite. (*Exclamations.*) Je ne fais que confirmer ce qui a été dit. Je proteste contre l'insinuation qui consiste à dire que nous ne payerons plus du tout. Voilà la véritable question.

Seulement, nous avons tout au moins un mérite : celui de la franchise, celui de la netteté. (*Protestations.*) Nous avons cette différence avec ceux qui n'avouent pas. Nous ne sommes pas les plus coupables — si culpabilité il y a — et malgré que nous ne payons pas pour l'intégralité de nos cotisations à la C. G. T., nous pouvons dire que la Fédération du Textile n'est pas en si mauvaise posture que cela dans les contributions payées à la C. G. T. Il n'y a que quatre fédérations qui précèdent le Textile dans le chiffre de leurs versements à la C. G. T.

Je vois que du 1er juillet 1910 au 30 juin 1912, il y a quatre fédérations qui payent plus que le Textile : 1° Le Bâtiment, avec 10.002...

Une Voix. — Il paye ce qu'il doit !

Renard. — 2° Les Métaux, avec 3.888 ; 3° les Mines et Carrières, avec 3.213 ; 4° le Syndicat des Chemins de fer, avec 2.338 ; enfin, le Textile, avec 2.200.

Eh bien, vous voyez que nous payons une certaine part de contribution à la C. G. T., et en échange de cela nous ne lui demandons jamais grand'chose ; nous payons nos cotisations, et puis voilà tout !

Or, il reste 55 ou 56 fédérations à la C. G. T. Nous payons donc plus qu'une cinquantaine de fédérations, sans avoir plus de voix que celles-ci ; nous n'avons qu'une voix au Comité confédéral, comme les fédérations qui ont 500 membres. Nous voulons que change cet état de choses, parce que nous trouvons que c'est le monde renversé. Et quand Merrheim dit : « Si les autres fédérations venaient dire qu'elles ne paient pas parce que nous avons institué le vote par tête, » — eh bien, je lui réponds qu'il y a une différence. Ces gens-là s'insurgeraient contre l'équité représentative, tandis que nous demandons, nous, l'équité représentative.

Nous nous en rapportons au verdict du Congrès. Nous ne demandons pas mieux que de continuer à payer la quantité de cotisations que nous avons payée ; peut-être, dans l'avenir, payerons-nous un peu plus. (*Rires et protestations.*)

Péricat veut la discipline absolue

Péricat. — Le camarade Merrheim vient d'expliquer dans quelle proportion la Fédération du Textile paye ses cotisations à la Confédération ; après lui, vous avez entendu le camarade Renard vous faire connaître comment il entendait payer ses cotisations à la Confédération.

Je ne suis pas d'accord avec Merrheim sur les conclusions. Je suis partisan de la discipline absolue, et il n'y a, à mon avis, qu'une manière pour le Textile de se conformer à cette discipline : c'est de venir nous déclarer, à la tribune du congrès, avant que nous discutions sur la proportionnelle ou sur toute autre chose : « Nous nous engageons à payer intégralement nos cotisations confédérales ». Après, nous verrons. En effet, nous pourrions, tout comme Renard, nous plaindre de notre représentation à la Confédération ; nous sommes la fédération la plus puissante de la C. G. T., et nous n'avons qu'une voix. Or, nous ne nous en plaignons pas. Les arguments de Renard n'ont, à mon sens, aucune valeur quand il vient dire : « Il y a des fédérations plus faibles que la nôtre ». Qu'est-ce que cela prouve ? Cela prouve que le recrutement confédéral n'est pas ce qu'il devrait être, que des efforts considérables sont à faire ; et cela prouve encore que si Renard, au lieu de rester avec son « esprit textile », était venu ici avec son esprit syndicaliste, il aurait déclaré : « Nous apporterons à la C. G. T. l'intégralité de nos cotisations, et avec l'intégralité de nos cotisations, nous aiderons les autres fédérations, qui sont plus faibles, à devenir des fédérations fortes ». (*Applaudissements.*)

Je ne veux pas faire de discours. Si je voulais, je prendrais la brochure du congrès du Textile, et je vous montrerais comment la C. G. T. est arrangée, comment ses militants y sont traités...

RENARD. — Ce n'est pas vrai !

PÉRICAT. — C'est marqué à l'encre rouge ! (*Rires.*) Mais ce n'est pas là la question en discussion ; quand il faudra, on montrera ce qu'il y a sur votre brochure.

Au congrès Textile, à Roubaix, quand un camarade a demandé la présence d'un représentant de la C. G. T., vous avez répondu ; « Quoi faire de ces énergumènes ? Nous nous passserons bien d'eux ! »

RENARD. — Lisez le passage !

PÉRICAT (*lisant*). — « Nous sommes admis à verser nos cotisations, à payer ; nous n'avons pas grand'chose à y voir. » Autre passage encore, Renard : « Nous sommes tous de la C. G. T., ici, puisque notre fédération est confédérée, à moitié ou aux trois quarts, et nous ne voyons pas pourquoi nous inviterions un membre du Comité confédéral à assister, ou plutôt à surveiller nos travaux, etc., etc. »

Et d'autre part, dans vos articles de journaux, vous déclarez... (*Interruptions.*) Vous m'avez demandé de lire les passages de la brochure, je vous les lis... Je continue :

« Dans le Nord, à Lille, à Roubaix, à Tourcoing, trop souvent nous trouvons devant nous des hommes qui, sous prétexte de syndicalisme révolutionnaire ou de C. G. T., ne font que de la division ouvrière; ils ont voulu saboter notre campagne, ils pourraient saboter nos séances... »

Voilà l'opinion que vous avez de la Confédération, la brochure est là.

Donc, camarades.....

DESPLANQUES. — Voudrais-tu poser à Renard une simple question? Nous voudrions savoir, nous, puisqu'il avoue ne pas payer pour la totalité des cotisations reçues, quels sont ceux qui payent parmi les syndicats ici représentés?

PÉRICAT. — Camarades, du temps où j'étais permanent à la Fédération du Bâtiment, j'ai eu l'occasion de voir quelques camarades du Nord appartenant au Textile; certains m'ont dit...

RENARD. — Des ragots!

PÉRICAT. — Ce ne sont pas des ragots, on apportera à Renard des preuves quand il le voudra.

UNE VOIX. — Concierge!

PÉRICAT. — Je suis poli avec vous. Que celui qui me traite de concierge vienne me le dire personnellement, et nous discuterons ensemble, tout à l'heure, à la sortie. (*Interruptions.*)

Avant même que j'aie parlé, des camarades déclarent : « Ce sont des ragots de concierges. » Ils ne savent pas ce que j'ai à dire. Eh bien, ce que j'ai à dire, j'affirme que je l'ai vu de mes propres yeux. J'ai vu des camarades venir de Lille, ou d'autres régions du Nord, avec des cartons fédéraux qu'on leur avait mis à jour la veille, afin que, de passage à Paris, ils puissent toucher le viaticum; mais la carte, on ne l'appliquait qu'en partie, quand il y avait nécessité pour les camarades de l'avoir à jour.

Renard. — Cela se fait dans toutes les bourses du travail, sans exception ! (*Tumulte.*)

Péricat. — En tous les cas, je constate que les hommes qui se déclarent partisans de l'ordre et de la discipline, dans les réunions, viennent ici faire de l'obstruction et m'empêcher d'exprimer ma pensée.

Ma conclusion est celle-ci : De toute mon énergie, dans la mesure de mes mandats et de mes forces, je demanderai au Congrès d'obliger Renard à faire la déclaration formelle qu'à partir de maintenant il appliquera intégralement les cartes et les timbres confédéraux. S'il ne fait pas cette déclaration, je demanderai au Congrès de rayer la Fédération du Textile des contrôles de la C. G. T. ! (*Applaudissements.*) J'aimerais mieux voir la Confédération composée de syndicats et de fédérations qui marchent de cœur avec elle que d'entretenir dans la bergerie des loups qui viennent pour nous dévorer !

Caïti attaque l'attitude de Renard

Caïti. — Camarades, depuis longtemps — et Renard le sait bien — je milite dans la Fédération du Textile ; il sait également que, de ma part, il n'y a pas de parti-pris, mais seulement un souci de bonne foi, de justice et d'équité.

Permettez-moi de vous dire tout d'abord que dans les nombreux congrès de la Fédération Textile auxquels j'ai assisté, lorsque j'ai soulevé cette question des cotisations à payer par la fédération à la C. G. T., Renard m'a toujours répondu : « A la C. G. T., nous en payons trop, ce sont des gueulards ! » (*Exclamations.*) Or, je suis heureux de constater, la première fois que j'assiste à un congrès de la C. G. T., que les « gueulards », ce ne sont pas les cégétistes, mais les camarades du Textile ! (*Rires et applaudissements.*)

J'ai donc soulevé cette question à la Fédération du Textile, et j'ai dit à Renard : « Dans tous vos articles de l' « Ouvrier Textile », et même du journal socialiste l' « Humanité », vous dites que la C. G. T. est une organisation de bluff, une organisation squelette ; vous la comparez à la Confédération allemande, aux trades-unions anglaises, et pendant que vous faites cela, vous manœuvrez pour empêcher la C. G. T. de grandir ; vous dites que nous sommes 50.000, et vous payez pour 11.500 ! » A Roubaix, pour la première fois, j'ai posé la question d'une façon précise ; on a traité les membres de la C. G. T. de vagabonds et d'ivrognes. (*Protestations.*)

Renard. — C'est faux, tu mens !

Caïti. — C'est toi qui l'as dit, camarade Renard ! On a dit : « Nous estimons que nous sommes suffisamment empoisonnés par l'élément cégétiste et nous trouvons que nous payons déjà trop. »

Au congrès de Fourmies, un camarade de Rouen a posé la question à Renard et lui a dit : « Si, au congrès de la C. G. T., on vous mettait dans l'obligation de payer ou de sortir de la Confédération, que feriez-vous ? » Renard a déclaré : « Nous aimerions mieux sortir de la C. G. T. que de payer pour l'intégralité de nos membres. »

Oui, Renard a déclaré cela ! Mais tout à l'heure, le rapporteur de la Commission de vérification des mandats vous a dit qu'il y avait 43 syndicats du Textile représentés au Congrès ; je vous demande, moi, de ne pas rendre ces syndicats responsables de l'état de choses actuel, car la responsabilité incombe à la Commission administrative de la Fédération du Textile. Je vous demande de déclarer, sans les exclure du Congrès, qu'ils n'ont pas voix délibérative, mais voix consultative (*Protestations*) ... d'autant plus que c'est ainsi que nous opérons dans la Fédération Textile.

Nous avons commencé pour la première fois, Renard le sait bien, à Lyon, à admettre les syndicats qui n'étaient pas en règle, avec voix consultative seulement. J'ai six mandats du Textile...

Renard. — J'en ai d'autres à te donner pour les employer !

Caïti. — ...Parmi ceux-là, je vous accuse, comme n'appliquant pas la carte confédérale, le syndicat de Roubaix, parce qu'il déclare avoir vingt mille cotisants...

Renard. — Ah !

Caïti. — Oui, dans la Fédération, je suis en rapport avec certains syndiqués qui ne savent même pas ce que c'est que la carte confédérale, parce qu'on ne leur en parle pas !

On doit se soumettre aux décisions prises à la majorité

Jouhaux. — Camarades, la question posée aujourd'hui n'est pas nouvelle. Elle fut déjà posée, à la Conférence de Paris, en 1911, salle de l'Egalitaire. Il s'agissait alors des rapports internationaux, et nous avions à fixer le nombre de cotisants que nous devions déclarer au Bureau international. En toute sincérité, nous disions : « Il nous est impossible de frustrer le Bureau international d'un nombre quelconque de cotisants ; nous participons à l'action internationale — malgré, camarade Renard, que nous n'ayons pas obtenu satisfaction dans cette Conférence internationale — et notre devoir strict, notre honnêteté, notre probité, nous commandent de payer pour le nombre de cotisations que nous recevons ; ce nombre de cotisations peut être évalué, au bas mot, à quatre cent mille. »

A ce moment, le camarade Marck, trésorier de la C. G. T., se leva et dit : « Entre le chiffre annoncé par Jouhaux et les cotisations rentrées, il y a une différence ; et quel que soit notre degré d'honnêteté, nous ne pouvons pas payer pour des cotisations que nous ne recevons pas. »

Je répondis à Marck : « Nous ne devons pas nous préoccuper des organisations qui, pour telles ou telles raisons — raisons spécieuses, puisque contraires à la discipline qu'on invoque si souvent en d'autres assises, — ne payent pas l'intégralité de leurs cotisations, car ce serait, aux yeux mêmes de l'Internationale ouvrière, diminuer l'importance de notre mouvement. »

Il ne faut pas oublier, en effet, que les rapports internationaux se préoccupent surtout du nombre de cotisations payées par les organisations nationales au Secrétariat international, et que le lecteur établit toujours un parallèle entre l'importance des divers versements ; donc, si nous avions accepté la thèse qui nous était soumise, nous serions restés, malgré l'augmentation de notre contingent, dans un état d'infériorité à l'égard des autres organisations nationales, et l'on eût pu dire, ce que nombre d'entre vous colportent à l'étranger : que notre organisation ne progresse pas, que ses méthodes violentes sont un obstacle au recrutement syndical ; nous voulions justement montrer que notre organisation, malgré la mauvaise volonté manifeste de certaines fédérations confédérées, continuait à progresser, et c'est pourquoi nous avons pris la détermination de payer pour 400.000 cotisants au Secrétariat international.

Nous avons accompli notre devoir, tout notre devoir, malgré la mauvaise volonté de certaines organisations, et il ne serait pas admissible qu'ici l'on donnât à des organisations confédérées — organisations qui, quel que soit leur mode de votation, sont majoritaires et doivent par conséquent accepter les décisions prises à la majorité — la possibilité d'enfreindre ces décisions, car alors il n'y aurait plus d'organisation possible.

C'est sur ce terrain que l'on doit se placer pour envisager la question.

Je ne demande pas l'exclusion du Textile. Je demande simplement au Congrès d'examiner cette question, et à nos camarades étrangers de prendre bonne note des déclarations que nous faisons ici. Si, camarade Renard, vous aimez l'Internationale ouvrière, nous l'aimons autant que vous, et c'est parce que nous l'aimons que nous voulons donner à l'Internationale ouvrière le moyen d'accomplir sa mission dans la direction que nous essayerons de lui donner tant que nos forces nous le permettront ! (*Applaudissements.*)

Le Trésorier confédéral cite des chiffres

Marck. — Camarades, si je revois les comptes que mon prédécesseur avait établis, il apparaît que, de tout temps, entre la Fédération du Textile et la C. G. T., il y a eu une entente pour que cette fédération paye une cotisation inférieure au nombre de ses propres cotisants.

Ainsi, par exemple, au congrès de 1911, sur une interpellation de Caïti, qui lui reprochait de ne pas payer à la C. G. T. pour le nombre d'adhérents du Textile, voici ce que répondit Renard : « Savez-vous comment nous nous sommes mis en rapports avec la C. G. T. ? Lepers était en rapports avec Lévy, ancien trésorier confédéral, et c'est par un accord tacite avec le trésorier de la Confédération que nous avons payé à la C. G. T. pour 15.000 et 20.000 membres, car nous n'avons pas toujours été 48.000 ! »

Or, vous voyez, camarades, qu'il y a déjà 5 ou 6 ans, la Fédération du Textile payait à la C. G. T. pour 15.000 ou 20.000 membres, d'accord avec le trésorier de la C. G. T.

Tout à l'heure, Renard voulait faire un parallèle entre les diverses fédérations; et, pour vous montrer qu'il payait une des plus fortes cotisations, il vous disait qu'il payait 2.200 francs. Il oublie de vous dire une chose : il a payé 2.200 francs pour deux ans; aujourd'hui, il paye encore moins!

La Fédération du Textile, depuis que je suis trésorier, m'envoie régulièrement, chaque trimestre, 240 francs, ce qui, à raison de 6 francs par 1.000 membres, représente 40.000 membres, par trimestre, soit 13.333 membres par mois.

Depuis l'augmentation de cotisation, nécessitée par le viaticum institué par la Conférence des Bourses, la Fédération du Textile, prétendant ne pas vouloir supporter cette augmentation, continue à m'envoyer 240 francs par trimestre. Elle profite du viaticum, de sorte qu'elle ne paye plus que pour 11.111 membres. Je ne crois pas que ce soit avec un pareil système que nous puissions arriver à joindre les deux bouts.

Le Textile doit remplir son devoir envers la C. G. T.

Chambon (*de Grenoble*). — Après le discours si substantiel de Jouhaux, il ne reste pas grand'chose à dire. Je tiens seulement à déclarer que c'est avec plaisir que j'ai entendu le camarade Merrheim poser cette question, que nous avons déjà eu l'occasion de discuter à l'Union des Syndicats de l'Isère.

En effet, l'année dernière, je me suis trouvé dans une commune où il y a un syndicat textile, avec le camarade Renard qui venait y faire une conférence; j'avais été délégué pour l'interroger au sujet des cotisations qu'il ne payait pas à la C. G. T.

J'ai fait part de nos objections à Renard avant la séance; il m'a répondu que le Textile cotiserait intégralement à la C. G. T. quand celle-ci aurait adopté la R. P.

Or, j'estime, comme les camarades qui m'ont précédé à la tribune, que la Fédération du Textile doit d'abord remplir son devoir envers la C. G. T. avant de réclamer des droits; c'est ce que j'ai dit à Renard lors de la conférence dont je viens de vous parler, lorsqu'il a fait appel, d'une façon éloquente et chaleureuse, aux camarades qui étaient dans la salle : « Vous avez raison, Renard, quand vous venez dire aux camarades qu'ils doivent se syndiquer, qu'ils doivent payer leurs cotisations; mais où vous n'avez plus raison, c'est quand vous gardez par devers vous une partie de ces cotisations. »

Voilà ce que j'ai dit à Renard, et cependant je plaide les circonstances atténuantes pour la Fédération du Textile. En effet, je ne sais pas si c'est partout comme dans l'Isère, mais là, le procédé de « la carotte » (passez-moi l'expression), sévit non seulement en haut, mais sur toute l'échelle. C'est ainsi que par une entente tacite entre le secrétaire du Textile de Voiron, et Renard, secrétaire de la Fédération, le syndicat de Voiron, fort de 1.800 membres à un certain moment, ne payait, avec l'autorisation de Renard, que pour 500 membres.

RENARD. — C'est faux!

CHAMBON. — Je dis plus : Le camarade Renard m'a affirmé qu'aucun syndicat de l'Isère ne payait pour la totalité de ses membres.

UNE VOIX. — C'est une maladie professionnelle, alors! (*Rires*).

CHAMBON. — ...A tel point que nous faisons, depuis deux ans, une propagande intense auprès des camarades de l'Isère pour les amener à remplir leurs obligations confédérales. Ils adhéraient à une organisation corporative, l'Union du tissage Lyonnais, et ils nous répondaient : « Nous adhérerions bien à l'Union des Syndicats de l'Isère ; mais, avec nos cotisations si minimes, nous ne pourrions pas cotiser pour la totalité de nos adhérents. Nous sommes 500; si vous voulez, pour manifester notre bonne volonté, nous allons payer pour 100 membres. » Nous n'avons pas voulu accepter cela, et nous avons fait parvenir un rapport à la Fédération du Textile.

Si je vous demande les circonstances atténuantes, c'est parce que les camarades de l'Isère, qui, pendant des années, ont plutôt pratiqué une sorte de mutualité, ont l'air de vouloir entrer véritablement dans la vie syndicale.

RENARD. — Sur mes conseils!

CHAMBON. — Je ne sais si c'est sur vos conseils, mais ce que je sais, ce sont les difficultés que nous avons eues avec le Textile!

Je dis que dans le Textile de l'Isère, il se forme une nouvelle mentalité. C'est pour cette raison que, tout en approuvant entièrement la Fédération des Métaux d'avoir soulevé cette question, je n'irai pas jusqu'à la conclusion de Péricat ; j'appuie donc simplement la proposition de Jouhaux, et je demande à nos camarades de se mettre bien dans l'esprit qu'avant de demander plus de droits à la C. G. T., ils doivent tout d'abord remplir intégralement leur devoir.

LE PRÉSIDENT. — Je suis saisi d'une demande de clôture. Il y a six orateurs inscrits.

La clôture est votée.

HUART (*des Chaussures de la Seine.*) — Camarades, je ne veux pas rechercher si un conflit existe entre une organisation et la C. G. T., je veux envisager simplement le fait ; le voici : une organisation refuse de payer ses cotisations, et elle ne veut les payer qu'en imposant ce qu'elle désire. Est-ce logique ? On ne peut venir dans un congrès avec l'idée d'imposer quelque chose ; on peut « demander » quelque chose, quand on a rempli tout son devoir.

Nous devons prendre une décision énergique à ce sujet. Aujourd'hui c'est le Textile, demain cela peut être d'autres fédérations. Les petites fédérations payent bien ; pourquoi la Fédération du Textile, qui se vante d'avoir tant de membres, ne payerait-elle pas ?

Bien entendu, je ne veux pas incriminer tous les camarades car, après les explications de certains, je crois qu'une besogne d'étouffement s'accomplit dans cette fédération.

WILLAERT. — Je veux signaler un fait au Congrès. Dans le département du Nord, nous sommes mieux à même de juger la question que beaucoup de camarades qui assistent à ce congrès.

Nous disons qu'il est démoralisant de voir des camarades réclamer le viaticum tout en n'étant pas possesseurs de la carte confédérale. Dans notre bourse du travail, à Dunkerque, cela se présente assez souvent ; quand nous demandons à des camarades comment il se fait qu'ils n'ont pas la carte confédérale, ils nous répondent qu'ils ne savent pas ce que c'est.

Je déclare qu'il faut exiger du Textile, comme de toutes les fédérations, l'application de la carte confédérale.

BOURDERON. — J'estime que trop de groupements emploient le système du Textile. Ce jeu ne peut continuer. Je crois donc qu'ici il y a une mesure générale à prendre, afin que les bourses de travail, unions de syndicats et fédérations arrivent à l'application intégrale de la carte confédérale.

Inghels défend l'attitude du Textile

INGHELS. — Je voudrais faire disparaître de l'esprit de certains congressistes l'idée de notre opposition à l'action de la C. G. T.

Dans tous nos syndicats, dans toutes nos organisations, nous menons une campagne de façon à essayer d'augmenter, de faciliter, le recrutement pour l'action syndicale. Partout et toujours, les militants comme Renard et comme tous les autres appartenant à la Fédération du Textile, sont allés dans les différentes localités pour pousser les travailleurs à adhérer au mouvement, surtout à adhérer à la C. G. T. Notre camarade Renard est allé dernièrement au congrès du Sud-Est pour engager certains groupements réfractaires à entrer dans la Confédération. Et nous-mêmes, camarades, est-ce que nous n'avons pas fait partout la même chose ? Est-ce que nous n'avons pas essayé de faire rentrer au sein de la C. G. T. toutes les forces vives déjà centralisées dans les syndicats ?

Il y a une question que nous ne pouvons pas discuter à présent et qui sera discutée en son temps, c'est la R. P. Mais ne croyez pas, tout de même, que les résolutions prises dans nos congrès sont prises à la légère, ne sont pas mûres et réfléchies ; ne croyez pas que ces décisions sont prises par quelques individualités et apportées par elles au congrès de la C. G. T. Notre action est une action commune, aussi commune que l'action de la C. G. T., et vous n'avez pas le droit de laisser douter de cette harmonie dans le sein de notre organisation nationale Textile. (*Interruptions.*)

Je vais vous répondre immédiatement, et en quelques mots. La question se pose de la façon suivante : Vous vous trouvez devant une fédération qui, comme d'autres fédérations ne paye pas pour l'ensemble de ses membres cotisants. Je dis que la véritable raison en a été donnée tout à l'heure par notre camarade Renard. Or, la question reste tout entière. Prenez la décision qu'il vous plaira; prenez la décision brutale qui fut proposée tout à l'heure, mais, je vous en prie, prenez garde. (*Interruptions. — Oh!*) Ce n'est pas le moment de faire de la division ouvrière. (*Protestations.*) Vous criez, vous ne savez pas ce que je vais vous dire. Je vous dis : Prenez garde, parce que ce n'est pas le moment de créer de la division ouvrière. (*Protestations. — C'est vous!*) Nous voulons traiter d'égal à égal, avoir les mêmes droits. (*Interruptions et protestations violentes; Inghels quitte la tribune au milieu d'un tumulte général.*) Je proteste...

La protestation de Le Guéry

LE GUÉRY. — Je n'avais pas l'intention de prendre la parole; mais après avoir constaté la façon, qu'on peut qualifier de cynique, avec laquelle Renard est venu faire de l'ironie et dire qu'il ne payait pas pour la totalité des membres de sa fédération, après les menaces que vient de faire Inghels...

INGHELS. — Je n'ai pas fait de menaces.

LE GUÉRY. — Comment! Vous venez nous dire, Renard d'abord : « Nous payons à la C. G. T. une certaine part de cotisations, et nous ne payons pas si mal puisque nous sommes au cinquième rang sur la liste des cotisations payées à la C. G. T. ». Qu'est-ce que cela veut dire? Vous frustrez quand même la C. G. T. en payant seulement pour une part; que vous arriviez en cinquième ordre ou en premier ordre, peu nous importe; vous auriez cinq cent mille adhérents et vous payeriez pour deux cent mille, nous déclarerions qu'il y aurait, de votre part, frustration, et pourtant vous seriez les premiers sur la liste.

Vous venez nous dire que vous ne touchez rien de la C. G. T., que vous n'avez pas besoin de payer la totalité. Nous répondons que vous participez au viaticum lorsqu'il s'agit de « palper », et que vous refusez de participer au viaticum lorsqu'il s'agit de verser.

Quant à vous, Inghels, vous venez dire que nous sommes des hommes de division. Eh bien, en déclarant, dans vos congrès, que la C. G. T., puisqu'elle n'adopte pas toutes les décisions que vous voudriez lui voir prendre, puisqu'elle n'est pas partisan de la proportionnelle, ne mérite pas que vous lui veniez en aide, — vous nous permettrez de dire que c'est vous qui faites de la division.

Dans ces conditions, comment voulez-vous que nous fassions du bon travail à la C. G. T.? Vous ne déclarez pas la vérité; ce n'est pas la proportionnelle qui vous empêche de payer l'intégralité de vos cotisations; c'est votre indigence, c'est parce que vos syndiqués, eux-mêmes, ne payent pas de cotisations!

RENARD. — Vous n'en savez rien!

LE GUÉRY. — Je sais que vos syndiqués payent 30 ou 40 centimes, pas davantage, et qu'il ne vous est pas possible... (*Interruptions.*)

INGHELS. — Les tisseurs gagnent moins que les diamantaires!

LE GUÉRY. — ...Mais les diamantaires ont su faire tout leur devoir et acquérir la force nécessaire. Il y a une dizaine d'années, les diamantaires ne gagnaient pas plus que les tisseurs; ils gagnent aujourd'hui 75 francs par semaine avec huit heures et la semaine anglaise, et vous viendriez nous faire un reproche d'avoir su conquérir de hauts salaires! Mais c'est par les fortes cotisations (*Interruptions.*) ...c'est parce que nous avons dit la vérité à nos camarades, parce que nous ne les avons pas enfermés dans un corporatisme étroit. (*Protestations de Renard.*) Nous les avons éduqués suffisamment pour qu'ils aient les hauts salaires d'aujourd'hui.

Nous disons que si vous ne craignez pas la vérité, il faut laisser aux membres de la C. G. T. la possibilité de pénétrer chez vous, de discuter, à côté de vous, avec les camarades de vos organisations; et lorsqu'en pleine lumière nous aurons pu nous expliquer, nous verrons si les résolutions de vos congrès sont celles qui ont été prises jusqu'à présent ou si elles changent.

La question de la proportionnelle n'existe pas; et quand bien même elle existerait, je vous donne le conseil d'habituer vos camarades à cotiser.

Je demande donc que le Congrès fasse le nécessaire pour qu'au prochain congrès toutes les organisations payent intégralement pour le nombre de leurs adhérents; je demande que des enquêtes soient faites au sein des organisations.

De la sorte, vous ne viendrez pas, sous un prétexte fallacieux, déclarer que vous ne payez pas. Vous savez que la proportionnelle est un leurre; elle est à l'agonie, et ce n'est pas en refusant de payer vos cotisations que vous arriverez à la faire revivre; au contraire, après vos déclarations de tout à l'heure, je déclare qu'elle court à un enterrement de première classe.

RENARD. — Le Guéry, veux-tu me permettre une question? Est-il vrai que les diamantaires refusent, d'une façon systématique, de prendre des apprentis autres que les fils des ouvriers diamantaires? (*Protestations diverses.*)

LE GUÉRY. — C'est absolument faux! Je déclare que dans aucune autre corporation, depuis cinq ou six ans, il n'a été fait, en proportion du nombre des ouvriers, autant d'apprentis que chez nous!

Les Ordres du jour

LE PRÉSIDENT. — Voici les ordres du jour :

Le Congrès, après avoir entendu le camarade Merrheim, de la Commission de vérification des mandats, sur la situation de la Fédération du Textile à la C. G. T., et les explications du camarade Renard, délégué de cette fédération, donne mandat au Comité confédéral de suspendre la délivrance des cartes et timbres confédéraux, à partir du 1er janvier 1913, à toutes les organisations, bourses ou fédérations, qui ne consentiraient pas à se conformer aux statuts de la C. G. T. visant le paiement des cotisations.

Signé : DUDILLIEUX (*Paris-Imprimeurs*).

Lorsqu'il sera constaté et démontré qu'une organisation lèse la C. G. T. par le non versement intégral des cotisations dues en rapport avec le nombre de ses adhérents, ce syndicat sera considéré comme ne remplissant pas les obligations confédérales et ne pourra participer aux congrès confédéraux.

Signé : CALINAUD (*Union de la Voiture de Paris*).

Le Congrès, considérant que le fait pour une fédération de ne pas payer ses cotisations confédérales pour l'intégralité du nombre de ses adhérents est anti-statutaire et démontre de la part de cette fédération une mentalité anti-syndicaliste, propose de radier purement et simplement la Fédération du Textile de la Confédération si elle ne s'engage pas formellement devant le Congrès à payer ses cotisations intégrales.

Signé : MAILLET (*Coiffeurs de Lyon*).

Les organisations sont tenues de fournir chaque année un bilan imprimé ou manuscrit.

Les organisations qui ne rempliront pas leur devoir pécuniaire seront suspendues de leurs droits jusqu'au prochain congrès qui décidera définitivement.

Signé : PICHON, etc...

Le Congrès invite la Fédération du Textile et les organisations qui, jusqu'ici, ne l'avaient pas fait, à appliquer le paiement intégral de leurs cotisations, sous réserve de décisions qui pourraient être prises au prochain Congrès, si l'invitation prise n'était pas appliquée.

Signé : BIGOT.

Le Congrès estime que pour permettre à la C. G. T. de remplir toutes ses obligations nationales et internationales, il est nécessaires que toutes les organisations adhérentes à la Confédération remplissent envers elle toutes leurs obligations confédérales.

Il charge le Comité confédéral de mettre en application ces décisions en exigeant le respect des statuts confédéraux.

LE PRÉSIDENT. — Il y a deux sortes d'ordres du jour; les ordres du jour qui sont des déclarations de principes, et ceux qui visent spécialement la situation actuelle du Textile.

BORDÈRES. — Camarades, nous nous trouvons en présence de deux sortes d'ordres du jour : les uns qui demandent la radiation pure et simple si le Textile ne prend pas l'engagement de payer; les autres, qui demandent la non participation au Congrès.

CAÏTI. — Je demande simplement que Renard fasse une déclaration formelle au nom de la Fédération, comme quoi dorénavant la Fédération payera pour l'intégralité de ses adhérents; ensuite, que les syndicats textiles représentés ici qui n'ont pas la carte confédérale, aient voix consultative et non délibérative.

LAPIERRE. — Je dépose un ordre du jour, non pas sur l'exclusion du Textile, mais au sujet des garanties à prendre pour l'avenir; dans cet ordre du jour, nous demandons que bourses et fédérations envoient à la C. G. T.

leur bilan chaque année; de cette façon, le trésorier pourrait contrôler si les recettes de la fédération sont en rapport avec les versements faits à la C. G. T. Nous demandons que les statuts l'indiquent, et qu'ils indiquent aussi très clairement que, pour être confédéré, il faut être en possession de la carte et du timbre confédéraux.

PÉRICAT. — Nous avons une déclaration du secrétaire du Textile disant que cette fédération se refuserait à payer l'intégralité de ses cotisations tant qu'on n'adopterait pas sa manière de voir. Nous ne pouvons pas, sans nous déjuger, ne pas condamner cette manière de voir.

Mais comme il y a ici des syndicats du Textile qui ont pu être en minorité dans les congrès fédéraux, qui sont partisans de la carte et du timbre, je crois qu'il y aurait iniquité à radier ces syndicats.

Donc, pour ce qui me concerne, je m'opposerai directement à la représentation directe du secrétaire de la Fédération du Textile, qui est de parti-pris et qui veut escamoter le débat pour des raisons qui ne sont pas la proportionnelle, des raisons politiques que nous n'avons pas à examiner ici. Je tiens à le déclarer, pour qu'à l'avenir on ne vienne pas nous dire : « C'est vous qui nous avez radiés, nous voulions rester à la Confédération. »

En ce qui concerne les syndicats textiles qui ont des mandataires directs ici, si ces syndicats veulent prendre l'engagement d'appliquer exactement, dans l'avenir, la carte confédérale, nous pourrons leur donner voix délibérative; ceux qui voudront suivre la tactique anti-confédérale du Textile resteront où ils sont et seront radiés du Congrès.

CAÏTI. — Je demande à la C. G. T. de faire le nécessaire pour faire connaître à tous les syndicats du Textile quelles sont les raisons qui ont fait voter l'exclusion de la Fédération.

Déclaration de Renard

RENARD. — Pour démontrer à Péricat qu'il est complètement dans l'erreur et qu'il insinue gratuitement des choses dont il n'est pas sûr, je déclare, d'accord avec nos amis, que nous sommes décidés à payer l'intégralité de nos cotisations quand on aura institué le moyen de contrôle pour toutes les orgasations, et quand elles payeront aussi l'intégralité de leurs cotisations. (*Applaudissements.*)

SERGENT. — La déclaration de Renard concorde avec les ordres du jour déposés au Bureau.

MERRHEIM. — La déclaration de Renard nous donne complètement satisfaction, parce qu'il sera très facile, sans vouloir faire de l'inquisition auprès des organisations, de contrôler, sur leurs propres bilans, le nombre de cotisations qu'elles payent à la C. G. T. Par conséquent, notre ordre du jour tombe de lui-même, nous n'avons qu'à voter celui de Lapierre.

Ordre du jour Lapierre

LE PRÉSIDENT. — Voici l'ordre du jour de Lapierre, qui semble rallier la plus grande partie des avis :

Le Congrès rappelle que l'application de la carte et des timbres confédéraux est obligatoire pour tous les adhérents aux syndicats confédérés.

Le Congrès confédéral invite en outre les fédérations, les bourses et unions de syndicats, à adresser à la C. G. T. leurs rapports financiers afin que le Trésorier confédéral puisse contrôler si ces fédérations payent à cette organisation pour l'intégralité de leurs adhérents.

Demande que cette obligation forme un article des statuts confédéraux.

Signé : LAPIERRE (*Union des Syndicats de Seine-et-Oise.*)

Adopté à l'unanimité.

Le cas des appréteurs de Lyon

LE RAPPORTEUR. — Le mandat du Syndicat des Apprêteurs de Lyon est contesté par l'Union des Syndicats du Rhône. Le délégué du Rhône maintient formellement sa demande d'exclusion de ce syndicat. C'est au Congrès à décider.

Gaget défend son syndicat

GAGET (*des Apprêteurs de Lyon*). — Camarades, j'ai à m'expliquer sur le cas de mon Syndicat.

L'Union des Syndicats nous reproche de ne pas être à jour de nos cotisations. Je réponds à l'Union qu'elle ne peut pas dire que nous n'avons pas versé proportionnellement aux cotisations que nous avons perçues, je dirai même que l'année dernière il nous est resté un stock d'une centaine de timbres.

Cette année, du mois de janvier au mois d'août, nous avons touché 45 francs; nous ne pouvons pas prendre 1.600 timbres avec 45 francs de cotitions!

Le syndicat des Apprêteurs d'étoffes est un syndicat sujet à fluctuations; les apprêteurs n'ont pas de métier proprement dit; notre syndicat comprend des manœuvres qui vont tantôt d'un côté, tantôt d'un autre. Il ne se fait pas d'apprentis chez nous.

En 1902, par exemple, nous étions 17 syndiqués et nous avions 33 francs en caisse. A ces 17 militants, nous avons réuni 3.000 individus; nous avons fait une grève qui a abouti après vingt-cinq jours de lutte, après que le Gouvernement a eu mobilisé le 15e corps d'armée. A ce moment-là, il n'y avait pas de timbres confédéraux...

BOURDERON. — C'est pour cela que nous sommes réunis en congrès?

GAGET. — On prétend que nous ne payons pas, il faut bien que nous l'expliquions.

BOURDERON. — Il fallait venir à la Commission nous expliquer tout cela.

GAGET. — Camarades, je ne crois pas que vous puissiez appliquer à un petit syndicat, composé d'ouvriers qui gagnent 4 fr. 25 et qui travaillent trois mois de l'année, des principes plus rigides qu'à une fédération qui dissimule 31.000 cotisants. Je ne crois pas que vous puissiez prononcer, comme le demande l'Union des Syndicats du Rhône, l'exclusion de ce syndicat. Je ne crois pas que vous le puissiez, car, après tout, nous avons payé! Et si l'Union des syndicats mettait ma parole en doute, qu'elle vienne au syndicat vérifier nos livres et voir si nous n'avons pas pris autant de timbres que nous avons reçu de cotisations. Nous tenons à rester confédérés, parce que nous sommes des révolutionnaires et des révolutionnaires qui veulent faire de l'action.

On demande l'exclusion

ROYER (*de l'Union des Syndicats du Rhône*). — L'Union des Syndicats du Rhône demande l'exclusion de ce syndicat, parce que depuis dix-huit mois il n'a pas daigné se faire représenter aux réunions. Il doit sept mois de cotisations. Il trouve cependant les moyens de faire ballader un délégué qui est même récusable en tant que personnalité. (*Protestations.*)

GAGET. — Je demande si on peut venir faire ici des attaques personnelles.

(*Discussion générale. — Jouhaux rétablit le calme.*)

MASSON (*trésorier de l'Union des Syndicats du Rhône*).— Camarades, en qualité de trésorier de l'Union des Syndicats du Rhône et de la région, je vais vous indiquer dans quelle situation se trouve le syndicat des Apprêteurs :

les Apprêteurs sont inscrits à l'Union pour un nombre de 200. Ils ne sont jamais venus à l'Union faire reviser ce nombre, c'est un tort qu'ils ont eu ; ils doivent prendre à l'Union 200 timbres par mois. (*Protestations.*) S'ils ne sont pas 200 nous n'en savons rien, ils n'ont qu'à venir à l'Union le dire !

Du 1er janvier au 31 juillet, ils ont pris 350 timbres. (*Interruptions et protestations.*) Nous avons le droit, en tant que secrétaire et trésorier de l'Union, de nous opposer à l'admission de ce syndicat. Nous disons, et je confirme en tant que trésorier, qu'ils devaient nous prendre 1.400 timbres. S'ils ne sont pas 200, ils n'avaient qu'à le dire ! (*Protestations.*)

Nous tenons à expliquer la situation de ce syndicat. Le Congrès est libre de l'accepter ou de le refuser, mais notre devoir est de nous expliquer.

LE PRÉSIDENT.— Est-ce que ce syndicat appartient toujours à l'Union des Syndicats du Rhône ?... Répondez !

MASSON. — Oui, il appartient toujours à l'Union des Syndicats.

LE PRÉSIDENT. — Alors, il est admis. (*Protestations sur divers bancs.*)

Je consulte le Congrès pour savoir s'il est d'avis d'accepter le Syndicat des Apprêteurs de Lyon, du fait qu'il est toujours adhérent à sa Fédération et à l'Union des Syndicats du Rhône.

Adopté.

RAFFIN (*rapporteur*). — Le Congrès a jugé, ce Syndicat est admis.

Royer proteste contre l'admission

ROYER. — Il me semble que les organisations centrales ont leur autonomie ; elles ont des statuts qui sont librement acceptés par les syndicats et qui doivent être respectés par ces syndicats. D'autre part, il y a un principe, c'est que les syndicats doivent faire timbrer leur mandat à leur Union ou Bourse et à leur Fédération. Or, le mandat des Apprêteurs d'étoffe n'a jamais été tamponné par l'Union ; il ne l'a pas été parce qu'il y a une décision et que ce syndicat est suspendu ; son maintien est en contradiction avec les statuts. (*Protestations.*)

UNE VOIX. — Tous les syndicats de l'Union du Rhône sont à jour de leurs cotisations ?

ROYER. — D'autre part, j'ai lu dans la « Bataille », dans la « Voix du Peuple », que les syndicats qui n'appliquaient pas la carte confédérale et le timbre ne seraient pas admis au congrès. Eh bien, je déclare que le Syndicat des Apprêteurs n'applique pas la carte ni le timbre, et j'estime que, mandaté par l'Union des Syndicats ouvriers, je dois avoir une certaine prépondérance sur le délégué des Apprêteurs d'étoffes, en tant que représentant d'une organisation centrale. (*Protestations. — Oh ! Oh !*) Si on maintient le Syndicat des Apprêteurs d'étoffes, il ne doit pas y avoir un seul mandat invalidé, parce que tous ceux qui ont été invalidés sont dans la même situation. (*Protestations.*)

LE PRÉSIDENT. — Le Syndicat des Apprêteurs d'étoffes est-il radié de l'Union du Rhône ?

ROYER. — Il est suspendu. (*Protestations.*)

GAGET.— Je ne veux pas faire perdre du temps au Congrès et je ne répondrai pas aux insinuations de Royer. Je vous demande simplement ceci : avez-vous voté notre admission au congrès ?

PLUSIEURS VOIX. — Oui ! Oui !

GAGET. — Si oui, je n'ai plus rien à dire. Je reprends ma place, et continuons nos travaux.

UNE VOIX. — On n'a rien compris à cette machine-là !

LE PRÉSIDENT.— Camarades, nous avons voté. Est-ce que le Congrès est d'avis de voter à nouveau ? (*Non ! Non !*)

Il y a des camarades qui déclarent n'avoir rien compris. Il est donc préférable de ne pas permettre à ces camarades qui ne comprennent pas facilement, de dire qu'on fait des passe-droits. Je remets la question aux voix.

PÉRICAT. — Je demande la parole.

LE PRÉSIDENT. — La parole est à Péricat.

Il n'y a pas à revenir sur le vote

PÉRICAT.— Quand la question de l'admission du Syndicat des Apprêteurs de Lyon est venue en discussion, il appartenait au secrétaire de l'Union des Syndicats du Rhône de nous donner de plus amples explications. Toute la discussion a roulé sur une question de cotisations. Le secrétaire de ce syndicat nous a dit, à nous, Congrès : « L'Union des Syndicats du Rhône proteste parce que nous ne cotisons pas suffisamment ; nous avons reçu 35 fr. de cotisations, par conséquent nous ne pouvons pas prendre 200 timbres, correspondant à l'effectif que nous avions à l'époque où nous avions adhéré à l'Union.»

Tous les syndicats — et la question est là — se trouvent, vis-à-vis de leurs fédérations, dans cette situation : tantôt leur effectif augmente, tantôt il diminue. On ne peut donc pas se baser sur le nombre d'adhérents qu'avait le syndicat à l'époque où il a adhéré à son Union ; on ne peut se baser que sur son chiffre d'adhérents réel au moment où il cotise.

UNE VOIX. — Quand il est six mois sans cotiser ?

PÉRICAT. — Si le secrétaire de l'Union des Syndicats du Rhône nous avait prouvé qu'il y avait, de la part du syndicat en question, de la mauvaise foi ; s'il avait prouvé que les membres du syndicat n'appliquaient pas tous la carte et les timbres confédéraux, nous aurions fait comme pour le Textile, nous aurions voté sa radiation. Mais on nous a dit : « Il ne cotise plus pour les 240 membres pour lesquels il était inscrit au moment de son adhésion à l'Union. » Nous ne pouvons pas suivre l'Union sur ce terrain-là. Pour moi, si le Syndicat est de bonne foi, s'il applique la carte et le timbre à ses membres, la fluctuation des cotisations correspond à la fluctuation dans le nombre des membres : s'il n'y a que 12 membres dans un syndicat, ce syndicat ne peut pas payer pour 14.

Par conséquent, je demande qu'on ne revienne pas sur le vote ; le vote est acquis, tant pis pour l'Union si elle ne s'est pas expliquée suffisamment.

Adopté.

Fin de la vérification des mandats

LE PRÉSIDENT. — La parole est à Raffin, rapporteur de la Commission de vérification des mandats.

LE RAPPORTEUR. — Camarades, après avis des représentants des fédérations ou unions locales intéressées sur les mandats qui avaient été ajournés, voici le résultat de nos travaux :

Les mandats des syndicats : Céramique de Saint-Zacharie et Ardoisiers de Coesmes sont validés.

Maintenant, il reste un autre mandat, qui avait été contesté, celui des Forgerons de Bougie.

Le secrétaire de la Fédération des ouvriers de la Voiture prend l'engagement de mettre ce syndicat en demeure, dans le plus bref délai possible, de rallier la Bourse de Constantine. On a fait des exceptions pour certaines organisations ; je crois que nous pouvons faire la même exception pour ce syndicat.

LE PRÉSIDENT. — La Fédération et la Bourse sont d'accord ?

RAFFIN. — Oui.

Le mandat est accepté.

Les Cheminots de la Fédération se rallient à la décision du Congrès

RAFFIN. — Camarades, avant de terminer, je voudrais faire une déclaration au nom de nos camarades de la Fédération des Transports par voie ferrée. (*Interruptions.*)

Avant de faire des « oh ! » laissez-moi m'expliquer !

Il y avait, chez ces camarades, un certain malaise, un certain énervement, et leur protestation a certainement dépassé leur pensée. Ils se rallient pleinement aux décisions du Congrès, et demandent à être maintenus à titre consultatif, ainsi qu'il en a été décidé. C'est la déclaration que Bidamant voulait faire et qu'il m'a demandé de faire à sa place.

Adopté.

JOUHAUX. — Avant de nous séparer, nous devons lire et voter les ordres du jour qui ont trait aux questions sociales actuellement pendantes. Je vous demanderai donc quelques minutes d'attention et de calme, pour que ces ordre du jour, dont certains ont un caractère de gravité, ne soient pas votés dans le tumulte.

Pour les Instituteurs

JOUHAUX. — Camarades, il est nécessaire que dans cette première journée du Congrès, nous adressions à nos camarades institutrices et instituteurs l'expression de nos sentiments de solidarité et que nous les assurions de notre aide dans la lutte qu'ils soutiennent contre l'arbitraire gouvernemental ; c'est à cet effet que nous avons rédigé l'ordre du jour suivant, que nous soumettons à votre approbation :

Ordre du Jour

Les délégués des organisations syndicales réunis au XIIe Congrès national de la C. G. T. adressent aux institutrices et instituteurs en lutte contre l'oppression gouvernementale l'expression de leur complète solidarité ;

Ils considèrent que le motif des poursuites actuelles : « Décision du Congrès de Chambéry décidant la création de caisses du Sou du Soldat » n'est qu'un prétexte ; que l'examen impartial du texte de ladite résolution fait apparaître comme une flagrante injustice ;

Le gouvernement ne peut prétendre exercer ses violences à l'égard de l'œuvre du Sou du Soldat, qu'en d'autres circonstances (affaires Viaud, Dumont et Baritaud) un procureur de la République reconnaissait comme parfaitement licite ;

Le prolétariat confédéré, n'étant pas dupe des raisons invoquées, déclare ces poursuites n'être intentées aux instituteurs que dans le seul but de briser leur organisation considérée par ce pouvoir comme dangereuse pour son autorité ;

C'est parce que les éducateurs des fils d'ouvriers, enfants du peuple eux-mêmes, continuent, dans leurs fonctions, à sympathiser avec la classe ouvrière, qu'ils sont frappés dans leurs droits et leur liberté, cependant reconnus par un vote du Parlement ;

Ces poursuites constituent une nouvelle manifestation de la tactique répressive adoptée par l'Etat bourgeois à l'égard du monde ouvrier dans le but de mieux sauvegarder les intérêts des capitalistes ;

Par cette tactique, le gouvernement espère faire l'obligation aux travailleurs organisés d'abandonner leur action offensive pour limiter leurs efforts à la seule action de défense :

Le Congrès félicite les syndicats d'institutrices et d'instituteurs de leur attitude énergique et digne ;

Il déclare que, quelles que soient les mesures prises par le gouvernement, quel que soit le mode d'organisation auquel seront contraints les membres de l'enseignement, ils sont et resteront partie intégrante du prolétariat organisé dont ils partagent tous les intérêts et tous les espoirs. (*Applaudissements.*)

Discours de Chalopin

Chalopin (*président*). — Je tiens, au nom de tous mes collègues, à vous remercier de cet ordre du jour. Je tiens également à ce qu'il n'y ait pas de confusion possible, c'est pourquoi j'ai rédigé ma réponse par écrit ; je vais vous la lire :

Camarades, par la façon dont vous avez composé le bureau de cette séance, vous avez voulu montrer d'une façon très nette les sentiments de solidarité que vous éprouvez vis-à-vis du prolétariat administratif qui se heurte à l'arbitraire gouvernemental, dès qu'il veut s'organiser.

Cet arbitraire s'attaque aujourd'hui aux instituteurs comme, hier, il s'était attaqué aux sous-agents et aux inscrits.

Au nom de tous mes camarades en lutte contre le gouvernement, pour maintenir leurs droits et leurs libertés, je vous remercie de l'encouragement et du précieux appui que vous nous apportez.

Si nous sommes aujourd'hui en butte aux calomnies et aux persécutions, c'est parce que nous avons affirmé plus que jamais notre étroite communion avec la classe ouvrière organisée, dont « nous partageons les espoirs et les angoisses. »

C'est parce que l'un des nôtres a dit à Chambéry : « Etre syndicaliste, c'est avoir au cœur l'amour ardent de la classe ouvrière, de cette classe ouvrière sans qui la société ne serait rien et que la société trop souvent méprise ; c'est éprouver un frisson, une angoisse, quand on voit se dérouler le noir cortège de la grève ; c'est se sentir comme un respect soudain devant ces travailleurs qui, souvent par simple solidarité, pour venir en aide à des camarades atteints dans leur dignité ou dans leurs intérêts, s'imposent de longues privations, se condamnent à la misère. »

C'est surtout parce que nous avons quitté ceux qui, ne voyant en nous que des serviteurs de leurs ambitions, nous berçaient de promesses vaines. Ils ne nous pardonnent pas, non de faire de la politique, mais de faire une politique qui n'est pas la leur. Ils ne nous pardonnent pas de rester au milieu du peuple dont nous sortons, car ils craignent que nous y fassions une besogne dangereuse à leur égard.

Voilà pourquoi, camarades, le gouvernement a voulu nous briser et voilà pourquoi, désireux d'agir au plus vite, il a cru trouver dans un ordre du jour de notre congrès de Chambéry « l'acte intolérable » qui lui sembla permettre un tel coup de force.

Il n'est pas difficile de démontrer toute la fausseté d'une telle accusation : nous avons voté une motion instituant le Sou du Soldat dans nos syndicats et l'on nous a immédiatement accusés d'antipatriotisme ! il a suffi, pour cela, que M. Messimy revînt d'Allemagne et nous dénonçât comme traîtres à la nation ! Vraiment, il faut avoir une singulière prétention pour se flatter de comprendre les opinions d'autrui mieux que ceux-là mêmes qui les ont exprimées ; il faut surtout, à mon avis, avoir à l'excès le désir de se rendre indispensable.

Mais quelles qu'aient été les intentions de l'ancien ministre de la guerre, il n'appartient pas au ministre de l'instruction publique de nous condamner, sans les moindres preuves, sans même avoir fait la moindre enquête, alors qu'une décision parlementaire nous avait reconnu le droit de vivre. C'est cependant ce que fit M. Guist'hau ; il fit mieux, il menaça de ses foudres tous ceux qui oseraient résister à ses ordres, oubliant qu'il existe encore, malgré tout, des lois qui garantissent les citoyens contre l'arbitraire et l'injustice.

Aujourd'hui, camarades, en dépit des statistiques gouvernementales, nous restons en forte majorité et nous sommes prêts à lutter jusqu'au bout, car nous n'admettrons jamais que la force prime le droit.

Il vous suffira de lire dans les journaux d'aujourd'hui le manifeste que nous avons lancé et qui est suivi des signatures de camarades de tout le pays, pour vous convaincre définitivement que nous ne sommes pas près de déposer les armes.

Si nos chefs nous reprochent injustement des actes « intolérables », alors qu'ils prétendent « avoir toujours eu la préoccupation de défendre l'Ecole laïque », nous répondrons à leurs accusations par des faits ; nous leur dirons : nous trouvons intolérable que dans un régime démocratique le mérite cède le pas au favoritisme ; que les intérêts des enfants soient sacrifiés aux intérêts électoraux des politiciens.

Nous trouvons intolérable dans une république démocratique, de voir des chefs porter des accusations fausses contre leurs subordonnés.

Nous trouvons intolérable de constater que ceux qui sont chargés d'enseigner la *Déclaration des Droits de l'Homme* soient contraints à ne plus pouvoir parler librement en dehors du domaine de leur fonction.

Nous trouvons intolérable de voir le niveau intellectuel du corps enseignant baisser progressivement parce que les maîtres sont discrédités. Nous trouvons intolérable que l'enseignement obligatoire ne soit qu'un mot et que dans une ville comme Paris, dix mille enfants ne fréquentent pas les écoles.

Nous trouvons intolérable que l'adolescence soit abandonnée aux hasards des fréquentations, sans recevoir de préparation à l'exercice d'un métier et à la fonction de citoyen.

Nous trouvons intolérable et indigne du pays qui est le banquier du monde, de voir la République donner à ses instituteurs des traitements de famine et de se placer ainsi au vingt-troisième rang des nations civilisées !

Nous trouvons intolérable que nos gouvernants, au lieu de chercher à remédier à tous ces maux, aggravent la situation en traquant aussi injustement des milliers d'instituteurs qui comptent parmi les plus actifs et les plus dévoués.

Et alors, camarades, nous verrons si ceux qui nous calomnient et nous présentent comme de mauvais Français sont définitivement décidés à continuer leur aveugle tactique.

Dès maintenant, nous savons que nous pouvons compter sur vous ; encore une fois merci, nous ne faillirons pas à notre devoir ! (*Applaudissements prolongés.*)

L'ordre du jour Jouhaux est voté à l'unanimité, par acclamations.

Vœux divers

Le président donne ensuite lecture des ordres du jour suivants :

Pour les emprisonnés ; pour Ettor et Giovanitti ; pour Aldamas des Etats-Unis ; pour Rousset ; contre le Statut des Fonctionnaires ; pour la « Bataille Syndicaliste ». (Voir à l'annexe placée à la suite du compte rendu du Congrès, le texte de ces ordres du jour et les observations présentées.)

LE PRÉSIDENT. — Nous avons reçu deux propositions de bureau ; la première est la suivante :

Président : Péricat.

Assesseurs : Bidegarray, Viau.

Adopté.

La séance est levée à 6 heures 3/4.

DEUXIÈME JOURNÉE

3e SÉANCE. — MARDI 17 SEPTEMBRE (matin)

Exclusion d'une partie de la Presse. — Discussion sur les Rapports confédéraux

La séance est ouverte à 9 heures 1/4, sous la présidence de PÉRICAT, assisté de BIDEGARRAY et VIAU.

Contre la Presse jaune

SERGENT.— Camarades, avant que le Congrès ne commence ses travaux, je tiendrais à ce qu'il fît une manifestation au nom de nos camarades linotypistes parisiens. Je demanderai une chose, qui semble énorme à certains, et qui me paraît tout à fait logique : c'est l'exclusion de la presse parisienne qui emploie tout ou partie de jaunes — je vais vous donner la situation des différentes équipes :

Au « Petit Journal », il n'y a que des jaunes ;

Au « Petit Parisien », grosse majorité de jaunes, hommes et femmes ; il n'y a que quelques-uns de nos camarades qui y soient entrés, car nous pratiquons la méthode de l'infiltration ;

Au « Matin », plus de la moitié de l'équipe est composée de jaunes ;

Au « Journal », des jaunes sur toute la ligne, des gens qui ont préféré l'administration du « Journal » au Syndicat, car lorsque la grève a éclaté, même avant la grève, on a dit aux ouvriers : « Choisissez l'équipe du « Journal » ou le Syndicat ? Si le Syndicat vous donne l'ordre de marcher, est-ce que vous marcherez ? » Environ treize sur trente ont répondu « nous marcherons » ; les autres sont passés à la caisse, on les a gorgés comme des cochons, et ils sont restés au service de l'administration.

On nous dira : « Il faut qu'on fasse les comptes rendus du Congrès dans la presse ; il faut tout au moins qu'une certaine propagande soit faite autour de nos travaux. » Je considère qu'ici nous ne devons pas faire de bluff ; nous devons délibérer pour nous et non pour les autres. Les ouvriers n'ont qu'à acheter des journaux ouvriers, ils y trouveront le compte rendu du Congrès ; quant aux bourgeois, s'ils veulent être renseignés, ils achèteront les mêmes journaux... d'ailleurs, ils n'ont pas besoin d'être renseignés sur ce que nous avons à faire et sur ce que nous décidons maintenant.

Quelque chose qu'il faut dire, c'est que la méthode du boycottage est une méthode qui vaut largement le sabotage ; elle est moins dangereuse pour celui qui la pratique et a des résultats tout aussi efficaces.

Je dis que si l'on veut toucher le capitalisme, ce n'est qu'en touchant à la caisse — en boycottant les produits — qu'on y arrivera. Eh bien, camarades, nos collègues linotypistes ont rédigé un tract qui a été déposé sur les tables et qui vous indique les journaux confectionnés par des jaunes.

Nos camarades pourront dire : « Mais cela ne se passe pas qu'à Paris. » C'est vrai. Si l'on prend le « Semeur de l'Ouest », l'organe de la Bourse du Travail de Rennes, on y lit ceci : « La presse locale, qui escomptait un grand scandale, etc... » et les camarades du « Semeur de l'Ouest » terminent l'article par cet appel : « Nul doute que cette presse est trop occupée à salir nos camarades instituteurs, etc. »

Eh bien, je vous demande si l'on peut admettre, dans un congrès où l'on discute les intérêts des syndiqués, cette presse qui ne donne son travail qu'à des jaunes, et qui ne veut que des jaunes chez elle ? Au « Matin », tout dernièrement, M. Lefèvre, administrateur, disait : « Ici, il y a toujours une majorité de jaunes, car nous ne voulons pas que les syndiqués puissent faire un mouvement chez nous. » M. Jean Dupuy, au « Petit Parisien », a une équipe qui lui est complètement dévouée; il a ses jaunes, hommes et femmes, et ces jaunes sont à sa disposition quand les camarades voudront réclamer une augmentation de salaires.

En conséquence, je dépose une demande qui tend à l'exclusion des représentants des journaux exécutés par des jaunes. Camarades, je vous demande si nous sommes ici pour défendre les intérêts des syndiqués ou si nous devons faire du sentiment pour cette presse qui, à de certains moments, vous adule et qui, à d'autres, vous déchire et vous abat! (*Applaudissements.*)

Tract des linotypistes

Ouvriers, Employés, Salariés,

Il est de votre devoir de boycotter les journaux dont les équipes sont composées de jaunes ou en majorité de jaunes.

Les gros directeurs de la presse parisienne rêvent d'asservir leurs ouvriers et de leur empêcher toute velléité de révolte; pour cela ils ont monté et entretiennent une école de linotypistes jaunes, 29, rue d'Enghien.

Le boycottage est une arme précieuse aux mains de la classe ouvrière; en s'en servant on frappe à la caisse, seul endroit sensible des capitalistes.

Dans vos besoins journaliers, boycottez donc :

Le Petit Parisien, Le Petit Journal, Le Matin, Le Journal, L'Eclair, Comœdia, L'Action Française, La Presse, La Patrie, L'Intransigeant, La République Française, L'Aurore, L'Autorité, La France, L'Evènement.

LES LINOTYPISTES PARISIENS.

LE PRÉSIDENT. — Il n'y a pas d'autres orateurs inscrits sur la question? Sergent demande l'exclusion de la presse parisienne dont l'énumération vous est donnée.

Je mets la proposition de Sergent aux voix.

Adopté à l'unanimité.

Rapports Confédéraux

LE PRÉSIDENT. — La discussion est ouverte sur le rapport moral du Comité confédéral.

Dudillieux demande une rectification

DUDILLIEUX. — J'ai mandat de l'organisation qui m'a délégué au Congrès, le Syndicat des Imprimeurs parisiens, pour demander qu'un passage du rapport de la Section des Fédérations, ayant trait à la solution des conflits, soit rectifié.

Dans ce passage il est dit : « En ce qui concerne le conflit qui divisa le Syndicat des Imprimeurs parisiens et la Fédération du Livre, une résolution du Comité Confédéral, en date du 26 septembre 1911, mit fin à ce différend en faisant obligation au Syndicat des Imprimeurs de réintégrer la Fédération du Livre. » Or, ce passage est absolument inexact. Le Comité confédéral ne pouvait pas mettre le Syndicat des Imprimeurs dans l'obligation de réintégrer la Fédération du Livre, attendu que ce Syndicat ne s'était pas séparé de la Fédération mais qu'il en avait été retranché par une décision arbitraire du Comité central qui préside à ses destinées.

Il n'est pas dans mes intentions de soulever un débat comme celui qui a eu lieu hier à propos du regrettable conflit des cheminots; seulement, on dit un peu pompeusement qu'on a solutionné un conflit et la Commission n'a rien solutionné du tout. La cause primordiale du conflit, qui résidait entièrement dans la représentation de ce qu'on appelle « les similaires » au Comité central du Livre — et par « similaires » on entend : imprimeurs, correcteurs et fondeurs — cette cause subsiste entièrement; nous n'avons pas eu satisfaction.

Certes, le rapport, dans tout son exposé, dans l'exposé qui précédait ses conclusions et sa décision, nous donnait raison sur presque tous les points ; il y est dit que sur la question qui avait entraîné le conflit, l'interprétation d'une décision du Congrès du Livre tenu à Bordeaux en 1910, ayant trait au mode de votation et de représentation au Comité central, — c'est nous qui avions raison. Mais, après nous avoir donné raison sur tous les points, le rapporteur ne concluait pas moins en imposant tout au Syndicat des Imprimeurs et en n'imposant rien à la Fédération du Livre; en effet, la sanction du rapport donnait pleine satisfaction au Comité central du Livre, et le rapporteur se rangeait à la solution qu'avait toujours préconisée le Comité central du Livre, à savoir que nous réintégrerions d'abord les quatre camarades qui, de connivence avec le Comité central, avaient étranglé notre représentation, et qu'ensuite le Comité central nous réintégrerait dans la Fédération.

Or, le Comité central n'avait jamais dit autre chose; il nous avait dit : « Du jour où vous serez disposés à réintégrer vos quatre honorables collègues, — nous considérions que c'était une profonde atteinte à notre autorité — la suspension prononcée contre vous prendra fin. »

Je voulais donc démontrer que la solution de la Commission des conflits n'est pas une solution. Si, demain, nous rencontrons autant de mauvaise volonté de la part des dirigeants de la Fédération du Livre, eh bien, il est à craindre que le conflit renaisse, avec des effets peut-être aussi désastreux que ceux qui se sont produits au cours du conflit précédent.

Cependant, camarades, malgré le mécontentement profond produit chez nous, dans notre syndicat, par les décisions de la Commission des conflits, nous ne nous en sommes pas moins inclinés par discipline, parce que nous savions que le fait de nous insurger contre cette décision pouvait amener des divisions profondes dans notre organisation; tout en manifestant notre mécontentement par un ordre du jour unanime qui fut adopté par une assemblée nombreuse, nous n'en avons pas moins déclaré que nous nous inclinions devant la décision de la C. G. T.

Il me sera bien permis de demander au Congrès si, lorsqu'ici nous nous élevons d'une façon catégorique contre l'arbitrage obligatoire qui peut nous être imposé par le gouvernement pour solutionner un conflit entre le travail et le capital, nous pouvons en même temps considérer l'arbitrage obligatoire comme une panacée, lorsqu'il sera imposé par le Comité confédéral. En effet, l'arbitrage dont il est question n'a pas été adopté par les deux parties en cause, il nous a été imposé; mieux encore, au cours de l'examen du conflit par la Commission, les parties n'ont pas été entendues.

Nous avons donc le droit d'adresser un reproche à ce sujet au Comité confédéral et à la Commission des conflits. Malgré cela, camarades, et ce passage du rapport mis à part, j'ai mandat d'approuver sans réserves l'œuvre du Comité confédéral pendant la période qui s'est écoulée depuis le dernier congrès.

Hamelin réplique à Dudillieux

HAMELIN. — Camarades, je suis étonné que Dudillieux vienne rappeler un conflit qui s'est passé depuis quelque temps et qui a été tranché par le Comité confédéral.

Je crois que ce n'est pas dans un congrès où, hier, on préconisait l'union, qu'il faut raviver des plaies qui ne sont peut-être pas cicatrisées.

En somme, qu'est-ce que Dudillieux est venu dire à la tribune? Qu'il protestait contre un passage du rapport du Comité confédéral. Ensuite, il a dit qu'il ne protestait contre rien du tout. Je me demande ce qu'il est venu faire, si ce n'est apporter quelques paroles acrimonieuses à propos du conflit.

Le Comité central n'avait demandé aucun arbitrage, et Dudillieux est bien osé de venir dire que l'arbitrage confédéral est aussi mauvais que l'arbitrage gouvernemental. D'une part, on va devant un arbitrage bourgeois imposé et, d'autre part, on va devant un arbitrage confédéral, composé d'élus ouvriers; je crois qu'il y a une différence sensible entre les deux.

Par conséquent, nous demandons le statu quo, et nous nous élevons contre les paroles de Dudillieux.

LE PRÉSIDENT. — Je crois qu'il n'y aurait pas lieu de discuter longtemps sur l'incident soulevé par Dudillieux. Il y a eu un arbitrage accepté par les deux parties ; je ne vois pas pourquoi l'on protesterait contre ce qui a été accepté.

Discours de Renard sur l'orientation de la C. G. T.

RENARD. — Camarades, je veux profiter de la discussion du rapport de l'action confédérale, qui permet une discussion d'ordre général, pour exercer au nom de notre fédération notre droit de critique et de donner notre conception sur l'orientation que nous voudrions voir prendre à la Confédération Générale du Travail.

Tout d'abord, qu'il me soit permis de dire combien sont regrettables, pernicieuses et néfastes au développement des forces syndicales et corporatives ces rivalités de tendances, qu'à tort on a introduites dans nos rangs, divisant en camps adversaires ceux que l'on classe comme réformistes, d'une part, et ceux que l'on classe comme révolutionnaires, d'autre part.

En ce faisant, ne vous apercevez-vous pas que nous nous plaçons dans l'attitude ridicule des compères de la fable qui avaient vendu la peau de l'ours avant de l'avoir tué ?... Ces rivalités qui amoindrissent la force de notre mouvement, on les trouve étalées au grand jour jusque dans les colonnes de notre journal confédéral, qui devrait être l'organe de tous les syndicats confédérés, l'organe où tous devraient pouvoir discuter courtoisement les questions d'ordre professionnel qui nous intéressent.

N'a-t-on pas vu le Syndicat Textile de Roubaix être pris violemment à partie par un secrétaire de fédération qui devrait être tenu à plus de réserve. Il a mis à profit un faible incident pour encombrer plusieurs colonnes de la « Voix du Peuple » sur des faits peu intéressants et qui ne décelaient qu'une chose : le désir du signataire de faire son propre panégyrique.

Le journal confédéral devrait-il servir à étaler la haine que ressent un individu pour tout ce qui n'est pas sa conception ?

C'est à vous, délégués des syndicats confédérés, qu'il appartient de juger et de vous prononcer au moment des sanctions nécessaires.

N'a-t-on pas vu encore le journal confédéral, lors du congrès des localistes allemands, lors d'une scission éventuelle en Danemark, encourager les dissentiments, la divison, qui ne pouvait amener que la désorganisation d'une organisation nationale qui, jusque-là, avait donné d'excellents résultats ?

Le « Journal des Correspondances », qui est l'organe de la Centrale Syndicale Belge, a dû relever véhémentement les imputations fausses et les erreurs voulues de la « Voix du Peuple » à cette époque.

N'a-t-on pu lire, tout récemment encore, un article désobligeant à l'adresse de Karl Legien, le président de la Confédération Générale d'Allemagne, à propos de ses conférences en Amérique ? Et cela pourquoi ? Parce qu'il a été reçu officiellement par différentes autorités locales de plusieurs villes américaines.

Il ressort de cet ensemble de faits un manquement à la déférence, à la courtoisie internationale. Karl Legien agissait en Amérique en tant que mandataire de la C. G. T. allemande qui englobe, vous le savez, deux millions cinq cent mille membres. Comme tel, il ne relève pas de la C. G. T. française mais bien de la C. G. T. allemande.

Nous devons donc laisser à celle-ci le soin de juger les actes de ses mandataires. Et si, en tant que secrétaire du Secrétariat international, il y avait des explications à lui demander, nos secrétaires confédéraux eussent eu la latitude de les lui demander dans une réunion du Secrétariat international, sans le décrier dans notre journal confédéral comme on l'a fait.

Soyons plus circonspects, ne nous immisçons pas dans les choses où nous n'avons que faire. Nos camarades des nationalités en question savent ce qu'ils ont à faire, ils connaissent les difficultés auxquelles ils se heurtent. Nous n'avons pas à leur donner de leçons et nous croyons même que ce n'est pas faire une entorse à la vérité que d'affirmer qu'en fait de leçons, c'est nous qui avons à en prendre auprès d'eux; ainsi, nous apparaîtrons un peu plus sérieux et nous ne pourrons qu'y gagner dans l'estime de nos camarades des autres nationalités.

C'est toujours l'histoire de la paille et de la poutre.

Je me souviens de l'effet déplorable qu'a produit, tant en France qu'à l'étranger, la résolution du Congrès de Marseille, blâmant la Fédération italienne du Bâtiment, en termes flétrissants, pour des actes qui nous étaient totalement étrangers, et qu'elle n'avait pas commis.

A ce sujet, un correspondant de journaux étrangers, Kronstaleff, ancien député ouvrier à la première Douma, vint près de moi et me dit : « Mais quelle est donc cette prétention de votre C. G. T. de donner des leçons de révolutionnarisme à tout le monde ? Elle parle toujours d'action et de révolution, mais, en fait d'action, je ne vois, dans le rapport confédéral, que des manifestes, toujours des manifestes et encore des manifestes. »

Cela corrobore ce que disait Jouhaux, lors de la conférence confédérale de 1911, en exposant le but de celle-ci. Il disait ceci : « Il faudrait savoir ce que l'on pense en province et ce que l'on veut réellement. Ici, à Paris, dans les réunions et dans les meetings, on décrète la révolution tous les soirs et je suis obligé de constater qu'on ne la fait pas souvent. »

Cela prouve qu'entre dire et faire, il y a une différence. Il en est de même toujours entre la théorie et la pratique.

Or, si dans la Confédération, on se débarrassait de ce verbalisme vain et tapageur, nous ne pourrions qu'y gagner les uns et les autres, parce que nous serions davantage pris au sérieux.

Nous voudrions aussi qu'à la Confédération on ne se jette pas d'une contradiction dans une autre, que l'on accorde un peu la guitare et que l'on ne s'obstine pas toujours à tourner le dos au sens des réalités.

Ainsi, vous vous évertuez à faire du fédéralisme, à ne vouloir voir partout que du fédéralisme alors que toutes les organisations corporatives, sous l'empire des nécessités, sont obligées de revêtir la forme centraliste, alors qu'en France comme à l'étranger, toutes les fédérations ouvrières sont contraintes, pour vivre et se développer, de centraliser leurs services administratifs, leurs ressources financières, alors que la C. G. T., elle-même, par l'application de la carte confédérale, de la cotisation uniforme pour tous ses membres, par le système du double timbre, par l'augmentation progressive du nombre de ses fonctionnaires, par sa propagande qui part toujours du centre pour se répandre sur toute la périphérie, et que celles-ci et celle-là subissent la nécessité de la centralisation et devront, sinon y pousser, s'y conformer, que voit-on ? — qu'entend-on ?

Qu'il est nécessaire d'avoir comme contre-poids l'action localiste, autonomiste, fédéraliste des bourses du travail. Et cela pourquoi ? — Pour être d'accord avec la conception que les anarchistes ont de l'action prolétarienne.

Nous trouvons dans le manifeste de la Fédération du Bâtiment, paru ces jours derniers, cette déclaration typique : qu'à la centralisation forcée qu'elle doit adopter de par les nécessités, il faut le contre-poids fédéraliste des bourses du travail.

Cela me rappelle une déclaration de la Chambre de commerce d'Avesnes, en 1892, qui, composée de libres-échangistes et afin d'être agréable au gouvernement de l'époque, celui de Méline, se ralliait à l'idée d'imposer des tarifs modérément protecteurs.

« Je suis oiseau, voyez mes ailes, disait la chauve-souris, je suis souris, vivent les rats... »

Nous préférerions à cela la netteté, la franchise ou, tout au moins, la logique, et que l'on dise, sans arrière-pensée, que la centralisation est la seule forme d'organisation ouvrière possible en présence de la concentration capitaliste, contre les trusts et les lock-out.

C'est celle adoptée depuis longtemps par différentes nationalités, les Allemands, les Autrichiens, les Suisses, les Scandinaves s'en trouvent bien, très bien même, c'est celle que les Belges viennent d'adopter à leur tour. Donc, allons-y carrément, résolument. Mais, de grâce, pas de ces subtilités déconcertantes. Vous savez bien que, dans l'avenir, les bourses du travail seront une superfétation de mouvement de grandes corporations, si elles ne le sont déjà.

De votre action confédérale, nous ne retenons comme efficace que celle qui a été dirigée contre le projet des retraites ouvrières dans sa forme primitive. Mais pour obtenir une amélioration de la loi, il a fallu le concours de toutes les organisations ouvrières ou socialistes. On ne peut pas ignorer que la protestation la plus véhémente qui ait été faite à la tribune de la Chambre et qui ait produit un effet considérable dans le pays, a été celle d'un député socialiste que tout le monde connaît, dont le nom est en ce moment sur toutes les lèvres.

Cela prouve que chaque fois que l'on a oublié à la Confédération de s'opposer au Parti socialiste, les résultats ont été appréciables pour la classe ouvrière.

Nous allons entamer une nouvelle campagne au sujet des retraites et en faveur de l'application de la « semaine anglaise ». Croyez-vous qu'une action parallèle, du Parti socialiste à la Chambre et dans le pays, à celle que mènera la Confédération Générale du Travail n'aura pas son efficacité ?

Et alors pourquoi ces manifestes d'excommunication majeure lancés par des personnalités qui n'ont pas été mandatées pour ce faire ? Que signifie le nébuleux factum signé Griffuelhes, Jouhaux, Savoie, Bled et Voirin ? Sont-ce donc ces personnalités qui sont seules en possession du talisman confédéral?

BOURDERON. — Cela n'a rien à voir avec le rapport du Comité confédéral.

LE PRÉSIDENT. — Bourderon, vous n'avez pas la parole.

RENARD (*continuant sa lecture*). — Que fait-on alors du désir exprimé par un grand nombre de délégués de la province à la dernière conférence confédérale qui demandait que l'on mit fin à cette lutte que livre la Confédération au Parti socialiste, parce qu'il a été constaté que partout on se trouvait réduit à l'impuissance avec cette tactique, avec cet état d'esprit déplorable? On croyait qu'une détente était parvenue. On se trouvait bien de l'accalmie relative. Et voici qu'à la veille du Congrès, des hommes s'arrogent le droit de ranimer le hideux brandon de la discorde.

Nous voulons croire que tous ceux qui sentent comme nous la nécessité des rapports de sympathie entre l'organisation politique du prolétariat et son organisation économique d'autre part, sauront joindre leurs votes aux nôtres et manifester ainsi leur volonté d'en finir avec ces errements.

Nous ne demandons pas, nous n'avons jamais demandé que l'action des deux organismes se confonde ou se subordonne. Non... Mais nous exigeons que cesse cette dualité nuisible aux intérêts du prolétariat.

UNE VOIX. — Il fallait dire cela à Nimes!

Renard. — Revenons au manifeste. Les signataires déclarent qu'ils veulent poursuivre la lutte à la fois contre le patronat et contre l'Etat. — C'est beaucoup entreprendre à la fois et nous nous permettons de rappeler le proverbe : « Qui trop embrasse, mal étreint. »

Vous oubliez trop (ici je m'adresse aux signataires du manifeste) que les organisations syndicales se meuvent dans des limites prescrites par la loi, et que du jour où vous aurez proclamé nettement ce programme, l'Etat prendra des mesures de coercition contre les syndicats.

Car assigner comme but aux syndicats la suppression de l'Etat, c'est leur assigner un but politique. Et ne vous apercevez-vous pas, vous, antipoliticiens, que du coup vous faites acte politique?

Or, je vous l'ai déjà dit lors du Congrès d'Amiens : « Chaque fois que vous voudrez sortir de la légalité, ce même Etat vous y fera rentrer par la force à coups de prison et à coups de fusils. »

N'en avons-nous pas des souvenirs cuisants? Est-ce que Draveil, Vigneux, Villeneuve-Saint-Georges ne nous l'ont pas prouvé?

Une Voix. — Le mouvement ouvrier n'est pas mort !

Renard. — Chaque fois que l'Etat s'est allié au patronat pour lutter contre la classe ouvrière, celle-ci est sortie de la lutte battue, meurtrie, vaincue... La grève des cheminots, celle des inscrits maritimes après celle des P. T. T., en sont des preuves irrécusables. Luttons contre le patronat et contre l'Etat si vous voulez, mais contre l'Etat-Patron pour faire améliorer les conditions d'existence des travailleurs de l'industrie privée et celle des travailleurs qui sont au service de l'Etat; là, nous serons d'acccord. — Mais votre lutte contre l'Etat pour sa suppression en tant qu'institution politique nous constituerait, nous, organisations syndicales, en parti politique belligérant de ce même Etat et nous exposerait aux coups, à sa puissance de répression : police, armée, lois, tribunaux. C'est là ce qui nous sépare...

Alors que nous, ceux que vous qualifiez réformistes, nous voulons scinder la besogne, c'est-à-dire laisser aux travailleurs organisés sur le terrain politique en parti socialiste, le soin de poursuivre cette action, cette besogne contre l'Etat bourgeois, agissant alors en dehors de la Confédération, et aux travailleurs syndiqués, organisés dans la Confédération, le soin de poursuivre et d'obtenir l'amélioration de leurs conditions de salariés sur le terrain économique, réservant à ceux-ci la besogne d'ordre potitique et à ceux-là la besogne d'ordre économique. Vous, qui vous qualifiez révolutionnaires, antipoliticiens, vous voulez faire accomplir cette double besogne, toutes les besognes, aux organisations syndicales, puisque vous prétendez que le Syndicat se suffit à lui-même et suffit à tout... Voilà la contradiction flagrante, le grand sophisme...

Et c'est ce qui nous sépare... Je le répète encore une fois...

C'est ce qui engendre parmi nous la zizanie, la division dans nos rangs et partant les rivalités qui nous affaiblissent et nous empêchent d'obtenir un accroissement de nos forces ainsi que des résultats plus palpables. Rêver d'unité morale et matérielle dans ces conditions serait le record de la naïveté. Et il en sera ainsi tant que la Confédération voudra faire la besogne qui incombe au Parti socialiste, tant que l'on ne comprendra pas que le prolétariat a besoin de marcher sur ses deux jambes au lieu d'essayer de marcher ou plutôt de courir sur une seule... Quels sont vos moyens ou plutôt quel est votre moyen, devrais-je dire : c'est l'action directe?...

Qu'entend-on par action directe ?

C'est, si je ne m'abuse, pour les organisations corporatives la conception de l'action syndicale qui consiste à mener à bien les revendications ouvrières et à les solutionner sans avoir recours à aucun intermédiaire politique, c'est-à-dire sans le concours des maires, des magistrats de l'ordre administratif ou judiciaire, sans le concours de gens ayant un mandat politique quelconque. De cette action directe nous sommes partisans.

Mais la masse des travailleurs est loin d'être arrivée à maturité nécessaire, voulue, pour solutionner ainsi les conflits qui surgissent entre le capital et le travail. Aussitôt qu'un conflit se produit, que voit-on? Les ouvriers s'empresser de faire les arbitres de ce conflit les personnalités sus-nommées ainsi que les pouvoirs publics.

Et comment pourrait-il en être autrement avec nos syndicats chétifs, avec le faible contingent des travailleurs organisés en syndicats?

Vous dites bien que vous voulez vous passer de l'Etat, vous voulez ne pas le connaître. Mais lui, il veut vous connaître et quand vous croyez n'être que deux dans le conflit (ouvriers et patrons), il arrive, sans que vous vous y attendiez le moins du monde, qu'au lieu d'être deux vous êtes trois... Vous ne pouvez pas méconnaître cette troisième puissance, parce qu'elle s'impose inéluctablement. Et comme en l'occurence nous ne possédons pas la force, nous sommes obligés en tant que travailleurs de nous incliner et de composer.

Reste l'action directe violente, qui est celle que beaucoup d'entre vous préconisent : manifestations tumultueuses, troubles, bris de carreaux, sabotage de machines, des outils, de fils télégraphiques, etc., etc., mais chaque fois vous êtes vaincus par l'intervention de la force publique, de la puissance publique, par l'Etat.

Et alors comme nous, comme de simples et vulgaires réformistes, vous êtes obligés de composer et de solutionner le conflit avec les représentants de l'Etat. Le conflit se termine par un arrangement quelquefois bon, mais très souvent mauvais parce que, dans la plupart des cas, la bataille a été livrée sans préparation par des ouvriers las de souffrir et qui se sont soulevés contre le mal, contre le joug oppresseur, mais inaptes à bénéficier de leur victoire d'un jour, étant souvent sans organisation, ce qui permet au patronat de reprendre en détail ce qu'il a concédé en gros, en un jour, sous le coup de la colère générale des ouvriers.

Entre ces deux tactiques, nous préférons la nôtre qui consiste à dire aux ouvriers : groupez-vous, organisez-vous d'abord et, par ces moyens, tâchons d'obtenir tant par l'action législative sur laquelle vous exercerez une pression et une influence efficace, le plus de garantie possible par la loi, comme d'autre part, le plus d'améliorations possibles par notre action sur le terrain corporatif que la force du nombre pourra arracher au patronat.

Nous la préférons encore parce que, en scindant la besogne comme je l'ai expliqué plus haut, cela nous permet d'être unis sur le terrain économique avec ceux qui ne partagent pas nos conceptions politiques, philosophiques ou autres et de rester d'accord pour la lutte à mener sur le terrain syndical pour la défense de nos intérêts de salariés.

C'est une neutralité que vous, révolutionnaires syndicalistes, vous ne pouvez pas observer, ni garantir, puisque par votre action directe contre le patronat et contre l'Etat, pour arriver à sa suppression, vous faites une action politique au premier chef et que vous prétendez y astreindre les adhérents des syndicats, sans vous soucier de leurs opinions politiques ou de leurs conceptions philosophiques et confessionnelles.

Votre doctrine, ou plutôt votre tactique, contient une supercherie dangereuse pour la classe ouvrière. Avec elle nous allons inévitablement à une catastrophe et notre devoir est de crier « casse-cou » à la classe ouvrière... Vous êtes en désaccord avec tout le mouvement ouvrier international, vous faites cavalier seul...

Quant à nous, nous voulons marcher d'accord avec la méthode adoptée par toutes les organisations consœurs de l'Internationale ouvrière, parce que nous estimons qu'elles réunissent plus d'expérience, plus de prudence et plus de méthode susceptibles de mener le prolétariat à l'amélioration de ses conditions économiques et vers son affranchissement définitif du salariat, partant de l'exploitation capitaliste.

Dans le rapport confédéral, vous vous plaignez des difficultés que vous éprouvez à boucler votre budget, à mettre les deux bouts ensemble. Vous dites qu'il ressort de votre examen de la comptabilité, que la Fédération nationale de l'Industrie Textile ne paie pas de cotisations correspondantes à son effectif total et vous ajoutez « qu'il est probable que beaucoup d'organisations agissent de même. »

Mais il ne faut vous en prendre qu'à vous-mêmes. Est-ce que le droit que la constitution confédérale concède aux uns et aux autres n'est pas une incitation, une excitation devrais-je dire, à se soustraire aux obligations imposées? Est-ce que le fait de ne donner qu'une voix dans les congrès aux syndicats qui ont de 2.000 à 15.000 membres, comme à ceux qui n'ont que 15 membres, n'est pas une indication toute donnée aux grandes organisations de se dérober aux charges que vous leur imposez. Est-ce que dans le Comité confédéral vous faites une différence entre une fédération de 40.000 membres et une de 500 ou de 1.000 membres?

Une Voix. — Qui payent leurs cotisations!

Renard. — Ne vous apercevez-vous pas que les bourses du travail iront en se décuplant en nombre alors que les fédérations de métiers ou d'industrie en tant qu'unités ont à peu près atteint le chiffre qu'elles doivent avoir. Et alors dans le Comité confédéral (les deux sections réunies), les 150 voix des 150 bourses seront toujours en état de majoriser les 60 voix des 60 délégués des fédérations?

Ne vous apercevez-vous pas qu'en même temps que ce mode de représentation est inique, il est suranné, et qu'il faut, pour ne pas marcher à pieds joints sur l'équité et la logique, chercher autre chose?

C'est ce mode de représentation absurde que vous vous évertuez à défendre contre toute logique, contre toute équité, qui engendre la fraude, la déloyauté... L'iniquité, la déloyauté sont dans le vice organique de votre constitution même, ne vous étonnez donc pas de les y rencontrer dans les organisations confédérées.

Pourquoi voudriez-vous qu'elles soient plus justes, plus loyales que vous? Et ici, je vous dis, je vous mets en cause, parce que vous soutenez un état de choses injuste et illogique.

Pourquoi la Fédération Textile paierait-elle plus que les fédérations du Tonneau, de la Teinture, des Agricoles ou des Horticoles puisque vous ne lui donnez pas plus de prérogatives, pas plus de droits?

Et cependant elle paie beaucoup plus que les fédérations sus-nommées, et alors que lui veut-on de plus?

Voulez-vous des ressources? C'est bien simple. Donnez à chaque cotisant une voix, un vote, et vous obtiendrez une saine émulation. Vous verrez les ressources affluer au confluent de votre trésor confédéral parce que vous aurez établi le contrôle possible que vous dites lui manquer.

En ce qui concerne la propagande confédérale, pour l'action future, nous voudrions voir plus de méthode. Ainsi, au lieu de faire partir vos délégués de Paris pour aller aux quatre points cardinaux du pays, ce qui coûte fort cher, nous voudrions que vous fissiez appel au concours de camarades qualifiés et ayant les facultés de propagandistes. Ces camarades, vous pourriez les trouver un peu dans toutes les régions.

Pour les questions d'ordre général, telles que celles de la semaine anglaise, des accidents du travail, du minimum de salaire, des retraites, etc., etc., choisir ou faire appel aux fédérations pour qu'elles désignent un orateur, puis organiser des séries, des tournées de propagande par des réunions, conférences ou meetings intercorporatifs et dans des villes comme Lille, Roubaix,

Dunkerque, Rennes, Nantes, Bordeaux, Toulouse, Nîmes, Marseille, Lyon, Montluçon, Reims, Troyes, etc., etc., soulever, développer ces sujets palpitants pour la classe ouvrière.

Y a-t-il dans ces villes plusieurs grandes corporations, telles que Cheminots, Métallurgistes, Textile, Bâtiment ou autres? Que les orateurs qualifiés de chacune des fédérations sus-nommées soient désignés, et ainsi, au lieu de n'avoir qu'un auditoire restreint comme avec le système de propagande suivi jusqu'à ce jour, limité à une catégorie, à une corporation, vous aurez des auditoires nombreux et l'effet produit aura une autre efficacité, un autre retentissement que ceux que l'on a obtenus jusqu'à ce jour.

Les fédérations pourraient subvenir aux frais nécessaires puisque chacune d'elles accomplirait en commun ce qu'elles font aujourd'hui en particulier. Ces délégués pourraient encore réunir dans certains cas les membres de leur fédération respective pour les questions d'ordre intérieur afférant à ces corporations.

Nous voudrions ainsi changer la composition du Comité confédéral. Et, pour cela, qu'une commission exécutive soit élue par le Congrès. Supposons-la de 15 membres... responsables devant lui... Cette commission serait choisie autant que possible parmi ceux qui peuvent se déranger à tout moment. Elle devrait siéger dans la journée et ses membres recevraient une rétribution de quatre heures de travail chaque fois qu'elle aurait à siéger.

Cela pour mettre un terme aux énervantes réunions du soir qui, à Paris, ne commencent pas toujours à 9 heures, quelquefois elles ne commencent qu'à 10 heures. En sorte que les membres de ladite commission ne soient pas obligés de s'esquiver vers 11 heures ou 11 heures 1/2 afin de ne pas manquer leurs moyens de locomotion. Vous savez qu'à Paris il en coûte dans ces sortes de circonstances. Cette commission aurait la charge d'administrer les affaires confédérales. A celle-ci se joindraient, tous les trois ou six mois, les délégués des fédérations qui formeraient le Comité confédéral et qui indiqueraient la ligne de conduite à suivre dans les cas et questions graves. Il contrôlerait les actes de la commission exécutive qui devrait, pour la bonne marche des services, se subdiviser en autant de sous-commissions correspondant aux différents services.

Nous concluons en faisant appel à un esprit de clairvoyance, de méthode, à tous les syndicats confédérés.

Nous faisons appel à un esprit de concorde qui ne peut être obtenu, bien entendu, qu'avec la revision de la constitution confédérale en disant à tous qu'il est temps d'aviser.

Nous sommes à un tournant de l'histoire où les partis bourgeois vont se confondre pour se tourner contre le prolétariat organisé. Nous nageons en pleine réaction capitaliste et gouvernementale. Les esprits sont inquiets, désorganisés, et il n'y a aujourd'hui que deux forces susceptibles, capables d'entraîner le pays vers la liberté, vers la réalisation de la transformation sociale. Ces deux forces sont : le Parti socialiste, d'une part, et la C. G. T., de l'autre.

Unies, elles peuvent tout. Désunies, elles ne peuvent rien. Prenez garde, prenons garde, camarades, nos adversaires ont peur... Et les gens qui ont peur sont féroces...

Je termine en disant que nous ne voterons pas les rapports confédéraux et je dépose la motion suivante :

Le Congrès :

Considérant qu'il appartient aux seuls syndicats confédérés de se prononcer souverainement en congrès sur les points déterminant la tactique et la doctrine qu'ils entendent suivre ;

Déclare qu'il est complètement étranger au manifeste publié dans la presse sur ces points de vue par des personnalités qui, bien qu'appartenant comme fonctionnaires ou autrement à des organisations confédérées, n'avaient aucun mandat pour ce faire ;

Il affirme sa sympathie pour le Parti socialiste qui, comme la Confédération, poursuit — bien que sur un autre terrain — l'amélioration des conditions économiques du prolétariat, ainsi que la transformation complète de l'inique société actuelle.

Le Président. — L'ordre du jour présenté par Renard n'a pas trait au rapport du Comité confédéral. Le rapport du Comité confédéral, à mon sens, est complètement en dehors du manifeste publié par certains camarades de la C. G. T. ; ceux-ci l'ont publié sous leur propre responsabilité. Le Congrès pourra peut-être examiner si ce manifeste lui plaît, mais, dans tous les cas, après l'examen du rapport confédéral.

Je crois que c'est la seule façon pratique d'envisager la question, et qu'il y a lieu, par conséquent, de passer à la continuation de la discussion sur le rapport.

La motion de Renard est réservée.

Divers camarades répondent à Renard

Million.— Camarades, je ne ferai pas un discours aussi long que celui du camarade Renard. Cependant, je crois, tout en approuvant pleinement et complètement la conduite du Bureau confédéral pendant les deux années qui viennent de s'écouler, qu'il y a de la place pour quelques petites observations.

La C. G. T. a grandi ; elle n'est plus aujourd'hui ce qu'elle était autrefois et ses services administratifs devraient être développés en conséquence. Certes, je n'incrimine pas les membres du Bureau confédéral, je sais qu'ils sont surmenés; partout, dans le pays, on réclame les mêmes camarades, et ces camarades, absorbés par la propagande, ne peuvent plus suffire à la gestion administrative.

Je crois — et cette proposition pourrait être examinée par la Commission de revision des statuts — qu'il y aurait lieu d'adjoindre au bureau existant un ou deux permanents chargés purement et simplement du service administratif.

Maintenant, je crois que la province a peut-être lieu de présenter quelques considérations sur la thèse développée par Renard tout à l'heure. Renard nous disait qu'il considérait que le syndicalisme ne pouvait arriver à faire œuvre réelle que s'il y avait collaboration entre lui et le Parti socialiste. Or, l'exemple cité par lui me paraît plutôt prouver le contraire. Il parlait tout à l'heure des retraites ouvrières ; or, y a-t-il un fait qui synthétise d'une façon aussi complète la divergence qui existe, en ce moment, entre le Parti socialiste et la C. G. T. ? Il y avait deux actions absolument contraires — et cependant, paraît-il, les deux organisations prétendaient être l'émanation du même prolétariat. Or, si nous examinons, d'une part, la C. G. T., groupant tous les salariés, dont le recrutement est exclusivement basé sur cette condition de salariés, qui représente bien, par conséquent, ce Parti du Travail dont nous nous réclamons, et, d'autre part, un parti quelconque, quel que soit son titre, qui n'a pas dans ses statuts cette clause de n'admettre que des salariés (dans tous les partis politiques, quels qu'ils soient, on accepte des patrons), si l'on examine cette situation, comment peut-on dire que nos intérêts sont absolument identiques ?

On a osé contester à la C. G.T. son idéal ; on a osé dire que la C. G. T. avait emprunté l'idéal du Parti socialiste ! Camarades, cela n'est pas vrai, et ne résiste pas à l'examen. Depuis qu'il y a des salariés, depuis qu'il y a des hommes opprimés, ces hommes se sont révoltés et là seulement on trouve l'origine du syndicalisme. Il remonte très loin : Spartacus se révoltant contre la ploutocratie romaine était certainement un des ancêtres du syndicalisme...

et l'histoire du syndicalisme se continue, reflétée par tous les penseurs qui ont apporté leur part de contribution à notre idéal d'aujourd'hui.

Le syndicalisme sincère, s'il ne suffit pas à tout, se suffit en tous cas à lui-même ; sa force réside dans cette indépendance d'action que nous voulons conserver à tout prix.

Il faudrait aussi qu'on nous dise comment et en quoi nous pourrions obtenir des améliorations plus immédiates, plus faciles, si nous arrivions à nous accorder avec un parti politique.

Ah! l'on dit que la C. G. T. ne fait pas d'action pratique ! C'est parce qu'il y a dans son sein des éléments qui, au lieu de soutenir l'organisation centrale, au lieu de renforcer son action par une union morale réalisée en dépit des divergences d'opinion qui peuvent exister, ne font que l'affaiblir par des critiques souvent de mauvaise foi ! Il faudrait qu'on s'entende là-dessus et qu'on ne vienne pas nous reprocher ce qui n'est que la faute de quelques-uns. Nous disons que la C. G. T. incarne la puissance ouvrière, puissance qui ne peut que s'accroître si tous les éléments qui la composent concourrent d'une façon parfaite au développement harmonique de l'action confédérale.

Je veux laisser à Jouhaux le soin de réfuter la thèse de Renard au point de vue général. Mais pour terminer, je veux dire que, lorsqu'on examine le rapport confédéral, on y voit une part de passé et une part d'avenir. A ce dernier point de vue, je vois avec plaisir que la C. G. T. est entrée dans la voie des réalités, en décidant une campagne pour la diminution des heures de travail et pour la semaine anglaise. En effet, il ne faut pas seulement rester sur la défensive; répondre aux coups du pouvoir, c'est quelque chose ; mais là nos gouvernants abusent de leur force et la répression nous attend ; il y a également l'action offensive qui ne doit jamais s'arrêter, et la meilleure façon de répondre aux coups du gouvernement, c'est de toujours marcher de l'avant et de conquérir des améliorations nouvelles. (*Applaudissements.*)

BOUSQUET. — Avant de répondre au camarade Renard, j'ai une question à poser très amicalement aux membres du Bureau. Les Boulangers de la Seine avaient indiqué dans leur questionnaire la suppression du travail de nuit, question assez importante en ce moment. Or, ce point ne figure pas dans le questionnaire. Les camarades du Bureau voudront bien me dire pourquoi.

Ceci dit, Renard, qui doit être un musicien de talent, est venu nous dire que la guitare confédérale était mal accordée. Eh bien! moi, je dis que Renard a joué un air qui ne me plaît pas du tout ! (*Rires et applaudissements.*)

Il est venu parler de certaines tendances pernicieuses; il est très facile d'apporter une affirmation sans la justifier, mais ces tendances, il faudrait en rechercher les causes et rechercher aussi quelle est la meilleure tendance.

Vous avez dit, camarade Renard qu'on vous critiquait. Il y a pourtant assez longtemps que je suis à Paris, mais je me rappelle qu'à mes débuts dans la capitale, une campagne de diffamation, de calomnies, de saletés, était menée dans un journal, la « Petite République », par ceux que vous appelez les réformistes; à ce moment, l'idée révolutionnaire commençant à pénétrer dans les masses, on cherchait à la châtrer, comme on cherche actuellement à lui tendre des pièges, pour l'étrangler comme au coin d'un bois.

Je dis donc que la tendance réformiste est la négation, à mon point de vue, de la lutte de classe que nous préconisons.

D'un autre côté, il ne peut pas — et toi, camarade Renard, socialiste, tu devrais le savoir — il ne peut pas y avoir de contact, d'alliance même officieuse — je ne veux pas dire officielle — entre le capital et le travail. Un réformiste — sans insulter personne — qu'est-ce que cela veut dire? C'est un enfant à qui ses parents disent : « Tu seras bien sage et je te donnerai un gâteau. » Mais, souvent, bien que l'enfant ait été sage, les parents n'ont pas les moyens de lui donner le gâteau.

Et c'est en ce moment de répression gouvernementale que vous venez ici prêcher le calme !

Vous avez critiqué les tendances révolutionnaires ; eh bien, écoutez :

Nous avons combattu, dans notre corporation, une institution qui empêchait toute espèce d'émancipation : les bureaux de placement. Nous étions presque tous réformistes, et nous attendions, depuis onze ou douze ans, que les médecins sans clients, que les professeurs en rupture de chaire et que les avocats sans cause — que nous avons l'imbécillité d'envoyer au Parlement nous représenter — nous apportent cette réforme. Mais nous aurions pu attendre longtemps; et que nous fallut-il faire? Il fallut justement, camarade Renard, faire ces manifestations tumultueuses; il fallut descendre dans la rue, non pas par plaisir, non pas par bluff, mais pour acculer la bourgeoisie à la nécessité de nous l'accorder.

D'un autre côté, voyez la méthode réformiste : A ce même moment, nos camarades employés de commerce demandaient la prud'homie; ils la demandaient pendant que nous faisions notre campagne bruyante contre les bureaux de placement. Mais ils disaient, eux : « Soyons plus sages ; rapportons-nous en à la sagesse du Sénat. » Pendant qu'ils disaient cela, nous obtenions par la force la suppression des bureaux de placement, tandis qu'ils attendirent pendant sept ou huit ans la prud'homie qu'ils ont maintenant. (*Applaudissements.*)

Vous avez eu le temps, camarade Renard, d'expliquer votre théorie dans l' « Humanité », et vous dites que vous avez été insulté. Ah ! je ne veux pas répéter ici les injures de vos amis; mais dans vos journaux corporatifs du Nord vous n'avez pas été toujours très correct, pas plus que dans l' « Humanité », et si ce n'était pas l'insolence grossière, c'était l'insinuation perfide jetée à jet continu. (*Applaudissements.*)

Quant à l'alliance avec le Parti socialiste, elle est complètement impossible, et je vais l'expliquer :

A la C. G. T., depuis l'extrême-droite réformiste jusqu'à l'extrême-gauche révolutionnaire, il n'y a pas de patrons, il n'y a que des salariés. Tandis que le Parti socialiste, sans le critiquer plus qu'un autre, est composé de patrons et d'ouvriers. Et alors, quand un ouvrier appartient au même groupe socialiste que son patron, quelle est sa situation en cas de grève, en face du patron qui l'occupe? Cette situation est la suivante : nous avons vu, chez les Boulangers de la Seine, des ouvriers appartenant au même groupe socialiste que leurs patrons, être renvoyés par ces patrons parce qu'ils faisaient grève ; les socialistes voulaient en faire des jaunes !

D'un autre côté, est-ce que les manifestations n'ont pas produit de résultat? Est-ce que les funérailles d'Aernoult n'ont pas eu une signification?

Moi, je dis, à ce congrès comme aux congrès précédents : « Révolutionnaires nous étions, révolutionnaires nous devons rester. » Quant à toi, Renard, tu nous a cité beaucoup de fables de La Fontaine; permets-moi de t'en citer une : « Les raisins révolutionnaires sont trop verts pour toi, Renard ! » (*Rires et applaudissements.*)

Fay. — Je voudrais répondre par quelques précisions au rapport de Renard :

Le rapport de Renard dit : « La C. G. T. est une organisation de bluff et ne fait absolument rien. » Eh bien ! on ne ment pas de plus impudente façon ! Il n'y a qu'à se reporter aux deux années qui viennent de s'écouler pour s'en convaincre ; il n'y a qu'à examiner les manifestations et les grèves qui se sont produites, les efforts faits par la C. G. T., soit pour aller porter les paroles de réconfort nécessaires aux camarades en lutte contre le patronat, soit pour aller encourager les camarades qui combattaient dans des circonstances difficiles contre la vie chère !

Renard dit qu'il fait appel au désarmement des haines. J'en connais, qui sont avec lui, qui ont l'impudence de salir les camarades révolutionnaires, même lorsqu'ils sont au clou pour la classe ouvrière !

D'autre part, on veut essayer de nous faire croire que nous allons sortir, ou tout au moins on a peur que nous sortions du cadre de la loi de 1884. Il y a longtemps que les syndicats ont, sans se préoccuper de la loi, accompli leur action journalière. Nous ne croyons pas, pour notre part, aux vertus parlementaires et nous constatons une chose : c'est que ce Parlement, que nous payons si cher, n'est qu'un appareil automatique qui enregistre l'effet de nos violences, de nos passions, de nos décisions de congrès. Demain, si dans le congrès confédéral nous ne défendons pas avec vigueur nos camarades instituteurs, le gouvernement prendra des mesures qui seront à la fois contre les instituteurs et contre nos organisations; tandis que si nous montrons de l'énergie, ce sera pour le plus grand bien de nos camarades instituteurs.

Et ensuite, quand Renard dit que la C. G. T. est anti-politicienne, je dis qu'il ment, et sciemment. La C. G. T. n'est ni anti-politicienne, ni politicienne ; elle ignore le Parti socialiste et c'est son droit. Pour ma part, je ne veux pas donner à ce parti, dans notre congrès, une importance qu'il ne mérite pas.

N'a-t-on pas vu, à l'occasion des retraites ouvrières, des hommes qui siègent au Parlement courir à travers le pays et parler au nom de la classe ouvrière, alors qu'ils ne représentent que 52.000 cotisants dont peut-être 25.000 patrons et gros employés ? Nous parlions, nous, au nom de 400.000 camarades confédérés, qui appartiennent bel et bien à la famille ouvrière et non à la famille patronale.

Maintenant, Renard se fait du mauvais sang ; il dit : « Vous faites cavalier seul ; vous êtes seuls à chanter, dans le concert, votre chant révolutionnaire. » Eh bien, la C. G. T. continuera son action révolutionnaire, quand même nous serions les seuls dans le concert international.

LESCALIÉ (*de Nîmes*). — Camarades, je suis très heureux d'avoir appris par Renard la solution du problème qui nous intéresse et qui nous passionne.

Dans le Gard, nous étions arrivés, il y a quelques années, à recruter, dans le mouvement syndical, un millier de femmes.

A cette époque, nous avions le bonheur de recevoir assez souvent, dans le Gard, la visite de Renard, secrétaire du Textile, qui venait assister à des réunions ou à des meetings, et le Syndicat des Fileuses prenait de l'extension. D'où vient que ces femmes ne sont plus syndiquées aujourd'hui ?

C'est bien facile : à ce moment-là, ces femmes ne voyaient que par les yeux des élus politiques, Pastre et Devèze, qui étaient pour elles « des dieux ». Je me rappelle même, alors qu'on excluait d'un congrès, qui se tenait à Alais, les délégués de la Bourse du Travail, on y acceptait une déléguée du ministre du travail Viviani, madame de Maguerie, envoyée par madame Marguerite Durand qui songeait alors à créer un office du travail féminin ! On nous excluait, nous les syndiqués, et les politiciens, socialistes alors, gardaient la porte pour nous empêcher d'entrer au congrès !

Que s'est-il donc produit depuis cette époque ? Tout simplement ceci : les amis de Renard n'étant plus unifiés, Renard négligea cette contrée et les fileuses ne sont plus aujourd'hui adhérentes au Textile.

D'autre part, lorsqu'on parle de proportionnelle, d'égalité dans le Textile, je voudrais bien qu'on nous indique un moyen d'inscrire environ 450 syndiquées que nous ne pouvons pas faire admettre au syndicat ; ce sont les ouvrières de Zacharie. On leur demande une cotisation différente de celle des anciens ouvriers du Textile.

En résumé, nous avons perdu, du fait de l'alliance politique qui avait été préconisée pendant trop longtemps par le Textile, 1.000 femmes rien que dans le département du Gard. D'autre part, en raison des inégalités que fait le règlement, nous ne pouvons inscrire 450 camarades, qui peut-être seraient des révolutionnaires, mais qui, à coup sûr, sont d'excellents syndicalistes.

Dumercq (*des Mécaniciens de Bordeaux*). — Je croyais, et j'ai cru jusqu'ici, que lorsqu'il s'agissait de critiquer un rapport quel qu'il soit, on critiquait les formes d'action et la méthode employées depuis le précédent congrès. Or, si on est venu discuter sur la question de principes, de tactique de la C. G. T., on n'est pas venu discuter sur l'action qu'elle avait menée conformément aux décisions de Toulouse.

Le rapport du camarade Renard peut se partager en deux parties : la première, quelques petites critiques ; le reste, maximes et conseils qui auraient leur place tout indiquée dans un manuel scolaire.

Je crois que Renard arrive un peu tard, car depuis que la C. G. T. commence à comprendre qu'il faut qu'elle fasse ses affaires elle-même, elle peut se passer de ses maximes et de ses conseils. Mais enfin, examinons, aussi rapidement que possible, ce que valent les unes et les autres :

Il a attaqué d'abord le journal pour un article de notre camarade Merrheim, qui n'était qu'un simple article de mise-au point, précisant les déclarations de quelques camarades de Roubaix, lesquels s'étaient peut-être trompés lors de leurs déclarations antérieures. Il n'y avait ni expressions de haine, ni mensonges, ni pensées mauvaises de la part de Merrheim, simplement le rétablissement de la vérité.

Maintenant, quant à l'article qui concerne Legien, j'estime que si Jouhaux, Yvetot, ou si un de nos secrétaires fédéraux se permettaient d'aller banqueter avec Fallières, avec Briand ou quelques autres « personna-grata » de la République, vous seriez peut-être les premiers à les chasser de l'organisation. Eh bien, en Amérique, le gouvernement a martyrisé les ouvriers organisés ; on les a enfermés dans des cachots et employé contre eux des procédés de torture. Dernièrement, nos camarades Ettor et Giovannitti allaient être condamnés à mort. Dans ces conditions, tout militant est qualifié pour faire la critique des faits reprochés à Legien. (1)

En ce qui concerne le congrès de Marseille, la question du Bâtiment d'Italie, je passe.

Le camarade Renard dit qu'il est pour le centralisme, nous sommes contre ; le secrétaire confédéral en parlera.

Et enfin, très honnête malgré tout, il veut bien affirmer que nous sommes arrivés à faire échec à la loi des retraites ouvrières ; mais il ajoute : « Grâce à l'effort du Parti socialiste. » Permettez-moi, camarade Renard, de remettre les choses au point. Le Parti socialiste n'a pas été notre allié contre les retraites ouvrières. Certains guesdistes se disaient contre la loi, seulement ils ajoutaient : « Prenez-la toujours, on l'arrangera après. » D'un autre côté, le citoyen Jaurès n'était pas contre les retraites ouvrières, je pense — j'ai quelques articles de l' « Humanité », — l'un, « Efforts perdus », ne couvrait pas positivement la C. G. T. de fleurs.

Alors, si l'action confédérale a été efficace contre les retraites ouvrières, elle peut l'être en toute occasion ; seulement, il faut coordonner ces efforts.

On vient nous faire une caricature de l'action directe ; on vient nous parler de l'action violente qui s'impose parfois, et on oublie ce que nous voulons dire par « action directe » ; on l'oublie, parce qu'on veut l'oublier ! On omet de dire ce que nous mettons à la base de l'action directe. Or, nous disons au travailleur : « Fais tes affaires toi-même ; prends des dispositions pour arriver, avec d'autres travailleurs comme toi, à réformer, à transformer

---

(1) Au cours de la séance, le Président a donné connaissance d'une déclaration de Sassenbach :

« Pour éviter de fausses interprétations, je déclare que le camarade Legien, pendant son séjour en Amérique, a seulement pris part à des réceptions et réunions organisées par les syndicats américains et qu'il n'a pas salué une seule personne qui ne lui ait été présentée officiellement par les représentants des syndicats américains. »

Signé : Joh. Sassenbach.

la société mauvaise. » Voilà la base de l'action directe ; si quelquefois il est nécessaire qu'à côté de cette action directe nous employions la violence, c'est la conséquence des provocations que nous subissons.

On nous reproche également notre manque de neutralité. Je voudrais bien savoir si, dans aucun congrès confédéral, il a été pris une résolution, une disposition contre un parti politique quel qu'il soit. Nous avons flétri les agissements des partis politiques bourgeois, mais je mets au défi le citoyen Renard de venir apporter ici, à la tribune, une déclaration de congrès qui soit contre le Parti socialiste.

Au contraire, le Parti socialiste — je le sais parce que j'y ai appartenu — est contre l'action directe, et c'est logique : du moment qu'on est pour l'action parlementaire, on ne peut pas être pour l'action directe ; et dans tous les congrès du Parti socialiste, Limoges, Nancy, etc., toujours l'intervention guesdiste a voulu restreindre le mouvement syndical. Donc, la neutralité n'a pas été violée par le mouvement syndical, elle l'a été par le Parti socialiste.

Je veux laisser à Jouhaux le soin de conclure ; mais malgré tout, quand on vient nous parler d'action combinée avec le Parti socialiste et de la Confédération, je me demande sur quelles bases on doit établir cette combinaison. Lorsque nous voyons, à mesure que le problème social se précise, la classe ouvrière plus consciente de ses droits, commencer à réclamer ce qui lui revient, je me demande quelle situation on voudrait nous créer avec un parti qui veut tout centraliser, qui voudrait nous dire : « Vous serez sous notre coupe. Vous serez des enfants bien sages ; vous pourrez vous occuper de voir si les cabinets sont propres, si les mesures d'hygiène sont observées, mais vous êtes trop petits garçons pour vous occuper de la gestion des affaires publiques, c'est nous qui aurons ce droit ; mais, toi, par exemple, mécanicien qui sais fabriquer une machine, qui sais la conduire, tu sais très bien que tu ne peux pas avoir cette responsabilité. » Et c'est une collaboration semblable qu'on nous propose !

J'estime que le mouvement syndicaliste français a une orientation qu'il a précisée de plus en plus et qui a donné des résultats dont la meilleure preuve est la répression gouvernementale. L'orientation de tous les partis politiques, quels qu'ils soient, c'est la conquête du pouvoir : le baron Millerand cherche à prendre le pouvoir; un autre d'un parti politique différent cherche à prendre sa place. Bref, on change l'étiquette du flacon, mais on ne cherche pas à le vider du poison qu'il contient.

Camarades, si on nous frappe, c'est parce que nous sommes forts. Restons chez nous, et que les autres restent chez eux. *(Applaudissements.)*

CAÏTI. — Je ne veux répondre qu'à quelques critiques de Renard.

Renard a dit que dans la « Voix du Peuple », on insérait des articles injurieux à l'égard de certains camarades étiquetés réformistes. Renard était bien mal placé pour faire ce reproche à la « Voix du Peuple », parce que, dans l' « Ouvrier Textile », il n'y a pas un seul numéro qui ne contienne deux ou trois articles signalant « la mauvaise méthode de la C. G. T. » et de ses bergers qu'on appelle, avec dédain, « des anarchistes ».

Je l'ai dit au congrès de Fourmies, et je peux le dire ici, j'ai dit à Renard : nous, révolutionnaires, nous n'avons pas le droit d'écrire dans l' « Ouvrier textile », alors que lui, Renard, peut écrire dans la « Voix du Peuple ». Je lui ai dit aussi que dans ses polémiques il mettait des formes lorsqu'il s'agissait de Touron, du patronat, mais qu'il n'en mettait pas lorsqu'il s'agissait des dirigeants de la C. G. T.

Renard a parlé de la semaine anglaise, et il a semblé reprocher à la C. G. T. de ne pas en réaliser l'application assez vite. Eh bien, camarades, au congrès Textile qui s'est tenu l'an dernier à Roubaix, nous avons voté à l'unanimité une motion pour la diminution des heures de travail et la semaine anglaise ; et il a suffi que la C. G. T. entreprenne une agitation dans ce but pour qu'immédiatement, dans le Textile, on arrête tout mouvement!

Renard a également critiqué la C. G. T. en disant que sa méthode révolutionnaire d'action directe était un empêchement au recrutement syndical. Camarades, la Fédération Textile a perdu, depuis 1911, 8.000 membres, et je crois que ce n'est pas à cause de sa méthode révolutionnaire qu'elle les a perdus!

Renard a conclu également en disant que le Textile ne voterait pas les rapports confédéraux. Mais, camarade Renard, vous n'en avez pas le droit, puisque vous ne payez pas de cotisation à la C. G. T.!

UNE VOIX. — Une motion d'ordre!

LE PRÉSIDENT. — Les orateurs n'ont qu'à rester sur le rapport, et, au lieu de discuter avec Renard, à apporter des arguments pour ou contre le rapport.

Observations sur certains points des rapports confédéraux

BIGOT (*de Castres*). — Camarades, je présenterai deux observations sur le rapport du Comité confédéral :

1° Je trouve qu'il y a une contradiction entre la partie du rapport d'Yvetot concernant la vie chère, et la brochure sur la vie chère dont l'impression avait été décidée par une conférence des bourses. Dans la brochure sur la vie chère, il n'est nullement fait allusion, dans les conclusions, aux services que la coopération pourrait rendre à la classe ouvrière. Dans le rapport, notre camarade Yvetot fait état de la coopération et la préconise ; il dit même que nous devrons, tôt ou tard, nous en occuper dans nos congrès.

Je trouve que ce qui a été dit dans le rapport aurait dû l'être dans la brochure. Cette lacune a permis à quelques-uns de dire que la C. G. T. était contre la coopération.

2° En ce qui concerne la représentation des unions de syndicats à la Section des Bourses, nous voyons qu'en moyenne 25 ou 30 délégués furent présents chaque fois.

Au nom de l'Union des Syndicats de Castres, je ferai cette proposition de modifier complètement la constitution de la Section des Bourses; au lieu d'avoir des camarades de Paris ou des environs de Paris à la Section des Bourses, il serait nécessaire — et je donne cela à titre d'indication pour la commission qui étudiera les modifications aux statuts — de demander aux organisations de province, qui sont encore isolées dans les bourses, de se transformer en unions départementales ou régionales, et que chaque union départementale ou régionale ait son délégué envoyé à la section à certaines époques fixées par le Congrès. Je crois que ce mode de représentation donnerait de meilleurs résultats, car les délégués que nous enverrions représenteraient également l'état d'esprit des sections de province; de plus, les décisions ne seraient pas prises seulement par 25 camarades, mais seraient prises par tous les délégués, ce qui leur donnerait plus de force.

Voilà les deux seules observations que j'avais à formuler au sujet du rapport confédéral.

BOURDERON. — Camarades, je n'ai qu'une demande d'explications à adresser au secrétaire confédéral, car je n'ai point de critiques à formuler sur l'esprit ni sur la teneur du rapport, faisant partie du Comité confédéral et ayant assisté à toutes les réunions.

La C. G. T. semble avoir émis deux opinions contradictoires au cours de son rapport, et cela est relatif à la Fédération des Mécaniciens :

A la page 37, on dit que la Fédération des Mécaniciens a fusionné avec la Fédération de la Métallurgie, et est « incorporée aux Métaux », à la date du 1er janvier 1911.

A la page 93, on constate que la Fédération des Mécaniciens est radiée de la C. G. T.

Ou elle est incorporée aux Métaux ou elle est radiée ; elle ne peut être à la fois dans ces deux situations. Je n'ai qu'un mot à ajouter sur cette question de radiation :

Le Comité confédéral lui-même n'a aucun droit de radier une fédération ; cela ne peut dépendre que du Congrès. Il peut la suspendre des droits qu'elle exerce à la Confédération.

En terminant, je demanderai que le Congrès ne suive pas Renard et beaucoup de nos camarades. Si, dans la critique du rapport du Comité confédéral on peut mettre de tout, il faut tout de même rester dans l'ordre de discussion qu'un congrès se trace. Il est indispensable que l'on ne puisse critiquer que les faits et gestes de la Confédération en suivant, comme l'a dit un précédent collègue, les déterminations prises par les congrès antérieurs. Or, on entame une discussion sur les rapports entre le Parti socialiste et la C. G. T. ; est-ce que cette question est à l'ordre du jour? Sommes-nous mandatés, nous-mêmes, pour discuter cela? Non. Je désirerais que cette critique que Renard a faite d'une façon très large, très générale, ne soit pas étendue à tel point que nous prenions une résolution dans cet ordre d'idées, parce que je crois que beaucoup de délégués, comme moi-même, n'ont pas mandat pour savoir si nous devons modifier la constitution même de la Confédération, qui date du congrès d'Amiens.

Je demande donc qu'on examine si la Confédération est restée d'accord avec les statuts confédéraux et d'accord avec les résolutions antérieures.

JOUHAUX. — Je vais répondre immédiatement à Bourderon et lui donner satisfaction :

La seule résolution indiquée dans le rapport qui soit valable pour le Congrès, c'est celle inscrite à la page 37 : « Fédération des Mécaniciens de France, incorporée aux Métaux le 1er janvier 1911. » C'était la décision de Toulouse, confirmée par le Comité confédéral.

L'indication donnée à la page 93 est une indication donnée par Marck, qui s'est figuré — à tort, il faut le reconnaître — que le Congrès de Toulouse et le Comité avaient décidé de radier les Mécaniciens ; le Congrès et le Comité n'avaient décidé que d'incorporer les Mécaniciens dans les Métaux ; c'est ce qu'ont fait le Syndicat de la Seine et nombre de syndicats.

Montoux votera pour les rapports confédéraux

MONTOUX. — Quoique nous ne soyons pas d'accord sur la R. P. et la propagande antipatriotique que nous voudrions voir organiser d'une autre façon, nous voterons, cette année, pour les rapports confédéraux. Nous les voterons pour deux raisons : la première, c'est que nous tenons compte à la C. G. T. de la bonne volonté qu'elle a mise pour solutionner les différends relatifs aux conflits divisant plusieurs organisations. La seconde, c'est que, en raison de la répression gouvernementale à l'égard des syndicats et des fédérations de fonctionnaires, nous estimons qu'il est nécessaire que le prolétariat organisé reste d'accord avec la C. G. T. contre le gouvernement.

Dumas reprend la question générale

DUMAS. — Il y a des camarades qui ont présenté des observations à ce sujet, mais il n'est plus à présent au pouvoir des délégués de placer la question sur un autre terrain que sur le terrain des idées générales. Je crois qu'il est utile non seulement d'apporter des félicitations ou des critiques au Comité confédéral, mais encore d'envisager la situation sous un aspect un peu plus général.

Je crois, pour ma part, que dans le mouvement syndicaliste, il y a une une sorte de crise ; c'est au fond de la pensée de tous, et personne ne le dit ;

il faut le dire au contraire, et rechercher les raisons pour lesquelles nous subissons cette crise : c'est parce qu'aujourd'hui nous nous trouvons dans une situation en quelque sorte toute nouvelle.

Lorsque le mouvement syndical français a commencé à se développer, il s'est trouvé en face d'un patronat profondément individualiste, d'un patronat divisé, et les premières grèves, les premiers mouvements qui se sont produits, ont donné des résultats qu'on a pu qualifier de merveilleux. Aujourd'hui, si les anciennes difficultés subsistent, il y en a de nouvelles. Les anciennes, c'est la menace permanente de la mainmise d'un parti sur l'organisme confédéral — et il ne faut pas faire de reproches à ce parti ; c'est un sentiment naturel chez lui : tout organisme tend à se développer ; tout organisme tend à se faire connaître, à attirer à lui le plus grand nombre possible de membres et de sympathies, et lorsque ce parti peut venir chercher dans nos organisations les électeurs qui lui manquent, il fait un geste profondément logique que nous ne pouvons pas lui reprocher. Seulement, nous avons le droit de nous mettre en garde contre ses agissements.

On a parlé de désarmement des haines. Camarades, savez-vous quand on a provoqué des haines dans les syndicats ? C'est quand on y a introduit la question politique.

En France, avec notre état d'esprit, il n'est pas possible de donner à un parti une sorte de consécration officielle ; ce serait mettre contre nous tous les ouvriers, qui sont, ou à droite, ou à gauche de ce parti, et qui ne veulent pas qu'on favorise ce parti au détriment de leurs préférences personnelles. Il faut donc qu'on répète plus vigoureusement que jamais que le syndicalisme se suffit à lui-même.

Le désarmement des haines, camarades, s'est fait dans nos syndicats. Nous voyons des camarades d'opinions très diverses s'entendre parfaitement sur le terrain professionnel ; de ce côté-là, nous devons, si nous avons un engagement à prendre, le prendre encore plus ferme que jamais, défendre notre autonomie, défendre notre indépendance, défendre un point de vue tout à fait spécial qui ne peut se confondre avec les tendances d'un parti politique quel qu'il soit.

Les difficultés présentes, celles qui se dressent aujourd'hui contre nous, celles qui font que tant de grèves échouent, proviennent de ce que nous ne sommes plus devant un patronat individualiste — et notre camarade Merrheim l'a démontré pour la Métallurgie, l'organisation la plus centralisée. Ce qui existe dans la Métallurgie se répand aujourd'hui partout : la maison Esders a dépensé 1.500.000 fr. au minimum lors de la grève ; elle a perdu plus que cela au point de vue de sa clientèle, elle a mieux aimé cela que de céder.

Voilà ce qu'il faut comprendre, et j'estime que ce n'est pas la méthode de Renard qui peut amener de tels patrons à composer. J'estime qu'il faut être plus vigoureux dans l'attaque que nous ne l'avons été ; il y a des difficultés sans nombre que nous devons vaincre, et c'est pour cela que nous voyons toutes les fédérations, quelles qu'elles soient, — nous sommes d'accord pour cela — accepter l'idée d'augmenter leurs cotisations et demander aux ouvriers un effort toujours plus grand, parce que l'ouvrier s'attache à son œuvre en raison même des sacrifices qu'il lui consent — c'est aussi pour cela que nous sommes opposés à toute subvention de l'Etat.

Il y a une troisième raison : Il y a douze ans, nous avions un gouvernement qui nous flattait ; nous avions un pouvoir qui tenait à l'étiquette démocratique, et aujourd'hui nous assistons à la faillite de cette démocratie ; nous assistons à ce fait que les gouvernements républicains sont les plus réactionnaires — et cela est vrai pour la Suisse comme pour la France. La République n'est qu'un mot ; le pouvoir est en faveur et aux mains des capitalistes, il en sera de même, camarade Renard, lorsque vous aurez introduit des camarades socialistes dans ces milieux. En Suisse, nous avons eu des socialistes au pouvoir. En 1898, il y a eu une grève générale du bâtiment; celui qui était délégué au Commerce était Thiébaut, socialiste; qui est-ce qui a signé l'ordre de mobilisation ? c'est Thiébaut. En 1902, grève générale; qui est-ce qui a signé l'ordre de mobilisation, qui a envoyé les milices contre les grévistes? c'est Thiébaut. Par conséquent, la conquête des pouvoirs publics n'est qu'un vain mot, elle ne peut pas exister pour nous.

Ce que nous devons reconnaître, c'est que nous manquons de clarté; nos programmes ne sont pas assez nets. Les camarades semblent craindre de voir opposer aux conceptions socialistes la conception syndicaliste.

Quand on vous propose, ici, de travailler à l'émancipation du prolétariat en commun avec un parti politique, on vous dit que ce parti politique a le même idéal que le vôtre. Je dis que cela est absolument faux. Pendant que les uns veulent conquérir le pouvoir, veulent demain nous commander et nous administrer, nous disons à l'ouvrier : « Prends conscience de ta valeur; deviens un bon ouvrier; tâche de devenir capable d'administrer la chose publique en ce qui concerne tes intérêts. » Et c'est ce qui fait qu'entre le socialisme et le syndicalisme il ne peut pas y avoir de parenté réelle. Les uns disent : « Tranquillisez-vous, nous travaillerons à votre émancipation; nous viendrons, nous qui sommes incapables d'administrer la chose publique au point de vue politique, vous imposer une direction technique. » Est-ce que ce sont les avocats, les médecins, les petits bourgeois qui sont à la Chambre qui peuvent venir nous dire... *(Interruptions. — L'ordre du jour!)*

LE PRÉSIDENT. — Je demande au camarade de rester dans la question du rapport; ce n'est pas de la propagande que nous avons à faire ici.

DUMAS. — Camarades, qu'est-ce que voulez? Il fallait protester au début. Nous avons eu tort, ici au Congrès, de ne pas reprendre la vieille idée syndicaliste. Et cela, c'est un reproche à faire, non au Comité confédéral, mais aux délégués. Je dis que nous avons eu tort de ne pas reprendre la propagande syndicaliste sous la forme de la grève générale. Nous aurions fait ainsi de bonne besogne; nous aurions eu quelque chose à mettre entre les mains des camarades. Nous n'en parlons plus aujourd'hui, et pourtant cela a été adopté dans les congrès ouvriers.

Eh bien, camarades, il faut que nous reprenions la véritable thèse syndicaliste, affirmée dans nos précédents congrès. Il faut qu'en face des trahisons politiques, nous prenions comme méthode d'action la grève générale et l'action directe.

LE PRÉSIDENT. — Dumas disait que c'était au début qu'on aurait dû rappeler aux camarades de rester dans la discussion de l'ordre du jour. J'ai dit aux camarades de parler uniquement pour ou contre le rapport. La tactique à suivre dans l'avenir peut être discutée après le rapport.

UNE VOIX. — C'était à Renard qu'il fallait dire cela!

LE PRÉSIDENT. — C'était à vous à l'indiquer. Dans le rapport de Renard il y a de tout : des critiques du rapport, des questions à côté, etc. J'ai dit à Renard que la question du manifeste n'entrait pas dans l'examen du rapport.

UNE VOIX. — Il y en a qui sont qualifiés pour répondre à Renard!

LE PRÉSIDENT. — Tous les délégués sont qualifiés pour répondre à Renard aussi bien que Jouhaux. Les arguments apportés par Renard, et qui ont trait au rapport, peuvent être réfutés par tous les congressistes.

Protestation contre les attaques dirigées contre le Parti socialiste

CHAMBON. — Les organisations qui m'ont mandaté au Congrès m'ont donné le mandat formel, non seulement de voter les rapports, mais encore d'apporter des félicitations au Comité confédéral. Mais, en tant que socialiste et que syndicaliste, je tiens à faire une déclaration :

Je proteste contre les attaques dirigées contre le Parti dans son ensemble, alors que ces attaques auraient dû viser seulement quelques personnalités appartenant au Parti. (*Applaudissements.*)

En ce qui concerne, en particulier, les retraites ouvrières, savez-vous ce que nous avons fait à Grenoble, où la section est, je crois, comme partout, composée d'une grande majorité de travailleurs? Nous avions donné mandat aux camarades qui nous ont représenté au congrès socialiste de Nîmes — à tout hasard, car nous ne savions pas si la question serait posée — de voter contre les retraites ouvrières. Nos délégués ont rempli consciencieusement leur mandat. Seulement, il faut que je vous dise comment cela se passe dans le Parti...

Le Président. — Camarade Chambon, je vous prie de rester dans la question du rapport.

Chambon.— Je tiens à dire que le Parti, en majorité composé d'ouvriers, n'est pas riche. Lorsqu'un congrès doit avoir lieu, il arrive souvent que des avocats, des journalistes, offrent aux sections d'aller les représenter gratuitement au congrès. Je n'ai rien à reprocher à ces camarades lorsqu'ils ont un mandat ferme sur une question. Mais, en ce qui concerne les retraites ouvrières, je dis que si les sections avaient été consultées, ce n'est pas la minorité, mais une grosse majorité qui se serait prononcée contre la loi.

Je demande donc aux camarades de ne pas incriminer tout le Parti socialiste. Il y a dans le Parti des camarades fédérés et confédérés, qui sont syndicalistes, et qui défendront la C. G. T. toujours et en toutes circonstances! (*Applaudissements.*)

Le Président. — Je suis saisi d'une demande de clôture après les orateurs inscrits.

Adopté à l'unanimité.

La discussion est ramenée aux rapports confédéraux

Sergent. — Sous prétexte de discuter le rapport confédéral, on est venu discuter l'attitude du Comité confédéral. On aurait dû prendre deux orateurs d'un côté, deux de l'autre, et la discussion aurait été close. On aurait examiné ensuite les cas particuliers.

Tout à l'heure, j'avais à prendre la parole sur un cas particulier; mais Renard nous a lu soixante-dix feuillets qui ont étouffé mon cas particulier. (*Rires.*) Je demande donc qu'on prenne deux orateurs d'un côté, deux de l'autre, et ensuite les cas particuliers.

Le Président. — La clôture est votée. Les orateurs inscrits ont droit à la parole.

Sergent. — Combien y en a-t-il d'inscrits?

Le Président. — Quatre, et Jouhaux après.

Dudillieux. — Camarades, l'intervention d'Hamelin au sujet de mes paroles m'oblige à préciser mes déclarations.

J'ai dit que, réserves faites sur le passage ayant trait à la solution du conflit des Imprimeurs et de la Fédération du Livre, nous approuvions complètement le rapport confédéral. Il me semble que nous avions le droit d'émettre un avis sur une question qui nous intéresse directement.

Maintenant, je déclare que nous aurons pleinement satisfaction si l'on consent à rectifier le passage que nous incriminons, dans la brochure du Congrès.

Danis (*de Nice*). — Mon intervention porte sur le rapport concernant la délimitation des fédérations.

Au congrès de Toulouse, nous avions décidé que le Comité confédéral nommerait une commission chargée d'examiner les fédérations devant se fusionner en une seule, ainsi que l'adhésion des syndicats à telle ou telle fédération. La commission de délimitation n'a pu faire son travail parce qu'elle n'avait pas assez de documents sur les cas d'espèce.

Je suis mandaté par le Syndicat des Employés de Banque de Nice pour vous entretenir d'une question qui l'intéresse tout particulièrement...

LE PRÉSIDENT. — Camarade Danis, il ne s'agit pas de soulever de débats sur les conflits entre fédérations.

DANIS. — Ce n'est pas un conflit. Nous lisons, à la page 53, un rapport sur la délimitation des fédérations, et ce rapport demande qu'on précise certaines questions d'espèce pour donner à la Commission de la Confédération les éléments qui lui manquent. Les employés de banque désirent former une fédération autonome et ils demandent au Congrès d'étudier les raisons pour lesquelles ils désirent former une fédération autonome.

LE PRÉSIDENT. — On a demandé aux syndicats de fournir des renseignements, mais on n'a pas dit : « On lira des rapports au Congrès. » Si, au cours de la discussion du rapport confédéral, chacun des délégués veut donner des renseignements sur la délimitation des fédérations, le Congrès ne suffira pas. Donnez votre rapport à la Commission des délimitations, et la discussion sera close.

DANIS. — C'est entendu, j'accepte ; mais je ferai remarquer qu'à l'issue du congrès de Toulouse, les employés de banque ont adressé à la Commission de délimitation des fédérations un rapport dont il n'a pas été tenu compte. Ils demandent aujourd'hui que le Congrès prenne en considération leur désir de former une fédération autonome. Si vous ne voulez pas que je lise mon rapport, je demande qu'il soit inséré dans la brochure, et que la Commission de délimitation s'inspire des désirs des employés de banque.

LE PRÉSIDENT. — Il n'y a pas de raison de grossir encore la brochure par un rapport qui est peut-être long.

DÉMARET. — Cette Commission de délimitations est-elle désignée, d'abord ?

DANIS. — Elle n'a pas pu fonctionner parce qu'elle n'avait pas de données précises. Je demande qu'on prenne en considération le désir des employés de banque.

ANTOURVILLE. — Camarades, j'appartiens à une organisation et à une fédération qui n'ont pas à discuter la question de tendances que l'on a voulu faire revenir à la faveur des rapports confédéraux. Je déclare qu'au nom des organisations qui m'ont mandaté, je voterai le rapport confédéral.

Mais à propos des conflits, il est venu à l'esprit du syndicat que je représente qu'il y avait peut-être lieu d'apporter une modification aux statuts, et je veux préciser ce point.

Hier, je n'étais pas présent et je vous prie de m'excuser. On m'a dit que toutes les propositions de modifications avaient été renvoyées à une commission spéciale. Je crois cependant devoir modifier l'article de l'ordre du jour qui dit : « Obligation pour toutes les organisations « compétentes » d'appliquer la représentation unitaire et d'établir une administration fédéraliste. »

Ce n'est pas « compétentes » qu'il faut lire, c'est « adhérentes ».

Ceci dit, permettez-moi de vous expliquer que notre syndicat croirait avoir satisfaction de la manière suivante :

Article 2, troisième alinéa :

Conformément à l'esprit de la résolution du congrès de Bourges s'affirmant contre la R. P. au sein des congrès et dans la C. G T. ;

Vu le principe de représentation unitaire et directe admis à la constitution du Comité confédéral ;

Toutes fédérations ou unions de syndicats, pour être admises ou adhérentes à la C. G. T., devront avoir dans leurs statuts un article analogue à ce principe et reconnaissant ce droit unitaire de représentation à leurs syndicats adhérents ;

En résumé, les unités confédérales doivent être à base nettement fédéraliste ;

Cet article, à leur imposer statutairement, peut ainsi se préciser :

« Le Comité confédéral est constitué par des délégués désignés librement et directement par les syndicats. Ceux-ci ne peuvent avoir qu'une voix au sein du Comité, quel que soit le chiffre de leurs adhérents ;

» Un délégué fédératif pourra représenter plusieurs syndicats à la Fédération, à qui il appartient d'en limiter le nombre. »

Je termine en disant que cette proposition est née dans notre syndicat à l'occasion surtout des circonstances douloureuses qui ont motivé le conflit relaté dans le rapport moral en ce qui concerne les Imprimeurs de la Seine et la Fédération du Livre. Je déclare avoir voté contre au Comité confédéral; j'ai trouvé qu'il y avait trop d'élégance dans la résolution qui avait été prise — que je ne dois pas discuter puisque les deux parties sont d'accord — et j'ai également voté contre parce que je considère qu'à la C. G. T. les révolutionnaires sont souvent battus et, qu'en l'espèce, ce ne sont pas les révolutionnaires qui ont eu raison, parce que le Syndicat des Imprimeurs de la Seine est animé d'un esprit nettement fédéraliste et confédéraliste. Les camarades réformistes n'ont pas à se plaindre de la solution élégante qui a été donnée à cette affaire, mais nous voulons que dans l'avenir une situation aussi anormale ne puisse pas se produire ; nous voulons que ce qui est imposé aux syndicats les plus puissants, au sein de la Confédération, le soit également dans les unions locales comme dans les fédérations.

Il ne m'est pas permis de discuter plus longuement, à l'heure actuelle, mais lorsque la question reviendra je me réserve de la discuter. Il est anormal, en effet, de voir qu'au sein de la C. G. T. se trouvent des organisations dans lesquelles un Conseil central puisse faire la vie et la mort sans tenir compte de la volonté des syndiqués; il y a dans ces fédérations, qu'on le veuille ou non, une situation qui est en antagonisme avec nos décisions de congrès. Aux congrès confédéraux, elles demandent la R. P., alors que chez elles elles pratiquent une représentation tout à fait amoindrie.

VOIRIN. — J'ai cru, au début, que les rapports des comités confédéraux et des commissions seraient discutés l'un après l'autre, et c'est la raison pour laquelle je n'avais pas demandé la parole. Mais je tiens à faire remarquer qu'il y a, à la fin du rapport sur la délimitation des fédérations, ces paroles : « Certes, nous ne demandons pas au Congrès de décider des détails de l'organisation; nous lui demandons simplement d'en fixer pour l'avenir, pour les fédérations à constituer ou pour les fusions futures, les bases générales. Il est certain que les questions particulières relèveront toujours du jugement des Comités ou des Commissions qui les suppléeront. »

Je demande si, après l'adoption de tous les rapports par le Congrès, la discussion sur celui-ci sera close, ou bien si la Commission de revision des statuts s'occupera de cette conclusion des rapports sur la délimitation des fédérations. Si la Commission de revision doit s'en occuper, il n'y a pas à donner connaissance au Congrès, à présent, des deux ordres du jour; sinon, je demanderai à ce qu'ils soient mis aux voix.

LE PRÉSIDENT. — Camarades, nous en sommes au rapport moral; je crois qu'il n'y a pas lieu de discuter en ce moment le rapport de la Commission des conflits, et surtout de discuter les ordres du jour présentés.

Je crois que nous devons, pour le moment, nous borner à formuler des critiques, s'il y a lieu, sur le rapport moral, et sur la question de savoir si l'œuvre confédérale depuis le Congrès de Toulouse est en rapport avec nos idées, avec les décisions du dernier congrès. Si oui, nous n'avons qu'à approuver ; sinon, apportez des explications sur les points sur lesquels vous êtes en désaccord avec le Bureau ou avec le Comité confédéral. Les ordres du jour présentés ont trait à des fusions de fédérations, c'est une discussion assez longue qui va s'engager.

UNE VOIX. — Mais non, nous sommes tous d'accord !

LE PRÉSIDENT. — Eh bien, si vous êtes d'accord, on adoptera vos ordres du jour. Il n'y a pas à discuter, puisque vous êtes d'accord pour fusionner. Les congrès confédéraux ont toujours invité les fédérations de métiers à fusionner entre elles pour former des fédérations d'industrie. Au Congrès, on ne peut que vous inciter à fusionner.

BLED. — C'est une question qui figure au rapport. Nous avons à faire à ce sujet une proposition qui va clôturer la discussion.

LE PRÉSIDENT. — La discussion sur les rapports est close avec les orateurs inscrits. Par conséquent, vous avez voté la clôture, sur les questions de délimitations.

BLED. — Je ne veux pas discuter, c'est une proposition.

LE PRÉSIDENT. — Cela viendra après l'adoption des rapports. La suite de la discussion est reportée à la séance de cet après-midi.

Vœux divers

Le président donne lecture des ordres du jour suivants :

Contre des brutalités militaires ; en faveur de Durand ; contre la violation des libertés syndicales des fonctionnaires ; pour les travailleurs des services publics ; plus un télégramme de Tom Mann et un des charbonniers grévistes de Saint-Malo. (Voir à l'annexe, placée à la suite du compte rendu du Congrès, le texte de ces ordres du jour et les observations présentées.)

LE PRÉSIDENT. — Il y a une proposition de bureau pour cet après-midi :
Président : Savoie.
Assesseurs : Danis, de Nice, et Barrière, de Marseille.

Adopté.

La séance est levée à midi.

4e SÉANCE. — MARDI 17 SEPTEMBRE (après-midi)

Rapports Confédéraux (suite et vote) Maison des Fédérations

La séance est ouverte à 2 heures 1/2, sous la présidence de Savoie, assisté de Danis, de Nice, et Barrière, de Marseille.

Rapports Confédéraux (suite)

Le Président. — L'ordre du jour appelle la suite de la discussion sur le rapport du Comité confédéral.

Marty-Rollan. — Camarades, nous estimons que les rapports des commissions et comités confédéraux résument toute l'action, toute la propagande syndicalistes dans le laps de temps qui s'écoule d'un congrès à l'autre; que, par conséquent, ces rapports représentent la partie la plus intéressante du Congrès confédéral. Nous voudrions donc que la discussion de ces rapports soit la plus large et la plus étendue. Qu'on prenne au bureau, si on le juge utile, des dispositions administratives pour limiter le temps de parole; qu'on ramène les camarades à la question lorsqu'ils s'en écartent; qu'on essaye même de discuter ces rapports chapitre par chapitre, — mais qu'on ne restreigne pas la portée du débat.

Ce matin, j'avais adressé une demande de parole parce que j'ai mandat, au nom des syndicats ouvriers de Toulouse et de la région, de présenter des observations au sujet de la propagande et de la tactique de la C. G. T. Pendant que j'envoyais ma demande, une demande de clôture est parvenue au bureau, et je suis dans l'impossibilité de remplir le mandat qui m'est confié. Ce n'est pas l'expression de la mauvaise humeur provoquée chez moi par un discours rentré que je vous apporte, mais je demande au Congrès de bien réfléchir.

Je n'ai pas à refaire ici l'historique de la question Renard; je dois soulever des questions nouvelles que l'Union des Syndicats ouvriers de Toulouse m'a donné mandat de présenter. Je demanderai donc au Congrès de donner au bureau l'ordre de me donner la parole après les camarades inscrits et avant le camarade Jouhaux, qui clôturera la série.

Le Président. — Vous avez entendu les paroles de Marty-Rollan. La clôture a été votée ce matin et il reste trois orateurs inscrits : Péricat, Yvetot et Jouhaux. Si le Congrès se rallie à la manière de voir de Marty-Rollan et déclare qu'on n'a pas discuté suffisamment, il faudra laisser à tous les camarades qui le désireront la faculté de se faire entendre; il ne doit pas y avoir de mesure exceptionnelle en faveur d'un camarade.

(Avant de donner la parole aux camarades inscrits, le président prie les membres de la Commission de revision des statuts de bien vouloir monter au premier, où se tient la réunion; il invite en même temps les camarades qui ont des propositions de modifications aux statuts à présenter, de bien vouloir les faire parvenir à cette Commission.)

Le Président. — Je demande au Congrès s'il est d'avis de donner la parole à notre camarade Marty-Rollan.

Adopté.

Il faudrait intensifier l'action confédérale

Marty-Rollan. — Camarades, à propos de ce que quelques-uns appellent la tactique confédérale et qui est toute l'action syndicaliste, l'Union des Syndicats de Toulouse m'a mandaté pour intervenir.

Comme certains camarades de province, je suis appelé assez souvent, soit au nom de la C. G. T., soit au nom de certaines fédérations, à faire de la propagande de recrutement, à prendre la parole dans certaines réunions organisées dans la région du Midi. C'est plus comme délégué à la propagande de la C. G. T. et de certaines fédérations que comme secrétaire de l'Union que je prends la parole ici.

En parcourant les régions du Midi, voici les sentiments que m'exprimaient les camarades : « Ce n'est pas trop tôt que la C. G. T. s'occupe de nous! Nous ne voyons personne, on ne nous dit jamais rien. » Je leur répondais : « Vous ne lisez donc pas? — Mais les journaux que nous avons, ou bien nous renseignent inexactement, ou bien ne nous disent pas ce qu'ils devraient nous dire pour nous renseigner. » De plus en plus, j'acquis cette opinion que la classe ouvrière est soumise à cet esclavage de l'ignorance. Et si à Toulouse, nous avons constitué un groupe des « Amis de la Bataille » et créé un petit « canard » local pour propager les idées syndicalistes, c'est pour faire disparaître cet écueil dangereux pour notre propagande.

J'ai eu l'occasion d'écrire au Comité confédéral en disant que par moments j'avais des heures de découragement et d'écœurement. Et j'ai cru m'apercevoir — j'en ai d'ailleurs fait part à mes camarades qui, eux aussi, s'en étaient aperçus — que le mal résidait au sommet de l'organisation syndicaliste. C'est pour remédier à ce mal que je vais déposer une proposition.

Nous voudrions que la C. G. T. pousse davantage à la création d'unions départementales ou d'unions régionales. Il y a des départements, comme l'Hérault, qui possèdent sept bourses du travail; il y en a, comme la Haute-Garonne qui n'en possèdent qu'une; le Tarn en possède trois, etc. Ces bourses du travail possèdent des permanents; ces permanents devraient rayonner; ils devraient battre la région; ils devraient diffuser la pensée syndicaliste... ils ne le font pas. Pourquoi? Parce que leur Conseil d'administration ne les soutient pas ou ne leur indique pas ce qu'ils doivent faire. Et alors, malgré les permanents, les délégués d'unions de syndicats, les secrétaires de bourses du travail, le travail syndicaliste ne se fait pas; par contre ceux qui veulent en faire, ceux qui ont la confiance de ces organisations locales, de ces fédérations ou de la C. G. T., ceux-là ne sont pas soutenus, ne sont pas approuvés par leurs collègues immédiats.

Il y a donc une situation à laquelle il importe de remédier, et il faudrait, pour cela, favoriser davantage la création d'unions départementales, d'unions régionales...

UNE VOIX. — Il m'apparaît que ce que traite actuellement Marty-Rollan rentre dans l'ordre du jour de la Conférence des Bourses et n'a pas trait au rapport confédéral.

MARTY-ROLLAN. — Et la limitation des fédérations? Et quand vous allez dans les milieux ouvriers, que vous dites aux syndiqués d'adhérer à une fédération, et qu'il y a hésitation pour savoir à quelle fédération ils appartiendront? Ce n'est pas de l'organisation, cela?

Comme le disait Renard, quand on ouvre la brochure on y trouve des manifestes, toujours des manifestes et encore des manifestes!

UNE VOIX. — C'est du Renard, cela!

MARTY-ROLLAN. — Eh bien, nous voudrions que le Congrès donne mandat au Comité confédéral d'étudier cette organisation de propagande. Il y a en fait autre chose que la propagande, il y a la solidarité dans les grèves. Quand les camarades se mettent en grève, comment sont-ils soutenus? Comment sentent-ils venir vers eux la solidarité de tous les travailleurs de France? Comment peuvent-ils se sentir encouragés par leurs fédérations et par la C. G. T.? Il n'y a pas de lien suffisant.

Eh bien, ce sont ces deux choses-là qui donneront à notre syndicalisme les caractères de sauvegarde et de garantie sans lesquels la masse ouvrière ne viendra pas vers nous. Je l'ai dit, et je le répète : *Ne confondons pas le peuple avec la foule*; voyons le peuple dans son travail de tous les jours.

J'en ai dit suffisamment, et voici la proposition que je dépose :

Le Congrès donne mandat au Comité confédéral d'étudier les mesures à employer pour décentraliser la propagande et en faire une instruction constante et vigilante de la masse ouvrière trop isolée et éloignée des sièges centraux.

Afin de créer des unions départementales ou régionales qui devront posséder des permanents délégués à la propagande, qui auront à charge le recrutement et l'organisation dans leur région et qui dépendront de la C. G. T. pour le paiement de leur indemnité, le Comité confédéral, par une circulaire-referendum, préviendra toutes les organisations centrales : bourses du travail et fédérations, des mesures qu'il aura envisagées à cet effet, au 1er janvier 1913, et ces mesures deviendront définitives après le vote des délégués à une Conférence extraordinaire des Bourses et Fédérations qui se tiendra à Paris en juin 1913.

Les critiques de Péricat

Péricat. — Camarades, dans la discussion du rapport confédéral, il y a des points sur lesquels je ne suis pas en complet accord avec le Comité confédéral et avec le Bureau confédéral.

Tout d'abord, je suis de ceux — je ne dirai pas qui rendent hommage, mais qui savent l'effort accompli par les membres du Bureau; par conséquent, ce n'est pas par esprit de critique, mais c'est avec le désir d'améliorer les rouages confédéraux que je prends la parole dans cette discussion.

Au Comité confédéral, et dernièrement au Comité de la Section des Bourses, j'ai signalé des points qui me paraissent devoir être examinés et solutionnés par le Congrès.

Si vous avez consulté les rapports que vous avez entre les mains, la liste des délégations accomplies dans toute la France par les membres de la C. G. T., vous vous êtes rendu compte que la grosse majorité des délégations ont été accomplies par les membres du Bureau. J'ai relevé, dans le rapport, cent quatre centres visités par les membres du Bureau confédéral, et dans ces cent quatre centres, je ne tiens pas compte des congrès comme ceux des différentes fédérations, bourses ou unions régionales, congrès auxquels ont assisté les membres du Bureau confédéral et qui ont duré cinq, six, huit jours.

J'ai vécu assez à la Fédération du Bâtiment pour me rendre compte de l'effet pénible que l'absence des membres du Bureau produisait à la C. G. T. Je me suis aperçu, par exemple, que lorsque Marck était malade ou en délégation, le service de la trésorerie n'existait plus, n'était plus assuré, et que des camarades qui venaient au Bureau confédéral pour chercher des cartes, des timbres, ou tout autre chose, étaient obligés de s'en retourner sans avoir ce qu'ils demandaient.

Je me suis aperçu également que lorsque Jouhaux était en province, toute sa correspondance restait sur son bureau; Yvetot n'y touchait pas, on attendait le retour de Jouhaux pour qu'il ouvre lui-même sa correspondance. Je me suis aperçu également que lorsque Yvetot était en délégation, sa correspondance restait sur son bureau; Jouhaux ne l'ouvrait pas, et les syndicats, bourses ou fédérations qui s'adressaient à la C. G. T. restaient 8 jours, 15 jours, 3 semaines sans avoir de réponse.

C'est à cette situation — et notez bien qu'il n'y a aucune acrimonie de ma part contre les camarades du Bureau confédéral, — que je voudrais voir remédier. J'estime qu'en l'absence d'Yvetot, la section des Bourses doit continuer à fonctionner; qu'en l'absence de Jouhaux, la section des Fédérations doit continuer à fonctionner; que le secrétaire présent — si secrétaire présent il y a — doit assurer la régularité de la correspondance de l'une ou l'autre section. Si vous avez écrit à la Confédération, vous devez savoir que, bien souvent, les réponses sont tardives. Eh bien, il faut que cela cesse.

D'autre part, — non pas que j'aie de la méfiance contre le Bureau — j'estime que les membres du Bureau ne doivent agir qu'avec le contrôle des organisations confédérées ; j'estime qu'il y a lieu — et nous ferons la proposition à la Commission de revision des statuts — de modifier les statuts confédéraux et de demander au Congrès la nomination d'une Commission exécutive, qui se réunirait dans l'intervalle des séances des comités confédéraux. De cette façon-là, au lieu que pendant 1 mois, 1 mois 1/2, 2 mois, pendant lesquels il n'y a pas de séances des comités confédéraux, pendant lesquels les membres du Bureau sont obligés d'agir de leur propre initiative, — ils seraient couverts par une Commission exécutive, et nous, fédérations ou bourses, nous aurions également une garantie.

C'est pourquoi je demande que le Comité confédéral soit autorisé à nommer une Commission exécutive qui se réunirait tous les quinze jours et assurerait le service avec les camarades du Bureau.

D'autre part, j'ai constaté que pendant les grèves — et dernièrement encore pendant la grève des Inscrits — les membres du Bureau ont été absents très souvent, trop souvent. Ce n'est pas de leur faute, c'est la faute des fédérations ou bourses du travail appartenant à la C. G. T. Quand un conflit comme celui des Inscrits maritimes éclate, eh bien il est déplorable de constater que les différentes fédérations soient dans l'obligation, pour ainsi dire, de refuser des militants pour assurer le service des grèves en cours. Pour la grève des Inscrits maritimes, Yvetot s'est trouvé dans l'obligation de rester à Marseille presque deux mois consécutifs. Il y a là, pour le fonctionnement de la Section des Bourses, un danger, et j'estime qu'il aurait fallu pouvoir trouver au sein du Comité confédéral, avec l'appui des fédérations intéressées, des militants pour assurer la permanence auprès des grévistes sans que le secrétaire soit obligé de s'absenter aussi longtemps.

Voilà donc, camarades, non pas des critiques, mais l'indication de réformes que je voudrais voir accomplir au sein du Comité confédéral. Je voudrais voir les fédérations sortir davantage de leur esprit corporatif et avoir davantage l'esprit confédéral ; je voudrais les voir apporter leur part d'effort non seulement pécuniaire, mais moral, en donnant à la C. G. T. les moyens d'assurer la propagande au cours des luttes que nous poursuivons.

D'autre part, j'ai un grief à formuler contre le Bureau confédéral, motivé par la non observation d'une décision du congrès de Toulouse :

Sur ma proposition, je crois, au nom du Bâtiment, j'avais demandé au congrès de Toulouse de décider, pour permettre un contrôle effectif des organisations, que la trésorerie confédérale serve un rapport financier trimestriel ou semestriel aux organisations. Ce rapport n'a pas été fourni. On a invoqué l'impossibilité où l'on se trouvait de le fournir, on a invoqué les dépenses que cela engagerait... J'estime qu'il y avait décision de congrès et qu'on devait appliquer cette décision. Hier, dans la discussion à propos du Textile, nous avons décidé d'exiger le rapport trimestriel ou semestriel des fédérations et des bourses ; il est de toute logique que nous exigions également de notre organisation centrale un rapport financier. Je demande donc au Congrès du Havre d'exiger l'application de cette décision de Toulouse par les membres du Bureau.

Je n'ai plus qu'un mot à ajouter, pour répondre à ce qu'a dit Renard en ce qui concerne le Bâtiment. Il a dit qu'à la C. G. T. nous mélangions le centralisme et le fédéralisme. Mais la décision du Bâtiment au congrès de Bordeaux est une décision décentralisatrice : nous avons désigné des délégués par région, qui représentent les syndicats de leur région, ce qui retire aux syndicats parisiens la représentation des syndicats de province au sein du Comité confédéral. Je ne veux pas répondre à tout ce qu'a ici dit le camarade Renard ; le camarade Jouhaux sera bien mieux qualifié que moi pour le faire.

Je demande simplement que dans le rapport moral et financier, on fasse les réformes que je viens d'indiquer sans parti-pris, dans l'intérêt de la Confédération.

Réponse d'Yvetot.

Yvetot. — Camarades, j'ai tout d'abord eu la crainte que les rapports des comités soient étouffés. Quand notre camarade Renard vous a exposé d'une façon si littéraire et si belle ses vues politiques et sociales, toute la discussion n'a pu rouler que sur le rapport de notre camarade Renard, et les rapports des comités confédéraux semblaient être oubliés.

Je ne veux pas empiéter sur ce que va vous dire sans doute mon camarade Jouhaux, mais je veux au moins, en ce qui concerne mon rapport — ou, du moins, le rapport que j'ai signé au nom du Comité de la Section des Bourses — vous demander si, réellement, vous l'adoptez ainsi.

Des questions sont posées dans ce rapport ; des problèmes sont également exposés, et vous avez, vous Congrès, à y répondre ; et si par hasard quelques questions vous semblaient être du ressort naturel de la Section des Bourses, ou du moins des unions locales, départementales ou régionales, vous auriez alors à vous prononcer et à dire : « Cela regarde la Conférence des Bourses. » C'est pourquoi nous avons mis, à l'ordre du jour de cette conférence : « questions diverses ». C'est pourquoi encore, dans une circulaire, nous expliquions à nos camarades des unions de syndicats que, par « questions diverses », nous entendions les questions qui pourraient être rejetées par le Congrès et laissées à l'examen des militants — car il n'y aura je crois, à la conférence, que des militants...

Une Voix. — Des militants frappés ?

Yvetot. — Des militants frappés, si vous voulez.

Tout d'abord, dans ce rapport, j'expose — et vous allez voir, Renard, combien nous étions d'accord avec vous, et que vos critiques...

Une Voix. — Il n'est pas là !

Yvetot. — S'il n'est pas là, il devrait y être.

La Même. — Il est malade.

Yvetot. — Heureusement qu'il ne l'était pas ce matin !... C'est tellement vrai que, déjà, nous disions, dans notre rapport combien il était malheureux que la Section des Bourses fut représentée par des militants parisiens qui étaient toujours accaparés, dans leurs fédérations et dans leurs syndicats, par d'autres occupations ; et si nous avons indiqué le nombre des présences, ce n'était pas, vous le pensez bien, que nous esquivions la discussion et que nous craignions la critique ; mais nous proposions déjà ce que proposait Renard dans son rapport, et c'est ce qui vous prouve qu'avec un peu de bonne foi, on est forcé de reconnaître que les critiques qu'on veut nous faire ne sont réellement pas des critiques véritables.

Nous disons dans ce rapport : « Nous croyons que la transformation heureuse qui s'opère d'elle-même, c'est-à-dire la formation multiple d'unions départementales, permettra bientôt à un congrès prochain ou à une conférence spéciale d'envisager la représentation directe de ces unions départementales et des conférences semestrielles d'abord, puis, bientôt, trimestrielles ; ce sera là vraiment le Comité de la Section des Bourses en rapport avec son importance fédérale, en harmonie avec son avenir confédéral. »

Vous voyez, camarades, que déjà nous semblions avoir prévu les critiques de Renard. Or, nous ne les avions pas du tout prévues ; c'est par instinct, c'est par science et par expérience de l'avenir syndicaliste que nous avions compris qu'il était indispensable qu'en effet fût transformé le Comité confédéral.

On nous a dit : « Quand les fédérations seront au Comité confédéral, elles seront toujours étouffées par les bourses du travail. » Mais, camarades, c'est justement pourquoi nous n'avons pas l'idée, et nous n'avons jamais eu, au Comité confédéral, l'idée d'étouffer la voix de qui que ce soit, que nous estimons qu'une union départementale, si mince soit-elle, est autant que la plus vaste des unions départementales ; et c'est pourquoi nous estimons, d'autre part, qu'une fédération comme la Fédération des Diamantaires, n'est pas responsable de ce que son industrie n'est pas semblable à celle des cheminots, à celle des mineurs, à celle du textile, à celle du bâtiment. Ce n'est pas de notre faute s'il n'y a que quelques centaines de diamantaires et s'il y a plusieurs milliers de camarades adhérant à d'autres fédérations ; c'est tout simplement une situation industrielle contre laquelle nous n'avons rien à faire. Mais c'est là justement où le bât blesse nos camarades de la politique : c'est que nous comprenons le fédéralisme d'une façon logique, et ce que nous comprenons d'inique et d'illogique, comme le disait Renard, c'est tout à fait le contraire de ce qu'il prétendait. Ce qu'il y aurait d'inique et ce qu'il y aurait d'illogique, ce serait que la Fédération des Mineurs imposât silence à n'importe quelle autre fédération ; ce serait que la Fédération du Textile imposât silence, par son grand nombre d'adhérents, à n'importe quelle autre fédération. C'est cela, l'esprit fédéraliste dans sa première forme. Au Comité confédéral, il y a des unités qui représentent des organisations ; qu'elles soient fortes ou qu'elles soient faibles, ce sont des organisations qui ont voix au chapitre, rien de plus.

La R. P. ! nous n'en sommes pas les adversaires, mais dans ce qu'elle a de bon, dans ce qu'elle a de logique, dans ce qu'elle a de vrai. Il ne serait pas admissible qu'on obligeât une petite fédération à payer autant qu'une très forte fédération, pour la bonne raison qu'elle ne le pourrait pas. Et c'est justement là qu'est la justice, là qu'est l'équité, et c'est là tout l'esprit fédéraliste que ne peuvent pas comprendre nos adversaires dans la tactique confédérale que nous suivons depuis des années et que, j'espère, nous poursuivrons encore longtemps.

Vous voyez donc qu'il était nécessaire de discuter cette question du rapport.

Notre camarade Renard ne nous disait-il pas, ce matin, que nous faisions des questions de tendance et qu'il y avait des révolutionnaires et des réformistes ? Camarades, nous avons toujours dit — je ne parle pas de la façon dont on interprète nos paroles dans certains clans — que le syndicalisme était réformiste toujours et révolutionnaire souvent ; c'est-à-dire qu'il n'était pas un effort du syndicalisme qui ne tende toujours à une réforme ; et quand nous réclamons, et quand nous arrachons la moindre des bribes de réformes utiles à la classe ouvrière, nous avons fait œuvre révolutionnaire quels qu'en soient les moyens. Et ce n'est pas moi qui reprocherai à des corporations que je connais très bien, qui ont besoin de l'Etat puisqu'elles dépendent de l'Etat, de s'adresser directement à l'Etat, à cette rosse de patron, plus rosse que tous les autres ensemble, et qui ne cessera pas de l'être même quand il y aura un changement de forme gouvernementale, même quand on aura, comme disait, je crois, le camarade Bousquet ce matin, arraché l'étiquette du flacon qui s'appelle l'empoisonnement autoritaire de l'Etat, pour y mettre une autre étiquette qui portera : « Liberté, Egalité, ou République sociale ».

L'Etat, c'est l'Etat, c'est-à-dire l'oppression et l'autorité, et nous sommes dans notre rôle de syndicalistes révolutionnaires en essayant de nous mettre tout à côté de l'Etat, de nous mettre ailleurs que sous sa férule.

Le camarade Renard disait : « Vous ne voulez pas tenir compte de l'Etat, mais vous sentez bien que l'Etat vous fait tenir compte de lui quand même. » C'est indéniable. Mais ce que nous savons bien, c'est que si l'Etat s'occupe tant de nous, c'est justement parce que nous voulons ne pas nous occuper de lui. Nous pourrions, en effet, compter sur l'Etat, — et, certes, vous ne nous avez jamais entendu dire qu'il était défendu à qui que ce soit des confédérés, à qui que ce soit des syndicalistes, d'avoir confiance en l'Etat. Au contraire. J'étais, comme me le reprochait tout à l'heure le camarade Péricat, ou du moins comme il le faisait remarquer, à la grève des inscrits maritimes. Ceux-là ont compté sur l'Etat ; je ne les en ai pas dissuadés. « Comptez sur l'Etat, leur ai-je dit, comptez sur l'arbitrage ; et si l'Etat, si le Parlement, vous a floués, vous pouvez être tranquilles : l'arbitrage fera de même. » Mais ils ont voulu, ces braves marins, aller jusqu'au bout ; ils ont attendu cet arbitrage, ils l'ont exigé. Et vous croyez que maintenant, quand ils feront la grève prochaine, quand ils prendront leur revanche, qu'ils compteront sur l'État et sur l'arbitrage ?

Camarades, vous voyez bien que nous n'avons pas besoin de faire de la propagande révolutionnaire, ce sont les événements qui la font pour nous.

Et quand nous conseillions à nos camarades d'être calmes, de ne pas descendre dans la rue ; quand nous, révolutionnaires à tous crins, nous disions : « Surtout, ne descendez pas ; il y a quelque chose de mieux à faire, quelque chose de plus brave, quelque chose de plus vaillant : c'est d'être des marins dans toute l'acception du mot — comme nous disons dans d'autres corporations, dans l'industrie privée, c'est d'être de bons ouvriers dans toute l'acception du mot — et de savoir attaquer le patron au seul endroit où il est sensible, à son intérêt, » nous préconisions le sabotage, le sabotage intelligent, qui n'est pas le fait des hommes saoûls, qui n'est pas le fait des ignorants, qui n'est même pas le fait des mauvais ouvriers, mais qui est le fait des travailleurs les plus conscients. Et il s'en fait du sabotage ! Dans presque toutes les grèves que j'ai vues, ceux qui l'ont fait ont eu l'intelligence de ne s'en pas vanter ! (*Applaudissements.*)

Et cela a continué, et cela a été, presque toujours, le meilleur facteur de succès dans les grèves. Et c'est vous dire que nous sommes partisans de la grève révolutionnaire quand il est possible d'être révolutionnaires en masse, et que nous sommes partisans de la grève révolutionnaire encore quand il est possible d'être révolutionnaires individuellement.

Des réformes ! Est-ce que nous n'en avons pas demandé, nous autres, à la Section des Bourses ? Est-ce que moi-même, il y a longtemps déjà, je n'ai pas fait des démarches auprès des ministres ? — et mon camarade Niel, au dernier congrès, me le reprochait ; ai-je dû lui dire que jamais les ministres ne m'avaient épaté, et qu'en somme, quand une délégation se rend auprès d'un ministre, quand elle a affaire directement à ce ministre, ce n'est pas moi qui jetterai la pierre puisque c'est son patron. — Mais je ne vois pas non plus pourquoi, secrétaire de la Section des Bourses, si mon Comité me disait : « Tu vas aller au ministère des Colonies, puis au ministère du Travail, et tu demanderas, au nom des Bourses du Travail de Constantine, d'Alger et d'Oran, au nom des organisations syndicales des colonies, pourquoi les lois ouvrières ne sont pas appliquées » — on ne me demanderait pas, dans ce cas-là, ce que je pense des lois ouvrières, je suppose ; on me demanderait tout simplement d'être fonctionnaire syndicaliste, d'aller faire ma délégation et de remplir ma mission comme on m'en charge, ni plus, ni moins.

Et il y a cela de beau dans le syndicalisme, qu'il ne peut y avoir, justement, dans d'autres groupements, — c'est qu'on n'exige pas de savoir ce que je pense d'une loi, d'une réforme ; on me demande de la faire aboutir.

Eh bien, camarades, conformément aux décisions du congrès de Toulouse et de la conférence qui s'ensuivit ; conformément aux conférences extraordinaires qui ont succédé à cette conférence et à ce congrès de Toulouse, nous avons fait, auprès des organisations syndicales sans distinction, réformistes ou révolutionnaires, un referendum leur demandant, à chacune de ces organisations, à chacune de ces unions de syndicats, pour qu'elles le demandent elles-mêmes à leurs syndicats, ce qu'elles pensent faire, par quels moyens elles pensaient agir pour obtenir l'application des lois ouvrières à l'Algérie. Je serais presque honteux, camarades, moi révolutionnaire et pas beaucoup réformiste, de vous accuser le résultat de ce referendum. En dehors des bourses du travail d'Algérie, en dehors de quelques organisations de Constantine et de Bône, presque pas une union de syndicats n'a répondu à ce referendum. Et, camarades, où étaient donc les réformistes dans cette circonstance? Ils étaient évanouis! Quelques-uns m'ont écrit pour me dire qu'ils étaient surpris que la Section des Bourses entre enfin dans la bonne voie et demande l'application des lois ouvrières à l'Algérie, mais ils ne m'ont donné aucun moyen, ils ne m'ont donné aucun renseignement.

Vous voyez que, quand on va au fond des choses, pas plus dans le Nord que dans le Midi, on n'est réformiste ou révolutionnaire.

Dans mon rapport, je disais que, par un rapport spécial, nous donnerions au Congrès, ou s'il y a lieu à la Conférence des Bourses qui le suivra, les résultats obtenus et que nous montrerions que nous n'avions pas pu y réussir. — Eh bien, camarades, nous avons tout fait pour y réussir. Or, contrairement à ce que disait Renard, on ne peut pas nous accuser de ne pas être des réformistes ; nous sommes tellement réformistes que les réformistes ne nous répondent même pas!

Le camarade Renard a critiqué, avec le même talent que je lui reconnaissais au commencement, les unions départementales — que dis-je? — les bourses du travail. Je ne sais pas si Renard est de bonne foi, et je veux croire qu'il le soit; mais, s'il est de bonne foi, il est aveugle, parce qu'il n'a pas manqué de lire le rapport. Or, dans ce rapport, nous disons bien tout ce que nous pouvons pour faire comprendre la nécessité des unions départementales, et l'objection qu'il présentait nous l'avions présentée il y a des années, en disant : « Pensez donc, les bourses du travail ou unions locales se multiplient, il est indispensable que ces unions locales se réunissent en congrès, et forment des unions départementales. »

Or, nous irons dans toute la France et nous y arriverons, camarades. Il ne se passe pas un dimanche de la belle saison et même de la mauvaise saison, où nous n'ayons à enregistrer les beaux résultats d'un congrès départemental, et presque partout où cela n'est pas fait, cela arrive : on décide la création d'une union départementale. Presque partout, dans toute la France, il ne va plus y avoir que des unions départementales. Donc, l'objection du camarade Renard tombe d'elle-même. Ce qu'il voulait, c'était qu'il n'y eût pas une multitude de bourses du travail. Nous arriverons sans autorité, je l'espère, nous arriverons sans arbitraire, nous arriverons sans obliger à des mariages forcés; nous arriverons, dis-je, par la nécessité, par le besoin que ressentiront ces bourses de s'unir, à former des unions locales de tous les départements, une belle union départementale, et nous arriverons ainsi à avoir un maximum de représentants d'unions départementales. Nous arriverons même à atténuer encore la représentation de ces unions départementales puisque déjà, sur les questions relatives au Congrès, sur des questions générales et locales, des régions entières, par leurs unions départementales, s'entendent et se prononcent toutes dans le même sens.

Vous voyez, camarades, que la critique contre le fédéralisme au point de vue matériel, au point de vue exact de la Section des Bourses, tombe d'elle-même, et que les efforts du camarade Renard dans son beau rapport sont tout à fait vains et tout à fait inutiles.

Mais ce qui blesse Renard, je le disais, c'est l'esprit fédéraliste, l'esprit fédéraliste qui consiste surtout à faire contrepoids avec l'obligation de centralisation des fédérations. Vous voyez que nous ne sommes pas entêtés, les révolutionnaires; nous ne sommes pas bouchés à l'émeri comme on l'a prétendu souvent; nous savons reconnaître ce qui est; nous avons bien vu que devant la force patronale s'augmentant tous les jours, il était indispensable que s'organisât une force qui pût répondre à cette force et qu'à ce bluff s'opposât un autre bluff. Et nous comprenons, à la rigueur, le centralisme de certaines fédérations devant le centralisme patronal. Et c'est justement pour faire contrepoids que nos unions départementales, que nos unions locales, ont leur utilité aussi.

Je ne crains pas, croyez-le bien, toutes les critiques qui peuvent essayer d'atteindre le fédéralisme syndical. Le fédéralisme syndical, c'est l'avenir même du syndicalisme. A mesure que le progrès ira marchant, à mesure que l'industrialisme ira se développant, à mesure, en un mot, que le machinisme fera place à certaines corporations de métiers, à mesure que les métiers et les industries seront dans l'obligation de fusionner ensemble pour résister à une fusion d'organismes patronaux, il restera, heureusement, l'esprit fédéraliste et localiste des unions de syndicats; il restera cette union locale où l'on ne discutera pas toujours ces questions corporatives, mais des questions générales; il restera, en un mot, le besoin, la nécessité, l'urgence des unions locales fusionnées pour former des unions départementales, ayant leur cohésion, ayant leur coordination dans la C. G. T. par leurs représentants départementaux.

Ah! la représentation n'est pas bonne actuellement, et je me souviens que ce n'est pas d'hier qu'on le reproche. Mais ce n'est pas par principe, toujours, qu'on a critiqué la représentation au Comité des Bourses! Je me souviens de Bourges, où déjà l'on discutait la représentation des organisations, unions locales, au Comité des Bourses — qui était la Fédération des Bourses à l'époque. Je me souviens bien aussi qu'immédiatement après le Congrès de Bourges, quand certaines combinaisons de tendances n'eurent pas réussi, qu'il y eut une propagande faite par quelques-uns de mes chers confrères haut placés dans ma fédération, et je me souviens qu'une multitude de mandats abondèrent au Comité de la Section des Bourses. Je me souviens même que ces mandats arrivèrent avec des délégués, nouveaux pour la plupart, lesquels ne vinrent que le jour même de l'élection du secrétaire. Cela vous montre où était le principe. Bien entendu, ce n'est pas de leur faute; c'est plutôt celle des organisations qui les ont pris, c'est plutôt la faute de ceux qui ne tiennent pas à être bien représentés.

Mais il y a un moyen qui vous a été préconisé et que nous-mêmes, dans notre rapport, nous vous préconisons : C'est, en effet, par la refonte des statuts, par la revision de ces statuts, de faire que le Comité des Bourses et le Comité des Fédérations soient encore mieux l'expression des organisations qu'ils représentent.

Voilà, camarades, comment peut tomber toute la critique si bien échafaudée dans le beau discours de notre camarade Renard.

On nous dit que nos rapports ne sont qu'un assemblage de protestations, qu'un assemblage d'affiches, ne sont que la récapitulation de nos manifestations. Mais, camarades, est-ce qu'en cela — et le camarade Jouhaux vous le dira — est-ce qu'en cela nous n'avons pas suivi les indications précises du congrès de Toulouse et des conférences qui ont suivi ce congrès? Est-ce que, dans le rapport de la Section des Bourses — qui me concerne surtout — est-ce que, dans ce rapport, vous ne voyez que des affiches? Est-ce que nous n'avons pas fait un referendum, justement, sur cette question extrêmement intéressante du travail des femmes, du travail à domicile, du travail la nuit? Est-ce que nous n'avons pas fait un referendum qui, je dois vous l'avouer, a heureusement répondu au-delà de nos espérances — c'est peut-être le seul des referendums qui ait donné véritablement des résultats; les autres étaient également intéressants à des points de vue différents, celui-là était extrêmement intéressant, je le reconnais. C'est ce qui vous prouve une fois de plus que nous n'avons pas fait du bluff, mais que nous avons fait réellement de l'administration, de l'organisation et de la propagande.

Je ne vous parlerai pas du Sou du Soldat. Vous savez bien que la Section des Bourses a une réputation heureuse, et qu'au moment même où l'on frappait certains de nos camarades de la Fédération du Bâtiment, sous le prétexte du Sou du Soldat, nous lançâmes d'office, avec le Comité des Bourses, une circulaire invitant les bourses du travail à être toujours plus audacieuses et toujours plus entreprenantes. Mais nous savons bien que quand nous nous adressons aux bourses du travail qui ne sont pas encore des unions départementales, — nous savons bien que quand nous nous adressons aux Bourses, toutes ne peuvent pas répondre comme elles le voudraient ; elles ont les mains liées par des cordes dorées, et c'est pourquoi, justement, ce subventionnisme d'une part, la politique dans les syndicats de l'autre, sont les deux mamelles empoisonnées qui feraient crever le syndicalisme, si le syndicalisme n'avait que cela pour se sustenter.

Nous n'avons pas seulement dit qu'il fallait parer, par les unions locales et départementales, à cette chose mauvaise que sont les subventions ; nous avons dit encore qu'il était des moyens par lesquels nous pourrions avoir de l'argent — et il est un chapitre dans ce rapport du Comité de la Section des Bourses qui parle du coopératisme ; le Comité des Bourses a adopté la façon de voir de son rapporteur en ce qui concerne cette question.

Oui, par le coopératisme compris autrement qu'il n'est compris, on pourrait trouver des moyens d'alimenter la propagande syndicale. Ah ! quand on nous parle de désarmement des haines, de baisers, d'amourettes avec les partis politiques, nous sommes heureux de pouvoir répondre que nous faisons tout ce que nous pouvons pour nous rencontrer avec nos amis ouvriers qui croient au Parlement, qui croient aux réformes, pourvu que ceux-là se trouvent avec nous sur le terrain que nous ne voulons pas quitter : le terrain économique, qui s'appelle, d'une part le syndicalisme pour arracher des réformes et des améliorations, d'autre part le coopératisme pour pouvoir profiter des gains obtenus, faire grossir ces gains et alimenter la lutte. Oui, il n'est pas une conférence syndicale faite par le secrétaire de la Section des Bourses, où il n'ait préconisé partout l'action syndicale et l'action coopérative. Nous avons toujours su dire que ces deux questions se tenaient, qu'elles étaient toutes deux basées sur un terrain solide, un terrain sur lequel on peut mettre le pied sans risquer de s'enfoncer.

Ah ! la coopération n'est pas parfaite ! Mais le syndicalisme ne le fut pas, autrefois, parfait ; il ne l'est pas encore aujourd'hui, et nous voulons qu'il le devienne ; nous voulons avoir quelque chose qui lui permette de lui donner une activité plus grande, de lui donner une poussée plus généreuse.

On nous oppose toujours nos camarades allemands. Bien entendu, nos camarades allemands savent cotiser beaucoup, et quelques syndicats français seulement arrivent à cotiser beaucoup. Et ce qu'il y a de merveilleux, c'est que ce ne sont pas les syndicats qui cotisent le plus qui viennent justement nous proposer d'imiter nos camades allemands ; ce sont ceux où les salaires sont les plus bas et où les cotisations ne sont pas les plus hautes. En Allemagne, notre camarade Sassenbach me le disait hier, on cotise ; et pour être syndiqué il faut cotiser à son syndicat, et il faut que ce syndicat cotise à sa fédération et à son groupement central. Or, était-il bien qualifié, notre camarade Renard, pour nous donner une leçon et nous dire d'imiter nos camarades allemands ?

Nous avons vu nos camarades allemands ; nous sommes allés chez eux ; nous n'avons pas craint de dire que leurs organisations étaient belles avec des moyens différents des nôtres et que nous éprouvions le besoin de prendre un peu de leur tactique, un peu de leur organisation, mais que nous leur souhaitions également de prendre un peu de notre tactique et un peu de notre tempérament ! Ils ne s'en sont pas fâchés, il n'y a que nos camarades de France qui se sont montrés mécontents, surtout quand ils nous ont dit : « Faites donc comme les camarades d'Allemagne ; eux sont adhérents au

Parti socialiste. » Or, les chiffres qui nous ont été donnés lors de notre visite à Berlin par Lévy lui-même accusent qu'il y a une majorité de syndiqués qui n'adhèrent pas au Parti socialiste.

Et ici, j'avais un vœu à exprimer : ce serait justement qu'ils en soient, de ce parti, en Allemagne. Savez-vous pourquoi ? Parce qu'il y a, en Allemagne, un Parti socialiste qui a grandi en même temps que le Parti syndicaliste, et parce que les militants du Parti syndicaliste sont également les militants du Parti socialiste.

Mais quand on nous disait également : « Imitez donc nos camarades d'Allemagne ; ce n'est pas eux qui feraient de l'antimilitarisme, de l'antipatriotisme ! » Nous sommes allés également en Allemagne ; nous y avons fait de l'antimilitarisme, de l'antipatriotisme ; et quand, dans une réunion comme celle-ci, composée simplement de militants et de fonctionnaires syndicaux, nous avons osé exprimer toute notre pensée, comme nous l'exprimons ici, comme nous l'exprimons partout, eh bien, ce sont les paroles les plus révolutionnaires, ce sont les formules les plus antimilitaristes et les plus antipatriotiques qui ont été, je ne dirai pas applaudies, mais trépignées. Et cela a été bien pire encore — je n'y étais pas, mais, comme vous tous, j'en ai eu l'écho — cela a été bien pire encore quand, au grand meeting qui termina, pour ainsi dire, la délégation, devant des milliers et des milliers de travailleurs allemands, furent prononcées, au nom de la C. G. T., les paroles antimilitaristes les plus audacieuses ; à ce moment, ce fut un enthousiasme indescriptible.

Camarades, voulez-vous que je vous le dise ? C'est comme en France : il y a des militants auxquels on a fait voir l'organisation française sous un mauvais jour ; mais les syndiqués d'Allemagne, il a fallu que nous ayons contact avec eux pour nous apercevoir que leur mentalité est bien au-delà, au point de vue révolutionnaire, de celle de leurs militants.

En France, si nous allions trouver nos camarades du Textile ; si nos unions locales ou départementales fonctionnaient comme elles doivent fonctionner ; si on ne craignait pas, dans certains départements, de faire venir les délégués de la Confédération — qui se tiennent habituellement sur le terrain économique et qui ne disent rien autre que leur pensée syndicaliste révolutionnaire — je crois que nous ne serions pas longtemps avant de voir des tisseurs syndicalistes révolutionnaires, des mineurs syndicalistes révolutionnaires, à avoir dans toutes les corporations, en un mot, des camarades qui comprennent que la lutte ne doit pas être bornée à de petites améliorations, mais qu'il doit y avoir, pour les syndicalistes, un idéal superbe, aux voies grandes et généreuses ! *(Applaudissements.)*

Et c'est pourquoi, camarades, j'ai été étonné qu'un peu plus vous adoptiez les rapports après les discussions sur le rapport de notre camarade Renard.

Ainsi, notre camarade Renard aurait pu exposer toutes ses vues, traiter toutes les questions, et puis on votait les rapports ! Heureusement, nous étions disposés — et je ne crois pas que ce sont nos comités qui nous en blâmeront — nous étions disposés à défendre nos rapports ; nous voulions presque que vous nous critiquiez, pour avoir le plaisir de vous répondre.

Péricat nous a critiqués très franchement, très amicalement, très loyalement, nous en sommes heureux. Péricat, dans ses critiques, démontrait qu'il y avait pénurie de fonctionnaires. Il y a pénurie de fonctionnaires, en effet. Cela n'existerait pas s'il y avait davantage d'argent en caisse ; si chacune des fédérations et chacune des unions locales ou départementales payaient exactement pour le nombre de ses adhérents. Je crois, camarades, que nous sommes tous d'accord là-dessus ; et je crois qu'il y a nécessité de remédier, comme l'indiquait Péricat, à ce qu'il y a de mauvais dans la Confédération, c'est-à-dire à ce qui souffre par anémie, non pas par anémie de vitalité, la vitalité tient à des racines profondes et nous ne craignons pas que la Confédération soit malade, mais nous sommes obligés à des efforts surhumains. Un peu plus, on aurait dit que je ne voulais plus qu'il y ait Conférence des Bourses, savez-vous pourquoi ? Parce que je n'étais pas là pour faire, comme d'habitude, le referendum auprès des unions pour leur demander ce qu'elles désiraient mettre à l'ordre du jour ; c'est presque d'autorité que le Comité de la Section des Bourses a décidé cette Conférence des Bourses. Or je crois que cette conférence est utile et indispensable ; elle est utile et indispensable comme la Section des Bourses elle-même, et si nous n'avons pas toujours répondu à ce que vous auriez voulu ; si nous n'avons pas toujours, au Comité confédéral et au Bureau confédéral, répondu à ce que vous attendiez de nous, ce n'est pas nous qui sommes les grands coupables, c'est l'organisation elle-même ; c'est vous-mêmes qui êtes les coupables, en ce sens que, dans vos syndicats, vous n'obligez pas chacun de vos secrétaires d'unions, chacun de vos secrétaires de fédérations, à faire ce qu'ils doivent faire.

Nous l'indiquons dans le rapport des Bourses : il faut qu'il y ait des liens entre les fédérations et les bourses. Comment se fait-il qu'il y ait des unions locales et départementales qui n'ont jamais exigé que leurs syndicats fussent fédérés, et comment se fait-il qu'il y ait des fédérations qui n'ont jamais exigé que leurs syndicats soient adhérents à leur union départementale ou locale ? Eh bien, camarades, ne cherchez pas le mal ailleurs, il est là ; et si vous avez des critiques et des accusations à porter, portez-les contre nous, nous les assumerons ; mais si vous voulez être logiques et francs, portez-les donc à vous-mêmes, ou portez-les, du moins, à ceux qui n'ont pas fait leur devoir comme ils auraient dû le faire. (*Applaudissements.*)

LE PRÉSIDENT. — Je vais donner la parole à Marck, pour répondre à Péricat.

Explications de Marck

MARCK. — La critique de Péricat a plutôt été portée contre moi — je dis contre moi, car j'étais à ce moment-là le seul trésorier de la Confédération, et les camarades pourront se rendre compte du travail considérable que j'ai eu à faire lorsqu'ils verront mon rapport.

Le rapport financier trimestriel qui avait été décidé par le congrès de Toulouse a été fait une fois : il m'a pris deux nuits. Péricat l'a trouvé incomplet. C'est pourquoi, au congrès de Toulouse, j'avais demandé à avoir quelqu'un avec moi. On a nommé Dumoulin. Dumoulin a été nommé en février, je crois, et au mois d'août il était en prison pour deux ans ; pendant les sept mois qu'il a été en fonctions, c'est à peine si je l'ai vu trois mois. Tout le travail m'a donc incombé et je n'ai pas pu le faire.

Je ne dis pas que la critique de Péricat ne soit pas justifiée, mais il m'a été impossible de l'éviter.

Réponse de Jouhaux

JOUHAUX. — Dans les critiques formulées par Renard, il y a deux points bien distincts et qui ne peuvent être confondus :

D'une part, il s'agit de critiques concernant l'action engagée par le Comité confédéral, en application des résolutions du congrès de Toulouse, et de la besogne faite en raison des résolutions adoptées par le Comité confédéral lui-même.

D'autre part, il y a des critiques de principe, tendant à créer une nouvelle orientation et qui, si elles étaient acceptées, modifieraient profondément la constitution organique de la C. G. T.

J'estime, pour ma part qu'il y a là, — je le répète à dessein et je voudrais que tous les congressistes le comprennent — deux questions bien distinctes, sur lesquelles il faudra se prononcer séparément.

Je veux, pour l'instant, répondre à Renard, au camarade Péricat, ainsi qu'aux différents camarades, en ce qui concerne ces critiques portant sur les rapports confédéraux.

Renard a déclaré qu'il n'y a pas, dans les rapports confédéraux, de méthode ; il a dit : « Nous ne trouvons, dans ces rapports, que des manifestes, que des affiches. » Renard devrait se souvenir que ces manifestes et que ces affiches — à la rédaction desquels il n'a jamais participé, parce que lui, secrétaire d'organisation, est une personnalité extérieure au monde confédéral — Renard, dis-je, devrait se souvenir que ces manifestes et ces affiches représentent toute la vie confédérale pendant les deux années qui viennent de s'écouler. Ces affiches n'ont pas seulement une valeur de textes ; avec elles se sont engagées des campagnes de propagande, des campagnes d'agitation que vous pourrez retrouver au compte rendu financier, que vous pourrez retrouver dans le chapitre « Propagande », que vous pourrez retrouver dans l'exposé des questions de la semaine anglaise, de la vie chère et des retraites ouvrières.

Le congrès de Toulouse avait décidé que la campagne concernant les retraites ouvrières devrait être continuée, intensifiée, dans l'espoir d'arriver à obliger le Parlement à écouter la voix de la classe ouvrière, à prendre en considération la volonté des intéressés, et transformer et modifier la loi comme il convenait de le faire afin de la rendre acceptable par les travailleurs. Cette besogne, il fallait la réaliser et, pour cela, il était indispensable d'organiser des tournées de propagande, également il fallait atteindre tous ceux qui n'auraient pas été touchés par nos meetings — car, vous le savez bien, nos meetings n'atteignent pas toujours toute la population ; or, comme nous prétendons agir au nom et pour l'unanimité de la classe ouvrière, nous devons atteindre, même dans les bourgades les plus reculées, tous ceux qui appartiennent au monde du travail que nous représentons. Pour obtenir ce résultat nous n'avons qu'un moyen à notre disposition : faire des affiches, éditer des tracts et des circulaires. C'est pourquoi, dans ce rapport, il y a des reproductions d'affiches, de tracts et de circulaires.

Si l'on avait voulu faire ce qu'on fait dans certaines organisations, nous aurions pu allonger nos commentaires; nous aurions pu apporter des chiffres qui peut-être auraient frappé davantage l'esprit des congressistes!... Mais nous ne savons pas bluffer, nous ne savons pas agir de la sorte, et nous aimons mieux condenser notre pensée en quelques phrases, en quelques pages, de façon à réduire le plus possible les frais d'impression de nos rapports moraux. Ces rapports moraux sont le reflet de la vie que vous avez vécue, vous organisations confédérées, et ceux qui ne les comprennent pas ont pour cela une bonne raison, c'est qu'ils n'ont jamais vécu la vie confédérale, c'est qu'ils n'ont jamais participé à l'activité confédérale ! (*Applaudissements.*)

C'est là le seul reproche que Renard ait formulé contre notre rapport confédéral, et il en a profité pour faire une critique de notre tactique et des principes qui nous ont guidés dans notre action quotidienne. A ces critiques nous répondrons en temps et lieu.

Pour nous, il nous paraît que notre rapport, rédigé comme il l'est, suivant les coutumes confédérales, répond au désir exprimé par tous les congrès et que, par conséquent, il ne peut être critiqué sérieusement par tous ceux qui ont participé aux décisions, parce que, ne l'oubliez pas, ceux qui votaient ces décisions acceptaient en même temps la responsabilité de leur application.

Dudillieux nous reproche d'avoir quelque peu falsifié le texte des résolutions des différentes commissions concernant les conflits.

J'indique à Dudillieux — et il le comprendra aisément, lui qui fait partie du Syndicat des Imprimeurs et qui sait combien nombreuses sont les coquilles pouvant être commises par les travailleurs typographes — que bien souvent, après avoir fait des corrections, nous avons vu les mêmes erreurs se reproduire ! Si l'erreur annoncée par Dudillieux existe dans le rapport, certainement le Congrès en a pris acte, considérant qu'il y avait là intervention de mots ou de phrase, et Dudillieux doit avoir satisfaction.

Quant à Péricat, il nous dit : « Ce que j'ai déploré, c'est de voir trop souvent l'administration et la vie confédérales délaissées par les membres du Bureau, pris par les tournées de propagande ou les grèves. »

A cela, nous répondrons : il y a quelques années, avant que l'atmosphère lourde pesant actuellement sur le mouvement syndical n'existât, on rencontrait partout, en province ou à Paris, des militants pour répondre aux besoins multiples de l'organisation ouvrière. A ce moment-là, également, les conflits n'étaient pas ce qu'ils sont aujourd'hui : ils étaient d'abord moins nombreux et de moindre durée.

Aujourd'hui, alors que les exigences de la propagande et des luttes se sont augmentées, il n'est plus possible de trouver, ni dans les fédérations, ni dans les unions de syndicats, ni dans les bourses du travail, des militants acceptant de se mettre à la disposition de la C. G. T. pour répondre aux nécessités du mouvement ouvrier. Oui, Péricat avait raison quand il disait qu'il fallait sortir de l'esprit corporatiste, qu'il fallait s'extérioriser de l'ambiance mauvaise des intérêts mesquins; qu'il fallait surtout comprendre qu'il ne suffit pas d'appartenir à la C. G. T. en tant qu'unité, mais qu'il faut vivre la vie de cette organisation, qu'il faut en partager les espoirs, en ressentir les douleurs, et être prêt à la servir en toute occasion et en toute circonstance! (*Applaudissements.*)

Or, c'est un reproche que j'adresse au Congrès ou, plutôt, aux organisations confédérées. Nous n'avons pas toujours rencontré, dans ces organisations, les concours qui nous auraient été utiles. Aujourd'hui, on vit trop la vie corporative ; on se resserre trop dans son propre milieu ; on ne comprend plus assez les besoins de l'organisation centrale ; on ne partage pas assez la vie de la C. G. T. Et comme, d'autre part, les nécessités des luttes ouvrières ont doublé, triplé, quadruplé, que les conflits sont devenus plus aigus, il faut que ce soit seul le Bureau confédéral qui réponde à toutes ces obligations, à toutes ces nécessités. Il ne faut pas qu'il ménage ses instants ; il ne faut pas qu'il pense à rester chez lui ; il faut que toujours, et à toute heure, il soit par monts et par vaux, afin de donner satisfaction aux demandes des organisations.

Si l'on comprenait également, dans les bourses du travail, que l'organisation syndicale ne se fait pas seulement par les meetings publics ; si ces bourses et unions comprenaient qu'il y a une besogne d'éducation qui leur incombe, elles nous réclameraient moins souvent pour des meetings, qui, parfois, n'ont que des résultats factices, et elles accompliraient un peu plus la besogne qui leur revient. (*Applaudissements.*)

Voilà les raisons pour lesquelles souvent, trop souvent, au Bureau confédéral, nous n'avons pas été présents.

Je tiens cependant à déclarer au Congrès qu'il ne m'est jamais arrivé, dans les circonstances les plus graves, de rester plus de quinze jours hors du Bureau confédéral. Et je tiens aussi à dire à Péricat que quand le camarade Yvetot était en délégation, Jouhaux ouvrait sa correspondance et répondait aux bourses du travail. Il y a ici de nombreuses bourses représentées, et je leur demande si elles n'ont pas reçu des réponses signées Jouhaux aux lettres adressées à Yvetot, lorsque celui-ci était en délégation.

PÉRICAT. — J'affirme que ce que je dis est vrai. Je l'ai constaté de mes yeux. Je ne dis pas maintenant, il paraît que cela a changé ; mais j'ai vu des paquets de lettres qui attendaient le retour d'Yvetot. Ce ne sont pas des critiques, ce ne sont pas des méchancetés, c'est le désir de remédier à un état de choses défectueux.

JOUHAUX. — Je ne le prends pas comme des méchancetés. Seulement, je ne peux pas admettre qu'on laisse croire que, de parti-pris, j'ai négligé la besogne administrative ; c'est ce que je tenais à dire.

D'autre part, Péricat nous déclare que, pour remédier à cet état de choses, il faudrait envisager la nomination d'une commission exécutive. Je ne sais pas ce que pourrait donner une Commission exécutive ; mais ce dont je suis certain, c'est qu'à l'heure actuelle, la pénurie dont nous souffrons n'est pas le fait du manque d'organismes ; elle est le fait du manque d'hommes intelligents à l'initiative prompte et audacieuse et comprenant bien notre action. Si nous avions un peu plus de camarades perspicaces, sachant envisager l'avenir, vivant un peu plus, je le répète, la vie confédérale, nous n'aurions pas besoin de commission exécutive; nous aurions un Comité confédéral composé de militants s'intéressant aux besognes confédérales, et lorsque les décisions seraient prises, nous pourrions, avec leur aide, nous atteler à la besogne pour aboutir à des résultats positifs.

Vous l'avez vu vous-mêmes lorsqu'il s'est agi de la campagne pour la semaine anglaise. Nous avons, pendant huit mois, prêché dans le désert ; pendant plus d'un semestre, il a fallu talonner les camarades, leur montrer les bienfaits de cette réforme, l'utilité d'une propagande d'ordre général pouvant rallier toutes les énergies trop disséminées. Batailler pendant huit mois pour atteindre ce résultat... Et encore, aujourd'hui, quels sont ceux qui, parmi les militants, partagent vraiment les espoirs que doit faire naître en nous une campagne bien organisée, méthodique, pour la diminution des heures de travail? Je le déclare bien franchement : Bien peu les vivent, ces espoirs, parce que la confiance, la foi dans notre action syndicale, est quelque peu ébranlée chez les militants.

Pour faire renaître cette confiance, cette foi, indispensables à notre développement, nous batailIerons demain espérant par notre ténacité, notre persévérance, vaincre cette indifférence qui deviendrait mortelle. (*Applaudissements.*)

Vous direz tout à l'heure si vous approuvez nos rapports sur la vie confédérale. Ensuite, nous passerons à l'examen des critiques de tendance et de tactique formulées par le camarade Renard, parce qu'il n'est plus possible de les éviter, son rapport étant devenu public. (*Applaudissements.*)

La discussion est close. — Le vote

LE PRÉSIDENT. — Camarades, je crois que nous pourrions mettre aux voix le rapport en ce qui concerne la gestion confédérale pour ces deux dernières années, ce qui ne veut pas dire que nous adopterons tous les points qui figurent dans ce rapport, et qui demandent à être examinés particulièrement en ce qui concerne l'avenir.

Nous sommes saisis, par exemple, de plusieurs propositions tendant à modifier la perception des cotisations pour le viaticum ; d'autres tendant à une transformation de la représentation des bourses. Tout cela pourra venir par la suite, mais cela ne nous empêche pas de voter, dès maintenant, sur les rapports.

Est-il nécessaire de procéder au vote par mandats?

PLUSIEURS VOIX. — Oui, oui!

LE PRÉSIDENT. — Camarades, il est bien entendu qu'il s'agit des rapports moraux; en ce qui concerne le rapport financier, nous devons attendre qu'une commission de contrôle ait fonctionné et l'ait examiné.

UN DÉLÉGUÉ. — Camarade président, il serait bien inutile, après toutes ces réserves, de procéder à un vote par mandats.

LE PRÉSIDENT. — Camarades, il a toujours été d'usage, dans tous les congrès, d'adopter les rapports moraux en votant par mandats. Je ne crois pas qu'il soit nécessaire de changer aujourd'hui, parce qu'il y a plusieurs camarades qui n'ont peut-être pas fait leurs critiques et qui peuvent vouloir voter contre.

On décide de voter par mandats.

LE PRÉSIDENT. — Il est bien entendu que les délégués représentant les bourses et les fédérations n'ont pas voix délibérative; ils n'ont donc pas à prendre part au vote.

Pendant le vote, je prie les camarades qui veulent présenter des propositions de modifications aux statuts de les apporter au Bureau.

Scrutateurs

LE PRÉSIDENT. — Voulez-vous envoyer des noms pour la Commission de scrutin?

Les camarades suivants sont proposés : Batave, Vivière, Levêque, Jannet, Caillot, Gaubert.

Résultat du vote sur les Rapports Confédéraux

Bulletins déposés		1.092
Nuls		24
Votants réguliers		1.068
Pour	998	
Contre	4	
Abstentions	66	

Les rapports confédéraux sont adoptés.

Commission de contrôle

LE PRÉSIDENT. — Voulez-vous envoyer des noms pour la nomination de la Commission de contrôle?

Les camarades suivants sont proposés : Juvernat, Masson, Cleuet, Pons, Chambon, Morand, Erboville.

Adopté.

(Au cours d'une séance suivante le camarade Chambon, rapporteur, a donné lecture du rapport ci-dessous qui a été adopté à l'unanimité.)

Rapport de la Commission de contrôle

Les soussignés membres de la Commission de contrôle désignés par le Congrès, présents à la séance du 18 septembre 1912.

Déclarent faire leurs les observations présentées par la Commission de contrôle ordinaire de la C. G. T. et consignées dans un rapport figurant à la page 139 de la brochure des rapports, et particulièrement en ce qui concerne les nombreuses absences de camarades contrôleurs.

Et comme conclusion, ils demandent qu'à l'avenir la Commission de contrôle de la C. G. T. fasse un procès-verbal de ses séances, sur lequel seront mentionnées les absences et qui sera inséré dans la « Voix du Peuple ».

Après avoir examiné et compulsé les livres, ils déclarent avoir constaté la parfaite régularité des écritures, et affirment que la méthode de comptabilité employée à la C. G. T. est d'une clarté et d'une concision parfaite.

Le Rapporteur :

A. CHAMBON.

Proposition concernant le Viaticum

Le Président. — Je suis saisi de la proposition suivante du camarade Lapierre :

Le XIIe Congrès confédéral, prenant acte de ce que les versements opérés par les fédérations et les bourses ont produit, pendant le 1er semestre de 1912, la somme de 3.610 fr., tandis que les dépenses se sont élevées à 5.846 fr. 50, décide que la surcotisation de 20 0/0, votée par la Conférence des Bourses et Fédérations de juin 1911, sera portée à 35 0/0 à partir du 1er octobre 1912, pour que le fonctionnement du viaticum obligatoire ne soit pas interrompu faute de ressources.

La parole est au camarade Lapierre pour expliquer sa proposition

Lapierre. — Camarades, vous rappelez-vous que la Conférence des Bourses de juin 1911 avait décidé une surcotisation de 20 0/0 sur les timbres confédéraux, pour le fonctionnement du viaticum ?

Sans tenir compte de la deuxième période de 1911 qui ne porte que sur cinq mois, si nous prenons le rapport confédéral nous trouvons que les versements par les fédérations, dans le premier semestre de 1912, sont de........ Fr. 2.332 25

Versements par les bourses........ » 1.277 75

soit au total pour six mois........ Fr. 3.610 —

Le remboursement aux bourses qui ont versé le viaticum a été de Fr. 5.846 50

Ces chiffres sont ceux qui figurent au rapport à la page 114.

On a pu, jusqu'à ce jour, donner le viaticum parce que les bourses ont prélevé, pendant cinq mois de l'année 1911, les 20 0/0 ; mais dans quelques mois, le viaticum ne sera pas assuré si nous n'augmentons pas la cotisation.

Nous croyons que nous ne pouvons pas supprimer le viaticum obligatoire ; il fonctionne à peu près normalement partout. Nous demandons donc qu'à partir du 1er octobre, on prélève 35 0/0 au lieu de 20 0/0.

Nous croyons qu'il est utile de prévoir une augmentation d'au moins 900 fr. c'est pourquoi nous vous proposons de porter, pour le maintien du viaticum, à partir du 1er octobre, la surcotisation à 35 0/0.

Voirin. — Je demande au Congrès de ne pas se prononcer actuellement sur la proposition Lapierre, car il peut y avoir des modifications aux statuts qui la rendent inutile.

Les scieurs mécaniques demandent l'augmentation de la cotisation confédérale pour éviter des appels de fonds d'un congrès à l'autre. Or, la Commission de modification des statuts aura à se prononcer sur cette proposition, et si le Congrès augmente la cotisation confédérale d'une façon globale, il n'y aura pas lieu d'augmenter la cotisation qui existe déjà.

Par conséquent, attendez que la Commission de modification ait apporté son travail. Pour moi, j'ai mandat de mon organisation de voter une augmentation de la cotisation confédérale pour éviter les cotisations complémentaires ; c'est pour cette raison que je combats la proposition de Lapierre, qui n'a rien à faire ici en ce moment.

Lapierre. — Camarades, c'est très bien de renvoyer la question à la Commission ; mais il faudrait auparavant que le Congrès se prononçât pour ou contre le maintien du viaticum. Si on ne maintient pas le viaticum, c'est inutile ; si au contraire on le maintient, la Commission n'aura qu'à prévoir la somme nécessaire dans l'augmentation de la cotisation confédérale.

Mais je vous demande de vous prononcer d'abord, de manière à fournir une indication à la Commission de modification des statuts.

Voirin. — Camarades, j'estime contrairement à Lapierre, qu'il faut d'abord qu'on décide si on veut, oui ou non, augmenter la cotisation régulière confédérale, et le Congrès pourra, ensuite, dire s'il veut qu'une partie de cette cotisation confédérale soit consacrée au viaticum, et quelle devra être cette part. C'est seulement après qu'on se prononcera pour le maintien du viaticum. Il me semble que Lapierre veut mettre la charrue avant les bœufs.

ROGER (*des P. T. T.*). — Camarades, je ne suis pas opposé du tout, loin de là, à une surcotisation pour le viaticum ; la preuve, c'est que notre organisation n'a jamais élevé aucune protestation contre les sommes votées.

Mais je me rallie à l'avis de ne voter cette proposition qu'au moment de l'examen des statuts.

LE PRÉSIDENT. — Je vais consulter le Congrès pour savoir si la question doit être renvoyée devant la Commission des statuts ou si nous devons la discuter immédiatement.

Quels sont ceux qui sont d'avis de discuter immédiatement le maintien du viaticum ?

UNE VOIX. — L'augmentation pour le maintien du viaticum ?

LE PRÉSIDENT. — Camarades, nous allons mettre aux voix les deux propositions : celle qui consiste à discuter tout de suite et celle qui tend au renvoi.

Pour ma part, et contrairement à ce que pense le camarade Voirin, je trouve illogique de vouloir renvoyer à la Commission de modification aux statuts ce qui existe déjà ; je ne vois pas pourquoi il prévoit que le viaticum donnera lieu à une modification.

Le Congrès vote le renvoi à la Commission.

A propos de l'ordre du jour du Congrès

BOUSQUET. — Je demande pourquoi la question du travail de nuit, que nous avons portée dans le questionnaire, n'a pas été inscrite.

JOUHAUX. — Dans le questionnaire, il s'est produit certaines erreurs et certaines omissions.

Nous nous sommes conformés à la coutume, et les diverses circulaires concernant le Congrès confédéral ont été faites dans la ville même où devait se tenir le congrès ; c'est donc ici que les circulaires ont été imprimées. J'envoyais la copie, on me renvoyait une épreuve et je retournais cette épreuve corrigée. Il s'est produit certaines omissions concernant non pas seulement les boulangers, mais aussi d'autres organisations.

Si j'avais pu corriger deux ou trois fois les épreuves, ou si, plus logiquement, les circulaires du congrès avaient été faites à la Maison des Fédérations, il est certain que les omissions qu'on m'a signalées, et que je regrette, ne se seraient pas produites.

BOUSQUET. — Je suis satisfait des explications de Jouhaux ; nous regrettons simplement qu'une question aussi importante n'ait pas figuré sur le questionnaire.

Maison des Fédérations

LE PRÉSIDENT. — L'incident étant clos, nous allons passer à la discussion d'un point particulier des rapports : la Maison des Fédérations.

Jouhaux expose la question

JOUHAUX. — Vous avez, aux pages 30, 31 et 32, un rapport sur la question de la Maison des Fédérations.

Ceux qui étaient au congrès de Toulouse se rappellent la résolution qui fut adoptée après les explications fournies par le camarade Griffuelhes. Le congrès de Toulouse nous avait chargés de remettre entre les mains des organisations ouvrières et sous le contrôle effectif des organisations syndicales, la Maison des Fédérations.

Comme l'avait demandé le Congrès, une commission fut nommée, au sein du Comité confédéral, pour s'occuper de cette question. Cette commission avait à élaborer le texte des statuts d'une nouvelle société qui remplacerait la société existante.

Là ont surgi les premières difficultés.

Nous voulions donner à la résolution du congrès de Toulouse une large application. Nous voulions qu'effectivement, ce fut une société qui soit, non pas seulement l'émanation des organisations confédérées, mais qui soit surtout, et toujours, sous le contrôle des organisations confédérées. Et nous avions également — il n'est pas nécessaire de m'étendre longuement sur ce sujet — à déjouer les pièges que pourrait nous tendre le pouvoir au sujet de la propriété de cette maison.

Le problème se posait donc à nous sous deux formes différentes : trouver les statuts d'une société qui donnent satisfaction à la volonté exprimée par le congrès de Toulouse et qui, en même temps, nous permettent de déjouer les pièges gouvernementaux, — et, en plus, compter avec la situation locale. Il fallait que nous tenions compte de l'Union des Syndicats dont le siège est à la Maison des Fédérations.

Depuis fort longtemps, à l'Union des Syndicats, on avait décidé de prélever des cotisations supplémentaires pour l'édification d'une Maison du Peuple. Cette idée, après le congrès de Toulouse, fut renforcée, fortifiée et appliquée d'une façon plus précise. Il était nécessaire, je le répète, de nous préoccuper de cette situation, et de savoir si l'Union des Syndicats ne consentirait pas à construire sa Maison des Syndicats d'accord avec la C. G. T.

Il nous paraissait, et il nous paraît encore impossible, pour des raisons majeures, d'assurer, à Paris, l'existence de deux Maisons du Peuple : les Maisons de Syndicats ne peuvent pas compter exclusivement, pour vivre, sur les cotisations versées par les organisations syndicales ; dans aucun pays cela n'existe.

Dans les pays étrangers, pour la vie, et même, parfois pour l'édification des Maisons du Peuple, on a recours à des moyens extra-syndicaux. Nous sommes, nous, dans un pays où nous parlons et nous agissons en raison des principes, nous ne pouvions donc pas revenir à des moyens extra-syndicaux pour construire et faire vivre la Maison des Syndicats.

Cependant, nous disions, et nous disons encore, qu'il est impossible qu'une Maison des Syndicats vive avec les seuls subsides versés par les organisations syndicales ; force est de trouver des ressources extérieures qui permettent d'assurer l'existence de la maison et son bon fonctionnement.

Où pouvons-nous trouver ces ressources sans sortir du domaine des principes syndicaux ? Telle était la question qui se posait à nous.

La solution de la question, nous ne la trouvions que dans la mise en valeur d'une imprimerie et des divers services afférents à la Maison des Syndicats. Mais alors immédiatement, se posait à nous ce problème :

Si deux Maisons de Syndicats se constituaient à Paris, il y aurait deux imprimeries et il y aurait également des services afférents à ces deux maisons ; ces services, fatalement, entreraient en concurrence ; et, comme nous comptons exclusivement sur les organisations syndicales, sur les travailleurs syndiqués et confédérés pour alimenter ces services, ce sera immédiatement les recettes divisées. Or, cette division des recettes nuirait aux œuvres que nous voulons fonder.

Il fallait donc que nous nous résolvions à cette idée de faire une maison commune qui, de cette façon, serait assurée des moyens indispensables à son existence et à son fonctionnement.

Dans cet esprit, la Commission de la Maison des Fédérations faisait décider par le Comité confédéral, d'aller trouver le Comité de l'Union des Syndicats de la Seine, et de lui poser la question suivante : « Nous devons appliquer les résolutions de Toulouse, mais nous voudrions également que l'application de ces résolutions n'entrave pas l'effort syndical et ne rende pas la vie impossible, ni à la Maison des Fédérations, ni à la Maison des Syndicats. Devant cette situation, que comptez-vous faire ?

Nous déclarions également : « Depuis quelques annés, si la vie syndicale à Paris est aussi intense qu'elle l'est, cela tient à la cohabitation de l'Union des Syndicats de la Seine et de la C. G. T. »

A l'appui de cette thèse, nous démontrions qu'il ne se passe pas une journée, en effet, où nous n'échangions, nous, les secrétaires confédéraux, nos impressions avec les secrétaires de l'Union des Syndicats de la Seine, exerçant ainsi, réciproquement, une influence sur nous-mêmes, déterminant une homogénéité dans l'action ouvrière parisienne, homogénéité apportant de bien meilleurs résultats qu'une action disséminée. Nous disions aux délégués des syndicats parisiens : « Il n'est pas possible que vous ne compreniez pas cela ; il faut que, tenant compte de cette raison, vous décidiez que la Maison des Syndicats sera construite au 33 de la rue Grange-aux-Belles, faisant ainsi que cette cohabitation, de laquelle nous avons tiré tant de bons résultats, puisse continuer dans l'avenir. »

Les délégués de l'Union des Syndicats nous répondirent à cette époque qu'il ne leur était pas possible de nous donner une réponse ferme, leurs décisions antérieures disant que la Maison des Syndicats ne pouvait n'être construite que sur un terrain appartenant à la Maison des Syndicats.

Il fallait alors que la Commission de la Maison des Fédérations retourne devant le Comité confédéral, lui fasse part de la décision de l'Union des Syndicats de la Seine et lui demande dans quelles mesures il était possible de donner satisfaction à l'Union des Syndicats de la Seine.

Ces différents pourparlers ne durèrent pas un mois, ils durèrent près d'une année pendant laquelle à plusieurs reprises, nous primes, Commission de la Maison des Fédérations, contact avec l'Union des Syndicats de la Seine. Enfin, à la suite d'un dernier entretien, la Commission, mise en présence d'une résolution précise de l'Union des Syndicats de la Seine que vous trouverez à la page 31 du rapport, put prendre également une décision ferme répondant aux propositions qui lui étaient faites.

La proposition de l'Union des Syndicats de la Seine était celle-ci :

Le Comité général de l'Union des Syndicats de la Seine, réuni sur la demande de la Commission de la Maison des Fédérations nommée à l'issue du congrès de Toulouse ;

Après avoir entendu les camarade Jouhaux et Bourderon lui expliquer que cette Commission et le Comité confédéral se sont mis d'accord pour la constitution d'une société nouvelle destinée à représenter la C. G. T., et pour solliciter la participation de l'Union des Syndicats dans cette société, en raison de sa situation spéciale ;

Rappelle à la C. G. T. l'ordre du jour voté par le Comité général en date du 27 Septembre 1911, lui demandant implicitement de faire connaître les conditions dans lesquelles, éventuellement, l'Union des Syndicats pourrait acquérir tout ou partie de la propriété actuellement dénommée Maison des Fédérations pour en faire la Maison des Syndicats ;

Le Comité général de l'Union des Syndicats ne croit pas devoir statuer sur la demande qui lui est faite aujourd'hui avant qu'il ait pu obtenir, soit du Comité confédéral, soit du congrès du Havre, une réponse ferme à ses propositions d'achat, ou tout au moins une déclaration catégorique sur l'avenir que l'on réserve à la Maison des Fédérations ;

Il rappelle enfin, de façon à ce qu'aucune équivoque ne subsite à ce sujet, que les Syndicats de la Seine, consultés spécialement, ont seuls qualité pour, en dernier ressort, se prononcer sur les conditions qui pourraient leur être faites concernant l'achat ou la location-vente d'une propriété quelconque.

La Commission de la Maison des Fédérations, après avoir pris connaissance de cette proposition, rédigea l'ordre du jour suivant, qui fut proposé au Comité confédéral et accepté :

La C. G. T. cède à l'Union des Syndicats le terrain du 33 de la rue Grange-aux-Belles, pour la liquidation de la créance Louzon.

La C. G. T. entre dans la nouvelle société ayant pour apport le capital représentant les divers services de la Maison des Fédérations, capital lui donnant une part administrative proportionnée à cet apport dans la gestion de la nouvelle société.

Dans la transformation probable de la Maison des Fédérations en Maison des Syndicats, la nouvelle société devra réserver, en nombre suffisant, des locaux pour le logement des fédérations nationales actuellement locataires et pour celles à venir.

Les locaux devront être disposés de façon telle que s'établisse une vie fédérale et confédérale indépendante de la vie des syndicats parisiens.

Voilà où en est la question.

Vous le voyez, nous avons répondu à la proposition de l'Union des Syndicats de la Seine en appliquant l'ordre du jour du congrès de Toulouse qui, en principe, voulait que la Maison des Fédérations soit mise sous le contrôle effectif des organisations confédérées.

Il ne nous apparaissait pas comme possible de créer à Paris deux Maisons. Nous avons voulu nous entendre avec l'Union des Syndicats de la Seine pour ne créer qu'une seule et même Maison dans laquelle, et la C. G.T., et les fédérations, et l'Union des Syndicats, et les syndicats eux-mêmes, trouveraient leur logement. Nous avons conscience d'avoir, en agissant ainsi, répondu au désir exprimé par le congrès de Toulouse. Tenant compte des conditions qui nous étaient faites, nous avons essayé de donner satisfaction à la motion de Toulouse sous une forme telle que tout le monde y trouverait son profit. Nous attendons la réponse de l'Union des Syndicats de la Seine et, tout à l'heure, le camarade Savoie ou le camarade Bled, secrétaires de l'Union des Syndicats, pourront nous dire quelles sont leurs intentions à ce sujet, et le Congrès pourra alors apporter à cette question une solution définitive.

Mais, camarades, je vous demande de ne pas oublier que si la vie des syndicats, à Paris, a été intense ; si, conséquemment, des résultats ont été obtenus ; si une atmosphère d'harmonie et de sympathie règne à l'heure actuelle dans nos milieux, cela tient à la cohabitation de la C. G. T. et de l'Union des Syndicats de la Seine, cohabitation née dans des circonstances douloureuses et pénibles sur lesquelles je n'ai pas besoin de revenir maintenant. (*Applaudissements.*)

Les critiques de Sergent

SERGENT. — Le camarade Jouhaux nous parle de la Maison des Fédérations ; il nous indique les conditions que que le Comité confédéral a proposées à l'Union des Syndicats de la Seine.

Je voudrais prendre la question telle qu'elle doit se présenter. Au fond, la C. G. T. qu'apporte-t-elle ? Elle ne demande pas de cotisations aux fédérations, quoique celles-ci demandent des cotisations, quelquefois très lourdes, à la base du syndicalisme, aux syndicats eux-mêmes. Elle ne demandent pas de cotisations et elle nous dit, dans le rapport confédéral, que le Comité confédéral veut tout d'abord loger dans cette maison, à laquelle il collaborera par ses apports : service d'imprimerie, conseil judiciaire, conseil de médecine. Il ne collaborera que pour cela dans l'apport à la Maison des Syndicats ou Maison des Fédérations.

Eh bien, nous considérons, nous, dans les syndicats parisiens, que c'est trop peu, et je vais vous donner un exemple. Si l'on veut regarder les cotisations payées à l'Union depuis dix ans, on s'aperçoit que les exigences des fédérations, de l'Union des Syndicats, des organisations centrales enfin, deviennent de plus en plus lourdes pour les syndicats : en 1897, le Syndicat de la Typographie payait à l'Union 10 fr. par mois, soit 120 fr. par an ; en 1904, cette cotisation fut portée à 240 fr. ; en 1905, la cotisation était portée à 3 centimes par membre pour le premier mille, 1 centime pour les mille au-dessus, ce qui donna un total de 1.174 fr. 50 ; en 1911, la cotisation a été portée à 5 centimes par membre, et nous cotisons à l'Union des Syndicats pour 2,027 fr. ; on devrait ajouter à cela la cotisation de la Maison des Syndicats qui est de 7.000 fr., soit au total 10.000 fr.

Eh bien, camarades je vous le demande, est-ce qu'on peut procéder avec de pareilles étapes à la saignée des syndicats ?

Dans les fédérations, c'est la même chose ; nous apportons à notre fédération près de 50.000 francs par an.

Je vous demande si le Congrès peut admettre que la C. G. T. ne perçoive pas la contribution sur les fédérations qui seront logées dans cette Maison des Syndicats ou des Fédérations. Je dis que nous devons payer tous au même titre ; que nous ne refusons pas, que nous mettons nos membres en demeure de payer, mais que la C. G. T. elle-même paye son loyer.

UNE VOIX. — C'est convenu.

SERGENT. — C'est ce que le Comité confédéral ne dit pas. Il apporte le service d'imprimerie. Or, ce service d'imprimerie figure pour une somme de 255.000 fr. ; moi qui suis de l'imprimerie, j'affirme qu'il n'y en a pas pour 70.000 fr. Je dis qu'il n'est pas possible de faire une majoration pareille. La Maison appartiendra aux syndicats si les syndicats la payent, ou bien elle appartiendra à tout le monde si les fédérations, comme la C. G. T., apportent leur part de cotisation dans l'édification de cette Maison.

La thèse de Savoie

SAVOIE *(président)*. — Camarades, je me donne la parole.

Le camarade Jouhaux vous a expliqué rapidement ce qui s'était passé depuis le congrès de Toulouse en ce qui concerne la Maison des Fédérations ; il vous a expliqué les difficultés qu'a rencontrées la Commission nommée pour mettre en application l'ordre du jour du congrès de Toulouse sous la forme où le comprenaient certains membres du Comité confédéral.

Lorsque la Commission prit la résolution de remettre entre les mains de l'Union des Syndicats le terrain de la rue Grange-aux-Belles, les camarades du Comité confédéral — qui, peut-être bien, aujourd'hui, soutiendront la même thèse — prétendirent que ce n'était pas mettre en application l'ordre du jour voté par le congrès de Toulouse.

Au congrès de Toulouse, je fis des réserves sur cet ordre du jour, considérant qu'il n'était pas suffisamment clair et qu'en effet, il serait difficile de faire disparaître le malaise qu'avait créé la Maison des Fédérations.

Nous avons mis, de part et d'autre, beaucoup de bonne volonté, et, pour des raisons qu'il serait trop long d'énumérer ici, l'Union des Syndicats de la Seine, dans la personne de son Bureau, et même du Comité général, a fait tous ses efforts pour faire disparaître les raisons, les motifs, pour réduire à néant les arguments qui pouvaient exister empêchant que l'Union puisse construire une Maison des Syndicats sur le terrain du 33 de la rue Grange-aux-Belles. Voilà pourquoi le Comité général de l'Union des Syndicats prenait une résolution catégorique, demandant s'il serait possible que la C. G. T. cède à l'Union le terrain.

La question était posée brutalement, cela dans le but d'obliger la Commission et d'obliger la C. G. T. à faire quelque chose qui serait présenté, ensuite, au congrès du Havre. Nous considérions, en effet, que la Commission tâtonnait beaucoup trop. Je comprenais les difficultés qui l'empêchaient d'avancer; mais comme il fallait à toute force que la situation soit nette et qu'une solution intervienne, l'Union disait, dans son ordre du jour, qu'elle ne construirait sa maison que sur un terrain lui appartenant — et je ne crois pas qu'on puisse la critiquer d'avoir pris cette résolution. Lorsqu'on se lance dans un projet aussi considérable que celui de construire une maison qu'on évalue à deux ou trois millions, on doit prendre des précautions.

Il ne faudrait pas qu'il y ait équivoque. Pour que les camarades de la Seine aient confiance dans l'œuvre que nous lançons, il fallait que la situation soit nette; dans leur cerveau, en effet, trop longtemps la confusion a existé; la Maison des Syndicats était la Maison des Fédérations; chaque fois qu'on parlait de la Maison des Syndicats, du projet de l'Union, on nous répondait : « Maison des Fédérations ». Les camarades ne pouvaient pas arriver à faire la différence qui existait entre le projet de l'Union des Syndicats et celui de la Maison des Fédérations qui était l'œuvre de Griffuelhes et Cie dont vous connaissez tous l'histoire. Il y avait là une confusion qui était néfaste au projet de l'Union, parce que les camarades syndiqués, qui avaient été influencés par toutes les calomnies qu'on avait fait courir à propos de la Maison des Fédérations, étaient devenus méfiants.

Voilà pourquoi l'Union voulait savoir : 1° Ce qu'il adviendrait de la Maison des Fédérations; 2° S'il serait possible à l'Union de construire sa maison sur le terrain du 33 de la rue Grange-aux-Belles. Le Comité central considérait qu'en prenant cette résolution et en la signifiant à la C. G. T., il appliquait l'ordre du jour de Toulouse — car l'Union a la prétention de représenter une partie des travailleurs organisés, auxquels on doit faire confiance; l'Union prétend que si c'est elle qui a la gestion du 33 de la rue Granges-aux-Belles, les camarades de province pourront avoir la certitude que la Maison est entre les mains des travailleurs.

Ah! ce n'était pas la C. G. T. propriétaire de la maison, et les camarades de la Commission ont bien compris qu'ils étaient dans l'impossibilité d'arriver à mettre debout un projet permettant à la C. G. T. d'être la propriétaire, même par une voie détournée, de la Maison. Voilà pourquoi ils ont accepté de se rallier à la proposition de l'Union des Syndicats, ou tout au moins s'inspirer de la proposition de l'Union des Syndicats pour essayer d'arriver à une solution définitive qui fassse disparaître cette espèce de cauchemar qui, trop longtemps, a hanté la plupart des syndiqués et des organisations syndicales.

Et retenez bien les paroles de Jouhaux lorsqu'il dit que s'il existait deux maisons des syndicats — ou tout au moins une Maison des Syndicats et une Maison des Fédérations à Paris, — cela pourrait être dangereux pour l'avenir de la C. G. T. et même pour la vie des organisations parisiennes. Sergent nous disait qu'on demande, aux syndicats et aux syndiqués, des cotisations de plus en plus élevées; mais cela serait bien pire si l'on demandait des cotisations pour faire vivre une Maison des Fédérations et si, d'un autre côté, l'on demandait des cotisations pour construire une Maison des Syndicats à Paris. Ces deux maisons se feraient inévitablement concurrence, car la Maison des Syndicats aura besoin de services comme la Maison des Fédérations et alors que les services actuels arrivent péniblement, que sera-ce si l'on en crée à côté?

Je ne sais pas si l'importance de cette question apparaît bien à tous les camarades. Une maison construite de pierre ou de briques, joue un grand rôle dans la vie syndicale. La Bourse du Travail, que nous voulons quitter — et nous faisons tous nos efforts pour empêcher les syndiqués de s'y attacher trop — la Bourse n'est qu'un monument municipal, mais malgré tout ce monument a servi d'une façon considérable la cause du prolétariat parisien, et cela par le fait que les syndicats parisiens vivaient côte à côte, avaient une vie d'ensemble, une vie qui leur permettait à chaque instant d'avoir des rapports, de se connaître mieux que s'ils avaient été dispersés aux quatre coins de la capitale. De cette cohabitation, il est résulté quelque chose de bon, de nécessaire, et qui demeure quand il s'agit de la C. G. T. et de l'Union des Syndicats.

Il ne faut pas qu'il existe une rivalité entre deux forces du prolétariat organisé se trouvant dans la capitale, C. G. T. et Union des Syndicats. Il ne faudrait pas que d'une question monétaire, une question de maison, sortit une division ou même une diminution dans l'unité de vues, une diminution de la cordialité dans nos rapports constants.

Je suis un de ceux qui ont poussé le Comité général de l'Union à voter les deux ordres du jour qu'on vous a présentés tout à l'heure, parce que je vois des dangers à ce qu'il y ait deux maisons distinctes, alors que la cohabitation a donné de si bons résultats.

Il y a autre chose aussi qui m'a fait pousser le Comité général à adopter ces deux ordres du jour, c'est la question financière: c'est lorsque j'ai constaté qu'au bout de quatre années de propagande nous avions réussi à verser 130.000 francs au maximum dans les caisses de cette maison; c'est déjà un joli chiffre, mais il y aura beaucoup de difficultés à récupérer tous les capitaux qui seraient nécessaires pour édifier cette maison, et j'ai peur qu'avant que les syndicats parisiens n'aient versé seulement la somme nécessaire pour acheter le terrain, ils ne soient découragés et ne désespèrent de voir jamais la Maison des Syndicats. Je prévoyais une combinaison financière qui nous permettait peut-être, si le Comité confédéral et si le Congrès du Havre, et en dernier lieu, comme il est dit dans l'ordre du jour, si tous les syndicats de la Seine, l'approuvent, de construire notre Maison dans un ou deux ans au lieu de six; qui, d'autre part, sortirait la C. G. T. du dilemme dans lequel elle se débat actuellement.

Nous faisions donc d'une pierre deux coups : nous permettions d'édifier la Maison plus tôt, et nous débarrassions la C. G. T. de cette affaire de la Maison des Fédérations.

Ah! souvent, dans les discussions à la Commission, au Comité confédéral, au Comité général de l'Union des Syndicats, on me disait : « Mais tu veux être propriétaire de la maison ! » Je crois que les paroles de mes camarades dépassaient leur pensée; si nous nous acharnions à vouloir que la Maison des Syndicats soit construite sur un terrain appartenant exclusivement à cette société, c'est parce que c'était nécessaire pour donner confiance aux camarades qui doivent faire l'effort.

On nous dira : « Mais les organisations de province ont droit pourtant, elles aussi, à une part de propriété; une trentaine de mille francs sont sortis de la poche des travailleurs, c'est déjà un droit à la propriété. » Mais oui, camarades; mais si l'on compare ces 30.000 francs aux 2 millions qu'il faudra faire sortir de la poche des syndiqués parisiens, on comprend qu'il faut ménager les susceptibilités des Parisiens, et on comprendra qu'il n'y a pas de danger à remettre entre les mains de l'Union le terrain du 33 de la rue Grange-aux-Belles. Il y a une quantité d'arguments qui le justifient.

Malheureusement, je ne peux pas répondre aujourd'hui à la demande de Jouhaux. Le Comité central n'a pas eu le temps de prendre une décision, car on doit réfléchir avant de prendre des décisions aussi graves, qui ne sont pas seulement le vote de l'ordre du jour, mais un engagement pour deux ou trois millions. Je ne peux donc pas vous dire si l'Union accepte dans son intégralité l'ordre du jour de la Commission. En ce qui me concerne personnellement, je suis obligé de faire des réserves sur certains passages de cet ordre du jour où l'on dit « . . dans la transformation probable de la Maison des Fédérations en Maison des Syndicats, la nouvelle société devra réserver, en nombre suffisant, des locaux pour le logement des fédérations nationales actuellement locataires et pour celles à venir. »

Vous comprendrez, camarades, que n'importe qui ferait des réserves en ce qui concerne les organisations à venir ; nous ne savons pas encore quelle sera l'étendue du bâtiment, nous ne pouvons donc pas prendre l'engagement d'y loger toutes les fédérations qui le demanderaient.

Nous pouvons faire encore des réserves en ce qui concerne l'apport de la société Griffuelhes et Cie, ou tout au moins de la Maison des Fédérations. Je vois que l'actif est porté à 255.190 fr. 50. Je trouve que, là, il faudra discuter et que nous ne pourrons pas accepter, dans la société nouvelle, un apport de 225.000 francs représenté simplement par un matériel d'imprimerie plus ou moins usagé, et par l'aménagement d'une clinique. Nous voulons bien faire tous nos efforts auprès du Comité central et des syndicats parisiens pour arriver à une solution heureuse, mais il ne faut pas qu'on nous fasse des conditions qui, au premier abord, nous paraissent presque inacceptables.

Voilà pourquoi, camarades, nous disions, dans le deuxième ordre du jour de l'Union des Syndicats de la Seine, qu'il faudra que le Comité confédéral se prononce, ainsi que le Congrès du Havre.

Eh bien, le Comité confédéral s'est prononcé par l'adoption de l'ordre du jour de la Commission; aujourd'hui, si le Congrès du Havre se prononce favorablement à notre demande, je ne peux pas dire que je sois certain que l'Union acceptera l'ordre du jour de la Commission de la Maison des Fédérations, mais je suis presque certain qu'elle l'acceptera, elle aussi, se réservant le droit de discuter certains passages. C'est-à-dire que, même si l'Union voyait qu'elle ne peut pas utiliser le terrain du 33 de la rue Grange-aux-Belles pour construire son immeuble, elle achèterait quand même ce terrain avec la construction qui est dessus, quitte à les revendre pour acheter, dans un endroit mieux placé, un autre terrain. Cela garantirait tout au moins qu'il n'y aurait pas deux maisons : la *Maison des Fédérations*, la *Maison des Syndicats*. L'Union accepterait d'acheter, pour les 93.000 francs, qui sont dus aux camarades qui les ont avancés, ce terrain; de cette façon nous donnerions toujours à la C. G. T. l'assurance qu'elle est chez elle — ce qui est contestable lorsqu'on doit 93.000 francs.

Si donc vous acceptez la proposition de l'Union; si vous nous donnez les facilités que nous demandons, vous pouvez être certain que nous maintiendrons la C. G. T chez elle, soit rue Grange-aux-Belles, soit ailleurs, si le terrain de la rue Grange-aux-Belles n'est pas propice à l'édification d'une maison.

Griffuelhes répond à Sergent et à Savoie

GRIFFUELHES. — Je suis fort surpris de la façon dont les camarades manipulent les chiffres relatifs au bilan, et lorsque j'aurai des renseignements à demander pour l'établissement d'un bilan, je ne les demanderai ni à Sergent, ni à Savoie.

Il faudrait songer que nous tablons sur une affaire d'ordre commercial, que nous ne tablons pas sur des idées générales, ni même sur des questions d'ordre syndical.

Le bilan porte la totalité de l'immeuble. Et si vous trouvez, Sergent, dans Paris, 1.500 mètres de terrain pour 160.000 francs, je m'engage à trouver l'argent pour les acheter.

Vous avez déclaré qu'il y avait dans le bilan un chiffre global de 250.000 francs alors qu'en réalité cela ne valait pas plus de 75.000 francs, voilà votre thèse... (*Interruptions.*)... Permettez! La totalité du bilan englobe le terrain, et par conséquent lorsque vous venez détacher de cette totalité une partie essentielle, j'ai le droit de dire que c'est user d'une étrange façon et raisonner d'une façon très artificielle.

Le bilan porte le prix d'achat de l'immeuble, les frais de mutation; le bilan prévoit aussi l'achat de l'imprimerie... Je sais, Sergent, que toute chose qui s'use perd de sa valeur, et cela va de soi. Est-ce qu'il ne s'en suit pas, quand même, que la somme d'achat a été dépensée? Et est-ce que le bilan vous propose de vous céder et de vous vendre quoi que ce soit, pour que vous veniez dire : « Cela ne vaut pas cette somme? » Le bilan ne parle pas de tout cela. Le bilan dit : « Voilà une valeur d'achat de terrain, les frais adéquats à l'achat de ce terrain. »

Voilà ce qu'il dit, le bilan, et pas autre chose. Et c'est lamentable que, dans un congrès pareil, on s'amuse à discuter d'une façon si âpre et si intéressée pour savoir qui sera propriétaire d'un terrain dont tout le monde pourra jouir! Il y a bien des chances que des mois s'écoulent avant qu'il y ait quoi que ce soit de fait nouveau; on délibère, on examine; et lorsqu'il s'agit de résoudre une affaire banale en soi, une affaire commerciale, lorsqu'il s'agit de résoudre quelque chose de facile, on discute, on chicane... Il y a des mois que cela dure, et il y a des chances pour que cela dure encore quelques mois.

Il serait cependant facile de résoudre l'affaire. De quoi s'agit-il? Est-ce qu'il s'agit de savoir si c'est un tel ou un tel qui sera propriétaire? Il s'agit de rendre définitive l'institution elle-même et de l'agrandir; il s'agit d'examiner quels sont les éléments qui ont intérêt à ce qu'elle s'agrandisse et quelle est la part d'efforts qu'il faut demander.

Comment résoudre le problème qui s'offre à nous? Vous avez de l'argent à l'Union, vous apportez votre part, la C. G. T. apporte la sienne. Vous apportez chacun votre part, vous avez une propriété commune. Il n'y a que cette solution, c'est la meilleure; elle sauvegarde les droits de tous. Un contrat légal entre deux parties, d'une part la C. G. T., d'autre part l'Union des Syndicats. Et alors vous marcherez et vous vous tournerez avec plus de force vers les syndicats, qui se disent avec quelque raison : « Il y a des mois que cela dure. »

Quel marché faisons-nous ici? Et c'est à cela que nous passons nos instants et nos heures? La solution est dans ce contrat, que j'indiquais tout à l'heure, et il n'y en a pas d'autre. Qu'un contrat intervienne, et dès qu'un contrat interviendra, je suis tout disposé à faire les mutations nécessaires. Faites une société avec un pacte légal et si quelqu'un est lésé de dix ou de vingt francs, qu'importe !

Péricat veut des garanties pour la Confédération et pour les Fédérations

PÉRICAT. — Camarades, la question de la Maison des Fédérations a été l'objet d'un long débat au congrès de Toulouse, et c'est toujours d'après les résolutions de Toulouse que je veux discuter.

Le Comité confédéral a adopté la thèse de l'Union des Syndicats de la Seine. J'estime, pour ma part, que le Comité confédéral a eu tort. Je suis d'accord avec Griffuelhes pour reconnaître que ce n'est pas une question de propriété qu'on doit soulever ici.

Mais il y a des situations dont il faut tenir compte, et il faut tenir compte aussi de la décision de Toulouse.

Aujourd'hui la situation m'apparaît bien nette, tout au moins en ce qui concerne le Congrès. A Toulouse, j'ai porté des critiques contre la gestion de la Maison des Fédérations; on s'est réuni et j'ai présenté, d'accord avec des camarades, un ordre du jour de confiance au camarade Griffuelhes qui avait géré la Maison des Fédérations; mais, dans la réunion préparatoire, j'avais demandé la constitution d'une commission chargée d'établir une société nouvelle qui remplacerait la société Griffuelhes, ou qui y rentrerait. Cet ordre du jour a été adopté.

Dans la discussion préparatoire, Savoie avait déjà posé la question de propriété; j'avais réfuté sa thèse et j'avais dit aux camarades : « Je ne voterai votre ordre du jour qu'à la condition que la Maison des Fédérations reste la propriété confédérale. » Et alors, Savoie reconnaît lui-même que si ma proposition a été adoptée, cela implique la gestion par la C. G. T. de la Maison des Fédérations.

Que s'est-il passé au Comité confédéral? l'Uunion est venu nous déclarer :

« Nous voulons faire, nous, une Maison des Syndicats. » Eh ! oui, vous avez raison, faites une Maison des Syndicats ! — Mais, aujourd'hui, le même représentant de l'Union vient nous dire : « Ah ! mais pardon ! Je ne veux pas prendre l'engagement de loger toutes les fédérations qui pourront venir dans l'avenir, car nous ne le pourrions pas. »

Alors, que deviendront les fédérations ? Elles seront disséminées ?

J'estime que nous avons déjà quelque chose. Si j'étais un commerçant, je pourrais, moi aussi, discuter sur des chiffres ; et quand on vient dire que les fédérations ont apporté 30.000 fr., je réponds : « Oui, elles ont apporté 30.000 fr. ; seulement, comme le disait Griffuelhes tout à l'heure, le terrain, qui a pu être estimé 90.000 ou 95.000 fr. à l'époque où l'acquisition a été faite, vaut, à l'heure actuelle 180.000 si ce n'est 200.000 fr. » Donc, les fédérations ont fourni un apport considérable.

J'estimais, moi, que l'ordre du jour qui a été voté donnait satisfaction, aussi bien aux camarades de l'Union qu'aux camarades des fédérations. Voici l'ordre du jour de Toulouse :

Le Congrès décide de nommer une Commission chargée d'étudier avec les administrateurs actuels de la Maison des Fédérations, qui l'acceptent, le moyen de mettre cet immeuble et ses filiales, en rendant réelle leur collaboration, sous le contrôle effectif des organisations confédérées.

Cette Commission comprendra deux délégués de l'Union des Syndicats de la Seine et dix délégués désignés par la Section des Fédérations. Le Bureau confédéral sera adjoint à cette Commission.

Cette Commission aura à statuer sur la situation dans un délai qui ne pourra dépasser le 1er mars 1911.

Le Bureau confédéral est chargé de convoquer cette Commission dont il établira les procès-verbaux de réunions, qu'il devra communiquer au Comité confédéral.

Eh bien ! Camarades, je ne vois pas qu'il y ait impossibilité de constituer en collaboration la Maison Confédérale, ou la Maison des Syndicats, ou la Maison des Fédérations... appelez-la comme vous voudrez ; j'estime qu'il y a facilité pour tout le monde de s'entendre. Si l'Union des Syndicats estime que la part qui lui a été réservée dans la gestion de la Maison des Fédérations n'est pas suffisante, le Congrès peut lui donner largement satisfaction en déclarant qu'il constituera la Commission par moitié.

Voilà comment je crois qu'on peut régler la situation, et alors la propriété du terrain sera également à l'Union et à la Confédération. Et quand on dit « propriété confédérale », est-ce que ce n'est pas, en grande partie, l'Union des Syndicats ? Est-ce que l'Union n'est pas une fraction de la C. G. T.

Il ne faut pas léser les syndicats de province, car actuellement, à la C. G. T., avec le terrain que nous possédons, avec les ressources des fédérations, les fédérations qui voudront y venir pourront y venir. Le jour où l'Union sera propriétaire, elle logera ses syndicats, et les fédérations n'auront plus de place, et c'est là que je voyais le danger pour les camarades confédérés.

C'est pourquoi je demande que le congrès du Havre soit souverain et sanctionne la décision de Toulouse, qui donnait satisfaction et aux fédérations et à l'Union des Syndicats.

Une voix de province

RICHER. — Camarades, je ne veux pas critiquer ce qui a été fait précédemment par les organisations, tant de Paris que de province. Je voudrais seulement vous rappeler que nous avons aussi, nous provinciaux, à nous préoccuper de la question d'un local. Le camarade Yvetot vous a parlé des cordes dorées qui nous lient les mains. Nous avons, nous aussi, besoin de nous affranchir de la tutelle des pouvoirs publics. Et je réponds à Sergent, qui se plaignait, tout à l'heure, de l'augmentation continuelle des cotisations pour les organisations parisiennes et qui demandait que les fédérations apportent leur part pour la construction de la Maison des Fédérations — ou Maison des Syndicats, — je réponds aux camarades de Paris qu'il ne faut pas oublier que nous avons besoin de nous affranchir en province et qu'il commence à être temps que nous y songions.

Il ne faut pas trop pressurer les camarades de province. Dans nos congrès locaux, lorsque nous proposons des augmentations de cotisations, les organisations nous répondent : « Le dernier congrès de notre fédération vient de se réunir et de décider l'augmentation de la cotisation fédérale ; il s'en suit que nous sommes obligés d'augmenter notre cotisation syndicale, et alors nous ne pouvons pas accepter d'augmenter notre cotisation à l'Union. »

Voilà la situation de la généralité des unions de syndicats en province. Je dis donc, camarades, qu'il est grand temps que les organisations centrales nous laissent nous affranchir et ne viennent pas constamment nous dire : « Vous vivez de la manne municipale. » Les Maisons du Peuple en province ne font pas appel aux syndicats de Paris pour se créer et pour fonctionner.

Je suis donc d'accord avec Griffuelhes lorsqu'il dit que l'apport des fédérations sera la propriété confédérale et qu'il faut laisser à l'Union des Syndicats de la Seine le soin d'assurer le fonctionnement pécuniaire et administratif de la Maison des Syndicats — ou Maison du Peuple, si vous voulez — à Paris.

Bousquet approuve le projet

BOUSQUET.— Camarades, moi non plus je ne critiquerai pas le passé ; j'aurais plutôt à féliciter les camarades qui ont pris l'initiative de la constitution de la Maison des Fédérations.

Mais aujourd'hui, une autre question se pose. Sans répéter les arguments de Savoie, je suis un de ceux qui considèrent comme nécessaire, pour ne pas dire indispensable, que l'Union des Syndicats de la Seine, un des plus forts organismes centraux, ainsi que la C. G. T., soient dans le même local ; je verrais même d'un mauvais œil toute combinaison nouvelle en vertu de laquelle l'Union siégerait de son côté et la C. G. T. du sien également, et cela pour diverses raisons. D'abord pour une raison d'ordre matériel : quand un secrétaire de syndicat parisien ou un secrétaire de fédération a besoin d'aller à l'Union des Syndicats, à la C. G. T., à la Section des Bourses, chez le trésorier confédéral, c'est dans le même local qu'il peut faire ses affaires syndicales. Puis je considère comme indispensable le contact régulier entre les militants de l'Union et ceux de la C. G.T-

En ce qui concerne la Maison des Syndicats, j'approuve complètement l'idée de la bâtir sur le terrain de la Maison des Fédérations.

Rappelons-nous cette époque, qu'on a évoquée tout à l'heure, où la C. G. T. a été chassée de la Bourse du Travail ! Ce qui a été fait avec la C. G. T., avec l'Union des Syndicats, ne manquera pas de se faire avec les syndicats. On a renvoyé la C. G. T. et l'Union des Syndicats soi-disant parce qu'elles faisaient de l'antimilitarisme, alors que c'était purement et simplement parce que ces deux organisations mettaient à exécution les décisions des congrès. Or, les organisations doivent, elles aussi, exécuter les décisions des congrès, soit l'antimilarisme, soit autre chose, et un beau jour les syndicats seront, eux aussi, en état de vagabondage (pas spécial) et ne sauront où se loger. Alors que nous voyons qu'en province les syndicats se séparent de plus en plus des bourses de travail placées sous la dépendance gouvernementale, ce serait plus que piteux, ce serait presqu'une trahison de la part des syndicats parisiens de ne pouvoir organiser quelque chose.

Je termine en disant que les Boulangers de la Seine ont, dès le début, pris les timbres de la Maison des Syndicats ; nous avons donc quelques milliers de francs dans cette Maison des Syndicats, et nous sommes partisans qu'on la construise au plus vite. Il vaut mieux quitter la Bourse du Travail que d'en être chassés honteusement !

Fiancette émet quelques objections

Fiancette. — Les orateurs qui m'ont précédé n'ont pas apporté de solution au problème qui est posé.

On est venu défendre des thèses différentes et, comme le disait très bien Griffuelhes. On se disputait surtout sur la question de savoir quel serait le propriétaire de l'immeuble. Eh bien, vraiment, comme le disait encore Griffuelhes, il ne s'agit pas d'une affaire de principe, il ne s'agit pas d'une affaire syndicale, mais il s'agit d'une affaire commerciale et la question se pose commercialement.

Notre camarade Bousquet disait : « Il faut s'en aller de la Bourse du Travail. » Remarquez que cela ne gênerait pas l'organisation que je représente ici, puisqu'elle a résolu la question en ce qui la concerne. Seulement, il n'est pas très facile de s'en aller de la Bourse quand il n'a y pas d'autre local pour recevoir les syndicats.

Il s'agit donc de savoir si l'on peut s'entendre et comment l'on peut s'entendre. La C. G. T. ne peut pas être propriétaire, l'Union des Syndicats ne peut pas être propriétaire, commercialement parlant ; il faut une société à côté. Il s'agit de savoir quelle sera l'influence des deux organismes dans la société.

Il faut en arriver là, parce que, comme l'indiquait Griffuelhes, je vous assure qu'il est pénible de discuter cette question et de voir que, depuis bientôt cinq ans, on n'a presque rien fait. Oui, il faut dire la vérité toute nue. Savoie nous parlait de construire un immeuble de deux millions ; j'avais le sourire quand j'entendais cela, parce que, quand on a mis cinq ans à récolter 130.000 fr., combien faudra-t-il de temps pour recueillir les deux millions dont il parlait ?

Savoie. — Surtout si les chauffeurs continuent à ne pas verser !

Fiancette. — Lorsque des camarades ont fait la grève que vous connaissez, lorsqu'ils ont construit à eux seuls la Maison du Peuple qui coûte 200.000 francs où ils logent des sections de syndicats, on ne peut pas dire qu'ils n'ont pas fait leur devoir... J'ajoute immédiatement que nous sommes prêts à payer notre quote-part et que nous sommes prêts encore à vous prêter de l'argent demain si vous en avez besoin. Mais il ne faut pas faire d'incidents personnels et, après un effort comme le nôtre, je trouve l'interruption de Savoie tout à fait déplacée.

Pour revenir à la Maison elle-même, ce n'est pas par des faits particuliers que l'on résout une question de cette importance. Tout à l'heure, Griffuelhes nous disait : « Il faut créer une atmosphère de confiance. » Comment pouvez-vous créer cette atmosphère ? Vous pouvez la créer en commençant immédiatement les travaux ; en commençant par les fondations, et en continuant au fur et à mesure que vous aurez de l'argent. Commencez, ne chicanez pas sur des questions d'apport ; marchez, et une fois que vous aurez commencé, vous attirerez les cotisations.

Jouhaux réplique à Fiancette

Jouhaux. — On me permettra de répondre à Fiancette. Je ne sais pas où il a vu que j'avais manifesté, au nom de la C. G. T., un droit de propriété. L'atmosphère que nous avons respirée les uns et les autres, dans la Commission de la Maison des Fédérations, a été une atmosphère de concorde. Nous avons voulu, comme nous le voulons encore, réaliser l'alliance avec l'Union des Syndicats, pour construire notre maison.

Que Fiancette relise l'ordre du jour adopté par le Comité confédéral, et il verra qu'il ne ressort pas de la lecture de cet ordre du jour une idée de propriété.

Nous déclarons : « Nous apportons ceci, l'Union des Syndicats apporte cela ; faisons une alliance, et nous construirons la maison. » Voilà ce que nous disons et nous n'avons jamais dit autre chose.

Bled défend le projet

BLED. — Je crois que nous allons nous entendre assez facilement, mais je ne poserai pas la question comme l'ont posée la plupart des camarades qui ont pris la parole ; elle se résoud, pour moi, d'une tout autre façon.

Jouhaux a fait l'historique des décisions qui ont abouti à la situation présente ; il a rappelé la décision de Toulouse qui fait que la Maison des Fédétations est considérée comme propriété appartenant aux organisations confédérées.

Il ne faut pas croire que l'Union des Syndicats a décidé de construire sur le 33 de la rue Granges-aux-Belles ; l'Union est en train de demander des précisions aux propriétaires de la Maison des Fédérations, pour pouvoir construire le cas échéant ; elle a besoin de ces précisions pour trouver les fonds nécassaires à la construction de la Maison des Syndicats, et c'est ainsi que, pour moi, se pose la question. Il ne s'agit pas, Griffuelhes ou autres camarades, de savoir qui sera propriétaire ; ou tout au moins il s'agit bien moins de savoir qui sera propriétaire que de donner les garanties nécessaires à trouver les deux millions qui serviront à édifier la maison. Et Griffuelhes, répondant à Sergent, disait : « Mais il ne s'agit pas de principes, il ne s'agit pas d'action syndicale, il s'agit de questions commerciales purement et simplement. » C'est en effet ainsi qu'il faut poser la question pour trouver les deux millions nécessaires.

Aujourd'hui, le Congrès a à dire s'il va continuer à lier le Comité confédéral par sa décision de Toulouse, ou si, au contraire, il va délier le Comité confédéral de cet engagement. Toute la question est là.

Si l'on prend le texte de Toulouse, évidemment la Maison des Fédérations doit être remise entre les mains des organisations confédérées. Nous vous demandons aujourd'hui de délier le Comité confédéral des obligations de Toulouse ; de faire en sorte qu'il puisse s'entendre avec l'Union des Syndicats pour ne faire qu'une institution.

Examinons la motion de Toulouse sans trop nous attacher à la lettre de cette motion.

Il a été discuté, à Toulouse, la question de savoir si la Maison des Fédérations était la propriété personnelle de Griffuelhes et Cie ou la propriété collective de trois ou quatre fédérations, ou si, au contraire, la Maison des Fédérations devait être la propriété réelle de toutes les organisations confédérées. Cela n'avait jamais été constesté, mais avec les calomnies qui ont été répandues, il a été nécessaire d'apporter certaines précisions.

Or, aujourd'hui, où les esprits sont rassénérés, ou l'on examine la question à un point de vue tout autre, aujourd'hui où l'on n'a plus la conviction d'avoir été volé — même quand on n'a pas donné d'argent, — il est absolument indispensable de parler, sinon de proportion entre les sommes qui donneront des droits dans la gestion de cette Maison, tout au moins d'une indication globale et précise, qui renseignera les délégués.

Ce n'est pas, comme le disait Griffuelhes ou comme le disait Fiancette, une question de 20 ou de 100 fr., non ; cela n'a rien à faire dans le débat. Nous disons — et Fiancette le constatait : Il y a, dans la caisse de l'Union des Syndicats parisiens, 127.000 fr. ; il faut arracher le complément pour faire 2 millions. L'apport de la C. G. T. aujourd'hui ? Estimez-le à 300.000 fr. par exemple — estimation très approximative, cela m'est égal, il n'en reste pas moins qu'il faudra trouver 1.700.000 fr. dans la poche des syndiqués parisiens.

Tout à l'heure, Klemczynski me disait : « Nous avons construit une maison à Saint-Claude », et Fiancette ajoutait : « Nous avons créé une maison à Levallois ». C'est très bien, ce qu'ont fait les camarades de Saint-Claude, ce qu'ont fait les camarades chauffeurs ; ils avaient des moyens dont nous ne disposons pas. A Levallois, il y avait une coopérative de carburants qui a apporté la grosse somme ; cela n'a pas empêché les cochers et les chauffeurs d'apporter leur contribution personnelle, mais enfin, c'est la coopérative qui faisait la garantie du capital qu'il a fallu engager. A Saint-Claude, c'est la coopérctive de consommation. Mais vous ne me direz pas qu'il soit possible de supposer qu'à Paris nous aurons le concours de nos grandes coopératives de consommation pour mettre debout une Maisno des Syndicats.

UNE VOIX. — Pourquoi, camarade ?

BLED. — Camarades, je le désire.

UNE VOIX. — Et la politique ?

BLED. — Camarades, j'appartiens à une grande coopérative, l'Egalitaire. L'état d'esprit qui se manifeste dans cette organisation ne permet pas de croire qu'il y ait possibilité de trouver quelques centaines de francs pour une organisation à Paris. Les coopérateurs pourront demander à leurs coopératives de seconder l'Union des Syndicats ; nous ne faillirons pas à ce devoir, et nous verrons si ceux qui sont là aujourd'hui nous soutiendront dans les assemblées.

Toute la question est là ; il faut que nous donnions aux syndicats parisiens des garanties qui nous permettront de leur arracher les cotisations nécessaires pour parfaire la somme qui permetrra d'édifier la maison, et il ne s'agit pas de dire « La maison appartiendra à tout le monde. » C'est commercialement aussi que les syndicats parisiens raisonnent, et ils veulent avoir des garanties d'administration, des droits moraux ou autres, sur la propriété.

Nous ne pouvons pas chicaner sur des chiffres, sur les détails de la cession de la propriété ou de la mise en commun. Nous ne pouvons pas faire cela. Je vais vous proposer une conclusion, et cette conclusion, pour moi, devrait donner satisfaction à tout le monde, à tous ceux qui ont pris la parole ici et qui nous ont dit qu'il fallait commencer quelque chose pour donner confiance aux organisations syndicales ; ceux qui croient qu'on peut chicaner sur des sommes, sur des garanties à donner aux organisations à venir, auront également satisfaction.

Je vais demander seulement au congrès de délier le Comité confédéral des obligations de la décision de Toulouse, et de lui donner mandat de s'entendre avec l'Union des Syndicats, le cas échéant. C'est tout. Il suffira que le Comité confédéral ait la possibilité de s'entendre avec l'Union des Syndicats, pour qu'une entente intervienne ; aujourd'hui, il n'y avait pas possibilité de s'entendre parce que la Commission de la Maison des Fédérations se trouvait liée par la décision de Toulouse. Dites que cette décision n'existe plus, que vous la rapportez et que vous donnez mandat au Comité confédéral de s'entendre avec l'Union des Syndicats ; si tel est votre avis, il nous appartiendra alors de faire l'impossible, dans les organisations parisiennes, pour faire accepter ce projet, parce que ce sera la possibilité de commencer les travaux immédiatement. Il ne dépend que de vous que nous puissions commencer à bref délai.

PÉRICAT.— Je suis partisan de ton ordre du jour, à condition qu'on dise : « propriété en collectivité » ; qu'on abandonne la thèse de Savoie qui dit : « propriété de l'Union des Syndicats. »

BLED.— Sous prétexte qu'il ne veut pas voir l'Union des Syndicats propriétaire, Péricat veut que la C. G. T. soit propriétaire avec l'Union.

Il nous est matériellement impossible de décider cela ; il faudrait qu'on dédide que chaque organisme sera propriétaire proportionnellement aux apports qu'il aura fournis. Sinon la C. G. T. apportera 300.000 fr., L'Union 2.000.000 et, pour que l'Union ne soit pas propriétaire, vous décideriez que la C. G. T. le sera autant que l'Union !

Je vous demande de laisser au Comité confédéral le soin de s'entendre avec l'Union des Syndicats. Si vous avez confiance dans votre Comité confédéral, laissez-lui le soin de déterminer les conditions nettes, précises, dans lesquelles le projet projet sera établi.

LE PRÉSIDENT. — Je suis saisi d'une demande de clôture après les orateurs inscrits. Voici les camarades qui se sont fait inscrire : Sergent, Savoie, Bourderon, Mallardé, Roger, Péricat. Voirin.

La clôture est votée.

LE PRÉSIDENT. — Certains camarades demandent que la séance soit levée. *(Protestations.)*

LE PRÉSIDENT. — Nous pouvons travailler jusqu'à sept heures si vous voulez. Que ceux qui sont d'avis de continuer jusqu'à sept heures lèvent la main.

Adopté.

LE PRÉSIDENT. — La séance continue. La parole est à Sergent.

Sergent affirme les droits des Syndicats

SERGENT. — Je voudrais vous demander de ne pas voter l'ordre du jour contenu dans le rapport confédéral sur la Maison des Fédérations.

Comme les orateurs qui m'ont précédé, je suis partisan que la C. G. T., les Fédérations et les Syndicats habitent la même maison; mais je ne suis pas partisan de cet ordre du jour, qui dit que les Fédérations actuelles et à venir auront leur place dans la Maison des Féderations, avant les Syndicats. Péricat nous disait qu'il serait regrettable de voir les Fédérations déambuler; je dis qu'il serait bien plus regrettable encore de voir les Syndicats, qui auraient payé, déambuler dans Paris sans pouvoir habiter la Maison des Fédérations. J'entendais un camarade des Musiciens qui demandait combien de pièces son Syndicat aurait dans la Maisons des Fédérations ; on lui a dit : « Ferme ça, commence par payer, tu verras après! »

Je dis que ce n'est pas du tout une question commerciale. Treize organisations ont été radiées à l'Union parce qu'elles ont refusé de payer pour la Maison des Syndicats; les noms de ces syndicats figurent dans le bulletin de l'Union; ce sont : Musiciens, Artillerie, Abattoirs, Bitimuniers, Corps de Colliers, Instruments de Précision, Laveurs de voiture, Sculpteurs-Décorateurs, Soudeurs-Apprêteurs, Teinturiers-Dégraisseurs, Tramways Est-Parisien. Ils comprennent un chiffre d'environ 6.000 membres; ce sont donc 6.000 syndiqués à retrancher de l'organisation ouvrière.

Griffuelhes disait tout à l'heure : « La C. G. T. apporte son droit de propriété. Je peux vous affirmer qu'au bilan le service de l'imprimerie figure pour une somme de 120.000 francs alors qu'il ne vaut pas 70.000 francs. On me dira qu'il y a usure; oui, mais Jouhaux disait qu'il comptait sur le service de l'Imprimerie pour faire vivre la Maison ; donc ce service a porté bénéfice, et ce bénéfice devrait faire retour à la Maison des Syndicats.

Camarades, ce que je vous demande, c'est de rejeter l'ordre du jour du Comité confédéral, et de laisser le Comité confédéral et l'Union s'entendre une fois que le Comité général de l'Union aura pris une décision, avec les Syndicats de la Seine. Il y a tout de même un point à considérer, c'est que ceux qui payent doivent être consultés, ou bien vous éloignerez des milliers de membres de l'Union des Syndicats et vous les retrancherez par conséquent de l'effectif de la C. G. T.

Bourderon veut le respect de la résolution de Toulouse

BOURDERON. — Contrairement aux conclusions de Bled, je suis désireux que la résolution de Toulouse soit respectée par le congrès du Havre, sinon dans son texte du moins dans son esprit. Au congrès de Toulouse, vous avez décidé que la société qui gère la Maison des Fédérations ferait place à une société nouvelle gérée par les organisations confédérées; ce point doit être respecté, et je suis persuadé que tout le monde est d'accord.

Je donne raison à Richer lorsqu'il dit que ce débat sur un cas particulier et local est très désagréable pour nos camarades de province; je lui donne raison et je dis que le débat doit se circonscrire entre les délégués des fédérations qui ont leur siège social à Paris et l'Union des Syndicats.

Les fédérations qui ont leur siège dans le département de la Seine doivent habiter le même local. Si vous êtes d'accord sur ce point, camarades de l'Union, vous ne voudrez pas admettre de limiter les locaux à celles qui vous conviendraient.

La question est là. Je me place au point de vue d'un Parisien, vivant à Paris depuis vingt ans, et qui se rend compte qu'un jour sa fédération aura peut-être besoin de venir habiter avec celles qui sont rue Grange-aux-Belles. C'est pour cela qu'il est nécessaire de définir qu'elles auront droit de cité dans le local. Vous dites bien : « C'est entendu... » et pourtant, Sergent entend limiter, Bled entend limiter et dit : « Nous n'accorderons que ce que nous pouvons accorder. »

UNE VOIX. — Bled n'a pas dit cela!

BOURDERON. – Il l'a dit en partie, et Sergent l'a dit en totalité.

Je dis que l'Union avait mission, elle, d'arriver devant le Congrès avec une résolution qu'elle ne nous apporte pas; elle nous a donné un ordre du jour auquel nous avons été obligés de répondre, et elle disait que la question devait être posée au Congrès du Havre. Or, aujourd'hui Savoie dit qu'il n'est pas en mesure de donner au Congrès la résolution de l'Union. Pourquoi? La situation restera donc la même, car les délégués de la Confédération entendent ne pas se démunir de la Maison de la rue Grange-aux-Belles s'ils n'ont pas la certitude d'être logés quelque part.

BLED. — Qu'elle la garde! Que le Congrès décide qu'il ne veut pas céder sa maison, cela suffit!

PÉRICAT. — C'est vous qui avez proposé de l'acheter.

BOURDERON. — Je touche donc le vif du débat, et Péricat a raison : C'est vous qui avez établi des plans et devis pour édifier une maison sur le 33 de la rue Grange-aux-Belles, et vous dites : « Nous vous fournirons des locaux où vous n'aurez pas de place pour vous retourner! » Les fédérations, devant cette alternative, déclarent préférer le 33, rue Grange-aux-Belles, dans la situation où il est, en essayant de l'améliorer, de l'aménager pour les autres fédérations.

C'est sur cette question exclusive que le débat doit rouler... *(Interruptions, demandes de clôture.)*

LE PRÉSIDENT. — Je prierai les camarades qui ne veulent pas écouter de s'en aller.

BOURDERON. — Je termine en demandant au Congrès de voter une résolution conçue dans le même esprit que celle de Toulouse.

Nous désirons voir, dans l'élévation de la construction du 33 de la rue Grange-aux-Belles une participation de la part des fédérations. Il n'est pas dit, Bled, que les fédérations n'apporteront pas un appoint; elles ne l'ont pas refusé; il s'agira, lorsqu'on constituera la société, de savoir dans quelles conditions vous, Union, vous donnerez votre apport; cela vous regarde; mais ce que nous désirons conserver et ce que nous vous demandons de respecter, c'est la possibilité, pour toutes les Fédérations, de se trouver ensemble, de cohabiter le même local. Elles seront ainsi chez elles, et elles pourront, d'accord avec vous et dans la plus large mesure, participer à la vie active des syndicats.

Nous désirons donc que la société future soit constituée de façon à respecter les droits de chacun.

Savoie réplique

SAVOIE (*président*). — Je me suis inscrit pour rectifier quelques erreurs. Il y a des camarades qui ont parlé de la Maison des Fédérations, de la Maison des Syndicats, et qui ne semblaient pas du tout être au courant de la question. Il peut paraître fastidieux à quelques camarades de province d'entendre une discussion comme celle-là sur quelque chose qui se passe à Paris; il faut pourtant que le Congrès tranche la question, et ce n'est pas Paris tout seul qui a voté l'ordre du jour de Toulouse.

Puisque l'ordre du jour que vous avez voté n'a pas permis à la Commission qui a été nommée, et dont fait partie Bourderon, d'apporter une solution autre que celle qui a été apportée, il faut que le Congrès prenne une autre décision.

J'ai fait des réserves concernant l'admission des fédérations. C'est vrai. Comment voulez-vous, camarades, que nous puissions déclarer par avance que nous serons obligés d'admettre toutes les fédérations qui se présenteront; comment pourrons-nous le faire si nous n'avons pas de local? Il est entendu, et ce sera conforme à l'harmonie que nous désirons voir régner entre nous, que si une fédération a besoin d'un local on fera tous ses efforts pour arriver à la loger, qu'on ne la laissera pas dehors. C'est élémentaire; c'est la règle qui doit régir les bons rapports entre les différentes organisations, et il était inutile de faire figurer cela dans un ordre du jour.

Maintenant, s'il y a des camarades qui préfèrent que le 33 de la rue Grange-aux-Belles reste l'immeuble qui servira à abriter les fédérations nationales qui existent dans le pays, qu'on fasse une proposition catégorique en ce sens! mais qu'on ne fasse pas une lutte indirecte, qu'on n'essaye pas d'aller à l'encontre de ce que propose l'Union en chicanant sur des détails. Si vous n'acceptez pas la proposition de l'Union, ce sera fini, nous nous arrangerons autrement, et nous verrons s'il y a moyen de construire ailleurs... si les syndicats ne se fatiguent pas de verser avant que nous ayons les 2 millions qui font sourire Fiancette. Nous avons calculé qu'il y a 100.000 cotisants par an à l'Union; qu'avec une imposition de 2 francs par membre et par an, nous arriverons, au bout de dix ans, à avoir les 2 millions. Mais nous construirons la maison quand il y aura 250.000 ou 300.000 francs, et nous mettrons des étages au fur et à mesure que les capitaux viendront.

Mais cela, on ne veut pas nous le faciliter. Il y a tendance à créer une rivalité entre les syndicats parisiens et les syndicats de province, et on veut rester à discuter sur ce terrain mesquin!

Camarades, l'Union des Syndicats a un projet de statuts qui a été adopté, pour constituer une société civile qui fonctionnera en vertu de la loi de 1867; ces statuts permettent aux syndicats et aux fédérations si l'on veut, de faire partie de la société, ils permettent à la C. G. T. d'être représentée. Cette société sera composée d'actions de 250 francs. Si la C. G. T. rentre dans cette société avec un apport de 250.000 francs qu'on lui reconnaîtrait comme capital, il est certain qu'elle devrait avoir des garanties en proportion de cet apport; si des fédérations apportent quelque chose pour nous aider, il est compréhensible qu'elles auront, elles aussi, des droits. Mais quand on crée une société, on ne peut pas donner de droits à des gens qu'on ne connaît même pas, qui existeront dans l'avenir.

Eh bien! camarades, voilà plus d'un an que je lutte pour arriver à une solution qui permettrait à la C. G. T. de s'entendre avec l'Union au sujet de la société qui vient de se constituer. Si on veut se maintenir sur le terrain auxquels certains camarades se cramponnent, il y aura deux maisons à Paris. En effet, comme le disait Bourderon, nous avons beaucoup de peine à faire accepter aux camarades l'idée de construire notre maison rue Grange-aux-Belles, parce que le terrain est mal situé.

Si le Congrès hésite à accorder sa confiance à l'Union des Syndicats de la Seine, cela nous permettra de dire : « C'est fini, nous n'en parlons plus. » Et alors, que vous le vouliez ou non, il y aura une rivalité entre les deux institutions, parce qu'elles seront obligées de se partager la clientèle syndicale. Et tout cela, parce qu'on n'aura pas fait confiance à l'Union.

Malardé veut des précisions

MALARDÉ. — Je ne veux pas faire de discours, il en a été fait suffisamment sur la question. J'estime cependant qu'il est nécessaire, deux ans après le congrès de Toulouse, que la Commission nommée pour prendre les pouvoirs de la société Griffuelhes et Cie vienne nous dire les motifs pour lesquels cette transformation ne s'est pas effectuée. Premier point.

Deuxième point : Quelles sont les charges que la C. G. T. a encore à remplir envers la société Griffuelhes et Cie ?

Troisième point : A propos d'une interruption de Griffuelhes disant que la valeur du terrain depuis l'achat avait augmenté dans des proportions telles qu'il fallait en tenir compte dans la succession qui échoit à la C. G. T., je demanderai des précisions ; je demande en particulier si, dans la liquidation finale, on fera entrer en ligne de compte la plus-value acquise par le terrain.

Voilà les trois questions que je pose à la Commission.

LE PRÉSIDENT. — Il reste trois orateurs inscrits, nous continuerons demain matin.

Je vais vous donner lecture de deux propositions qui me sont parvenues; vous pourrez y réfléchir, cela abrégera d'autant la discussion de demain.

PLUSIEURS VOIX. — Non, non ! Qu'on continue !

L'alliance entre l'Union et la C. G. T. est nécessaire

JOUHAUX. — Camarades, de part et d'autre des explications ont été fournies.

Tout à l'heure Malardé a demandé des précisions; je renvoie Malardé à la lecture du rapport de la Commission; il verra pourquoi nous avons été dans l'impossibilité d'apporter une précision plus nette. En ce qui concerne le retour aux organisations confédérées de la Maison des Fédérations, Malardé a entendu la réponse de Griffuelhes disant : « Liquidez la créance, et vous avez la jouissance de la maison. »

D'ailleurs, il ne faut pas oublier que, depuis le congrès de Toulouse, nous sommes en réalité les propriétaires de la Maison; nous sommes des propriétaires qui n'ont pas payé, c'est tout; payons, et nous deviendrons les propriétaires effectifs.

Je répète : De part et d'autre des explications ont été données. La question maintenant se pose ainsi : Si la Maison des Fédérations reste la seule propriété de la C. G. T., il faut trouver dans les fédérations, dans les bourses, dans les unions de syndicats, les subsides nécessaires pour la faire vivre. Pouvons-nous logiquement demander aux unions de syndicats, aux bourses, aux fédérations qui ont leur siège en province, des efforts plus grands, alors que chaque jour, elles essayent dans leurs milieux respectifs de réaliser ce que nous essayons de faire à Paris? Voilà la question telle qu'elle se présente, et telle qu'il faut la résoudre.

Il faut considérer qu'une alliance entre l'Union et la C. G. T. est nécessaire. Hors de là, il n'y a pas de salut.

Les ordres du jour

LE PRÉSIDENT. — Voulez-vous entendre les ordres du jour ?

» En voici un présenté par : Bigot, de Castres ; Bonnet, d'Albi ; le Bâtiment de Rennes, Rouen, Saint-Malo, etc.

Le Congrès,

Considérant que la province a assez de travail à accomplir pour se libérer de la tutelle des municipalités, estime que la question de la Maison des Fédérations doit se solutionner entre les organisations parisiennes et la C. G. T.

Délie le Comité confédéral de la décision du congrès de Toulouse et l'invite à rechercher, d'accord avec l'Union des Syndicats de la Seine, les moyens propres à l'édification de la Maison des Fédérations.

Voici l'ordre du jour présenté par Bled, des Jardiniers de Paris, et Milan, des Chapeliers de Paris :

Le Congrès donne mandat au Comité confédéral de s'entendre avec l'Union des Syndicats de la Seine pour, le cas échéant, ne faire qu'une seule institution de la Maison des Fédérations et de la Maison des Syndicats.

Camarades, êtes-vous partisans de voter sur ces ordres du jour?

PÉRICAT. — Il y a des camarades qui demandent la parole sur les ordres du jour ; je suis de ceux-là.

LE PRÉSIDENT. — Alors, nous allons nommer le Bureau pour demain matin, et continuer demain. *(Protestations. — Non, Non!)*

PÉRICAT. — Je suis inscrit sur les ordres du jour !

LE PRÉSIDENT. — Je consulte le Congrès pour savoir s'il désire voter les ordres du jour ce soir.

Il y a trois orateurs inscrits sur les ordres du jour : Roger, Voirin et Péricat. On votera ensuite.

PLUSIEURS VOIX. — Il est sept heures !

LE PRÉSIDENT. — Alors, vous voulez que je lève la séance? *(Protestations.)*

UNE VOIX. — Nous n'avons qu'à commencer demain matin à huit heures.

LE PRÉSIDENT. — Il m'est parvenu cinq propositions de Bureau ; nous allons faire comme en d'autres circonstances, c'est-à-dire les faire passer les unes après les autres.

La première proposition est la suivante :

Président : Lefèvre, du Bijou (Paris).

Assesseurs : Gauthier, des Inscrits (Saint-Nazaire) ; Bornet, des Bûcherons.

Adopté.

Adresses de sympathie

Il a été donné lecture au cours de la séance de deux télégrammes : l'un des Chapeliers Italiens et l'autre de Sorgue. (Voir à l'annexe placée à la suite du compte rendu du Congrès, le texte de ces télégrammes.)

La séance est levée à 7 heures 1/4.

TROISIÈME JOURNÉE

5e SÉANCE. — MERCREDI 18 SEPTEMBRE (matin)

Fin de la discussion et vote sur la Maison des Fédérations. — L'attitude confédérale envers les Partis politiques

La séance est ouverte à 8 heures 3/4 sous la présidence de Lefèvre, assisté de Gauthier et Bornet.

Maison des Fédérations (suite)

LE PRÉSIDENT. — Camarades, nous allons continuer la discussion sur la Maison des Fédérations. Il reste trois orateurs inscrits : Roger, Voirin et Péricat.

Il faudrait s'entendre avec les coopératives

ROGER. — Si cette question de la Maison des Syndicats et de la Maison des Fédérations n'a pas été solutionnée jusqu'à ce jour, j'ai cru comprendre hier que c'était à cause de cet esprit particulariste qui nous est malheureusement trop cher en France.

Hier, on se demandait qui serait le propriétaire. Eh bien! il faudrait une fois pour toutes laisser ces questions de propriété de côté, et créer, non seulement la Maison des Fédérations, mais aussi la Maison du Peuple.

J'aurais voulu voir la Commission s'aboucher avec la Confédération des Coopératives; et bien que notre camarade Bled ait dit qu'il n'avait pas confiance dans nos grandes coopératives parisiennes, je crois qu'elles auraient apporté leur appoint à la construction d'une Maison du Peuple; cela ne tient qu'à nous du reste; et, comme le disait Yvetot, si la coopération est ce qu'elle est à l'heure actuelle, la faute en est à nous tous, parce que nous n'avons pas apporté à la coopération notre part de consommation. Le jour où les syndiqués auront enfin compris leur devoir de venir grossir les rangs des coopérateurs, vous pourrez trouver des ressources dans les coopératives pour monter une vaste Maison du Peuple. Et alors, cet esprit qui se manifeste aujourd'hui de savoir qui sera le patron, qui sera le propriétaire, aura disparu.

Les exemples des puissances étrangères sont là, et les militants qui sont ici qui ont visité l'Allemagne, la Belgique, la Suisse, ont pu voir ce qui a été fait dans ces pays par la collaboration du syndicalisme et de la coopération.

L'Union doit donner des garanties

VOIRIN. — Comme Bled, je suis partisan que le congrès du Havre remplace la motion de Toulouse par un texte plus élastique et plus souple, qui permette plus facilement de réaliser une entente entre la C. G. T. et l'Union des Syndicats de la Seine.

Seulement, je n'approuve pas tout à fait l'ordre du jour qu'il a présenté, parce que je voudrais que la C. G. T. et les fédérations aient quelques garanties. Qui sera le propriétaire, je m'en soucie peu; l'important c'est que les organisations syndicales parisiennes soient logées dans une maison unique, avec la C. G. T. et les fédérations nationales.

L'ordre du jour de Bled fait une obligation à la C. G. T. de s'entendre avec l'Union; mais du côté de l'Union il n'y a aucune obligation. Je demanderai donc à Bled d'ajouter à sa motion quelques mots qui donneront des garanties à la C. G. T. et aux fédérations. Sur ce terrain, je crois que nous pourrons tous nous mettre d'accord.

PÉRICAT. — Hier soir, le camarade Savoie et quelques autres qui ne partagent pas ma manière de voir, disaient que les adversaires de la proposition de l'Union étaient de mauvaise foi. Il est malheureux que chaque fois que, dans un congrès, on ne partage pas les sentiments de camarades d'idées contraires, on apparaisse comme de mauvaise foi ; on a des idées de derrière la tête, on marche contre l'intérêt syndical... on veut empêcher ce que les autres veulent faire de bien pour le remplacer par quelque chose de mal... Je ne peux pas suivre mes camarades sur ce terrain-là, et dans tous les congrès je continuerai à dire ce que j'estime être la vérité. Je ne dis pas que mes camarades sont de mauvaise foi, moi ; je dis qu'ils se trompent dans leurs appréciations ; je suis persuadé qu'ils sont de bonne foi.

De la question de la Maison des Fédérations, certains camarades de province ont dit dans la salle : « C'est une question locale ». Si cela avait été une question locale, le congrès de Toulouse n'aurait pas dû s'en occuper. Mais ce n'est pas une question locale, puisque la Commission de la Maison des Fédérations a été remise entre les mains de la C. G. T.

Questions de propriété ? Non. Ce n'est pas nous qui la faisons, la question de propriété, puisque nous restons sur le terrain du congrès de Toulouse. Je ne veux pas, pour ma part, rester le propriétaire de la maison ; je ne veux pas empêcher l'Union d'avoir une Maison des Syndicats ; je ne veux même pas empêcher l'Union de s'entendre avec la C. G. T. et de faire une maison commune.

Ce que je veux surtout, c'est, ayant vécu à la C. G. T. pendant quatre ans ; ayant vu comment l'action confédérale se menait ; ayant constaté que, très souvent, les camarades du Bureau confédéral ont intérêt, la C. G. T. a intérêt à avoir autour d'elle les militants des autres fédérations, — ce que je veux, c'est ne pas suivre Savoie sur le terrain sur lequel il place la discussion quand il vient nous dire : « Nous ne pouvons pas vous garantir, à vous, Fédérations, le local auquel vous avez droit. »

Dans ces conditions, et tant que je n'aurai pas cette garantie pour les fédérations, je resterai l'adversaire de toute convention qui laisserait au Comité confédéral la liberté de s'entendre avec l'Union des Syndicats sur le terrain où l'Union se place. Je veux que, comme actuellement, toutes les fédérations nationales soient concentrées autour du Bureau confédéral au siège de la Confédération ; je ne veux pas que, sous prétexte de faire une maison unique, on puisse un jour nous écarter. On veut — et on me le dit — on veut bien conserver à la Maison des Fédérations les fédérations actuellement locataires ; mais ce qu'on ne veut pas, ce que certains ne veulent pas, c'est donner aux autres fédérations — parce qu'elles seraient qualifiées réformistes, par exemple — le droit de venir loger dans la Maison des Fédérations ; on veut pouvoir les en écarter. Or la C. G. T. est composée de fédérations réformistes et de fédérations révolutionnaires, et toutes les fédérations ont leur place au siège de la Confédération sans qu'aucune d'elles soit évincée — ou alors vous direz, Confédération générale révolutionnaire : « Réformistes, allez-vous en ! »

Savoie déclarait hier : « Comment, vous n'avez versé que 30.000 francs et nous apportons déjà 130.000 francs dans la balance ! Nous allons avoir un effort d'un million ou de deux millions à faire, et quelle va être la part des fédérations ? » Est-ce que vous savez si les fédérations ne verseront pas ? Est-ce que vous savez si nous ne ferons pas une large part d'effort pour vous aider ? Et est-ce que l'effort fait actuellement par les syndicats n'a pas sa répercussion sur les fédérations, est-ce que les 2 francs par syndiqué et par an au Syndicat du Bâtiment à Paris ne concernent pas la Fédération ? C'est le syndicat fédéré qui verse : il verse 2 francs par an, 1 franc pour l'Union, 1 franc pour la Fédération. C'est sa part locale, c'est entendu ; mais en tous les cas, les 2 francs que vous demandez au Syndicat nous empêchent, nous, d'augmenter la cotisation fédérale d'une façon plus considérable, et par conséquent, nous subissons la répercussion de l'effort fait par les syndiqués pour la Maison des Syndicats. Nous en sommes satisfaits, nous voulons qu'elle soit construite, mais ne venez pas nous dire que c'est nous qui faisons une question de propriété.

Ce n'est pas nous qui sommes allés vous trouver ; c'est vous qui, par un ordre du jour, avez empêché la commission décidée par le congrès de Toulouse de pouvoir fonctionner.

Eh bien, soit, acceptons l'ordre du jour de Bled, mais à la condition que, dans cet ordre du jour, les fédérations, toutes les fédérations aient une garantie. Pour ma part, je veux que l'on dise dans l'ordre du jour : « Les fédérations actuelles auront leur local, et les fédérations futures pourront y venir. »

Nous savons bien que l'Union a un intérêt considérable à devenir la propriétaire de la Maison des Fédérations. Pourquoi ? Parce que, pour avoir un terrain semblable à celui de la rue Grange-aux-Belles dans Paris, cela lui coûtera au moins 300, 400, 500 et peut-être 600.000 francs...

SERGENT. — Tu exagères!

PÉRICAT. — Je n'exagère pas; je ne suis pas typographe, mais je suis du Bâtiment. Dans Paris, pour avoir un terrain bien placé, de la même grandeur que celui de la rue Grange-aux-Belles, il faudra mettre cette somme-là.

En tous les cas, je me résume : Pour l'action des fédérations, utilité de se concentrer autour du Bureau confédéral. L'ordre du jour de Bled me donnant le plus de satisfaction, je l'accepte, mais je demande l'adjonction d'une garantie pour toutes les fédérations quelles qu'elles soient — et je ne suivrai pas Savoie. Oui, vous êtes contre la proportionnelle en hommes, et vous êtes pour la proportionnelle en argent... *(Applaudissements.)* Vous êtes en contradiction avec vous-mêmes.

Camarades, je ne m'occupe pas des applaudissements ; je ne suis pas un politicien syndicaliste, moi; je dis carrément ma pensée; approuvez-moi, désapprouvez-moi, peu m'importe. Seulement, je dis que nous ne devons pas être en contradiction avec nous-mêmes; et quand on vient nous dire, aux fédérations et aux syndicats : « Nous sommes contre la proportionnelle », nous ne voulons pas dire aux fédérations : « On va vous chasser de chez vous; nous sommes les propriétaires; si vous ne versez pas, vous serez en état d'infériorité vis-à-vis de nous. » Non, je ne veux pas de cela! Je veux que l'Union et les fédérations soient placées sur un pied d'égalité.

Les ordres du jour

LE PRÉSIDENT. — La discussion est close. On vous a lu deux ordres du jour hier soir, en voici un troisième :

Le XVIIIe congrès de la C. G. T., après avoir entendu les explications des organisations parisiennes concernant leur situation vis-à-vis du Comité confédéral dans l'édification de la Maison des Fédérations;

Considérant que l'union doit se faire entre toutes les organisations centrales et parisiennes, mais qu'aucun intérêt ne doit être lésé ;

N'adopte pas l'ordre du jour du Comité confédéral inséré à la page 32 du rapport.

Signé : SERGENT.

C'est revenir sur le vote d'hier au sujet des rapports, en disant qu'on n'adopte pas les ordres du jour insérés dans ces rapports.

SERGENT. — On a voté hier au point de vue général; aujourd'hui on discute un point particulier.

LE PRÉSIDENT. — Je relis l'ordre du jour de Bled :

Le Congrès donne mandat au Comité confédéral de s'entendre avec l'Union des Syndicats pour, le cas échéant, ne faire qu'une seule institution de la Maison des Fédérations et de la Maison des Syndicats.

Signé : BLED.

VOIRIN. — Je demande qu'on ajoute à cet ordre du jour les deux derniers paragraphes de l'ordre du jour adopté par la Commission du Comité confédéral :

Dans la transformation probable de la Maison des Fédérations en Maison des Syndicats, la nouvelle société devra réserver, en nombre suffisant, des locaux pour le logement des fédérations nationales actuellement locataires et pour celles à venir.

Les locaux devront être disposés de façon telle que s'établisse une vie fédérale et confédérale indépendante de la vie des syndicats parisiens.

SERGENT. — Je demande la parole sur l'ordre du jour. Nous voulons bien payer, mais ne pas être foutus à la porte!

BLED. — Ce que demande Voirin, c'est ce que demande Péricat; c'est une restriction dans la liberté du Comité confédéral et du Comité général de l'Union.

L'ordre du jour que je dépose ne lie pas plus, pour les garanties à donner, le Comité confédéral que l'Union des Syndicats de la Seine. Si vous admettiez les restrictions de Péricat et Voirin, cela dénoterait un manque de confiance dans le Comité confédéral.

PÉRICAT. — Non.

BLED. — Le Comité de la Maison des Fédérations n'a pas soumis son ordre du jour au Comité général de l'Union ; l'Union ne l'a pas examiné.

Je vous demande donc de vous rallier à l'ordre du jour que j'ai déposé, et je demande à Voirin comme à Péricat, qui font partie du Comité confédéral, de défendre, dans le Comité confédéral, la thèse qu'ils ont développée.

PÉRICAT. — Nous ne le pourrons plus ; une fois rentrés à Paris, nous ne verrons plus que la question locale.

BLED. — Pour éclairer les camarades qui pourraient croire que nous avons les intentions que Péricat nous prête, je dis que nous ne voulons pas exclure une fédération plutôt qu'une autre ; je ne sais qui a dit cela à Péricat, ce n'est pas l'Union.

PÉRICAT. — Toi-même tu me l'as dit ce matin.

BLED. — J'ai dit à Péricat qu'on ne pouvait pas, par exemple, obliger les syndicats à payer des cotisations pour ne pas les loger par la suite sous prétexte qu'il n'y aurait pas de place. Vous ne pouvez pas obliger l'Union à loger le Textile qui, n'ayant jamais rien fait pour la Maison, si ce n'est la combattre... (*Interruptions.*) Ce sont là des questions de détails à régler.

Dans notre esprit, il est entendu que tous les droits acquis à la Maison des Fédérations seront respectés, que toutes les organisations qui ont contribué à l'édification de la Maison des Fédérations seront, d'une manière obligatoire, logées par la C. G. T.; et que, de plus, dans la mesure où cela sera possible, ce n'est pas l'Union qui fera une opposition quelconque au logement d'une fédération. Mais ce sera dans la mesure du possible qu'on logera les fédérations extérieures; ce sera dans la mesure du possible, et pas d'une façon absolue.

BIDEGARRAY. — De l'esprit général de tous les discours, il ressort qu'il y a une certaine animosité entre le Bureau confédéral et l'Union des Syndicats. Vous vous plaignez que nous n'ayons pas confiance en vous, alors que vous n'avez pas confiance en vous-mêmes! Je ne comprends rien à tout cela. Quand on se charge d'une organisation comme celle-là, il s'agit de s'expliquer d'une façon claire et précise.

BLED. — Actuellement, la Maison des Fédérations vit par ses propres moyens; mais elle ne pourrait s'étendre qu'à la condition que les fédérations versent une cotisation spéciale...

LE PRÉSIDENT. — Tout cela a été dit hier.

BLED. — Je dis cela pour Bidegarray.

LE PRÉSIDENT. — Tant pis s'il n'était pas là!

BLED. — Pour obtenir les deux millions nécessaires pour construire une maison quelconque, n'importe où, il faut imposer des obligations aux syndicats. Si l'on veut rendre acceptable le projet de réunir la Maison des Fédérations à la Maison des Syndicats, il faut remplir une condition, condition de laquelle les syndicats parisiens ne se départiront pas : c'est qu'ils aient des droits dans la construction qu'ils veulent édifier; c'est à cette seule condition qu'on peut leur demander de cotiser.

UNE VOIX. — Bled, en citant l'exemple du Textile, a démontré que la thèse de Péricat était logique. (*Interruptions.*)

LE PRÉSIDENT. — Camarades, nous sommes en présence des ordres du jour d'hier, et d'autres déposés ce matin.

Voici l'ordre du jour de Bled :

Le Congrès donne mandat au Comité confédéral de s'entendre avec l'Union des Syndicats de la Seine pour, le cas échéant, ne faire qu'une seule institution de la Maison des Fédérations et de la Maison des Syndicats.

Ordre du jour de Sergent, qui demande à ce qu'on n'adopte pas l'ordre du jour du Comité confédéral inséré à la page 32.

SERGENT. — Je retire mon ordre du jour et me rallie à celui de Bled.

LE PRÉSIDENT (*qui relit l'ordre du jour de Voirin.*) — C'est l'ordre du jour du Comité confédéral; cela donne satisfaction à Voirin et à Péricat également?

PÉRICAT. — Je préfère l'ordre du jour de Bled, avec l'adjonction des deux derniers paragraphes de l'ordre du jour du Comité confédéral.

MERRHEIM. — J'accepte l'ordre du jour de Bled, voici pourquoi : Bled a très bien expliqué qu'on ne pouvait pas demander à l'Union d'écarter des syndicats du département de la Seine pour loger des fédérations qui n'auront rien fait pour la Maison. Je crois que Bled pourrait compléter son ordre du jour en disant que l'Union s'engage à loger les fédérations dans la mesure des locaux disponibles. Tout est là. (*Approbations.*)

PÉRICAT. — Comment? Nous avons de la place pour toutes les fédérations, et sous prétexte que l'Union des Syndicats veut acheter le terrain pour en devenir propriétaire, vous venez dire au Congrès : « Nous ne pouvons pas exiger de l'Union qu'elle loge toutes les fédérations! » Si nous ne pouvons pas exiger cela, gardons notre maison et restons chez nous!

MERRHEIM. — Je demande qu'on impose une cotisation aux fédérations.

JOUHAUX. — Ou la maison restera la propriété de la C. G. T., comme le voulait la lettre du congrès de Toulouse — mais alors il faudra donner à la C. G. T. les ressources nécessaires pour faire vivre la Maison des Fédérations et il faudra que ce soit l'ensemble des organisations confédérées qui participent à ces frais — à vous de voir si c'est possible... — ou bien, il faut que l'accord puisse se faire pour que l'Union des Syndicats donne, par sa contribution financière, la possibilité d'édifier la maison et de la faire prospérer.

LE PRÉSIDENT. — Voulez-vous qu'on vote par mandats? (*Oui! Oui!*)

Voici l'addition que Bled apporte à son ordre du jour :

Il est entendu que la société représentant l'institution unifiée réservera à la C. G. T. et aux fédérations nouvelles des locaux suffisants et dans la mesure du possible.

SAVOIE. — Au nom de l'Union des Syndicats de la Seine, j'accepte l'addition proposée par Bled.

PÉRICAT. — Bled a modifié son ordre du jour, mais celui-ci est resté le même. Il est toujours possible de dire qu'il n'y a pas de place... *(Protestations et interruptions.)*

Le vote

On procède au vote par mandats.
Résultats de ce vote :

Bulletins déposés		1.004
Nuls		20
Votants réguliers		984
Pour	628	
Contre	185	
Abstentions	171	

L'ordre du jour, avec l'adjonction de Bled, est adopté.

L'attitude confédérale envers les partis politiques

LE PRÉSIDENT. — La parole est à Dumoulin.

Discours de Dumoulin

DUMOULIN. — Hier, le camarade Jouhaux, en terminant sa réplique à ceux qui avaient critiqué les rapports moraux de la C. G. T., a laissé entendre qu'une place serait laissée pour la discussion de la question qui nous occupe et qui a été soulevée par le camarade Renard.

Renard a, en effet, déposé une proposition. Il ne s'est pas borné à critiquer les rapports confédéraux et la tactique confédérale, il a déposé une proposition de revision de la constitution confédérale. Or, vous avez cru devoir laisser à Jouhaux la possibilité de fournir des explications; il est logique qu'en accordant cette possibilité au secrétaire général de la C. G. T., vous avez admis la même possibilité pour ceux qui ont des explications à demander ou à fournir.

Camarades, j'ai, moi aussi, une opinion sur la revision de la constitution confédérale. Je me souviens — et je dois le rappeler au Congrès pour ceux qui n'étaient pas là et pour ceux qui ne se rappellent plus — qu'à Amiens, et pour les mêmes motifs, Renard avait déposé une proposition de revision de la constitution confédérale; et, à cet effet, à Amiens, Renard avait appuyé sa proposition de revision de la constitution sur les gros effectifs des organisations syndicales et socialistes dans sa région du Nord. Il était venu apporter au Congrès des chiffres; il avait dit que, dans le Nord, il y avait 100.000 syndiqués et 100.000 socialistes, plus 100.000 coopérateurs...

RENARD. — 76.000 syndiqués à l'époque.

DUMOULIN. — Vous rectifierez tout à l'heure... Et vous avez ajouté qu'en dehors de ces 76.000 syndiqués, il y avait 100.000 travailleurs organisés dans la région du Nord; mais, malgré cela, il a été démontré qu'à Amiens vous aviez apporté des mensonges impudents pour soutenir votre thèse; il a été prouvé que la plupart des syndiqués que vous aviez annoncés appartenaient à des syndicats jaunes ou à des syndicats radicaux et politiques, et qu'un très faible effectif appartenait à vos syndicats socialistes.

Aujourd'hui, au congrès confédéral du Havre, six ans après, vous revenez avec une proposition de modification de la constitution confédérale, et vous abandonnez vos arguments venus du Nord pour aller les chercher en Allemagne, en Suède, en Belgique, en Angleterre; vous changez la position de la question pour arriver au même résultat. Mais vous savez qu'il n'y a pas lieu ici de répondre aux arguments qui viennent de l'étranger; on a permis aux camarades délégués des organisations étrangères d'exposer leur point de vue syndicaliste, d'annoncer leurs forces syndicales, de définir l'état de leur caisse... mais je ne crois pas qu'il y ait lieu d'engager un débat pour spécifier la nature des organisations syndicales de chaque pays.

Vous avez cru devoir user d'un autre procédé pour appuyer votre proposition de revision de la constitution, et il est clair que, du côté de votre secte, du côté de la secte guesdiste (*Interruptions.*) ...du côté de ceux qui n'ont pas perdu (*Interruptions.*) ...du côté de votre secte, camarades, vous n'avez pas perdu de vue l'idée d'absorber la C. G. T. (*Protestations et applaudissements. — Continue! Continue!*)

Mais, camarades, il y a quelque chose, je dois vous le déclarer, qui m'a profondément attristé au Congrès confédéral : c'est de sentir qu'il n'y avait ici que des critiques bénignes apportées aux rapports de la C. G. T. J'estime que, au contraire, si vous pensez devoir élever le débat assez haut pour en tirer une moralité réelle, il faut répondre carrément à Renard! (*Applaudissements.*)

De la part de la secte à laquelle appartient Renard, ce sont toujours les mêmes procédés pour atteindre le même but; et je m'aperçois que la thèse de Renard, aussi bien que les procédés mis en pratique, que sa façon de la défendre et de la soutenir, me semblent affaiblis par son auteur lui-même :

Il y a six ans, à Amiens, on nous avait dit quelque chose d'à peu près sérieux; hier, vous n'avez rien dit du tout; vous vous êtes appuyé sur des organisations étrangères avec lesquelles nous n'avons rien à faire. (*Protestations.*)

JOUHAUX. — Voulez-vous avoir, sur cette question, un débat large et dans lequel toutes les opinions puissent se faire jour? (*Oui! Oui!*)

Eh bien! montrez de la tolérance et montrez de l'attention. La question est assez délicate pour que chacun s'y intéresse.

DUMOULIN. — Camarades, on a été saisi parce que j'ai dit que nous n'avons rien à faire avec les organisations étrangères; à dessein, certains ont voulu comprendre que nous avions de la méfiance envers les organisations étrangères. Pas du tout. J'ai dit que nous n'avons pas à les faire intervenir dans ce débat; nous respectons leur autonomie, elles respectent la nôtre. Vous ne voudriez pas que nous allions chercher les organisations allemandes pour en tirer argument en faveur de notre thèse; elles n'ont rien à voir dans ce débat. C'est ce que j'ai voulu dire. (*Applaudissements.*)

Et, camarades, il était dans mes intentions de dire que de la part de la secte à laquelle vous appartenez, je sentais, moi, un affaiblissement dans vos arguments. J'aurais compris — je vous le déclare franchement — qu'un autre que Renard vienne ici apporter les mêmes arguments, et vous affaiblissez d'autant plus votre argumentation, que c'est toujours le même homme, et toujours la même secte, qui viennent l'apporter ici. Je considère que nous devons nous débarrasser pour aujourd'hui de cette opinion exprimée par Renard et élargir la question. Il n'y a pas que Renard qui a dit qu'il fallait chercher un terrain d'entente entre le Parti socialiste et la C. G. T., il n'y a pas que lui; si, en vertu de cet atavisme de secte, son intention est toujours de mettre carrément la main sur le mouvement ouvrier, le croyant incapable de se conduire lui-même; si, de la part de cette secte, on a toujours cette même opinion, ailleurs, avec d'autres procédés — mais dans le même parti — on voudrait nous dire et nous tenir le langage du professeur, du pion : « Vous n'êtes pas capable, C. G. T., de vous diriger, vous-même, de comprendre tout votre mouvement économique, vous avez besoin d'un parti directeur pour vous guider dans votre vie économique. » Et l'on dit que nous avons de la méfiance, que nous ne comprenons pas l'autonomie, que nous ne savons pas comment nous pourrions la faire respecter! On dit que ce sont là des méfiances surannées... Vous venez de nous démontrer, camarade Renard, que ces mêmes méfiances existent ailleurs. Et j'ai lu dans les journaux, j'ai lu dans l' « Humanité », sous une plume autorisée (le nom est sur toutes les lèvres) une opinion qui est presque générale, que certains croyaient devoir raviver les méfiances, creuser encore le fossé, l'élargir... mais que cette personnalité ne croyait pas, elle, qu'il y eût des mauvaises intentions de la part du Parti socialiste. Je veux bien y croire; je ne veux avoir de haine pour personne, pas plus pour le Parti socialiste que pour un autre parti; je ne crois pas que, théoriquement, celui qui a écrit ces choses ait l'intention de violer notre autonomie confédérale; mais je suis convaincu qu'en pratique, et partout où l'on aura occasion de le faire, on essayera de surprendre le mouvement de la C. G. T.! (*Applaudissements.*)

Et comme preuve, je n'apporte pas que des affirmations, mais des faits. Nous n'avons pas ici à prouver parce que nous serions obligés de descendre et d'examiner des faits pénibles pour nous... Mais le jour de la grève des cheminots, camarades, est-ce qu'il ne fut pas prouvé, démontré, que le Parti socialiste ne pouvait pas, en pratique, comprendre l'autonomie absolue de la C. G. T. Il n'a pas pu s'extérioriser du mouvement économique des cheminots; il a cru devoir couvrir le mouvement de grève des cheminots de tous les réseaux de France, sous son pavillon socialiste; et les uns et les autres — je ne dirai pas qu'ils ont commis une gaffe, une sottise — se sont laissé entraîner par un mouvement directeur, une pensée directrice qui n'était pas la leur. Et les camarades de la voie ferrée, qui ont cru de bon aloi d'aller s'asseoir dans le fauteuil de Briand, ne sentaient pas qu'ils abandonnaient leur autonomie syndicale et leur liberté économique...

Oui, elle a existé, cette violation de l'autonomie syndicale, au cours de la grève des cheminots. Plus récemment encore, au cours de la grève des inscrits, ce n'est pas la Fédération, ce n'est pas la Confédération qui, de prime abord, a assumé la responsabilité de la grève, c'est le Parti socialiste, qui s'est lavé les mains dès qu'a paru la C. G. T.; il a su dégager à temps sa responsabilité quand il a vu que les inscrits faisaient appel à la C. G. T.; le Parti socialiste a tiré son épingle du jeu comme il le fait souvent.

Ce sont là deux faits. Je pourrais en citer d'autres, je pourrais ravaler la question à des degrés plus bas... Ces deux faits, à eux seuls, déterminent, spécifient, la portée pratique de ce que pense le Parti socialiste à l'égard de l'autonomie syndicale — et je crois que c'est suffisant.

Il y en a qui savent, dans certaines corporations, quel marché on fait de l'autonomie syndicale. Je pourrais demander à nos camarades mineurs, précisément, s'ils se trouvent bien de l'ingérence politique dans leur milieu; je pourrais demander à d'autres camarades s'ils se sont toujours bien trouvés de la visite des députés socialistes pendant qu'ils faisaient leur grève. Je me souviens moi-même de la grève des Agricoles du Midi; on se regardait un peu en chiens de faïence, Compère-Morel, Rouger et moi; si les Agricoles avaient une certaine méfiance vis-à-vis de leurs propres députés, c'est parce qu'ils sentaient que malgré eux, on essayait d'arranger, d'atténuer, de modifier, de modeler, de niveler leur conflit, par des rapports avec le préfet du Gard et d'autres personnalités politiques et gouvernementales. (*Applaudissements.*)

Désarmer les haines, a-t-on dit...

FIANCETTE. — Cela n'a rien à voir avec le rapport. (*Protestations. — Continue!*)

DUMOULIN. — On a ouvert ces temps derniers le robinet du désarmement des haines que, jusqu'alors, on avait laissé fermer. On a cru devoir l'ouvrir, et cela coule, à la veille du Congrès du Havre ; il faut désarmer toutes les haines. Mais, pour moi, je ne connais pas de haines ; je ne connais personne, dans le Parti socialiste, à qui je pourrais porter haine. Mais je regrette, précisément, que le Parti socialiste croie devoir traîner à sa suite des boulets qui nous portent haine, à nous autres ; et on sent, dans toutes les déclarations amphigouriques, dans les gros articles accordéonistes de l' « Humanité », on sent un état de gêne pour se dire à chacun ce que l'on pense ; on sent qu'on voudrait dire autre chose que ce qu'on écrit, et on n'ose pas dire à cette fraction du Parti socialiste ce qu'elle pense du mouvement ouvrier, pour n'avoir pas à dire, soi-même, ce qu'on en pense. On abrite ses idées — ceux qui sont ici, qui me comprennent, savent ce que je veux dire — on abrite ses idées, on abrite ses procédés spéciaux, derrière la thèse d'une secte qui n'a jamais perdu une occasion d'affirmer franchement ses idées de domination sur la C. G. T. (*Applaudissements.*)

Eh bien, camarades, ce n'est pas contre ceux-là, contre les autres non plus, que je mets en garde le Congrès ; ce n'est pas contre ceux que nous connaissons depuis toujours ; c'est envers ceux — et non pas contre ceux — qui aujourd'hui, des divers horizons du Parti socialiste, veulent aplanir la situation. J'ai à demander au Congrès, j'ai à demander à la C. G. T. qui, depuis deux jours, n'a pas su vibrer ici dans une pensée commune, j'ai à lui demander si elle se sent en état de majorité, ou si elle éprouve le besoin de confier ses destinées à d'autres ? Sans haine, sans parti-pris d'aucune sorte, n'ayant rien à désarmer ni à armer, est-il logique, est-il admissible qu'on puisse s'associer avec les partis politiques qui ne respecteront jamais notre autonomie, à nous autres, dans la pratique ?

C'est une question qui se pose d'elle-même. Il n'y a pas, comme l'a dit Renard, des tournants successifs dans l'histoire socialiste ; nous ne sommes pas tous les jours — et surtout aux veilles de Congrès — à un tournant de l'histoire syndicaliste ; nous sommes toujours au même tournant et nous ne voulons pas, nous, virer de l'autre côté.

Camarades, j'ai à vous le rappeler — ou plutôt je me rappelle à moi-même, car il serait superflu de dire à ceux qui sont ici ce qu'ils pensent du syndicalisme ; mais il faut le rappeler pour soi, pour sa conscience, pour fortifier ses convictions — le syndicalisme n'a rien à demander au socialisme du Parti socialiste ! Nous nous considérons comme socialistes autant et plus que ceux qui appartiennent au Parti socialiste ! (*Applaudissements.*) Je ne crois pas qu'on ait, dans ce parti, le monopole du socialisme. Nous nous déclarons, nous autres, socialistes autant que tous ceux qui font fonction de socialistes ou de parlementaires, et nous estimons que dans le syndicalisme, dans le cœur de la Confédération, il y a une grosse part du socialisme que le Parti socialiste a laissé échapper ! (*Vifs applaudissements.*)

Et si l'histoire veut — contrairement à ce qui se passe, camarade Renard, dans les pays étrangers — si l'histoire veut que nous soyons, nous syndicalistes, les héritiers du véritable socialisme ; si dans l'histoire il est montré que ce soit la C. G. T. qui soit la véritable héritière du Parti socialiste, c'est à nous à continuer la tradition, et nous ne croyons pas qu'il nous faille nous associer avec des partis politiques ou leur demander des conseils. Nous ne croyons pas non plus qu'à toute occasion et pour des vétilles, il faudra « se manger le nez ».

Avec satisfaction, l'on se retrouve derrière le corps d'Aernoult, on se retrouve dans une manifestation pour Ferrer, ou dans une manifestation d'opinion destinée à émouvoir le public, et à mon sens ces manifestations suffisent, cet accord suffit. Mais nous devons conserver notre autonomie confédérale ; nous devons conserver intégralement, toujours debout, toujours vibrant, le syndicalisme de la C. G. T. ! (*Applaudissements prolongés.*)

Discours de Bousquet

BOUSQUET. — Camarades, c'est avec un très grand plaisir que j'ai entendu le camarade Jouhaux dire qu'il y avait une question très importante à régler définitivement, qui est la question des rapports entre les syndicats et les partis politiques.

Il y a des camarades — et je dis ceci très amicalement au camarade Renard — qui, sans faire partie de l'Alimentation, sans être même cuisiniers, cultivent avec maestria l'art d'accommoder les restes. En effet, le camarade Renard nous présente, sous une autre forme, la question de la politique dans les syndicats. Pour mon compte, j'appartiens à une organisation qui a ici 73 mandats — je crois être en ce moment l'interprète d'au moins soixante d'entre eux — qui sont contre la politique dans les syndicats ; de plus, cette fédération est extrêmement bien placée pour connaître la valeur de l'ingérence du parlementarisme dans les corporations ouvrières.

Vous n'ignorez pas qu'au point de vue social, nous sommes absolument au-dessous des autres industries. Pourquoi le Parlement, pourquoi le Parti socialiste — et je ne viens pas combattre spécialement le Parti socialiste, mais tous les partis politiques — pourquoi le Parlement maintient-il cette inégalité au préjudice d'une énorme quantité de travailleurs en France ? Dernièrement, messieurs les parlementaires — et même les socialistes — ont voté une loi de dix heures pour l'industrie ; pourquoi ont-ils laissé de côté les corporations de l'alimentation, en permettant de les faire travailler encore 14 ou 15 heures ? Vous prétendez que les socialistes valent mieux que les autres parlementaires ? alors ils devraient mettre tous les travailleurs sur un pied d'égalité. Or, pas un seul ne s'est levé en faveur de nos corporations !

D'un autre côté, quand on veut nous mettre à la remorque des partis politiques, je me servirai d'un argument, camarades guesdistes, que vous ne désavouerez pas...

UNE VOIX. — Tu l'as été, guesdiste !

BOUSQUET. — Oui, je l'ai été, et ne me blâmez pas d'avoir avancé.

Un homme que vous ne désavouerez pas, le citoyen Jules Guesde, disait il y a quelques années, dans une conférence faite au Textile de Roubaix : « Tout homme incapable de défendre ses intérêts professionnels est encore beaucoup plus inapte à défendre les intérêts collectifs ou à transformer la société. » Et aujourd'hui, vous venez nous offrir de laisser défendre nos intérêts professionnels par des gens qui n'ont rien à y voir, par des gens qui sont des patrons.

Où commence donc la lutte de classes ? La véritable lutte de classes commence quand la misère existe au foyer prolétarien ; elle commence, camarades du Bâtiment, quand vous montez sur l'échafaudage ; elle commence, camarades mineurs, quand le galibot est obligé de descendre au fond de la mine ; elle commence quand nous allons dans les fournils. Et alors, qui est-ce qui serait qualifié pour supprimer ces travaux forcés à perpétuité qu'on appelle le salariat actuel ? Ce ne sont pas des avocats, ce ne sont pas des ingénieurs. C'est la Confédération, qui est la cohésion de toutes les souffrances que nous avons subies et que nous subirons peut-être encore.

Qu'est-ce que c'est que le Parlement ? Parlement veut dire « lois », et qui dit loi dit en même temps autorité. Je dis donc que mettre le syndicalisme à la remorque d'un parti politique, même le Parti socialiste, serait pour nous la désagrégation, et même, quelque chose de plus fort, la résignation. Vous savez bien que lorsqu'on charge un intermédiaire de faire ses affaires, il y a beaucoup de chances pour que cet intermédiaire tâche d'agir dans ses intérêts, à lui, et ne s'occupe pas des affaires qui lui sont confiées.

C'est pour cette raison que je dis que la politique n'a rien à voir dans le syndicalisme. Ce serait, de plus, une véritable cause de division. A la C. G. T., il suffit qu'un camarade soit maçon, boulanger, céramiste ou n'importe quoi, pour qu'on lui dise de venir à son syndicat ; cela suffit. Est-ce que jamais nous lui avons demandé ses opinions politiques, est-ce que jamais nous lui avons demandé ses opinions philosophiques ? Or, en cas de politique dans les syndicats, en cas d'une alliance quelconque, immédiatement nous imposerions des idées que des camarades syndicalistes pourraient ne pas avoir.

Je dis donc que le syndicalisme, aujourd'hui, est assez grand pour se conduire lui-même. Et je rappelle qu'à l'époque où le syndicalisme était un petit gosse, à l'époque où le syndicalisme ne faisait pas parler de lui, les socialistes n'ont pas voulu être les pères ni les grands-pères du syndicalisme ; mais quand ils ont vu que le syndicalisme était une force, une force prolétarienne, anti-étatiste, ayant en vue la démolition du même Etat qu'ils rêvent eux-mêmes, ils ont voulu mettre le syndicalisme en tutelle.

Je termine en disant que le syndicalisme n'est plus un gosse, qu'il est majeur, et en criant : « A bas la politique, vive l'action confédérale ! » *(Applaudissements).*

Discours de Klemczynski

KLEMCZYNSKI. — Camarades, depuis des années que je milite à la tête des organisations centrales, c'est la première fois qu'il m'est donné d'intervenir dans un congrès ; et le Congrès peut être persuadé que ce n'est pas pour y ravaler d'une façon quelconque le grand problème qu'il est en train d'étudier. J'estime qu'en abordant une question de cette importance, les délégués doivent avoir présentes à l'esprit la délicatesse du problème et la répercussion des solutions qu'en commun, je l'espère, nous devons prendre.

Depuis quelque temps, le Congrès a été ému, a été troublé par un problème essentiel, le problème politique, si je peux dire, de la C. G. T.; on a senti qu'à travers toutes les discussions, qu'à l'occasion de tous les frottements, les tendances de la Confédération se manifestaient plus vivantes, plus ardentes que jamais. Le Parti socialiste, notamment, qui a recueilli ici une série d'aménités de la part des délégués, qui a été plus souvent piétiné que discuté, a besoin ici qu'un syndicaliste, qu'un de ceux qui ont participé à la naissance de la C. G. T., qui ont participé le plus activement aux espoirs de l'originalité théorique et pratique du syndicalisme, vienne à la fois et défendre le syndicalisme et défendre le Parti socialiste, auquel il appartient depuis le jour où il est syndiqué. Oui, camarades, si je n'ai pas brillé au sein du Parti socialiste, si j'appartiens à une fraction qui a tendu à réduire l'action parlementaire du Parti socialiste, j'ai toujours été partisan de l'action internationale des travailleurs et j'ai toujours considéré que l'action syndicale, coopérative, éducatrice, était le complément de cette action internationale. *(Interruptions.)*

Il est temps que nous venions ici protester contre une tendance qui pourrait se transformer en légende, et qui aurait pour mobile d'accentuer les méfiances, les équivoques, qui existent dans chacune de ces actions. On n'est pas encore arrivé à prouver que la totalité des membres du Parti socialiste étaient des professeurs, étaient des médecins; on m'accordera bien qu'il y a, dans le Parti socialiste, une grande proportion d'ouvriers, de travailleurs confédérés. Conséquemment, c'est avec une certaine délicatesse, c'est avec beaucoup de souci et d'inquiétude qu'on aborde des problèmes semblables.

La preuve que nous ne pouvons pas éviter les rapports — tout au moins moraux — entre ces deux forces, c'est que le Congrès lui-même a manifesté, depuis le début de ses travaux, sa préférence dans cette question, en laissant loin derrière des préoccupations d'organisation qui ont, pourtant, une importance considérable. Oui, nous avons tous une préférence pour toucher ce problème, et je viens dire ici : « Nous avons de part et d'autre un examen à faire de la situation. »

Je crois n'avoir entendu jusqu'ici que des paroles un peu lointaines. D'abord, c'est le camarade Renard — le deux fois camarade Renard pour moi, puisqu'il est du Parti socialiste et de la C. G. T. — c'est lui qui a prononcé les paroles les plus lointaines. Il nous a donné un écho si affaibli, une expression si erronée de ce qui se passe dans le Parti socialiste, que je ne puis m'empêcher de relever l'impression qu'il a pu produire sur le Congrès. Je demande au camarade Renard dans quelle occasion le Parti socialiste a manifesté l'intention de mainmise qui semble résulter de son discours. Est-ce dans la motion de Nancy? Est-ce dans tous les congrès du Parti socialiste? Je prétends que c'est justement le contraire qui s'est produit dans les motions du Parti.

On me dira : « Les motions, cela n'a pas d'importance ». Si les motions n'ont pas d'importance dans le Parti socialiste, elles ne doivent pas en avoir davantage à la C. G. T. Or, la motion d'Amiens, qui jusqu'à présent a synthétisé notre attitude vis-à-vis du Parti socialiste, ressemble, à mon point de vue, à la motion de Nancy; et si, dans le Parti socialiste, il y a des éléments qui croient dépasser les motions votées dans les congrès, il y en a, dans la C. G. T., qui sont tentés de dépasser notre action d'Amiens.

La motion d'Amiens signifie-t-elle que le syndicalisme suffit à tout? Eh bien, camarades, relisez-la, et vous verrez que la motion d'Amiens, si elle a pu réunir un certain nombre de mandats, c'est précisément parce qu'elle déclarait que le syndicalisme se suffit à lui-même, qu'il doit être autonome, qu'il n'a rien à envier, à rechercher de forces qui lui soient extérieures, mais qu'il doit se développer pleinement lui-même, développer ses cellules en dehors de tout organisme politique. Eh bien, la motion d'Amiens n'a pas porté ombrage au Parti socialiste, et je tiens à le déclarer dans ma conscience de militant qui, tous les jours, va prêcher aux pauvres exploités la révolte, et les amener dans les organismes de la C. G. T. : ce qui fait que j'ai le mieux compris la méthode confédérale, la nouvelle méthode confédérale, le syndicalisme confédéral qui doit beaucoup plus ressortir du congrès du Havre que telle ou telle attitude vis-à-vis du Parti socialiste, ce qui m'a permis de mieux comprendre le syndicalisme révolutionnaire, toute la pratique du syndicalisme révolutionnaire, c'est que j'avais de la lutte de classe l'héritage, si je peux dire, que possèdent beaucoup de socialistes et que ne possèdent pas toujours la plupart de nos syndiqués. *(Applaudissements et protestations.)*

UNE VOIX. — C'est réciproque.

KLEMCZYNSKI. — Eh bien! camarades, à l'heure présente, la préoccupation des véritables socialistes, même de ceux qui appartiennent au Parti socialiste — car j'ajoute que je comprends très bien qu'on puisse être socialiste sans appartenir au Parti socialiste, et j'ai été heureux d'entendre à ce sujet les déclarations de Dumoulin, mais ce que je saisis moins c'est qu'on nous apporte quelque chose de retardataire, c'est que Renard ait pu ignorer le mouvement de la Confédération et de ses syndicats au point de croire encore qu'il soit possible ici, ou de proposer un rapprochement qui n'est pas dans les choses réalisables, ou même d'avoir l'air, par sa proposition, de bouder la C. G. T. parce qu'elle n'est pas socialiste; mais il y avait, à côté des paroles de Renard, d'autres paroles aussi retardataires que celles de Renard : c'étaient les paroles de Dumas qui, lui, se plaçant sur le terrain purement anarchiste, faisait à ses collègues du Comité confédéral d'amers reproches pour n'avoir peut-être pas orienté la C. G. T. dans la voie anarchiste... et c'est justement ce parallélisme entre l'expression des vieilles conceptions du Parti socialiste, d'une part, et l'expression de vieilles conceptions de l'idéologie anarchiste de l'autre, qui me fait conclure que ces conceptions ont besoin d'être remises au point, et considérées ici comme retardataires, — la préoccupation des véritables socialistes, dis-je, c'est que le Parti socialiste, pour tous ceux qui le comprennent, qui en ont une conception large, ne peut pas se développer si la C. G. T. ne se développe pas.

Je tiens à dire qu'il n'est pas possible que, dans le Parti socialiste, on ait des arrière-pensées d'accaparer la C. G. T. Trop souvent, j'entends exprimer cette méfiance contre les militants du Parti socialiste; nous avons l'air de croire qu'ils viennent curieusement fureter dans le poulailler de la C. G. T. pour en voler les poules... Eh bien! camarades, il y a quelque chose d'affreux là-dedans, quelque chose comme un malaise dont la répercussion se fait sentir. La C. G. T. — et c'est mon point de vue — doit être à l'avant-garde de tout le mouvement socialiste; si elle veut avancer, elle n'a à piétiner sur personne puisqu'elle est la première, et si, au contraire, elle craint de se voir mordre aux mollets, c'est parce qu'elle n'avance pas assez, c'est qu'au lieu de regarder en avant elle s'arrête ou regarde en arrière! (*Applaudissements.*)

Ce qui m'importe, c'est beaucoup moins de défendre le Parti socialiste que de défendre la C. G. T. Ce qui m'intéresse le plus, c'est de venir défendre le syndicalisme révolutionnaire, qui a fait notre espérance, à nous, que nous avons considéré comme de pure essence marxiste, comme une régénérescence, une renaissance du socialisme, comme un renouvellement du socialisme; et ce qui m'inquiète le plus, ce n'est pas que la Confédération ait ou n'ait pas dépassé le Parti socialiste, c'est que la C. G. T. n'a plus l'allure qu'elle avait lors de la motion d'Amiens! Voilà qui est le plus inquiétant, même et surtout pour un socialiste, parce que sa belle expression, parce que cette grande figure, cette grande unité que nous avions tous entrevue et qui nous avait permis, à nous membres du Parti socialiste, de délaisser notre fraction, notre secte, ce qui nous avait fait laisser les préférences de tendances, c'est que nous voulions un mouvement très jeune, très vigoureux, une cellule capable de se développer au maximum. Et toutes choses cessantes, nous avons voulu lui apporter notre concours; nous avons voulu que le syndicalisme puisse se vivifier au contact de tous les militants... Et je crois qu'on devrait reconnaître que si la C. G. T. s'est développée, elle le doit, pour une grande partie, à l'expérience de beaucoup de vieux militants socialistes qui, dans le monde ouvrier, n'ont jamais ménagé leur peine.

Oui, camarades, il y a une crise. Jouhaux l'a reconnu; Yvetot, en particulier, l'a reconnu. Cette crise, elle ne vient pas de ce que le Parti socialiste veut nous dépasser, nous investir, nous accaparer; cette crise vient de ce que nous n'avançons pas, de ce qu'au milieu des difficultés que la société capitaliste fait naître sous nos pas, nous sommes un peu désorientés, et les militants font défaut. Tout le monde le dit, et c'est le point principal qui, aujourd'hui, devrait nous préoccuper. Comment! les militants font défaut, a dit Jouhaux. Les militants sont venus apporter la preuve que la meilleure des R. P., ce serait la proportion des militants intelligents qui agissent avec foi au sein de la Confédération! Et c'est à l'heure où les militants font défaut que vous voudriez faire une sorte de sélection, que vous voudriez augmenter les méfiances, les malentendus, réduire le nombre de ces militants qui ont leur expérience comme garantie?

Eh bien, camarades, non ! Si nous voulons une proportion véritable, c'est la proportion des militants agissant au sein de la C. G. T. ; et la meilleure façon de l'avoir, c'est de dire que la société de 1912, au point de vue capitaliste, n'est pas celle qui existait à la naissance de la C. G. T. ; qu'à une situation nouvelle doivent correspondre des éléments nouveaux, et cette solution que Jouhaux espérait, je l'espère autant que lui, si chacun de nous veut ne pas s'embarrasser d'une démagogie inutile, et considérer qu'il y a une âme ouvrière, même dans ce congrès, qui n'est pas très fixée encore sur l'avenir, qui a des doutes, des méfiances elle aussi, qui, à chacun des orateurs qui passent à cette tribune, se demande : « Que ferons-nous en rentrant ? »

Nous ne pouvons pas le nier, le problème de la coopération avec le socialisme a une importance. Tous les mouvements ont leur tare : Nous savons que la politique a pour tare la convoitise des pouvoirs ; que la coopération a pour tare un contact avec l'argent. Mais la Confédération a pour tare un esprit de corporatisme étroit, une absence d'idéal dans les préoccupations ultra-matérielles de nos membres, boulet formidable que nous traînons au pied, boulet plus formidable que toutes les convoitises qui peuvent se manifester autour de nous.

Eh bien, camarades, nous avons une besogne éducatrice à faire : Besogne politique au sein de la Confédération, qui consiste à donner une expression à l'ouvrier, un idéal à l'ouvrier qui ne voit qu'un intérêt immédiat.

On nous a représentés comme quelque chose de très grand ; on a fait avec nous un chantage... c'est le plus mauvais service qu'on ait rendu à la C. G. T., que de l'avoir parfois utilisée pour faire peur à la société capitaliste ; c'est d'avoir fait la chasse au lion capitaliste avec une épingle dans la main. Voilà ce qui a fait du mal à la Confédération ! *(Applaudissements sur quelques bancs.)*

Dans les campagnes du Jura, je rencontre des éléments qui disent : « Nous ne voulons pas faire partie de la C. G. T. ». Ce ne sont pas des gens qui se dérobent, qui ne veulent pas discuter ; ce sont des gens qui disent : « Non, nous ne voulons pas. » Et quand nous leur demandons pourquoi, ils ne disent pas : « C'est parce que nous sommes bien avec les socialistes, » ils disent : « C'est parce que nous faisons de la politique. » Qu'entendent-ils par cette expression ? Ils veulent dire par là : « Parce que les syndicats ne sont pas strictement professionnels ; parce qu'il y a des syndicats, des unions, des bourses du travail ; parce que vous avez une C. G. T. qui intervient à propos de la vie chère »... et ces gens-là comprennent ce qu'est la politique. Ils reprochent à la C. G. T. d'être syndicaliste révolutionnaire, de faire de la politique, et ils ont raison. Nous avons une politique de lutte de classes, une politique révolutionnaire, et les militants, si modérés soient-ils, si étiquetés réformistes qu'ils soient, sont obligés de dire que le syndicalisme est révolutionnaire parce qu'il poursuit la fin des classes, et qu'il doit sortir de son ornière corporative.

Eh bien, camarades, pratiquement, les rapports des fédérations nationales de métiers, d'industries, avec les bourses du travail, sont la solution la meilleure que nous puissions trouver, la seule chose qui puisse nous encourager en sortant du congrès du Havre ; il faut que nous cherchions pratiquement les moyens de rendre les militants plus nombreux ; nous devons faire en sorte que les fédérations puissent se développer dans toutes les régions de France grâce aux concours simultanés de leurs délégués ; nous devons rechercher l'entente étroite entre ces unions départementales à caractère spécifiquement politique qu'Yvetot avait raison de défendre avec énergie, parce que ce sont elles qui portent l'élément nouveau de la C. G. T. ; ce sont les unions qui sont devenues les institutions naturelles du syndicalisme révolutionnaire, en ce sens qu'elles créent des relations intercorporatives, relations que peut créer aussi la coopération. Dans notre Bourse, par exemple, nous n'arrivons pas à mêler les diamantaires avec le Bâtiment comme nous les mêlons dans le sein de notre coopérative ; c'est notre coopérative qui arrive à créer ce lien révolutionnaire entre les producteurs en les unissant du côté de la consommation. Je ne tire pas de ce phénomène des conséquences indéterminées, mais je dis que, tout en respectant leurs moyens corporatifs, nous les aidons à conquérir des améliorations, améliorations qui les poussent à agir dans un but plus élevé ensuite.

Et, croyez-le, je ne connais pas d'organisations qui soient expurgées d'ingérences politiques comme celles-ci. On a parlé de maisons du peuple. La Maison du Peuple nous a été donnée par nous-mêmes ; mais, tout en reconnaissant qu'on nous a fait un grand don, du côté de la Bourse, nous avons dit : « Nous voulons passer un traité avec la Maison du Peuple ; nous voulons être libres de faire, dans cette maison, tout ce qui nous conviendra ; le jour où une atteinte sera portée à notre liberté, nous quitterons la Maison du Peuple. Si on nous obligeait à choisir entre l'influence politique qui peut s'exercer dans la Maison du Peuple et notre liberté, c'est dans le sens de la C. G. T. que nous agirions. »

Par conséquent, il est pénible pour nous de voir qu'on apporte des paroles qui peuvent être interprétées comme étant l'expression de déchirures au sein de la C. G. T.

Comme socialiste, j'estime que le meilleur service qu'on puisse rendre à l'Internationale socialiste, c'est le développement de la C. G. T. française, le maintien de son originalité; c'est donner une force nouvelle à toutes les motions votées dans les congrès précédents.

J'ai la conviction que la classe ouvrière gagnerait à ce qu'on fasse de la grande politique syndicaliste, c'est-à-dire du recrutement; à ce qu'on trouve des militants nouveaux sans abus de centralisme, sans abus de fédéralisme; en créant une entente entre les fédérations, entre les unions, pour que les militants qui s'en vont tous les jours soient remplacés par de nouveaux camarades.

Je suis un peu le représentant du passé et de l'avenir : je suis assez vieux dans le mouvement pour rappeler des paroles qu'on a oubliées, et assez jeune pour considérer l'avenir. Je dis donc que la question n'est pas de savoir si on doit ou si on ne doit pas voter. Je dois rappeler que si le Parti socialiste a eu l'idée de mettre la main sur la C. G. T., il y a, d'un autre côté, dans nos réunions syndicales, des camarades qui viennent prêcher l'abstention électorale. Nous ne les blâmons pas; tous les militants sont des individualistes; ils ont tous une idée personnelle, et nous ne pouvons pas leur demander d'avoir un credo. Mais ici, dans le Congrès, nous devons voir plus loin; nous devons voir plus haut, et la grande préoccupation du Congrès, la grande préoccupation de la C. G. T., si elle veut que le Parti socialiste reste en arrière du mouvement ouvrier, c'est d'avancer sans cesse; c'est tout ce que nous pouvons demander! *(Applaudissements.)*

La voix des Inscrits

RÉAUD. — Les mouvements économiques quelque peu importants offrent cet avantage d'être, lorsqu'ils sont terminés, comme un champ d'expériences et d'enseignement pour les militants. C'est ainsi qu'hier Yvetot a pu rappeler, à propos de l'arbitrage obligatoire, que les inscrits ne compteraient plus, désormais, sur ce moyen pour résoudre leurs conflits. Je veux dire ici brièvement que jamais les inscrits, et depuis de longues années déjà, n'ont compté sur ce moyen pour résoudre en leur faveur les conflits économiques qui surgissent de temps à autre entre eux et les armateurs. Je rappellerai que depuis trois ans une loi sur l'arbitrage a été votée qui les concerne tout spécialement, et toutes les fois qu'on a fait appel aux inscrits maritimes pour constituer leurs conseils permanents d'arbitrage, les inscrits, comprenant que l'arbitrage n'est qu'un leurre, se sont toujours abstenus de participer à ces élections.

Nous sommes partisans de l'arbitrage lorsque nous ne pouvons pas faire autrement; nous sommes partisans de l'arbitrage lorsqu'il s'agit de sauver la face et de tirer des événements qui suivent l'arbitrage des renseignements précieux pour les ouvriers. Si, dès le premier jour, notre fédération, qui s'est trouvée débordée, a conseillé à ses membres d'accepter une proposition d'arbitrage soumise par le gouvernement, c'était parce que notre fédération, qui avait tout fait pour enrayer le mouvement au début, n'était pas suffisamment préparée, avait conscience que nous n'avions pas les munitions suffisantes pour batailler longtemps, et qu'il valait mieux un mauvais compromis qu'une défaite lamentable.

Nous avons accepté l'arbitrage après soixante et quelques jours de grève, parce que les inscrits maritimes n'avaient pas compris qu'avant de se lancer dans une mêlée semblable, il fallait avoir des munitions, pour apporter un soulagement aux misères qui sont la conséquence de conflits aussi longs. Voilà pour quel motif nous avons accepté la proposition gouvernementale; mais nous avons dit à nos camarades, avant de la leur faire accepter : « N'attendez aucune solution heureuse de l'intervention gouvernementale; sachez qu'il n'y a qu'un moyen de se passer de l'arbitrage : c'est de cotiser davantage et de pouvoir lutter seuls, sans faire appel, dès les premiers jours, à la solidarité ouvrière. »

Dumoulin, lui, a dit que le Parti socialiste avait tenté de mettre la main sur notre mouvement. Eh bien, on doit à la vérité de dire que le Parti socialiste n'a jamais eu la main mise sur notre mouvement.

Yvetot le disait hier : On ne peut pas faire un grief aux ouvriers de l'Etat, aux demi-fonctionnaires que nous sommes bientôt, de s'adresser parfois au gouvernement et parfois à la Chambre des Députés ou au Sénat. Nous sommes régis par des lois tout à fait spéciales. Nous avons demandé — parce que des contrats qui relèvent du Parlement lient les compagnies de navigation au gouvernement — nous avons demandé à ceux qui sont au Parlement de faire tout ce qui dépendait d'eux pour que les contrats liant les compagnies et le gouvernement soient respectés. Je ne rechercherai pas ici pourquoi ces contrats n'ont pas été appliqués; je ne veux pas savoir si des préoccupations d'ordre parlementaire et politique ont gêné les représentants du Parti socialiste à la Chambre, les ont empêchés de mettre le gouvernement en demeure de faire respecter les contrats qui le lie avec les compagnies de navigation, — mais je dirai, pour mémoire, que certainement il y a là une part de vérité, puisque les parlementaires ont reconnu eux-mêmes que, trop absorbés par la R. P. en effet, ils n'ont pas été en mesure de faire pour les inscrits ce qu'ils auraient pu faire sans doute, s'ils n'avaient pas eu ces préoccupations. Ce n'est pas nous qui parlons; ce sont les représentants autorisés du Parlement qui, publiquement, ont fait cet aveu.

Eh bien, camarades, il faut comprendre que, pas plus dans le Parlement que dans ce laudanum spécial qu'est l'arbitrage obligatoire, les inscrits maritimes n'ont eu une confiance trop grande. Nous sommes heureux du mouvement qui vient de se produire chez nous parce que nous en tirerons des arguments précieux qui seront plus utiles pour nous que les légères satisfactions matérielles qui auraient pu nous être accordées. Nous avons dit en effet aux inscrits : « Vous étiez depuis longtemps fixés sur la sentence arbitrale. Si, demain, sur le terrain théorique, sur le terrain des principes, quelque parti politique vous proposait l'arbitrage obligatoire, vous aurez une preuve matérielle qui vous permettra de leur répondre que l'arbitrage ne peut rien donner du tout. » Et nous avons dit, comme conclusion : « Il faut que vous puissiez vous passer d'un arbitrage des parlementaires, à quelque parti qu'ils appartiennent; et il n'y a qu'un moyen de faire cela, c'est de cotiser beaucoup, et de faire toujours de l'action. » (*Applaudissements.*)

Il faut affirmer le syndicalisme révolutionnaire

DUMERCQ (*Bordeaux*). — Lorsque j'ai pris la parole, hier, pour essayer de mettre au point les critiques que faisait Renard à propos du rapport confédéral, j'ai laissé de côté la question de principe et de fond qui concernait toute l'action syndicaliste, laissant aux secrétaires confédéraux le soin de répondre sur ce fait.

Mais après la proposition du camarade Jouhaux, proposition juste et nécessaire, il devait se produire, à ce congrès, ce qui se produit ; il devait y avoir une affirmation très nette des idées, des principes et de la méthode du syndicalisme révolutionnaire.

En effet, si nous tenions à nous cantonner dans un syndicalisme purement corporatif, dans un syndicalisme qui dirait : « Nous voulons simplement maintenir l'ouvrier dans une situation adéquate au milieu social dans lequel il vit ; » si nous nous contentions de dire : « Nous voulons créer des liens entre le capital et le travail, liens qui permettent à chacun de vivre sans froissements et sans heurts, » — alors nous pourrions accepter, dans sa forme et dans son esprit, la tactique qu'a préconisée Renard. Mais nous avons déjà dit à Amiens, nous l'avons répété dans tous nos congrès confédéraux : Nous attachons, nous, au syndicalisme une valeur de transformation sociale ; et nous avons dit que le moyen d'arriver à ce but sera l'abolition du salariat par la grève générale expropriatrice. Cette grève générale expropriatrice étant notre conception et notre direction, implique fatalement une lutte contre toutes les forces d'oppression représentées par le capital. Et alors si le syndicalisme, se suffisant à lui-même, a cru et croit encore possible la lutte qu'il veut entreprendre, fatalement il doit se dresser et contre l'Etat, et contre l'armée et contre toutes les forces d'oppression que représente le capital.

L'Etat, superfétation sociale créée justement pour masquer aux travailleurs la véritable position qu'occupe le capitalisme dans la société ; l'Etat, fondé de pouvoirs, exécuteur des ordres du capital, ne peut être que contre nous. Vouloir nous obliger, nous contraindre, à marcher à la remorque d'un parti qui, fatalement, deviendra l'Etat un jour, c'est nous enliser, c'est retarder, empêcher toute action ; c'est dire au syndicalisme : « Tu ne seras que ce que nous serons nous-mêmes ; tu recueilleras le fruit des victoires que nous aurons pu obtenir, nous Parti. » Cela, nous ne pouvons pas l'accepter. De même, si nous, syndicalistes, nous disions à un parti politique, soit-il socialiste : « Parti politique, tu ne seras que ce que nous te ferons, tu subiras les conséquences et les fluctuations de notre action, » nous aurions tort. Il faut que, de part et d'autre, il y ait une autonomie très large, aussi large que possible ; que jamais, à aucun moment, il n'y ait heurt pour l'action à mener.

Mais il faut aussi que les partis politiques respectent notre autonomie, à nous travailleurs, — et c'est à cela que j'attache le plus d'importance ; c'est justement parce que je suis profondément syndicaliste et que j'attache beaucoup plus d'importance à la valeur d'organisation, de recrutement, d'action, que peuvent avoir des ouvriers qui se concertent, — que je n'en attache à une action qui peut venir d'une tierce personne intercédant pour eux. Et lorsque ces hommes ont délibéré, ont convenu entre eux d'une action à mener, je ne peux pas comprendre qu'il puisse y avoir une tierce personne qui intervienne.

Et ce serait là l'œuvre du Parti socialiste s'il y avait immixion de ce parti dans notre action. Voulez-vous un fait ? Au moment de la grève des mineurs anglais, alors qu'il était nécessaire de faire un geste de solidarité internationale, les mineurs allemands sont partis ; les mineurs de France n'ont pas bougé. Pourquoi ? Parce qu'il y avait des élections municipales ; il ne fallait pas contrarier l'opinion publique par une grève qui aurait pu être néfaste pour le Parti socialiste.

Demain, des faits semblables se produiront. Il faut que nous soyons maîtres chez nous, et que jamais, à aucun moment, il n'y ait d'immixion d'une tierce personne dans nos affaires.

Et puis, enfin, on nous reproche nos méthodes. Examinons les faits tels qu'ils sont. Il ne faut pas dire que l'Internationale est le produit simplement de l'œuvre marxiste. L'Internationale s'est, au congrès de 1876, à La Haye, devant l'autoritarisme de Marx, divisée en deux ; Marx et ses amis d'un côté, Bakounine et ses amis de l'autre. Nous avons continué, nous, le traditionalisme de Bakounine, mais nous ne l'avons pas appelé anarchisme, nous ne l'avons pas appelé socialisme, nous l'avons appelé syndicalisme, comme demain nous pourrions l'appeler « groupement de solidarité ouvrière. » C'est justement ce qui fait sa souplesse et sa force ; le syndicalisme peut, à chaque instant, combattre toutes les forces d'oppression quelles qu'elles soient.

Notre camarade Klemczynski nous disait : « Vous êtes allés à la conquête du lion capitaliste avec une épingle. » Je suis de ceux qui disent que toute action du prolétariat organisé a toujours profité à une autre fraction du prolétariat organisé. Si les luttes n'ont pas été ce qu'elles auraient dû être parce que l'on manquait de militants, il ne faut pas dire qu'elles ont été inutiles, inefficaces ; et on ne peut pas dire que si ces hommes ne viennent pas à la C. G. T., c'est parce que nous y faisons de la politique. Il est fatal et naturel que nous fassions de la politique ; il serait illogique que, déclarant que nous voulons la transformation sociale, nous n'envisagions pas déjà les moyens qui peuvent nous rapprocher de cette transformation. Le syndicalisme ne dit pas aux individus : « Tu resteras ce que tu es jusqu'à ce que nous transformions quelque chose ; » le syndicalisme cherche à cultiver le cerveau de l'individu, à faire de l'unité inconsciente qu'il était hier une unité consciente. Notre politique réside là-dedans : augmenter le rayon de liberté des individus dans la société actuelle. Et c'est pour cela que notre action corporatrice, comme on le disait tout à l'heure, a malgré tout du bon. Pour ma part, je crois que le boulet corporatiste est bien moins dangereux à traîner que le boulet politicien, car si le boulet corporatiste peut disparaître de plus en plus par la fusion des industries diverses, le boulet politicien sera toujours un danger suspendu sur notre tête.

Et ce qu'il y a de curieux, et que je ne m'explique pas, c'est qu'en 1888, dans cette même ville du Havre, alors que justement après la grande saignée de la Commune le mouvement ouvrier renaissait, un nommé Barberet voulut aiguiller le syndicalisme dans le sens que veulent lui donner aujourd'hui les guesdistes, une espèce de collaboration de classe. Et ces mêmes guesdistes, qui aujourd'hui veulent nous cantonner dans la légalité. combattirent alors le projet de Barberet, en disant : « Il faut que le syndicalisme soit lutte de classes. »

Aujourd'hui, on cherche à encercler le syndicalisme dans un rayon qui n'est pas le sien ! Je pense, moi, que le syndicalisme ne peut prospérer qu'à la condition de rester chez lui, se gouverner par lui-même, et n'accepter aucune ingérence.

Demande de clôture

SERGENT. — Je demande la clôture avec les orateurs inscrits, personne n'écoute plus les discours.

LE PRÉSIDENT. — Il y a une demande de clôture. J'ai dix-huit orateurs inscrits. (*Exclamations.*)

Voulez-vous accepter qu'on désigne, pour les deux thèses, un, deux, trois orateurs comme vous voudrez ? (*Appréciations diverses.*)

JOUHAUX. — Camarades, le débat actuel est sans contredit le plus important du congrès, et il ne doit pas être ravalé à une question d'espèce. La discussion doit rester élevée, se maintenir sur le terrain des principes et des idées, si nous voulons que sorte de nos délibérations, comme le demandait Klemczynski tout à l'heure, un renforcement des idées syndicalistes.

Aussi désirerai-je que le nombre des orateurs soit limité à deux de chaque côté, afin qu'il n'y ait pas de confusion dans le débat ; et qu'on ne vienne pas nous apporter des questions à côté.

UNE VOIX. — Il n'y a pas deux côtés ; il y a Renard, et les autres !

UNE AUTRE VOIX. — On ne peut pas classer en deux catégories les différentes opinions qui ont à s'exprimer.

LE PRÉSIDENT. — Les orateurs inscrits veulent-ils se réunir pour s'entendre ?

PLUSIEURS VOIX. — Oui ! Oui !

LE PRÉSIDENT. — Il est onze heures; je propose que nous partions déjeuner et que nous reprenions nos travaux à deux heures. Pendant ce temps-là, les camarades inscrits pour prendre la parole pourront se réunir et se mettre d'accord. (*Adopté.*)

LE PRÉSIDENT. — Je mets aux voix le bureau suivant pour cet après-midi :

Président : Hubert, des Terrassiers.

Assesseurs : Lapierre et Bigot.

6e SÉANCE. — MERCREDI 18 SEPTEMBRE (après-midi)

Fin de la discussion sur l'attitude confédérale envers les Partis politiques

La séance est ouverte 2 heures 1/2 sous la présidence de Hubert, assisté de Lapierre et Bigot.

Le Président. — Camarades, la discussion continue. Il y avait dix-huit orateurs inscrits.

Les trois tendances

Jouhaux. — Les camarades inscrits pour parler se sont réunis comme il avait été convenu. Ils ont décidé qu'il y aurait trois natures d'interventions parce que, dans la discussion présente, trois conceptions se sont trouvées représentées.

En conséquence, il a été décidé que trois camarades de chaque tendance prendraient la parole, et qu'en dernier lieu la parole serait donnée au secrétaire confédéral. Ensuite, nous devrons examiner quelle est la sanction à donner au débat.

Broutchoux prendra le premier la parole et sera immédiatement suivi par le camarade Clenet; les autres continueront, en s'intercalant suivant la tendance qu'ils représentent.

Une Voix. — N'y aurait-il pas lieu de limiter le temps de parole à chaque orateur?

Une autre Voix. — Les camarades peuvent se rassurer, nous nous sommes engagés à ne pas parler plus de vingt minutes.

Discours de Broutchoux

Broutchoux. — Camarades, c'est avec plaisir que j'ai entendu hier le rapport du camarade Renard; j'aurais eu un plaisir encore plus grand si ce rapport avait été imprimé et si nous avions pu en avoir le texte complet de façon à le discuter comme il le mérite. J'ai pris quelques notes dans les journaux qui ont rendu compte de la séance, et je vais m'efforcer de dire ce que nous pensons de la proposition Renard.

Pour mon compte, j'estime qu'il est nécessaire que, non pas seulement dans les congrès confédéraux, mais à tous les instants de la vie militante, se manifestent des divergences de vues, des courants opposés, de façon à donner un peu plus de passion et de vie à l'action confédérale.

Le camarade Renard disait hier dans son rapport que les rivalités de tendances sont pernicieuses. Je pense, moi, le contraire, et je m'explique : Il ne faut pas s'abuser sur la valeur des mots; quand on parle de l'unité morale, il ne faut pas croire que cette unité morale tende à un groupement moral, et nous allons trop loin dans l'unité en espérant un accord parfait; nous croupissons, nous sommes dans une mare stagnante, et ce n'est pas favorable au développement du groupe économique.

Renard se plaignait aussi que, dans la « Voix du Peuple » notamment, on ait fait des critiques des organisations étrangères. Il est vrai que, malgré leur réputation de civilité, les Français parlent avec assez de liberté : et il me semble que les camarades étrangers ne peuvent pas du tout se froisser parce qu'en France on critique, on examine, on commente leur façon d'agir; c'est le contraire qui serait désastreux. Même entre camarades du même pays nous avons besoin de nous contrôler, de nous critiquer, et Renard aurait dû trouver tout naturel que des syndicalistes français critiquent les méthodes d'action étrangères, attendu que lui-même, dans son rapport, nous citait la parole d'un militant russe qui n'était pas trop polie à l'égard du syndicalisme français.

Il a été question aussi de la centralisation et du fédéralisme. Certainement, la centralisation est utile, nécessaire, parce qu'elle a pour but de donner plus de cohésion au mouvement syndicaliste ; mais il ne faut pas oublier qu'à l'excès de centralisation, il est nécessaire d'opposer le fédéralisme, la décentralisation. C'est pourquoi il est utile qu'aux fédérations de métier ou d'industrie viennent s'ajouter les unions de syndicats ou les bourses du travail.

Renard disait encore que si jamais la C. G. T. voulait s'engager dans une voie nettement révolutionnaire, elle trouverait devant elle l'Etat avec ses baïonnettes. Et il conclut que nous devons rester sur le terrain strictement professionnel, ne sortant pas du cadre de la loi de 1884, et qu'en étant bien sages nous n'encourrons jamais les foudres gouvernementales, et ne nous exposerons jamais aux dangers de l'émeute, de la guerre civile. Mais Renard, qui est en même-temps un militant socialiste, est partisan de la transformation de la société actuelle ; il faudra bien que cette transformation s'opère ; si, au lieu que, comme le craint Renard, la C. G. T. fait l'émeute, c'est le Parti socialiste qui la fait? Eh bien, le Parti socialiste, quand il voudra faire la révolution, trouvera devant lui le gouvernement bourgeois, et le Parti socialiste sera bien moins capable que la C. G. T. de résister ; d'abord parce qu'il est moins nombreux, ensuite parce qu'un certain nombre de ses membres, les non manuels, sont capables de faire du socialisme plutôt dans un salon que sur les barricades.

Je ne crois pas qu'on puisse faire de la politique quand on lutte contre l'Etat bourgeois ; c'est un acte de légitime défense syndicale que de lutter contre l'Etat, non pas seulement l'Etat patron, mais l'Etat complice des patrons. Est-ce que l'Etat n'a pas été complice des armateurs, des compagnies de chemins de fer? Donc si le syndicalisme veut faire œuvre efficace, il ne doit pas seulement diriger ses coups contre le patron, mais contre toutes les forces bourgeoises qui sont du côté du patron et le soutiennent.

Renard ne veut pas de politique dans les syndicats, et par politique, il entend sans doute l'antimilitarisme, l'antipatriotisme, etc... Il nous propose une espèce de mariage, de concubinage plutôt, avec un parti politique. Eh bien, il me semble que c'est illogique ; s'il ne faut pas faire d'antimilitarisme dans les syndicats, nous devons encore moins faire une alliance avec un parti politique quelconque.

Revenant sur la question des organisations étrangères, permettez-moi de vous citer un exemple : Vous avez su que, quand les mineurs anglais se sont mis en grève, les camarades d'Allemagne ont essayé d'en faire autant, et vous devez vous rappeler que, là-bas, la grève n'a pas réussi, justement parce qu'il y a plusieurs syndicats de mineurs : Il y a le syndicat socialiste, le syndicat chrétien, le syndicat polonais, le syndicat libéral, soit quatre syndicats, qui n'embrigadent pas seulement des exploités, mais qui embrigadent des individus ayant des conceptions politiques déterminées. Eh bien, si les mineurs allemands faisaient comme les mineurs de France, au lieu d'avoir des mineurs syndiqués socialistes, polonais, libéraux ou chrétiens, ils n'auraient qu'un seul syndicat qui serait bien plus fort pour lutter contre le patronat allemand.

Renard nous a parlé aussi de représentation proportionnée ou proportionnelle. Il me semble qu'il devrait être logique. Si la Fédération du Textile compte 40.000 cotisants et ne paye que pour 10.000 à la C. G. T., comment arrivera-t-on à représenter les syndicats du Textile ? Il n'y a qu'un quart des syndicats du Textile qui devraient être représentés ici!

RENARD. — C'est à peu près cela.

BROUTCHOUX. — Ce matin, j'avais beaucoup de plaisir à entendre le camarade Klemczynski ; mais il me permettra bien de lui dire quelques mots au sujet, non pas des idées du Parti socialiste, mais des idées de certains camarades politiciens.

Au moment des élections municipales et au moment du congrès du Bâtiment à Bordeaux, il a paru des articles dans l' « Humanité », sous la signature de Jaurès et de Morizet. Morizet disait à peu près ceci : « Il y a tel patron du Bâtiment qui se porte candidat ; vous autres, syndiqués, vous avez intérêt non seulement à voter, mais à entrer dans la lutte politique. »

En ce qui concerne le congrès de Bordeaux, du Bâtiment, Jaurès passait la main dans les cheveux de nos camarades du Bâtiment. Il disait : « Le congrès a été magnifique ; seulement il faudrait que cette belle valeur syndicale puisse s'appuyer sur l'action politique. » *(Murmures.)* Les camarades du Parti socialiste ont parlé tout à l'heure de neutralité, de liberté d'action, et vous voyez que, d'une façon générale, ils veulent engager le syndicalisme dans la voie de la politique. Je sais bien qu'en dehors du syndicat, le syndiqué fait ce qu'il veut ; mais les socialistes, qui sont partisans de la neutralité syndicale, devraient être neutres à l'égard du syndicalisme.

Que des socialistes défendent leur thèse, tâchent de trouver des électeurs, tâchent de renforcer leur action électorale, cela ne me gêne pas du tout; mais je dis que ces camarades sont en contradiction avec les déclarations officielles de leurs congrès nationaux, que Klemczynski rapportait ce matin. Quand on vient dire que la C. G. T. doit avoir son action propre à elle-même, on est mal venu ensuite à tâcher de lancer la force syndicaliste dans une voie électorale.

Il a été question aussi du désarmement des haines. Certainement, nous sommes tous partisans du désarmement des haines, mais d'un désarmement qui réponde à quelque chose ; du désarmement entre les militants sincères, entre ceux qui luttent véritablement contre l'Etat capitaliste, contre le patronat. Et je ne veux pas ici m'étendre sur des incidents récents, mais on ne peut tout de même pas oublier qu'au moment où le ministre Caillaux appliquait les lois scélérates à des syndicalistes, il s'est trouvé deux membres du Parti socialiste pour, du haut de la tribune de la Chambre, dire qu'ils réprouvaient le sabotage et l'action directe... *(Applaudissements et protestations.)* et qu'ils n'étaient pas du tout de cœur avec les énergumènes de la C. G. T. *(Interruptions.)*

UNE VOIX. — N'attaque personne. *(Murmures divers.)*

PLUSIEURS VOIX. — Continue !

BROUTCHOUX. — De même pour la loi Millerand-Berry, vous ne pouvez pas dire le contraire, il y a des députés qui n'ont pas fait leur devoir.

Vous voyez donc bien que nous ne pouvons pas désarmer contre des gens qui sont les complices des dirigeants lorsque ceux-ci font de la répression contre la classe ouvrière !

On reproche à la C. G. T. — et on le dit d'une façon très courante — de suivre les inspirations d'une bande d'anarchistes. Ce sont des camarades politiciens qui emploient cet argument quand il y a une contradiction entre l'action syndicale et l'action électorale; des contradicteurs nous qualifient d'anarchistes dans les réunions publiques; les policiers qui entendent cela font des rapports à la préfecture. Et si nous avons une réputation d'anarchistes — ce qui ne me gêne pas — c'est la faute de ces camarades qui se font les pourvoyeurs des procureurs généraux de la République Française! *(Applaudissements.)*

Comment comprendre une action combinée du Parti socialiste et de la

C. G. T.? Mais, le Parti socialiste, ce n'est que le prolongement des partis opportunistes et radicaux; le Parti socialiste peut se trouver demain en collaboration avec un ministère, avec des massacreurs, tandis que la C. G. T. ne se trouvera jamais alliée avec Millerand, Viviani et d'autres renégats du Parti socialiste. (*Interruptions.*)

Pour mon compte, je ne crois pas du tout que la C. G. T. ait besoin de s'appuyer sur les doctrines officielles du socialisme officiel pour arriver à une transformation de la société. Cela n'est pas nouveau. On a parlé tout à l'heure de Karl Marx et de ses théories, mais nous pourrions aussi citer un contemporain de Karl Marx, nous pourrions parler de Bakounine; et si l'*Internationale* continuait d'exister, si nous nous trouvions en présence du mouvement internationaliste qui existait avant la guerre de 1870, nous serions forcés de remarquer que ce que fait la C. G. T., c'est à peu près ce que faisait la Fédération Jurassienne fondée par Bakounine et les promoteurs du syndicalisme français. Par conséquent il ne faut pas dire que toutes les théories du syndicalisme viennent du marxisme. Et, comme le disait un camarade, nous sommes socialistes, c'est entendu; mais nous sommes des socialistes ouvriers qui veulent faire leurs affaires eux-mêmes sans passer par les labyrinthes de la législation. Or, il y a beaucoup de fédérations qui, si elles ne se déclarent pas tout à fait révolutionnaires, se réclament des méthodes confédérales, et qui demandent cependant l'application des lois dites ouvrières : loi sur les bureaux de placement, sur le repos hebdomadaire, etc. Et, vous voyez où nous mène le rapport présenté par Renard : Il ne s'agit pas, à mon point de vue, d'un mariage entre un parti politique et la C. G. T., mais il faudrait délimiter les formes d'action d'un groupement économique tel que la C. G. T. et les formes d'action des groupements politiques.

Pour mon compte, je crois que les syndicats ont tort de compter sur les lois dites de protection ouvrière; car alors, si nous avons intérêt à avoir des lois dites de protection ouvrière, nous avons intérêt à avoir des camarades comme Renard! Nous en ferons de bons députés, ils nous feront de bonnes lois!

Mais je ne crois pas cela; je crois que non seulement les députés sont inutiles, mais qu'ils sont nuisibles. Ils disent à l'ouvrier : « Ne bouge pas, je vais faire tes affaires à ta place. » Cet ouvrier ne bouge plus, c'est un endormi, un avachi, un inutile. Le syndicalisme, lui, ne dit pas cela; il dit : « Si tu veux avoir quelque chose, prends-le; si tu veux obtenir des améliorations, conquiers-les de haute main. »

Vous devez donc sentir la différence qu'il y a entre le syndicalisme révolutionnaire agissant par lui-même — suivant en cela les statuts de la C. G. T., — et l'action politique. Il ne peut pas y avoir d'équivoque. La Confédération vise à la disparition du salariat, du patronat, et certainement, ce n'est pas l'affaire d'un congrès, l'affaire de quelques semaines, de quelques mois; c'est l'affaire d'une action méthodique et prolongée. Et je voudrais qu'au lieu d'un concubinage avec un parti politique, nous envisagions les moyens de faire marcher d'accord la coopération et le syndicalisme.

Je ne trouve pas qu'il faille la triple organisation : politique, syndicale et coopérative, je considère cela comme un phénomène; je n'ai jamais vu d'individus à trois jambes, et je n'en ai vu qu'à deux pattes : l'une, syndicalisme, l'autre, coopération, et il me semble que c'est suffisant pour marcher à notre émancipation, à condition que la coopération ne soit pas simplement une boutique commerciale, mais un centre où nous nous affranchirons de la boutique commerciale et préparerons la société de demain.

Nous ne devons pas oublier en effet que dans la société que nous voulons transformer il y a deux fonctions à remplir : produire et consommer; nous devons donc organiser la production et la consommation. On ne vit pas avec des lois, on vit de la production et de la consommation. Je voudrais qu'on envisage, dans les syndicats, la possibilité de faire de l'expropriation capitaliste par la coopérative de production et de l'expropriation commerciale par la coopérative de consommation. Et avec l'ardeur du syndicalisme révolutionnaire, il n'y aurait pas de danger que nous devenions simplement les gardiens des coffres-forts des coopératives.

Le camarade Klemczynski disait ce matin — et si j'en parle c'est à la demande de camarades qui n'ont pas pu être désignés — il disait que le Parti socialiste n'avait jamais voulu, dans ses congrès nationaux, prétendre à la direction de la C. G. T. Mais, pendant la grève des cheminots, quelques représentants autorisés du Parti socialiste travaillaient avec le Comité des cheminots!

D'autre part, le camarade Klemczynski, membre du Parti socialiste et de la C. G. T., nous disait qu'il était syndicaliste avant tout. Cependant, je ne voudrais pas faire d'incidents personnels, mais il me semble qu'à propos des retraites ouvrières Klemczynski a plutôt obéi aux résolutions du congrès socialiste de Nîmes qu'aux résolutions du congrès confédéral de Toulouse...

KLEMCZYNSKI. — Je n'ai eu à obéir à personne au sujet des retraites ouvrières; j'ai marché avec mon organisation. C'est une erreur que vous faites.

BROUTCHOUX. — Bon!

KLEMCZYNSKI. — Les camarades de l'Union sont bons pour répondre!

BROUTCHOUX. — J'aurais pu voir le camarade avant et lui demander. Enfin, je n'insiste pas.

Mais je constate une chose : c'est qu'il est difficile d'être socialiste avec les décisions du Parti socialiste et d'être syndicaliste avec les décisions confédérales; un exemple nous en est donné par les retraites ouvrières.

J'estime donc qu'une alliance serait dangereuse en raison de cette divergence de vues; elle le serait encore parce que le Parti socialiste ne comprend pas que des éléments ouvriers.

Maintenant, la motion déposée par Renard me semble inacceptable. Il voudrait que le Congrès se dégage des articles publiés dans la « Bataille Syndicaliste » par certains de nos camarades. Ces camarades sont mieux qualifiés que moi pour expliquer pourquoi ils ont écrit ces articles; mais moi, en tant que syndicaliste, je ne trouve pas drôle du tout que des camarades aient essayé de répondre à des articles de militants socialistes qui essayaient de faire une confusion. Si j'ai un regret à formuler, c'est parce que ces camarades n'ont pas pris position d'une façon plus précise à l'égard des politiciens.

Discours de Cleuet

CLEUET. — Je ne sais pas si les camarades qui sont d'accord avec Broutchoux, c'est-à-dire nos camarades Merrheim, Jouhaux et Griffuelhes, acceptent la définition du syndicalisme que vient de nous développer Broutchoux. Le syndicalisme révolutionnaire — pour Broutchoux — se résume, par sa forme d'action, sous un seul aspect; il doit arracher par ses seules forces, par ses seuls moyens, par sa seule action directe, les améliorations qui sont nécessaires à la classe ouvrière pour marcher vers son émancipation. Je ne sais si ces camarades prendront tout à l'heure la responsabilité de ces paroles; s'ils la prennent, ils se placeront en dehors du cadre confédéral lui-même, en dehors de la thèse confédérale syndicaliste.

Qu'est-ce que la thèse confédérale syndicaliste, — et d'abord, y a-t-il une thèse confédérale syndicaliste? Il n'y en a pas à proprement parler, puisque la Confédération ne fait que coordonner des mouvements d'ordre général, parce qu'elle ne poursuit pour ainsi dire jamais d'elle-même contre le patronat, et même contre l'État, des luttes; ce sont les fédérations d'industrie, les fédérations de métier, les bourses du travail, qui poursuivent cette lutte.

UNE VOIX. — Ce n'est pas le syndicalisme.

CLEUET. — C'est, mon cher ami, de la lutte poursuivie par ces bourses du travail, par ces fédérations d'industrie et de métiers, que nous pouvons dégager quelle est à l'heure actuelle, présentement et depuis que le syndicalisme existe, la véritable action confédérale syndicaliste.

Nous en sommes, nous les modérés et les réformistes, des partisans comme vous, parce que, nous comme vous et vous comme nous, nous ne pratiquons pas autrement l'action syndicale. Et comment pratique-t-on l'action syndicale dans le mouvement ouvrier français ? Il y a une part d'action directe contre le patronat — nous sommes d'accord ; — il y a plus souvent action directe que pression ou démarches vis-à-vis des pouvoirs publics. Quand Le Guéry, à une interpellation que je lui adressais hier ou avant-hier, me répondait en montrant que les diamantaires, par leur action directe, avaient arraché la journée de neuf heures, c'est là, il me semble, une des manifestations les plus certaines de l'action directe du syndicalisme français ? Si je ne me trompe pas et si c'est bien là une manifestation d'action directe, comment appellerez-vous donc le mouvement de nos camarades du Livre qui ont arraché avant vous la journée de neuf heures, directement et sans passer par les pouvoirs publics? (1) Et comment appeler aussi les résultats que nous avons obtenus, nous les employés, avant que la loi sur le repos hebdomadaire ne soit votée ? Aujourd'hui même, avant qu'il n'existe une loi limitant la durée du travail, les résultats que nous avons obtenus sous la forme de ferme ture à sept heures, sont-ce là des manifestations d'action directe ? Si ce sont là des manifestations d'action directe comme vous l'entendez par « action confédérale », si vous pensez autre chose, dites-le carrément ! Nous avons le droit de dire qu'en ce qui concerne l'action contre le patronat, nous ne faisons pas autre chose que vous, et vous pas autre chose que nous.

Mais il y a une autre forme d'action qui est inévitable et qui n'a pas encore été déterminée par les congrès confédéraux, c'est l'action sur les pouvoirs publics, c'est l'action sur le Parlement. Est-ce que, ici dans nos congrès confédéraux, est-ce que dans les fédérations d'industrie et de métier, quelqu'un a déjà apporté une solution aux conflits individuels — je ne dis pas aux conflits collectifs — aux conflits individuels entre les ouvriers et les patrons ? On s'est rallié aux prud'hommes, et aux prud'hommes, il n'y a pas que des camarades réformistes et modérés qui siègent ! Il y a pas mal — et surtout à Paris — de camarades révolutionnaires, de ceux qui nous disent à cette tribune que l'action légale est nulle, qu'il est impossible, à aucun moment de notre vie de revendications et de luttes, de causer avec le patronat, et qui vont s'asseoir avec les patrons dans les tribunaux d'arbitrage ! (*Applaudissements.*)

Est-ce qu'on nous a déjà apporté ici une solution de la question, et est-ce que notre camarade Bousquet qui, hier, rappelait une campagne — magnifique,

(1) Au cours de la séance, le Président donna lecture d'une communication des diamantaires ainsi conçue :

» Ne pouvant prendre la parole, le nombre des orateurs étant limité, je tiens à déclarer, par la bouche du Président, que le camarade Cleuet s'est trompé lorsqu'il a déclaré que le Livre a obtenu les 9 heures avant les diamantaires. C'est le 1er octobre 1905 que les 9 heures ont été implantées dans l'industrie diamantaire alors que le Livre ne les a obtenues qu'après 1906.

» Ce que Cleuet a oublié de dire, je l'ajoute à son discours, à titre documentaire :

» Les diamantaires *ont tous*, actuellement, la semaine anglaise de 48 heures, *et non la journée de 9 heures*.

» LE GUÉRY. »

il est vrai — de l'alimentation contre les bureaux de placement — je lui demande, à lui comme à tous nos camarades de l'Alimentation, comme à tous ceux qui nous disent, dans les congrès confédéraux, qu'il y a une action confédérale telle, une action directe possible telle dans le monde ouvrier, que la classe ouvrière est tellement révolutionnaire qu'on peut se passer de toute intervention — je leur demande si la question du placement n'est pas pire aujourd'hui qu'avant qu'on ait détruit les bureaux ? (*Bousquet proteste.*)

Citoyen Bousquet, je n'approuve pas les calomnies qu'on a prononcées contre vous, mais je dis qu'il n'y a pas d'action plus facile pour le prolétariat que de supprimer les bureaux de placement : il suffit de ne pas y aller ; c'est simple, et vous demandez à l'heure actuelle une réorganisation légale du placement. (*Nouvelle protestation de Bousquet.*)

Si je me suis trompé, vous rectifierez quand vous voudrez ; enfin, vous direz encore que je commets une erreur quand je vous rappellerai que, dans votre corporation, les ouvriers boulangers viennent encore de réclamer par des ordres du jour publiés dans vos journaux révolutionnaires ou socialistes, de réclamer le vote d'une loi, le vote du projet Godard. Est-ce que vous avez donc peur que la force révolutionnaire ne soit pas suffisante pour obtenir le vote de cette loi ? Oh ! je sais que vous avez fait des efforts ; j'ai essayé d'en faire dans ma petite sphère aussi, des efforts, en faveur de nos camarades si malheureux dans les fournils ; mais vous savez comme moi — seulement vous ne l'avouez pas ici — que sans l'intervention légale vous n'obtiendrez pas l'interdiction du travail de nuit, étant données les difficultés que présente votre recrutement, avant de nombreuses années ! (*Applaudissements.*)

Et je demande au Congrès qui a examiné à Toulouse, à Marseille et à Amiens, cette question si importante de l'accident du travail, — je demande aux camarades comme Broutchoux ou autres de sa tendance révolutionnaire qui veulent supprimer tout ce qui n'a pas trait exclusivement au syndicalisme, quelle solution ils peuvent nous apporter ici, en dehors de la solution actuelle légale, pour la réparation de l'accident du travail ? Apportent-ils une solution ? Nous donnent-ils le moyen d'indemniser les camarades victimes des accidents ? La solution ? Elle a été trouvée toujours par nos congrès confédéraux : c'est notre regretté camarade Beausoleil qui, dans une fin de congrès — oui, évidemment, cela n'intéressait pas beaucoup parce que c'est du ressort légal — venait vous faire voter, à l'unanimité, une demande de modifications à la loi de 1898 sur les accidents !

Et puis, il y a une autre question qui est peut-être plus haute encore que la question d'attitude vis-à-vis du Parlement et des pouvoirs publics, parce que celle-là intéresse l'Etat lui-même : c'est la question des retraites. Nous sommes divisés sur la question des retraites, mais au moment de cette passionnante controverse qui a eu lieu sur cette question, est-ce qu'il y a eu des camarades qui sont venus ici nous apporter des propositions ? Est-ce qu'il y a, parmi ces syndicalistes, qui s'intitulent révolutionnaires, des gens qui nous ont apporté une autre solution que la solution de l'Etat quelle qu'elle soit, capitalisation ou répartition ? Il n'y en a pas, parce qu'ils sentent l'impossibilité d'une part de refuser le droit, pour le travailleur, de jouir d'une rente ou d'une retraite pour ses vieux jours, et l'impossibilité d'autre part de traiter eux-mêmes, par leur seule action syndicale, sans recours direct ni indirect contre les pouvoirs publics, la constitution des retraites.

Oh ! citoyens, nous pourrions aller encore très loin sur cette question. Revoyez donc les résolutions qui sont prises dans les fédérations d'industrie, dans celles qui ont en tête de leurs revendications la nationalisation ! Demandez aux mineurs, demandez à tous ceux des transports, demandez aux municipaux, demandez à tous ceux qui sont intéressés dans la question, s'ils peuvent obtenir autrement que par une transformation dans les rouages des pouvoirs publics la nationalisation qu'ils poursuivent ? « Ils ont peut-être tort »

— ont dit les camarades qui ont signé le manifeste des cinq. — Il n'en est pas moins vrai que pour nous, s'ils n'ont ni raison ni tort, ils constituent une partie de la pensée confédérale, ceux qui réclament cette nationalisation ! Et alors, en nous étayant sur l'action directe que nous menons contre le patronat, nous voyons qu'il y a nécessairement à côté une action dont vous ne pouvez pas nier l'efficacité parce que les uns et les autres, et dans vos fédérations et dans vos bourses, vous y avez recours.

Eh bien, quelles déductions voulons-nous tirer de cet aperçu un peu trop bref, — mais le temps de parole nous est limité — quelles déductions pouvons-nous en tirer ? Est-ce que la C. G. T. doit poursuivre par ses membres la conquête de ces améliorations d'ordre légal, d'ordre parlementaire, d'ordre étatiste que vous poursuivez vous-mêmes ? Je dis non. Mais je dis aussi qu'en raison même de cette attitude, et tant que vous n'aurez pas mis dans les faits, c'est-à-dire dans les résolutions de toutes vos fédérations et de toutes vos bourses l'opinion exprimée par Broutchoux tout à l'heure — vous n'avez pas le droit d'être des anti-parlementaires. Et alors, fatalement et inéluctablement, étant donné l'état d'esprit ouvrier qui s'est manifesté depuis des années — vous n'avez point d'autre rôle que celui de vous cantonner dans cette formule d'Amiens qui a été si souvent rappelée et que votre journal la « Bataille Syndicaliste » rappelait, au début de ce congrès, sous ce titre absolument suggestif : « Un rappel nécessaire ».

Oui, la motion d'Amiens nous donne satisfaction ! Oh ! si nous en épluchions les termes, si sur certains nous pouvions expliquer notre pensée — ce qui n'est pas à l'ordre du jour — nous aurions peut-être quelque chose à dire. Mais dans l'ensemble, en ce qui concerne l'autonomie du mouvement syndical, en ce qui concerne la garantie que tous les syndiqués doivent avoir de manifester leur opinion en dehors des assemblées syndicales, en dehors des réunions d'ordre corporatif, nous nous en réclamons hautement, et nous pensons que nous sommes dans la véritable tradition confédérale ! *(Applaudissements.)*

Discours d'Inghels

Inghels. — Camarades, à la Confédération Générale du Travail, il y a probablement des méthodes différentes et cette assemblée d'aujourd'hui va peut-être déterminer un courant nouveau, courant qui est nécessaire.

Si, à la Fédération nationale Textile, nous nous sommes émus de la tactique qui a été suivie par certains propagateurs de l'idée syndicaliste, si nous avons pris des décisions très graves dans notre congrès dernier, c'est parce que nous avons voulu, dans la profondeur même du mouvement économique, suivre la réalité. Nous avons constaté qu'en France, dans les plus grandes fédérations appartenant à la C. G. T., il y avait des pertes multiples, qu'il y avait des déchets : la Fédération nationale du Bâtiment a perdu, je crois, 30.000 membres cette année, et la Fédération nationale Textile a perdu 9.000 membres.

Vous pourrez me dire que c'est parce qu'il y a des dissensions, des échanges de vues contraires dans les congrès des organisations syndicales et fédérales, vous pourrez nous dire qu'il y a d'autres motifs. Nous croyons, nous, qu'il y a une autre cause, et nous avons recherché, dans notre fédération, quelles en étaient les raisons véritables. La cause qui fait qu'une quantité de travailleurs ne viennent plus aux organisations syndicales, aux organisations ouvrières ; la cause qui fait que le recrutement devient de plus en plus difficile et qu'il y a non seulement une crise syndicale, mais qu'il y a de terribles crises qui sévissent dans tout le mouvement industriel, nous l'avons examinée attentivement.

Il y a dans le département du Nord, à Lille en particulier, à Roubaix, à Tourcoing ; il y a aussi ailleurs, dans la Somme, par exemple, des chômages qui s'étendent de plus en plus. Dernièrement, je faisais une tournée de conférences dans la Somme et dans la Normandie, je consultais mes amis sur le chômage, et partout c'est la même répétition : A Corbeil, les ouvriers bonnetiers qui, auparavant, travaillaient leurs dix heures par jour, subissent des chômages tels qu'une grande partie ne travaille plus que quatre mois par an, à Roubaix, il y a plus de 5.000 travailleurs qui battent le pavé, et à Lille, il y en a des quantités nombreuses. Mais, citoyens, pouvons-nous attendre des temps meilleurs ? Pouvons-nous attendre que ces crises se dénouent ? Il y a un malaise présent, il faut y apporter une solution immédiate.

Eh bien, nous avons pensé que, pour recruter des adhérents aux organisations ouvrières, au lieu d'aller dire directement aux travailleurs : « Il faut faire la révolution sociale, il faut vous organiser sur un unique terrain, sur le terrain syndical, pour arriver, par une solution révolutionnaire, à la transformation de la société, », nous avons pensé, à la Fédération nationale Textile, qu'il y avait une autre manière de recruter. Oh ! certes, on a déjà critiqué la multiplicité des bases dans les organisations syndicales; je crois néanmoins que c'est le système qui est le meilleur. Nous avons donc décidé d'instituer des caisses de chômage, c'est-à-dire des caisses toutes particulières dans les organisations syndicales, qui marcheront conformément au décret de 1905 et qui permettront aux organisations ouvrières de pouvoir aider leurs chômeurs.

Nous avons constaté aussi qu'il y a en France 4.500.000 travailleurs qui appartiennent aux sociétés de secours mutuels, et nous nous sommes dit : « Si nous installions, dans les organisations syndicales, la mutualité, (*Murmures.*) ...ces travailleurs, au lieu de porter à côté leurs cotisations, viendraient dans les organisations syndicales, ce qui non seulement augmenterait notre recrutement, mais nous donnerait leurs cotisations, pour nous aider dans la grande lutte qu'il y a à organiser contre le patronat.

Et, citoyens, nous nous sommes aperçus que cette méthode, qui est une méthode pratique, nous a déjà donné des résultats. Où nous avons gardé les syndicats les plus puissants, où nous avons gardé les syndicats les plus forts, c'est, à part quelques exceptions, là où ces bases ont été instituées dans l'organisation ouvrière.

A Armentières, à Erquelines, les syndicats sont forts, les syndicats résistent parce que les travailleurs ont un intérêt immédiat à rester dans l'organisation. Il y a des embryons un peu partout. Nous avons dans le Nord et dans le Pas-de-Calais, que tant de camarades s'acharnent à frapper, le Sou du Soldat qui existe depuis plus de vingt-cinq ans; nous avons établi des caisses de maladie et des caisses pour les femmes en couches, de façon à attirer à nous les mères de famille, à les aider de plus en plus à entrer dans le syndicat par leur misère même, et à garder nos membres par les avantages que nous pouvons leur concéder.

On a parlé d'action directe; je crois que la meilleure action directe, c'est celle qui consiste à faire du bon recrutement syndical et à préparer les forces puissantes et nécessaires pour arriver à cette transformation dont vous parliez tout à l'heure.

Citoyens, du train dont marchent les choses, si nous voulions rester en dehors de cette question de chômage, je crois que nous commettrions, à la C. G. T., une grave erreur.

Il y a une vingtaine d'années à peine, à la suite de l'application de la loi Pierre Legrand qui mettait des droits nouveaux sur les filets venant de l'étranger, il y avait dans le Nord quelques institutions anglaises qui avaient organisé leur fabrication sur les bases d'un machinisme très développé. Pour la filature du coton, au lieu des métiers qui avaient 400, 600, 700 broches, les capitalistes anglais installèrent de grands métiers, des métiers de 1.400 broches; une grande quantité de travailleurs furent renvoyés des usines. Dix ans plus tard, ces grands métiers ont été supprimés pour être remplacés par d'autres qui produisent un rendement double dans un temps beaucoup moins long. Il y a donc, dans l'industrie du coton, une crise terrible; et, les crises portant préjudice aux organisations syndicales, la situation dont je parlais tout à l'heure, et dont nous souffrons, s'accentuera davantage.

Pour toutes les industries c'est la même chose : Les camarades de la Métallurgie savent les progrès immenses qui ont été réalisés dans leurs corporations.

C'est donc en raison de ces transformations successives que nous avons organisé des syndicats à bases multiples. Notre méthode est bien claire et bien précise. Vous pouvez croire qu'il y a deux syndicalismes, qu'il y a un syndicalisme plus révolutionnaire que l'autre. En tous cas, quelle a été l'œuvre des organisations sociales dans le Nord, quelle a été l'œuvre de la coopération dans le Nord, quelle a été l'œuvre du mouvement syndicaliste dans le Nord? Nous avons estimé, comme le disait Renard un jour, qu'il y avait devant nous une montée et qu'il y avait un char que le prolétariat devait tirer pour le faire monter, tandis que d'autres forces tendaient à faire descendre ce char. Si vous n'y mettez qu'un cheval pour monter, pendant que trois l'entraînent vers la descente, vous n'arriverez jamais en haut. Avant le congrès d'Amiens et au congrès d'Amiens même, vous avez cru qu'il aurait suffi d'un cheval, le cheval syndicaliste. Aujourd'hui vous venez déjà déclarer qu'il faut mettre l'autre cheval, la coopération. Eh bien, du train dont vont les choses, j'espère que sous peu vous y ajouterez le cheval socialiste; par ce moyen-là, d'accord avec toutes les puissantes organisations, avec les syndicats qui vous donneront des fonds pour faire vos maisons du peuple dans toutes les localités, avec les fédérations, qui vous donneront ce qu'il faut pour la Maison des Fédérations, et d'accord avec le Parti socialiste organisé sur un terrain de lutte de classes, vous ferez une grande besogne.

Vous craignez des déviations? Mais il y a aussi, dans la Confédération Générale du Travail, des hommes qui ne sont pas des syndicalistes extra purs. Ce ne doit pas être une cause pour laquelle les travailleurs doivent rester en dehors de la C. G. T.

Avec l'action du Parti socialiste, avec l'action des Syndicats et avec l'action de la Coopération, vous accomplirez la besogne nécessaire pour la libération du prolétariat.

Discours de Merrheim

MERRHEIM. — Camarades, je voudrais surtout que dans l'intervention que je vais faire, on veuille bien croire que les individus, pour moi, ne comptent pas. Ce n'est pas à Renard que je viens répondre ici ; je viens répondre à la tactique d'une organisation fédérale qui est la Fédération du Textile — et le camarade Inghels est venu dire ici à la tribune, dans une figure qui précisait bien la situation : « Nous préférons voir le chariot tiré par trois chevaux pour faire la montée. » Nous, camarades, nous avons peur que les trois chevaux ne se transforment en trois ânes qui ne valent pas, à l'heure actuelle, notre bon cheval confédéral. (*Approbations.*)

C'est toute la question qui plane sur ce congrès, et quand on examine la méthode, immédiatement Cleuet fait surgir le mot « réformisme ». Ah ! camarade Cleuet, est-ce nous qui l'avons créé, ceux que vous qualifiez de révolunaires, ce mot de réformisme ? Est-ce nous qui avons créé ce catalogue de classe ouvrière réformiste d'un côté, classe ouvrière révolutionnaire de l'autre ? Non, ce sont les mêmes individus qui, à l'heure actuelle, essayent de nous diviser : c'est la période millerandiste qui a créé réformistes et révolutionnaires ! (*Applaudissements.*)

Et c'est vous qui avez perpétué, malgré toute notre action, malgré toutes nos affirmations, cette division que vous semblez nous reprocher aujourd'hui !

Je disais il n'y a pas bien longtemps à Jaurès, dans une réunion : « Nous sommes réformistes, les révolutionnaires, jusqu'à la porte des ministères, et nous ne l'avons plus été le jour où l'on a pénétré dans ces ministères contre la classe ouvrière. »

Et, camarade Cleuet, aujourd'hui, pour prouver que vous n'êtes plus réformistes, que vous partagez la bonne tactique confédérale, vous reprenez toute notre propre action, et vous venez nous sortir, à côté des diamantaires, l'action de nos camarades du Livre obtenant la journée de neuf heures. Mais vous oubliez de dire que vous vous êtes adaptés à cette action, et que c'est nous, révolutionnaires, qui vous avons entraînés à conquérir la journée de neuf heures ! (*Applaudissements et protestations.*) Oui, nous avons entraîné par une action générale, que le camarade Dumas avait raison de rappeler comme n'existant plus, nous avons entraîné l'action de toutes les corporations, et par l'idée de la journée de huit heures nous avons créé cet enthousiasme qui était nécessaire...

UNE VOIX. — Pourtant, chez nous...

MERRHEIM. — Chez vous comme ailleurs, notre action a porté, c'est incontestable ; et vous ne pouvez pas nier que le mouvement pour la journée de huit heures a été une aide considérable pour vous faire obtenir la journée de neuf heures.

Eh bien, je dis qu'il ne faut pas ergoter sur ces situations et venir rétablir réformistes ou révolutionnaires dans le sens où nous l'avons entendu. Ce qu'on veut et ce que nous voulons, Renard, c'est venir préciser deux méthodes d'action ; et vous le sentez bien vous-même, puisque vous en avez créé une troisième — la méthode que Renard nous apporte est en-dessous du réformisme, elle est moins que le réformisme et vous ne pouvez pas l'accepter ; vous êtes obligés de vous dégager de ce que vient dire Renard : « Notre action n'est pas assez en conformité avec l'action de nos camarades des nations étrangères ». Mais comme l'a très bien précisé Dumoulin ce matin, cette action de nos camarades étrangers n'a rien à voir avec la nôtre, parce que nous ne sommes pas dans la même situation, au point de vue industriel, que nos camarades étrangers ; l'appel d'Inghels est la meilleure des preuves qu'on ne peut pas nous comparer aux autres nations : si, en France, il y a 300.000 métallurgistes, il y en a 2 millions, avec un outillage meilleur, dans la nation allemande. Vous dites qu'une fédération à bases multiples a plus de garanties, que les travailleurs y adhéreront plus volontiers. Voulez-vous que je vous cite un exemple, parce que je le connais bien, qui appartient à la métallurgie ? Dans la Fédération Métallurgique Suisse, qui est une fédération à bases multiples, qui a caisse de chômage, qui a, enfin, complètement adopté la méthode allemande, que voyons-nous pour le dernier exercice qui vient de se terminer, pour les deux années, par un congrès qui s'est tenu à Lausanne ? Nous voyons que nos camarades suisses, qui ont pratiqué la méthode que vous recommandez si bien, ont eu, sur 8.000 travailleurs qu'ils avaient recrutés, un déchet de plus de 7.600 qui ne sont pas restés dans leurs organisations ! Vous ne pouvez donc pas invoquer les résultats des méthodes allemandes contre notre thèse.

Ce qui nous différencie de votre action, je voudrais le montrer par un fait, et je m'adresse à la Fédération du Textile. Il faut se souvenir de ce qui s'est passé dans le Gard, dont un camarade a rappelé, à propos des rapports confédéraux, la situation spéciale :

Dans le Gard, par la faute du patronat — et je vous déclare que nous, nous disons que le patronat routinier ne nous intéresse pas et doit disparaître ; que notre action révolutionnaire a surtout pour but de le faire disparaître et d'apporter d'autres satisfactions à la classe ouvrière. Votre tactique, dans le Gard, a-t-elle consisté à faire ce que nous faisons, nous, à nous tourner vers la classe ouvrière et à dire : « Bataille, demande des augmentations de salaires ? » Non ! Comme vous ne connaissiez pas l'action confédérale ou que vous ne vouliez pas la connaître, vous vous êtes tournés du côté de l'Etat. J'ai vu appuyer les primes à la sériciculture pour le patronat textile dans le Gard ; je les ai vu voter avec cette adjonction, pour la classe exploitée, qu'on donnait aux ouvrières, qui gagnent 1 fr. 40 ou 1 fr. 50 par jour, deux sous d'augmentation par une subvention de l'Etat ! Et on ajoutait cette restriction que des statuts seraient établis pour organiser des sociétés de secours mutuels dans lesquelles les ouvrières *devraient rentrer pour toucher leurs deux sous!* Qu'en est-il résulté ? Demandez-le aux camarades du Gard : On est allé à la société mutuelle pour toucher deux sous, et on a abandonné l'action syndicale.

Eh bien ! nous, ce n'est pas à l'Etat que nous allons demander l'augmentation de salaires que le patronat est obligé de consentir ; c'est à ce patronat lui-même que nous essayons de la prendre, patronat que nous forçons à se transformer par l'action continuelle que nous avons menée.— Car, je l'ai déjà dit bien des fois, il est regrettable qu'en France, l'action révolutionnaire de la Confédération ne se soit pas fait jour vingt ans plus tôt, nous n'aurions pas une industrie aussi arriérée ; nous aurions peut-être une organisation qui nous permettrait d'avoir des organismes semblables à ceux de nos camarades de l'étranger, c'est-à-dire des organisations solides et fortes pour faire face à ce patronat.

Je dis que c'est par là que se différencie notre action, camarades! Et maintenant, je ne voudrais pas m'étendre très longuement, revenir sur le cas des inscrits qu'a traité Dumoulin. Mais je veux encore vous montrer, par un fait, ce qui s'est passé au point de vue de la vie chère dans le Midi. Est-ce que nous n'avons pas vu les principaux membres du Parti socialiste appartenant à la Confédération Générale Vigneronne, au moment où paraissait le manifeste du Parti socialiste contre la vie chère, recommander aux paysans vignerons de ne pas jeter sur le marché leurs marchandises avant d'avoir obtenu une augmentation.

Ce sont là des oppositions qui sont irréductibles. Vous avez protesté quand Broutchoux vous a rappelé le cas de Compère-Morel; mais il rentre aussi dans la balance. En effet, c'est vous, camarades du Textile, qui venez reprocher à la C. G. T. de ne plus connaître l'enthousiasme qu'elle avait au 1er Mai 1906 et avant. Mais qu'avez-vous fait pour nous aider — je ne dirai pas à relever cet enthousiasme, à l'augmenter, — mais à le maintenir tel qu'il était? Quand on a vu que la Confédération, par l'action pour la journée de huit heures, se développait et marchait de l'avant, le pouvoir s'est acharné contre nous; et qu'avons-nous vu? Ceux qui nous critiquent aujourd'hui ne jamais être à nos côtés pour défendre la Confédération et la classe ouvrière! *(Applaudissements.)*

Ah! camarades, il y a une statistique qu'il faudra faire un jour; c'est celle, pendant ces périodes douloureuses, des présences au Comité confédéral; vous verrez ceux qui ont abandonné la classe ouvrière et ceux qui ont lutté pour elle. Et non seulement vous n'y étiez pas, camarades réformistes, mais vous aidiez à frapper sur elle! N'a-t-on pas vu un Conseil général voter une subvention pour aller dans un congrès confédéral, avec cette restriction qu'il fallait mettre à la porte les énergumènes de la C. G. T. ! (1). *(Applaudissements.)*

Ah! oui, nous avons vu la période la plus dure, la période la plus pénible.

Vous avez parlé des haines, Inghels. Est-ce que c'est nous qui avons de la haine? Je n'ai de haine contre personne.

---

(1) Voir à la suite du discours de Merrheim, l'intervention de Coolen au sujet du vote de ce Conseil général.

En réalité, je dis qu'on ne vous a jamais vu lutter avec nous. Et quand Ghesquière et Compère-Morel ont prononcé leur discours, est-ce qu'ils étaient animés du désir de défendre la classe ouvrière? Mais non. Il y avait les élections municipales qu'il fallait sauvegarder, il fallait en tenir compte dans le discours qu'on allait prononcer ! (*Applaudissements.*)

Et c'est cela qui a créé, non pas la haine, mais la méfiance, la défiance parmi nous. Nous voulons que le syndicalisme marche par lui-même, comme l'a dit Dumoulin, accomplisse son rôle dans la société ; mais pendant que nous voulons cela, on veut au contraire ramener le syndicalisme à un capitalisme d'Etat. Ce ne sont pas les arguments de Cleuet qui peuvent changer ma manière de voir ; ce n'est pas parce qu'on a voté la loi des retraites que nous aurions dû nous désintéresser de la bataille.

Comme demain, si on veut modifier la loi sur les accidents du travail, nous interviendrons, révolutionnaires que nous sommes, pour empêcher que les modifications se retournent contre la classe ouvrière. Mais nous bataillerons en faisant agir la classe ouvrière, en ne demandant rien à d'autres qui vont ensuite dans les commissions, dans les bureaux des ministères préparer des articles 12 et faire le contraire de ce que veut la classe ouvrière ! (*Applaudissements.*)

Je termine en répétant ce que j'ai dit à Amiens : Ce que nous voulons, ce n'est pas un droit qui viendra se superposer au droit du capitalisme et de l'Etat, mais c'est un droit nouveau créé par la force ouvrière au milieu de ses luttes, de ses souffrances et de ses misères, créé par elle pour la transformation complète et totale de la société. Ce ne sera pas la transformation que vous rêvez, vous, en voulant nous lier à l'Etat et de tuer ainsi toute initiative. Il faut le dire, nous souffrons tous de l'état de stagnation dans lequel reste la C. C. T. ; nous souffrons tous parce que nous n'avions pas l'idée, le plan général. Ce plan nous pouvons le retrouver, nous l'avons, j'espère, retrouvé avec la semaine anglaise et d'autres questions. Nous souffrons encore. Pourquoi ? Parce que nous assistons, aussi, à une période de développement industriel et parce qu'en même temps, parmi la classe ouvrière, il s'est créé un désir de ne plus aimer le travail, par la faute du capitalisme lui-même et par la faute du gouvernement. Il faut savoir ce qu'est un atelier de métallurgie aujourd'hui, un atelier de constructions mécaniques ; demandez à mes camarades ; on y apprend de tout, excepté à aimer le travail qu'on exécute ; le travail ne compte plus ; l'homme n'est plus qu'un simple numéro !

Nous traversons donc une crise, qui aura sa réaction, qui fera entrer le syndicalisme dans une voie nouvelle et qui donnera à notre action une intensité que nous n'avons jamais connue, même en 1906 ! (*Applaudissements.*)

Coolen répond à Merrheim

COOLEN. — Dans son discours le camarade Merrheim a fait allusion à un Conseil général qui avait voté une subvention ou un crédit pour permettre à des délégués ouvriers de se présenter dans un congrès. Mais il n'a pas tout dit, et c'est une erreur involontaire, je veux le croire ; je vais réparer cet oubli :

Ce Conseil général, c'est celui du Nord, et, dans une de ses séances où l'on discutait cette question de subvention, un conseiller, M. Motte, pour ne pas dire son nom, un des plus féroces capitalistes que l'on connaisse, a déclaré : « Je veux bien voter cette subvention, mais à la condition que les délégués ouvriers se prononceront contre telle question discutée au congrès de Marseille. » (*Rires.*)

Je n'ai pas terminé ; je vous ai dit que celui qui avait dit cela était un des plus féroces capitalistes. Or, une réponse fut faite par un conseiller général socialiste ; cette réponse, la voici, et c'est de la sténographie :

« Monsieur Motte, nous n'avons pas besoin de vos leçons, et s'il suffisait pour obtenir cette subvention, de l'accommoder avec vos restrictions, nous la refuserions ; les délégués ouvriers iront au congrès de Marseille défendre les intérêts de leurs mandants. » Et ces intérêts, camarades, ont été défendus, vous pouvez en être convaincus. On peut consulter la brochure du congrès de Marseille, et on verra que la restriction de M. Motte n'a pas du tout été respectée.

BROUTCHOUX. — C'est pour cela que l'année d'après, on n'a plus voté la subvention. (*Colloque entre Broutchoux et Coolen.*)

Discours de Gaston Lévy

Gaston LÉVY. — Camarades, en demandant qu'on ne s'en tienne pas, pour la liste des orateurs, à établir deux tendances, je voulais indiquer que nous ne venions pas ici, soit les uns comme socialistes, soit les autres comme syndicalistes, et que nous ne venions pas non plus ici, soit les uns comme réformistes, soit les autres comme révolutionnaires. Je ne voudrais parler ici ni au nom d'une fraction réformiste, ni au nom du Parti socialiste auquel j'appartiens. Je parlerai en confédéré, en syndiqué, et ce n'est pas parce que je suis socialiste que je croirai qu'il serait inutile ou qu'il serait dangereux de ma part de parler ainsi.

Mais je veux tout de suite indiquer que nous nous différencions complètement de ce qui a été dit hier par Renard, tout à l'heure par Inghels, et même, en partie, de ce qui a été dit par Cleuet. Et je veux indiquer qu'on ne peut pas essayer de généraliser les actes des uns ou des autres ; et lorsque quelques actes individuels, isolés, de certains membres du Parti socialiste, ont pu paraître suspects de cette politique d'enveloppement dont il a été parlé, on n'a pas le droit d'englober la généralité du Parti pour le blâmer tout entier de ces actes individuels.

Voilà ce que j'avais à vous dire. Maintenant, en ce qui concerne la valeur que nous attachons, nous, à l'action syndicale, ce n'est pas celle qui a été préconisée ici par Renard, par Inghels, ni par Cleuet.

Renard dans son manifeste d'hier, Inghels tout à l'heure, n'ont fait, comme d'ailleurs dans d'autres assises, que répéter que, pour eux, la valeur de l'action syndicale ne pouvait être que secondaire et ne pouvait s'exercer que dans les limites de la légalité. Nous, au contraire, nous attachons à l'action syndicale une valeur révolutionnaire, non pas parce que nous employons le mot, mais parce que nous prétendons que la véritable révolution que l'on doit faire c'est la transformation de la société, qui nécessite la création d'organismes spéciaux constitués par une classe nouvelle, organismes qui modifient la société elle-même et préparent ainsi sa révolution en l'accomplissant tous les jours.

Voilà notre conception du syndicalisme, et nous avons évidemment la conception confédérale elle-même.

Tout à l'heure, Cleuet semblait indiquer que la conception confédérale ne pouvait être que le résultat de l'action faite par les fédérations, bourses ou unions locales ; nous croyons, nous, que l'action confédérale est faite, en effet, de l'ensemble de ces diverses actions, mais que, lorsque les syndicats réunis dans un congrès expriment leur opinion sur ce que doit être l'action confédérale, ce n'est pas un simple enregistrement de faits qui doit être accompli, mais au contraire que les camarades réunis cherchent à voir dans quel sens, dans quelle voie l'action confédérale doit être dirigée pour la conquête définitive à laquelle nous voulons aboutir.

Et c'est pourquoi il n'est pas déplacé de définir ce que doit être cette thèse confédérale. Mais est-il vraiment bien besoin de la définir, et ne devons-nous pas simplement rappeler ce qui a été en réalité — non pas l'expression de ce qui a été fait dans les diverses fédérations, bourses ou unions locales, mais ce qui a été fait sortant d'un congrès confédéral où le syndicalisme, pour la première fois peut-être, a établi sa charte que, pour ma part, je voudrais voir devenir définitive, le congrès d'Amiens. Il nous suffit, à nous, qu'on maintienne les résolutions d'Amiens. Nous ne demanderons pas plus aujourd'hui qu'hier à ce qu'on modifie la résolution d'Amiens, nous nous en sommes tenus là ; mais nous demandons à ce qu'on maintienne la résolution d'Amiens, et qu'on n'en sorte ni d'un côté, ni de l'autre. Et c'est parce que nous demandons qu'on s'en tienne à la résolution d'Amiens que nous ne pourrions pas accepter la motion déposée hier par Renard.

Eh quoi ? Est-il vraiment besoin de compléter cette résolution d'Amiens qui est absolument suffisante, et de demander que la Confédération Générale du Travail accorde sa sympathie à un parti quelconque ? Pourquoi faire ? La C. G. T. n'a pas été constituée seulement par les membres d'un parti, elle n'a pas été constituée seulement non plus par les membres de telle ou telle secte ; elle a été constituée par l'ensemble des organisations ouvrières, par des hommes qui sont venus de tous les côtés, et si l'on veut qu'elle continue sa besogne, il ne faut pas toucher à sa charte, il ne faut pas surtout que l'une ou l'autre des fractions diverses qui ont composé la Confédération se trouve atteinte ou diminuée par une résolution nouvelle. Et c'est ce qui se produirait fatalement, soit si l'on acceptait la thèse de Renard ou d'autres thèses développées ici ou ailleurs où l'on a tenté à diverses reprises de faire revenir le congrès confédéral sur la résolution d'Amiens, au grand plaisir de certains qui, autrefois, ne nous trouvaient pas assez révolutionnaires et s'enthousiasmaient devant n'importe quelle violence individuelle, et qui, aujourd'hui, se retournent de l'autre côté et n'ont pas de plus chers amis, dans ce congrès, que ceux contre lesquels, à ce moment-là, ils exerçaient leurs plus acerbes critiques. A ce moment-là, ceux-ci disaient : « Il faut donner l'épine dorsale à la C. G. T. » et d'autres choses de ce genre. Nous ne voudrions pas, nous, pas plus de ce côté que de l'autre, qu'on changeât quoi que ce soit.

Et maintenant, je voudrais répondre d'un mot à ceux — et c'est ce qui explique que, dans ce débat, nous ne nous soyons pas arrangés complètement avec ceux qui, comme Merrheim, Griffuelhes, Broutchoux, sont venus défendre une thèse pas bien différente de la nôtre — je voudrais répondre d'un mot à ceux qui ont parlé de la politique d'englobement, et je viens dire que nous, comme membres de la C. G. T. et du Parti socialiste, si nous nous apercevions qu'un parti voulait englober la C. G. T. et la classe ouvrière, notre place serait intenable et nous ne pourrions pas rester, à la fois, au Parti et à la C. G. T. (*Applaudissements.*) Je ne vois, pour ma part, dans les résolutions adoptées par nos différents congrès qu'un désir absolu et un souci constant de maintenir l'autonomie des deux forces en présence.

C'est avec un certain étonnement que, tout à l'heure, j'ai entendu Broutchoux nous parler de la nécessité d'adjoindre la coopération au mouvement ouvrier — Merrheim s'est d'ailleurs différencié complètement de lui, lorsqu'il a montré qu'il valait mieux un cheval que trois ânes... j'espère aussi que deux. Cette question sera discutée, et à ce moment nous prendrons les résolutions que nous croirons devoir prendre. Mais je veux déclarer que, pas plus de ce côté que de l'autre, nous n'accepterons une confusion quelconque. Il nous suffit, à nous, et Dumoulin le répétait ce matin que, matériellement, mathématiquement, forcément, soit dans notre presse, soit dans notre action, il y ait une collaboration dans l'action, collaboration qui s'est produite pour certains événements qui intéressaient la classe ouvrière tout entière, et cela est pour nous largement suffisant ; si cette action se produit, c'est la preuve que l'une et l'autre des organisations sont dans la même voie, se dirigent du même côté. C'est ce que nous avons dit toujours et répété sans cesse. Mais en ce qui concerne l'action syndicale, en ce qui concerne l'action confédérale, il ne peut y avoir possibilité de dénouer la crise dont on a parlé avec juste raison, et que tout le monde connait, qu'en se maintenant strictement sur la résolution votée à Amiens, qui laisse à chacun, en dehors de l'action syndicale, la possibilité d'appartenir à tel groupement — et aussi, j'espère, d'agir, parce que, si on permettait d'appartenir et qu'on veuille empêcher un camarade d'agir dans le sens de ses conceptions, ce serait une hypocrisie que vous n'avez pas voulu commettre.

Il faut donc que la motion ressorte de ce congrès avec d'autant plus de force, avec d'autant plus de vigueur et d'efficacité, que ce sera le Congrès tout entier qui l'approuvera, et montrera par là qu'il ne veut aller ni d'un côté ni de l'autre; vous direz par là que nous continuerons la besogne passée — je dis continuer parce que la besogne qui a été faite a été utile, a été bonne; et lorsque tout à l'heure j'entendais Inghels parler de la crise qui sévit dans le tissage, je me disais : Vous croyez que c'est avec des caisses de chômage, avec des caisses de maladie, que vous résoudrez la crise? Allons donc! Montrez aux camarades qu'ils doivent refuser de travailler pendant quinze heures par jour sur cinq ou six métiers à la fois, et vous obtiendrez plus de résultats qu'avec ces caisses de chômage et de maladie. (*Applaudissements.*)

Donc, notre résolution qui sortira aujourd'hui sera, j'espère, la continuation de celle d'Amiens, et nous permettra de mener l'action que nous voulons mener sans vouloir être ni des suspects, ni des gens qui veulent englober les autres! (*Applaudissements.*)

Discours de Renard

RENARD. — L'accusé a la parole.

J'entends dire à ma droite : « Ne nous tiens pas longtemps! » Il me semble que jusqu'ici je n'ai pas abusé, et vous m'accorderez bien quelques instants pour me défendre, surtout contre les imputations et contre les injures qui ont été portées contre moi à cette tribune.

UNE VOIX. — Il n'y a pas d'injures.

RENARD. — Les injures, c'est quand on m'a traité de menteur! Des gens ont dit que j'avais apporté à cette tribune des mensonges! Or, je veux croire que leur parole a dépassé leur pensée. Ils peuvent dire que peut-être j'étais mal informé, mais qu'ils ne disent pas que j'apporte des mensonges, car toute ma vie j'ai eu le mensonge en horreur!

J'ai apporté ici des critiques contre la façon dont on agissait, dans notre organisation confédérale, vis-à-vis de certaines personnalités, vis-à-vis de certains syndicats, vis-à-vis de nos camarades des nationalités étrangères.

Je n'étais pas à la séance d'hier après-midi et vous m'en excuserez. Yvetot trouvait très drôle que je n'y fusse pas; mais — je n'aurais pas voulu le dire au Congrès — je souffre horriblement depuis six mois et il a fallu que j'aille me coucher. Or, j'ai vu ce matin dans le « Journal », dans l' « Humanité », que notre ami Sassenbach avait répondu au Congrès que les imputations dirigées contre Legien tombaient d'elles-mêmes, parce que Legien n'avait été reçu en Amérique que par les organisations ouvrières; je suis très heureux de la chose; j'ai donc bien fait de me plaindre du procédé employé dans notre journal, procédé qui consiste à apporter des choses qui ne sont pas parce qu'il faut se garder toujours de dénigrer les gens, de les calomnier, de les rapetisser, cela ne fait pas triompher la cause; on doit tenir compte dans bien des circonstances de ce que sont les gens dont on parle, et on ne doit pas les dénigrer, les calomnier, parce que ces gens ont besoin de la confiance du prolétariat.

UNE VOIX. — C'est le « Réveil du Nord ».

RENARD. — Je ne suis pas le « Réveil du Nord ». Le « Réveil du Nord » fait ce qu'il veut, je fais ce que je crois devoir faire; voilà tout.

J'ai analysé l'esprit du manifeste; j'ai fait des propositions tendant à la revision de la constitution confédérale; j'ai déposé une motion; la motion est une façon de donner une consécration à ce que j'ai apporté hier. Eh bien, on prétend que je n'ai rien apporté, que mes critiques ne reposent sur rien du tout. Mais, que diable! si je n'ai rien dit, je crois que j'ai rudement fait parler les autres! *(Rires.)* ...et je ne comprends vraiment pas que l'on se soit évertué, que tant d'orateurs se soient succédé à cette tribune, pour venir réfuter des choses qui n'existent pas, contredire un homme qui n'a rien dit du tout. Véritablement, nos amis ne pèchent pas par l'esprit de logique quand ils disent ces choses-là!

J'ai apporté quelque chose; j'ai voulu essayer de déterminer une discussion, pour que l'on arrive à fixer l'orientation que doit avoir la C. G. T.; j'ai apporté notre façon de voir. J'ai dit que nous scindions la besogne; que nous voulions que les ouvriers agissent sur le terrain corporatif dans la Confédération, pour obtenir tout ce qu'il est nécessaire d'obtenir au point de vue professionnel et social, — et, à l'autre point de vue, dans le Parti socialiste, pour obtenir, par leur action sur le Parlement, des garanties, des lois protégeant la classe ouvrière contre l'exploitation capitaliste. Cleuet vous a montré qu'en maintes circonstances ces choses étaient nécessaires. J'ai voulu montrer qu'il fallait marcher sur ses deux jambes, et j'ai expliqué qu'en faisant faire toute la besogne, toutes les besognes, par l'action directe, vous ne marchiez que sur une jambe; que par conséquent vous faisiez acte politique, surtout quand vous disiez que vous alliez à la suppression de l'État par les syndicats.

Vous voulez tout faire faire par les syndicats. C'est nous qui demandons l'autonomie quand nous disons : « Laissez les ouvriers agir dans les syndicats, laissez les autres agir sur le terrain politique. » Mais vous, vous dites : « On fera tout par les syndicats; c'est une erreur suivant moi. Vous avez dit — et c'est Klemczynski qui a apporté cela, et d'autres — que je rapetissais le rôle de l'action syndicale, que je le bornais aux limites de la loi de 1884, que nous devions être bien sages, etc... Je vous ai dit déjà, il y a quelques années, que quand nous essayerions de sortir de la loi, le gouvernement, la puissance publique, nous y fera rentrer malgré nous. Veux-je dire par là que je légitime les actes du gouvernement, actes de brutalité contre la classe ouvrière, contre les fonctionnaires, contre les instituteurs? Nous avons toujours protesté contre ces choses-là. Quand j'ai dit que nous devions être prudents dans notre action, faire notre mouvement méthodiquement, sérieusement, nous préparer, avoir des fonds, croyez-vous que pour cela, si dans certaines circonstances les ouvriers que l'on a poussés, perdant tout espoir, se livrent à des actions violentes — croyez-vous que je les blâme? Non. Je suis pour l'action syndicale; quand elle produit des violences, tant pis! mais enfin, ce n'est pas à nous à les susciter.

Voilà comment j'entends l'organisation ouvrière, et j'estime que si nous menons nos syndicats de cette façon, nous serons d'autant plus forts pour accomplir les réalisations que nous avons à accomplir et que nous voulons conquérir.

Maintenant, quant à ma conception de la valeur révolutionnaire du syndicat, je ne veux pas, à ce point de vue, faire de déclaration. Je dis qu'il se pourra qu'un jour, le mouvement syndical puissamment organisé coopère, au point culminant, avec le Parti socialiste pour accomplir la révolution sociale. Mais je ne veux pas qu'on me fasse dire que tous les jours, les syndicats doivent faire de l'action révolutionnaire. Par leur nature même ils sont réformistes, et quand on réforme quelque chose c'est toujours une révolution, et il arrivera une époque où les deux formes du mouvement coopéreront à l'action d'ensemble, arriveront à déposséder la bourgeoisie des instruments de travail et feront rendre à la société les moyens de production, les mines, les chemins de fer, et toutes autres forces de production, qui sont l'apanage des travailleurs morts légué aux travailleurs vivants.

Voilà ma conception de l'action, mais une fois de plus, je ne veux pas qu'on me fasse faire la révolution tous les soirs. Je la poursuis, la révolution, lentement, avec persévérance; je la poursuis depuis mon adolescence, je ne l'ai pas encore rencontrée. Depuis l'âge de dix-sept ans, je suis dans le mouvement ouvrier; j'ai quarante-huit ans maintenant; il me semble que quand je parle dans une assemblée, j'ai droit aux égards, et que je ne dois pas subir les sarcasmes de gens qui viennent seulement d'arriver dans la vie ouvrière! (*Applaudissements et protestations. — Exclamations diverses.*)

Vous me permettrez bien quelques critiques sur la maturité du mouvement.

Vous avez été jusqu'ici maîtres de vos nerfs. L'assemblée est belle cet après-midi; on écoute attentivement les uns et les autres et, jusqu'ici, dans les congrès de la Confédération, on m'y a écouté également; je crois que vous ne voudrez pas faire autrement qu'aux congrès antérieurs.

A Dumoulin, je réponds encore une fois qu'à Amiens j'ai apporté des chiffres globaux sans faire de différence entre les syndicats rouges et les jaunes. J'ai dit qu'il y avait 76.000 syndiqués dans le Nord et 115.000 électeurs socialistes, cela sans penser à mentir le moins du monde. Cette accusation de mensonge m'a été faite; je me suis lavé de cette accusation, je ne veux pas revenir dessus.

Je ne veux pas non plus essayer de rapetisser, comme on l'a dit, le Parti socialiste, ni de le grandir. J'ai parlé non pas de mariage, non pas de concubinage, non pas de subordination de la C. G. T. au Parti socialiste. J'ai simplement déposé une motion qui sanctionne mon intervention et qui disait: « Puisque le Parti socialiste a sa sympathie pour la C. G. T., pourquoi la C. G. T. n'aurait-elle pas de sympathie pour le Parti socialiste? » C'est une réédition de ce que je demandais à Amiens. A Amiens, je ne demandais pas, comme on me l'a fait dire, la confusion des deux organismes, la subordination d'un organisme à l'autre; je demandais si, en des circonstances spéciales, il n'y aurait pas lieu d'étudier ce que pourraient être des rapports intermittents avec le Parti socialiste. Et l'un des orateurs montés à cette tribune vous a dit: « Laissez donc faire. Il se produira des faits, des circonstances... Ces rapports s'établiront du fait de la lutte... » Eh bien, je ne faisais que précéder cet orateur en demandant si ces deux formes d'action du prolétariat ne pourraient pas, quelquefois, s'entendre. On s'est entendu dernièrement pour un grand meeting à l'Aéro-Park, à Paris, personne n'a eu à s'en plaindre, pas plus que d'une grande manifestation qui a eu lieu dans la rue.

Voilà ce que je demande; et si je demande, si je crois à la nécessité de ces deux actions, je veux prouver, comme je l'ai dit à Amiens, que si une circonstance révolutionnaire mettant, en quelque sorte, la bourgeoisie dans l'impossibilité de gouverner, de conserver le pouvoir — cela peut arriver à la suite d'un revers, d'une entreprise coloniale... je ne sais s'il y en a parmi vous qui se souviennent de la défaite de Lang-Son, au Tonkin: on ne parlait de rien moins que d'aller envahir la Chambre et d'en sortir les députés; si, à ce moment, il y avait eu une organisation comme celle qui existe aujourd'hui dans le prolétariat sur les deux terrains, il est possible que nous eussions fait quelque chose à cette époque-là. — J'imagine donc qu'une circonstance pareille se présente aujourd'hui et que nous soyons là, à même de prendre les moyens de production? Vous savez bien, qu'en l'état actuel, nous sommes insuffisamment forts pour pouvoir prendre la direction des affaires économiques de la société, et si nous avions en ce moment-ci la direction des affaires économiques de la société, j'estime que nous aurions bien des difficultés, en nous passant de la machinerie bourgeoise, avec nos bourses, avec nos fédérations ! Mais nous n'aurions pas encore le matériel nécessaire pour assurer le fonctionnement de la société tout entière, et c'est pour cela que je ne veux pas me plonger dans l'inconnu ; je veux savoir sur quoi m'appuyer, et c'est pour cela que je crois qu'il y a une action utile, par la pénétration des éléments socialistes dans la société bourgeoise — oh ! je n'admets pas certains faits que vous pouvez très bien réprouver, je ne les admets pas plus que vous ; je voudrais voir par exemple une action plus intense de nos députés à la Chambre — je crois que si vous compreniez notre façon de voir, il est possible que nous exercions une saine émulation sur les hommes qui sont dans l'organisation politique. Nous ne verrions pas se produire ce fait, par exemple, que des gens qui arrivent dans le Parti soient à même de le diriger parce qu'ils sont des avocats retors comme M. Briand. Je n'admets pas ces choses-là, et je dis que si nous avions une action salutaire sur le Parti socialiste, cela pourrait changer les choses. Je dis que s'il y avait entente entre la C. G. T. et le Parti socialiste, nous serions le parti le plus fort et nous pourrions lancer le pays dans la voie de la liberté et dans la voie de l'affranchissement de la classe ouvrière jusqu'à une transformation sociale complète. Voilà mon idéal, et c'est pourquoi je suis partisan de rapports avec le Parti socialiste.

Maintenant, on a appprté ici ce que j'appellerai — permettez-le moi — des ragots. On est venu nous parler des fileuses du Gard ; on est venu dire que dans des grèves nous avions abandonné ceux-ci, ceux-là... Si vous restiez dans le cadre de votre fédération chacun, vous n'iriez pas voir chez les autres ; je n'ai pas, moi, le temps de voir dans les fédérations ce qui s'y passe.

On dit que j'ai attaqué les membres de la Confédération. Vous pouvez relire l' « Ouvrier Textile » d'un bout à l'autre, je n'ai jamais fait d'attaques personnelles ; je n'ai fait que défendre notre façon de voir dans le journal, sans diminuer ni calomnier aucun de nos camarades. On reçoit, au Bureau confédéral, notre journal chaque fois qu'il paraît, et jamais personne n'a pu me dire : « Vous nous attaquez. » C'est vous qui m'attaquez, c'est moi qui suis obligé de me défendre et de défendre notre fédération contre des attaques.

On a dit hier que j'étais allé dans le Gard avec mes amis politiques. Or, vous savez comme j'ai toujours été ami avec M. Devèze et avec M. Pastre. Quand je suis arrivé, on m'a fait une belle réception et une seconde fois on m'a fait une telle figure que je me demandais à qui j'avais vendu des pois qui ne voulaient pas cuire. J'ai trouvé un mouvement tout organisé. Pouget, dans la « Voix du Peuple » à l'époque, avait retracé le mouvement des ouvrières fileuses, et il disait : « Nous espérons bien que le secrétaire de la Fédération ira par là » — et j'y ai été. J'y suis allé maintes fois, et nous avons dépensé deux ou trois fois 250 ou 300 francs pour essayer d'organiser les ouvrières fileuses. Nous avions demandé, puisque les patrons avaient des primes pour l'élevage des cocons, puisque les filateurs touchaient 400.000 fr. de primes par an, pourquoi seulement les patrons, les éleveurs, étaient primés, et pourquoi le travail n'était pas primé lui aussi. Nous avons appuyé la chose, les ouvrières nous demandaient de l'appuyer ; cela leur a fait obtenir 240.000 francs, tant par ma campagne que par celle de Devèze, etc. Je n'ai jamais vu ces messieurs. J'ai trouvé un mouvement organisé, j'ai suivi ce mouvement. J'ai rencontré dans le train des députés à qui je disais : « Il y a une question qui intéresse les fileuses ; tâchez de voter cela ; on fera pour elle des caisses de mutualité, des caisses de secours. » Certains ont voté la chose, et nous, après avoir été là-bas sept, huit fois, nous avons organisé des syndicats. Eh bien ! ces bonnes femmes, savez-vous ce qu'elles ont fait ? Elles ont commencé par ne plus payer, par ne plus nous écrire, et l'une d'elles a dit : « Je m'en moque de votre syndicat ! Nous gardons notre argent pour faire notre petite caisse ! » Et depuis ce temps, le syndicat a été désagrégé. J'ai le regret de vous dire que ce sont de pauvres femmes, de pauvres ouvrières qui ne savent pas se diriger ; les patrons ont dû prendre la direction de leurs affaires, et je vois cela d'un mauvais œil.

Pour les autres grèves, il en est sur lesquelles nous ne sommes pas tombés d'accord. Les organisations locales m'ont dit que j'étais une canaille, un jaune, etc., on m'a exécuté.

Nous n'avons pas reproché à la C. G. T. son enthousiasme. Non. Nous ne reprochons jamais à quelqu'un d'être hardi, d'avoir de l'enthousiasme. En certaines circonstances, nous avons dit : « Soyez prudents, faites attention, vous perdrez le plus pur de votre effectif. » Voilà ce que nous avons dit. De là à conclure qu'il ne faille pas marcher, il y a la différence entre le jour et la nuit, d'autant plus que nous avons des syndicats qui ont fait, en dix-huit mois, 172 grèves ; d'autant que, pour le nombre de grèves comme vous pouvez le constater dans le Bulletin de l'Office du Travail, c'est la Fédération Textile qui vient après le Bâtiment. Nous sommes débordés. Il y a des femmes, chez nous, des enfants ; ces gens, dans leur usine, ne sont pas à leur corps défendant ; le papa règle le métier à tisser ; il règle celui de sa femme, celui de sa fille, cela constitue un corps familial ; ils coopèrent, à trois ou quatre producteurs, père, mère, fils, fille, à la constitution du salaire familial. L'organisation n'est pas la même que dans les autres corporations ; nous avons beaucoup de gens qui ne possèdent pas une grande instruction ; on n'y fait pas d'apprentissage et nous avons un mal inouï à constituer nos effectifs. Comme vous, nous ne trouvons pas des hommes partout ; nous voudrions en trouver et nous espérons que dans le centralisme nous pourrons avoir des secrétaires permanents ; nous pourrons faire comme la Fédération Métallurgiste Allemande, qui a 432 permanents, qui paye vingt-cinq sous de cotisations par semaine.

Dans cette grande organisation, quand ils ont besoin de faire une statistique, savez-vous comment cela se passe ? Les permanents répondent dans les quarante-huit heures. Pour la statistique du chômage, à Berlin, avec le concours du Parti socialiste, on a donné, en quarante-huit heures, des chiffres qui controuvaient ceux donnés par l'Etat prussien.

Par le fait de ces permanents, ils ont une grande force pour agir et obtenir des résultats. Nous, quand nous faisons un referendum, quand nous posons une question par circulaire à nos organisations, quelles qu'elles soient, on attend six mois pour avoir une réponse ; pourquoi ? parce que nous avons des secrétaires bénévoles, qui passent leur journée à la filature, et qui, le soir, n'ont pas l'idée de faire quelque chose. Quand j'allais à la filature, je remettais de semaine en semaine pour faire une lettre, et la plupart de nos secrétaires syndicaux font de même, parce qu'ils sont harassés de fatigue.

Il faut créer des permanents, des fonctionnaires, dans les organisations ; vous n'obtiendrez cela que par la centralisation ; la centralisation est la conséquence du mouvement capitaliste ; par conséquent, pratiquons-la pour être à la hauteur des circonstances.

Je dis maintenant au camarade Gaston Lévy qu'il est venu ici faire, en quelque sorte, ce qu'on appelle « le reniement de saint Pierre » ! (*Rires.*) Il est monté à cette tribune dire : « Renard ? Nous, socialistes, nous ne connaissons pas cet homme ; nous ne sommes pas d'accord avec Renard, il est en-dessous de notre conception. » Et dire que ce sont des gens qui sont avec Jaurès — Jaurès, un réformiste, pour lequel j'ai beaucoup d'estime, beaucoup d'admiration pour son immense savoir — ce sont des gens qui sont avec Jaurès qui viennent ici nous lâcher dans un congrès ! (*Applaudissements.*)

LUQUET. — Nous te lâchons, parce que nous ne pensons pas comme toi !

RENARD. — Je vais conclure par quelques exemples, pour vous montrer qu'on a tort de nous accuser d'avoir voulu mettre la main sur les syndicats, pour vous montrer que le Parti socialiste a toujours protesté contre la mainmise du mouvement politique sur les organisations économiques...

LUQUET. — Fais comme cela !

RENARD. — Le « Socialiste » de septembre 1887 disait ceci :

« Aujourd'hui comme toujours, nous poussons le prolétariat à la fois manuel et intellectuel à se former en parti politique distinct... »

A une autre époque, en septembre 1900, il disait :

« Il n'y a pas de place pour les syndicats dans l'organisation politique du prolétariat... »

Il y a une foule de citations comme cela par lesquels le Parti dit que le prolétariat organisé sur le terrain économique ne doit pas se confondre avec celui organisé sur le terrain politique, ce qui prouve que jamais nous n'avons voulu la mainmise du Parti socialiste sur les organisations économiques ; nous voulons qu'elles se développent librement les unes à côté des autres, mais qu'elles ne se boudent pas, parce qu'elles ont besoin les unes des autres. Toute action manuelle est précédée d'une action intellectuelle. Nous avons besoin, au point de vue intellectuel, du Parti socialiste, comme le Parti socialiste a besoin de nous pour mener sa besogne dans le Parlement en vue de notre émancipation totale à tous. Voilà notre façon de voir, et c'est pourquoi nous croyons pouvoir affirmer notre sympathie pour le Parti socialiste sans confusion aucune. (*Luquet et Lévy protestent contre les affirmations de Renard. — Des colloques divers se produisent.*)

Discours de Griffuelhes

LE PRÉSIDENT. — La parole est à Griffuelhes.

GRIFFUELHES. — Du débat actuel, il se dégage deux points : le caractère qu'il convient de donner au mouvement syndical, la valeur sociale qu'il convient de lui attribuer et, ensuite, la position même que doit occuper le syndicalisme en présence des partis politiques.

Renard nous pose les deux problèmes. D'une part, il veut ramener le syndicat dans des limites définies, et il veut aussi ôter au syndicalisme de ce pays le caractère qui, comme le disait Klemczynski, est son originalité. Il veut, en même temps, comme conséquence du premier point, amener le syndicalisme dans une position qui en fasse l'antichambre, en réalité, d'un parti politique.

Quels que soient les mots employés, quels que soient les arguments invoqués, ceux-ci ne sauraient cependant masquer, dissimuler la réalité.

Renard, ai-je dit — et je suis d'accord avec Klemczynski sur ce point — retarde de beaucoup, et il me semblait hier matin, en écoutant sa lecture, que j'étais reporté à vingt ans en arrière, et que les problèmes qui, alors, se posaient à nous, revenaient dans une situation semblable — je pourrais même dire dans un moment identique.

Renard, nous avons dépassé cette période. Quelles que soient les raisons, quelles que soient les erreurs, nous sommes en face d'une situation contre laquelle vos efforts, quels qu'ils soient, resteront impuissants. Vous voulez que le syndicalisme revienne — je ne dirai pas à sa source ni à son origine — mais revienne en arrière et parvienne à se donner une constitution différente, dans son esprit comme dans son objet. Vous n'y parviendrez pas ! Il est inutile de s'y arrêter de longues heures ; cela, c'est le passé, n'en parlons plus. On ne le remonte pas ; on ne fait pas remonter le courant à un fleuve, le syndicalisme non plus ne saurait remonter ! Il va de l'avant et, je le répète une seconde fois, vos efforts resteront stériles ! Aussi, poursuivez votre action ; continuez de critiquer notre point de vue ; continuez aussi à apporter dans nos discussions et nos débats ce qui est votre raison d'être, dites-vous ; vous ne ferez que nous donner l'occasion renouvelée de préciser à nouveau nos différents points de vue et de fixer à nouveau aussi notre position. Et par là, Renard, vous nous rendrez service. Aussi, je ne suis pas de ceux qui ont vu avec inquiétude votre intervention ; je ne suis pas non plus de ceux qui regrettent la nature même de votre intervention ; elle m'a paru nécessaire et elle va nous permettre ainsi de prendre conscience de nous-mêmes et de fixer l'avenir.

Il est en effet parfois utile, lorsque des périodes de tassement s'opèrent et se présentent, de venir apporter à nouveau la clarté et la précision dans les principes généraux et dans les idées directrices qui caractérisent et définisent le syndicalisme.

Vous voulez, Renard, que le syndicalisme se place en face d'un parti politique dans des conditions données ; vous n'êtes pas le seul, Renard. Je préfère votre attitude à celle de bien d'autres ; franchement, vous dites ce que vous voulez, nous le savons ainsi. Il en est d'autres qui se dissimulent, qui tendent justement à cet englobement dont on a tant parlé.

Renard, tout à l'heure vous disiez : « Il est bizarre, puisque mon intervention ne contenait rien, qu'elle ait donné lieu à un débat semblable. » Convenez aussi que ce message si nébuleux a provoqué à son tour des interventions et des débats qui ne sont pas non plus inutiles. Et c'est tellement vrai qu'il n'était pas nébuleux, Renard, notre message, que depuis quelques jours c'est une véritable averse ; c'est le robinet qui coule. Je souhaite qu'il coule longtemps encore, il ne saurait nous gêner en aucune façon ; il fera apercevoir de mieux en mieux quels sont les préoccupations cachées, quels que soient les termes employés et les expressions utilisées.

Oui, il y a englobement, et nous allons aborder ce point. Vous voulez, vous, qu'officiellement la C. G. T. dise qu'à des moments donnés elle aura à collaborer avec le Parti? Il en est d'autres qui disent le contraire et qui, dans la pratique, tendent à réaliser ce que vous demandez vous-mêmes. (*Très bien !*) Et c'est pour cela surtout que nous avons tenu, il y a quelques jours, à lancer un avertissement, à faire savoir que nous n'étions pas dupes et que nous savions distinguer et faire apparaître ce qui se dissimulait.

On se plaint de ce que nous apportions dans notre attitude un caractère agressif, et qu'ainsi nous soyons les auteurs d'une déclaration de guerre. Ah! vraiment, c'est déplacer étrangement les responsabilités! c'est vraiment cacher sa propre responsabilité en ne voulant montrer que celle des autres!

Rappelons les faits.

Je dis qu'il y a tentative d'englobement, atteinte directe à l'autonomie du mouvement syndical, à son indépendance.

Tout à l'heure, Dumoulin rappelait un fait sur lequel le Congrès me permettra de revenir, parce qu'il est caractéristique, celui-là ; il montre dans quelle mesure il y a conciliation entre la théorie qui coule ces jours derniers et la pratique qui déjà est ancienne : la grève des cheminots; nous nous en souvenons tous, et les quelques cheminots qui sont là diront tout à l'heure si j'apporte des inexactitudes. Vous vous souvenez de ce mouvement préparé pendant des mois chez les cheminots. Chez les cheminots comme ailleurs, comme partout — et cela me paraît assez nécessaire — les tendances aux prises se heurtaient ; les uns voulaient la grève, le conflit, la lutte directe avec le patronat, avec les compagnies ; d'autres au contraire — c'est un droit que je ne saurais leur contester — songeaient, eux, à se retourner vers l'État pour obtenir de lui la pression nécessaire sur les compagnies. Ainsi, les conceptions se heurtaient, s'annihilaient l'une l'autre et le moment du conflit approchait, — les préparatifs, je n'hésite pas à le dire, insuffisamment pris — on facilitait, c'est vrai, une intrusion qui n'aurait jamais dû se produire ; aussi je n'hésite pas à dire que s'il y a faute et responsabilité de la part de ceux qui se sont introduits là où ils n'avaient pas leur place, la faute incombe aussi aux militants ouvriers qui ont permis cette intrusion, qui l'ont peut-être sollicitée. Mais qu'importe? qu'elle soit sollicitée ou qu'elle ait été offerte, le fait est là, il a la même valeur; il revêt pour nous le même caractère et il a la même signification.

Quoi? Le conflit s'avance; chacun plus ou moins s'y prépare, avec plus ou moins d'enthousiasme, chez certains à contre-cœur. Il est question, au Comité de grève nommé en congrès des cheminots, que si le conflit éclate la « Tribune de la Voie ferrée » deviendra quotidienne, tellement le comité sent qu'il lui faudra, durant le conflit, avoir un organe à lui; et je me souviens que lorsqu'un membre du Comité de grève m'annonça cette intention, je m'empressai bien vite de l'y encourager et j'ajoutai même : « Il faut, cheminots, pour que votre conflit conserve son caractère purement professionnel, que vous ne permettiez l'intrusion d'aucun élément quel qu'il soit tant dans sa préparation que dans sa déclaration. Il faudra, si le conflit surgit à un moment donné, vous tenir à l'écart de la C. G. T. elle-même, pour que sur l'esprit de vos hommes on ne puisse pas exercer une pression en exploitant l'intrusion de la C. G. T. dans le conflit des cheminots. »

Nous disions cela aux cheminots longtemps avant le conflit. Je n'étais pas le seul à leur tenir un semblable langage, soucieux de l'intérêt du mouvement qui ne pouvait se produire, se développer ensuite et aboutir que s'il restait dans les limites mêmes corporatives et professionnelles en ne permettant pas une intrusion qui aurait donné au conflit un caractère dont les adversaires se seraient servis pour jeter la perturbation chez les cheminots.

Pendant ce temps, ceux-là qui n'opèrent pas comme vous, Renard, qui tiennent un langage différent, ceux-là profitaient de ce que nous restions à l'écart pour tenter une action, afin de mettre le conflit dans leur poche. Cela se faisait au nom du Parti socialiste, sous le couvert de l'organe officiel du Parti, et jamais, que je sache, le Parti socialiste n'a exprimé le moindre regret pour ce qui fut fait à cette époque.

RENARD. — Il y a un homme qui a refusé de s'y associer, c'est Guesde!

GRIFFUELHES. — Je dis que ceux qui siégeaient au sein du Comité de grève n'auraient pas dû y être. Et que même si les grévistes incapables et insuffisants, hélas! étaient impuissants à faire face aux nécessités de la situation qui, vraiment, les dépassaient, si ces socialistes avaient été vraiment, comme ils le disent, soucieux de l'autonomie du mouvement syndical, respectueux de l'indépendance des syndicats, ils auraient répondu au Comité de grève : « Ce n'est pas ici qu'il faut vous adresser, c'est rue Grange-aux-Belles qu'il faut aller. » A-t-on tenu ce langage? Non. Je ne cite que ce fait, il est suffisant à mes yeux.

Je n'ai pas l'intention d'absorber le Congrès, ni de le fatiguer par des rappels de faits, celui-là suffit, il se suffit à lui-même ! (*Applaudissements.*) ...et il permet de comprendre sur le vif dans quelle mesure on entend respecter l'autonomie et l'indépendance du mouvement syndical.

Oui, on la respecte en théorie, on ne la respecte pas dans la pratique.

Je dis que ce fait n'est pas isolé; il synthétise bien tout l'effort d'englobement qui s'opère. Et alors que nous, nous avons toujours été soucieux de respecter la liberté du Parti socialiste, qui toujours nous sommes refusés à pénétrer dans sa vie intérieure, qui toujours avons refusé de nous mêler à sa besogne, — nous avons constaté ce que nous constatons chaque jour : que le Parti socialiste lui-même n'est pas soucieux du respect de notre liberté. (*Applaudissements.*)

Et alors, parce que des hommes déjà vieux dans le mouvement — j'ai le droit de le dire quoique jeune — parce que ces hommes ont vécu les difficultés de certaines époques, ont connu les obstacles qu'il a fallu surmonter pour tenir aujourd'hui des assises dans des conditions semblables; parce que nous voyons un peu clair — peut-être trop clair sans doute — on nous dit : « Vous voulez la guerre ! Vous voulez semer la division ! » Je réponds à cela : « Restez sur votre terrain comme nous restons sur le nôtre, et nous n'aurons pas occasion, soit de nous injurier, soit même de nous heurter. »

Voilà ce qu'il faut que le Parti socialiste n'oublie pas, parce qu'il faut qu'il reconnaisse que toutes les fois qu'il voudra s'introduire d'une façon déguisée ou ouverte dans la vie syndicale, il introduira par ce fait même des éléments de discorde et de division. Il n'a pas le droit de faire cela, puisqu'il se proclame comme le représentant, comme l'expression politique de la classe ouvrière ; il n'a pas le droit de venir s'introduire chez nous pour y apporter des éléments de perturbation.

Si vraiment il se réjouit, comme il le dit, des progrès du syndicalisme, de la position sociale sur laquelle il s'est lui-même placé, s'il est de bonne foi lorsqu'il reconnaît ces choses, il ne doit pas, dans la pratique, exécuter des manœuvres qui viennent mentir à ce langage et à ces théories.

Sans doute, à l'esprit de quelques-uns, peut-être, viendra cette idée que nous exagérons le danger. Eh oui, on exagère toujours un danger, ou bien, si on ne veut pas prendre parti, on nie le danger lui-même pour ne pas avoir à se prononcer ; on nie le danger pour ne pas prendre position, et on ne trouve rien de mieux à faire que de se retourner vers des auteurs d'encyclique, paraît-il, et de leur reprocher ce que j'indiquais tout à l'heure.

Oui, je dis que ce n'est pas nous qui avons commencé. Nous n'avons jamais commencé ; dans nos congrès, nous ne nous sommes jamais occupés de la vie du Parti socialiste ; il a poursuivi son action dans des conditions arrêtées, choisies par lui ; il a participé à la campagne que lui-même a arrêtée en toute liberté. Nous ne réclamons que cela. Est-ce être trop exigeant ? Nous demandons que le mouvement syndical se développe par ses propres moyens, que sa poussée soit due uniquement à ses propres efforts ; que son action ne soit que le produit des luttes qu'il aura soutenues chaque jour. Nous estimons que le syndicalisme n'a pas à emprunter à côté ; qu'il a à se donner à lui-même et les moyens organiques, constitutionnels, en même temps que les éléments directeurs de la pensée, pour poursuivre sa besogne d'émancipation sociale. Renard vous n'avez pas le droit de le contester, il est maintenant trop tard !

Qu'il me soit permis, dans un seul mot, de faire une constatation. Non que je trouve le fait bizarre, il me paraît logique et il y a longtemps déjà que je l'avais prévu — c'est sans doute la raison pour laquelle il y a bien des mois, des années même, je ne cachais pas mon sentiment qui n'avait rien d'une approbation. J'ai le droit de constater aujourd'hui qu'il est un seul homme qui se trouve être d'accord avec Renard, c'est Hervé lui-même et il est paradoxal, pourrai-je dire, de voir qu'alors que Renard est lâché, dit-il — c'est son expression de tout à l'heure — est lâché par les socialistes, il n'y en a qu'un qui vienne le défendre et le soutenir. Cela, sans doute, nous éloigne des périodes rappelées tout à l'heure par Lévy, au cours desquelles on excitait les haines au lieu de travailler au désarmement — je dis bien vite que si on ne les avait pas créées, ces haines, comme on l'a fait, on n'aurait pas aujourd'hui à les faire disparaître. (*Applaudissements.*)

Il serait vraiment commode, lorsque d'une tribune dont on est le maître, on poursuit chaque jour une campagne pour vous dresser les uns contre les autres, de venir dire, après six ans d'efforts dans cette voie : « Eh ! les amis, il ne faut plus vous insulter, il faut vous embrasser ! » Il y a des hommes qui, en toute liberté, proclament la nécessité de s'unir, et je ne saurais leur contester ce droit. Mais il y a des hommes qui n'ont pas ce droit-là !

Tout à l'heure, Renard nous disait que le syndicalisme devait rester sur le terrain légal parce que, s'il sortait de la légalité, il risquait de provoquer la répression et les coups du pouvoir. Renard, il y a longtemps que la C. G. T.

est sortie de la légalité; elle ne s'en porte pas plus mal, il est certain que demain elle en sortira encore. J'ajoute même qu'elle est l'illégalité permanente, puisqu'elle se dresse en face de l'État et du capitalisme, qu'elle tend surtout à donner à la lutte de la classe ouvrière un caractère, une portée sociale sur laquelle il est inutile de s'arrêter longtemps, la lutte et la tactique l'ayant suffisamment indiquée et précisée. (*Applaudissements.*)

Et c'est vous, Renard, qui au nom d'un parti politique — qui, lui, n'est pas légal, aucun texte, quel qu'il soit, ne justifie sa durée, son existence — c'est ce parti seul qui aurait le droit de mener une action semblable à la nôtre? Mais ce parti, s'il était vraiment révolutionnaire — qualité que je ne lui reconnais pas encore — est-ce qu'il ne provoquerait pas les coups et la répression du pouvoir? Oh! il n'y a pas de danger qu'il les provoque!

Tout à l'heure, vous nous avez parlé avec raison des énormes difficultés dans lesquelles le Textile se débattait — et je me rends compte de ces difficultés; je sais que la tâche, dans le Textile, est rude, extrêmement rude, l'organisation très difficile, extrêmement difficile, dans cette industrie, comme dans beaucoup d'autres. Malheureusement, l'organisation syndicale n'est venue que lorsque le progrès technique s'était déjà implanté: et là comme ailleurs, les difficultés de redressement sont beaucoup plus grandes. Mais Renard, vous auriez dû hier, lorsque votre camarade Inghels reprochait au Bâtiment d'avoir été trop aventureux et d'avoir couru vers un affaiblissement, — vous auriez dû tenir compte que chaque industrie a sa situation particulière, et si vous avez des difficultés qui vous gênent et vous empêchent d'agir comme vous le voudriez, reconnaissez tout de même que le Bâtiment ayant des conditions différentes, a le droit d'être plus audacieux. Dans la lutte on n'est pas toujours le maître ni le vainqueur; est-ce qu'il s'en suit, parce qu'aujourd'hui un échec aura été supporté, qu'il convient d'en déduire vos conséquences? Et si vous émettez des appréciations sur le Bâtiment lui-même, reconnaissez aux autres le droit d'en émettre également sur le Textile!

Vous avez dit: « Le Bâtiment a perdu des effectifs. » Ce n'est pas là ce qui, à mes yeux, constitue un affaiblissement. Ce qui constitue une cause d'affaiblissement — il y a longtemps que je l'ai dit — c'est l'inaction. Il peut y avoir des périodes d'arrêt, des périodes de stagnation; elles sont peut-être nécessaires parce qu'elles permettent quelquefois de mieux se retremper pour les luttes qu'il convient de soutenir et pour lesquelles il faut se préparer mieux et davantage. En tous cas, lorsqu'on a en face de soi une industrie difficile, lorsqu'on invoque cette difficulté pour dire qu'on ne peut pas faire tout ce qu'on voudrait, on devrait ne formuler aucun reproche vis-à-vis des autres qui agissent, même quand ils ne réussissent pas!

Ce matin, Klemczynski, dans un langage que j'approuve en totalité dans sa forme, si toutefois cette forme était bien l'expression de sa pensée — je ne dis pas que Klemczynski ait songé une seule minute à travestir la réalité, mais il vit loin de Paris peut-être, loin des coulisses, loin des dessous, et les dessous que j'indiquais tout à l'heure de la grève des cheminots ne lui étaient pas suffisamment connus — Klemczynski disait avec raison, et je suis de son avis, que la croissance du Parti socialiste est subordonnée à la croissance de la C. G. T. Et c'est justement pour cela, Klemczynski, que le Parti socialiste veut tant mettre la main sur la C. G. T. (*Applaudissements.*)

Ah! si la croissance, l'extension de la C. G. T., n'était pas de nature à accroître, à fortifier le Parti socialiste, il n'est pas douteux que le Parti socialiste ne chercherait pas à nous embrasser!

Une Voix. — C'est un mauvais moyen!

Griffuelhes. — Nous sommes d'accord là-dessus, et c'est sur ce point que nous différons avec les auteurs des manœuvres que tout à l'heure j'indiquais. Et c'est parce que je suis de ceux qui ne veulent pas que se reproduisent ces manœuvres, que j'ai participé à une encyclique — fort ténébreuse — qui a permis de préciser les idées.

Oui, la puissance du Parti socialiste est liée à la nôtre, et l'inverse n'est pas rigoureusement exact : la croissance de la C. G. T. n'est pas entièrement subordonnée à la croissance du Parti socialiste ! Et c'est ce qui explique, Klemczynski, que justement nous voulons rester *nous-mêmes*, parce que nous n'avons pas besoin de l'action du Parti socialiste pour grandir ! Et j'ajoute que si la C. G T. est aujourd'hui ce qu'elle est, ce n'est pas avec l'aide du Parti socialiste. (*Applaudissements.*)

Il faudrait jeter un voile épais sur le passé pour que les manœuvres d'alors soient totalement effacées. Nous avons grandi à partir de 1900. L'explosion dont je parlais à Amiens est due à la période qui a suivi 1902. Nous avions contre nous, à ce moment-là, tous les pouvoirs et la moitié du Parti socialiste ; nous avions à nous débattre et contre l'un et contre l'autre, et nous avons eu le grand honneur de sauvegarder l'indépendance de la classe ouvrière qu'on voulait ravaler ! (*Applaudissements.*)

Aujourd'hui que la besogne est faite, que l'effort est donné, que les résultats se constatent, on vient nous dire : « Embrassons-nous et soyons des amis ! » Ah ! je me méfie ! Le passé est là qui justifie cette méfiance ! J'ai peut-être tort, j'ai peut-être raison, mais je préfère tout de même me prémunir.

Et puisque je constate que la C. G. T. a grandi sans collaboration avec le Parti socialiste, je dis qu'il n'y a nulle raison de fait qui milite pour le moindre changement. Ah ! si d'année à année, ou si dans une période, quelle que soit sa durée, nous avions constaté, enregistré des défections nombreuses, des insuccès renouvelés et fréquents, au lieu de voir se développer les cadres et augmenter les effectifs, si nous avions vu les effectifs s'affaiblir et les cadres diminuer, nous aurions peut-être à examiner s'il n'y a pas lieu de changer de tactique et de point de vue et de recourir à des moyens différents et à des méthodes nouvelles ! Mais la réalité est là : elle dit que la C. G. T. se développe ; qu'elle a grandi ; qu'elle le peut encore ; qu'à son activité s'ouvre une immense besogne, qu'elle a à la réaliser au jour le jour sans avoir à solliciter des appuis, à compter sur des concours qui, trop souvent, seraient intéressés ! Oh ! nous sommes aimés — trop aimés, je trouve ; — nous ne sommes pas aimés avec assez de désintéressement. Et voilà ce qui m'effraie, et voilà ce qui m'inquiète, et voilà pourquoi je suis de ceux qui pensent qu'il faut rester sur la position qui est la nôtre depuis déjà bien des années et de laquelle nous n'avons qu'à nous féliciter !

Tout à l'heure, Merrheim, dans ses conclusions, disait que l'effort qui s'offrait à nous était dans l'extension de notre activité, dans un débordement même d'agitation. Il avait raison ; un groupement, quel qu'il soit, lorsqu'il piétine, s'affaiblit ; un mouvement, quel qu'il soit, lorsqu'il n'agit pas, s'amoindrit. Comme l'organisme humain lui-même a besoin de repos, on peut estimer — avec raison — qu'un mouvement a besoin de périodes de repos. Mais il ne faudrait pas que ces périodes se prolongent indéfiniment et ne laissent pas place à des périodes différentes, au cours desquelles les énergies se retrempent, l'enthousiasme renaît. Ce qu'il convient, ce n'est pas de chercher des appuis à côté, c'est de nous grandir nous-mêmes, non pas en nous appuyant sur d'autres, mais en poussant de nous-mêmes — *permettez-moi* cette image qui est la seule exacte. Et si le Parti socialiste est faible, eh bien, qu'il compte davantage sur lui et ne vienne pas solliciter de nous des éléments d'action et des éléments de force que nous ne pourrions lui donner qu'à notre détriment !

On parle d'accord. Comment se ferait l'accord, sur quelles bases, dans quelles conditions ? — Car en théorie, rien de plus facile que de formuler des souhaits. — Mais est-ce que vous croyez que même sans contrat, même sans convention, même sans engagement de part et d'autre, il y aurait, en fait, la reconnaissance de la légitimité d'une force concordante et parallèle ? Après une longue période qui aurait comme conséquence de créer une mentalité adéquate, un état d'esprit adéquat, croyez-vous qu'après cette période, il ne se produirait pas ceci, que pour sauvegarder des droits politiques nous serions, — malgré nous peut-être, parce qu'étant sur la pente qui conduit à ce résultat, — invinciblement amenés à subordonner notre action à celle des congrès politiques ?

En respectant l'autonomie des nationalités, si je regarde ce qui se prépare en Belgique, je vois qu'une agitation s'organise en vue de la conquête d'un droit politique, conquête sur laquelle je n'ai pas le droit de me prononcer. Mais que fait-on, et que va-t-on voir? L'effort convergent, concordant, solidaire, de l'activité politique et de l'activité syndicale? Est-ce que vous croyez qu'il est possible en fait, en pratique, que l'action syndicale, durant cette préparation, puisse donner son plein effet et atteindre son intensité? Est-ce qu'il ne sera pas, malgré lui, le mouvement syndical, réduit et contraint? — et cela va de soi puisqu'il accepte de collaborer, de subordonner ses luttes, de concentrer ses forces, toute son activité, sur un seul point, attirant ainsi sur ce seul côté toute l'attention de la classe ouvrière. Pourquoi? Pour une conquête d'ordre politique !

Ce qui se fait en Belgique pourrait se faire ici. Quoi qu'on dise que nous sommes un pays isolé dans l'Internationale, m'appuyant sur ceux-là mêmes qui nous font ce grief, je dis que nous sommes un peu isolés dans l'Internationale parce que nous la dépassons. Oui, nous sommes isolés! Parce que nous sommes les seuls, différemment des camarades allemands, différemment des camarades autrichiens, différemment des camarades suédois et de nos camarades belges, qui jouissons déjà — et dans quelles conditions! — des libertés politiques qu'il leur faut conquérir encore, à eux-mêmes. Et c'est parce que nous savons ce que valent ces réformes, ce que valent ces droits politiques, que nous ne voulons pas nous mettre dans une situation qui nous amènerait à subordonner notre action syndicale pour des fins d'ordre politique que, depuis longtemps, nous avons dépassées! Ce n'est pas nous qui avons à rejoindre les autres, ce sont les autres qui doivent nous rejoindre!

Nous sommes en avant, quel que soit le point de vue auquel on se place. Si vraiment nous pouvons considérer que le mouvement syndicaliste emprunte la moindre parcelle de l'esprit démocratique, comme si nous nous plaçons au point de vue des libertés politiques, nous constatons que notre isolement vient de notre avance sur nos camarades des autres pays. Nous n'avons pas à lutter pour un suffrage universel... nous commençons à nous en dégoûter. (*Applaudissements.*)

Et en disant que nous commençons à nous en dégoûter, je n'entends pas formuler la moindre critique, et j'entends respecter pour quiconque la liberté d'avoir foi dans un moyen d'action. Jamais dans un congrès, dans une réunion, n'importe où, n'est sortie de ma bouche la moindre attaque, la moindre critique sur cette liberté qu'a tout homme de participer, sous la forme du suffrage universel, à la vie politique de ce pays. Mais sans vouloir formuler une théorie, je puis dire que depuis longtemps nous jouissons de ce droit; nous en mesurons et en constatons chaque jour les effets et, le cas échéant, nous estimerions que cela ne vaut pas la peine de faire la grève générale!

Oui, nous sommes isolés. L'isolement ne m'effraye pas du tout. Je considère qu'il y a à emprunter chez nous, comme nous avons à emprunter aux autres; mais de là à passer à une admiration béate des étrangers, il y a la différence de la nuit au jour.

Et maintenant — ce sera ma fin — Renard s'est plaint, dans le factum qu'il lisait hier — factum n'a rien de blessant, il appelle bien notre message une encyclique — Renard s'est plaint des attaques contenues dans la « Voix du Peuple », des blâmes formulés dans la « Voix du Peuple » sur les pratiques qu'emploient nos camarades étrangers.

Je n'ai pas lu les articles auxquels a fait allusion Renard. Mais j'ai le droit de me retourner vers lui et de lui dire : « Oui, vous avez peut-être raison de nous demander une certaine courtoisie dans nos critiques à l'égard de nos camarades étrangers. Mais généralisez, et demandez à nos camarades étrangers d'avoir à notre égard la même déférence et la même courtoisie ! » (*Applaudissements.*)

Je me souviens, Renard, — vous n'étiez pas de la C. G. T. à cette époque, car, quoique vieux, vous êtes un nouveau confédéré. (*Rires et applaudissements.*) — je me souviens qu'en 1902 j'assistais, comme délégué de la Confédération, à la deuxième conférence internationale qui se tenait à Stuttgart. A cette occasion, j'assistais aux débats du congrès syndical allemand ; j'écoutais les débats dans la mesure même où je le pouvais, et lorsque je revins je fis trois articles dans la « Voix du Peuple ». Dans ces articles, je m'attachais à ne montrer de ce que j'avais vu, que ce qui ne soulevait de ma part aucune critique, je cachais ce qui m'avait déplu — on peut relire dans la « Voix du Peuple » de 1902 mes comptes rendus sur le congrès syndical allemand et sur la conférence elle-même, et l'on verra que je m'attachais à ne montrer que les beaux côtés du mouvement.

Quelques mois après, dans un journal, Louis Maurice, dont beaucoup se souviennent, se servait, dans sa campagne contre la C. G. T., d'articles parus dans les journaux corporatifs allemands ; ces articles contenaient des attaques venimeuses contre la C. G. T. française. Et je me souviens avoir adressé à Legien, le secrétaire de la C. G. T. allemande, une lettre personnelle dans laquelle je lui disais : « Dans une campagne, en France, on se sert d'articles parus dans vos journaux corporatifs pour batailler, lutter contre la C. G. T. française ; je me permets de vous faire observer que si, de la part de vos militants et de vos organes, il n'y a pas cette réserve et cette neutralité qui conviennent, nous serons autorisés, désormais, à user de la même faculté dont vous abusez un peu trop, et ne soyez pas surpris si, à l'avenir, nous émettons parfois des réflexions qui, peut-être, vous paraîtront désobligeantes. »

Cette lettre, Legien doit l'avoir dans ses dossiers ; en tous cas, j'en ai le double.

Aussi convient-il d'étendre l'invitation de Renard et de dire s'il est nécessaire d'apporter, dans nos appréciations, la courtoisie qu'il convient toutes les fois que nous présentons et examinons le mouvement de nos camarades étrangers, — nous devons demander à ces camarades étrangers la même courtoisie.

Voilà ce que je tenais à rappeler, parce que je n'ai jamais fait connaître à quiconque cet incident, considérant que la lettre devait rester entre Legien et moi ; mais puisque l'affaire a été soulevée en public, il convient tout de même de signaler que ce n'est pas seulement dans les organes français qu'on se livre à des attaques malveillantes contre les étrangers.

J'ai donc fini. Je dis que la C. G. T. doit rester ce qu'elle a été jusqu'à ce jour ; qu'elle n'a aucune raison de modifier, ni sa tendance générale, ni son orientation, et qu'elle n'a pas à changer la position qu'elle a librement choisie à l'égard des partis, contre lesquels elle n'a pas à se dresser, mais sans lesquels elle doit poursuivre son action et sa propagande. (*Applaudissements prolongés.*)

On décide de suspendre la séance cinq minutes.

Discours de Fiancette

Fiancette. — Je tâcherai de ne heurter personne, je veux seulement démontrer quelle est notre thèse ; pendant l'exposé de cette thèse, je ne vais peut-être pas être d'accord d'une façon absolue avec les camarades qui m'ont précédé.

Je ferai tout de suite une déclaration au sujet du « Reniement de saint Pierre, » parce que je pourrais être englobé dans le nombre de ceux qui ont commis ce reniement, et je veux dire à notre ami Renard que si nous ne partageons pas toutes ses idées nous l'estimons beaucoup; cependant malgré tout, nous ne sommes pas obligés d'enfourcher tous ses chevaux parce que nous ne sommes pas des cavaliers comme lui. On ne renie pas un camarade parce qu'on ne pense pas et n'a jamais pensé comme lui.

Je me rappelle qu'au congrès de Nancy je ne me trouvais pas du même côté de la barricade que Renard; Lévy se trouvait à mes côtés comme notre camarade Luquet, et tout à l'heure notre ami Renard — je ne voudrais pas aigrir les querelles entre socialistes parce que cela amuserait une partie du Congrès... quelques-uns avaient le sourire...

UNE VOIX. — Personne n'a ri!

FIANCETTE. — Je ne dis pas que vous ayez tous ri; quelques-uns avaient un sourire discret...

UNE VOIX. — Mais heureux!

FIANCETTE. — Eh bien, notre camarade Renard sait très bien que c'est toujours nous, et que c'est encore nous, dans le Parti socialiste, qui ne voulons pas de mainmise sur les syndicats ouvriers; et qu'ici nous ayons une conception contraire à la sienne comme nous l'avons dans les congrès socialistes, cela ne fait l'ombre d'un doute pour personne. Nous ne renions aucune de nos idées; lui soutient les siennes depuis des années, nous soutenons les nôtres depuis des années aussi.

Quoique l'éloquence ne manque pas à Renard, il n'a pas réussi à nous faire quitter nos positions pas plus que nous n'avons réussi à lui faire quitter les siennes.

Eh bien, je voudrais exposer en toute sincérité, devant le Congrès, le problème qui se pose, suivant mon point de vue personnel et suivant le point de vue des camarades qui m'ont délégué à cette tribune.

En réalité, je dirai tout de suite à nos camarades que je ne veux pas rappeler l'encyclique parce qu'il paraît que ce n'est pas très courtois, ni le factum parce que ce n'est pas plus courtois — mais vous avouerez que je suis très mal placé, je suis pris par les fortes mâchoires de Griffuelhes et secoué par le bras puissant de Jouhaux, comment voulez-vous qu'un gringalet comme moi arrive à s'en sortir?

UNE VOIX. — Cela ne dit rien!

FIANCETTE. — Si cela ne dit rien à un camarade, cela me dit quelque chose, à moi!

Griffuelhes disait tout à l'heure : « les uns diront peut-être qu'on a exagéré le danger. » Eh bien, je ne lui accorderai même pas cela, à l'ami Griffuelhes! Je dis que le danger n'est pas exagéré, que le danger est purement imaginaire.

Nous savons bien tous que le Parti socialiste n'a aucun intérêt à avoir une mainmise sur la C. G. T., et en le disant, Griffuelhes renversait singulièrement les rôles; il disait, s'adressant à Klemczynski : « Voyez-vous, il y en a qui ne partagent pas votre opinion, qui se figurent que s'ils mettaient la main sur la C. G. T. d'une façon ou d'une autre, ils réussiraient à augmenter la force du Parti socialiste! »

Je demande à Griffuelhes, et je vous demande à vous, camarades, de nous accorder un peu de cette valeur, parce que nous savons très bien, nous qui vivons la vie syndicale comme vous, ce qu'est la vie syndicale; nous savons très bien que si nous apportions des préoccupations politiques dans les syndicats, non seulement nous ne les fortifierions pas, mais nous arriverions à les détruire! *(Applaudissements.)*

En passant, je répondrai à Merrheim qui, tout à l'heure, s'adressait à une certaine fraction d'entre nous, et disait : « Mais enfin, quand la C. G. T. a été attaquée, quand la C. G. T. a été persécutée et poursuivie, qui a-t-elle trouvé pour la défendre ? » Nous avons été de ceux-là, citoyen Merrheim, nous ne nous sommes jamais défilé ! Nous avons reçu les coups comme vous avez pu les recevoir, et nous les avons « encaissés », permettez-moi l'expression. Je ne veux pas rappeler d'incidents pénibles ; mais lorsqu'ils se produisirent, il se trouva des socialistes pour prendre des fonctions dont certains ne voulaient pas !

Eh bien, camarades, permettez-moi de vous dire ceci : Rappelez-vous bien que nous ne vous demandons pas un changement de tactique ; nous estimons, nous socialistes et syndiqués, qu'un credo quelconque, même celui de Renard, serait inapplicable dans les trois quarts des cas. Car, enfin, nous savons bien, nous qui vivons dans le mouvement, qu'à tel endroit et dans telle circonstance l'on peut employer telle méthode qui serait néfaste ailleurs ; c'est une question d'opportunité. Vous pensez bien qu'il ne peut être question de cataloguer, d'uniformiser, le mouvement ouvrier ; le mouvement ouvrier est un tout, et nous disons, nous qui sommes de vagues réformistes ou de vagues socialistes, nous disons que nous acceptons tous les moyens, sans en renier aucun, et que nous les avons conseillés dans les batailles que nous avons livrées, et que demain nous les emploierions si c'était à recommencer.

Eh bien, camarades, il faut s'entendre. On vous disait, et je vous le répète : Quoi que vous en disiez, dans le Parti socialiste nous sommes bien une majorité d'ouvriéristes ; en dehors de nos camarades avocats et médecins que vous nous reprochez si souvent, et de quelques rentiers dont me parle souvent un camarade que j'ai en face de moi, — nous sommes bien une majorité d'ouvriers au Parti socialiste. Croyez-vous donc que si, demain, on voulait mettre la main sur la C. G. T., comme l'indiquait Griffuelhes — je fais remarquer à Griffuelhes qu'il a pour habitude de transformer, — par son obsession qui est presque une maladie,— les intentions les plus pures en quelque chose de machiavélique ; nous avons l'air, au Parti socialiste, d'être des Machiavels ; je vous demande, et je demande à Griffuelhes, en toute amitié, si ce sont là des procédés de discussion — croyez-vous que si nous avions cette idée de mainmise, nous n'aurions pas suffisamment de franchise pour vous le dire en face ? Vous accordiez tout à l'heure cette franchise à Renard ; eh bien, pour moi et pour mes amis, je revendique un peu de cette franchise. (*Applaudissements.*)

Si je croyais que, pour le prolétariat, il y ait utilité à avoir des relations avec le Parti socialiste, c'est à cette tribune que je l'affirmerais d'accord avec mes amis.

Malgré nos divergences, malgré cette discussion, je souhaite, pour ma part, qu'il ne reste aucun malentendu entre nous, et que nous nous en allions tous de ce congrès après avoir adopté une solution claire, une solution interprétative de celle d'Amiens, qui ne laisse pas d'équivoque, résolutions que nous puissions tous voter, même Renard ; je souhaite que nous partions d'ici aussi unanimes que les unifiés sont partis de Toulouse ; que cette motion dise bien — mais pas à nous seulement, pas à une fraction du congrès seulement — dise bien à toutes les fractions du congrès que l'on devra observer la charte dans le monde syndical.

Je ne veux accuser personne ; je ne veux pas nommer de personnalités. Vous avez reproché, tout à l'heure, des écarts de langage à certains membres du Parti socialiste, c'est exact ; nous n'avons pas pour habitude de diminuer les fautes des nôtres, nous n'avons pas l'habitude de nier l'évidence, nous n'avons pas l'habitude de nier les gaffes commises par les nôtres. Mais, en toute franchise, en toute loyauté, pouvez-vous soutenir que des attaques plus ou moins déplacées n'ont pas été dirigées contre des membres du Parti socialiste ? Si vous apportiez une telle affirmation, vous m'amèneriez peut-être à citer quelques faits qui n'ont rien à voir dans le débat, et que vous ne pourriez nier.

Eh bien, pour notre part, nous qui militons sur les deux terrains, ou sur les trois terrains avec les trois chevaux de Renard, — pour notre part, il est hors de doute que cette discussion aura sa répercussion dans les prochaines assises du Parti socialiste ; nous demandons qu'on ne s'amuse pas à des manœuvres obliques, dont a parlé Griffuelhes quand il disait à Klemczynski : « Mon vieux, toi, tu es dans le Jura, et ma foi, ces montagnes qui sont autour de toi t'empêchent de voir ce qui se passe à Paris. »

KLEMCZYNSKI. — Heureusement, je m'en flatte parfois beaucoup !

FIANCETTE. — Oui, mon cher Klemczynski, mais figurez-vous qu'il ne s'y passe pas de choses aussi abominables. Griffuelhes aurait été tout qualifié pour peindre du noir ; il a brossé un noir tableau, et il vous a dit : « Sauvez-vous ! »

Mais vous ignorez, mon cher Klemczynski, que des membres du Parti, que l'organe officiel du Parti, se sont introduits, non pas comme des apaches, parce que nous avons une certaine distinction dans le Parti, et Griffuelhes ne nous l'a pas contestée (*Rires.*) ...mais se sont introduits au grand jour dans la grève des cheminots !

Je suis un peu au courant de la grève des cheminots ; j'ai été le fournisseur, le loueur — permettez-moi cette expression — des automobiles qui ont porté l'ordre du jour de grève. Eh bien, vraiment, cette grève des cheminots — de laquelle je ne veux pas parler parce que je m'attirerais de ce côté des désagréments, et de cet autre côté encore des désagréments — est-ce que vous croyez que dans cette grève les socialistes se sont amenés comme un loup se jette sur un troupeau de moutons ? Est-ce que vous croyez que les socialistes ont dit : « Vous ne savez pas vous diriger, donnez-nous cette manette de direction ? » — La vérité est bien plus simple, et hier, un ami très intéressé dans la question me disait : « La vérité est que j'ai assisté, par hasard, à quelques réunions du comité de grève. Et il n'y avait pas là que des socialistes : des camarades qui ne sont ni syndiqués ni syndicables y assistaient aussi ; on y entrait comme dans un moulin. »

Donc, l'influence du Parti n'a pas pesé lourd dans la balance et, ici, je me permettrai de faire remarquer à Griffuelhes que si l'influence du Parti avait été ce qu'il a dit, la grève n'aurait pas éclaté au moment où elle a éclaté. Cela, vous ne le niez pas, parce que vous n'ignorez pas que la grève a été déconseillée par un certain camarade jusqu'après la réunion des Chambres.

GRIFFUELHES. — La meilleure preuve, c'est que Jaurès a fait du papier pour éviter que la grève se fasse ; donc, il était au courant de la grève elle-même, et se mêlait de ce qui ne le regardait pas ! Cela confirme ce que j'ai dit !

Le Guennic intervient dans le bruit.

FIANCETTE. — Je ne te demande pas, Le Guennic, d'éclairer ma lanterne. Mais Griffuelhes me permettra de lui dire : Supposons que M. de Mun ait fait un article sur la grève des cheminots, est-ce que vous l'accuseriez d'avoir voulu s'introduire dans la direction de la grève parce qu'il parlé en tel ou tel sens? Vous n'empêcherez pas des gens qui ont des conceptions sociales de traiter des questions d'ordre sociologique. Mais est-ce à dire qu'il y a eu intrusion? Est-ce à dire qu'il y a eu une influence? Est-ce à dire qu'il y a eu partie liée? Mais pas du tout!

Voyons! Est-ce que vous empêcheriez un socialiste quelconque, adhérant au Parti socialiste à un titre quelconque, est-ce que vous pourrez l'empêcher, s'il n'est pas député, s'il n'est pas syndiqué, même s'il n'est pas syndicable — et tu me permettras bien, Griffuelhes, de faire cette comparaison : il y a en ce moment dans un journal à côté, quelqu'un qui donne des conseils aux syndiqués, et qui ne s'appelle pas de Mun, et qui n'est pas syndiqué ni syndicable. Est-ce que, par exemple, tu ferais à celui-là le même reproche ?

Griffuelhes. — Je l'ai fait tout à l'heure!

Fiancette. — Je ne sais pas si tu l'as fait tout à l'heure, je ne l'ai pas entendu; cela a pu m'échapper. En tous les cas, si tu l'as fait, il y en a de nombreux — parce que ce ne sont que des syndiqués fédéralistes qui sont à la tête du journal dont je parle, — qui ne le feraient pas.

Eh bien, il ne faudrait pas que certains reprochent aux uns ce que les autres ne reprochent pas à d'autres; des questions syndicales ont été traitées par celui dont je parle, et j'ai eu à m'en plaindre en ce qui me concerne, par conséquent, je suis bien placé pour en parler.

Eh bien, Griffuelhes, je prends ta thèse : est-ce que le syndicalisme peut devenir un vase clos sur lequel on mettra un couvercle quelconque, et dont personne n'aura le droit d'analyser le contenu? Il y a d'autres intellectuels, qui ne sont pas socialistes, et qui analysent aussi le mouvement syndical en dehors de la personnalité dont j'ai parlé, et dont tu reconnais l'action ultra syndicale! Il y en a d'autres! Si j'allais du côté de la rue Broca, il y a un journal qui indique, avec sa lorgnette, ce que sera le mouvement syndical, ce qu'il devrait être. *(Interruptions.)* Remarquez bien, camarades, si c'est vous qui êtes le représentant du journal en question, je ne vous accuse pas et je ne vous blâme pas de vous en occuper; oh! pas le moins du monde! Mais alors, si vous avez le droit, vous peut-être qui êtes un syndiqué, de vous en occuper, vous êtes en contradiction formelle — tout au moins pour certains que vous connaissez mieux que moi — vous êtes en contradiction avec la thèse de Griffuelhes, qui dit que certains intellectuels s'introduisent dans le syndicalisme où ils n'ont que faire.

A un certain moment, Griffuelhes disait : « Nous n'avons pas à désarmer de haines! » Mais à un autre moment, les conseils d'un journal qui parle aujourd'hui de désarmement des haines, étaient très écoutés par certains et l'on trouvait très naturel qu'il nous en donne; on lui reconnaissait le droit de s'introduire dans notre action syndicale. On ne voyait à cela aucun inconvénient pour la grosse majorité, je ne dirai pas du Comité confédéral mais d'une certaine organisation que tu connais bien, où le journal était porté aux nues, et mal inspiré était celui qui voulait glisser une appréciation! Il n'était qu'un vulgaire réformiste...

Une Voix. — D'où la création de la haine!

Fiancette. — Eh bien, camarades, oui, la création de la haine! Mais tout à l'heure, Merrheim disait : « Nous n'avons pas à désarmer, nous ne haïssons personne! »

Est-ce que, par exemple, en ce qui me concerne, et avec moi un grand nombre de militants parisiens, est-ce que nous avons de la haine contre quelqu'un? Est-ce que vous nous avez vus contrecarrer les décisions confédérales? Est-ce que, quand vous avez pris une décision, vous nous avez vus un seul moment essayer de la combattre? Mais nous n'avons pas non plus, nous, à désarmer! Nous n'avons pas de haine contre qui que ce soit! Mais ceux qui, à un moment donné, avaient pour moniteur le journal dont j'ai parlé — et ils sont quelques-uns, et ce ne sont pas des révolutionnaires comme moi, ce sont des révolutionnaires bon teint — eh bien, ceux-là, qu'ils se débrouillent, qu'ils désarment les haines! Mais ne venez pas nous mettre sur le dos, à nous, les incartades de ceux-là mêmes que vous avez approuvés et que nous n'avons, nous, jamais approuvés ?

Merrheim. — Où les avons-nous approuvés!

Luquet. — Nous désapprouvions secrètement.

Fiancette. — Il faudrait un peu de bonne foi. Eh bien, lorsque vous me dites que vous ne les approuviez pas, je ne parle pas de vous, je parle de certains révolutionnaires bon teint...

Plusieurs Voix. — Qui?

FIANCETTE. — Vous voulez que je mette des noms? Eh bien, il y a des camarades qui ont été fonctionnaires d'organisations centrales, qui collaboraient au journal en question. Vous les connaissez bien.

MERRHEIM. — Je fais appel à la bonne foi de Luquet qui peut dire comment nous avons jugé, à Marseille, ceux dont tu parles.

LUQUET. — Nous avons, un bon nombre de militants, regretté profondément l'attitude de la « Guerre Sociale » à propos de la Confédération; nous regrettions profondément qu'elle se mêle de ce qui ne la regardait pas, et qu'elle se serve toujours de la Confédération pour faire sa politique; nous ne l'aurions pas voulu. Pourtant, il faut le dire, nous n'avons pas eu le courage de nous désolidariser d'avec la « Guerre Sociale ». Nous avons fait des efforts, à Marseille, en effet, pour ne pas nous laisser imposer, sur la question de l'attitude de la classe ouvrière en cas de guerre, le point de vue de la « Guerre Sociale ». Mais pourtant, jamais il n'y a eu désaveu, et jamais tentative de se dégager de la « Guerre Sociale ».

MERRHEIM. — Luquet a raison. Mais je me rappelle qu'à Marseille, nous nous sommes interrogés, et nous nous sommes demandé si les événements nous permettaient de nous dégager. A ce moment, il ne nous était pas possible, dans la situation où était la classe ouvrière, d'apporter ce désaveu que les circonstances rendaient impossible. Mais si nous ne l'avons pas fait publiquement, nous l'avons fait d'une autre façon. Luquet le sait bien. Il ne faut donc pas dire, Fiancette, que nous l'avons approuvée comme tu le dis. (*Colloque dans la salle.*)

FIANCETTE. — Je ne m'étendrai pas sur cet incident. Mais on ne se dégage pas lorsqu'on ne s'est pas engagé. C'est très simple. Si on a éprouvé le besoin de se dégager, c'est qu'on était engagé !

MERRHEIM. — C'est cela qui est inexact ! (*Bruit.*)

DESPLANQUES. — Je tiens à ajouter que dans la pensée qui a guidé la rédaction de l'ordre du jour de Marseille, en rien nous n'étions engagés; et si nous n'avons pas eu de désaveu à faire, c'est que dans notre ordre du jour — qui s'opposait à celui de la « Guerre Sociale » — nous n'avons fait que continuer la tradition des congrès ouvriers. Nous n'empruntions rien à un journal, nous n'empruntions rien à une secte, nous n'empruntions rien à un parti ; la rédaction de notre motion était essentiellement ouvrière ; aucun élément étranger au monde ouvrier n'y a collaboré, aucune puissance étrangère au monde syndical n'y a apporté sa quote-part. Ce sont les militants ouvriers, voulant faire une œuvre purement ouvrière et éminemment syndicale, qui ont rédigé la motion et qui ont protesté contre les manœuvres tentées du dehors. Nous n'avions pas à formuler le désaveu ni le dégagement, en rien nous n'étions engagés.

FIANCETTE. — L'incident est clos.

Camarades, je continue à examiner les faits. En somme, que demandons-nous ? Où voulons-nous aller ?

J'ai entendu tout à l'heure notre camarade Broutchoux, qui certes, lui, contrairement à l'ami Renard, nous a indiqué un moyen pour perfectionner notre syndicalisme : il nous a indiqué les coopératives de production. Notre ami Yvetot reconnaissait, hier, une valeur très spéciale au parti socialiste allemand. Je relève cela, non pas pour en tirer des conclusions ; mais tout à l'heure certains camarades disaient que nous n'étions pas très homogènes, et en entendant cela je me disais : « Lorsque je serai à la tribune, je prouverai que nos camarades ne le sont pas plus. » Encore hier, j'entendais Yvetot dire qu'il s'accordait, pour certaines démarches, avec Renard, qu'il aurait été au ministère du Travail aussi bien que Renard y va.

YVETOT. — Il y est allé, sans être corrompu pour cela !

Fiancette. — Oh ! sans doute, il y a des gens qui sont vaccinés contre la corruption !

Yvetot. — Tu fais bien de le dire, et je souhaiterais que tout le monde le fût !

Fiancette. — Il y a notre camarade Dumoulin qui a cité un fait pour prouver la mainmise du Parti socialiste ; il a dit que les socialistes avaient mis la main sur la grève des inscrits maritimes de Marseille. D'ailleurs, Réaud a dit immédiatement : « Mais non, les socialistes ont proposé, sur notre indication, l'arbitrage, puisqu'il valait mieux sauver la face, avec un semblant de satisfaction, que de se rendre. »

Réaud. — J'ai dit que nous avions accepté l'arbitrage parce que nous étions obligés d'y avoir recours, mais je n'ai pas dit du tout...

Fiancette. — Est-ce que vous n'avez pas dit que le Parti socialiste n'avait pas fait de mainmise sur la grève ?

Réaud. — Mais tu dis que le Parti socialiste a proposé l'arbitrage pour nous, ce n'est pas vrai !

Fiancette. — En somme, j'y mets toute la bonne foi possible, et vous avez dit, et Dumoulin avait cité avant que vous ne veniez le nier, que le Parti socialiste avait essayé de mettre la main sur la grève des inscrits. Je retiens votre affirmation. Il y a un désaccord complet entre vous et Dumoulin.

Eh bien, voyez-vous, si je cite tous ces faits, c'est pour en dégager une conclusion.

En somme, suivant moi et suivant la grosse majorité du Parti socialiste qui n'est pas composé seulement de nos camarades du Nord — le Parti se refuserait, à une grande majorité, à mettre en quelque façon la main sur les syndicats ouvriers. Nous disons que nous ne voulons pas de cette mainmise ; nous disons que jamais nous ne voudrions prendre la responsabilité, devant la classe ouvrière, d'apporter chez elle des divisions qui lui seraient aussi préjudiciables qu'aux socialistes ! (*Applaudissements.*)

Seulement — je crois pouvoir être un peu autorisé, au nom du Parti socialiste, pour faire ces déclarations, je crois qu'elles ne seront pas démenties, ni rectifiées, par la majorité du Parti socialiste — je demanderai à nos camarades, par réciprocité — parce que j'entendais Griffuelhes parler ; il a l'habitude, comme moi, de faire du commerce, il connaît la réciprocité des échanges de bons procédés — eh bien, par réciprocité, je demanderai à Griffuelhes, je demanderai à nos camarades signataires du manifeste, d'éviter pour l'avenir ces incidents ; nous passons une journée de congrès à les vider et nous aurions pu mieux employer notre temps. Mais nous ne l'aurons pas tout à fait perdu si nous sortons d'ici avec une confiance mutuelle et réciproque, et décidés à ne plus nous calomnier et nous injurier. Car enfin, permettez-moi de vous dire qu'à quelques variantes près, qu'à quelque secte que nous appartenions, quel que soit le révolutionnarisme plus ou moins rouge dont nous nous réclamons, eh bien, la presse bourgeoise, la société capitaliste, nous mettent tous dans le même sac, même Renard ! Lorsqu'on parle de nous, on ne fait pas de différence entre réformistes et révolutionnaires.

Dans un discours plein d'amertume, Jouhaux disait : « Oui, nous n'avons pas les intelligences nécessaires, nous n'avons pas les individus nécessaires pour la propagande ; il faudrait, et des individus, et des moyens ! » Eh bien, je crois qu'après avoir, en somme, fait la paix entre nous, nous devrons employer nos efforts à trouver cette force morale dont parlait Jouhaux ; trouver des camarades pour faire la propagande nécessaire, trouver les moyens d'intensifier cette propagande.

Je vais donc conclure en vous disant, en vous demandant de nous unir par un ordre du jour qui rappelle la charte d'Amiens, et qui sauvegarde l'indépendance de tous ; qui dise qu'en dehors du syndicat on a le droit de faire ce que bon vous semble, le droit d'aller au Parti socialiste, au Grand-Orient ou ailleurs. Si vous proposez cela, nous voterons votre motion ; sinon, nous en déposerons une qui sauvegarde cette liberté.

Nous voulons qu'en dehors du syndicat tous les hommes soient libres ; nous voulons essayer de fortifier notre mouvement et essayer de faire un jour cette révolution sociale dont nous parlons toujours et que nous ne voyons jamais !

Discours de Jouhaux

JOUHAUX. — Camarades, il faut apporter à ce débat, qui était nécessaire, des conclusions dont l'idée confédérale sortira grandie et plus puissante que jamais.

Mais ce qu'il faut avant tout préciser, ce sont les conditions mêmes qui ont rendu nécessaires les débats d'aujourd'hui. Il ne faut pas que dans l'esprit des congressistes existe cette idée que ceux qui ont voulu ce débat ont été des facteurs de division, guidés par une haine quelconque. Si nous avons voulu ce débat — et en cela nous avons traduit la pensée du prolétariat pensant, celle des meilleurs militants syndicalistes — si nous l'avons voulu, c'est parce que, les uns et les autres, nous sentions qu'il était nécessaire d'assainir l'atmosphère d'équivoque dans laquelle nous nous débattions, qu'il était urgent de redonner à la classe ouvrière cette foi et cette confiance qui lui faisaient défaut, et dont elle a besoin pour fortifier ses idées et ses principes.

Klemczynski avait raison ce matin en déclarant que le mouvement syndicaliste avait une originalité ; et c'est cette originalité dans son action, et c'est cette originalité dans ses idées, qui a attiré à lui toutes les jeunes consciences pleines d'ardeur, qui voulaient travailler pour un meilleur avenir social. C'est au moment où les idées directrices du mouvement syndicaliste commençaient à se préciser, à se fortifier, que vinrent nombreux les jeunes militants à l'organisation syndicale, retrouvant en ses idées et ses principes, la véritable tradition historique révolutionnaire. Ils sont venus au mouvement en y apportant leur activité inlassable, ayant confiance d'aider à la diffusion de la conscience de classe — condition essentielle de toute révolution — et estimant qu'il n'y avait pas de meilleur terrain que le terrain syndicaliste pour matérialiser l'idéal de la classe ouvrière ! (*Applaudissements.*)

Oui, c'est parce que nous avons sincèrement pensé cela que beaucoup sont venus au mouvement ouvrier ! Ces théories, ces principes, ces doctrines, nous les avons acceptés parce qu'ils représentaient notre conception de la lutte, notre foi en l'avenir, et toute notre action n'a tendu qu'à les fortifier, à leur donner une valeur de pénétration plus grande parmi la masse ouvrière, restée trop longtemps hors le mouvement ouvrier.

Ah ! Klemczynski disait ce matin que la masse ouvrière calomniait la C. G. T. parce que la C. G. T. lui apparaissait comme un organisme de violence ! Klemczynski, je m'adresse à toi et je te demande quels sont ceux qui ont fait apparaître la C. G. T. comme un organisme de violence ?

KLEMCZYNSKI. — Ce sont surtout les bourgeois.

UNE VOIX. — Et Compère-Morel avec !

JOUHAUX. — J'accepte que ce soit les bourgeois, ils étaient dans leur rôle et ils y seront encore demain. Mais il y en a qui n'étaient pas dans leur rôle lorsque du haut d'une tribune retentissante, ils jetaient le discrédit sur l'action confédérale ! (*Applaudissements*). Contre ceux-là nous avons protesté et si je n'avais pas protesté vous seriez en droit, vous délégués des organisations confédérées, de me le reprocher ! Ce serait un acte de trahison que j'aurais accompli à l'égard de la classe ouvrière ! Oui, je devais protester, et j'ai protesté véhémentement, autant que me le permettaient mes moyens, et avec moi d'autres camarades. Et, c'est la répercussion de nos protestations qui a fait éclore, en d'autres assises, la discussion sur cette intempestive diatribe. C'est encore parce qu'on *sentait la colère gronder* dans les cerveaux ouvriers, la protestation se faire véhémente dans les organisations syndicales, qu'est sortie, des assises dont je parlais tout à l'heure, cette motion presque unanime. Elle pouvait à la rigueur nous donner satisfaction si elle avait été respectée ! Elle ne l'a pas été ! Au lendemain même de ce vote, de cette reconnaissance, de cette sorte d'engagement de ne pas critiquer l'action d'une organisation à laquelle on ne collabore pas, au lendemain même de cette motion, on faisait paraître une brochure qui est la reproduction exacte du discours. Et à qui donnait-on cette brochure ? Aux ouvriers syndiqués !

Est-ce aussi, Fiancette, pour développer dans les milieux syndicalistes l'amour de la Confédération qu'on accomplissait ce travail ? Non. C'était pour continuer la besogne de discrédit commencée à l'égard du mouvement ouvrier qui a le tort de vouloir conserver jalousement son autonomie et son indépendance, ayant compris, comme le disait Griffuelhes, que hors de là il n'y a pas de salut pour lui. Notre mouvement entend grandir, fortifier ses idées, réaliser sa mission historique par lui-même. C'est pour ces raisons que le syndicalisme, sans porter atteinte aux autres formes de groupement et d'action veut conserver jalousement son autonomie et son indépendance. Il a le droit de protester lorsque cette indépendance et cette autonomie sont constamment violées par ceux-là mêmes qui déclarent vouloir les respecter. *(Applaudissements.)*

A coté de ces critiques calomniatrices sur les méthodes et sur l'action confédérales, que voyons-nous ? Une besogne concordante de discrédit plus sourde, mais une besogne de discrédit tout de même, menée par un journal. Toutes les semaines l'on répétait que la C. G. T. venait de subir de nouveaux échecs, que des luttes restaient sans succès, que ses manifestations échouaient piteusement. Est-ce que, là aussi, on essayait d'amener à la C. G. T. des concours de sympathie ? Non, pas le moins du monde, et pas un de vous ne le pensera !

C'est parce que, nous, nous voyons tous les jours ces manœuvres perfides s'exercer dans les rangs syndicalistes, c'est parce que nous sentions que l'idée directrice de ces manœuvres était de faire le vide dans la maison confédérale pour qu'elle nous croule sur les épaules, que nous nous sommes révoltés et que nous avons jeté notre cri d'alarme ! Nous avons parlé parce que nous voulions sauver le mouvement ouvrier de la débâcle morale à laquelle on voulait le conduire.

Et cette discussion aura été utile si, après elle, vos idées et vos sentiments sont fortifiés; si vous sentez renaître en vous la confiance, la foi absolue dans l'action à entreprendre. Utile, oui, puisque nous pourrons alors espérer obtenir des résultats.

Sans cette foi, sans cette confiance en soi-même et en son action propre, il n'est pas possible de marcher à la bataille. C'est justement parce que nous aimons l'action, non seulement pour ce qu'elle apporte en résultats immédiats, mais pour ce qu'elle augmente en dignité morale les gens qui y participent, — que nous voulons créer cette atmosphère, déterminer cette conscience robuste de soi-même.

Nous voudrions que chacun comprenne son rôle dans l'armée ouvrière; nous voudrions que chacun aime vraiment la Confédération ; qu'il n'y soit pas seulement une unité cotisante, mais qu'il y soit surtout une initiative agissante ; qu'en un mot, nos espoirs soient par tous partagés. Ils ne l'étaient plus à un moment donné, c'est pourquoi nous sommes intervenus !

Notre désir était de préciser à nouveau notre doctrine générale d'action directe, et par là fortifier les idées et les principes syndicalistes. Continuant notre action, en l'intensifiant, nous développerons par la lutte l'esprit de combativité des masses, notre labeur quotidien sera alors plus fertile en résultats, le champ de l'avenir s'ouvrira plus libre devant nous.

Ah! camarade Renard, vous voudriez, vous, faire de notre syndicalisme un mouvement corporatif; vous voudriez qu'il soit l'école primaire du socialisme, comme le disait Ghesquière à la tribune de la Chambre! Nous avons dépassé ce stade, il n'est plus possible d'y revenir, et tous ceux qui sont favorables au mouvement ouvrier quoique ne partageant pas la totalité de ses théories, l'ont déclaré avant moi, je ne m'y arrêterai donc pas. Nous nous opposerons à ce que notre mouvement reste exclusivement sur le terrain corporatif; nous voulons au contraire que l'idée de solidarité morale, qui est la base même du syndicalisme, se développe de plus en plus dans les consciences ouvrières — et vous savez bien que ce n'est pas seulement en faisant fusionner les fédérations de métiers en fédérations d'industrie que nous arriverons à ce résultat; cette méthode, cette tactique, peut permettre de réaliser certains progrès, mais elle ne déterminera pas cet état d'esprit dont je parlais tout à l'heure, elle n'amènera pas cette disparition de l'esprit corporatiste qui est la frontière la plus solide que le mouvement ouvrier ait jamais rencontrée devant lui. Or, pour créer un syndicalisme de transformation sociale, un syndicalisme vraiment plébéien, nous devons faire disparaitre ces frontières. En nous reliant plus intimement à la tradition historique et révolutionnaire dont nous sommes le prolongement, nous permettrons aux jeunes qui apportent à ce mouvement toute leur ardeur combative de matérialiser chaque jour, par une augmentation des droits et des libertés, un peu de notre idéal d'expropriation capitaliste. C'est aussi pourquoi nous faisons passer la besogne d'éducation avant, peut-être, les préoccupations d'intérêt immédiat.

Les campagnes de la C. G. T., les plates-formes générales, doivent servir à hausser l'individu, à lui permettre de mieux comprendre le problème social, de mieux saisir l'intérêt de communauté qui le lie avec des camarades d'exploitation. Les résultats obtenus doivent avoir pour conséquence de donner à nos camarades une valeur morale plus grande, d'augmenter leurs connaissances sociales. C'est parce que nous voulons atteindre ce but que nous avons été peinés profondément en voyant la besogne qui s'accomplissait. Nous voulions sortir de cette atmosphère, nous voulions respirer un air plus salubre et purifié de tout germe dissolvant. Nous y sommes aujourd'hui presqu'arrivés.

Que demain l'on comprenne qu'il n'y a pas de conseils irritants à donner à une organisation qui se développe sur le terrain qu'elle s'est librement choisi, qui agit en vue de réaliser son idéal social, et alors l'on aura fait disparaître les causes de suspicion. Nous pourrons, les uns et les autres, en toute fraternité, travailler à la réalisation de notre œuvre : toi, Klemczynski, avec ton sentimentalisme, t'appliquer à faire, dans ton union régionale, de l'éducation morale — ce que les secrétaires de bourses ont trop souvent oublié de faire — donner à la classe ouvrière une connaissance plus grande d'elle-même; et nous, généralisant les problèmes, donner au prolétariat une idée plus exacte des doctrines et des faits, se lancer toujours plus dans l'action et, par là même, fortifier sa puissance d'offensive, préparer l'avenir! (*Applaudissements.*)

Voilà pourquoi nous voulions cette discussion; et comme conclusion nous vous proposons l'ordre du jour suivant :

Ordre du jour

Le Congrès, à la veille de reprendre, pour l'intensifier, l'agitation confédérale en vue de réduire la durée du temps de travail, tient à nouveau à rappeler les caractères de l'action syndicale, de même qu'à fixer la position du syndicalisme ;

Le syndicalisme, mouvement offensif de la classe ouvrière, par la voix de ses représentants, réunis en Congrès, seuls autorisés, s'affirme encore une fois décidé à conserver son autonomie et son indépendance, qui ont fait sa force dans le passé et qui sont le gage de son progrès et de son développement ;

Le Congrès déclare que, comme hier, il est résolu à s'écarter des problèmes étrangers à son action prolétarienne, susceptibles d'affaiblir son unité si chèrement conquise et d'amoindrir la puissance de l'idéal poursuivi par le prolétariat groupé dans les syndicats, les bourses du travail, les fédérations corporatives et dont la C. G. T. est le représentant naturel ;

De plus, le Congrès, évoquant les batailles affrontées et les combats soutenus, y puise la sûreté de son action, la confiance en son avenir, en même temps qu'il y trouve la raison d'être de son organisation toujours améliorable ;

C'est pourquoi, dans les circonstances présentes, il confirme la constitution morale de la classe ouvrière organisée, contenue dans la déclaration confédérale d'Amiens (congrès de 1906) qui est ainsi conçue :

« Le Congrès confédéral d'Amiens confirme l'article 2 constitutif de la C. G. T., disant :

» La C. G. T. groupe, en dehors de toute école politique, tous les travail-« leurs conscients de la lutte à mener pour la disparition du salariat et du « patronat. »

» Le Congrès considère que cette déclaration est une reconnaissance de la lutte de classe qu'opposent sur le terrain économique les travailleurs en révolte contre toutes les formes d'exploitation et d'oppression, tant matérielles que morales, mises en œuvres par la classe capitaliste contre la classe ouvrière ;

» Le Congrès précise, par les points suivants, cette affirmation théorique ;

» Dans l'œuvre revendicatrice quotidienne, le syndicalisme poursuit la coordination des efforts ouvriers, l'accroissement du mieux-être des travailleurs par la réalisation d'améliorations immédiates, telles que la diminution des heures de travail, l'augmentation des salaires, etc. ;

» Mais cette besogne n'est qu'un côté de l'œuvre du syndicalisme ; il prépare l'émancipation intégrale qui ne peut se réaliser que par l'expropriation capitaliste ; il préconise comme moyen d'action la grève générale et il considère que le syndicat, aujourd'hui groupement de résistance, sera, dans l'avenir, le groupe de production et de répartition, base de la réorganisation sociale ;

» Le Congrès déclare que cette besogne quotidienne et d'avenir découle de la situation des salariés qui pèse sur la classe ouvrière et qui fait à tous les travailleurs, quelles que soient leurs opinions ou leurs tendances politiques ou philosophiques, un devoir d'appartenir au groupement essentiel qu'est le syndicat.

» Comme conséquence, en ce qui concerne les individus, le Congrès affirme l'entière liberté pour le syndiqué de participer en dehors du groupement corporatif à telles formes de lutte correspondant à sa conception philosophique ou politique, se bornant à lui demander, en réciprocité, de ne pas introduire dans le syndicat les opinions qu'il professe au dehors.

» En ce qui concerne les organisations, le Congrès déclare qu'afin que le syndicalisme atteigne son maximum d'effet, l'action économique doit s'exercer directement contre le patronat, les organisations confédérées n'ayant pas, en tant que groupements syndicaux, à se préoccuper des partis et des sectes qui, en dehors et à côté, peuvent poursuivre, en toute liberté, la transformation sociale. » *(Applaudissements.)*

Jouhaux. — Nous vous proposons cet ordre du jour, parce que la résolution d'Amiens y est fortifiée, et parce qu'il est nécessaire que, dans les circonstances présentes, une précision nouvelle soit votée en ce qui concerne l'autonomie et l'indépendance du mouvement ouvrier. *(Applaudissements.)*

Le Président. — On demande le vote par mandats.

Fiancette. — Nous acceptons, mes amis et moi, cet ordre du jour, et nous demandons, pour bien démontrer que nous sommes unis, qu'on vote cet ordre du jour par acclamations. *(Protestations.)*

CLEUET. — Quelle que soit l'heure où se place le moment de voter sur un ordre du jour d'une semblable importance, vous me permettrez bien de parler au nom de quelques amis sur cet ordre du jour. Nous avions, nous, rédigé un ordre du jour ; celui de Jouhaux m'a semblé, à la lecture, être conçu dans le même esprit, puisque celui de Jouhaux et le nôtre rappellent tous deux la motion d'Amiens. (*Interruptions*) ...Mais, pardon ! Que l'ordre du jour de Jouhaux soit voté comme une espèce de motion de concorde, par acclamations, soit ; mais qu'on m'impose, à moi, le vote par mandats... (*Rires.*) Mais, pardon, citoyens, j'ai la prétention de savoir ce que je fais ! Que veut dire votre rire ironique ? Qu'on m'impose un ordre du jour très long, où il y a des choses que j'accepte, mais où il y a des termes et des idées auxquels je ne puis me rallier ! Si vous voulez entamer la discussion sur ce point précis de l'ordre du jour d'Amiens, je suis à votre disposition. Il y a quelque chose, sur le rôle de transformation sociale indiqué par l'ordre du jour d'Amiens, quelque chose que je considère comme une hérésie au point de vue syndical comme au point de vue social. Vous voulez que, sans examen, je vote sur cet ordre de jour ? Non, je ne voterai pas ! Il me paraît plus naturel que cet ordre du jour soit imprimé ce soir par « Vérités » (1), que nous l'ayons tous demain matin dans les mains et que nous puissions voter en toute connaissance de cause. Il n'y en a pas, parmi vous, qui puissent se rappeler tous les termes de l'ordre du jour qu'on vient de lire. (*Protestations.*)

MONTOUX. — Il ne faut pas chercher à créer de dualité dans les ordres du jour.

En raison de l'importance de la décision à prendre, nous venons vous demander d'attendre jusqu'à demain... (*Non ! Non ! — Interruptions violentes.*)

KLEMCZYNSKI. — Je tiens à déclarer que l'ordre du jour donne satisfaction à tous les camarades, en particulier à ceux qui m'ont délégué ce matin. Je dis qu'en remettant le vote à demain, c'est précisément faire le contraire de ce que nous avons préconisé les uns et les autres. Nous voulons, non pas obtenir la garantie que la Confédération sera autonome, mais nous voulons la tonifier, et ce ne sera pas trop de trois jours pour nous occuper des questions pratiques et pour donner à la C. G. T., non seulement le moyen d'échapper aux convoitises environnantes, mais encore la force qui lui permettra de poursuivre sa route.

C'est pour cette raison que je me rallie pleinement à la proposition Jouhaux (*Applaudissements.*)

CLEUET. — Je retire mon ordre du jour. (*Applaudissements.*)

On procède au vote par mandats.

Résultat du vote

Bulletins déposés		1.105
Nuls		31
Votants réguliers		1.074
Pour	1.028	
Contre	34	
Abstentions	12	

L'ordre du jour, présenté par Jouhaux, est adopté.

(1) « Vérités », organe mensuel de l'Union des Syndicats du Havre, paraissait quotidiennement, pendant le Congrès, pour donner le compte rendu des travaux et tous les renseignements utiles aux congressistes.

Proposition de faire éditer une brochure

Le Président. — La parole est au camarade Bidamant, qui demande à faire une communication.

Bidamant. — C'est un débat extrêmement grave qui vient d'être soulevé et il serait bon que la C. G. T. prenne dès aujourd'hui l'initiative de faire éditer une brochure contenant les discours prononcés sur l'*orientation du syndicalisme* français et des rapports de la C. G. T. avec les partis politiques.

Le Président. — Il y a une proposition de bureau pour la séance de demain matin :

Président : Montoux.

Assesseurs : Jouvet (électricien) et la camarade Delucheux (Habillement, Amiens.)

Adopté.

Vœux divers

Au cours de la séance, le Président donna lecture : d'un télégramme de Rennes en faveur des instituteurs et de trois télégrammes concernant Rousset (Voir à l'annexe, placée à la suite du compte rendu du Congrès, le texte de ces télégrammes.)

La séance est levée à 7 heures.

QUATRIÈME JOURNÉE

7e SÉANCE. — JEUDI 19 SEPTEMBRE (matin)

Discussion sur les Retraites Ouvrières

La séance est ouverte à 9 heures 15, sous la présidence de Montoux, assisté de Jouvet et de la camarade Alice Delucheux.

Les Retraites Ouvrières

Le Président. — La discussion est ouverte sur les retraites ouvrières.

Une Voix. — L'ordre du jour n'appelle pas les retraites ouvrières ; nous voyons : Diminution des heures de travail, semaine anglaise.

Jouhaux. — Camarades, il est exact que la première question à l'ordre du jour soit la diminution des heures de travail ; mais nous avons pensé qu'il était utile de nous entendre avec les différentes organisations, avec les différentes fédérations, pour examiner dans quel sens la question de la semaine anglaise pouvait être acceptée par tous. La semaine anglaise sera la plate-forme générale de propagande et d'action pendant les deux années qui vont s'écouler. Il est donc nécessaire que les fédérations qui vont exercer cette action chacune dans leur profession et dans leur industrie, se soient mises d'accord avant que l'on n'arrive à un vote définitif.

C'est la raison pour laquelle nous avons, je le répète, demandé que l'ordre du jour soit interverti, et que nous commencions par les retraites ouvrières.

Péricat. — Pardon. C'est une proposition que tu fais. Tu changes les rôles ; avant la semaine anglaise vient la diminution de la durée du travail, et tu dis qu'en premier lieu viendra la semaine anglaise. Il faut dire que c'est toi qui le proposes.

Jouhaux. — Non, je dis que c'est moi qui le présente.

Le Président. — Il n'y a pas d'opposition à ce qu'on examine la question des retraites ouvrières ?... La discussion est ouverte.

La campagne confédérale

Jouhaux. — La question des retraites ouvrières ne vient pas pour la première fois devant un congrès confédéral. Déjà, au congrès de Toulouse, nous avons eu à l'examiner une fois de plus à la conférence des bourses et fédérations. Chaque fois, des résolutions ont été adoptées en raison des circonstances et des positions dans lesquelles se présentait cette question, aussi en raison des modifications qui avaient été apportées au texte premier de la loi ; aujourd'hui le Congrès doit reprendre l'examen de cette question puisque des modifications nouvelles y sont apportées. Il aura à dire si ces modifications nouvelles constituent pour lui une transformation assez profonde du texte et des principes de la loi pour que les organisations ouvrières se rallient à la loi des retraites.

Il n'est pas nécessaire de faire de longs discours ; nous tenons simplement à rappeler une fois de plus que les modifications apportées à la loi ont été la conséquence de notre agitation, synthétisée par le refus formel d'adhérer à la loi. C'était là — et c'est encore là — la seule forme d'action directe que nous puissions opposer à l'application de la loi des retraites ; et si les changements apportés à la loi ne sont pas jugés suffisants par le Congrès, il ne faudra pas que celui-ci oublie que la seule forme d'action qui puisse être efficace, qui puisse apporter des modifications plus profondes et plus profitables pour les organisations ouvrières, est leur refus d'adhérer à la loi.

Si, après avoir reconnu que les modifications acquises ne sont pas assez profondes, qu'elles ne nous donnent pas satisfaction ; que les principes mauvais, pernicieux, sur lesquels la loi repose, n'ont pas été changés ; si, reconnaissant que les tares qui existaient dans le texte primitif subsistent avec les modifications, nous acceptions en même temps d'adhérer à cette loi, — nous perdrions la seule arme qui nous permette d'obtenir des modifications conformes à nos vues et à nos intérêts.

Le premier travail est donc d'analyser ces modifications ; après, nous aurons à nous prononcer, et le Comité confédéral s'inspirera de la résolution sortie du congrès de Toulouse et de celle sortie de la conférence, — pour continuer son agitation ; pour, par un mouvement d'opinion et par une pression extérieure, exercer une influence salutaire tendant à apporter à la loi des modifications plus profondes, peut-être obtenir le changement des bases sur lesquelles repose cette loi ; bases que nous avons estimé, que nous estimons encore, n'être pas concordantes avec nos conceptions syndicalistes.

Les dernières modifications apportées à la loi portent sur deux points différents : d'une part, l'augmentation des allocations fixes de l'Etat qui, dans le premier texte, descendaient progressivement jusqu'à 60 fr., aujourd'hui, cette allocation est portée d'une façon fixe et invariable à 100 fr. ; d'autre part, la diminution de l'âge d'entrée en jouissance qui, de 65 ans, descend à 60 ans.

Mais le système de la capitalisation continue à être à la base même de la loi, et par conséquent, les reproches fondamentaux, les reproches de principe que nous formulions contre la loi des retraites ouvrières, subsistent toujours.

Est-ce que l'augmentation de 100 fr. de l'allocation de l'Etat et l'abaissement de l'âge d'entrée à 60 ans sont des avantages suffisants pour nous faire oublier les dangers de la capitalisation et pour nous permettre d'accepter la loi des retraites ? Le Congrès devra le dire.

Ce sont ces points qui sont soumis à votre examen ; il faut leur donner, pour que la campagne confédérale puisse continuer, pour que l'année prochaine nous puissions enregistrer de nouvelles modifications plus réelles, plus profitables pour le monde ouvrier, une solution.

Discours de Saint-Venant

Saint-Venant (Lille). — Je n'ai pas besoin de vous rappeler toute la propagande que nous avons faite suivant les indications de nos congrès corporatifs, propagande intensive contre les dispositions de la loi des retraites.

Ces indications étaient précises, parce que nous considérions qu'on ne peut laisser prendre sur les salaires ouvriers pour constituer un capital de caisse des retraites dans les conditions stipulées par la loi elle-même.

J'ai tenu, en venant ici au nom des organisations de Lille, à apporter des précisions, de façon à bien convaincre les camarades que nous ne pouvons pas abandonner la propagande que nous avons faite jusqu'à ce jour, et que, quelles que soient les modifications apportées, nous devons continuer de lutter à outrance pour supprimer les versements ouvriers.

Déjà la C. G. T., à sa conférence, donnait, sur la proposition du camarade Péricat, une indication précise, meilleure que celle que nous avons donnée au congrès de Toulouse ; je n'ai pas besoin de vous rappeler l'ordre du jour qui fut voté à la suite de cette décision. Mais ce que je tiens néanmoins à rappeler, c'est que, dans les nouveaux dispositifs, rien n'est changé suivant notre avis.

Lorsque la brochure nouvelle fut mise à la disposition des organisations ouvrières, brochure par laquelle on donne aux assurés des indications, nous nous sommes aperçus que subsistait toujours cette mise en carte du prolétariat qui permettra au patronat de pouvoir le suivre partout, lui porter tort dans son travail s'il ne veut pas courber la tête devant la volonté du capitalisme.

Je ne m'attarderai pas à vous citer des chiffres, mais ce que nous tenons à dire c'est qu'il existe toujours des lacunes en ce qui concerne le travailleur, en particulier lorsqu'il est malade : Voilà un travailleur qui est déjà tenu, suivant les dispositions de la loi, à verser une somme déterminée pour constituer le capital de réserve; si cependant il vient à être malade, s'il vient, quoique jeune, à être atteint d'une maladie professionnelle qui ne puisse lui permettre d'assurer son existence et celle de ses enfants, il faut déjà qu'il supporte des frais médicaux et pharmaceutiques; comment voulez-vous qu'il puisse, en outre, effectuer des versements, qu'il puisse trouver la somme nécessaire pour parfaire le versement que le patron aurait dû effectuer pour lui? Si l'homme diminue ses journées de travail, au lieu de 9 francs par an il faudra qu'il en verse 15 ou 18.

On nous dit aussi qu'il y a une certaine somme versée à la veuve dès l'instant que le capital est réservé. Eh bien, il faut se souvenir que lorsque la loi de 1905 fut votée, lorsque nous avons eu à nous élever contre des dispositions prises par les juges de paix, la loi de 1905 fut appliquée après une augmentation de patentes et de contributions. Pendant une année, on ne fit pas jouer le règlement d'administration publique ; ce n'est qu'un an après que les juges de paix, sur la demande des préfets eux-mêmes, poursuivaient les enfants sous le prétexte de la dette alimentaire ; et lorsque nous nous sommes élevés contre cette prétention, on retranchait ce que les enfants donnaient à leurs parents sur le montant de la somme allouée par la commune. Donc, si cette loi paraît bonne, aux yeux de certains, elle est mauvaise pour nous.

Pourquoi, par exemple, puisque la femme est assujettie aux versements comme l'homme, pourquoi n'a-t-on pas pris de dispositions en ce qui concerne le mari qui vient de perdre sa femme?

Soyez persuadés que d'ici quelque temps, ce qui s'est produit pour la loi d'assistance se produira fatalement pour la loi des retraites : lorsque les veuves et les ayants-droit se permettront de réclamer l'indemnité prévue, une enquête sera faite, et si la famille ne manque pas totalement de ressources, le juge de paix procédera comme pour la loi d'assistance.

Mais il y a des questions plus sérieuses encore; il faut prévoir ce que le gouvernement, lui, prévoit contre nous : si nous acceptons actuellement les versements ouvriers pour la constitution du capital de réserve en ce qui concerne la loi des retraites, est-ce que demain, le gouvernement ne viendra pas, par un contre-projet, essayer d'introduire des dispositions nouvelles faisant passer le principe de la participation aux bénéfices?

N'oubliez pas qu'il y aura des lois nouvelles présentées par le gouvernement sous le prétexte d'assurance sociale, et que toutes ces lois seront basées sur les versements ouvriers.

Nous ne pouvons donc pas accepter ce principe de versement qui constitue un vol manifeste.

Pendant un certain temps, on a invité les travailleurs à se précipiter dans les mairies pour prendre des cartes sous prétexte que l'âge l'entrée en jouissance était ramené à 60 ans. Eh bien, que s'est-il produit? Les conseils d'administration de bureaux de bienfaisance ont dit : « C'est le moyen le plus pratique de nous débarrasser des secours à accorder à domicile ; nous allons inscrire immédiatement tous ceux qui ont l'âge voulu à la loi des retraites, et nous aurons le grand avantage de ne plus sortir de fonds de notre caisse pour secours à domicile. » Les travailleurs s'étant présentés à la mairie pour s'inscrire, ils ont dû prouver qu'ils avaient au moins trois ans de présence dans les ateliers. On a accepté les 18 fr. qu'ils versaient pour l'année écoulée; mais, au moment de leur verser la retraite, on fera une enquête, et de vieux serviteurs de 62, 63 ans, qui auront versé 18 fr., toucheront une retraite de 4 fr. par an !

On a dit aussi que les travailleurs acceptaient la loi. C'est faux ! Cette affirmation est basée sur les chiffres du ministère. Les travailleurs ne veulent pas de ce vol. A Lille, par exemple, on disait qu'il y avait 50.000 travailleurs ; or, il faut en compter 96.000 obligatoires, 40.000 facultatifs. Eh bien, ceux qui se sont fait inscrire comprennent les travailleurs âgés de 65 à 70 ans, les employés de grandes compagnies qui ont inscrit d'office leur personnel, — le chiffre des inscrits, du 3 juillet 1911 au 3 juillet 1912, est de 25.000 environ. Et lorsqu'on fera le compte des timbres vendus, on verra que ces 25.000 se réduisent à environ 7.000, parce que tous ceux de 65 à 70 ans n'auront plus à verser.

D'autre part, une note a paru dans l'Agence Havas en ce qui concerne la vente des timbres. D'après cette note, nous avons vu qu'à peine 10 0/0 des travailleurs s'étaient fait inscrire.

Comme je vous l'ai dit, nous avons fait une intensive propagande ; nous avons engagé les camarades de notre région à ne pas laisser prélever sur leurs salaires parce que nous disons que le salaire est inviolable — et la Cour de cassation a rendu un jugement dans ce sens en ce qui concerne un patron confectionneur de Paris.

Nous disons, nous ouvriers, que si l'Etat veut établir une caisse de retraites, cette caisse doit être constituée, non pas par les versements ouvriers, non pas par le vol que serait le prélèvement sur nos salaires, mais par les ressources de l'Etat.

Les observations de Sergent

Sergent. — Je ne voudrais pas discuter la loi ni en examiner les divers textes ; mais néanmoins, j'estime qu'on ne détruit que ce que l'on remplace. Je vais donc formuler quelques critiques sur la loi actuelle :

Tout d'abord, le Parti socialiste peut avoir demandé cette loi, mais le monde ouvrier n'a certainement rien demandé de cette caricature. Ce que nous désirons surtout, c'est qu'il n'y ait pas le versement de l'industriel ni le versement de l'ouvrier ; nous considérons que le fonctionnement de cette loi doit être assuré par l'ensemble des Français. Il y a des gens qui possèdent un petit morceau de papier dans leur coffre-fort, morceau de papier avec lequel ils peuvent retirer une grosse partie des bénéfices de l'industrie ; à ces gens-là, on ne demande rien ; les bourgeois, les rentiers, ne subissent pas une reprise pour les retraites ouvrières.

Nous savons très bien que si l'on veut nous donner des retraites, nous les paierons dans une certaine proportion. Dire que l'on veut la suppression du versement ouvrier, ce n'est pas possible ; nous y contribuerons toujours pour une partie, parce que, comme on dit : « L'Etat, c'est nous. »

Nous voulons également qu'on supprime le versement de l'ouvrier étranger ; nous avons considéré qu'il y avait un vol, une escroquerie ; l'ouvrier étranger paye, et s'il abandonne le pays avant l'âge de la retraite, il n'a rien à réclamer ; on l'a volé.

Nous disons encore que nous ne voulons pas du versement de la femme, car c'est un moyen de faire entrer la femme plus profondément dans l'industrie. Si la femme reste dans son ménage elle doit effectuer, si elle veut avoir droit à la retraite, un versement de 9 francs. Nous disons qu'en faisant cette loi-là, les bourgeois, qui parlent constamment du respect de la femme, ont saboté la famille dans les grands largeurs : en envoyant la femme à l'atelier, on met les gosses à la rue ; et quand on se plaint qu'il y a des apaches, nous avons le droit de dire que ce sont les bourgeois qui ont fabriqué les apaches.

Ce que nous voulons demander aussi, c'est la suppression complète de tous les employés qui seront au compte de l'Etat pour enregistrer les versements pour les morts. Nous savons que de 90 à 97 0/0 de nos camarades mourront avant d'avoir atteint l'âge de la retraite; c'est ce qui a justifié l'expression : « Retraites pour les Morts. » Il y aurait donc une certaine proportion d'employés utilisés à marquer sur des cartes et des registres des versements pour les morts; ces gens-là seront payés plus que les ouvriers; ils auront 200 à 300 francs par mois; les directeurs seront payés de 10 à 20.000 francs, et tout cela sera prélevé sur nos versements.

Maintenant, il y a la suppression de la carte et du timbre. On a dit tout à l'heure que cette carte suit l'ouvrier; le patron la réclame; il y a des usines où l'on n'embauche qu'à la condition que l'ouvrier montre sa carte. Donc, si le travailleur a été permanent, si même il a été malade et n'a pas versé, le patron le sait. Nous avons demandé la suppression du livret ouvrier, nous l'avons obtenue; nous demandons la suppression des cartes et des timbres. Nous sommes en carte et nous sommes timbrés! nous en avons suffisamment comme cela, ce n'est pas la peine d'ajouter la carte des retraites! (*Applaudissements.*)

Nous demandons donc que les retraites soient allégées et dépourvues de tout cet appareil administratif qui encerclera le monde ouvrier, et nous faisons une proposition qui est nette :

Le XVIIIe Congrès corporatif considère que les retraites ouvrières ne peuvent être acceptées par le prolétariat que dans les conditions suivantes :

Les retraites ouvrières seront servies sur le budget ;

Tout travailleur français (homme ou femme) âgé de 60 ans, s'il n'a une rente de 800 francs au minimum, recevra par l'État cette rente ou le complément;

L'État pourvoiera aux ressources nécessaires par des impôts généraux sur les objets de luxe, les héritages et la valorisation des terrains.

Signé : SERGENT, DUDILIEUX, FEUVRIER, G. MOREL.

Voilà donc le versement ouvrier, le versement de l'industriel supprimés, de même que la carte, les timbres et tout l'appareil administratif. Nous croyons que c'est le seul moyen de rendre les retraites acceptables.

UNE VOIX. — Je demande s'il y a beaucoup d'orateurs inscrits. Si l'on développe des moyens, cela va bien; mais si c'est la théorie, on la connaît.

FAY. — Le camarade Sergent a exprimé une grande partie de ce que j'avais à dire et, comme lui, je trouve tout d'abord que nous aurions dû, au début de la campagne confédérale contre les retraites ouvrières, n'accepter ni versements ouvriers, ni versements patronaux. Nous aurions dû dire immédiatement : « Vous établissez des retraites en faveur des fonctionnaires, en faveur d'un tas de gens, auxquels vous ne demandez rien. » Il faut donc — et c'est là-dessus que doit porter notre campagne d'agitation — il faut que nous fassions établir par le gouvernement un budget qui comprendra tous les fonds nécessaires en faveur des retraites ouvrières; il existe un budget pour la guerre, un budget pour la marine, un budget pour les beaux-arts et l'instruction publique, sans qu'on demande, ni à nous ni aux patrons, les fonds nécessaires. C'est dans ce sens que doit être dirigée notre action.

Evidemment, ceux qui sont partisans des versements ouvriers viendront nous dire : « Mais c'est la même chose, c'est vous qui payerez encore, parce que ces fonds étant prélevés sur les contribuables d'une façon ou d'une autre, c'est toujours la classe ouvrière qui paye. » C'est entendu; toujours la classe ouvrière paye; mais entre payer directement et supporter indirectement une partie des frais, j'estime qu'il y a une différence, et comme l'a dit Sergent, il y a des tas d'individus qui ne sont ni ouvriers ni patrons, et qui se soustraient à toute obligation; il faut que ceux-là paient leur part par des impôts indirects.

En résumé, je me rallie complètement à la proposition de Sergent.

Restons opposés à la loi

Péricat. — Camarades, je ne ferai pas de discours, et je ne ferai pas comme mes camarades; je ne proposerai pas de modifications à la loi. Je dirai tout simplement les raisons pour lesquelles, dans le Bâtiment en particulier, nous restons opposés à la loi.

Jouhaux vous a indiqué tout à l'heure les quelques modifications apportées : abaissement de l'âge d'entrée en jouissance à 60 ans, allocation de l'État portée à 100 francs. Nous estimons, nous, qu'en raison même de l'opposition qui a été décidée à Toulouse, en raison même de l'opposition qui a été décidée à la Conférence des Bourses et Fédérations, — en raison encore de la discussion qui a eu lieu au Comité confédéral et dans laquelle nous nous sommes prononcés pour le maintien de notre opposition, — cette opposition doit être continuée. Nous n'avons pas à examiner — pour ma part, je ne l'examinerai pas — comment nous devons modifier la loi; je ne voudrais pas fatiguer le Congrès, les uns et les autres ont entendu suffisamment de conférences sur les retraites pour que je vienne faire une conférence ici. Pour nous, tant qu'il y aura versements ouvriers il y aura opposition; et surtout, pour nous travailleurs du Bâtiment, tant qu'il y aura application de la carte et du timbre, il y aura opposition; nous nous prononçons de même contre la carte des retraites, parce que nous estimons que c'est une carte de police. La carte portant le nom, le prénom, la date et le lieu de naissance des ouvriers, quand un camarade sera insoumis à la loi militaire, quand un camarade voudra échapper à la loi Millerand, — si ce camarade se présente chez un patron on ne l'embauchera pas.

Comme on l'a dit tout à l'heure, cette carte indiquera si l'ouvrier a chômé.

D'autre part, — et cela existe déjà dans certaines fédérations, dans la Métallurgie par exemple — le patronat pourra s'entendre, et marquer d'un signe les timbres patronaux appliqués sur la carte; il suffira d'un signe pour savoir si le camarade est un militant ouvrier, et, en conséquence, ce camarade sera chassé des chantiers.

En résumé, sans qu'il soit besoin d'en dire plus long, je maintiens l'opposition intégrale.

Une Voix. — Et la capitalisation?

Péricat. — Toutes les raisons que nous avons indiquées dans nos précédents congrès subsistent. Par conséquent, que certains ouvriers, que les patrons veuillent appliquer la loi, c'est leur affaire! Mais nous, les militants, la classe ouvrière ne nous suivrait-elle pas, que nous devons rester en opposition avec la loi.

En terminant, je dirai un mot à Sergent. Il a prononcé certaines paroles ironiques que je n'accepte pas. « Nous avons — dit-il — la manie des cartes et des timbres. » Mais, Sergent, le recrutement de la plupart des fédérations a pour origine cette carte et ces timbres, et si aujourd'hui la C. G. T. a autant de membres qu'elle en a, on peut dire que c'est à la carte et aux timbres qu'elle le doit. Je tenais à apporter cette justification de notre carte, qui ne peut pas être comparée avec cette carte de police!

Dumercq. — Je renonce à la parole, les camarades précédents ayant dit, contre la loi et contre les cartes, ce que j'avais à dire.

Critiques de Richer

Richer. — Camarades, d'accord avec l'exposé que vient de nous faire le camarade Péricat, je m'étonne que, dans un congrès comme le nôtre, on vienne encore discuter avec autant d'âpreté la loi des retraites ouvrières, parce que, dans ce Congrès, il ne doit y avoir que des militants. Bien entendu, nous ne discutons pas que pour nous, nous discutons pour les organisations que nous représentons. Cependant, il y aurait lieu de tenir compte de la situation de nous tous, militants, vis-à-vis de cette loi. Si tous voulaient venir ici, à cette tribune, dire dans quelle situation ils sont placés vis-à-vis de la loi, nous en apprendrions de belles, et nous verrions quelle peut être leur posture dans les réunions publiques. Je connais des militants qui ont adressé un referendum aux secrétaires d'unions, aux secrétaires de bourses, leur demandant quelle était la situation qu'ils occupaient vis-à-vis de la loi des retraites : sur 116 questionnaires adressés, 27 réponses sont revenues; il y avait donc lieu de penser alors que certains des camarades qui ne répondaient pas, ne voulaient pas avouer qu'ils se soumettaient à la loi.

Eh bien, camarades, il faudrait au moins avoir le courage de nous opposer, nous militants, à toutes les lois qui ont pour but de museler la classe ouvrière. Il faudrait que nous soyons sincères; c'est malheureusement ce qui n'existe pas, et c'est ce qui fait que nos adversaires ont tant de choses à nous reprocher. A l'avenir, agissons donc consciencieusement.

Je vous dirai d'autre part qu'une action judiciaire fut intentée contre un représentant du gouvernement qui n'était autre que le préfet de la Sarthe; le jugement rendu a rappelé le jugement de la Cour de cassation. Or, — la « Bataille Syndicaliste » n'est pas un organe officiel — nous avons un organe officiel qui est la « Voix du Peuple », et je m'étonne que cette « Voix du Peuple » n'ait jamais dit un mot de cette action judiciaire intentée par un militant, et qu'elle ait omis de renseigner les camarades secrétaires afin qu'ils ne se laissent pas imposer de retenues pour les retraites ouvrières. Je dis donc qu'en l'occurrence, l'attitude de ceux qui rédigent la « Voix du Peuple » n'a pas été ce qu'elle aurait dû être.

Yvetot répond à Richer

YVETOT. — Je m'étonne que Richer vienne faire une critique contre la « Voix du Peuple ». Il y a eu une discussion sur les rapports, et c'est au moment de cette discussion que Richer aurait dû formuler ses critiques. Toutes les semaines, nous recevons de Richer une multitude de circulaires que, malheureusement, nous n'avons pas toujours le temps de lire; et comme nous ne savons pas exactement si c'est pour les insérer ou pour nous en faire part qu'il nous les envoie, nous nous contentons de les mettre dans un dossier, en nous réservant de les lire quand le temps nous en sera donné. C'est pourquoi une circulaire n'a peut-être pas été insérée.

Il faut que le Congrès, camarades, et Richer lui-même, sachent qu'à la « Voix du Peuple » on n'escamote pas les articles intéressants, d'où qu'ils viennent. Quand Renard a, tout récemment, adressé un article, nous nous sommes empressés de l'insérer, tellement nous étions heureux qu'il nous donne la préférence ! *(Rires.)* Ceci pour dire que nous insérons tous les articles qui nous sont donnés. *(Applaudissements.)*

Le point de vue de Broutchoux

BROUTCHOUX. — Camarades, quoique les mineurs ne soient pas intéressés d'une façon directe à la question que vous discutez en ce moment, je tiens à vous donner quelques explications sur la façon dont nous sommes volés, non seulement par les compagnies minières, mais par le gouvernement.

Depuis 1894, les mineurs et, depuis la nouvelle modification à la loi, les ardoisiers, sont assujettis à une loi en vertu de laquelle on retient 2 0/0 sur nos salaires. En vertu de la nouvelle loi dont vous avez eu connaissance grâce à ce fameux article 12, on propose de nous retenir encore 1 0/0 pour le fonds spécial de majoration.

Eh bien, depuis 1894, nous avons versé une grande somme d'argent; nous n'en connaissons pas le chiffre exact; nos différents secrétaires ont demandé des renseignements, et jamais on n'a voulu les renseigner; mais, d'après les calculs de nos militants, nous avons versé déjà près de 125 millions et il n'a été distribué à nos vieux camarades mineurs que 20 ou 25 millions. Il n'est pas rare, — malgré cette loi qui doit garantir des pensions à tous les mineurs, — il n'est pas rare, dans tous les bassins houillers, de voir de vieux mineurs au-dessus de 55 ans, avoir 12 francs par an!

Cela indique assez le danger qui menace les camarades de toutes les industries. Comme le disait le manifeste de la C. G. T., et quoi qu'en disent certaines éminences socialistes, les versements ouvriers sont onéreux pour les travailleurs et la capitalisation est une véritable escroquerie. Le seul système qui puisse nous donner satisfaction est celui de la répartition; et il me semble, sans entrer dans des détails de fabrication de lois, que vous serez assez conscients pour, vous basant sur l'escroquerie dont sont victimes les mineurs, faire toute l'agitation nécessaire afin que les gouvernements et les patrons ne fassent pas de nouvelles victimes!

La situation des étrangers

LOSOVSKY. *(Il commence par s'excuser de ne pas bien parler français.)* — Je voudrais appeler votre attention sur les dispositions de la loi en ce qui concerne les étrangers. Si les camarades français ont des avantages problématiques, nous, nous n'avons rien du tout. Les ouvriers étrangers payent, c'est entendu, mais ne touchent rien. Sergent a attiré l'attention du Congrès sur cette question; mais il y a un autre point que je voudrais signaler à Sergent : Vous proposez un ordre du jour disant que c'est l'État qui paiera; mais quand vous dites l' « État », vous oubliez de dire que ce n'est pas l'État en réalité, mais bien les ouvriers qui payeront par le système des contributions indirectes; vous n'êtes pas absolument sûrs que demain vous ne paierez pas la boite d'allumettes trois sous...

SERGENT. — J'ai mis : Valorisation du terrain...

LOSOVSKY. — Il faut dire exactement, bien préciser que ce ne doit pas être l'État, qui, lui, peut toujours avoir l'argent avec les contributions indirectes, mais qu'il faut que ce soient les patrons qui payent; il faut retenir, sur les héritages, sur les rentes. Je demande donc que dans l'ordre du jour l'on précise, et qu'on dise que ce seront les patrons, d'une part, et les héritages et rentes, d'autre part.

PÉRICAT. — Quand ce sera le patron qui paiera, c'est encore toi qui paieras!

Discours de Savoie

SAVOIE. — Camarades, la plupart des orateurs qui m'ont précédé à cette tribune sont venus répéter des critiques qui, depuis très longtemps, sont formulées à l'égard de la loi sur les retraites ouvrières.

Le camarade Sergent a apporté des indications conformes à celles qui ont déjà été fournies dans des congrès il y a bien longtemps.

Si l'on prend tous les ordres du jour qui ont été votés depuis déjà une trentaine d'années concernant les retraites ouvrières, on s'apercevra qu'en tout temps les travailleurs ont été contre les versements ouvriers.

A Limoges, en 1895, dans un congrès, on dressait déjà un véritable projet de loi; à Rennes, en 1898, des camarades dressaient encore des projets de loi dans lesquels ils indiquaient où l'État pourrait trouver des ressources pour donner des retraites aux vieux travailleurs : les uns indiquaient le monopole des assurances sur la vie, des assurances sur l'incendie, etc.; d'autres indiquaient l'impôt sur le revenu. Une dizaine de congrès au moins se sont prononcés contre les versements ouvriers. Cela n'a pas empêché, camarades, que le Parlement, ne tenant aucun compte de toutes ces résolutions, vote une loi contenant le principe des versements ouvriers combinés avec les versements patronaux et la contribution de l'État.

Mais, camarades, toutes ces résolutions étaient votées avant que la loi n'existe. Il y a maintenant une situation qui change, et je crois qu'il serait maladroit de vouloir demeurer sur la même position qu'avant le vote de la loi; car, camarades, sans vouloir renier rien du passé, sans vouloir déjuger nos votes précédents, nous sommes obligés de reconnaître qu'il y a une situation nouvelle, et qu'en raison du vote de cette loi, il faut que nous usions d'assez de diplomatie pour empêcher qu'à un certain moment, nous ne nous trouvions dans une mauvaise posture. Si jusqu'à présent nous avons pu résister à l'application de la loi, qu'est-ce qui peut nous garantir que nous pourrons toujours y résister? Si nous avons pu réussir à empêcher le gouvernement d'appliquer la loi, c'est que les patrons eux-mêmes n'en étaient pas très partisans; mais qui nous dit que la situation ne va pas changer? Il pourrait en résulter des dangers pour nous, si aujourd'hui, tout en maintenant nos affirmations du passé, nous ne prenions pas une résolution qui nous permette d'obtenir une situation meilleure.

Il faut que nous prenions une position catégorique à l'égard de la loi : Ou il faut proclamer que nous sommes contre la loi tout entière et que nous ne voulons pas de modifications à cette loi tant qu'elle reposera sur des versements ouvriers, — ou il faut dire que nous voulons telle ou telle modification. Nous ne repoussons pas le principe des retraites — et cela a été dit et il faut l'affirmer à nouveau. Il est utile d'affirmer catégoriquement dans un ordre du jour que nous sommes contre les versements ouvriers, ou alors déclarer : « Nous acceptons la loi à la condition qu'on supprime la capitalisation et qu'on la remplace par la répartition, et que cette loi prévoie l'invalidité. » C'est cela qui est dit dans l'ordre du jour du Comité confédéral, et je voudrais bien qu'on discute sur cet ordre du jour. Le Comité confédéral a pris une résolution, le Congrès doit dire si le Comité confédéral a eu raison de voter cet ordre du jour qui ne repousse pas catégoriquement les versements ouvriers, qui ne repousse pas, en conséquence, la loi des retraites — c'est ce qu'il ne faut pas oublier.

PÉRICAT. — Il faut le lire.

SAVOIE. — Voulez-vous me permettre de le lire?

Le Comité confédéral, réuni le 11 juin, après avoir examiné les modifications apportées à la loi du 5 avril 1910 par la loi de finances du 27 février 1912;

Constate que, grâce à l'ardente et longue agitation poursuivie par la C. G. T., le Parlement et le Gouvernement ont été contraints d'introduire dans ladite loi certains changements;

Déclare dès l'abord qu'il ne saurait se déclarer satisfait desdits changements :

1° Parce que versements, cartes et principe de la capitalisation étant maintenus, il considère qu'aucune amélioration fondamentale n'a été apportée à la loi qui, ainsi, reste basée sur la plus dangereuse spéculation capitaliste;

2° Parce que le taux de la retraite, déjà dérisoire, se trouve encore diminué dans les proportions suivantes : la loi du 5 avril 1910 accordait au retraité un maximum de 393 fr. 87, tandis que les modifications fixent ce maximum, pour le même retraité, à 297 fr. 44, soit une diminution du taux de la retraite de 96 fr. 43;

3° Parce que le versement de l'État constitue un effort dérisoire; que chaque année, un milliard et demi est gaspillé pour des œuvres de destruction et de carnage;

Pour ces raisons essentielles, le Comité confédéral répète que son opposition reste entière, tant que des modifications plus profondes, en conformité des résolutions des congrès confédéraux, n'auront pas été apportées;

Il décide de continuer son agitation en redonnant à sa campagne une vigueur nouvelle;

Par voie de meetings et d'affiches, il portera à la connaissance de la classe ouvrière et paysanne l'insuffisance caractérisée des modifications apportées;

Le Comité confédéral ajoute qu'il appréciera en temps opportun le projet de loi annoncé par le ministre du Travail, portant sur l'institution qui devra apporter aux travailleurs devenus infirmes et quel que soit leur âge, un taux de retraite qui, à ses yeux, doit constituer *un minimum*.

SAVOIE. — On commençait déjà à accepter la loi.

Eh bien, camarades, je ne sais pas si je me suis trompé. En certaines circonstances on réclamait la *répartition contre* la capitalisation. Cela ne peut être que la répartition des versements. On ne peut pas parler de répartition sans parler de versements. Il est donc nécessaire qu'il y ait aujourd'hui quelque chose de plus catégorique qu'en 1910. Il faut que le Congrès dise s'il veut voter l'ordre du jour du Comité confédéral, et s'il est contre la loi des retraites, le dire nettement et *ne pas tourner autour. Je demande qu'une* discussion soit ouverte sur l'ordre du jour du Comité confédéral, qui laisse entrevoir que peut-être la loi sera modifiée, ce qui laisse supposer que peut-être la loi pourra être applicable.

Discours de Le Guéry

LE GUÉRY. — La question qui se pose est celle de savoir si on est contre la loi des retraites, contre toute loi de retraites, ou si on veut accepter une loi de retraites.

Tout à l'heure des camarades venaient dire qu'ils étaient contre la loi, et après cette déclaration, ils envisageaient les possibilités d'obtenir de plus grands avantages. C'est d'un illogisme parfait. Et la question posée par Savoie est la véritable. Il faut savoir si le Comité confédéral a voulu décider de marcher contre la loi ou, au contraire, y voir apporter des modifications. Il s'agit donc de déterminer dans quelles conditions nous voudrions la voir se parfaire et quelle est l'action que nous avons à mener.

J'estime pour ma part que, puisque nous avons voulu la répartition jusqu'à présent, il est nécessaire que les versements ouvriers soient effectués. Au point de vue philosophique, en effet, on peut déclarer que le travailleur créant tout dans la société a droit, de la part de cette société, lorsqu'il ne peut plus travailler, à l'assistance pour ses vieux jours. Mais au point de vue matériel, il n'en est pas de même. Il faut, si nous voulons répartir, que des sommes aient été versées, que les versements ouvriers soient effectués.

D'autre part, si nous ne pouvons pas arriver à cette répartition, doit-on combattre la loi ou essayer de l'améliorer encore? Nous avons obtenu certains bénéfices, grâce à l'action que nous avons menée, la réduction de l'âge à 60 ans. Cela nous donne déjà une certaine satisfaction. Nous voudrions arriver à l'âge de 55 ans. Nous devons prendre une résolution à ce sujet.

Il faut aussi prévoir les retraites après accidents du travail, pour ceux qui ne pourraient pas, par suite d'accidents de ce genre travailler jusqu'à l'âge normal de la retraite. Il faut que nous insistions pour que les promesses en ce sens soient réalisées. Il faut de même que nous disions, non pas que les ouvriers étrangers ne versent plus, mais versent au même titre que les autres, et sans s'occuper si dans leur pays il y a des retraites semblables à celles des travailleurs français, qu'ils aient les mêmes droits, ayant les mêmes charges; les mêmes avantages, puisqu'ils auront coopéré au commerce français au même titre que tous.

SERGENT. — Même s'ils viennent à 50 ans en France?

LE GUÉRY. — Il y a un point sur lequel nous devons attirer l'attention du Congrès : c'est celui de la reversibilité d'une part de la retraite de l'homme sur celle de sa femme. Jusqu'à présent, on a trop oublié la compagne du travailleur. Le jour où les femmes sont sans mari, elles se trouvent dans l'impossibilité de vivre. Si elles ne veulent pas mourir de faim, elles sont obligées de se suicider sur le cadavre de leurs maris. Et pourtant, elles ont coopéré aux versements qui ont permis à la loi des retraites ouvrières d'exister. Il faut qu'au même titre que tous les fonctionnaires, que les députés ou les sénateurs, les ouvriers puissent avoir l'espoir que leurs femmes toucheront lorsqu'ils seront décédés.

Je demande au Congrès confédéral d'insister sur ce point. Alors nous pourrons prendre une résolution ferme. Disons : nous voulons que les promesses qui ont été faites soient tenues, et si, à la date du 1er janvier 1913, les législateurs et le gouvernement n'ont pas fait le nécessaire pour nous donner toutes les satisfactions que nous demandons, nous nous refuserons à verser à la loi des retraites et engagerons tous les travailleurs à ne pas verser.

Il y a une action à exercer. L'organisation que je représente m'a donné mandat de mener cette agitation jusqu'au 1er janvier 1913, en déclarant que si à cette date les promesses faites ne sont pas tenues, nous refuserons désormais de participer à la loi des retraites et la contrecarrerons toujours jusqu'à ce qu'elle nous donne satisfaction.

Intervention de Dudilieux

DUDILIEUX. — Camarades, je viens simplement demander au Congrès de se prononcer en faveur de l'ordre du jour du camarade Sergent que j'ai signé. Nous considérons que depuis qu'on a voulu nous gratifier du généreux cadeau qu'est la loi des retraites, nous passons notre temps, à la C. G. T., à discuter sur les dispositions mauvaises de cette loi. Or, la proposition Sergent, en demandant non seulement des améliorations, mais la réforme totale de cette loi, nous dispensera à l'avenir de discuter sur ses dispositions. Cette proposition n'implique pas que nous soyons contre le principe des retraites. Nous ne nous opposons nullement à ce que, dans l'ordre du jour présenté, on fasse des objections prévoyant des retraites égales pour les invalides, quel que soit l'âge auquel survient leur invalidité. Nous considérons également qu'à l'heure actuelle la Confédération Générale du Travail recherche la plateforme qui pourrait rallier tous les ouvriers syndiqués et non syndiqués. Je considère que l'ordre du jour présenté est susceptible de rallier tous les ouvriers, qu'ils soient adhérents ou non à nos organisations. Songez enfin à la fâcheuse posture de ceux qui sont en discussion ouverte contre ce que nous avons toujours considéré comme une formidable escroquerie.

Il faut se mettre d'accord

ANTOURVILLE. — Je suis, pour ma part, très heureux que le camarade Savoie ait ouvert la discussion sur ce point particulier de la loi des retraites ouvrières. Il m'aurait été pénible que de ce congrès ne sorte pas une orientation très nette et catégorique à ce sujet et que l'on put croire que les travailleurs ne s'entendent pas sur la marche à suivre vis-à-vis de la loi.

Savoie nous dit en somme qu'en présence des modifications acquises il ne faudrait pas, en quelque sorte, mettre en opposition la Confédération Générale du Travail et le prolétariat. Il ne faudrait pas que la Confédération, après la campagne qu'elle a entreprise, soit tenue en échec par le gouvernement. Il faudrait, cependant, que nous n'oubliions pas que la C. G. T., lorsqu'elle se trouve en présence d'une loi, se trouve toujours dans l'obligation de faire de l'opposition à cette loi. Ne nous a-t-on pas dit, dès le commencement de la loi des retraites, qu'il y avait là un danger? N'avons-nous pas, dans nos milieux, développé cette opinion qui est exacte ? Et nous dirions, aujourd'hui, qu'on peut, avec quelques modifications, adopter la loi et en favoriser l'application ?

Nous sommes d'accord sur ce point que la répartition soit adoptée et sur cet autre que les invalides bénéficient de la loi quel que soit l'âge où survient leur invalidité. Nous sommes également d'accord pour que le taux des retraites soit plus élevé. Il est dérisoire actuellement. La loi des retraites qu'on nous apporte peut-elle nous donner une amélioration? Loin de là. De toutes les conférences que nous avons entendues, il ressort nettement que nous sommes autant victimes de cette loi des retraites que de toutes les autres lois, et que nous devons maintenir nos positions contre elle. Nous devons faire opposition à cette loi le plus possible. Nous n'avons pas à craindre l'application même de la loi. Il faut qu'il ressorte, des résolutions que nous prendrons, que si cette loi est appliquée nous la subirons, mais qu'on ne puisse pas dire que, dans nos congrès, nous l'avons acceptée. Nous ne devons pas en vouloir tant que des modifications plus profondes ne seront pas intervenues.

Il faudrait que nous soyons aussi d'accord sur ces modifications profondes à y apporter. Est-ce que le Comité confédéral est d'accord avec le camarade qui demande de ne pas accepter l'âge fixé par la loi, mais de le réduire et qu'en cas d'invalidité, on ait droit également à la retraite? Quand il y a un cas d'invalidité, je considère qu'on a atteint l'âge de la retraite puisqu'on ne peut plus travailler.

Nous sommes d'accord sur la suppression de tout livret. Il faudra donc que dans les modifications plus profondes que nous demanderons soient comprises toutes les réserves que différents camarades et moi-même avons apporté à cette tribune.

Je voudrais aussi que l'on fixât une date à laquelle nous pourrions, en quelque sorte, avoir une entrevue avec les travailleurs pour leur dire, au moment convenable, s'ils doivent décidément verser ou ne pas verser. Jusqu'à ce moment, la C. G. T. doit rester sur ses positions. Autrement, il me semblerait que, pour mon compte personnel, je suis quelque peu facile à la détente, car j'ai eu une attitude quelque peu provocante au début, lorsque, selon l'esprit de la C. G. T. et de la campagne contre la loi, je me suis opposé à cette loi dans tous les milieux où j'ai pénétré. Nous ne saurions, dans un ordre du jour, être trop catégorique ici.

Yvetot dépose un ordre du jour

Yvetot. — Camarades, on a eu raison de dire ici qu'il n'était pas nécessaire de refaire les conférences que nous avons faites ailleurs sur les retraites ouvrières. Vous savez que la C. G.T. a tout fait pour obtenir au moins la presque unanimité des travailleurs contre la loi des retraites ouvrières. Nous y sommes à peu près parvenus. Et il s'ensuit qu'aujourd'hui, ici, mieux qu'il y a deux ans à Toulouse, nous pouvons préciser notre orientation et notre but. Je suis pour les positions nettes et pour tout ce qui ne complique pas, pour tout ce qu'il y a de plus simple. Je sais que du Parlement nous n'obtiendrons jamais rien de parfait, et que même si nous l'obtenions ce serait la meilleure preuve que nous sommes incapables nous-mêmes de le pratiquer, car si on examinait toutes les lois ouvrières françaises et qu'on les mette en parallèle avec les lois ouvrières étrangères, on s'apercevrait que nous ne sommes pas les plus pauvres, mais les plus riches. Il n'y a que l'application des lois, l'esprit des lois qui, en France, est véritablement inférieur à ce qui se passe à l'étranger. C'est pour cela que nos prédécesseurs, quand ils ont eu à discuter cette loi des retraites ouvrières, ont commencé à déclarer qu'ils s'opposeraient à tout ce qui demanderait quelque chose à la bourse ouvrière, à la bourse du travailleur. C'était en 1898. Plus tard, quand il y eut un projet de loi Guieysse-Escudier, etc., etc., les congrès se sont prononcés, et d'une façon plus large que nous ne nous sommes prononcés nous-mêmes, soit qu'ils avaient moins le souci de réunir la presque unanimité des travailleurs sur un ordre du jour qui puisse concrétiser la lutte, soit pour d'autres motifs. A Toulouse, nous voulions que la lutte s'engage contre la capitalisation. Je crois que nous pouvons dire toute notre pensée. Je l'ai dite en ce qui me concerne, je n'ai pas adhéré à la loi et j'ai fait tout ce que j'ai pu pour être en conformité de vues avec mes camarades du Comité confédéral. Aujourd'hui, je crois que nous pouvons aller plus loin, et puisqu'il est bien établi que jamais le Parlement ne nous donnera quelque chose, nous avons la porte ouverte pour une belle et longue lutte. Quand les retraites ouvrières ont été votées, elles l'ont été par raccroc. Il y avait, au Parlement, une fraction de gens qui ne pouvaient pas se présenter devant leurs électeurs avec du sang jusqu'au coude. Il fallait rabattre les manches pour qu'on ne voie pas qu'il y avait à leur actif les traces des drames de Draveil, de Raon-l'Etape, de Narbonne, etc. Une autre fraction, celle de nos amis les socialistes, voulait également boucler la loi parce qu'il fallait également se présenter devant les travailleurs avec quelque chose de fait et démontrer, surtout, que c'était par la poussée socialiste que les radicaux avaient enfin voté cette loi.

La C. G. T. a pris note des bonnes intentions des parlementaires et a su démontrer à tous ceux qui devaient profiter de cette loi, quel en était l'esprit, et le piège, je pourrais presque dire l'infamie, car c'est toujours une infamie de se foutre des gens qui méritent un peu plus de considération de la part de ceux qu'ils payent.

C'est pourquoi, sans autres discours, je déposerai, au nom des organisations que je représente et non au nom de la Confédération, l'ordre du jour que voici :

Le Congrès, satisfait de la belle campagne menée par la C. G. T. contre la loi d'escroquerie des retraites et des résultats obtenus ;

Déclare nécessaire de continuer la lutte pour obtenir une logique retraite ouvrière en protestant non seulement contre le système de capitalisation, mais encore contre une répartition qui semblerait plus ou moins équitable mais toujours inacceptable puisqu'elles résulteraient des cotisations ouvrières ; en protestant enfin contre tout système de vexations comme celui de la carte et contre tout système de limitations dérisoires comme ceux de l'âge et du taux indiqués par cette loi ;

Le Congrès décide donc d'intensifier encore la propagande contre cette loi jusqu'à ce qu'on ait compris que celui qui a contribué à la richesse sociale doit être à charge de cette société aussitôt qu'il ne peut plus travailler, quelle qu'en soit la raison, pourvu qu'il soit dans le besoin.

Signé : YVETOT.

Ce n'est pas en opposition avec mes camarades du Comité confédéral que je dépose cet ordre du jour, mais seulement dans l'intention de rallier le Congrès sur un ordre du jour qui serait à peu près dans le même sens que l'ordre du jour confédéral ; cependant, si vous vouliez celui-ci plutôt que celui-là, je ne ferais pas la moindre difficulté à retirer le mien et à ne pas le soumettre à vos voix. (*Applaudissements.*)

Péricat revient à la tribune

PÉRICAT. — Tout à l'heure, j'avais dit au Congrès qu'il n'y avait pas lieu de faire ici de conférence sur les retraites, car nous étions suffisamment édifiés. Je suis dans l'obligation de revenir à la tribune à la suite de l'intervention de Savoie qui a mal interprété la pensée des orateurs qui l'ont précédé. Nous n'avons jamais dit que nous étions contre la loi, tout au moins au nom des organisations que nous représentons. Dans tous les congrès, et notamment dans celui de Toulouse, on a dit : la loi est bonne dans son principe et mauvaise dans ses dispositions. Voilà, je crois, des phrases qui se trouvent dans l'ordre du jour de Toulouse. Nous avons répété dans tous nos discours, à la Conférence des Bourses, que nous étions partisans de la loi des retraites, mais que notre opposition continuerait à se faire sur tous les points que nous avons déterminés, et cela l'ordre du jour Jouhaux le rappelle en détail.

YVETOT. — Il n'a pas parlé encore.

Péricat. — L'ordre du jour que Jouhaux a entre les mains est l'ordre du jour voté par le Comité confédéral à la suite d'une longue discussion. Cet ordre du jour me donne satisfaction. L'ordre du jour Yvetot me donne également satisfaction, car il est la confirmation de l'ordre du jour confédéral. Jamais nous n'avons dit que nous étions contre la loi, mais toujours nous nous sommes prononcés contre les versements ouvriers. Que des camarades interprètent la loi, nos déclarations et les décisions de nos congrès comme ils veulent, c'est leur affaire. Pour ma part, je répète que la loi est mauvaise. Nos congrès se sont prononcés. Nous avons déterminé les changements que nous voulions. Nous ne sommes pas des législateurs, des fabricants de lois. Nous n'avons pas ici à voter des projets de lois. C'est pourquoi je ne veux pas, pour ma part, de l'ordre du jour Sergent. Nous laisserons la loi s'appliquer quand nous la trouverons bonne. Puisqu'elle n'est pas bonne, notre opposition doit être plus formidable que jamais. Je suis d'accord avec Saint-Venant qui a démontré, par des chiffres, la non application de la loi. Dans le Bâtiment, on ne veut pas de la loi des retraites, surtout parce qu'il y a des versements ouvriers. Je demande au Congrès de ne pas discuter longuement sur cette question. Que les partisans de la loi viennent nous dire pourquoi ils en sont partisans et nous dirons ensuite pourquoi nous n'en sommes pas partisans. Je demande au Congrès de décider que le Comité confédéral devra faire une campagne toujours plus intense contre la loi qui est mauvaise et ne peut nous donner satisfaction. Quant au principe, nous en sommes partisans, non pas pour nous-mêmes, mais pour la masse ouvrière qui réclame des retraites.

La voix des *Marins*

Rivelli. — Je suis un adversaire résolu de la loi telle qu'elle est, mais je suis partisan d'une action pour modifier et transformer cette loi. Elle ressemble, votre loi des retraites, étrangement à notre loi à nous, inscrits maritimes, à notre caisse des invalides qui fut créée par Colbert et fut constituée de la façon suivante : devaient participer à sa constitution tous les gens de mer sans distinction, par un versement de deux ou trois sous sur les salaires de l'époque. Les prises de guerre — nous étions au temps des pirates...

Une Voix. — Ça n'a pas changé !

Rivelli.— ...les dons de particuliers, venaient s'ajouter à ces versements des intéressés. L'Etat ne devait rien verser. Cette loi nous fut imposée, nous fûmes obligés de la subir, et elle ressemble à la vôtre en ce sens que c'était une retraite pour les morts. Elle disait : 25 ans de navigation et 55 ans d'âge. Et cette retraite resta, de 1681 à 1881, de 70 francs par an ! Notre caisse des invalides était la plus riche de l'Etat puisque tous les gouvernements, depuis Louis XV jusqu'à notre troisième République, y puisèrent tellement que l'Etat devait aux inscrits maritimes la somme de 436 millions.

Je suis monté à la tribune pour montrer aux camarades qui ne comprennent pas encore pourquoi la C. G. T. est adversaire résolue de la loi, que la C. G. T. a raison parce qu'elle peut s'appuyer sur des arguments que des parlementaires ont développé à la tribune et qu'elle peut dire aux ouvriers : voyez du côté des inscrits maritimes, et ne faites pas comme eux.

Nos parlementaires n'ont jamais fait que des lois bâtardes. Je ne veux pas ici en faire la démonstration pour quelques lois récentes. Mais n'est-elle pas bâtarde notre loi de 1908 qui dit qu'un inscrit maritime ayant versé pendant 24 ans, 11 mois et 15 jours et mis dans l'impossibilité de naviguer avant d'avoir tout à fait terminé ses 25 ans de versements, aura perdu tous ses versements et ne touchera pas un sou ?

J'ai rencontré des femmes de marins qui avaient perdu en mer le mari et quatre enfants et qui touchaient par an 20 francs de secours !

Cette loi de la caisse des invalides, qui était mauvaise, nous l'avons modifiée à force d'action. En 1881, Gambetta augmenta cette pension de 25 francs, puis la porta de 70 francs à 104 francs. De 1881 à 1905, nos congrès déposèrent des vœux que les parlementaires mirent au sac à papiers inutiles. En 1905, une campagne commença dans notre corporation, qui eut pour résultat de porter la pension de 104 à 360 francs, et, depuis le 14 juillet 1908, nous pouvons donner à nos camarades inscrits maritimes de 4e catégorie une pension qui peut aller jusqu'à 636 francs par les majorations que l'on accorde.

Je suis, je le répète, contre la loi des retraites ouvrières, telle qu'elle est. Mais je ne suis pas contre le principe parce que j'estime qu'en l'état actuel des choses le prolétariat a beau protester et inviter les parlementaires à faire du bon travail au lieu d'en faire du mauvais, on lui impose des lois dont il ne veut pas. Je suis de ceux qui déclarent que la Confédération Générale du Travail a raison de dire qu'elle n'est pas contre le principe de cette loi, mais contre ses dispositions et je lui donne encore raison quand elle veut convier le prolétariat à une action virile contre cette loi, telle qu'elle est.

Ce que nous avons pu réussir à faire, nous inscrits maritimes qui ne sommes qu'une poignée, je crois que les confédérés tous ensemble l'obtiendront à plus forte raison et pourront arriver à transformer cette loi des retraites. C'est ce à quoi je vous invite.

Je me rallierai donc à une proposition qui aura pour but d'apporter des modifications à la loi des retraites, en sauvegardant, bien entendu, tous les principes syndicalistes qui nous font mouvoir. Encore une fois, camarades, rappelez-vous notre caisse des invalides. Et ayez, comme moi, l'espérance de voir un jour, par l'action du prolétariat lui-même, des retraites ouvrières appliquées selon vos désirs et selon vos droits.

Réplique de Savoie

SAVOIE.— Je n'ai qu'un mot à dire. Vous me permettrez bien, puisque c'est moi qui ai amené la discussion sur ce point particulier de la loi des retraites, de répondre aux orateurs qui m'ont précédé. J'accepterai l'ordre du jour du Comité confédéral, s'il est proposé à nouveau ici, parce que dans son dernier alinéa il dit que le Comité confédéral appréciera, en temps opportun, le projet de loi annoncé.

Cet ordre du jour donnera donc la possibilité, par la suite, de se prononcer un jour sur une loi des retraites. Je ne voudrais pas de l'ordre du jour du camarade Yvetot parce que, tout en faisant une charge à fond contre le gouvernement, il déclare, dans le dernier alinéa, qu'il acceptera la loi des retraites quand elle donnera satisfaction. Cela est trop vague, et j'aime mieux empêcher la confusion qui s'est produite depuis un an et demi sur la loi des retraites ouvrières. On ne se comprenait plus. Nous étions tous d'accord et malgré cela il y avait sans cesse des confusions. Il faut donc qu'une ligne de conduite catégorique soit donnée à la Confédération Générale du Travail pour qu'il n'y ait plus d'équivoque.

Je déclare enfin que si on donne la reversibilité, j'accepterai les versements ouvriers.

Jouhaux dépose l'ordre du jour du Comité confédéral

JOUHAUX. — Camarades, si nous présentons à nouveau l'ordre du jour voté par le Comité confédéral, ce n'est pas pour répondre à des combinaisons, comme l'insinuaient certains camarades, c'est parce qu'il nous semble logique que les décisions prises par le Comité confédéral, se rapportant à l'application des résolutions de congrès, soient soumises à la ratification des assises nationales de nos organisations et confirmées ou infirmées par elles. Nous vous demandons de nous dire si nous avons bien fait en tant que

Comité confédéral, alors que des modifications nouvelles étaient apportées à la loi et qu'une situation nouvelle était créée, si nous avons bien fait, dis-je, de prendre telle et telle résolution et si ces résolutions étaient conformes à l'esprit et aux intérêts des organisations ouvrières que nous représentons au sein du Comité confédéral. Telles sont les raisons qui motivent la présentation de notre ordre du jour; nous vous le présentons également, parce qu'il précise l'effort des organisations ouvrières, parce qu'il fixe les résultats obtenus, en raison de notre agitation et de notre action, et enfin parce que demain nous pouvons nous trouver en face d'une situation nouvelle que l'ordre du jour du camarade Yvetot ne prévoit pas.

Yvetot. — Mais si! Je prévois tout!

Jouhaux. — Le ministre du Travail a déclaré qu'il était en train d'examiner un projet de loi portant sur l'invalidité. Le Comité confédéral doit pouvoir se prononcer sur ce projet quand il le connaîtra. L'ordre du jour qui vous est présenté mentionne ce point. Je me résume en disant que l'ordre du jour du Comité confédéral fixe l'effort des organisations ouvrières en prenant acte des modifications apportées; il déclare que ces modifications n'ont rien changé aux principes mauvais de la loi, que pour ces raisons les travailleurs ne peuvent accepter cette loi; de plus, il réserve nos droits pour l'examen de la situation nouvelle qui pourrait découler demain d'un changement nouveau. Je vous le relis en m'arrêtant sur chaque paragraphe. (*Il donne lecture de l'ordre du jour.*)

Jouhaux. — Vous avez constaté que nous affirmons qu'il ne doit pas y avoir de limite d'âge pour la retraite parce qu'il nous apparaît que celui qui devient infirme doit, quelque soit son âge, jouir d'une retraite. Nous appelons tout particulièrement votre attention sur le cas d'invalidité.

Savoie. — On ne dit pas « versements ouvriers », on dit « versements » tout court. Je voudrais qu'on mette sur l'ordre du jour « contre les prélèvements sur les salaires ouvriers. »

Jouhaux. — Cette modification n'apporte aucun changement dans l'esprit de l'ordre du jour.

Le Président. — Nous avons sept ordres du jour déposés.

Un Délégué. — Je demande la priorité pour l'ordre du jour Jouhaux.

Le Président. — Voulez-vous que nous discutions ces ordres du jour maintenant ou préférez-vous, vu l'heure avancée, que nous en remettions la lecture à la séance de l'après-midi?

Plusieurs Voix. — Cet après-midi!

Le Président. — Pas d'opposition?

Le Président. — J'ai reçu une motion demandant au Congrès de tenir ses séances de 8 heures 1/2 à midi, le matin...

Bled. — Il y a des commissions qui se réunissent.

La séance est levée.

Vœux divers

Au cours de la séance, le Président donna connaissance : d'une proposition de collecte pour les charbonniers en grève de Saint-Malo; d'une lettre des charpentiers en grève de Lyon; d'une proposition en faveur de l' « Avenir Social; » d'un ordre du jour pour l'application de la loi sur les accidents du travail à l'Algérie et aux colonies. (Voir à l'annexe, placée à la suite du compte rendu du Congrès, le texte de ces propositions et les observations présentées.)

8e SÉANCE. — JEUDI 19 SEPTEMBRE (après-midi)

Fin de la discussion sur les Retraites ; Adoption de l'ordre du jour confédéral. — Commencement de la discussion sur l'Antimilitarisme, la loi Millerand-Berry et le Sou du Soldat.

La séance est ouverte sous la présidence de TOUSSAINT (Ameublement), assisté de BOUSQUET (Alimentation) et ROGER (P. T. T.).

Les Retraites Ouvrières (suite)

LE PRÉSIDENT. — Je donne la parole au camarade Dumercq.

DUMERCQ. — Camarades, ce matin, lorsque j'avais laissé mon tour de parole, j'ai cru comprendre que nous restions sur les positions de la Conférence des Bourses de juin dernier, où il a été dit que nous refusions tout versement pour les retraites. A Toulouse, nous ne nous étions pas affirmés de la même façon. Nous avions seulement demandé la substitution de la répartition à la capitalisation. On est venu à cette tribune faire des déclarations qui ne sont pas du tout semblables. On a dit : « Si on modifie la loi dans le sens où la Confédération le demandera, nous accepterons les versements ouvriers. »

Eh bien, nous ne pouvons pas accepter un ordre du jour disant cela. Je suis partisan des retraites, car j'estime qu'un travailleur, qui a participé à faire la richesse sociale, a droit à une retraite pour ses vieux jours, et non pas à un âge uniforme, mais à l'âge où il ne peut plus produire, quelque soit cet âge. Je voterai l'ordre du jour Yvetot s'il le complète dans ce sens.

Nous ne pouvons pas admettre les versements. Car alors les critiques que nous avons adressées à la loi tombent d'elles-mêmes. Nous ne pouvons pas admettre les versements même si on nous donne la répartition et l'invalidité. Il faut une loi de retraites, oui ; mais une loi de retraites qui soit basée sur les besoins des individus. Ne va-t-on pas continuer la campagne contre la loi ? Allons-nous dire à l'Etat : nous allons vous faciliter la besogne ? Allons-nous lui dire : si vous faites ce que nous vous disons, nous accepterons de de verser ?

Il semblerait, d'après les déclarations que l'on a faites ce matin, que la loi des retraites marche déjà sur un grand pied et fonctionne très bien. C'est là une grande erreur, propagée par la presse bourgeoise. La grande presse bourgeoise a fait pas mal de bluff après le vote de février 1912. Lorsque le ministre des Finances a donné le compte rendu de ceux qui payaient et sont véritablement assurés, on a pu voir les chiffres comparatifs baisser sérieusement, et en voici la preuve dans un extrait de la « France de Bordeaux », du 28 février 1912 :

L'accord est fait, dit ce journal, entre les deux assemblées sur le budget de 1912. Comme il contenait des modifications sur la loi des retraites ouvrières et paysannes, ces modifications sont donc votées du même coup. On peut s'y arrêter, car elles en valent la peine.

La principale, celle qui intéresse le plus les futurs pensionnés, consiste à ramener l'âge de la retraite de 65 ans à 60 ans. Par là, le Parlement répond à l'argument le plus fort des adversaires de la loi. Vos retraites sont des retraites pour les morts, disaient les détracteurs. Il y avait dans cet anathème beaucoup d'exagération puisque les statistiques assurent que 50 0/0 des travailleurs dépassent la soixante-cinquième année. Avec le nouveau système fixant la retraite à 60 ans, 61 0/0 des cotisants seront retraités. Si la proportion n'est pas encore parfaitement bonne, elle est sûrement meilleure qu'avec le texte de 1910.

La loi, malgré la campagne menée contre elle, comptait au 1er octobre, nous a-t-on appris, plus de dix millions d'adhérents. Il n'est donc pas possible de parler d'échec.

Néanmoins, tous ceux qui doivent en bénéficier n'y ont pas encore souscrit. L'effort de propagande et de vulgarisation doit être continué.

Un mois après, sur ce même journal « La France de Bordeaux et du Sud-Ouest », du 12 Avril 1912, on pouvait lire ceci :

Les timbres-retraites. — Le « Journal Officiel » vient de publier le bilan de la Caisse des Dépôts et Consignations au 31 décembre 1911.

Dans ce bilan, nous relevons le chiffre relatif à la vente des timbres pour les retraites ouvrières. Le produit de cette vente a atteint 11.088.116 fr. 99.

C'est la valeur des timbres vendus ou, plus exactement, payés par les débitants, et de ceux vendus par les bureaux de poste pendant un semestre, du 3 juillet au 31 décembre 1911.

Or, le versement annuel des assujettis obligatoires est de 6, 9 ou 12 francs, suivant qu'il s'agit de mineurs, de femmes ou d'hommes, et le versement patronal est égal à celui des assujettis. On peut, par conséquent, estimer en moyenne le versement semestriel ouvrier et patronal d'un assuré à 9 francs.

Le produit de la vente des timbres-retraites pour le second semestre de l'année écoulée étant de 11.088.116 fr. 99 centimes, correspond donc à un nombre de 1.232.000 assurés ayant satisfait à la loi.

Rappelons qu'il avait été prévu, quand fût votée la loi des retraites ouvrières et paysannes, 12 millions d'assujettis obligatoires et 2 millions d'assurés facultatifs.

Vous voyez, camarades, que nous sommes loin du chiffre de 10 millions précédemment annoncé. Nous pouvons donc être fiers du résultat que nous avons obtenu. La loi des retraites est considérée comme mauvaise, non seulement par le prolétariat des villes, mais même par le prolétariat rural, et je vais aussi vous en donner la preuve.

Une Voix. — On l'a dit ce matin... L'ordre du jour !

Dumercq. — Lorsqu'on trouve de l'argent pour entretenir des guerres coloniales et que la classe ouvrière le supporte sans protester...

Un Délégué. — L'ordre du jour.

Le camarade Dumercq descend de la tribune.

Million. — Nous restons sur nos positions : refus de versement, suppression du livret, lutte du travailleur contre son patron. Nous ne voulons pas accepter cette loi. Voilà selon moi la signification de l'ordre du jour présenté par le comité confédéral.

Sergent défend son ordre du jour

Sergent. — On me permettra de venir à la tribune défendre mon ordre du jour. J'ai protesté contre les versements ouvriers et je me rangerai volontiers à l'ordre du jour du camarade Yvetot parce qu'il implique que nous n'acceptons pas les versements ouvriers. Quant à l'ordre du jour du Comité confédéral, je voudrais qu'il indique que nous sommes contre la création de l'office des retraites, de ces milliers d'employés qui seraient nécessaires pour enregistrer les paiements pour les morts. Nous ne voulons pas de cela. J'ai oublié un point dans mon ordre du jour. C'est l'invalidité. Mais nous sommes tous partisans que lorsqu'un travailleur, à 40 ans ou à 50 ans, deviendra invalide, il puisse jouir de la retraite. On disait ce matin : Et l'ouvrier étranger ? Il est évident qu'il faut faire une différence entre l'ouvrier étranger venu de bonne heure en France et y ayant toujours travaillé jusqu'à l'âge de la retraite et l'ouvrier étranger venu seulement travailler quelques années avant d'avoir atteint cet âge. Je demande qu'on s'en tienne à la décision de la Conférence des Bourses qui disait : La Conférence décide de faire échec à cette loi basée sur des versements ouvriers. Nous prenons des ordres du jour qui servent de loi à la classe ouvrière. Il y a assez d'argent, il y a assez d'or, pour permettre aux ouvriers de ne pas crever de faim, sans les astreindre à rogner leur maigre salaire pour des versements.

Une autre conception

GIBAUD (*Bordeaux*). — Camarades, ce matin, lorsque j'ai voulu me faire inscrire dans la discussion générale, la clôture était votée. Je tiens cependant à venir dire ici, à propos de la discussion des ordres du jour, qu'un certain nombre de mes amis et moi nous n'avons pas abandonné l'opinion que nous avons manifestée au congrès de Toulouse. On faisait appel ce matin aux partisans de la loi. Mais il n'y a pas, dans ce congrès, de partisans de la loi. Il y a simplement, et il ne peut y avoir, que deux théories en présence. Nous reconnaissons tous que la loi est mauvaise, qu'elle est insuffisante. On vous dit — c'est la thèse de notre camarade Jouhaux — qu'il n'y a qu'une façon d'améliorer la loi, c'est de tâcher d'y faire échec, c'est de travailler à provoquer l'échec de la loi et à en empêcher l'application. Nous disons, nous : il y a là une besogne négative que la Confédération Générale du Travail ne pourra pas efficacement assurer. Nous sommes 500.000 inscrits. Il y a une masse énorme de travailleurs que vous ne touchez pas dans les campagnes, par votre propagande, et ces travailleurs ruraux vont adhérer à la loi, et lorsqu'ils auront fait leur adhésion, ils iront porter leurs cotisations à des caisses de mutualité et à diverses autres caisses. Nous ne voterons pas l'ordre du jour parce que nous pensons que même les objections contre les versements ouvriers ne tiennent pas. Vous avez la faculté de venir gérer les fonds versés, vous avez une part de gestion dans les versements et même de contrôle. A ce sujet, permettez-moi de le dire, nous voyons avec satisfaction, dans l'ordre du jour confédéral que déjà, à propos de l'invalidité, le Comité confédéral a admis qu'il puisse y avoir des versements ouvriers. On l'avait admis déjà à Toulouse, où la bataille avait été menée sur la capitalisation et la répartition. Eh bien, nous déclarons qu'il ne peut y avoir de gestion et de contrôle efficace de la part de la classe ouvrière qu'autant que la classe ouvrière apportera ses versements. Cette loi est organique, elle sera ce que vous la ferez.

Il n'y a pas une loi qui n'ait été déclarée, à l'origine, comme un danger pour la classe ouvrière. Tenez! La loi de 1884, que nous défendons tous, est-ce que, à son origine, elle n'a pas été attaquée par tous les éléments ouvriers et les organisations ouvrières ?

C'est par une action énergique et tenace que vous pourrez modifier et améliorer cette loi des retraites ouvrières qui nous occupe aujourd'hui. Nous vous disons : prenez garde! Nous n'avons pas présenté d'ordre du jour parce que les positions sont déjà prises dans ce congrès et nous ne voulons pas jouer à ce petit jeu du dépôt d'ordres du jour pour se compter dans des votes, mais nous venons ici dire et répéter notre point de vue. Nous sommes pour la capitalisation et nous ne comprenons pas la contradiction de ceux qui réclament la répartition et qui en même temps ne veulent pas de versements ouvriers ; que veulent-ils répartir alors?

UNE VOIX. — Le budget !

GIBAUD. — Le budget ? Je m'y attendais ! Mais ce sont les Chambres qui le votent. Si on accorde des retraites par la voie du budget, ce ne seront pas alors de véritables retraites ayant pour nos organisations la valeur organique que je vous disais tout à l'heure.

Nous avons des difficultés nombreuses, et chacun le sait bien, pour toucher par notre propagande les milieux ruraux, réfractaires, et je vous dis qu'il y a là la possibilité, pour tous les propagandistes des syndicats de toucher et d'organiser la classe paysanne, réfractaire jusqu'à ce moment. Certains parti-pris s'atténueront comme des parti-pris se sont atténués depuis Toulouse. On parle de versements pour l'invalidité. On admettra les versements pour les retraites. Vous n'êtes pas des doctrinaires à ce point que vous puissiez négliger les contingences et les milieux et je vous déclare que vous serez obligés d'admettre les versements ouvriers et aussi ce gros morceau : la capitalisation. (*Applaudissements.*) Vous l'admettrez pour cette raison, qui semble presque naïve et puérile, qui ressemble à une Lapalissade : la capitalisation est nécessaire parce que nous sommes en régime capitaliste. (*Rires.*)

Ah ! çà vous fait rire ! Hélas ! c'est la raison principale. Vous ne pouvez pas faire abstraction du milieu. Vous l'avez bien vu quand vous avez discuté à propos de la Maison des Fédérations. On a bien vu, à ce moment, que vous teniez compte des contingences et du milieu, en discutant sur la propriété de la Maison des Fédérations ou de la Maison des Syndicats !

Dans la société capitaliste actuelle dans laquelle va fonctionner la loi des retraites, vous ne pouvez rien faire de sérieux, au point de vue de l'intérêt de vos organisations syndicales, si ce n'est pas basé sur la capitalisation. Au surplus, il y a sur ce point les exemples que nous ont donnés les camarades étrangers. Je souhaite que, sur certains points, nous marchions vite pour rattraper les autres. Les Allemands ont fait l'expérience d'une loi de retraites qui fonctionne ; or, il y a les versements ouvriers et la capitalisation. Et nos camarades allemands, comme contre-partie des versements ouvriers et de la capitalisation, ont une partie de la gestion de la caisse des retraites et une partie du contrôle ; et ils demandent, dans une action incessante, que cette partie de gestion et de contrôle soit augmentée. En ce qui concerne l'assurance-maladie, nos camarades allemands demandent qu'eux-mêmes se chargent des versements à la condition d'avoir la direction et la gestion absolue de leur caisse.

Sous l'influence de la vie et des contingences, la C. G. T. réformera, je l'espère, et même j'en ai la certitude, les décisions qu'elle va prendre aujourd'hui, comme déjà elle commence à réformer celles qu'elle a prises à Toulouse. Nous le désirons de toutes nos forces. Vous êtes un organisme trop sérieux pour vous confiner dans une action purement négative, qui ne peut guère aider votre recrutement.

Avec cette loi des retraites, vous pourrez désormais parler aux paysans, quand vous aurez réformé votre façon de voir à son sujet. Nous tenons, quant à nous, à prendre notre responsabilité, et à venir dire, qu'à nos yeux, il y a là, avec les versements et la capitalisation, une loi qui a une valeur organique aussi haute que la loi de 1884. (*Murmures.*)

J'exprime une opinion qui n'a pas la majorité du congrès et je prie le Congrès de m'écouter.

Un Délégué. — Vous avez dit que la loi de 1884 a été modifiée. Mais elle n'a jamais été modifiée !

Gibaud. — Eh bien, vous voyez ce que vous en avez fait sans modifications. (*Applaudissements.*)

Jouhaux. — On est sorti de la loi, et c'est ce qu'on nous reproche.

Yvetot. — Il ne s'agit pas de la loi de 1884, mais de celle des retraites, aujourd'hui.

Gibaud. — Je ne crois pas qu'on soit sorti de l'application de la loi de 1884. Il serait difficile de soutenir que nos organisations, créées en vertu de cette loi, ne sont pas légales.

Yvetot. — Il ne s'agit pas d'argent dans la loi de 1884.

Gibaud. — J'espère que la Confédération se décidera à faire entrer ses adhérents, avec leur esprit de combativité, dans le cadre de la loi des retraites, en manifestant dans le sens de l'adhésion à la loi la même ardeur que vous manifestez aujourd'hui pour la besogne d'ordre négatif. Si vous y mettez de la méthode, si vous vous emparez d'une part de la gestion des caisses de retraites, eh bien, vous aurez amené à vous, vous aurez conquis un merveilleux instrument de propagande. Je souhaite que vous vous aperceviez bientôt qu'en faisant autrement vous faites fausse route.

NICOLET. — Je demande au camarade s'il a connaissance d'une loi qui vient d'être votée en Allemagne et qui restreint la part de gestion des ouvriers ?

GIBAUD. — Je ne connais pas cette loi. Le Congrès sait donc que par une loi, le Parlement allemand vient de restreindre la gestion des caisses. Qu'est-ce que cela prouve ? Cela prouve que la gestion et le contrôle ouvriers devaient joliment gêner le gouvernement ! Comment ! vous ne vous sentez pas capables de forcer le gouvernement et l'Etat français à vous accorder des concessions autres que celles que nos camarades ont arrachées à l'Allemagne ! Mais vous manquez de confiance en vous-mêmes !

Jouhaux répond au discours de Gibaud

JOUHAUX. — Il est parfois curieux de suivre au jour le jour les déclarations de camarades qui ne partagent pas notre conception. Hier, nous étions des doctrinaires ! Aujourd'hui, nous sommes des gens qui savons nous adapter aux conditions de la vie et tenir compte des contingences et des milieux. Je vous remercie, camarade Gibaud, de nous reconnaître cette faculté, qu'hier certains nous niaient.

En ce qui concerne les retraites, votre théorie est peut-être très habile ; mais elle ne constitue pas toute la vérité. Avec le Congrès, vous reconnaîtrez que toutes les modifications qui ont été apportées à la loi, modifications que nous ne nions pas, sont le résultat de notre action négative à l'égard de cette loi. Si, tout en permettant aux vieux travailleurs de s'inscrire, nous n'avions pas élevé des protestations, si nous avions immédiatement adhéré à la loi dans l'espoir de la modifier, nous n'aurions certes pas obtenu les satisfactions présentes. C'est parce que la presque unanimité des travailleurs s'est refusée à se soumettre à la loi, c'est quand l'on a constaté que notre campagne était sympathique dans tous les milieux prolétariens, qu'en haut lieu l'on s'est ému et vu obligé d'apporter à la loi les modifications que nous avons enregistrées. Si aujourd'hui nous désarmions, les modifications présentes seraient les seules que nous obtiendrions avant longtemps.

Or, nous voulons des modifications plus profondes à la loi, et pour cela nous devons conserver par devers nous l'arme qui est la plus susceptible de nous les faire obtenir : l'action directe.

Il y a quelque temps un journal financier très autorisé a fait une enquête sur la loi des retraites allemandes. Dans l'exposé de cette enquête, il déclarait qu'étaient déposées sur le bureau du Reichstag deux propositions de loi, qui tendaient non pas seulement à restreindre la gestion, mais à limiter l'invalidité, ce qui est autrement dangereux. Or, vous savez aussi bien que nous que si on a accepté la loi des retraites en Allemagne, c'est qu'elle joue beaucoup plus sur le principe de l'invalidité que sur celui des retraites pour la vieillesse. Sur 100 retraites servies il y en a à peine 7 qui le sont pour la vieillesse, tandis que 93 le sont pour invalidité. C'est le système de la répartition appliqué sans qu'il soit inscrit dans la loi. Aussi, dans notre ordre du jour, nous qui savons nous adapter aux contingences sociales, disons-nous vouloir examiner le projet annoncé ; et si ce projet est susceptible d'apporter un soulagement véritable à la misère humaine nous l'accepterons. Mais quand nous affirmons cela nous restons toujours dans la même pensée, fidèle à notre tactique et à notre action, qui disent : que pour obtenir des réformes plus profondes, il faut rester en dehors de la loi ; ne pas apporter à l'Etat la possibilité de faire jouer cette loi. C'est seulement quand l'Etat sentira que sa pseudo-réforme est menacée par la résistance ouvrière qu'il la modifiera, car ne l'oubliez pas, la loi doit vivre, si elle ne vivait pas ce serait la faillite complète du démocratisme.

Les ordres du jour

LE PRÉSIDENT. — Plusieurs ordres du jour sont parvenus au bureau. Le camarade Hubert va vous lire celui des Terrassiers.

HUBERT. — Je m'associe à l'ordre du jour confédéral. Voici cependant celui que j'ai le mandat de déposer :

Considérant que le gouvernement n'a mis à son programme les retraites ouvrières que dans le but de se donner une réclame électorale, et d'anémier les efforts des militants dans leur propagande d'agitation constante contre les classes dirigeantes et exploitantes ;

Le Congrès décide d'entreprendre une agitation sans relâche :

1° Contre tous versements ouvriers ;

2° Contre le livret des retraites ;

3° Considérant que toute les richesses sociales ne sortent que du travail, le Congrès ne s'élèverait pas contre une loi qui aurait pour but de faire des retraites à nos vieux camarades, sans distinction, à partir de 55 ans d'âge, qui n'auraient qu'à se présenter aux perceptions des villes ou communes pour toucher leurs retraites sur simple présentation d'un extrait de naissance justifiant de leur âge.

En outre, il est entendu que tout homme invalide, ne pouvant subvenir aux besoin des siens, serait déclaré pouvoir profiter des avantages à partir du jour de l'infirmité.

Signé : HUBERT (*Terrassiers de la Seine.*)

LE PRÉSIDENT. — Le camarade Bousquet va vous donner lecture des autres ordres du jour :

Ordre du jour des Diamantaires

Le XIIe Congrès confédéral déclare que les modifications apportées à la loi du 5 avril 1910 ne peuvent donner satisfaction à la classe ouvrière et que, tant que les promesses gouvernementales ne seront pas réalisées, la C. G. T. aura à s'insurger contre cette loi des retraites.

Le Congrès décide que l'agitation contre cette loi sera continuée tant que le prolétariat n'aura pas satisfaction sur ces points :

1° Suppression de la carte d'identité ;

2° Assujettissement des ouvriers étrangers au même titre que les nationaux ;

3° Abaissement de l'âge du retraité à 55 ans ;

4° Incorporation à la loi des invalides du travail ;

5° Reversibilité.

Signé : E. BOUCHER, LE GUÉRY, PIERQUET.

Ordre du jour Désormeaux

Le Congrès émet le vœu :

Que les travailleurs intellectuels, mis actuellement hors la loi des retraites de 1910, soient admis au bénéfice de cette loi à titre d'assurés facultatifs lorsqu'ils fourniront la preuve :

1° Qu'ils n'ont aucune source de revenus autre que leur gain professionnel ;

2° Que ce gain professionnel ne dépasse pas cinq mille francs.

Signé : R. DESORMEAUX (*Médecine sociale.*)

Ordre du jour du Textile

Le Congrès :

Considérant que les modifications apportées par le Parlement à la loi des « retraites ouvrières et paysannes » ne sont que le résultat de la campagne menée par toutes les organisations ouvrières contre la loi dans sa forme primitive ;

Considérant encore que la loi du 5 avril 1910 accordait, *au retraité*, un maximum de 393 fr. 87, tandis que les modifications fixent ce maximum à 297 fr. 44, soit une diminution du taux de la retraite de 96 fr. 43 ;

Que le versement de l'Etat constitue un effort dérisoire, étant prouvé que celui-ci sait trouver des centaines de millions pour les aventures coloniales, au seul profit de financiers véreux, et annuellement un milliard et demi pour des œuvres de destruction et de carnage ;

Déclare :

Maintenir la protestation des ouvriers organisés contre les prélèvements opérés sur leurs salaires insuffisants, cela d'autant plus que les minimes avantages que la loi contient dans sa forme actuelle sont loin de constituer une sécurité suffisante pour les vieux travailleurs qui ont tout donné à la société, qu'elle les laisse toujours livrés aux aléas d'une existence qui devient de plus en plus difficile ;

Subir la loi, parce qu'il est difficile de faire autrement, et afin de ne pas priver une catégorie de travailleurs des quelques sous par jour qu'elle leur accorde ;

Compter, plus que jamais, sur l'action de la classe ouvrière faisant une pression sur le Parlement pour faire améliorer la loi en étendant l'assurance, non seulement à la vieillesse, mais encore à la maladie, au chômage, toujours plus redoutable, et à l'invalidité ;

Protester contre les manœuvres de pression exercées par les employeurs sur leurs ouvriers, manœuvres qu'il dénonce comme une entrave à la liberté, protestation qu'il maintiendra tant que la loi n'aura pas plus d'efficacité et de bases plus larges.

Signé : LES DÉLÉGUÉS DU TEXTILE.

Ordre du jour de l'Ameublement

Constatant les bons résultats de la campagne confédérale contre la loi des retraites ouvrières et paysannes ;

Le Congrès décide de continuer l'agitation pour faire abaisser l'âge de la retraite à 55 ans, remplacer la capitalisation par la répartition et la suppression des livrets ouvriers.

La tactique confédérale devra les modifier suivant les circonstances éventuelles, afin de ne pas subir un échec, qui ne pourrait qu'être regrettable pour l'organisation.

Signé : L. TOUSSAINT.

Ordre du jour Sergent (Voir p. 164)

Ordre du jour Yvetot (Voir p. 172)

Ordre du jour Confédéral

Le XIIe Congrès confédéral, après avoir examiné les modifications apportées à la loi du 5 avril 1910 par la loi de finances du 27 février 1912 ;

Constate que, grâce à l'ardente et longue agitation poursuivie par la C. G. T., le Parlement et le gouvernement ont été contraints d'introduire dans ladite loi certains changements ;

Déclare, dès l'abord, qu'il ne saurait se déclarer satisfait desdits changements :

1° Parce que, versements, cartes et principe de la capitalisation étant maintenus, il considère qu'aucune amélioration fondamentale n'a été apportée à la loi, qui, ainsi, reste basée sur la plus dangereuse spéculation capitaliste ;

2° Parce que le taux de la retraite, déjà dérisoire, se trouve encore diminué dans les proportions suivantes : La loi du 5 avril 1910 accordait au retraité un maximum de 393 fr. 87, tandis que les modifications fixent ce maximun, pour ce même retraité, à 297 fr. 44, soit une diminution du taux de la retraite de 96 fr. 43 ;

3° Parce que le versement de l'Etat constitue un effort dérisoire ; que chaque année, un milliard et demi est gaspillé par des œuvres de destruction et de carnage ;

Pour ces raisons essentielles, le Congrès confédéral répète que son opposition reste entière, tant que des modifications plus profondes, en conformité des résolutions des Congrès confédéraux, n'auront pas été apportées ;

Il décide de continuer son agitation en redonnant à la campagne une vigueur nouvelle ;

Par voie de meetings et d'affiches, il portera à la connaissance de la classe ouvrière et paysanne l'insuffisance caractérisée des modifications apportées ;

Le Congrès charge le Comité confédéral d'apprécier, en temps opportun, le projet de loi annoncé par le ministre du travail, portant sur l'invalidité, qui devra accorder au travailleur devenu infirme, quel que soit son âge, un taux de retraite qui, à ses yeux, doit constituer un minimum.

CLEUET. — C'est l'ordre du jour du gouvernement !

Ordre du jour Bigot

En raison du grand nombre d'ordres du jour présentés sur la question des retraites ouvrières, il est nécessaire de les faire imprimer et distribuer et de remettre le vote à vendredi matin, 9 heures, pour permettre un vote réfléchi.

Signé : M. BIGOT *(Castres)*.

Explications d'Yvetot

YVETOT.— Je suis certain que l'ordre du jour que j'ai déposé est l'expression même de celui du Comité confédéral. C'est justement parce que j'étais dans le même état d'esprit que Cleuet et que je craignais qu'on dise : « c'est l'ordre du jour du gouvernement, » — que j'ai déposé le mien. Le Congrès est souverain. Ce n'est pas le Comité confédéral qui a à lui dicter une ligne de conduite, mais, au contraire, le Congrès qui doit tracer la ligne de conduite du Comité confédéral. C'est dans cet esprit, qu'au nom des organisations que je représente, j'avais déposé cet ordre du jour. Quand on dit : « Mais le Comité confédéral n'est donc pas d'accord ? » — c'est là qu'est le danger. Il ne faut pas en déduire que nous ne sommes pas d'accord. Quand on est au Congrès, on y représente des organisations qui nous ont donné des mandats. Il n'y a plus alors de Jouhaux, secrétaire de la Confédération, ni d'Yvetot, secrétaire de la section des Bourses. Il n'y a que des délégués des organisations prenant part au congrès et chacun prend part aux travaux du congrès individuellement, non comme secrétaire de la Confédération ou de la section des Bourses, mais comme représentant les organisations qui l'ont mandaté. Voilà le caractère de mon intervention. Tant que vous n'aurez pas admis cela, vous ne pouvez pas empêcher le Comité confédéral d'exprimer son avis en la personne de son secrétaire. Jouhaux a voulu abréger les travaux du congrès parce que le Comité confédéral avait étudié profondément la question ; et ce matin, j'ai bien déclaré que mon ordre du jour je le déposais au nom des organisations que je représentais et non pas au nom de la Confédération. Il n'y a donc pas antagonisme entre les membres du Bureau. Je voudrais que le Congrès soit véritablement un congrès, c'est-à-dire que tout ce qu'il y a de discussions et de décisions vienne d'en bas, comme on dit, et non pas d'en haut, comme on le prétend.

UN DÉLÉGUÉ. — C'est pourquoi tu as proposé toi-même un ordre du jour !

YVETOT. — Je ne me considère pas en haut ici, et j'agis en simple délégué. Je parle au nom des bonnetiers de Ganges, du syndicat des sténo-dactylographes de Paris, des garçons de laboratoire, et des syndicats de la Marine de Lorient, Indret et Brest. Je crois que j'ai bien, comme Bled, le droit de prendre part au Congrès.

UN DÉLÉGUÉ. — Jouhaux aussi !

YVETOT. — Jouhaux aussi, c'est entendu et nous sommes d'accord. On a tort de croire, comme le croit le camarade Cleuet, que quand on parle c'est au nom du Comité confédéral.

UN DÉLÉGUÉ. — Tu donnes raison à des bêtises !

YVETOT. — Non! J'estime que quand un camarade dit quelque chose, il ne dit pas toujours des âneries.

Pour montrer, contrairement à ce qu'on dit, qu'il n'y a pas antagonisme entre les membres du Bureau, je retire mon ordre du jour bien qu'il ait sa signification.

SERGENT. — Alors, je maintiens le mien.

PÉRICAT. — L'ordre du jour du Comité confédéral est venu ici devant le Congrès parce qu'il devait être examiné par le Congrès, après avoir été voté par le Comité confédéral. En le déposant le Comité entendait bien ne pas dépasser la ligne de conduite que lui tracera le Congrès.

En tous cas, sur l'ordre du jour que Jouhaux vous a lu, moi aussi je demande une précision. Jouhaux a déclaré que si le gouvernement nous accorde l'invalidité nous accepterons la loi.

JOUHAUX. — Non, non! J'ai dit : nous l'examinerons préalablement.

PÉRICAT. — Alors, j'ai mal entendu, et par conséquent je suis éclairé maintenant, et je voterai l'ordre du jour confédéral.

Merrheim précise l'ordre du jour du Comité confédéral

MERRHEIM. — Je voudrais préciser dans quelles conditions a été voté l'ordre du jour qui vous est présenté aujourd'hui par le Comité confédéral. Il faut vous rappeler que c'est nous, Fédération de la Métallurgie, qui avons déposé une demande au Comité confédéral où personne ne venait à ce moment-là parler des retraites, ni les réformistes, ni les autres, et la loi allait entrer en application. La Fédération a dit : « Il faut que vous, Comité confédéral, vous ayez une opinion et que vous disiez à la classe ouvrière ce que vous pensez après la campagne que vous avez faite. » Voilà dans quelles conditions l'ordre du jour a été déposé et voté, et je dis qu'on n'a pas le droit d'abaisser la dignité de ces débats en disant que c'est un ordre du jour du gouvernement. S'il n'y avait pas eu l'application de nouvelles dispositions le 2 juillet, vous auriez eu à vous prononcer, non pas sur un ordre du jour du Comité confédéral, mais sur ces dispositions mêmes, sur la situation nouvelle qui était créée. Au sein du Comité confédéral, nous nous sommes ralliés à l'ordre du jour que l'on vous présente aujourd'hui et nous nous rallions encore à l'ordre du jour présenté par le camarade Jouhaux.

Le Vote

LE PRÉSIDENT. — Le camarade Bousquet va vous relire l'ordre du jour du Comité confédéral.

BOUSQUET *relit ledit ordre du jour.*

SERGENT. — Je reprends l'ordre du jour Yvetot que nous allons fusionner.

JOUHAUX. — C'est une malice cousue de fil blanc!

On procède au vote par mandat.

Résultat du vote

Bulletins déposés		1.138
Nuls		40
Votants réguliers		1.098
Pour	909	
Contre	76	
Abstentions	113	

L'ordre du jour confédéral est adopté.

Antimilitarisme ; Sou du Soldat ; Loi Berry-Millerand

LE PRÉSIDENT. — La discussion est ouverte sur l'antimilitarisme. La parole est au camarade Million.

MILLION.— L'antimilitarisme comprend une série de questions qui doivent être examinées attentivement les unes et les autres.

Le Sou du Soldat a appelé tout particulièrement votre attention et, aujourd'hui, il est bon de dire ce que nous devons faire en face des mesures dont sont menacés nos meilleurs militants. Le Sou du Soldat a été considéré comme quelque chose qui pouvait créer un état d'esprit nouveau dans l'armée, le meilleur soutien du capital. Le gouvernement a justement craint qu'au moment décisif, les camarades du Sou du Soldat ne veuillent plus se prêter au rôle qu'on voudrait leur faire jouer. C'est pourquoi la répression sera impitoyable ; mais il sera trop tard, et j'espère bien que tous les camarades créeront le Sou du Soldat là où il n'existe pas et le développeront là où il existe déjà.

Mais il y a autre chose que je veux aborder aujourd'hui. Je laisse à d'autres orateurs la question si passionnante de la loi Berry-Millerand.

S'il est bon de protester énergiquement contre cette loi odieuse, il y a cependant une besogne d'éducation de longue haleine qu'il ne faut pas négliger. Cette besogne consiste presque entièrement dans la création de groupes de Jeunesses syndica'istes. Il s'en est formé qui, quelquefois, ont fait œuvre utile ; il s'en est formé d'autres qui n'ont pas su faire œuvre sérieuse. Il ne faudrait pas que ces groupements de Jeunesses syndicalistes périclitent, se laissent entraîner par des questions de philosophie pure et négligent l'action et l'éducation véritables. Je voudrais voir dans ces groupements de Jeunesses syndicalistes non pas seulement un noyau de jeunes militants révolutionnaires, mais, au contraire, des groupements englobant tous les jeunes qui s'intéressent quelque peu aux questions d'éducation sociale.

Il ne faudrait pas non plus que les groupes de Jeunesses syndicalistes existent seulement dans les grands centres comme Paris, Lyon, Marseille. Il en faudrait dans chaque localité. Et puisqu'ici il y a des représentants de presque toutes les localités de quelque importance au point de vue industriel, des dispositions pourraient être prises pour en créer partout. Partout, il y a des jeunes gens qui peuvent s'intéresser au mouvement et si ces groupes de Jeunesses n'existent pas, c'est par l'incurie et la négligence des militants. Il n'y a peut-être pas de meilleure besogne antimilitariste que celle-là. Il ne s'agit pas de bruit, il ne s'agit pas de bluff, il s'agit d'une œuvre sérieuse, d'une œuvre durable.

Il y a plus encore. Nous voyons que de toutes parts la bourgeoisie, sous tous les prétextes, attire à elle les enfants. Eh bien, nous aussi, les syndicalistes, nous pourrions avoir nos pupilles et, avec le concours de quelques camarades de l'enseignement, qui nous sont sympathiques, faire œuvre d'éducation pour les petits gosses d'ouvriers. Si nous n'attachons pas une grande importance à l'éducation de ces petits cerveaux, d'autres sociétés, des sociétés de gymnastique, des boys-scouts, des sociétés de préparation militaire inculqueront d'autres idées à ces enfants.

Il y a là une question que nous avons négligée dans notre campagne ; nous avons voté des motions énergiques appelant à l'insurrection en cas de guerre ; eh bien, est-ce que nous ne sommes pas en état de guerre actuellement ? Nous ne songeons qu'aux guerres internationales. En deçà de nos frontières, la guerre ne nous frappe plus. Eh bien, il ne faut pas qu'elle nous laisse indifférents. Il faut que la propagande de la C. G. T. se fasse énergiquement devant la guerre marocaine. Il faut que, dans tout le pays, nous déchaînions une agitation intense et que le pays se lève tout entier pour protester contre l'infamie marocaine.

Discours de Bousquet

BOUSQUET. — La question antimilitariste, surtout après l'affaire Rousset et après sa libération et les infamies dont il a été victime, se pose plus que jamais. J'appartiens à des corporations qui, en temps de grève, ont fortement à souffrir du militarisme. Dans nos corporations, nous avons la police et l'armée contre nous, et l'armée non seulement pour maintenir l'ordre mais pour nous remplacer même dans les fournils. Nous ne pouvons faire un mouvement quelconque sans voir immédiatement les fils de patrons qui sont soldats renvoyés dans leurs foyers et recruter des ouvriers boulangers soldats pour nous remplacer. Nous avons protesté contre cet état de choses depuis longtemps.

Pour le Sou du Soldat, je n'en parlerai pas, du fait qu'il est appliqué dans nos organisations. Mais je toucherai deux mots de l'ancien héros de Saint-Mandé qui a appartenu au Parti socialiste autrefois. Je veux parler, tout le monde l'a compris, de M. Millerand, qui a fabriqué la loi des mères de famille que vous connaissez tous. Et je dis : Mère de famille qui a bercé ton enfant aux accents d'une vieille chanson et toi, le père, qui reviens du travail passant la main dans les cheveux blonds de l'enfant, dont le simple sourire te réconforte, toi qui te prives pour lui, toi qui l'as vu grandir, vous autres père et mère qui comptez sur votre gars pour vous aider quand il arrive à l'âge de vingt ans : on vous l'enlève pour l'éternel carnaval militariste, on l'habille de bleu et de rouge et on lui donne à remplir un rôle de valet de chambre, de larbin. On lui fait oublier, chose plus grave, ses camarades d'atelier. On châtre en lui toute l'énergie de l'homme. On en fait un être passif, un être inerte, sans conscience, comme le volant d'une machine quelconque. On lui a inculqué des principes de passivité et d'obéissance, et quand la curée a sonné sur le dos des travailleurs, on a fait du soldat une brute, instrument des capitalistes ; on voit, spectacle anormal, la classe capitaliste assez forte pour faire défendre ses privilèges par les enfants du peuple habillés en soldats. C'est à Dunkerque, toute la troupe mobilisée contre les dockers ; ce sont les marins de l'État remplaçant les inscrits maritimes en grève. M. Millerand, grand patriote, a dit cyniquement à ces père et mère que je citais tout à l'heure : ton enfant, je te le prendrai parce qu'il vient dans les syndicats.

On a senti le mouvement syndicaliste marcher tellement de l'avant qu'on a eu peur des générations futures.

On savait que le jeune syndiqué, avec l'ardeur de la jeunesse, dans les conflits, marcherait de l'avant et, qu'en faisant son devoir, il tomberait quelquefois dans les griffes de la police. Et voilà ce qu'on attendait : la condamnation de ce jeune militant syndicaliste. Mais si cette fripouille de Millerand considère ces hommes comme indignes de faire partie de l'armée, il vaudrait mieux qu'il les refuse. Les jeunes syndicalistes n'en seraient pas mécontents. Mais non ! Il préfère les envoyer là-bas, dans les lieux innommables, où l'on entretient la pédérastie et tous les vices. Le gouvernement ne l'ignore pas, il n'ignore pas que c'est là qu'il deviendra dégoûtant, c'est là qu'il sera démoralisé, complètement transformé en loque humaine et que le jour où il sortira de là, ce sera un être plutôt nuisible dans la société parce qu'il ne pourra absolument rien produire. Devant cela, il devrait y avoir la révolte, non pas seulement des hommes, mais des mères elles-mêmes ; je me rappelle l'histoire romaine, les Sabines arrêtant les combats en s'interposant entre les combattants. L'union des femmes et des hommes ne laissera pas commettre cette nouvelle infamie qu'est la loi Berry-Millerand.

Il y a quelques jours, j'allais faire un pèlerinage, non pas de patriotisme, mais de curiosité, à l'ossuaire de Bazeilles. Et quand je voyais dans ces cave les rangées de crânes allemands et de crânes français, j'en étais absolument indigné. A la réunion de Sedan, le soir même, devant le commissaire de police, je disais : si vous n'êtes pas antimilitariste, allez à l'ossuaire de Bazeilles, vous le serez en sortant.

Devant cet ossuaire, il y a de belles prairies, des plaines, des campagnes verdoyantes. Mais là-dessus, que de mères ont pleuré !

D'un autre côté, les journaux nous ont appris que celui qui, hier, était qualifié d'ennemi — je veux parler de cette brute carnavalesque qu'on appelle Moulaï-Hafid — après avoir fait tomber des Français, là-bas, reçoit aujourd'hui de la France 400.000 francs de rentes. Et on l'a promené comme un défi au peuple français !

Toutes les guerres, toutes les batailles ne profitent qu'aux capitalistes. La Moskowa, Austerlitz, Wagram, Waterloo peuvent être, d'un côté, des victoires officielles, et de l'autre, des défaites officielles, mais toujours pour les bourgeois elles ont été un profit, attirant à eux des millions.

Les mêmes massacres se produisent partout. Il est resté des orphelins en France après Draveil ; il en est resté en Russie, à Moscou et sur les bords de la Néva ; et toujours les gouvernements sont d'accord pour faire intervenir l'armée. Nous devons donc prendre des résolutions, non seulement antimilitaristes, mais internationalistes.

Nous avons supprimé les fictions géographiques. Soyons tous debout contre la loi Berry-Millerand, contre le militarisme et le patriotisme. A bas la guerre et à bas toutes les patries! *(Applaudissements.)*

Discours de Péricat

PÉRICAT. — La question de l'antimilitarisme, du Sou du Soldat et de la loi Berry-Millerand doit être discutée ici et ce ne sont pas des discours de réunion publique que nous devons apporter. *(Applaudissements.)*

Au congrès confédéral de Toulouse, j'avais déposé un ordre du jour qui a été adjoint à l'ordre du jour Jouhaux accepté par le Congrès. Dans ma motion, je disais qu'il y avait lieu, pour les bourses du travail, pour les syndicats, pour les fédérations, de centraliser à la C. G. T. les noms de nos camarades soldats, de façon à créer entre eux un lien de coordination, de solidarité et d'action. Mon intention était justement de ne pas laisser le jeune soldat isolé dans la caserne. Il n'ose pas, dans la caserne, causer à ses camarades, alors que quelquefois, dans une grande ville comme Marseille, Lyon ou Le Havre, il y a dans la caserne deux ou trois cents soldats syndiqués. J'aurais voulu qu'ils puissent se voir et se connaître de façon à faire entrer dans la caserne leur propagande antimilitariste. On a beau dire, on a beau faire, on a beau répéter sur tous les tons que la propagande antimilitariste est illusoire au régiment, on ne peut pas nier — et tous ceux qui ont fait leur service militaire et reviennent du régiment le savent — qu'à tout moment, dans la caserne, retentit le chant de l'Internationale. C'est une indication pour nous que notre propagande a porté des fruits et des résultats. Il y a peut-être danger à faire cette propagande, mais il faut savoir l'affronter : il faut prendre position pour l'antimilitarisme. Tout à l'heure, Bousquet vous parlait de Rousset. Est-ce que pour nous ce n'est pas une indication, une raison ? est-ce que çà ne doit pas faire regretter aux pères et aux mères de famille leur inaction passée ? Le camarade Million disait : il faut créer des Jeunesses syndicalistes. Oui, créons des Jeunesses syndicalistes ; mais pour cela, il faut, dans les syndicats, avoir des cerveaux sains, non pas des pères de famille qui, en réunion publique, font des discours éloquents et enflammés, mais des hommes qui, à la maison, indiquent à leurs enfants quel est leur devoir, quel est le degré de conscience qu'ils doivent avoir pour faire entrer dans les casernes leurs conceptions de militants et de syndiqués. C'est là la leçon à tirer des événements.

Il faut faire l'éducation pour l'avenir. Quoique certains aient dit que l'antimilitarisme était une déviation du syndicalisme, je crois que, dans ce congrès, il n'est pas nécessaire de dire que l'antimilitarisme est inséparable de la question syndicale.

Si nous avions été ce que nous aurions dû être, la loi Millerand-Berry n'aurait pas vu le jour. En 1906 et 1907, période d'agitation de la C. G. T., le gouvernement n'aurait pas osé proposer et faire voter une pareille loi. Le vote de la loi n'est que le résultat de la crise syndicaliste et de l'avachissement de la classe ouvrière. C'est à cela qu'il faut faire attention. Il faut porter notre action dans les syndicats par tous les moyens. Etendons la propagande antimilitariste, souvenons-nous des grèves passées, des Inscrits maritimes, de l'Alimentation, du Bâtiment ; pensons aux bagnes d'Afrique et au martyre d'Aernoult et de Rousset. Notez bien qu'au début, quand nous parlions d'antimilitarisme, on ne voulait pas nous écouter ; les souffrances et les atrocités que nous dénonçions n'existaient pas, nous disait-on. Mais si, elles existent, et vous en avez la preuve, aujourd'hui, par Rousset.

On vous a dit : Vous aurez à vous prononcer et à prendre certaines initiatives contre la loi Millerand-Berry ; vous avez plusieurs moyens. Vous pouvez dire aux jeunes soldats qui tomberaient sous le coup de la loi Millerand-Berry de venir dans les bourses du travail et, à l'abri de nos poitrines, se refuser à partir au régiment. Et vous avez un autre moyen : celui de la désertion.

Eh bien, je ne choisirai, pour ma part, ni l'un ni l'autre.

Le premier serait l'occasion d'une boucherie qui ne donnerait pour nous aucun résultat.

Le second, nous ne pouvons pas le mettre en pratique. Nous ne pouvons pas, tout au moins directement, explicitement, dire à nos camarades : Désertez !

Non. Ce que nous pouvons faire, c'est leur dire : Là-bas, de l'autre côté de la Méditerranée, il y a des bagnes et voici comment ils fonctionnent. Si vous ne voulez pas aller dans ces bagnes, il y a un autre chemin à prendre, celui de la frontière de Suisse, ou d'Allemagne, ou de Belgique ; et de ce côté, voici comment vous vivrez : s'il n'y a pas une loi d'amnistie, c'est pour vous des années et des années sans pouvoir rentrer en France ; si vous rentrez, vous serez pris et vous irez dans les bagnes auxquels vous aurez voulu échapper.

Par conséquent, ce qu'il faut, c'est leur indiquer les dangers qu'ils courent et leur dire : Si vous choisissez l'exil, la désertion, eh bien notre devoir, à nous syndicat, ce sera de vous aider dans la plus large mesure possible ; et si vous acceptez d'aller dans les bagnes, nous vous aiderons encore ; mais c'est à vous de savoir ce que vous devez faire.

Pour moi, je ne voudrais pas dire à des hommes : Désertez ! Car j'ai connu l'exil, je sais l'existence qu'on y mène, et je connais de nombreux déserteurs revenus en France et soumis à la loi.

Avant de conseiller de déserter, il faut réfléchir. On a le droit de déserter soi-même, parce que si on risque la misère on l'a voulu, mais on n'a pas le droit de dire à un autre de déserter, car les souffrances ne seront pas pour celui qui conseillera. Voilà pourquoi je ne me prononce ni pour l'une ni pour l'autre des méthodes proposées. Je me prononce pour donner des indications sur les bagnes d'Afrique et sur l'exil. Je me prononce également pour une campagne plus accentuée pour l'antimilitarisme et l'antipatriotisme. Je me prononce enfin pour une campagne plus forte des militants des syndicats et des ouvriers en faveur de l'éducation des enfants dont ils ne s'occupent pas assez.

Le moyen d'obtenir des résultats, non pas immédiats mais pour l'avenir, c'est d'activer la propagande, pénétrer les campagnes, pénétrer les familles.

Un jour viendra où toutes les lois Millerand-Berry seront impuissantes pour empêcher notre marche vers la libération. Un soldat ne voudra plus tirer sur ses camarades de travail et c'est là surtout le résultat que nous devons chercher à obtenir.

Donc, je me résume : propagande accentuée pour l'antimilitarisme, propagande acharnée contre la loi Millerand-Berry, contre les bagnes d'Afrique, contre les conseils de guerre, propagande pour l'éducation de nos fils.

Je dis que, tant qu'il y aura l'armée, il y aura des bagnes, c'est pourquoi je crie en terminant : à bas l'armée !

Intervention de Rimont

RIMONT (*Bordeaux*). — C'est aux pères de famille, avant tout, à faire la leçon aux enfants. Vous devez savoir que pour donner un pli à un arbre, il faut le prendre quand il est vert. De même, ce n'est pas à vingt ans qu'on fera des antimilitaristes. Ce n'est pas à vingt ans qu'on peut dire à nos enfants : là-bas, il y a des bagnes, et de l'autre côté de la frontière il y a une atmosphère meilleure. Je crois qu'un père de famille doit avoir le courage de montrer à ses enfants, quand ils sont jeunes, tous les vices que comporte l'armée ; on doit chasser de son cerveau cette idée de patrie qu'on lui inculque tous les jours dans les écoles. Au mot de patrie, on doit répondre « marâtre ». Quand on lui parle de l'armée, on doit lui dire qu'elle sert à nous faire crever de faim. Avec l'armée, pas de syndicats possibles, donc pas d'améliorations de notre sort. Tous nous avons constaté que, dans les grèves et dans les manifestations de la classe ouvrière, l'armée était derrière nous, secondant la police. Eh bien, camarades, il faut s'attacher, dans les syndicats, à arracher tous les préjugés anciens, tout le chauvinisme qui peut subsister, et conseiller à nos camarades, toujours et plus fort que jamais, de faire partout où ils le pourront une propagande active contre le militarisme.

On vous a dit les vices de l'armée. Si on voulait les énumérer, on pourrait passer la nuit. Beaucoup vous parlent d'antimilitarisme du bout des dents. Il faut, dans ce Congrès, affirmer nettement ses idées, il faut que chacun dise ici, carrément, ce qu'il pense à ce point de vue. Il doit sortir de ce Congrès des décisions énergiques. Il faut qu'à l'avenir la propagande s'intensifie plus spécialement de ce côté. De cette façon, nous arriverons, en abolissant l'armée, à arracher les améliorations que nous voulons. Différemment, rien n'est possible.

Intervention de Chareille

CHAREILLE (*Saint-Florent*). — Quand j'ai entendu le camarade Million dire ici l'utilité des groupes de jeunesse syndicaliste, j'ai été très heureux parce que nous autres, à Saint-Florent, nous possédons un groupe de jeunesse syndicaliste de soixante-dix membres qui fait de l'action depuis 1908. Vous vous souvenez peut-être qu'en 1908, quatorze de mes camarades écopèrent vingt jours de prison pour avoir chanté l'Internationale le jour du Conseil de revision. C'est depuis ce moment que nous avons un groupe de jeunesse syndicaliste à Saint-Florent faisant de l'action. Je voudrais que tous les camarades de toutes les fédérations imitent notre fédération et instituent aussi dans leur sein le Sou du Soldat obligatoire. Là est la bonne action antimilitariste. Nous avons tous les mois, dans nos groupes de jeunesse syndicaliste, des correspondances suivies avec nos camarades qui sont au régiment, et nous avons la certitude que nos camarades ne marcheraient pas si nous avions une guerre ou s'ils étaient appelés dans une grève. C'est par les jeunes gens que nous arriverons à la ruine du militarisme ; les jeunes qui ne sont pas encore partis au régiment, les jeunes qui ont milité et militent encore avant le régiment, c'est là que vous trouverez des antimilitaristes. Il est très beau d'en parler dans de beaux discours, mais d'en faire c'est quelquefois plus difficile et quelquefois plus dangereux. Je demande donc aux fédérations, à toutes les fédérations qui ne l'ont pas encore fait, d'introduire, dans leur sein, le Sou du Soldat obligatoire : elles auront fait ainsi une bonne propagande antimilitariste.

Intervention de Boulan

BOULAN. — Je ne viens pas faire un discours. Je dis simplement qu'il faut prendre des mesures pour éviter à nos camarades les bagnes d'Afrique. Les capitalistes, les parlementaires, les gouvernants sont dans leur rôle quand ils prennent des mesures contre nous. Pour leur défense, Millerand a déposé cette loi d'infamie.

Maintenant, il s'agit de voir les remèdes contre cette loi. Je crois que nous sommes assez forts pour résister aux prétentions gouvernementales. Si le gouvernement veut envoyer les jeunes syndicalistes à Biribi et les torturer comme on a fait de notre malheureux camarade Aernoult, il faudra que les jeunes gens se révoltent, que les vieux camarades les aident.

Il y a certaines Jeunesses qui sont déjà poursuivies pour avoir signé l'affiche de protestation que vous savez. Nous avons édité une nouvelle affiche. Nous allons demander des poursuites générales et devant les tribunaux dire ce que nous pensons de l'état social actuel.

Il y a encore autre chose à faire si des poursuites ont lieu contre les jeunes gens qui n'ont pas été au régiment. Si ces camarades ont été condamnés pour fait de grève, nous devons les aider et prendre des mesures en leur faveur. Nous ne devons pas nous laisser enlever nos jeunes militants, les laisser partir à Biribi.

Les perquisitions opérées à l'Imprimerie de l'Union et la saisie des copies sténographiques nous obligent à ne donner, à partir de ce moment, qu'un résumé de la discussion.

DUMOULIN préconise l'entente avec les syndicats étrangers pour une action commune contre la guerre et pour l'appui à donner aux jeunes gens partisans de l'insoumission à la loi Millerand.

La séance est levée à 7 heures et la suite de la discussion est renvoyée au lendemain.

CINQUIÈME JOURNÉE

10e SEANCE. — VENDREDI 20 SEPTEMBRE (matin)

Suite de la discussion sur l'Antimilitarisme, la loi Millerand-Berry et le Sou du Soldat

La séance est ouverte sous la présidence de RENARD (de Sétif), assisté de GALÉA (de Constantine) et SILVESTRINI (de Philippeville).

On reprend la discussion, interrompue la veille, sur l'Antimilitarisme, la loi Millerand, le Sou du Soldat et l'attitude des syndicats en temps de guerre.

DUMERCQ, PRÉVOST, CHAMBON, LAGARDE, VILLAERT, RÉMOND, HUBERT, DUDILLIEUX, PÉRICAT, prennent tour à tour la parole sur ce sujet.

Une demande de clôture étant formulée, on s'aperçoit qu'il reste encore 23 orateurs inscrits. Il est décidé de suspendre la séance afin de permettre aux orateurs inscrits de se concerter entre eux pour désigner le ou les orateurs qui prendront la parole en leur nom.

A la reprise, MERRHEIM monte à la tribune au nom de tous et, après avoir déclaré être contre la désertion, après avoir affirmé que la loi Millerand, le Sou du Soldat et l'Antimilitarisme sont trois choses absolument distinctes, il dépose la motion suivante :

Le Congrès, après examen de la loi Berry-Millerand dans sa teneur générale et en particulier dans le paragraphe créant des pénalités nouvelles contre les délits politiques, par l'envoi aux « exclus de l'armée » des jeunes hommes condamnés pour des faits d'antimilitarisme ;

Constate que cette nouvelle législation constitue une aggravation dont les effets sont surtout dirigés contre la classe ouvrière et contre la propagande syndicaliste en frappant les jeunes gens ayant subi une condamnation de 3 mois de prison pour provocation à l'insoumission ou à la désertion, ou deux condamnations au moins d'une durée totale de 3 mois, pour diffamation ou injures envers l'armée et provocations adressées à des militaires ;

De cette première disposition, il résulte que les jeunes militants déjà frappés pour avoir, en exécution des décisions de nos congrès corporatifs, participé à la propagande antimilitariste, sont menacés d'une double peine, dont la seconde n'est rien moins que le bagne militaire ;

Le Congrès considère que le second dispositif de cette loi aggrave la législation antérieure, en prévoyant l'envoi aux Bataillons d'Afrique des jeunes gens ayant subi deux condamnations d'une durée totale de 3 mois de prison pour coups et blessures, rébellion et violences envers les agents de la force publique ;

Désormais, les délits considérés jusqu'ici d'ordre politique sont passibles de pénalités telles que des délits de droit commun, comme l'attaque à main armée, le cambriolage, l'assassinat, ont, pour des jeunes gens de vingt ans, des conséquences infiniment moins graves que la propagande syndicaliste ;

De plus, en raison du deuxième dispositif, toute personne qui, à un moment donné, soit à l'occasion de son travail, soit à l'occasion de n'importe quelle manifestation de la vie ordinaire, est susceptible d'être entraînée à des voies de fait, tombera, comme celles poursuivies à l'occasion des incidents de grève, sous le coup des articles de cette loi ;

Cette loi est un danger public, aucun jeune homme ne peut prétendre ne pas en être victime ;

Le Congrès constate qu'en édictant de pareilles mesures répressives, qui excluent de l'armée régulière des jeunes gens qui n'auraient pas songé à se soustraire à l'incorporation, Gouvernement et Parlement poussent eux-mêmes à des résolutions désespérées, telle l'insoumission ;

En conséquence, le Congrès croit de son devoir d'indiquer qu'en de telles alternatives il ne reste aux organisations confédérées qu'à prendre toutes dispositions, pour que les jeunes gens victimes de ces mesures réactionnaires puissent effectivement compter sur la solidarité ouvrière ;

Enfin le Congrès donne mandat au Comité confédéral d'organiser une vigoureuse action pour amener l'abrogation de ces dispositions.

Cet ordre du jour est voté par mandat.

Résultats du vote contre la loi Millerand-Berry

Bulletins déposés		1.078
Nuls		29
Votants réguliers		1.049
Pour	1.035	
Contre	0	
Abstentions	14	

Des applaudissements frénétiques éclatent lorsque le Président donne connaissance du résultat.

YVETOT parle ensuite du Sou du Soldat et JOUHAUX, avant la fin de la séance, donne lecture d'une lettre d'APPLETON (Angleterre) affirmant la solidarité des Trades-Unions et d'une lettre de HAYWOOD (Etats-Unis) envoyant ses saluts fraternels et demandant la nomination d'une Commission permanente pour faciliter les relations internationales.

La séance est levée à midi.

11e SÉANCE. — VENDREDI 20 SEPTEMBRE (après-midi)

Fin de la discussion sur l'Antimilitarisme et le Sou du Soldat. — La Semaine Anglaise. — La Vie Chère

La séance est ouverte sous la présidence de GUINCHARD, assisté de LE GUÉRY et DUDILLIEUX.

Fin de la discussion sur l'Antimilitarisme

RÉAUD envisage la situation créée par la question marocaine.

MERRHEIM, pour clôturer le débat, dépose les deux motions suivantes :

Le Congrès confirme les résolutions des congrès antérieurs sur l'antimilitarisme et compte sur le Comité confédéral, les bourses du travail, unions locales, régionales ou départementales, pour poursuivre cette propagande en conformité avec les décisions de ces congrès.

Le Congrès du Havre invite chacune des fédérations appartenant à la C. G. T. à instituer le Sou du Soldat et leur laisse toute liberté de s'entendre avec les bourses du travail, unions locales, régionales ou départementales pour son application pratique.

Ces deux ordres du jour sont adoptés à l'unanimité moins 2 voix.

Rapport de la Commission de la Semaine Anglaise

HAMELIN (*rapporteur*). — Camarades, la question qui nous occupe est la plus sérieuse du congrès, car là nous sortons de la théorie pour entrer dans la pratique.

Du reste, vous l'avez tellement compris que vous avez décidé de former cette Commission par un membre de chaque fédération. Après les renseignements donnés par chacun d'eux sur ce qui a été fait dans leur corporation depuis le congrès de Bourges, une sous-commission a été nommée.

C'est le travail de celle-ci, approuvé par l'unanimité des délégués de fédération, que je vous apporte.

Nous avons voulu indiquer une tactique générale pour arriver à la diminution des heures de travail, tout en laissant une autonomie assez large aux fédérations afin d'agir au mieux de la réforme. En procédant ainsi, nous élargissons la décision du congrès de Bourges.

Ainsi, par exemple, au Livre, où nous avons obtenu la journée de neuf heures, nous poursuivrons la réalisation de la semaine anglaise ; dans les sections syndicales ou dans les maisons où les neuf heures n'existent pas, nous pourrons les réclamer sans nous écarter de la résolution présentée.

Nous savons que des organisations ont pris des décisions avant la mise à l'ordre du jour de la semaine anglaise, elles auront la faculté d'agir au mieux de leurs intérêts, sans cependant s'écarter de la semaine anglaise.

HAMELIN adresse ensuite un appel au Congrès pour voter la proposition à l'unanimité. « Vous avez montré, dit-il, à propos de la discussion sur les tendances et sur les relations de la C. G. T. avec le Parti socialiste, que vous étiez capables d'élever les débats à une hauteur inconnue jusqu'ici dans les congrès. Cela prouve que l'éducation du prolétariat se fait de plus en plus. Dans la diminution des heures de travail, il ne s'agit plus de tendances, mais bien d'obtenir un mieux-être par moins de travail ; c'est pourquoi je suis tranquille sur le résultat du vote que la Commission vous demande. »

Il lit ensuite la proposition suivante :

Le XIIe Congrès confédéral, rappelant que l'action entreprise par la C. G. T. pour la conquête des huit heures, revendication d'une haute portée morale et économique, dont la généralisation doit rester la préoccupation principale, constate que les résultats obtenus n'ont pu l'être que par l'action d'ensemble du prolétariat ;

Considérant que la semaine anglaise est une revendication permettant d'atténuer les conséquences du chômage ; qu'elle aurait aussi pour résultat certain d'assurer le repos hebdomadaire à un grand nombre de catégories de salariés qui n'en bénéficient pas encore ;

Considérant qu'en supprimant un surmenage meurtrier, elle diminuerait dans une forte proportion les accidents du travail et les méfaits de l'alcoolisme, si nuisibles à la classe ouvrière ;

Considérant que c'est aussi la possibilité pour les femmes industrialisées par centaines de mille de vaquer un peu plus à l'entretien du foyer au profit de leur santé et de l'éducation des enfants ;

Le Congrès déclare que la diminution des heures de travail doit se poursuivre avec, comme plate-forme générale, l'application de la semaine anglaise par le repos de l'après-midi du samedi ;

Décide :

Le Comité confédéral devra préparer et poursuivre avec énergie une campagne méthodique par la publication d'affiches, de tracts, de brochures, par des séries de conférences, pour démontrer aux travailleurs l'utilité de la semaine anglaise ;

Il devra apporter son appui aux mouvements des organisations en lutte pour l'obtention de cette revendication indispensable et en assurer la réalisation sans diminution de salaires ;

Engage toutes les organisations confédérées à entamer une action qui, autant que possible, devra se poursuivre après accord entre les fédérations intéressées et les unions régionales ;

Cette action devra s'inspirer des indications du Comité confédéral et profiter de toutes les circonstances pour faire valoir cette revendication réalisable et réalisée déjà dans certains pays et dans certaines corporations de France.

HAMELIN donne ensuite des renseignements sur des passages de la déclaration ayant trait aux salaires et à la non insertion d'une époque déterminée pour l'application de la décision.

Il termine en disant que lorsque cette nouvelle brèche sera ouverte, d'autres améliorations seront demandées dans le même sens. Pour cela, il faut l'union de tous les travailleurs ; c'est le seul moyen de triompher du capitalisme.

DUMAS, HUBERT, LÉVY, LOYAU, HUART, BORDÈRES, JOUHAUX, prennent part à la discussion.

Finalement, l'ordre du jour de la Commission est adopté ainsi qu'il suit :

Résultat du vote

Bulletins déposés		1.091
Nuls		27
Votants réguliers		1.064
Pour	1.063	
Contre	0	
Abstention	1	

La Vie Chère

KLEMCZYNSKI lit son rapport et dépose la motion suivante :

La Commission de la vie chère a cru nécessaire de désigner dans son sein un nombre restreint de délégués par région afin de recueillir sur le problème les éléments surgis d'une première expérience.

En conséquence, les camarades suivants se sont réunis : INGHELS (Nord), KLEMCZYNSKI (Est), LEMONNIER et NOUREAU (Ouest), LEROUX (Picardie), HERVIER (Centre), MARTY-ROLLAN et BÉGUÉ (Sud), GUERNIER (Champagne), GAUBERT et CHIRON (Paris), LAURENT (Seine), ESTELLÉ (Algérie), SARDA (Sud-Ouest).

Voici les considérants que cette Commission vous propose :

Le Congrès, considérant que la crise de la cherté de la vie n'est pas seulement nationale, mais internationale ; que des causes naturelles ou accidentelles comme l'augmentation des besoins ou les récoltes déficitaires qui contribuent à l'élévation du prix de certains produits ne suffisent cependant pas à expliquer, ni le caractère général, ni l'intensité croissante de la crise de la cherté dont pâtit la masse consommatrice ;

Déclare que la hausse est due à un ensemble de facteurs d'origine capitaliste au premier rang desquels apparaissent :

1° La mauvaise organisation de la production et des industries agricoles ; 2° le développement des cartels et des trusts, grâce auxquels un petit nombre de grands industriels et d'intermédiaires font progressivement la loi sur les marchés ; 3° la spéculation, l'accaparement favorisés par notre régime douanier ; 4° les impôts qui pèsent sur le travail et notamment ceux qui entraînent des gaspillages budgétaires provoqués par les dépenses militaristes.

A titre d'indication, le Congrès préconise les moyens suivants pour réagir contre la crise du renchérissement de la vie :

a) Moyens individuels

Le Congrès, estimant qu'en présence du problème angoissant de l'augmentation du coût de la vie il y a lieu d'éditer des études pouvant servir de guides aux propagandistes en indiquant les causes générales et les remèdes préconisés en vue d'atténuer les effets de la vie chère ;

Conseille au Comité confédéral de bien indiquer que les travailleurs doivent, en présence des luttes à soutenir, s'abstenir des boissons alcooliques, fuir les jeux de hasard et les dépenses inutiles.

b) Moyens éducatifs

Education de la ménagère pour la meilleure utilisation de son budget et l'acquisition de notions d'hygiène alimentaire et la création, à cet effet, de cours d'économie ménagère dans nos bourses du travail.

c) Moyens collectifs

Boycottage des produits qui ne sont pas de première nécessité et dont le prix est élevé par suite de manœuvres capitalistes ;

Imposition sur les marchés, en dehors de toute déprédation de marchandises, des prix établis par des comités régionaux spéciaux ;

Organisation du pouvoir de consommation par la création de coopératives groupant par régions leurs puissances d'achat et pouvant, par leurs organes centralisateurs, produire, au profit du consommateur, un mouvement supprimant les intermédiaires ;

Organisation de la production agricole permettant l'écoulement direct des produits ;

Campagne d'agitation contre les droits prohibitifs abritant les agissements des trusts et déterminant la restriction et le dérèglement de la production, afin de fausser la loi de l'offre et de la demande ;

Enfin, et surtout préconiser, comme réponse aux augmentations de la valeur des produits, les augmentations de salaires ;

En ce qui concerne la hausse des loyers, il est nécessaire que, localement, les syndicats s'associent pour mettre un frein aux abus du droit de propriété, exerçant toute initiative en vue de favoriser l'accession de leurs adhérents dans des logements salubres et de loyers limités.

Le docteur Désormeaux, Bourderon, Villaërt, Le Guéry, Marty-Rollan, Million, Loyau et Jouhaux exposent leur manière de voir sur cette question.

On passe au vote à mains levées et la motion de la Commission est adoptée à l'unanimité.

Au cours de la séance, différents ordres du jour ont été votés, notamment un de Pengam en faveur de Gourmelon, un autre d'Yvetot pour une amnistie générale des condamnés politiques.

SIXIÈME & DERNIÈRE JOURNÉE

12e SÉANCE. — SAMEDI 21 SEPTEMBRE (matin)

Modifications aux Statuts — Délimitation des Fédérations — Questions diverses

La séance est ouverte sous la présidence de CLEUET (Employés), assisté de KLEMCZYNSKI (Ain-Jura) et COMBET (Papier).

Après diverses communications, TILLET (Céramique) se plaint de ce que peu de militants connaissent l'espéranto et dépose, en faveur de cette langue, l'ordre du jour suivant qui est adopté à l'unanimité :

Le Congrès confédéral du Havre, considérant que plus que jamais le prolétariat de tous les pays doit rechercher par tous les moyens à s'unir internationalement et à rechercher que les rapprochements se généralisent pour le plus grand bien de l'internationale ouvrière ;

Mais étant donné les difficultés qui se présentent, de par la diversité des langues étrangères, pour arriver à ce but humain de fraternisation ;

Le Congrès se déclare partisan de la langue auxiliaire internationale Esperanto et reconnait qu'elle est un des principaux moyens pouvant efficacement servir à nous comprendre et à nous unir à l'internationale ouvrière, que tous nous désirons grande et forte ;

Pour ces raisons, invite les travailleurs, et surtout les militants, à apprendre et à propager cet indispensable idiome qui rend et qui est appelé à rendre de très grands services à tout le prolétariat mondial et qui arrivera ainsi, et surtout plus vite, au but que tous nous poursuivons pour la disparition des frontières qui nous séparent.

Le président fait part au Congrès qu'un certain nombre de délégués désirent quitter Le Havre dans la soirée ; le Congrès, en faisant un nouvel effort, pourrait terminer ses travaux dans la matinée « et ainsi, ajoute le président, après avoir voté, hier, le principe de la semaine anglaise, nous commencerons par l'appliquer à nous-mêmes. »

Les Modifications aux Statuts

LAPIERRE, rapporteur, donne lecture de son rapport :

Représentation Proportionnelle

Aucun fait nouveau ne s'étant produit depuis les précédents congrès où cette question fut traitée dans toute son ampleur, la Commission propose de passer outre.

Le Congrès adopte sans observation cette manière de voir.

La triple obligation

Le rapporteur constate que le peu de mandats contestés prouve que la triple obligation confédérale (adhérer à sa Fédération, à sa Bourse ou Union, et être abonné à la *Voix du Peuple*) est de plus en plus respectée.

MOURGUES, MONTOUX, BIDEGARRAY, LESCALIÉ, PICHON et YVETOT présentent ensuite un certain nombre d'observations sur la carte et le timbre confédéraux.

LAPIERRE (*rapporteur*), en réponse aux observations précédentes, résume la question et fait connaître l'avis de la Commission.

Pour la première obligation (adhésion à une fédération nationale), la Commission fait approuver que les Unions de syndicats, locales ou régionales, ne pourront pas admettre des syndicats non fédérés.

Pour la deuxième obligation, le Congrès invite les Fédérations d'industrie ou de métier à refuser les timbres confédéraux à tous les syndicats qui n'adhéreraient pas à leur Union régionale ou locale de syndicats, exception faite pour les syndicats où il n'existe pas d'Union locale ou régionale de syndicats.

Pour la troisième obligation, la Commission reconnaît que souvent les syndicats ignorent qu'ils doivent être abonnés à la *Voix du Peuple* et que, malgré les rappels aux statuts qui pourront être faits, la situation restera toujours la même, quelques fédérations seulement s'informant si leurs syndicats remplissent cette obligation. La Commission fait décider au Congrès que le service d'abonnement à la *Voix du Peuple* sera assuré obligatoirement par les fédérations nationales, qui seront libres de se faire rembourser les montants de ces abonnements par leurs syndicats.

L'Union départementale obligatoire

La Commission fait ensuite adopter « qu'à partir du 1er janvier 1913, il ne sera confectionné qu'un timbre unique par département ou région. »

Les Bourses d'un même département auront aussi le même timbre, et tous les syndicats de ce département devront l'appliquer.

En outre, « les Bourses du travail d'un même département devront se réunir en Congrès pour constituer une Union départementale de syndicats, avant le 1er septembre 1913. »

A partir du 1er janvier 1914, il ne sera admis qu'un délégué par département au Comité confédéral.

Pour le Viaticum international

Tenant compte des difficultés que rencontrent les camarades de Bourses chargés de la distribution des secours de route, pour reconnaître les cartes des ouvriers étrangers syndiqués, la Commission d'abord, le Congrès ensuite, émettent le vœu que la Conférence internationale adopte une marque de reconnaissance internationale.

La section des Bourses

La Commission a joint, sous ce chapitre, toutes les questions intéressant le fonctionnement de la section des Bourses.

Sur la proposition tendant à la suppression des Bourses, il est passé à l'ordre du jour.

Mais, pour la représentation au Comité confédéral, la Commission propose et le Congrès stipule les conditions suivantes :

A partir du 1er janvier 1914, le Comité fédéral des Bourses ne sera plus composé que d'un seul délégué par département.

Et pour la tenue des Conférences des Bourses et Fédérations qui se tiennent tous les deux ans, entre les congrès confédéraux, la Commission fait adopter ce qui suit :

A partir de 1913, la C. G. T. remboursera aux Unions de syndicats départementales les frais de voyage par chemin de fer d'un délégué, étant bien entendu que les frais de séjour restent à la charge des organisations mandataires.

Pour la Conférence de 1913, les Unions d'un même département qui n'auraient pas encore fusionné pourraient s'entendre pour désigner un délégué commun.

Augmentation de la Cotisation confédérale

La Commission propose d'augmenter le prix du timbre confédéral à 10 francs le mille pour les Fédérations et à 7 francs le mille pour les Unions.

Une discussion s'engage sur cette question. GUINCHARD, COUDUN et MONTOUX se déclarent être contre l'augmentation et en demandent le renvoi.

Au contraire, Dumercq, Royer, Sergent, Yvetot, Marck, Jouhaux et Lapierre appuient cette proposition. Le vote par mandats donne le résultat suivant : Pour, 712 ; Contre, 285 ; Abstentions, 72. La proposition est donc adoptée.

Viaticum et Budget confédéral

Le vote de l'augmentation de la cotisation confédérale permettra d'assurer le service du viaticum et de nommer un ou deux délégués permanents pour la propagande.

Modifications diverses

Péricat, au nom du Bâtiment, propose la nomination d'une Commission exécutive. Combattue par Yvetot et Merrheim, cette proposition, sur la demande de Nicolet, est renvoyée à la prochaine Conférence.

Cleuet fait adopter une proposition tendant, si possible, à l'augmentation des appointements des permanents confédéraux.

Une autre proposition invitant la Fédération du Spectacle à respecter les obligations confédérales est également adoptée.

Diverses autres motions sont ensuite adoptées sans débats.

Rapport de la Commission de délimitation des Fédérations

Lenoir *(rapporteur)*. — En s'attelant au travail de délimitation des Fédérations, il ne pouvait venir à la pensée de la Commission d'établir la nomenclature des professions et des formes de travail et de les répartir entre les Fédérations existantes et celles à constituer. Ce lourd travail eût été aussi impossible qu'inutile pour les raisons suivantes :

D'abord, il est concevable que la délimitation s'établit d'elle-même pour la presque totalité des professions. La raison et l'évidence même assurent leur présence au sein de leurs organismes nationaux sans qu'aucune contestation ne puisse intervenir.

Les difficultés proviennent surtout des cas imprévus qui sont les conséquences inévitables de la mobilité technique des choses et des véritables révolutions qui se produisent dans les formes de production et d'exploitation.

Il apparaît donc qu'aucune règle d'affinité professionnelle ne saurait être inflexible.

Les Fédérations ne pouvant pousser jusqu'à l'arbitraire leur recrutement, basé soit sur la matière façonnée, soit sur l'objet édifié, il est indispensable qu'une certaine souplesse puisse concilier le vague et l'incertitude qui entourent certaines professions lorsqu'il s'agit de les affecter à une industrie. Pour ces cas relativement nombreux, la Commission fait appel à l'esprit de loyauté et de conciliation des Fédérations intéressées pour qu'elles apaisent, dès leur naissance, les contestations qui pourraient légitimement se produire.

En prévision des difficultés que pourrait rencontrer la solution amicale de ces litiges, la Commission propose de désigner, au sein du Comité confédéral, une Commission permanente chargée d'examiner les cas litigieux à mesure qu'ils se produisent et qui lui seront soumis. Cette Commission sera désignée par les deux sections et en même temps que les Commissions organiques de la Confédération.

A côté de sa mission d'ordre général, qui intéresse plus spécialement les différends futurs et pour lesquels elle vient de vous proposer les dispositions susceptibles d'y parer, la Commission fut saisie de six cas spéciaux sur lesquels des conclusions immédiates furent demandées.

Très brièvement, nous allons en exposer la nature ainsi que les solutions définitives ou provisoires que nous vous proposons sur chacun d'eux :

Projet de fusion, soumis par les Fédérations des Cuirs et Peaux et de l'Habillement concernant la fusion de la Fédération de la Confection militaire

Après lecture du rapport déposé par les Fédérations des Cuirs et Peaux et de l'Habillement, la Commission n'a pu que reconnaître la valeur des raisons qui militent en faveur de cette fusion.

Il n'est pas inutile d'indiquer au Congrès que l'habillement militaire relève entièrement de l'industrie privée, que les ouvriers n'ont d'autres garanties que le droit commun, à l'exception du décret du 10 août 1899. Or la valeur de ce décret, qui vise les salaires et les heures du travail, est entièrement subordonnée aux commissions locales appliquées dans les maisons de production similaires.

Que d'autre part, les établissements adjudicataires à l'habillement militaire travaillent également pour la confection civile.

La Commission considère donc que l'intérêt des ouvriers et ouvrières attachés aux professions diverses qui concourrent à la confection militaire leur indique le devoir de rallier leur organisation nationale d'industrie.

Pour ces raisons, la Commission propose au Congrès d'adopter les conclusions suivantes, déposées par les Fédérations des Cuirs et Peaux et de l'Habillement et qui, pouvons-nous affirmer, ne seront pas défavorablement accueillies par la Fédération de l'Habillement militaire :

Le Congrès confédéral du Havre, après avoir constaté l'accord des délégués des Fédérations de l'Habillement, des Cuirs et Peaux et de la Confection militaire sur la proposition de fusion des éléments composant la Fédération de la Confection militaire avec celle des Cuirs et Peaux, d'une part, et celle de l'Habillement, d'autre part, suivant les spécialités, décide :

Les syndicats composant actuellement la Fédération de la Confection militaire devront, dans un délai de neuf mois, c'est-à-dire pour le 1er juillet 1913, fusionner avec les Cuirs et Peaux et l'Habillement, selon qu'ils travaillent le cuir ou le tissu.

La Fédération de la Confection militaire, si elle le juge utile, aura toute latitude de décréter la fusion avant cette date.

Les deux Fédérations de l'Habillement et des Cuirs et Peaux prennent l'engagement de faire le nécessaire pour que des rapports réguliers, en vue d'étudier les intérêts particuliers à leurs corporations, puissent être établis entre les syndicats d'une même spécialité.

Le cas de la Fédération des Sabotiers-Galochiers

En dehors de l'Habillement militaire, la Fédération des Cuirs et Peaux revendique également les éléments qui constituent la Fédération nationale des Sabotiers-Galochiers.

Après examen de cette question, la Commission estime que si la Fédération des Cuirs et Peaux ne peut logiquement invoquer son titre pour exiger la fusion dans son sein de la Fédération des Sabotiers-Galochiers, cette prétention se justifie cependant par l'affinité évidente qui existe en ce qui concerne la destination et les contingences de fabrication des objets façonnés.

La Commission demande au Congrès d'émettre un simple vœu conforme à l'ordre du jour suivant déposé par la Fédération des Cuirs et Peaux :

Le Congrès décide que la Fédération des Sabotiers-Galochiers devra, dans un délai de neuf mois, c'est-à-dire pour le 1er juillet 1913, opérer sa fusion avec la Fédération des Cuirs et Peaux.

Mais il sera entendu que cette fusion pourra se faire avant cette date si la Fédération des Sabotiers-Galochiers en exprime le désir.

Cependant, pour que ce vœu ne reste pas platonique, la Commission vous propose d'y ajouter la prescription suivante :

En cas de refus et d'hostilité de la Fédération des Sabotiers-Galochiers, le Congrès, dans le but d'assurer tous les droits et toutes garanties dûs aux parties intéressées, décide que la Commission de délimitation qui sera constituée au sein du Comité confédéral devra examiner la question, entendre les parties et déposer un rapport, si toutefois la fusion n'est pas réalisée pour le 1er juillet 1913.

Dans ce cas, le Comité confédéral aura le pouvoir nécessaire soit pour maintenir le statu-quo, soit pour réaliser l'unité pour le 1er janvier 1914, suivant les conclusions déposées par la Commission de délimitation.

Fédération Horticole et Agricole de France

La Commission s'est spontanément rangée à l'avis de la Fédération Horticole et Agricole de France concernant l'unité fédérale terrienne.

Elle demande au Congrès de confirmer et de fortifier de son influence les désirs exprimés par les parties intéressées.

Elle assure le Congrès qu'en ordonnant l'unité fédérale terrienne dans les conditions indiquées par le rapport déposé par la Fédération Horticole et Agricole, il ne fera nullement œuvre d'autorité, mais accomplira sa mission de coordination qui correspond heureusement en cette circonstance au désir même des organisations intéressées. Pour ces raisons, la Commission propose au Congrès de voter la proposition déposée par la Fédération Horticole et Agricole de France qui est ainsi conçue :

Le Congrès — dans les mêmes conditions que celles adoptées à Amiens pour le Bâtiment et à Marseille pour les Métaux, — donne mandat au Comité confédéral de provoquer et d'organiser, d'accord avec les Fédérations intéressées et dans un laps de temps d'un an, un Congrès auquel seront conviés les syndicats affiliés aux Fédérations des Bûcherons, des Agricoles du Midi, des Horticoles et Agricoles.

Le Congrès ainsi organisé ne comportera qu'une seule question : *l'Unité fédérale terrienne à réaliser*.

Les Employés de Banque

La Commission, ne pouvant briser les cadres de l'industrie, de plus en plus indiqués par les Congrès pour la forme des organismes nationaux, ne croit pas pouvoir consentir la constitution d'une Fédération des Employés de Banque.

La Commission retient surtout que le principal grief invoqué à l'égard de la Fédération Nationale des Syndicats d'Employés par les Syndicats des Employés de Banque de la Ville de Nice, réside dans l'inertie reprochée à cette fédération. Que ce grief, aussi justifié qu'il puisse être, ne saurait en aucune façon justifier la constitution d'une fédération de spécialité qui se trouverait en désaccord avec le cadre même des organisations devant constituer la Confédération Générale du Travail.

Néanmoins, la Commission reconnait la valeur de certaines objections faites par les Employés de Banque sur la situation spéciale de leur profession, le caractère des institutions qui les occupent ; mais, par contre, elle ne peut méconnaître que les établissements d'échange et de crédit ont des relations étroites et intimes avec le commerce et toutes les formes de production.

Que, d'autre part, la Commission doit tenir compte que la Fédération nationale des Employés a tenu compte elle-même de cette particularité, en promettant la constitution de syndicats exclusivement composés d'Employés de Banque. Il résulte donc de cette disposition que cette catégorie d'employés peut, au sein même de la Fédération, coordonner facilement ses efforts et défendre elle-même ses intérêts spéciaux.

Pour ces raisons, la Commission demande au Congrès de repousser la demande formulée par le Syndicat de Nice et tendant à la constitution d'une Fédération Nationale des Employés de Banque.

Les Transports

Le Congrès du Havre est saisi d'un rapport et de propositions concernant la fusion de la Fédération Nationale des Ports, Docks, Manœuvres et Manutentionnaires en Marchandises de France et des Colonies avec la Fédération Nationale des Moyens de Transports.

Pour donner au Congrès une impression exacte de la situation de ces deux fédérations et des heurts qui doivent fatalement se produirent entr'elles, nous devons indiquer le domaine de recrutement qu'elles se sont assigné.

La Fédération des Moyens de Transports recrute les salariés des tramways, omnibus, métropolitain, navigation fluviale, camionneurs, messagistes, cochers, charretiers, ou autres moyens de transports de voyageurs ou de marchandises.

La Fédération Nationale des Ports, Docks, Transports, Manœuvres, Manutentionnaires en Marchandises de France et des Colonies recrute les ouvriers des docks, les camionneurs et tous les salariés occupés au transport des marchandises par voies fluviales et entreprises privées.

Il s'ensuit de ces recrutements identiques sur de nombreux points un enchevêtrement inextricable qui crée entre ces deux organismes un permanent conflit et des froissements dissolvants.

La Commission ne peut dédaigner les fortes et les multiples raisons fournies de part et d'autre.

Le recrutement des deux organisations parait légitime et comprendre des nécessités d'affinité et correspondre à des formes d'exploitations.

Si on envisage la délimitation des éléments à recruter par chacune d'elles, on se heurte à des inconvénients d'affinité qui dissèquent les intérêts communs, qui ne paraissent pouvoir être efficacement défendus que par une action commune.

Dans l'état de choses ainsi constaté, la Commission ne croit pas pouvoir espérer, de la part des Fédérations intéressées, un renoncement assez complet à leur respective prétention de recrutement actuel susceptible de permettre la constitution de deux Fédérations vraiment distinctes, n'ayant plus aucune possibilité de se heurter tout en sauvegardant les intérêts ouvriers par le maintien de groupements homogènes assurant l'unité de leur action.

La Commission estime cependant que la Commission de Délimitation, fonctionnant avec célérité et délibérant avec la plus grande impartialité, peut adoucir les chocs produits par ces situations anormales.

Elle considère donc comme fatalement provisoire la présence de deux Fédérations enfermant dans leur propre constitution les germes de leur antagonisme et des lourdes difficultés qui en découlent pour elles-mêmes.

La Commission ne pouvait, d'autre part, sans une dangereuse témérité, proposer la fusion immédiate de deux Fédérations qui défendent vigoureusement leur position et qui fournissent toutes deux des raisons qui ne sont pas sans valeur.

Le problème de l'unité des transports ne serait pas non plus résolu par la fusion des deux organisations qui nous occupent. Le problème est plus vaste et la Commission estime qu'elle n'a pas le droit de le diminuer par une résolution hâtive et incomplète.

La Commission demande donc au Congrès de laisser la question en l'état et de confier au Comité confédéral le mandat d'étudier profondément la question et de soumettre au prochain Congrès un rapport détaillé et des conclusions précises sur la forme la plus rationnelle et la plus efficace que devrait emprunter l'organisation nationale des ouvriers des transports.

Dans l'Industrie du Papier

La Commission fut enfin saisie d'un rapport émanant du Syndicat de l'Imprimerie de Nantes, adhérant directement à la Confédération.

Ce syndical, contenant dans son sein des typographes, des lithographes et papetiers, demande que la Confédération prenne l'initiative de provoquer, pour 1913, un Congrès unitaire dans le but de fusionner les Fédérations du Livre, de la Lithographie et du Papier.

La Commission, sans examiner si la fusion de ces trois organisations rentre bien dans le cadre d'une seule industrie, déclare que bien d'autres raisons lui interdisent de montrer une hâte impérieuse pour solutionner une question aussi complexe.

Au nombre des obstacles, il faut signaler l'énorme différence des cotisations fédérales des organismes qu'on veut confondre. Ensuite, il apparaît pour beaucoup que parmi les éléments qui constituent la Fédération du Papier, deux catégories bien distinctes y sont incluses.

C'est d'abord les ouvriers employés à la fabrication du papier, et dont la place parmi les ouvriers du Livre et de la Lithographie est grandement contestée. Ensuite, les ouvriers qui façonnent le papier (plieurs, brocheurs, etc.) et qui sont très souvent occupés dans les imprimeries et qui, pour cette raison, paraissent avoir leur place normalement indiquée parmi les typographes et les lithographes.

La Commission estime que toute décision sur cette question ne pourrait que revêtir la valeur d'un vœu ; qu'il serait imprudent et prématuré d'imposer une règle d'unité sur des bases imprécises parce que insuffisamment étudiées.

Elle invite donc le Congrès à n'intervenir dans cette question complexe que pour exprimer son espoir de voir les parties se rapprocher, par une loyale collaboration, dans le but de perfectionner les organismes actuels, de les rapprocher, de les confondre si l'intérêt général rend la fusion nécessaire.

Le rapporteur :
R. LENOIR.

Les membres de la Commission :
RIBOT, DANIS, ROYER, BLED, TABARD, VOIRIN, MAZEAU, VIGNAUD, GALLY, RICHER, GUINCHARD, DELAUNAY, DUMAS, BORNET, BOUTET.

BOUSQUET et TENDERO demandent que la Commission envisage le cas de la Fédération de l'Alimentation et des Cuisiniers et Maîtres-d'Hôtels des navires, hôpitaux, etc.

Le rapport est adopté.

Questions diverses

Le *Havre-Eclair* ayant fait un compte rendu tendancieux des séances de la veille, et ayant mis dans la bouche du camarade Hubert et imprimé en caractères gras des propos inexacts sur l'antimilitarisme, notre camarade proteste vigoureusement contre cette attitude du journal réactionnaire. Le Président et le Congrès s'associent à cette protestation.

Détail à noter : le rédacteur du *Havre-Eclair*, qui avait assisté régulièrement à toutes les séances du Congrès, avait pris la poudre d'escampette au moment de la protestation. Courage et loyauté sont, paraît-il, peu en honneur dans la maison !

Vœux divers

Divers vœux sont ensuite adoptés, entre autres, un en faveur de la famille de Durand si cruellement éprouvée. Une souscription à la sortie fut décidée.

Le prochain Congrès

Deux villes, Limoges et Grenoble, demandent à avoir le prochain Congrès confédéral. Après quelques explications de CHAMBON, Grenoble est désigné pour le Congrès de 1914.

GEEROMS invite les délégués à ne pas partir du Havre sans avoir visité les deux œuvres de l'Union des Syndicats : l'imprimerie et la clinique.

Le président, le camarade CLEUET, avant de prononcer la clôture, remercie la Commission d'organisation du Havre, pour le bon accueil qu'elle fit à tous et pour l'organisation méthodique du Congrès. Puis, en excellents termes, il remercie les congressistes pour la bonne tenue de ce congrès et pour le travail qui y fut fait. « On peut affirmer, dit-il, que c'est le premier congrès qui se soit passé aussi bien et il nous permet d'espérer qu'il aura pour résultat de réaliser l'unité absolue du syndicalisme. Je le souhaite de tout cœur et je vous demande de le souhaiter avec moi. »

C'est fini. Le XIIe Congrès de la C. G. T. est achevé : il est midi.

Les délégués se lèvent et l'*Internationale* retentit.

Quatrième Partie

CONFÉRENCE DES BOURSES

CONFÉRENCE ORDINAIRE

des

BOURSES DU TRAVAIL ET UNIONS DE SYNDICATS

Tenue au HAVRE, le Lundi 23 Septembre 1912

Salle de la Maison du Peuple, 160, Cours de la République, à l'issue du XIIe CONGRÈS CONFÉDÉRAL

ORDRE DU JOUR :

1° L'application du Viaticum obligatoire ;

2° La création des Unions Départementales de Syndicats divers ;

3° Questions diverses.

NOMENCLATURE DES BOURSES & UNIONS REPRÉSENTÉES

et Noms des Délégués

DÉLÉGUÉS	ORGANISATIONS REPRÉSENTÉES	VILLES
CLEUET	Bourse du Travail	Abbeville.
KLEMCZYNSKI	U. des S. de l'Ain et de Franche-Comté	Saint-Claude.
DORIA	Union des Syndicats	Aix.
ROUVET	Bourse du Travail	Albi.
ESTELLÉ	»	Alger.
DANIS	Fédér. des Synd. des Alpes-Maritimes	Nice.
CLEUET	Bourse du Travail	Amiens.
BAHONNEAU	»	Angers.
NICOLET	Fédération des Syndicats	Annecy.
»	Union des Syndicats	Auch.
JOUHAUX	» de l'Aude	Cuxac-d'Aude.
JAMMES	Bourse du Travail	Carcassonne.
DAIDÉE	»	Narbonne.
DURAND	»	Auxerre.
CHEVALLIER	»	Belfort.
MARTY-ROLLAN	Union des Syndicats	Béziers.
ESTELLÉ	Bourse du Travail	Bône.
MOURGUES	Union des Syndicats de la Gironde	Bordeaux.
HERVIER	Bourse du Travail	Bourges.
»	»	St-Amand-Mont-Rond.
MERGIER	»	Brive.
MARCK	Union des Syndicats du Calvados	Caen.
BIGOT	»	Castres.
MANDOUL	Bourse du Travail	Cette.
NOUREAU	»	Cognac.
ESTELLÉ	»	Constantine.
PRÉVOST	Fédération des Syndicats de la Côte-d'Or	Dijon.
MARCK	Union des Syndicats des Côtes-du-Nord	Saint-Brieuc.
FAY	Bourse du Travail	Commentry.
BONNET	Union des Syndicats de la Creuse	Aubusson.
PESSINET	» de la Drôme	Romans.
BARTHELON	Bourse du Travail	Valence.
MAZARS	Union des Syndicats de l'Aveyron	Decazeville.
PUYDT	Bourse du Travail	Dunkerque.
MARTY-ROLLAN	Union des Syndicats d'Eure-et-Loir	Chartres.
PENGAM	» du Finistère	Brest.
LESCALIÉ	Bourse du Travail	Firminy.
FEUVRIER	»	Fougères.
LESCALIÉ	Union des Syndicats du Gard	Nîmes.
»	Bourse du Travail	».
LENOIR	»	Alais.
VALLIN	Union des Syndicats	Le Havre.
VANLEYNSEELE	Bourse du Travail	Halluin.
LOCHET	Union des Syndicats de l'Indre	Châteauroux.
CHASLE	» d'Indre-et-Loire	Tours.
CHAMBON	» de l'Isère	Grenoble.
SAVOIE	Bourse du Travail	La Guerche.
NOUREAU	»	La Pallice.
VALLIN	»	La Rochelle.
LABE	Union des Syndicats	La Seyne.
BONNET	Bourse du Travail	Limoges.
CHASLE	Fédération des Syndicats du Loiret	Orléans.
TRÉVENNEC	Union des Syndicats	Lorient.

DÉLÉGUÉS	ORGANISATIONS REPRÉSENTÉES	VILLES
MARCK...........	Union des Syndicats....................	Maubeuge.
KLEMCZYNSKI.....	Bourse du Travail......................	Mâcon.
LAURENS.........	Union des Syndicats de la Manche.......	Cherbourg.
HERVIER..........	Bourse du Travail......................	Mehun-sur-Yèvre.
NICOLET..........	U. des S. de Meurthe-et-Moselle..........	Nancy.
MARCK...........	Bourse du Travail......................	Mèze.
JOUHAUX.........	Fédération des Syndicats................	Millau.
MAMMALE........	Bourse du Travail......................	Montauban.
HERVIER.........	»	Montluçon.
MANDOUL.........	»	Montpellier.
SAVARIAU........	»	Nantes.
BONDOUX.........	Fédération des Syndicats de la Nièvre...	Nevers.
MARCK...........	Union des Syndicats....................	Niort.
LEROUX..........	» de l'Oise..........	Creil.
MARTY-ROLLAN...	»	Perpignan.
» ...	U. des S. des Pyrénées-Orientales.......	».
ROUX-MICHEL....	Union des Syndicats du Puy-de-Dôme....	Clermont-Ferrand.
ARTIGUE.........	Bourse du Travail......................	Pantin
CLEUET..........	»	Poitiers.
GAUTIER.........	»	Périgueux.
GUERNIER.......	»	Reims.
CHEREAU........	»	Rennes.
ROYER..........	Union des Syndicats du Rhône..........	Lyon.
LE GUENNIC.....	Bourse du Travail......................	Oullins.
NOUREAU........	»	Rochefort.
SCHNEIDER......	»	Romilly-sur-Seine.
YVETOT.........	Fédération des Syndicats................	Romorantin.
VANLEYNSEELE...	Bourse du Travail......................	Roubaix.
PERRIER.........	Union des Syndicats....................	Rouen.
LENOIR..........	Bourse du Travail......................	Rive-de-Gier.
»	»	Roanne.
»	»	Saint-Chamond.
»	»	Saint-Etienne.
»	Union des Syndicats de la Loire.........	
CHEREAU........	Union des Syndicats....................	Saint-Malo.
GAUTIER........	»	Saint-Nazaire.
DÉMARET........	»	Saint-Quentin.
KLEMCZYNSKI....	» de Saône-et-Loire...	Montceau-les-Mines.
RICHER.........	» de la Sarthe........	Le Mans.
BAHONNEAU......	»	Saumur.
KLEMCZYNSKI....	» de la Savoie........	Chambéry.
SAVOIE.........	» de la Seine.........	Paris.
BOUCHER........	» de Seine-et-Marne..	Melun.
LAPIERRE.......	» de Seine-et-Oise....	Versailles.
MAMMALE........	»	Soissons
ROYER..........	Bourse du Travail......................	Tarare.
MARTY-ROLLAN...	Union des Syndicats....................	Toulouse.
SCHNEIDER......	»	Troyes.
BARTHELON......	Bourse du Travail......................	Tulle.
DORIA..........	Union des Syndicats du Var..............	Toulon.
»	»	Saint-Raphaël.
VANLEYNSEELE....	»	Valenciennes.
YVETOT.........	» de Vaucluse........	Avignon.
PERRIN.........	Fédération des Syndicats................	Vichy.
FAY............	»	Vienne.
DAVID..........	Bourse du Travail......................	Vierzon.
GEEROMS........	Fédération des Syndicats des Vosges....	Epinal.

110 *Bourses ou Unions représentées par* **62** *délégués.*

CONFÉRENCE DES BOURSES DU TRAVAIL

ET

UNIONS DE SYNDICATS

PREMIÈRE SÉANCE *(Lundi 23 Septembre, matin)*

Le Congrès eut lieu au Cercle Franklin, mais la Conférences des Bourses et Unions de Syndicats s'est tenue dans la Grande Salle de la MAISON DU PEUPLE *où était donnée une fête la nuit précédente. C'est ce qui retarda un peu l'ouverture de la Conférence, les organisateurs ayant dû se multiplier pour réussir à tout préparer à temps.*

Allocution du Président
Discussion sur la Méthode de Travail
Nomination d'une Commission

La séance s'ouvre à neuf heures et demie du matin, sous la présidence du camarade VALLIN, secrétaire de l'Union des Syndicats du Havre, avec, comme assesseurs, le camarade DORIA, de l'Union des Syndicats du Var, et le camarade ESTELLÉ, délégué d'Alger.

Les camarades KLEMCZYNSKI et YVETOT remplissent les fonctions de secrétaires.

Allocution du Président

En une très courte allocution, le camarade VALLIN remercie les délégués d'être, malgré les fatigues du Congrès, si nombreux et si dispos à cette Conférence pour y faire un utile et bon travail d'organisation.

VALLIN dit que les délégués à cette Conférence étant, pour la plupart, les secrétaires de nos Unions locales ou départementales et, en tous cas, des militants sérieux et expérimentés, il sera peut-être possible, dût-on faire une séance de nuit, d'achever aujourd'hui même les travaux de la Conférence. Cela, dit-il, permettrait à quelques camarades de pouvoir partir demain et, à tous, de prendre un jour de repos bien gagné. Il souhaite bon courage à tous et donne la parole à YVETOT après avoir demandé que soit immédiatement désigné le bureau de la séance de l'après-midi.

La Conférence désigne le camarade CLEUET, d'Amiens, comme président, et les camarades ROYER, du Rhône, et TRÉVENNEC, de Lorient, comme assesseurs.

Nombre d'Unions représentées

YVETOT. — Afin de ne pas perdre un temps précieux pour tous, attendu que nous nous connaissons assez tous pour passer outre à la désignation d'une Commission de vérification des mandats, je vais vous donner lecture de la liste des délégués et des organisations qu'ils représentent. Vous y signalerez vos objections.

Vous remarquerez qu'il a été fait quelques modifications aux représentations. Elles résultent du fait que quelques délégués ont dû partir et se faire représenter par d'autres camarades ayant déjà un mandat. Je ne pense pas que cela soulève d'objections.

Il est procédé à l'appel des organisations représentées et de leurs délégués.

L'appel achevé, il est constaté que 110 Unions sont représentées à la Conférence des Bourses par 62 délégués.

Méthode de Travail

Yvetot. — Comme le disait le camarade Vallin, je crois que nous pouvons terminer aujourd'hui.

L'ordre du jour comporte seulement deux questions qui sont, il est vrai, très importantes. Mais nous sommes ici de vieux militants qui n'avons cessé, depuis quelque temps, de discuter ces questions. De plus, nous ne sommes plus dans la période des tâtonnements.

Voilà plus de douze ans que nous essayons de mettre debout, de perfectionner cette institution du Viaticum que toutes les Unions de Syndicats ont jugée utile.

Après le XIIe Congrès du Havre, la tâche nous est plus facile parce que le Congrès a décidé que le Viaticum serait obligatoire. Nous n'avons qu'à l'organiser sur des bases solides et durables avec les renseignements qui nous ont été et qui pourront nous être encore fournis. Je suis certain que la Conférence saura faire ce qu'il faut.

Quant aux Unions départementales, le besoin se ressent partout de cette forme nouvelle d'organisation.

En décidant qu'au 1er Janvier 1914, la C. G. T. n'aurait plus dans son sein (Section des Bourses) que des Unions départementales, le Congrès nous met dans l'heureuse *obligation de donner une solution rapide* à cette question sur laquelle repose, croyons-nous, l'avenir du syndicalisme en France par l'application plus intelligente et mieux comprise des principes fédéralistes.

Enfin, je n'ai pas à anticiper sur la discussion que suscitera cette question. Je termine en vous demandant de mettre toute la bonne volonté possible pour que nous sortions d'ici satisfaits de la besogne accomplie. Je compte sur votre expérience, sur votre esprit de méthode pour mener à bien cette conférence qui a son importance comme elle avait sa nécessité.

Pour aller vite et pour faire bien, je vous propose de désigner une Commission pour chacune des questions.

Une courte discussion s'engage entre plusieurs délégués, discussion tendant au meilleur moyen à employer pour faire au mieux et au plus vite.

Une seule Commission pour les deux questions

Yvetot. — Je propose la formation d'une Commission chargée de présenter les mesures relatives au viaticum. Cette commission aura toute facilité de travail en s'inspirant des décisions prises dans le Congrès confédéral.

Lapierre. — Il ne s'agit plus maintenant de l'institution du viaticum. Il s'agit seulement de l'organiser mieux qu'il n'est et selon l'esprit qui anima la discussion de revision des statuts et conformément à la décision du Congrès. Il nous faut donc discuter avec attention, car nous aurons à fixer les points où le viaticum doit être versé. Il y a ici beaucoup de secrétaires d'Unions de Syndicats, cela va donc être très facile. Allons-nous d'abord discuter la question en séance puis nommer ensuite une Commission qui fournirait un rapport? Je crois que le contraire vaudrait mieux.

Nommons une Commission du Viaticum qui aura à rechercher et à établir les centres où le viaticum devra être versé. Elle fournira un rapport sur lequel la Conférence se prononcera. Au lieu de deux discussions, il n'y en aura qu'une et elle s'établira sur un travail mieux préparé, plus acceptable.

Boyer (*Rhône*). — Il faudrait que cette Commission comprenne les secrétaires des Unions qui sont présents à cette Conférence, parce que ceux-là connaissent mieux qu'un délégué indirect les situations géographiques des centres qu'ils représentent et ils savent, par expérience, les distances exactes qui séparent les Bourses l'une de l'autre sur les routes parcourues par les passagers qui demandent le viaticum. Enfin, ils sont à même de donner des indications très utiles basées sur l'expérience acquise par le fonctionnement actuel du viaticum.

Marck. — Il est de toute logique que cette Commission comprenne les secrétaires d'Unions qui peuvent apporter tous les éléments nécessaires pour l'établissement définitif du viaticum, mais cela n'exclut pas les autres. Tous ceux qui s'intéressent vraiment à la question peuvent être admis pour écouter ce qui se dira et apporter, s'ils le croient indispensable, les arguments utiles et nouveaux susceptibles de rendre plus pratique l'application future du viaticum.

Cleuet. — Désignons plutôt des commissions par affinités. Que la Conférence se partage en autant de commissions qu'il y a de questions à étudier.

De nouveau les délégués donnent à la fois leurs avis différents.

Enfin le calme renait vite et la discussion reprend sagement son cours.

Klemczynski. — Une commission pour chaque question ne serait pas de trop, mais il est des représentants d'Unions qui voudraient bien aussi figurer dans les deux commissions parce que les deux questions les intéressent également. Moi-même, je suis dans ce cas et beaucoup de secrétaires d'Unions aussi. Le viaticum est très intéressant. Voilà longtemps que nous tâtonnons pour l'établir. Beaucoup de secrétaires de Bourses ne l'ont établi qu'avec les subventions. Mais la question des Unions départementales me passionne autrement que le Viaticum qui ne peut être qu'une question dépendante des Unions.

Yvetot. — La Commission du Viaticum peut se réunir à une heure bien déterminée, de façon que ceux qui voudront y participer, quoique n'en faisant point partie, le pourront, comme ils pourront faire de même avec l'autre Commission si celle-ci se réunit à une autre heure bien déterminée également. Mais ceci n'est pas aussi pratique qu'on le voudrait. Pourquoi la même Commission, à laquelle s'adjoindraient tous ceux qui ont quelque chose à objecter ou à proposer, ne ferait-elle point double emploi en discutant chaque question l'une après l'autre et en désignant un rapporteur sur chaque question ?

Il me semble que cela simplifierait tout et terminerait cette discussion.

Cleuet. — En effet, les propositions se complètent et si nous sommes d'accord, il est facile de ne pas s'éterniser là-dessus pour laisser plus de temps au travail de la Commission. Je suis d'avis de ne former qu'une seule commission pour les deux questions puisqu'elles ne sont inconnues pour aucun de nous.

Yvetot. — Aussitôt la question du Viaticum tranchée, le rapporteur étant désigné, la Commission entame la question des Unions, leurs délimitations, leurs rapports avec les Bourses du département, etc., et nomme un rapporteur.

Marck. — Certainement, c'est bien plus simple.

Vallin (*président*). — C'est une proposition qui est formulée. Je vous consulte : Si vous êtes partisan de l'adopter, manifestez-le en levant la main. (*Toutes les mains se lèvent*).

Il n'y a pas d'opposition ? (*Aucune !*) En conséquence, la Conférence décide de nommer une seule Commission qui s'occupera du Viaticum et des Unions départementales. Elle fournira un rapport sur chacune des questions.

On procède à la nomination de la commission qui est ainsi composée :

Richer (Sarthe), *Royer* (Rhône), *Hervier* (Cher), *Lapierre* (Seine-et-Oise), *Bigot* (Castres), *Lescalié* (Nimes), *Chéreau* (Rennes), *Chambon* (Grenoble), *Schneider* (Troyes), *Daïdée* (Narbonne), *Klemczynski* (Ain-Franche-Comté), *Guernier* (Reims), *Bondoux* (Nièvre), *Leroux* (Oise), *Pengam* (Brest), *Chasle* (Tours), *Estellé* (Alger), *Savoie* (Seine), *Vallin* (Havre). A ces camarades, s'adjoindront le trésorier confédéral et le secrétaire de la section des Bourses.

VALLÈS (*président*). — Tous les membres de la Commission sont des secrétaires et des permanents des Bourses et Unions, ce qui est une garantie de compétence et de volonté d'aboutir.

La séance est levée ensuite pour permettre à la Commission de préparer ses rapports pour la séance de l'après-midi. Il est onze heures passés.

DEUXIÈME SÉANCE *(Lundi 23 Septembre, après-midi)*

Le Viaticum - Les Unions départementales Questions diverses

La séance n'est ouverte qu'à trois heures passés, pour permettre à la Commission de fournir ses rapports, sous la présidence du camarade CLEUET (Somme), avec, comme assesseurs, le camarade ROYER (Rhône), et le camarade TRÉVENNEC (Lorient).

Le Cas de Montpellier

CLEUET *(président)*. — Je donne la parole au camarade Mammale qui représente à la Conférence les Unions locales de Soissons et de Montauban.

MAMMALE. — Je veux soulever un cas litigieux survenu entre le syndicat des Typographes de Montpellier et la Bourse du Travail de cette ville. Le cas est celui-ci : Un journal socialiste du Midi « Le Populaire », en conflit avec ses typos, fut mis à l'index par la section de Nîmes. La Bourse du Travail de Montpellier, invitée à mettre les syndiqués de cette ville au courant de la situation par l'apposition d'affiches qui lui avaient été envoyées, s'y est refusée, sous le prétexte inacceptable que ce journal est socialiste. Je ne m'explique pas l'absence du délégué de Montpellier. S'il avait été là, il aurait pu répondre. Montpellier pouvait se faire représenter ici.

YVETOT. — Il n'y a pas de délégué direct de Montpellier et je le regrette aussi. Mais il est de mon devoir de vous informer que j'en étais prévenu par une lettre dans laquelle le secrétaire de la Bourse du Travail de Montpellier prie le secrétaire de la Section des Bourses de ne point parler du cas en question parce que Montpellier ne pourra être directement représenté.

MAMMALE. — Je demande à la Conférence des Bourses de voter un blâme à Montpellier. L'intérêt syndicaliste, la solidarité ouvrière, passent avant les formules de principes socialistes des journalistes.

LESCALIÉ. — Au nom de Nîmes, je déclare que le « Populaire du Midi » a mal agi vis-à-vis de ses typos et que la Bourse du Travail de Montpellier aurait dû seconder notre propagande de mise à l'index contre ce journal.

CLEUET *(président)*. — Indiquez une sanction qu'on en finisse !

YVETOT. — Je propose l'ordre du jour suivant :

La Conférence des Bourses, réunie à l'issue du Congrès national du Havre, proteste contre les faits qui lui sont présentés au sujet du « Populaire du Midi ».

Regrette qu'un délégué de la Bourse du Travail de Montpellier n'ait pas été présent pour répondre au grief sérieux qui fut fait à cette Bourse de n'avoir pas secondé la légitime protestation de la Bourse du Travail de Nîmes et de la Fédération du Livre.

MAMMALE. — Je me rallie à cet ordre du jour qui formule notre légitime protestation.

CLEUET *(président)*. — La Conférence est-elle d'avis de voter cet ordre du jour ? *(Oui !)* Je le mets aux voix.

L'ordre du jour est adopté.

LE VIATICUM

CLEUET (*président*). — La parole est donnée au camarade Lapierre, rapporteur de la Commission, pour qu'il donne connaissance de son rapport sur le *Viaticum*.

LAPIERRE lit le rapport suivant :

Rapport sur le Viaticum

La Commission du Viaticum confédéral des Bourses du Travail étant formée des camarades : Royer, Hervier, Lapierre, Lescalié, Schneider, Daïdée, Savoie, Bondoux, Rigot, Klemczynski, Leroux, Chéreau, Guernier, Estellé, Chambon, Pengam, Richer, Vallin, Marck et Yvetot, a pris les décisions suivantes concernant les garanties à prendre pour assurer le fonctionnement du service du viaticum d'accord avec l'esprit de solidarité et de lutte ouvrière qui le rendit nécessaire et suivant les ressources utilisables :

1° Le viaticum sera délivré dans toutes les Bourses du Travail et centres industriels importants, sous le contrôle des Unions de Syndicats confédérées.

Pour en permettre l'application judicieuse, la C. G. T. établira une carte sur laquelle sera tracé un périmètre, autour de chaque Bourse (ce périmètre, en deçà duquel un passager ne pourra réclamer de secours à la Bourse, aura la forme d'une circonférence de 50 kilomètres de rayon, la Bourse intéressée prise pour centre.)

Le préposé à la délivrance du secours de route invoquera cette limite aux passagers provenant des localités comprises dans ce cercle pour refuser le versement;

2° Les reçus détachés du carnet à souche en usage seront transmis au trésorier confédéral par l'intermédiaire des Unions confédérées;

3° Le syndiqué devra faire viser sa carte lorsqu'il quittera un atelier ou chantier pour aller à la recherche du travail. Ce visa indiquera le lieu et la date du départ. La Carte confédérale sera disposée pour recevoir ces indications.

4° Ne pourront avoir droit au secours de route les passagers en retard de plus de deux mois de cotisations et ceux dont la Carte confédérale ne revêtira pas tous les timbres confédéraux, sur les mois payés ;

Le mot *payé* ou toutes autres indications dans les cases *ad hoc* seront considérés comme nuls ;

5° Une affiche-placard indiquant les conditions dans lesquelles sera distribué le viaticum sera adressée aux groupements intéressés.

Secours aux étrangers. — Pour permettre aux camarades chargés de distribuer le secours de route de reconnaître les véritables affiliés aux syndicats étrangers reliés par leurs centrales au Bureau International, il sera édité par les soins de la C. G. T. un tableau portant en fac-simile les marques syndicales des différentes organisations étrangères. Ces documents seront mis à la disposition des groupements intéressés.

Toutefois, en attendant que la Conférence Internationale ait statué sur les conditions d'application et de fonctionnement du viaticum dans tous les pays affiliés, la Commission se trouve dans l'*obligation* de demander le maintien du *statu quo* comptant sur les Bourses du Travail pour assurer (comme par le passé) la solidarité internationale sous forme de secours et sous leur responsabilité.

Les rapporteurs :

LAPIERRE (Seine-et-Oise) ;

KLEMCZYNSKI (Ain-Franche-Comté).

CLEUET (*président*). — Maintenant que la Conférence a eu connaissance du texte entier du rapport de la Commission, elle peut en discuter les points les plus saillants sur lesquels, pour la clarté et la rapidité des débats, je prie chaque délégué de ne point demander la parole, si ce n'est pour une observation absolument utile. La parole est au camarade Lapierre.

Lapierre (*rapporteur*). — Je reprends mon rapport au point où il devient discutable. En voici la première partie :

1° Le viaticum sera délivré dans toutes les Bourses du Travail et centres industriels importants sous le contrôle des Unions de Syndicats confédérées.

Pour en permettre l'application judicieuse, la C. G. T. établira une carte où sera tracé un périmètre autour de chaque Union.

Ce périmètre, en deçà duquel un passager ne pourra réclamer des secours à la Bourse, aura la forme d'une circonférence de 50 kilomètres de rayon, la Bourse intéressée prise pour centre.

Les préposés à la délivrance de secours de route invoqueront cette limite au passager provenant des localités comprises dans le cercle pour refuser le versement.

Trévennec. — Je critique le système de rayonnement proposé par la Commission et lui préfère le *statu quo* car il laisse plus de liberté au passager.

Voyez, par exemple, la situation de Lorient et de Pontivy. En créant des centres spéciaux pour le viaticum vous obligerez les chômeurs à se diriger sur une localité plutôt que sur une autre où ils pourraient trouver du travail quoique ne délivrant pas de secours.

Marck. — Mais comment veut-on réglementer une institution comme celle du Viaticum sans attenter à la liberté du trimardeur ? Nous ne pouvons pourtant pas faire autrement que de lui demander d'où il vient, s'il veut bénéficier du droit que lui donne le chemin parcouru.

J'estime au contraire que par les mesures que nous prenons avec les propositions émises par la Commission sur le Viaticum, il sera possible d'améliorer la situation actuelle des trimardeurs. Nous avons accepté, à la Commission, que toutes les Bourses délivreraient le viaticum.

Bigot. — Il est bien entendu que celui qui touchera le viaticum aura fait au moins cinquante kilomètres ?

Lapierre (*rapporteur*). — Ce sont les organisations régionales qui fixeront le centre de délivrance du viaticum. Elles seront libres de fixer les endroits où le viaticum pourra être délivré. Le contrôle sera fait par ces Unions et le remboursement s'effectuera par leurs soins.

Trévennec. — S'il doit en être ainsi, je me déclare satisfait de la réponse.

D'autres camarades prennent encore la parole sur le premier paragraphe, qui est enfin adopté sans modifications. Il en est de même du second dont voici le texte :

Les reçus, détachés du carnet à souche en usage, seront transmis au trésorier confédéral par l'intermédiaire des Unions confédérées.

Le troisième paragraphe soulève également quelques observations. Il est enfin voté.

En voici le texte :

Le syndiqué devra faire viser sa carte lorsqu'il quittera un atelier ou chantier pour aller à la recherche du travail.

Le visa indiquera le lieu, le département et la date. La carte confédérale sera disposée de manière à recevoir ces indications.

Lapierre. — Ces dispositions ont pour but de prévenir les abus.

Nous avons discuté sur ce cas et il a été reconnu qu'il était facile à l'ouvrier quittant le chantier et le pays de faire viser sa carte, soit par le délégué, soit par le secrétaire du syndicat.

Klemczynski. — Il faut éviter les abus et n'auront droit au viaticum que ceux qui auront le visa.

Après diverses autres observations, le 3me paragraphe est adopté.

Lapierre (*rapporteur*) donne lecture du quatrième paragraphe :

Ne pourront avoir droit aux secours de route les passagers en retard de

plus de deux mois de cotisations et ceux dont la carte confédérale ne revêtira pas tous les timbres confédéraux sur les mois payés.

Le mot « payé » ou toutes autres indications dans les cases *ad hoc* seront considérés comme nuls.

FAY. — Je tiens à faire remarquer que ces deux mois peuvent correspondre à deux mois de chômage. Ne serait-ce pas alors une restriction que vous feriez du droit du passager.

LAPIERRE *(rapporteur)*. — Il y a des timbres de chômage. On peut, en tous cas, prendre ses timbres.

LENOIR. — Le mois de chômage peut s'ajouter à ceux de son retard.

CLEUET *(président)*. — On pourrait prendre comme point de départ le visa de la carte.

LENOIR. — Et les grèves ? Nous n'avons pas de timbres de grève.

LAPIERRE *(rapporteur)*. — Nous avons voulu trouver le moyen de lutter contre les abus. Les secrétaires de Bourses savent par expérience qu'ils sont journaliers.

BONNET. — Au nom de Limoges, j'appuie les dispositions du rapport parce qu'il convient d'éviter les truquages, comme, par exemple, les passages de cartes entre trimardeurs.

VALLIN. — A ce sujet, je veux vous faire connaître quelques cas très intéressants. *(Il en cite quelques-uns.)*

DAÏDÉE. — Ce sont des cas d'espèces qui nous sont apportés et ne n'est pas à cela qu'il faut s'arrêter pour établir quelque chose de durable. Pour Narbonne, j'en pourrais citer aussi.

BONNET. — Ne pourrait-on trouver le moyen de placer des timbres pour les cas de chômage et de grève ?

DANIS. — J'insiste pour qu'on étudie le cas de grève. Il est intéressant. Il faut qu'il y ait un timbre pour ce cas.

GEEROMS. — Est-ce que le mot « grève » est synonyme de « payé » ?

LAPIERRE *(rapporteur)*. — Il est dit « payé » ou toutes autres indications.

VALLIN. — Il est nécessaire d'étudier le cas de ceux qui partent en cas de grève et qui reviennent au bout de deux ou trois mois.

SAVOIE. — A l'Union des Syndicats de la Seine, nous trouvons qu'il y aurait un moyen de trancher cette question : quand une fédération veut exonérer ses grévistes, elle n'a qu'à supporter le prix des timbres. Il y a trop de cas particuliers invoqués pour justifier le non-paiement (maladie, grève, chômage). Déjà, de grandes fédérations ont su faire ce qu'il fallait.

Il y a des fédérations qui exonèrent les grévistes, mais toutes ne le font pas. Il ne faut pas laisser la porte ouverte ; c'est aux fédérations de prendre les mesures nécessaires pour fournir des timbres d'exonération afin que personne ne puisse frauder.

Plusieurs délégués présentent des observations en sens divers.

Certains camarades remarquant que les possesseurs de cartes ne portent pas tous les timbres des mois écoulés parce qu'ils ont été en grève, font observer que ce serait aller à l'encontre des décisions prises par les grandes fédérations des Métaux et du Bâtiment, qui prennent à leur charge les timbres des grévistes.

LAPIERRE *(rapporteur)* répond en quelques mots aux observations présentées.

LE PRÉSIDENT. — Je mets ce paragraphe aux voix.

Le quatrième paragraphe est adopté. Puis, le cinquième paragraphe est adopté sans discussion.

Lapierre (*rapporteur*). — La Commission s'est également préoccupée de la distribution du viaticum aux étrangers. Elle a conclu par le maintien du *statu quo*. Mais elle demande, pour permettre aux camarades chargés de la distribution des secours de reconnaître les véritables affiliés aux organisations étrangères adhérentes au Bureau International, d'éditer un tableau portant en *fac simile*, les marques syndicales de ces organisations.

Une discussion s'engage sur cette question.

Savoie, Daïdée, Mourgues, Marck, Cleuet, Lescalié, Bahonneau, Marty-Rollan, Doria, Lenoir, prennent tour à tour la parole. Tous présentent diverses observations qui ont leur importance.

Lapierre (*rapporteur*). — Seule, la Conférence Internationale peut fournir les moyens d'assurer le fonctionnement régulier de ce service.

Marck. — Il est impossible de continuer sur ce pied-là. Dans la pratique, il y a un abus véritable qui met la caisse en déficit. Les secours donnés aux étrangers ne peuvent être remboursés. On ne peut encore tabler ainsi. Il n'y a rien d'exact qui soit établi jusqu'à présent.

Mourgues. — On a voté au Congrès une augmentation de la cotisation et voici maintenant qu'on met à la charge des Unions des obligations nouvelles.

Cleuet (*Président*). — Ne pourrait-on alors, maintenir le *statu quo* ?

Bahonneau. — Quand les étrangers passent et nous réclament un secours, ils nous montrent une carte où nous ne comprenons rien ; mais ils nous disent que la carte qu'ils nous présentent est valable. Ils ont l'air de le savoir et c'est nous qui n'en savons rien. On ne nous a pas encore dit quelle cartes étaient les bonnes et quelles cartes étaient les mauvaises parmi celles que nous présentaient les voyageurs venant de l'étranger.

Doria. — Le contrôle est possible par la marque de connaissement international. On pourrait admettre le versement aux syndiqués dont la corporation accorde la réciprocité. Ainsi, il y a réciprocité internationale dans le secours de route, je crois, dans les corporations suivantes : Chapellerie, Papier, Céramique, Livre, Industries hôtellières.

Marty-Rollan. — Le rapport nous donne satisfaction. Nous ne délivrons pas de secours aux professionnels étrangers sans les avoir mis en rapport avec la corporation nationale correspondante à la leur, c'est-à-dire avec le syndicat.

Lenoir. — Acceptons le rapport. La réciprocité s'établit par la fédération. Acceptons, en attendant le viaticum par industrie, celui qui existe actuellement. Aux Unions de Syndicats, réservons la répartition du viaticum des Fédérations.

Cleuet (*président*). — Il est absolument indispensable que des précautions soient prises. Ce n'est pas encore aujourd'hui que nous établirons un viaticum international. Essayons ce que préconise le rapport. L'expérience établira les moyens les plus pratiques. Mais il y a quelque chose à faire, sinon de suite, au moins après la mise en pratique de ce que nous aurons adopté. Là seulement, nous aurons quelques données exactes.

Savoie. — Si vous décidez que les secours aux étrangers ne seront pas remboursés, c'est comme si vous décidiez de refuser le viaticum aux étrangers. Ce ne sera plus de la solidarité internationale que nous pratiquerons. Nous avons, à Paris, une proportion considérable (la moitié en certaines saisons) d'ouvriers étrangers dans certaines corporations, pour certains travaux. Aussi, vous le voyez, la question est plus grave qu'on ne le suppose. A Paris, sur 20 viaticum il y en a 10 étrangers ; s'ils ne doivent pas être remboursés, qu'on prenne des dispositions avec les organisations étrangères. Nous ne pouvons pas, par esprit d'internationalisme, refuser la solidarité à nos camarades étrangers. Je demande qu'il y ait une sorte de label international.

Au sujet des marques étrangères, je vous fais observer la crainte que j'ai après avoir constaté combien elles étaient variées ; je crains qu'elles soient trop changeantes pour qu'on en puisse espérer le contrôle sérieux et efficace.

Raffin. — J'estime qu'à une discussion semblable, les fédérations avaient leur place. Je regrette qu'elles n'aient pas été invitées à assister à la Conférence des Bourses pour participer à la présente discussion. Au nom de la Fédération du Papier, j'aurais pu apporter alors quelques indications utiles sur la question, si notre fédération avait été mise au courant, car nous avons le viaticum international à la Fédération du Papier.

Daïdé. — Il est des villes, comme Narbonne, Perpignan et bien d'autres, où il n'est pas possible de donner le viaticum obligatoire aux étrangers. Nous n'aurions jamais de quoi. Et si la C. G. T. devait rembourser tous les secours qui nous sont demandés, et si nous devions, par le viaticum obligatoire, accorder à chaque étranger la somme identiquement fixée pour tous, la note serait formidable quand nous la présenterions au remboursement de la C.G.T. ou à son trésorier.

Lapierre. — Tant qu'un label international n'existera pas, nous ne pourrons rien décider. Il faudrait qu'il y ait, à ce sujet, une conférence internationale.

Mourgues demande le maintien du *statu quo* ; un échange d'observations a lieu ensuite entre Cleuet et Marck sur les ressources budgétaires de la C. G. T. et Cleuet demande si, jusqu'à une prochaine conférence, on ne pourrait pas maintenir le *statu quo*.

Après seconde lecture, le rapport, mis aux voix, est adopté, comme en avait été également adoptée, après discussion, chacune des différentes parties.

La discussion est close sur la première question à l'ordre du jour. On passe à la seconde.

LES UNIONS DÉPARTEMENTALES

Cleuet (*président*). — Nous passons à la seconde question de l'ordre du jour ; je crois que nous y passerons beaucoup moins de temps qu'à la première. En effet, le Viaticum est depuis si longtemps en chantier qu'on aura beaucoup de peine à l'en sortir. Pourtant, cette dernière discussion aura, je l'espère, contribué à l'établir définitivement sinon parfaitement.

Pour la question des Unions départementales c'est une affaire d'entente entre les Unions actuelles. Le Congrès nous ayant spécifié les conditions dans lesquelles devaient se former ces Unions et nous en ayant déterminé le terme, notre tâche est de parfaire à l'application de ces décisions.

Lapierre (*rapporteur*). — Voici le rapport adopté par la Commission :

Rapport sur les Unions Départementales

Après le vote du Congrès confédéral du Havre, décidant qu'à partir du 1er Janvier 1914, les Unions Départementables des Syndicats seraient, seules, admises à la C. G. T., la Conférence demande dans l'intérêt de la Section confédérale des Bourses :

1° Que les Unions locales ne soient pas sacrifiées et puissent se mouvoir librement dans ces rouages nouveaux comme organisations de propagande locale, sous la dénomination de Comités intersyndicaux ;

2° Que dans les congrès de fusion qui auront lieu pour la constitution des Unions régionales, il soit tenu compte rigoureusement des limites départementales ; pour les cas d'espèces, le Comité des Bourses appréciera ;

3° Que dans leurs congrès régionaux, les Unions départementales y invitent les Unions voisines et que, d'accord, elles s'entendent pour les moyens de propagande et au besoin pour désigner un délégué régional à la propagande pour plusieurs départements, tout en conservant la base statutaire qui est le département ;

4° Enfin, la Conférence compte sur l'esprit de solidarité qui doit animer les organisations d'une même région pour appliquer sans difficultés les résolutions du Congrès du Havre ;

5° La Conférence manifeste le désir de voir inscrire à l'ordre du jour de la Conférence des Fédérations et des Bourses de Juin 1913, la question suivante qui est d'ordre administratif : *Relations entre Unions et Fédérations.*

Le rapporteur :
Lapierre.

Cleuet (*président*). — Vous avez entendu la lecture qui vient de vous être faite du rapport sur les Unions Départementales. Je pense que vous allez considérablement me faciliter la besogne en ne faisant aucun discours sur une telle question. Chacun de nous est fixé sur l'utilité de ce genre d'organisation. Mais si nous avons quelques observations sérieuses, quelques objections utiles à faire, je prie qu'on les fasse brièvement.

Doria. — Au nom de la Bourse du Travail d'Aix, je demande le *statu quo*.

Savoie. — C'est à partir de Septembre 1913 que les fusions devront être faites, et c'est au 1er Janvier 1914 qu'il n'y aura plus qu'un seul timbre par département.

Avez-vous pensé que les départements actuels ne répondent point aux nécessités économiques ?

Lapierre (*rapporteur*). — Pour l'année 1913, on continuera comme par le passé, c'est seulement à partir de 1914 que sera imposé le nouveau régime.

Doria. — Je demande que les timbres ne soient pas donnés aux Bourses du Travail.

Lapierre (*rapporteur*). — Il est bien entendu que les timbres seront donnés aux Unions Départementales qui seront les seules confédérées.

Yvetot. — Après les discussions qui ont eu lieu au sein de la Commission, je suis certain que nul de ses membres n'aura à intervenir contre le rapport et ses résolutions. En somme, tout le monde est d'accord : il faut ne plus admettre à la Section des Bourses que des Unions Départementales. Il faut que ces Unions Départementales ne le soient point seulement de nom, mais aussi de fait. Pour les réaliser, il ne faut pas permettre le moindre empiètement d'un département sur l'autre. Pour les Unions bi-départementales ou interdépartementales, quand le Comité de la Section des Bourses, après examen, les aura admises, ce ne devra encore être qu'à titre provisoire, en attendant que l'Union Départementale, soudée par nécessité à l'Union voisine, ait acquis la force de se suffire.

Klemckzynski. — Je m'excuse d'intervenir sur la question, mais il est un point sur lequel je crois devoir donner quelques explications qui dissiperont peut-être quelques ténèbres.

En demandant, il y a quelques instants, si les départements actuels répondent aux nécessités économiques, notre camarade Savoie touchait le point le plus important de cette discussion : celui de la délimitation des Unions. Nous abordons un problème vital par excellence : il s'agit moins de quelques Unions que de la C. G. T. elle-même dont l'avenir est inséparable d'une organisation mobile et harmonique capable de satisfaire, en somme, aux exigences de ce syndicalisme si original, si vivant que notre grand Congrès vient à nouveau de proclamer.

Le trait caractéristique du mouvement ouvrier français est dans la Section des Bourses qui n'a pas d'équivalent dans les organisations étrangères. C'est là la constitution politique de la C. G. T. (au deuxième degré) : celle de la lutte des classe en dehors du caractère purement corporatif. Il faut conserver à la Confédération son caractère général. Certes, la base départementale (base administrative et politique de notre pays) ne correspond pas toujours aux nécessités économiques, c'est vrai, mais il faut éviter les divisions que créerait la situation des régions. Si mauvaises soient-elles, il faut conserver les limites actuelles afin de sauvegarder le caractère de solidarité générale au mouvement syndical.

S'il est une institution issue plus particulièrement de notre méthode confédérale, c'est bien l'Union des Syndicats divers. Elle correspond à ce double mouvement dont le mécanisme de l'organisation centrale française offre à l'Internationale, un peu étonnée, une très symbolique image. Il n'est pas, dans les institutions syndicales des autres pays, tout au moins à un égal degré d'influence et d'adaptation, une telle dualité dans la vie syndicale. Semblable à l'excentrique dans les machines à vapeur, cet engrenage affecte chez nous l'aspect de deux mouvements en sens contraire, mais qui se coordonnent et se justifient. La question de la délimitation des Unions est la plus importante de celles qui soient agitées depuis l'Unité Confédérale, car il s'agit de savoir quel sera le pouvoir de propulsion de notre mécanisme à nous dans l'ensemble de la traction à fournir.

On nous dit : « Les départements administratifs ne correspondent pas aux nécessités économiques, ils séparent arbitrairement des régions ayant des affinités industrielles. » Cet argument ne saurait être retenu que si l'on entend leur caractère même qui est de faire de l'action inter-corporative, c'est-à-dire de l'action syndicale au second degré. Si l'on transforme, si l'on réduit ainsi le rôle des Unions, les Fédérations d'industries sont qualifiées pour la limitation de ces secteurs, si non c'est vers la vie syndicale telle qu'elle est imposée dans la pratique qu'on revient en maintenant le caractère volontairement extra professionnel de nos Unions dont les limites ne sauraient connaître que les nécessités du présent ouvrage. Or, un seul facteur nous occupe pour l'étendue du champ à cultiver... c'est, disons-le sans ambage, la densité de son produit et les moyens qu'elle permet d'utiliser pour la propagande et l'éducation. Pourquoi rechercher des limites nouvelles qui mettront le Comité confédéral, incompétent du reste en la matière, en présence des plus effroyables difficultés et dont la fixation entraînera les plus anémiantes chicanes ?

Si la base confédérale doit rester le département, cela ne veut pas dire que les limites actuelles seront toujours rigoureusement respectées, il peut y avoir des cas d'espèces, mais, tout au moins, il faut conserver le principe.

Il ne faut pas que la limite des Unions soit une limite industrialiste pouvant changer de jour en jour, il faut avant tout, laisser intacte l'unité confédérale.

C'est ce que nous avions compris à la Commission.

En effet, puisqu'il s'agit d'un terrain à travailler, pourquoi ne pas simplement admettre la limite départementale aussi imparfaite soit-elle, mais qui est déjà adoptée dans la majorité des cas ? Est-il trois syndicats de vanniers situés dans chacun des départements du Rhône, de l'Ain et de Seine-et-Loire ? Ils iront à leur Union départementale indiscutable et la Fédération des Vanniers sera là pour les liaisons nécessaires.

Il est très exact que la densité syndicale varie considérablement d'un département à l'autre et, qu'en l'espèce, il s'agit d'employer des permanents à la propagande, indépendants de tout subventionnisme. Mais alors qui empêchera plusieurs Unions de mettre en commun leurs moyens pour le militant régional indispensable ? Personne ne s'y opposera du moment que les administrations des Unions seront distinctes et que leur entente se fera dans ce sens. Les Unions doivent être entièrement à la disposition des Fédérations pour le recrutement, la liaison et la vigilance, mais elles ont un rôle qui grandit sous chacun de nos pas, que dis-je ? qui apparaît, plus fortement que jamais, à l'heure où, perfectionnant ses moyens, le capitalisme pousse l'action syndicale vers nos propres voies et où le salarié, déprofessionnalisé souvent, cherchant toujours une affinité, a besoin d'être constamment en rapport avec les forces qui l'enveloppent. Il n'est pas de meilleure façon de sauvegarder le présent et de préserver l'avenir. N'oublions pas que depuis le Congrès unitaire de Montpellier nous travaillons avec un certain succès à affermir la structure confédérale et qu'il n'est pas de besogne plus pressante que d'y employer le meilleur de nous-mêmes.

Il convient de laisser à chacune des branches confédérales leurs fonctions propres. Le syndicalisme au second degré intercorporatif doit rester en dehors des préoccupations corporatives.

Ainsi, nous aurons obtenu une meilleure représentation au Comité confédéral. Ainsi, nous aurons facilité la propagande et permis la possibilité de permanents utiles à l'éducation et à l'action. Ainsi, enfin, nous nous rapprochons mieux dans l'application d'un fédéralisme que nous avons des raisons de continuer à opposer aux trop particulières poussées industrielles, toujours prêtes à mettre au second plan les idées générales au profit des intérêts immédiats.

Voilà ce que je voulais dire pour répondre au point intéressant soulevé par la question du camarade Savoie.

Je m'excuse d'avoir été peut-être moins bref qu'on ne l'avait recommandé, mais si j'ai pu jeter quelque clarté dans ce débat sur les Unions départementales, mon intervention spontanée n'aura pas été inutile, puisqu'elle épargnera à d'autres camarades de prendre la parole, parce que j'aurais peut-être exprimé leur pensée.

Geeroms. — Quelles seront les sanctions que vous réserverez aux Bourses du Travail qui ne se seront pas conformées en temps voulu aux décisions prises concernant les Unions Départementales ?

Yvetot. — Si chacun de nous a l'idée de contribuer au bon fonctionnement des Unions départementales, à leur efficacité, ils ne peuvent croire déjà à l'utilité de sanctions. Jusqu'à présent, la transformation s'est faite d'elle-même ; ça continuera. La décision du Congrès hâtera doucement la réalisation des Unions départementales.

Cleuet (*président*). — Nous n'avons pas à voir cela pour le moment. Au délai fixé, il en sera temps. N'anticipons pas sur l'avenir ; réalisons le présent.

Lescalié, Artigue, Marty-Rollan et divers autres camarades présentent quelques observations.

Lapierre (*rapporteur*). — Ce sera à nous tous, militants, d'avoir assez d'initiative pour inciter les plus revêches à l'organisation nouvelle à nous aider de réaliser sans trop de difficultés les résolutions prises aujourd'hui ici et au Congrès. Ne nous occupons point des sanctions, occupons-nous de n'en point motiver. D'ailleurs, ce sera au Congrès de Grenoble d'envisager ces cas des sanctions qui, je l'espère, n'auront pas lieu d'être.

Savoie. — Je voudrais savoir si les Bourses du Travail d'un même département — comme celui de la Seine surtout — subsisteront malgré les Unions départementales. Seront-elles remplacées par les Comités intersyndicaux ? Nous avons à Pantin, à Aubervilliers, à Ivry, à Issy-les-Moulineaux, diverses Bourses du Travail constituées en Unions locales de Syndicats, adhérant directement à la Section des Bourses et qui devraient n'être que des Comités intersyndicaux.

Yvetot. — Il est bien entendu que les Bourses ou Unions locales resteront telles qu'elles sont avec leurs Maisons du Peuple et autres institutions particulières. Mais il faut qu'il y ait une union étroite, une entente constante entre tous les Syndicats d'un même département, et pour cela, il faut que les Unions départementales soient faites, fonctionnent et qu'elles ne nuisent en rien aux Unions locales. En englobant tous les syndicats du département, l'Union départementale se suffit.

Quant aux Comités intersyndicaux, ils ont leur raison d'être, ils ont leur utilité ; mais ils ne doivent pas être confondus avec les Unions locales. Un groupement des sections des syndicats d'une Union de Syndicats de ville importante prend le titre de Comité intersyndical. Mais l'Union locale reste composée de syndicats d'une même localité, cela se comprend.

Cleuet (*président*). — Je crois que ces explications sont suffisantes et que la discussion peut être close par l'adoption immédiate du rapport sur les Unions départementales qui nous a été lu par le rapporteur. Je le mets aux voix.

Le rapport sur les Unions départementales est adopté dans son entier et à l'unanimité.

Cleuet (*président*). — La Conférence a épuisé son ordre du jour et je remercie les délégués de la belle façon dont ils ont su le discuter.

Au nom de la Conférence, je remercie les membres de la Commission du courage et de la bonne volonté qu'ils ont mis à l'étude et à la préparation pour nous des solutions à donner à chacune des deux questions importantes de cette Conférence.

Pour terminer, passons vite aux questions diverses.

Questions diverses

Le " Populaire du Midi " et la Bourse du Travail de Montpellier

Cleuet (*président*). — Je vous soumets encore le texte d'un ordre du jour à propos de l'incident dont nous avons déjà parlé. En l'adoptant ou en le repoussant, la question sera plus vite tranchée que de le discuter encore. Le voici :

La Conférence des Bourses regrette que la Bourse du Travail de Montpellier ait refusé d'apposer les affiches de *mise à l'index* contre le « Populaire du Midi », lequel a remplacé les linotypistes syndiqués par des jaunes ;

Espère que pareil fait ne se reproduira plus, considérant que le devoir de solidarité impose aux organisations confédérées de prendre la défense des victimes du patronat.

Signé :

MAMMALE, Union des Syndicats de Soissons ;
A. SAVOIE, Union des Syndicats de la Seine ;
ESTELLÉ (Marius), Union des Syndicats d'Alger, Bône, Constantine ;
LESCALIÉ, Union des Syndicats de Nîmes ;
YVETOT, Secrétaire de la C. G. T. (Section des Bourses).

L'ordre du jour est adopté.

Changement de Titre : Section des Bourses

CLEUET *(président)*. — Voici une proposition qui nous est présentée par le camarade Danis, de l'Union des Alpes-Maritimes :

La Conférence, considérant que la base fondamentale de la Section des Bourses sera, en 1914, constituée par les Unions départementales, décide que la Section des Bourses sera, à partir de cette date, dénommée : Section des Unions départementales.

YVETOT. — C'est une proposition que nous ne pouvons accepter que comme un vœu indicatif. La proposition est très juste et nous pouvons la prendre en considération ; mais c'est à un Congrès de changer le titre d'une organisation et non pas à la Conférence des Bourses seulement. C'est une proposition à porter à la modification aux statuts confédéraux pour le prochain congrès. Rien de plus. Adoptons-la comme vœu.

CLEUET *(président)*. — En conséquence, je mets aux voix le vœu que soit changé le nom de « Section des Bourses » en celui de « Section des Unions départementales ».

Ce vœu est adopté.

Pour l'abrogation des Articles 414 et 415

CLEUET *(président)*. — Voici un autre vœu que je soumets à votre approbation :

Les délégués à la Conférence des Bourses, considérant qu'à l'occasion des grèves, il est fait aux militants application de l'article 414 qui permet aux juges de condamner, sous le prétexte de manœuvres frauduleuses, ceux-là mêmes qui n'ont commis aucun délit ;

Attendu que cet article du Code pénal est la violation du droit de coalition permis par la loi du 25 mai 1864 ; qu'il est, avec l'article 415, un article d'exception indigne de tout gouvernement démocratique ;

Invitent les militants à profiter des réunions publiques, quelles qu'elles soient, pour protester et présenter des ordres du jour contre cet article de classe et en demander l'abrogation.

LESCALIÉ (Bourse du Travail, Nîmes).

Cet ordre du jour est adopté.

Accidents du Travail et « Voix du Peuple »

GEEROMS. — A la dernière Conférence des Bourses, les conclusions d'un rapport sur les Accidents du Travail furent votées. Parmi ces conclusions, il était spécifié que la « Voix du Peuple », organe de la C. G. T., réserverait une colonne à la jurisprudence des Accidents du Travail. Or, l'on n'a pas vu souvent que cette résolution fut mise en application. De plus, j'ai reçu des lettres de Beausoleil dans lesquelles il se plaignait que partout, à la « Voix du Peuple » comme ailleurs, on boycottait ce qui concernait les Accidents du Travail. Je pense que cette publication de certains points de jurisprudence pouvait intéresser la classe ouvrière. On aurait dû, au moins dans la « Voix du Peuple », insérer la copie du camarade Beausoleil.

YVETOT. — Il m'est pénible de répondre à cette question pour mettre en jeu un camarade que la mort a retiré des nôtres. Cependant, ce ne sera point de ma faute. En effet, le camarade Beausoleil me promit beaucoup de copie sur les accidents du travail pour la « Voix du Peuple ». Il avait été entendu que, pourvu qu'il sache diviser son sujet par tranches raisonnables, il y aurait quelque chose d'intéressant à faire. Malheureusement, il n'en fut pas ainsi : Beausoleil m'apporta plusieurs fois des articles qui n'en finissaient plus. Ce n'est pas une ou deux colonnes qu'il aurait fallu, c'est une page. Je lui en fis l'observation ; il se fâcha et prétendit que rien n'était aussi intéressant à publier que la jurisprudence des accidents du travail. J'ajoute que ses articles étaient tendancieux parfois et, en somme, la « Voix du Peuple » n'est déjà pas si attrayante comme journal officiel pour qu'on y ajoute l'ennui des textes de longs jugements comme le voulait Beausoleil. Autrement, les colonnes du journal furent à la disposition de nos camarades du Conseil judiciaire et le camarade Quillent y fit paraître de bons articles qu'on ne lui refusa jamais.

SAVOIE. — A l'Union des Syndicats de la Seine si nous n'avions su résister, notre Bulletin n'eut servi qu'à insérer la copie de Beausoleil qu'on ne voulait pas ailleurs. C'était un faible chez lui de rapporter toute la vie syndicale à la fonction qui l'intéressait le plus. Pour lui donner satisfaction, il aurait fallu un journal spécial.

CLEUET (*président*). — L'incident est clos. Il a été suffisamment répondu aux questions du camarade Geeroms. La parole est aux délégués de Tours.

Garderie d'Enfants

CHASLE. — A la dernière Conférence des Bourses, il avait été aussi question des garderies d'enfants. Je voudrais savoir où en est cette intéressante question. Je crois qu'il serait excellent que les Unions de Syndicats s'occupent de créer des garderies d'enfants. On a parlé d'écoles syndicales, de Jeunesses syndicalistes et l'on a oublié ce qui vient avant ; on a oublié les tout petits qui devront occuper nos écoles syndicales, composer nos Jeunesses syndicalistes. C'est mettre la charrue avant les bœufs. Je voudrais que les Unions s'occupent de créer des garderies d'enfants.

PENGAM. — Dans le Finistère, à Brest, nous avons étudié les garderies enfantines. Nous ne nous contentons pas de prendre les enfants. Chaque camarade peut puiser ici des renseignements. Au lieu de prendre les enfants plus tôt, nous les faisons promener par des institutrices. De 7 à 16 ans, ils sont pupilles. On les instruit, puis ils entrent en apprentissage et forment la Jeunesse syndicaliste de Brest. Si j'en avais le temps, je vous exposerais ce que nous avons fait dans le sens indiqué par le camarade d'Indre-et-Loire. J'estime, d'abord, qu'il est excessivement difficile d'entreprendre la moindre des choses si l'on ne commence par le commencement. Pour créer chez soi des institutions, il faut d'abord avoir un chez soi. C'est parce que nous avons raisonné ainsi qu'à Brest, depuis le 1er Mai dernier, nous faisons des sacrifices persévérants pour avoir une Maison du Peuple. Yvetot s'en souvient, son discours sur notre « écurie syndicale » fut le point de départ de notre propagande, de nos souscriptions pour édifier à Brest un « chez-nous ». Là, nous pourrons parler de mettre en pratique tous les vœux qui sont jusqu'à présent restés platoniques.

YVETOT. — Cette question d'institutions à créer par nos Unions de Syndicats est de celles qui me semblent les plus intéressantes. Elles constitueraient par leur réalisation ce que nous sommes convenus d'appeler des « résultats immédiats ». Mais ces résultats immédiats ne seraient pas des résultats éphémères, parce que tout ce que nous pourrons faire de bien, de beau, de bon pour l'enfance, c'est aussi des résultats pour l'avenir.

La question posée par notre camarade Chasle est excessivement sérieuse. Nous avons déjà, depuis plusieurs années, parlé d'école syndicale. La garderie d'enfants serait la première classe, si je puis dire, de l'école syndicale, à moins que Chasle ait l'intention de considérer la garderie d'enfants comme une crèche. Nous ne pouvons ici entrevoir par nos Unions l'éducation ou plutôt l'élevage d'enfants au maillot. A quel âge, selon toi, camarade Chasle, pourrait-on prendre ces enfants dans une garderie créée, je suppose, par une de nos Unions locales de Syndicats ?

CHASLE. — A l'âge où ils vont à l'école pour la première fois.

YVETOT. — Je suis de cet avis. Mais pour en arriver à la réalisation d'un vœu si intéressant, je crois indispensable de tenir compte de ce que nous a dit à l'instant notre camarade Pengam. Oui, quand nous aurons partout des immeubles acquis de nos forces, de nos sacrifices collectifs, des Maisons du Peuple où nous aurons en toute indépendance le bonheur de pouvoir créer des institutions viables, nous pourrons alors, sérieusement, songer à mettre en pratique ce qu'on ne fera encore aujourd'hui qu'adopter en vœux.

Est-ce à dire qu'en attendant, il n'y ait rien à faire ? Loin de là. Ce n'est pas moi, certainement, qui découragerait une seule initiative, qui démoraliserait une seule bonne volonté tentant de réaliser quelque chose en faveur de l'enfance. Au contraire. Mais j'aimerai mieux m'attacher à quelque chose de possible, de durable qu'à quelque chose de passager, d'éphémère. Néanmoins, j'estime qu'on peut de suite, sans perdre de vue les belles et grandes œuvres, faire quelque chose pour nos enfants à nous, de suite, bien, vite, et facilement. Mais il faut vouloir.

Tenez, ces jours-ci, dans le pays où nous sommes, sur les hauteurs de la falaise, près du phare, j'ai vu un grand nombre d'enfants s'ébattant, jouant, riant, dans un espace clos, sous la surveillance de quelques porteurs de soutanes. Je me suis informé et l'on m'a dit que c'étaient des enfants du peuple, des enfants d'ouvriers qui, tous les jours, étaient amenés là et jouaient du matin au soir, tout le temps que duraient les vacances. Ainsi, des cléricaux ont pu réaliser ce que notre Union des Syndicats du Havre n'a peut-être pu faire parce qu'il y a trop d'indifférence, trop d'alcoolisme, pas assez d'éducation parmi la classe ouvrière du Havre. Vous voyez bien encore que c'est toujours à notre point de départ qu'il faut revenir et que la propagande, l'organisation, l'éducation, en un mot : le syndicalisme est la source de tout ce que nous pourrions faire. N'est-il pas déplorable de songer au bien qu'on pourrait faire dans les villes comme celle-ci ? N'est-il pas mortifiant de voir les curés faire ce que nous devrions faire ? Et ne croyez-vous pas qu'avant de leur jeter la pierre pour l'enseignement de résignation, d'hypocrisie et d'abrutissement qu'ils donnent, nous devrions d'abord tenter de supplanter leurs œuvres par les nôtres. Voilà quel serait le véritable, l'intelligent anticléricalisme où la politique n'a rien à voir. C'est celui-là qu'il faut entreprendre et vous verrez les résultats...

Mais croyez-le, ce ne sont pas les cléricaux qui mettront encore le plus d'entraves à la concurrence saine que nous leur ferons, ce seront les politiciens, les mangeurs de curés, tous les Homais de province qui seront contre nous. Pourquoi ? Parce que dans nos institutions pour l'enfance, nous n'aurions pas l'imbécillité de faire hurler à nos enfants des chants révolutionnaires qu'ils ne comprennent pas ; parce que nous n'aurions point la stupidité d'en faire des cabotins et des raisonneurs-phonographes, répétant comme des perroquets ce que leurs papas disent chez le bistro. Nous nous attacherions à leur donner d'abord unn belle santé physique. Au grand air presque toujours, à la mer où à celui de la montagne, nous les aiderions par des exercices salutaires, amusants et non brutaux, à se faire des poumons et des muscles, à acquérir de la souplesse, de la grâce, du sang-froid. Nous en ferions au point vue physique des petits bonhommes forts et sains et non de jeunes brutes... Le restant viendrait après.

Suivant l'âge, on les intéresserait aux travaux utiles. Ils acquerraient vite des goûts et des aptitudes professionnelles que les ouvriers, les militants sauraient encourager. Par nos cours professionnels, nos enfants — dont nous n'avons point la sotte ambition de faire ni des arrivistes, ni des ratés, ni des pédants, ni des déclassés malheureux, mais des travailleurs utiles — seraient déjà des techniciens qui auraient appris le travail non pas dans les livres mais à l'étau, à l'établi, aux champs ou sur le bateau.

L'éducation morale, l'instruction indispensable marcheraient de pair. L'éducation physique délasserait l'enfant de l'éducation morale et intellectuelle. L'instruction des muscles au plein air compenserait l'instruction scientifique à l'abri de l'école. Nos camarades instituteurs et institutrices émancipés, tous ceux de nos amis, qui aiment vraiment les enfants, les connaissent, les comprennent, viendraient vite à nous pour perfectionner pratiquement ce que nous entrevoyons de bon à faire dans ce sens en nous passant des pédagogues prétentieux et des pions vaniteux.

Je m'excuse d'en avoir dit si long et je regrette de ne pouvoir, faute de temps, en dire davantage sur un tel sujet.

Enfin, et pour terminer, je répète que la question est en effet importante. Ce serait une belle étude à mettre à l'ordre du jour de la Conférence prochaine que celle des institutions à créer dans nos Unions. Une des plus importantes est, sans contredit, celle qui s'intéresse à l'enfance. Avant de faire chanter l'*Internationale* aux enfants, on ferait bien mieux de s'occuper : 1o de leur santé physique ; 2o de leur santé morale et d'en faire des hommes avant d'en faire des révolutionnaires en miniature. De plus, il est nécessaire de faire dans nos Unions de l'éducation professionnelle afin de faire de nos enfants d'excellents ouvriers. En attendant, la question des Jeunesses syndicalistes répond très bien à quelques-uns de ces besoins. Créons-en partout et songeons à rendre nos Unions indépendantes de la politique et de la subvention. C'est le premier pas à faire pour la réalisation de nos vœux d'avenir.

Propagande

Mourgues (*Bordeaux*). — Je demande que l'on étudie les moyens de décentralisation de la propagande et que la C. G. T. utilise davantage les militants de province. Les Unions départementales répondent à cela.

Les délégués du Var et des Alpes-Maritimes s'associent au vœu de Bordeaux. Bien des fois, ils ont offert leur concours à la C. G. T. et l'on n'en a tenu aucun compte. Ils prient le Comité de bien vouloir en prendre note.

Yvetot. — Je comprends très bien cette observation. Elle est juste. Mais nos camarades de Bordeaux, de Toulon et de Nice, savent très bien que nous ne pouvons donner ainsi satisfaction à leurs demandes. Cela nous donnerait avantage pour l'organisation de nos tournées. Mais les Bourses du Travail elles-mêmes et celles de Toulon, Nice et Bordeaux comme les autres, exigent des délégués de la C. G. T. Souvent même on veut des membres du Bureau. Ce n'est pas que nous ayons plus de talent, ni de meilleurs arguments que nos camarades de province, c'est simplement que nous sommes, si vous me permettez l'expression, les victimes d'un préjugé en cours parmi les travailleurs qui préfèrent des délégués de Paris.

Pour les Petits Ramoneurs

Fay. — Je voudrais entretenir la Conférence d'une exploitation de l'enfance qui n'a pas d'égale. Il n'y a pas de situation pire que celle des petits ramoneurs. Ils sont brutalisés et — j'ose le dire — on se sert d'eux pour assouvir des actes inqualifiables d'immoralité. Mais il n'y a que ceux qui ont passé par-là qui peuvent dire tout ce qu'il y a d'odieux dans l'exploitation honteuse de ces petits malheureux.

Cleuet (*président*). — Mais cela est du ressort du Comité confédéral !

Fay. — Les militants au moins devraient s'opposer aux ramonages de leurs cheminées par des enfants de moins de seize ans. Si je connais leur sort, c'est que j'ai été comme eux. Je m'en souviens.

Cleuet (*président*). — C'est en effet, très intéressant, comme le sort de tous les petits qu'on exploite : vendeurs de statues de plâtre, martyrs dans les verreries, tout cela c'est « l'Exploitatiou de l'Enfance » et ça devrait faire l'objet d'une campagne spéciale.

Fay. — C'est possible. En tous cas, je dépose l'ordre du jour suivant :

La Conférence des Bourses invite les syndicats du Bâtiment, les Unions Départementales et les Bourses du Travail à faire tout leur possible dans leur région, contre le ramonage des cheminées par les enfants au-dessous de 16 ans.

Cleuet (*président*). — Je mets aux voix cet ordre du jour.

L'ordre du jour est adopté.

Solidarité internationale

Le Président donne lecture d'une dépêche qu'il vient de recevoir des syndicalistes révolutionnaires d'Amérique ;

Chicago, 23 septembre. — Au Congrès confédéral du Havre, la septième convention des I. W. W. vous envoie ses salutations internationales de solidarité. L'action pour Ettor et Giovannitti permet de prévoir la fin du système capitaliste par une large union universelle des travailleurs.

Signé : Benson John.

Le Président. — Je déclare close la Conférence des Bourses, et je suis heureux de la bonne besogne faite en si peu de temps.

Le Secrétaire,
G. Yvetot.

IMPRIMERIE DE L'UNION o o o

o o o Société coopérative o o o

o o o o o 105, Rue Hélène, Havre

Cinquième Partie

STATUTS DE LA C. G. T.

CONFÉDÉRATION GÉNÉRALE DU TRAVAIL

Siège Social : Maison des Fédérations

33, Rue de la Grange-aux-Belles. — PARIS-X^e^

STATUTS [1]

Modifiés aux Congrès d'Amiens (1906), de Marseille (1908) et du Havre (1912)

CHAPITRE PREMIER

But et Constitution

ARTICLE PREMIER

La Confédération Générale du Travail, régie par les présents statuts, a pour but :

1° Le groupement des salariés pour la défense de leurs intérêts moraux et matériels, économiques et professionnels ;

2° Elle groupe, en dehors de toute école politique, tous les travailleurs conscients de la lutte à mener pour la disparition du Salariat et du Patronat.

Nul ne peut se servir de son titre de Confédéré ou d'une fonction de la Confédération dans un acte électoral politique quelconque.

ARTICLE 2

La Confédération Générale du Travail est constituée par :

1° Les Fédérations nationales d'industrie et les Syndicats nationaux d'industrie. Elle admet les Syndicats dont les professions ne sont pas constituées en Fédérations d'industrie ou dont la Fédération n'est pas adhérente à la Confédération Générale du Travail.

Les Syndicats admis seront groupés par Fédération d'industrie, lorsqu'ils seront au nombre de trois, s'ils ne se rattachent pas à une Fédération existante ;

2° Les Bourses du Travail considérées comme Unions locales ou départementales ou régionales de corporations diverses et sans qu'il y ait superfétation.

(1) A partir du 1er Janvier 1914, ces Statuts seront modifiés dans tous les passages des articles ayant trait à la constitution et au fonctionnement des *Unions Départementales de Syndicats* qui, seules, seront admises à être représentées à la C. G. T. (Décision du Havre, 1912).

Article 3

Nul Syndicat ne pourra faire partie de la Confédération s'il n'est fédéré nationalement et adhérent à une Bourse du Travail ou à une Union de Syndicats locale ou départementale ou régionale de corporations diverses.

Toutefois, la Confédération Générale du Travail examinera le cas des Syndicats qui, trop éloignés du siège social d'une Union locale ou départementale ou régionale, demanderaient à n'adhérer qu'à l'un des groupements nationaux cités à l'article 2.

Elle devra, en outre, dans le délai d'un an, engager et ensuite mettre en demeure les Syndicats, les Bourses du Travail, Unions locales, ou départementales ou régionales, les Fédérations diverses, de suivre les clauses stipulées au paragraphe 1er du présent article.

Nulle organisation ne pourra être confédérée si elle n'a pas au moins un abonnement au journal la « Voix du Peuple ».

Article 4

Chaque organisation adhérente à la Confédération Générale du Travail sera représentée par un délégué.

L'ensemble de ces délégués constitue le Comité Confédéral.

Le même délégué pourra représenter, au maximum, trois organisations.

Les délégués doivent remplir les conditions stipulées à l'article 3 et être syndiqués depuis au moins un an. Cette condition de stage n'aura pas d'effet rétroactif et ne sera pas applicable aux organisations n'ayant pas un an d'existence.

Article 5

La Confédération Générale du Travail se divise en deux Sections autonomes :

La première prend le titre de : Section des Fédérations d'industrie, de métier et des Syndicats isolés;

La deuxième prend le titre de : Section de la Fédération des Bourses du Travail. (1)

En outre, elle nomme trois Commissions permanentes, ainsi qu'il suit :

1° Commission du journal;

2° Commission des Grèves et de la Grève Générale;

3° Commission de Contrôle.

CHAPITRE II

Composition et Attribution des Sections et des Commissions

Première Section

Article 6

La Section des Fédérations d'industrie, de métier et des Syndicats isolés est formée par les représentants de ces Fédérations et par les représentants des Syndicats qui pourraient être admis isolément. A moins d'impossibilité absolue et dûment constatée, ces délégués devront appartenir à la Fédération qu'ils représentent et remplir les conditions stipulées à l'article 3.

Elle nomme son bureau, composé : d'un Secrétaire, d'un Secrétaire-adjoint, d'un Archiviste, et fixe les attributions de chaque membre du Bureau. Elle participe avec l'autre section à l'élection des Trésoriers.

La réunion de ses délégués prend le nom de Comité des Fédérations d'industrie ou de métier et des Syndicats isolés.

---

(1) A partir du 1er janvier 1914, ce titre sera celui de « Section des Unions départementales ».

Article 7

La Section des Fédérations d'industrie ou de métier et des syndicats isolés a pour objet : d'entretenir des relations entre lesdites Fédérations pour coordonner l'action de ces organisations et de prendre toutes les mesures nécessaires pour soutenir l'action syndicale sur le terrain de la lutte économique ; de créer ou de provoquer la création de Fédérations d'industrie ou de métier et de grouper en branches d'industrie ou de métier les Syndicats de même profession ou de même industrie, pour lesquels il n'existe aucune Fédération.

Elle invite à adhérer aux Bourses du Travail ou Unions locales, ou départementales ou régionales de Syndicats divers les Syndicats de ses organisations qui en sont en dehors, afin de compléter l'Union syndicale.

Article 8

La Section des Fédérations d'industrie ou de métier et des Syndicats isolés se réunit ordinairement tous les deuxièmes mardis de chaque mois et extraordinairement quand c'est nécessaire, sur la convocation de son Secrétaire et prend toutes les mesures indispensables à la bonne marche des fonctions qui lui sont dévolues.

Deuxième Section

Article 9

La Section de la Fédération des Bourses du Travail est formée par les représentants des Bourses du Travail ou Unions locales, ou départementales ou régionales de Syndicats divers. Les délégués doivent obligatoirement remplir les conditions stipulées à l'article 3.

Elle nomme son Bureau, composé de : un Secrétaire, un Secrétaire-adjoint, un Archiviste, et fixe les attributions de chaque membre du Bureau. Elle participe avec l'autre section à l'élection des Trésoriers.

La réunion de ces délégués prend le nom de Comité des Bourses du Travail.

Article 10

La Section des Bourses du Travail a pour objet d'entretenir des relations entre toutes les Bourses dans le but de coordonner et de simplifier le travail de ces organisations; de créer ou de provoquer la création de nouvelles Bourses ou Unions de Syndicats divers dans les centres, villes ou régions qui en sont dépourvus; de décider les Syndicats de ses organisations non fédérés par métier ou par industrie, à adhérer à leur Fédération respective.

Elle dresse périodiquement avec les renseignements fournis par les Bourses du Travail ou toute autre organisation syndicale, des statistiques de la production en France, de la consommation, du chômage, des statistiques comparées des salaires et du coût des vivres par région, ainsi que du placement gratuit qu'elle généralise aux travailleurs des deux sexes de tous les corps d'état.

Elle surveille avec attention la marche de la juridiction ouvrière pour en signaler les avantages ou les inconvévients aux organisations confédérées.

Elle s'occupe de tout ce qui a trait à l'administration syndicale et à l'éducation morale des travailleurs.

Article 11

La Section de la Fédération des Bourses du Travail se réunit ordinairement tous les deuxièmes vendredis de chaque mois et extraordinairement selon les besoins, sur convocation de son Secrétaire et prend toutes les mesures nécessaires à la bonne marche des fonctions qui lui sont dévolues.

Commission du Journal

Article 12

La Commission du journal est composée de douze Membres, pris à raison de six dans chacune des deux sections de la Confédération.

Elle nomme son Secrétaire chargé de la convoquer et de rédiger les procès-verbaux. Le Secrétaire de cette Commission est en outre spécialement chargé de l'administration proprement dite du journal : abonnements, vente, expédition, correction des articles et correspondance y afférente.

Le gérant du journal fait partie de droit de cette Commission.

Article 13

La Commission du journal a pour objet de recevoir, de classer et de vérifier les articles et communications.

Le journal, étant l'organe officiel de la Confédération Générale du Travail, ne peut être rédigé que par des ouvriers confédérés.

La Commission du journal veille à ce qu'en aucun cas l'organe de la Confédération ne devienne la tribune de polémiques injurieuses, de querelles personnelles ou politiques, ou entre Syndicats.

Au cas où un article demanderait rectification, elle en aviserait l'auteur.

Les délibérations officielles de la Confédération, de ses Sections ou de ses Commissions sont insérées dans le journal aussitôt leur adoption et avant tout autre article.

Les dépenses et recettes de cette Commission sont communes aux Sections de la Confédération.

Article 14

La Commission du journal se réunit sur convocation de son Secrétaire avant l'apparition de chaque numéro et prend toutes les dispositions nécessaires pour assurer le succès et la prospérité du journal.

Commission des Grèves et de la Grève Générale

Article 15

La Commission des Grèves et de la Grève générale est composée de douze Membres pris à raison de six dans chacune des deux Sections de la Confédération.

Elle nomme son Secrétaire chargé de la convoquer et de rédiger les procès-verbaux.

Article 16

La Commission des Grèves et de la Grève générale a pour objet d'étudier le mouvement des grèves dans tous les pays.

Elle recueille les souscriptions de solidarité et en assure la répartition aux intéressés.

Elle s'efforce, en outre, de faire toute la propagande utile pour faire pénétrer dans l'esprit des travailleurs organisés la nécessité de la Grève générale. A cet effet, elle crée ou provoque la création, partout où il est possible, de Sous-Comités de Grève générale.

Article 17

La Commission des Grèves et de la Grève générale se réunit sur convocation de son Secrétaire et envoie, si possible, aux organisations en grève qui en feraient la demande, des camarades pour soutenir leur action.

ARTICLE 18

Le fonctionnement de la Commission des Grèves et de la Grève générale est assuré par un prélèvement :

1° De 50 p. 100 sur les cotisations perçues par les Sous-Comités de Grève Générale;

2° De 5 p. 100 sur les cotisations perçues par chacune des Sections de la Confédération.

Commission de Contrôle

ARTICLE 19

La Commission de Contrôle est formée par un Membre pris dans chacune des Fédérations.

Elle nomme son Secrétaire chargé de la convoquer et de rédiger les procès-verbaux.

ARTICLE 20

La Commission de Contrôle a pour objet de veiller à la bonne gestion financière des divers services de la Confédération.

Chaque année, au mois de juin, elle procède à la vérification des comptes financiers, dépenses et recettes de la Commission des Grèves, de la Grève générale et du Journal.

Les résultats de ses opérations est consigné dans un rapport d'ensemble qui est soumis au Comité confédéral et publié dans le journal de la Confédération.

Comité Confédéral

ARTICLE 21

Le Comité confédéral est formé par la réunion des deux Sections. Il se réunit tous les deux mois pour permettre à chaque Section d'exposer les observations qu'elle pourrait avoir à présenter et les modifications qu'elle pourrait proposer dans l'intérêt supérieur du prolétariat organisé. Il peut se réunir extraordinairement, en cas de besoin ou d'urgence, sur la décision du Bureau. Il est l'exécuteur des décisions des Congrès nationaux; il intervient dans tous les événements de la classe ouvrière et prononce sur tous les points d'ordre général.

ARTICLE 22

Etant donné que tous les éléments qui constituent la Confédération doivent se tenir en dehors de toute école politique, les discussions, les conférences, causeries organisées par le Comité confédéral ne peuvent porter que sur des points d'ordre économique ou d'éducation syndicale et scientifique.

Bureau

ARTICLE 23

Le Bureau de la Confédération est formé par la réunion des Bureaux des deux Sections et du Secrétariat de chaque Commission.

Il prépare la réunion du Comité confédéral et veille à l'exécution des décisions prises en Assemblée générale. Le Secrétaire de la Section des Fédérations d'Industrie et de Métier aura le titre de Secrétaire général de la Confédération.

ARTICLE 24

Le Bureau des Sections est renouvelé après chaque Congrès national des Syndicats : les membres sortants sont rééligibles.

Le Comité confédéral avisera les organisations adhérentes au moins un mois avant ce renouvellement, afin qu'elles puissent se réunir et désigner les candidats pour que les noms de ceux-ci puissent être publiés quinze jours avant l'élection.

ARTICLE 25

Les indemnités des fonctionnaires qui, en raison de l'importance de leurs fonctions, pourront être rétribués, seront fixées par le Comité confédéral.

Les fonctionnaires de la Confédération ou les délégués à ses divers Comités pourront être envoyés en délégation au nom de la Confédération, suivant les décisions de leurs Sections respectives, ou, en cas d'urgence absolue, sur l'initiative du Bureau confédéral. La date et les motifs nécessitant ces délégations seront consignés sur un registre spécial, qui indiquera également, avec les noms des organisations visitées, les noms et organisations des délégués de la C. G. T.

CHAPITRE III

Cotisations

ARTICLE 26

Pour permettre à la Confédération d'assurer ses divers services, les organisations confédérées sont tenues de verser des cotisations comme suit :

1° Les Bourses du Travail ou Unions de Syndicats divers : SEPT FRANCS PAR MILLE MEMBRES ET PAR MOIS;

2° Les Fédérations d'Industrie, de Métier et les Syndicats nationaux : DIX FRANCS PAR MILLE MEMBRES ET PAR MOIS;

3° Les Syndicats isolés : CINQ CENTIMES PAR MEMBRE ET PAR MOIS.

CHAPITRE IV

Règlement intérieur

ARTICLE 27

Seules, les organisations remplissant les conditions prescrites à l'article 3 des présents Statuts auront droit à la marque distinctive appelée Label confédéral.

ARTICLE 28

Toute organisation en retard de trois mois de ses cotisations est considérée comme démissionnaire, après une lettre d'avis restée sans effet. Si cette organisation demandait sa réadmission, elle serait tenue de payer les cotisations depuis son dernier versement.

ARTICLE 29

Pour tous les cas autres que ceux prévus à l'article précédent, la radiation ne pourra être prononcée que par un Congrès. Toutefois, dans une circonstance grave, le Comité confédéral peut prononcer la suspension de l'organisation incriminée jusqu'au Congrès suivant, qui prononcera définitivement. Les cotisations versées par les organisations démissionnaires ou radiées resteront acquises à la Confédération.

ARTICLE 30

Les délégués au Comité confédéral sont tenus d'assister régulièrement aux séances pour lesquelles ils sont convoqués, dans l'intérêt même des organisations qu'ils représentent.

Lorsqu'un délégué aura manqué à plus de trois réunions sans excuse, le Bureau de la Section respective en avisera l'organisation intéressée en l'invitant à le remplacer.

Avec le procès-verbal de chacune des séances des divers Comités seront publiés les noms des organisations représentées, excusées et absentes.

Les délégués sont tenus de ne rendre compte des décisions, discussions, séances, etc., etc., des divers Comités confédéraux qu'à leurs organisations respectives ; toute infraction à cette clause motivera de la part du Comité confédéral la demande du retrait de leur mandat.

CHAPITRE V

Congrès et divers

ARTICLE 31

La Confédération organise vers le mois de septembre, tous les deux ans, un Congrès National du Travail, auquel sont invitées à prendre part les organisations qui, directement ou par intermédiaire, sont adhérentes à la Confédération.

L'ordre du jour de ces Congrès sera établi par les soins du Comité confédéral et adressé au moins trois mois à l'avance aux organisations confédérées après les avoir consultées.

Le Comité confédéral peut déléguer partie de ses pouvoirs aux organisations confédérées ayant leur siège dans la ville où se tiendra le Congrès, sous réserve qu'il se sera assuré que les villes possèdent les éléments nécessaires.

Ne pourront assister au Congrès que les organisations ayant rempli leurs obligations financières envers la Confédération Générale du Travail au moment où le rapport financier à présenter au Congrès sera établi et qui auront donné leur adhésion à la Confédération au moins trois mois avant l'époque fixée pour le Congrès.

N'ont voix délibérative au Congrès que les unités syndicales; les Bourses du Travail et les Fédérations n'y ont que voix consultative.

A l'ouverture de chaque Congrès, une Commission de contrôle prise parmi les délégués de province sera chargée d'examiner les comptes du Trésorier de la Confédération.

ARTICLE 32

La Confédération Générale du Travail préparera pour chaque Congrès un rapport général sur sa gestion, qui sera soumis à l'approbation du Congrès.

ARTICLE 33

Le compte rendu du Congrès sera publié sous la responsabilité de la Confédération Générale du Travail.

Un duplicata de la minute sténographique, les rapports des organisations et des Commissions, ainsi que les propositions déposées sur le Bureau seront versés aux archives de la Confédération.

ARTICLE 34

Chaque organisation représentée au Congrès n'aura droit qu'à une voix, chaque délégué ne pourra représenter que dix Syndicats au maximum.

Les mandats arrivés au Congrès après le premier jour seront déclarés nuls. Un règlement spécial des Congrès fixera les autres détails d'organisation.

ARTICLE 35

Les deux Sections pourront tenir, si elles le jugent utile, des Conférences particulières qui auront lieu à l'issue du Congrès général du Travail.

ARTICLE 36

Dans le but de favoriser la création d'une entente internationale du Travail, la Confédération entretiendra des relations avec les organisations ouvrières et Bourses du Travail des autres pays.

La Confédération est adhérente au Secrétariat International Corporatif.

ARTICLE 37

La Confédération Générale du Travail, basée sur le principe du fédéralisme et de la liberté, assure et respecte la complète autonomie des organisations qui se seront conformées aux présents statuts.

ARTICLE 38

Le siège social de la Confédération Générale du Travail est fixé à Paris.

ARTICLE 39

Les présents statuts ne peuvent être modifiés que par un Congrès, à condition que le texte des propositions de modifications ait été publié dans l'ordre du jour de ce Congrès.

ARTICLE 40

Les présents statuts, modifiés par les Congrès d'Amiens 1906, de Marseille 1908 et du Havre 1912, sont en vigueur depuis le 1er janvier 1903.

TABLE DES MATIÈRES [1]

Pages

PREMIÈRE PARTIE

Ordre du jour du Congrès et liste des organisations représentées avec le tableau des votes par mandats

DEUXIÈME PARTIE

Rapports des Comités et des Commissions pour l'exercice 1910-1912

TROISIÈME PARTIE

Compte rendu sténographique des travaux du Congrès

PREMIÈRE JOURNÉE

1re Séance — Lundi 16 Septembre (matin)

---

(1) Le 26 mai 1913, par ordre du ministère Barthou, des perquisitions eurent lieu, à travers la France, dans les milieux syndicalistes et chez beaucoup de militants.

Ainsi qu'il est dit à la page 190 du compte rendu sténographique, l'*Imprimerie de l'Union* du Havre, chargée de la présente publication, n'échappa point au zèle des agents de l'autorité qui enlevèrent la copie complète et tous les documents du Congrès concernant le compte rendu en cours d'exécution.

Malgré nos protestations, plusieurs fois répétées, M. Drioux, juge d'instruction au Tribunal de la Seine, refusa de nous rendre les documents qui nous étaient indispensables pour mener à bien l'œuvre entreprise.

Cette saisie nous a empêché, à partir de ce moment, de réaliser complètement le travail ainsi que nous l'avions établi et tel qu'il est énuméré dans l'avant-propos.

Nous nous en excusons auprès du lecteur qui comprendra qu'il n'y a aucune faute de notre part.

L'Union des Syndicats du Havre.

2e Séance — Lundi 16 Septembre (après-midi)

DEUXIÈME JOURNÉE

3e Séance — Mardi 17 Septembre (matin)

4e Séance — Mardi 17 Septembre (après-midi)

TROISIÈME JOURNÉE

5e Séance — Mercredi 18 Septembre (matin)

QUATRIÈME PARTIE

Conférence des Bourses du Travail et Unions de Syndicats

CINQUIÈME PARTIE

Statuts de la Confédération Générale du Travail

Contraste insuffisant

www.ingramcontent.com/pod-product-compliance
Ingram Content Group UK Ltd.
Pitfield, Milton Keynes, MK11 3LW, UK
UKHW020608230726
13926UKWH00005B/2263